民事诉讼法学

吴英姿 编著

南京大学出版社

图书在版编目(CIP)数据

民事诉讼法学 / 吴英姿编著. ——南京：南京大学出版社，2022.8
ISBN 978-7-305-25961-6

Ⅰ.①民… Ⅱ.①吴… Ⅲ.①民事诉讼法－法的理论－中国 Ⅳ.①D925.101

中国版本图书馆 CIP 数据核字(2022)第 136762 号

出版发行	南京大学出版社
社　　址	南京市汉口路 22 号　　邮　编　210093
出 版 人	金鑫荣

书　　名　民事诉讼法学
编　　著　吴英姿
责任编辑　高　军　　　　　　　编辑热线　025-83686531
照　　排　南京开卷文化传媒有限公司
印　　刷　南京人民印刷厂有限责任公司
开　　本　787×1092　1/16　印张 24.75　字数 587 千
版　　次　2022 年 8 月第 1 版　2022 年 8 月第 1 次印刷
ISBN　978-7-305-25961-6
定　　价　64.00 元

网　　址：http://www.njupco.com
官方微博：http://weibo.com/njupco
微信服务号：njuyuexue
销售咨询热线：(025)83594756

＊版权所有，侵权必究
＊凡购买南大版图书，如有印装质量问题，请与所购图书销售部门联系调换

前　言

《民事诉讼法学》是高等教育法学专业本科核心课程之一，所讲授的民事诉讼原理与程序规则在法学知识体系中处于基础性地位。本教材系2020年南京大学"十三五"规划教材建设成果，按照教育部高等学校法学类教育指导委员会确立的民事诉讼法学本科教学目的与教学要求编写而成。教材围绕2021年修改的《民事诉讼法》，结合最高人民法院截至2022年修改发布的相关司法解释，系统讲解我国现行民事诉讼法律制度的要义和原理，为学习者完整掌握、准确理解民事诉讼法提供一个具有可读性、实用性、前瞻性的学习工具。

民事诉讼法学的特点是：基本理论抽象难懂、学说多元，程序制度与具体规则内容多、实践性强。加上我国民事司法制度处于发展变革的特殊历史时期，民事诉讼立法修改较为频繁，最高人民法院针对民事诉讼程序与执行程序法律规定的理解适用出台的司法解释不仅数量多，而且随着司法实践不断调整更新。上述特征给教材编写带来相当大的难度。如何让教材拥有一个相对稳定的内核，不会因法律修改、司法解释更新而失去利用价值，是本教材建设时首先要解决的问题。能够让教材具有"以不变应万变"的稳定性与生命力的，必定是那些体现制度发展规律、奠定具体规则理论基础的东西。因此，本教材的编写没有停留在法律规范的字面解释层面，而是以诉权与审判权为基石，以程序法理、诉权理论、诉讼目的论、诉的理论、既判力理论等民事诉讼五大基本理论为基础，以诉权与审判权相互制约关系为主线，建构起"基本原理—制度要素—程序类型"的结构框架，形成共8篇25章的体例。该编写体例打破了按法典条文顺序编排教材内容的传统模式，力求内容充实的同时避免碎片化。

本科教材建设须紧扣本科教学需要，遵循教学规律，既要保证教学内容全覆盖，又要突出重点、难点，还要贴合本科学生的理解能力与学习特点。为此，本教材在文字表述上力求准确、言简意赅、深入浅出，提高可读性，便于初学者阅读、理解。在表现形式上有正文与附件两种。正文即法学本科阶段应知应会的基本概念、基本原理、基本制度和法条规范解释等主体内容；附件是拓展阅读资料，分别采用"评注""背景知识""拓展阅读""中外法律比较"等多种方式，介绍制度变迁、学说发展、域外法律、改革前沿、理论争鸣等参考资料。这些参考资料虽然不属于必读内容，但可以帮助学生掌握制度的来龙去脉，知其然且知其所以然。其中，"评注"旨在将编著者最新研究成果转换为教学内容，引导学生关注实践动态，紧跟理论前沿。学生结合拓展阅读资料进行学习，有助于拓展视野，激发问题意识，培养创新能力。教材最后附有法律与司法解释全称与简称对照表、最高人民法院和最高人民检察院指导性案例(民事诉讼部分)目录,方便学生检索利用。限于篇幅,只保留"评注"穿插于教材正文之间。其他拓展阅读资料以电子文件形式呈现,读者可以通过手机扫二维码查阅学习。

  本教材得以顺利出版,离不开南京大学出版社的大力支持和富有创意的设计,得益于编辑的细致校对和专业加工。东南大学冯煜清副教授、南京工业大学李涛副教授、南京大学陈洪杰副研究员、淮阴师范学院喻怀峰副教授、南京大学博士研究生苟应鹏参加了本教材的校对工作。本教材初稿曾作为课程讲义在南京大学法学院本科课程《民事诉讼法学》、非法律本科法律硕士课程《证据法学专题》中试用。2020级本科一班、2021级非法本法硕的同学们为文字校对作出了贡献。特别是非法本法律硕士研究生叶力亚尔·巴依别尔克在文字表述上提出了一些很专业、很有价值的建议。在此一并表示衷心感谢!

吴英姿 谨识

2022年8月9日于南京

目录 MU LU

导论篇

第一章 民事诉讼法学导论 ……001

第一节 民事纠纷 ……001
一、民事纠纷的特点 ……001
二、民事纠纷解决方式 ……002

第二节 民事诉讼与民事诉讼法 ……003
一、民事诉讼概念 ……003
二、民事诉讼特点 ……004
三、民事诉讼法 ……005

第三节 民事诉讼法学 ……006
一、民事诉讼法学的对象与目标 ……006
二、民事诉讼法学理论体系 ……006
三、民事诉讼法学方法 ……007

原理篇

第二章 民事诉讼程序法理 ……009

第一节 民事诉讼程序价值 ……009
一、民事诉讼程序的独立价值 ……009
二、民事诉讼正当程序 ……010
三、民事诉讼程序的正当化功能 ……010
四、民事诉讼程序价值机理 ……013

第二节 民事诉讼目的 ……015
一、民事诉讼目的的概念与意义 ……015
二、民事诉讼目的理论发展 ……016
三、民事诉讼目的是公正解决纠纷 ……018
四、我国民事诉讼法的任务 ……020

第三节　民事诉讼法的效力 ·· 021
　　　　一、空间效力 ·· 021
　　　　二、时间效力 ·· 021
　　　　三、对人效力 ·· 022
　　　　四、对事效力（主管） ·· 022
　　第四节　民事诉讼法基本原则 ·· 023
　　　　一、民事诉讼基本原则概述 ··· 023
　　　　二、诉讼权利平等原则 ··· 025
　　　　三、辩论原则 ·· 026
　　　　四、处分原则 ·· 026
　　　　五、诚信原则 ·· 027
　　第五节　民事诉讼法律关系 ·· 029
　　　　一、民事诉讼法律关系的概念和特点 ·· 029
　　　　二、民事诉讼法律关系的构成要素 ·· 029
　　　　三、民事诉讼上的法律事实 ··· 033
　　　　四、民事诉讼行为 ··· 033

第三章　诉权与审判权 ·· 038

　　第一节　诉权 ··· 038
　　　　一、诉权理论的嬗变 ·· 038
　　　　二、诉权的人权属性及其特质 ·· 043
　　　　三、诉权的增强：支持起诉制度 ·· 046
　　第二节　审判权 ·· 047
　　　　一、诉讼指挥权 ··· 048
　　　　二、释明权 ··· 048
　　　　三、裁判权 ··· 051
　　第三节　诉权与审判权关系 ·· 054
　　　　一、诉讼模式 ·· 054
　　　　二、诉权与审判权的相互制约关系 ·· 055

第四章　诉 ··· 057

　　第一节　诉的基本原理 ··· 057
　　　　一、诉的概念 ·· 057
　　　　二、诉的要素 ·· 058
　　　　三、诉的合法性 ··· 061
　　第二节　诉的类型 ··· 063
　　　　一、确认之诉 ·· 063
　　　　二、给付之诉 ·· 064

三、形成之诉 064

第三节　反诉 065

一、反诉制度构建的理论基础 065

二、反诉与反驳的区别 066

三、反诉成立条件 067

四、反诉的审理 068

第四节　诉的形态 069

一、诉的合并 070

二、诉的变更 071

第五章　判决效力 074

第一节　判决效力概述 074

一、判决效力概念 074

二、判决效力的内涵 074

三、判决效力的本质 076

四、无效判决 077

第二节　判决效力的主观范围 079

一、判决效力的相对性 079

二、判决的对外效力 080

三、案外第三人救济程序 084

四、我国第三人撤销之诉 087

第三节　判决效力的时间范围 089

一、时间范围 089

二、基准时 090

三、遮断效 090

第四节　既判力的客观范围 091

一、既判力客观范围以诉讼标的为限 091

二、判决理由有无既判力问题 091

三、抵销抗辩判决有无既判力问题 094

四、部分请求权判决的既判力范围问题 095

诉讼主体篇

第六章　法院与审判组织 096

第一节　法院 096

一、法院的职责 096

二、法院的结构 096

003

- 三、专门法院 ··· 098
- 第二节　审判组织 ··· 099
  - 一、审判组织概述 ··· 099
  - 二、合议制 ··· 100
  - 三、独任制 ··· 104
  - 四、审判委员会 ··· 105
  - 五、陪审制 ··· 107
- 第三节　审判权监督机制 ··· 108
  - 一、检察监督 ·· 108
  - 二、审判公开 ·· 109
  - 三、回避制度 ·· 111

第七章　当事人与诉讼代理人 ·· 113

- 第一节　当事人概述 ··· 113
  - 一、当事人的概念 ··· 113
  - 二、当事人能力 ·· 114
  - 三、当事人适格 ·· 115
  - 四、当事人诉讼能力 ·· 117
  - 五、诉讼权利义务的承担 ··· 117
- 第二节　共同诉讼人 ··· 118
  - 一、共同诉讼概述 ··· 118
  - 二、必要共同诉讼 ··· 120
  - 三、普通共同诉讼 ··· 122
- 第三节　诉讼代表人 ··· 123
  - 一、诉讼代表人概述 ·· 123
  - 二、诉讼代表人产生程序 ··· 125
  - 三、人数不确定的代表人诉讼的特殊程序 ·· 126
- 第四节　第三人 ·· 127
  - 一、第三人制度价值 ·· 127
  - 二、有独立请求权的第三人 ·· 128
  - 三、无独立请求权第三人 ··· 129
  - 四、第三人与必要共同诉讼人的识别与确定 ·· 130
- 第五节　诉讼代理人 ··· 131
  - 一、诉讼代理人概述 ·· 131
  - 二、法定诉讼代理人 ·· 132
  - 三、委托诉讼代理人 ·· 134

诉讼制度篇

第八章 民事诉讼管辖 … 137

第一节 管辖制度概述 … 137
一、管辖权的概念与意义 … 137
二、管辖法定原则 … 138
三、管辖恒定规则 … 139
四、当事人选择管辖法院 … 139
五、确定管辖的方法 … 140

第二节 级别管辖 … 140
一、基层人民法院管辖的第一审民事案件 … 140
二、中级人民法院管辖的第一审民事案件 … 141
三、高级人民法院管辖的第一审民事案件 … 141
四、最高人民法院管辖的第一审民事案件 … 141

第三节 地域管辖 … 142
一、一般地域管辖 … 142
二、特殊地域管辖 … 143
三、专属管辖 … 145

第四节 协议管辖 … 146
一、协议管辖的概念 … 146
二、协议管辖成立条件 … 146

第五节 裁定管辖 … 147
一、移送管辖 … 147
二、指定管辖 … 148
三、管辖权转移 … 149

第六节 管辖权异议 … 149
一、管辖权异议的概念 … 149
二、管辖权异议的条件 … 150
三、管辖异议审查程序 … 151
四、应诉管辖规则 … 151

第九章 法院调解 … 154

第一节 法院调解概述 … 154
一、法院调解的概念 … 154
二、法院调解的特征 … 154

第二节 法院调解的基本原则 … 155

一、自愿原则 ··· 155
　　二、事实清楚、分清是非原则 ··· 156
　　三、合法原则 ··· 156
　　四、及时原则 ··· 157
　第三节　法院调解程序 ··· 157
　　一、法院调解的阶段 ··· 157
　　二、法院调解方式 ··· 158
　第四节　调解书及其效力 ··· 159
　　一、调解书 ··· 159
　　二、调解书效力 ··· 160
　　三、调解书生效时间 ··· 160

第十章　诉讼保障制度 ··· 162

　第一节　期间 ··· 162
　　一、期间的概念和意义 ··· 162
　　二、期间的种类 ··· 162
　　三、期间的计算 ··· 163
　　四、期间的耽误和顺延 ··· 164
　第二节　送达 ··· 164
　　一、送达的概念和意义 ··· 164
　　二、送达的效力 ··· 165
　　三、送达的方式 ··· 166
　第三节　诉讼保全 ··· 168
　　一、诉讼保全的概念与种类 ··· 168
　　二、财产保全 ··· 168
　　三、行为保全 ··· 171
　第四节　先予执行 ··· 172
　　一、先予执行的概念和意义 ··· 172
　　二、先予执行的适用范围和条件 ··· 173
　　三、先予执行的程序 ··· 174
　　四、先予执行错误的补救 ··· 174
　第五节　对妨害民事诉讼的强制措施 ··· 174
　　一、对妨害民事诉讼的强制措施的概念和性质 ····································· 174
　　二、民事诉讼强制措施的意义 ··· 175
　　三、妨害民事诉讼行为的构成和种类 ··· 176
　　四、民事诉讼强制措施及其适用程序 ··· 179
　第六节　诉讼费用 ··· 181
　　一、诉讼费用的概念和意义 ··· 181

二、诉讼费用的种类 …………………………………………………… 182

　　三、诉讼费用的负担 …………………………………………………… 184

　　四、司法救助 …………………………………………………………… 184

证 据 篇

第十一章　证据法基本原理 …………………………………………………… 186

第一节　证据法理论基础 …………………………………………………… 186

　　一、证据法的正当程序原理 …………………………………………… 186

　　二、证据法的目的 ……………………………………………………… 187

第二节　诉讼上的证据 ……………………………………………………… 188

　　一、证据能力 …………………………………………………………… 188

　　二、瑕疵证据 …………………………………………………………… 189

　　三、证明力 ……………………………………………………………… 190

第三节　证据规则体系 ……………………………………………………… 190

　　一、证据分类 …………………………………………………………… 190

　　二、书证规则 …………………………………………………………… 192

　　三、物证规则 …………………………………………………………… 194

　　四、人证规则 …………………………………………………………… 196

第十二章　证明规则 …………………………………………………………… 203

第一节　证明对象与证明标准 ……………………………………………… 203

　　一、证明对象 …………………………………………………………… 203

　　二、证明标准 …………………………………………………………… 203

第二节　证明责任 …………………………………………………………… 205

　　一、证明责任概念 ……………………………………………………… 205

　　二、证明责任的程序法理 ……………………………………………… 205

　　三、证明责任分配规则 ………………………………………………… 206

　　四、反证规则 …………………………………………………………… 209

第三节　自认 ………………………………………………………………… 210

　　一、自认的概念与本质属性 …………………………………………… 210

　　二、自认的构成要件 …………………………………………………… 210

　　三、自认的边界 ………………………………………………………… 212

　　四、自认的撤回 ………………………………………………………… 212

第四节　无需证明的事实 …………………………………………………… 213

　　一、司法认知 …………………………………………………………… 213

　　二、推定 ………………………………………………………………… 214

三、预决事项 ··· 215
　　四、公证事项 ··· 216

第十三章　证据的调查收集与判断 ··· 217

第一节　自由心证与法官释明 ··· 217
　　一、自由心证 ··· 217
　　二、法官对证据规则的释明 ··· 218
第二节　证据调查收集 ·· 219
　　一、法院调查取证 ··· 219
　　二、举证时限 ··· 220
　　三、书证提出命令 ··· 221
　　四、证据保全 ··· 222
第三节　证据的审查判断 ··· 223
　　一、起诉证据的审查判断 ·· 223
　　二、瑕疵证据补强规则 ··· 224
　　三、直接证据与间接证据 ·· 224
　　四、证明妨害规则 ··· 225

普通程序篇

第十四章　第一审普通程序 ·· 227

第一节　第一审普通程序概述 ··· 227
　　一、第一审普通程序的概念 ··· 227
　　二、第一审普通程序的特点 ··· 227
第二节　起诉与受理 ··· 228
　　一、起诉 ··· 228
　　二、受理 ··· 230
第三节　审理前的准备 ·· 232
　　一、审理前的准备及其意义 ··· 232
　　二、审理前准备的内容 ··· 232
第四节　开庭审理作出判决 ·· 234
　　一、开庭审理概述 ··· 234
　　二、开庭审理的方式 ·· 234
　　三、开庭审理程序 ··· 235
　　四、先行判决 ··· 236
　　五、合议与宣判 ·· 237
第五节　撤诉、缺席判决和延期审理 ······································ 237

一、撤诉 ……………………………………………………………… 237
　　　二、缺席判决 …………………………………………………………… 238
　　　三、延期审理 …………………………………………………………… 239
　第六节　诉讼中止和诉讼终结 ……………………………………………… 239
　　　一、诉讼中止 …………………………………………………………… 239
　　　二、诉讼终结 …………………………………………………………… 240
　第七节　审理笔录与审理期限 ……………………………………………… 241
　　　一、审理笔录 …………………………………………………………… 241
　　　二、审理期限 …………………………………………………………… 241

第十五章　简易程序与小额诉讼程序 ………………………………………… 242

　第一节　简易程序概述 ……………………………………………………… 242
　　　一、简易程序的概念 …………………………………………………… 242
　　　二、简易程序的正当性 ………………………………………………… 242
　第二节　简易程序规则 ……………………………………………………… 243
　　　一、简易程序的适用范围 ……………………………………………… 243
　　　二、程序的简化 ………………………………………………………… 244
　　　三、程序转换 …………………………………………………………… 246
　第三节　小额诉讼程序 ……………………………………………………… 246
　　　一、小额诉讼程序概述 ………………………………………………… 246
　　　二、小额诉讼程序规则 ………………………………………………… 247
　　　三、程序保障与程序转换 ……………………………………………… 248

第十六章　上诉审程序 ………………………………………………………… 249

　第一节　上诉审程序概述 …………………………………………………… 249
　　　一、上诉审程序概念 …………………………………………………… 249
　　　二、上诉审程序的功能 ………………………………………………… 249
　　　三、上诉审程序的性质 ………………………………………………… 250
　第二节　上诉的提起与受理 ………………………………………………… 251
　　　一、上诉及其条件 ……………………………………………………… 251
　　　二、上诉的受理 ………………………………………………………… 253
　　　三、撤回上诉与撤回起诉 ……………………………………………… 253
　第三节　上诉案件的审理 …………………………………………………… 254
　　　一、上诉案件的审理范围 ……………………………………………… 254
　　　二、上诉案件的审理方式 ……………………………………………… 254
　　　三、二审中诉的变更的处理 …………………………………………… 255
　第四节　上诉案件的裁判 …………………………………………………… 256
　　　一、适用判决的情形 …………………………………………………… 256

二、适用裁定的情形	256
三、发回重审程序规则	257

第十七章　再审程序 ………………………………………………… 258

第一节　再审程序原理 ……………………………………………… 258
一、再审程序的性质与特征 …………………………………… 258
二、再审程序的功能定位 ……………………………………… 259
三、再审程序的补充性原则 …………………………………… 260
四、申请再审权的本质属性 …………………………………… 261
五、再审事由确定原则 ………………………………………… 262
六、无效裁判撤销程序 ………………………………………… 264

第二节　我国的审判监督程序 ……………………………………… 265
一、以审判监督为功能定位 …………………………………… 265
二、审判监督制度的发展历程 ………………………………… 266
三、再审法定事由 ……………………………………………… 267

第三节　再审程序的启动程序 ……………………………………… 269
一、人民法院行使审判监督权 ………………………………… 269
二、当事人申请再审 …………………………………………… 270
三、人民检察院行使法律监督权 ……………………………… 273

第四节　再审审理程序 ……………………………………………… 275
一、审理法院 …………………………………………………… 275
二、审理程序与审判组织 ……………………………………… 276
三、审理范围及裁判 …………………………………………… 276
四、再审审理终结 ……………………………………………… 278

特殊程序篇

第十八章　非讼程序 ………………………………………………… 279

第一节　非讼程序原理 ……………………………………………… 279
一、非讼程序概述 ……………………………………………… 279
二、非讼程序法理 ……………………………………………… 280
三、非讼程序范围与类型 ……………………………………… 281

第二节　宣告失踪案件程序 ………………………………………… 282
一、申请人资格 ………………………………………………… 282
二、申请方式 …………………………………………………… 282
三、管辖法院 …………………………………………………… 282
四、审理与裁判 ………………………………………………… 282

五、救济程序 ………………………………………………………………… 283
第三节　宣告死亡案件程序 ……………………………………………………… 283
　　一、申请人资格 ……………………………………………………………… 283
　　二、申请方式 ………………………………………………………………… 283
　　三、管辖法院 ………………………………………………………………… 284
　　四、审理与裁判 ……………………………………………………………… 284
　　五、救济程序 ………………………………………………………………… 284
第四节　民事行为能力认定程序 ………………………………………………… 285
　　一、申请人资格 ……………………………………………………………… 285
　　二、申请方式 ………………………………………………………………… 285
　　三、管辖法院 ………………………………………………………………… 285
　　四、审理与裁判 ……………………………………………………………… 286
　　五、救济程序 ………………………………………………………………… 286
第五节　认定财产无主程序 ……………………………………………………… 286
　　一、申请条件 ………………………………………………………………… 286
　　二、管辖法院 ………………………………………………………………… 287
　　三、审理与裁判 ……………………………………………………………… 287
第六节　公示催告程序 …………………………………………………………… 287
　　一、公示催告程序概念与特点 ……………………………………………… 287
　　二、申请公示催告程序的条件 ……………………………………………… 288
　　三、受理与审理程序 ………………………………………………………… 289
　　四、除权判决 ………………………………………………………………… 290

第十九章　略式程序 …………………………………………………………… 292

第一节　略式程序概述 …………………………………………………………… 292
　　一、略式程序的概念与本质特征 …………………………………………… 292
　　二、略式程序的程序法理 …………………………………………………… 293
　　三、略式程序的程序保障 …………………………………………………… 295
　　四、略式程序的救济途径 …………………………………………………… 295
第二节　调解协议司法确认案件 ………………………………………………… 296
　　一、司法确认程序的概念 …………………………………………………… 296
　　二、司法确认程序的申请与受理 …………………………………………… 296
　　三、司法确认程序的审理与裁判 …………………………………………… 297
第三节　担保物权实现程序 ……………………………………………………… 298
　　一、担保物权实现程序的概念与特点 ……………………………………… 298
　　二、担保物权实现程序的申请与受理 ……………………………………… 299
　　三、担保物权实现程序的审理与裁判 ……………………………………… 300
第四节　督促程序 ………………………………………………………………… 301

一、督促程序的概念与特点 ··· 301
　　二、申请与受理 ··· 301
　　三、支付令 ··· 302
　　四、债务人异议 ··· 303
　　五、督促程序的终结 ·· 303

第二十章　专门诉讼程序 ·· 305

第一节　专门诉讼程序概述 ·· 305
　　一、专门诉讼程序 ·· 305
　　二、专门管辖 ·· 306

第二节　公益诉讼程序 ·· 307
　　一、公益诉讼及其特点 ·· 307
　　二、公益诉讼程序法理 ·· 309
　　三、公益诉讼程序规则 ·· 310
　　四、检察公益诉讼特别规则 ·· 313

第三节　选民资格案件程序 ·· 314
　　一、选民资格案 ··· 314
　　二、起诉人资格 ··· 315
　　三、起诉前置程序 ·· 315
　　四、起诉与管辖 ··· 315
　　五、受理与审理程序 ·· 315

第二十一章　涉外民事诉讼程序 ·· 316

第一节　概述 ·· 316
　　一、涉外民事诉讼 ·· 316
　　二、涉外民事诉讼程序的特殊性 ·· 316
　　三、涉外民事诉讼法的基本原则 ·· 317

第二节　外国人民事诉讼地位 ·· 319
　　一、国民待遇 ·· 319
　　二、司法豁免 ·· 319
　　三、诉讼代理 ·· 320

第三节　涉外民事诉讼管辖权 ·· 321
　　一、涉外民事诉讼管辖权概念与意义 ·· 321
　　二、管辖权确定的依据 ·· 322
　　三、管辖权冲突与协调 ·· 323

第四节　期间与送达 ··· 326
　　一、涉外民事诉讼程序期间 ·· 326
　　二、涉外民事诉讼的送达 ··· 326

第五节　国际司法协助 ·································· 328
　一、一般司法协助 ·································· 328
　二、特殊司法协助 ·································· 330
第六节　区际民事司法 ·································· 331
　一、管辖权冲突的解决 ······························ 332
　二、区际送达与取证 ································ 332
　三、区际裁判的认可与执行 ·························· 334

执行程序篇

第二十二章　民事执行程序原理 ·························· 337

第一节　民事执行程序概述 ······························ 337
　一、执行的概念与意义 ······························ 337
　二、执行权的性质与特点 ···························· 338
　三、执行程序及其独立性 ···························· 339
第二节　强制执行法 ···································· 340
　一、强制执行程序立法体例 ·························· 340
　二、民事强制执行法律关系 ·························· 341
　三、强制执行法价值取向 ···························· 342
　四、强制执行法基本原则 ···························· 343

第二十三章　执行程序总则 ······························ 345

第一节　执行程序的启动 ································ 345
　一、启动条件与启动方式 ···························· 345
　二、申请执行 ······································ 346
　三、执行依据 ······································ 346
　四、执行管辖 ······································ 347
　五、委托执行 ······································ 348
第二节　执行当事人的变更与追加 ························ 349
　一、申请执行人的变更与追加 ························ 349
　二、被执行人的变更与追加 ·························· 350
第三节　执行担保与暂缓执行 ···························· 351
　一、执行担保 ······································ 351
　二、暂缓执行 ······································ 352
第四节　执行和解 ······································ 352
　一、执行和解的概念 ································ 352
　二、执行和解的性质与效力 ·························· 353

013

三、执行和解的可诉性 ·· 354

第五节 执行竞合与参与分配 ·· 354
 一、执行竞合 ·· 354
 二、参与分配 ·· 355

第六节 执行中止与执行终结 ·· 358
 一、执行中止 ·· 358
 二、执行终结 ·· 359

第二十四章 强制执行措施 ·· 361

第一节 对金钱债权的执行 ·· 361
 一、查询、冻结、划拨存款 ·· 361
 二、扣留、提取收入 ·· 361
 三、查封、扣押、冻结、拍卖、变卖被执行人的财产 ························ 362

第二节 对交付财产和完成行为的执行措施 ·· 362
 一、强制交付财物或票证 ·· 363
 二、强制完成特定行为 ·· 363
 三、强制迁出房屋或者退出土地 ·· 363

第三节 对被执行人到期债权的执行 ·· 364
 一、对被执行人到期债权执行的条件 ·· 364
 二、对被执行人到期债权执行的程序 ·· 364
 三、对第三人异议的处理 ·· 365

第四节 搜查程序 ·· 365
 一、搜查的条件 ·· 365
 二、搜查的程序 ·· 365

第二十五章 执行监督与执行救济 ·· 366

第一节 执行监督 ·· 366
 一、法院内部执行监督 ·· 366
 二、民事执行检察监督 ·· 367

第二节 执行异议 ·· 368
 一、执行异议概念 ·· 368
 二、执行异议的申请与受理 ·· 369
 三、执行异议审查与处理 ·· 370

第三节 执行异议之诉 ·· 372
 一、案外人执行异议之诉 ·· 372
 二、申请执行人异议之诉 ·· 374

第四节 执行回转 ·· 375
 一、执行回转的概念 ·· 375

  二、执行回转的条件 …………………………………………………… 375
  三、执行回转程序 ……………………………………………………… 375

附录 …………………………………………………………………………… 376

  附录一　法律与司法解释简称对照表 …………………………………… 376
  附录二　最高人民法院指导性案例(民事诉讼)目录 …………………… 376
  附录三　最高人民检察院指导性案例(民事诉讼)目录 ………………… 376

导论篇

第一章 民事诉讼法学导论

第一节 民事纠纷

一、民事纠纷的特点

民事纠纷，或称民事争议，是指平等主体之间发生的，以民事权利义务为内容的法律纠纷。这种纠纷的产生，是源于不同的民事主体对同一民事权利或民事利益有不同的看法或主张。例如，民事合同主体就是否构成违约、是否应当继续履行合同发生争议；或者因侵权行为引发的是否应当承担侵权责任的争议；或者因某项财产的共同所有人就如何行使所有权发生的争议；或者对于某项遗产，多个继承人就如何继承发生的争议，等等。从总体上看，民事纠纷具有以下特点：

(1) 民事纠纷主体之间法律地位平等。民事纠纷主体相互之间是平等的民事主体关系，是基于合同关系、侵权关系、相邻关系、婚姻家庭关系等民事关系而发生的争议。其间不存在权力与服从或上下级之间的隶属关系。

(2) 民事纠纷的内容是对民事权利义务的争议。民事纠纷的内容，是民事主体之间就谁享有民事权利，谁应当履行义务或承担民事责任发生的争议。不同于行政管理人与相对人就具体行政行为而发生的行政纠纷，也不是行为人的行为是否构成犯罪的刑事争议。

(3) 民事纠纷具有可处分性，即纠纷主体拥有依法对发生纠纷的民事权益的处分权。这是因为民事纠纷是有关私权的争议，而私权的认定与处置遵循私法上当事人自治的基本原则。单纯的私利益具有可计算、可替代的特点，因此在纠纷解决上也鼓励当事人相互妥协、让步。当然，民事纠纷的可处分性并非绝对。如果纠纷及其处理涉及公共利益的成分，当事人的处分权将受到限制。

根据民事纠纷的内容和特点，可将民事纠纷分为两大类：一类是有关财产关系方面的民事纠纷，包括财产所有关系的民事纠纷和财产流转关系的民事纠纷；另一类是有关人身关系方面的民事纠纷，包括人格权关系的民事纠纷和身份权关系的民事纠纷。事实上，这两种纠纷往往是交相并存的：有些财产纠纷和人身关系纠纷的发生互为前提，而有些民事权利（如继承权、股东权等）兼有财产和人身的性质，由此而发生的民事纠纷则兼有财产纠纷和人身纠纷的双重性质。

拓展阅读:"社会纠纷的正功能",请扫本节二维码学习。

二、民事纠纷解决方式

民事纠纷的解决机制,是指缓解和消除民事纠纷的方法和制度。根据纠纷处理的制度和方法,可将纠纷解决机制的具体种类划分为自力救济、社会救济和公力救济。

(一) 自力救济

自力救济,又称私力救济,俗称"私了",是指纠纷主体依靠自身力量解决纠纷的方式。自力救济包括自决与和解两种方式。自决是指纠纷主体一方凭借自己的力量使对方服从的一种解纷方式。典型的例子如决斗,一种曾经在欧洲社会被广泛采用的当事人自行解决纠纷的方式。和解是指双方通过协商,在相互妥协和让步基础上达成谅解,就纠纷解决方案达成一致意见的一种解纷方式。自力救济的特点是没有第三方的介入,因此可以在比较私密的状态下得到解决。这种纠纷解决方式对社会秩序的影响是最小的,对当事人的解纷成本也是最经济的。由于纠纷本身和解纷过程都没有公开,有利于维系相互感情、恢复和谐关系,因此解纷的实效性很强。但自力救济的缺陷也是明显的,那就是由于没有外部力量的干预,很容易陷入"有实力者说了算"的丛林规则中,甚至滋生暴力行为。如此,纠纷解决结果的公平性将难以得到保证。

(二) 社会救济

社会救济,是指依靠社会力量处理民事纠纷,如调解、仲裁等。社会救济的特点:当事人将纠纷交给共同信任的、中立的第三方,由第三方居中沟通、斡旋、调停,促成双方达成解决纠纷的一致意见,或者提出解决纠纷的方案供双方当事人执行。其中以仲裁制度较为典型。

仲裁是指纠纷双方根据达成的协议,将争议提交双方选择的仲裁机构居中裁决的一种方式。仲裁机构性质上属于民间解纷组织,不隶属于国家机关。仲裁过程是根据当事人自愿原则、以不公开方式进行。与调解等其他社会救济方式相比,仲裁的制度化程度要高得多。各国一般都制定仲裁法,确立"一裁终局"制,即当事人选择仲裁方式解决纠纷的,就不能再向法院提起诉讼;仲裁裁决一经作出即发生法律效力。一方当事人不履行仲裁确定的义务的,对方当事人可以申请法院强制执行。

拓展阅读:"公证制度在预防和解决纠纷中的作用",请扫本节二维码学习。

(三) 公力救济

公力救济,是指利用国家公权力解决民事纠纷的方式,包括行政机关行政处理和司法机关裁判(民事诉讼)。根据我国宪法、地方人民政府组织法和人民调解法等法律和行政法规的规定,地方各级人民政府及其职能部门都负有解决纠纷的职能。乡、镇、街道等基层人民政府成立司法所,设司法助理员,负责处理民事纠纷。人民调解委员会在法律性质上属于群众性自治组织,但实际上是设在司法所内,其人事、经费等均由基层政府负担的,人民调解委员会主任通常由司法所主任兼任,因此具有半官方性质。当然,司法助理员和人民调解员在处理纠纷时还是有一些细微的不同。政府从社会管理目的出发解决民事纠纷,具有相当的主动性,是为维护社会秩序而干预纠纷解决的行为。为此基层政府还采取多种措施预防纠纷,如设纠纷信息员,收集、排查纠纷,目的是将纠纷化解在萌芽阶段。人民调解则更强调当事人自愿,其调解达成的协议也靠当事人自愿履行,没有强制执行力。

> **拓展阅读**:"《人民调解法》的介绍",请扫本节二维码学习。

行政机关依法承担所管理领域民事纠纷的解决职责。行政机关处理民事纠纷的方式是行政裁决和调解。所谓行政裁决,是指行政机关根据当事人申请,依据法律法规授权,居中对与行政管理活动密切相关的民事纠纷进行裁处的行为。典型如公安机关在解决基层社会各类纠纷方面一直在发挥重要作用。交通警察在履行交通管理职责过程中处理了大量的交通事故纠纷;调处家庭纠纷、邻里冲突则是治安警察日常的工作职责。此外,根据相关法律规定,行政机关在自然资源权属争议、知识产权侵权纠纷和补偿争议、政府采购活动争议等方面均承担着通过行政裁决处理纠纷的职责。民事纠纷当事人寻求行政机关裁决争议时,既可以要求有关行政职能部门解决,也可以向人民法院提起民事诉讼。而且行政机关作出处理后并不影响当事人向法院提起诉讼。值得注意的是,如果当事人对行政机关具体行政行为的处理决定不服,要求法院裁判的,应当提起行政诉讼。如根据2019年修订的《土地管理法》第14条规定:"土地所有权和使用权争议,由当事人协商解决;协商不成的,由人民政府处理。""当事人对有关人民政府的处理决定不服的,可以自接到处理决定通知之日起三十日内,向人民法院起诉。"依照上述规定,如果当事人的争议是发生在人民政府对争议的土地等自然资源的权属初次登记之后,属于当事人之间关于土地所有权和使用权的纠纷,当事人可以作为民事纠纷向人民法院直接提起诉讼,由法院作为民事案件受理;如果争议是因人民政府进行初始登记而引发的,即当事人认为初始登记有误的,应当请求政府土地管理部门处理,即要求土地管理部门重新作出确权的行政裁决;当事人不服行政裁决提起诉讼的,由法院作为行政案件受理。

> **拓展阅读**:"多元解纷机制的构建",请扫本节二维码学习。

第二节　民事诉讼与民事诉讼法

一、民事诉讼概念

民事诉讼,是指人民法院、当事人和其他诉讼参与人,在审理民事案件的过程中依法进行的各种诉讼活动,以及由这些活动所产生的各种诉讼权利义务关系的总和。广义的民事诉讼包括审判程序与执行程序。

民事诉讼作为国家权力介入民事纠纷解决的一种正式制度,是法院行使国家审判权,依据法律规定判断当事人之间争议的案件事实,确定双方之间的民事权利义务关系,并以国家强制执行权保证判决和裁定得到履行的活动。为确保裁判的公正性,诉讼法设计了一整套按照一定逻辑组合起来的程序规范,而且由国家强制力保障实施。

二、民事诉讼特点

作为民事纠纷的公力救济方式之一,诉讼与其他解纷方式相比有着突出的特点:

1. 诉讼结构的三方性

诉讼结构表现为一种三角形结构,即以双方当事人的对抗与法官居中裁判为结构特征。任何一种诉讼都必须有对立的双方当事人,在民事诉讼中即原告和被告。缺少任何一方当事人的"纠纷"都无法通过诉讼解决——缺少原告的诉讼,法院无法替代原告主张权利;缺少被告的诉讼,法院的裁判因没有承受者而失去意义。法官居中裁判的含义有二:一是裁判者在诉讼中始终要保持中立的地位,不得先入为主,更不能在裁判中夹杂自己的利益;二是裁判者要平等对待双方当事人,不偏不倚,根据证据和法律作出判断与裁决。

2. 诉讼对象的法律属性

并非任何纠纷都能通过诉讼解决。民事诉讼解决的是民事法律上的权利义务争议,换句话说,能够通过民事诉讼解决的纠纷限于法院依据民事实体法能够作出判断和裁决的、具有法律意义的争议。不具有法律争议性质的外交行动、军事行动、政治活动,或带有普遍诉求性质的、需要通过制定公共政策才能解决的群体性争端,或者当事人因为违法利益而发生的争议,都不适合通过诉讼解决。

3. 诉讼过程的程序性

诉讼必须严格地按照法律规定的程序进行。程序具有法定性、有序性、时效性等特点;程序一旦经过就不可逆转;程序结束时会发生法律后果,任何人不得随意反悔,要求重来。程序的法定性表现为进入诉讼阶段,当事人的处分权必须严格按照法律规定的范围行使。当事人依法承担一定的诉讼义务,比如出庭义务、如实陈述义务、履行生效裁判的义务等;必须出庭的被告无正当理由不到庭的,法院可以强制其到庭;当事人不遵守法庭纪律,扰乱法庭秩序,对诉讼造成妨害的,法院可以采取强制措施排除妨害;生效判决确定的义务人不主动履行裁定和判决的,另一方当事人可以申请人民法院强制执行;等等。因此,与私力救济和社会救济的自愿性、灵活性相比,程序表现出较强的制度刚性和规范性。程序是对法院审判权的约束,从形式合法性和实质正当性两个方面确保审判权依法行使。

4. 裁判依据的法定性

依法裁判是诉讼的最基本原则。依法裁判是司法的本质属性决定的。司法是法官依据法律对争议进行判断的过程,即"法律的判断"。法官在裁判中必须指明所依据的具体法律条文。不依法裁判或适用法律错误,是二审改判或启动再审程序的法定理由。这与调解更多依赖情理、道德、风俗习惯等非正式制度化解纠纷有显著的不同。

5. 诉讼结果的终局性

把司法作为社会纠纷的最终解决机制,是现代社会多数国家通行的制度。就纠纷解决而言,诉讼结果的终局性有两层含义:一是纠纷当事人选择和解、调解、行政裁决等非诉讼解纷方式的，不影响其事后向法院提起诉讼的权利；二是当诉讼程序终结，裁判文书发生法律效力，不管当事人私底下是否还有争执，该纠纷在法律上视为已经解决。当事人不能就同一纠纷再次提起诉讼，也不能再通过仲裁等其他法律途径寻求新的裁判结论。

三、民事诉讼法

民事诉讼法，是国家制定的规范民事诉讼主体的诉讼行为及由此而产生的诉讼法律关系的法律规范的总和。从性质上讲，民事诉讼法与民事实体法相对，属于程序法。

民事诉讼法有狭义和广义之分。狭义的民事诉讼法是指国家立法机关全国人大颁布的关于民事诉讼的专门性法律，即1991年4月9日颁布，经2007年、2012年、2017年、2021年四次修改的《中华人民共和国民事诉讼法》（以下简称《民事诉讼法》）。广义的民事诉讼法除了民事诉讼法典外，还包括宪法、人民法院组织法、民商事实体法律等其他法律中有关民事诉讼程序的规范。例如《宪法》关于人民法院独立行使审判权、审判公开的规定；《人民法院组织法》关于各级人民法院管辖权范围、审判组织的规定；《民法典》关于自然人的出生时间和死亡时间的证明规则的规定；关于人民法院审理离婚案件应当进行调解的规定；关于侵权责任证明责任的规定；《著作权法》关于当事人诉前向人民法院申请采取责令停止侵权行为和侵权责任的规定；等等。

在非严格意义上，广义的民事诉讼法还包括最高人民法院发布的关于民事诉讼法适用问题的司法解释。这些司法解释虽然不是实质意义上的法律，但解决的是民事诉讼程序规则的具体问题，事实上对人民法院的民事审判起规范作用。因此通常被视为我国民事诉讼法的组成部分。1981年颁布的《全国人民代表大会常务委员会关于加强法律解释工作的决议》授权最高人民法院对属于法院审判工作中具体应用法律、法令的问题进行解释。按照《最高人民法院关于司法解释工作的规定》(2007)，司法解释是最高人民法院对人民法院在审判工作中具体应用法律的问题，根据法律和有关立法精神，结合审判工作实际需要制定的具有法律效力的规范性文本。多年来，针对人民法院审理民事案件适用民事诉讼法出现的带有一定普遍性的具体问题，最高人民法院先后颁布了大量的司法解释，具体形式有"解释""规定""批复"和"决定"四种。其中，对在审判工作中如何具体应用某一法律或者对某一类案件、某一类问题如何应用法律制定的司法解释，采用"解释"的形式。典型如最高人民法院先后颁布过两个有关民事诉讼法适用的司法解释：第一个是1992年7月14日发布的针对1991年《民事诉讼法》制定的《最高人民法院关于适用〈中华人民共和国民事诉讼法〉若干问题的意见》；第二个是2015年1月30日发布的针对2012年修改后《民事诉讼法》制定的《最高人民法院关于适用〈中华人民共和国民事诉讼法〉的解释》（以下简称《民诉法解释》）。[①]"规定"的形式适用于根据立法精神对审判工作中需要制定的规范、意见等作出的司法解释。比如最高人民法院2001年12月6日发布、2019年10月14日修改的《关于民事诉讼证据的若干规定》（以下简称《民事证据规定》）等。"批复"的形式适用于对高级人民法院、解放军军事法院就审判工作中具体应用法律问题的请示进行答复而形成的司法解释。比如2000年12月1日发布的《最高人民法院关于

[①]《民诉法解释》于2015年2月4日开始实施。1992年的民诉法司法解释不再适用。

审理刑事附带民事诉讼案件有关问题的批复》等。"决定"的形式主要适用于修改或者废止司法解释。如2019年最高人民法院通过的《关于修改〈关于民事诉讼证据的若干规定〉的决定》,等等。

拓展阅读:"我国民事诉讼法的发展历程",请扫码学习。

我国民事诉讼法发展历程

第三节 民事诉讼法学

一、民事诉讼法学的对象与目标

民事诉讼法学,是以民事诉讼法律规范为研究对象,对民事诉讼法律制度建构原理与运行机制进行理论阐释、系统概括和研究的一门科学。

研究民事诉讼法学的目标,一是探索适合本国的民事诉讼法律制度建构机理,为完善我国民事诉讼立法提供立法建议;二是研究民事诉讼法解释的技术与规律,为民事司法实践正确理解和适用民事诉讼法律规范提供理论指导。

为达到上述目标,学习民事诉讼法的任务可以概括为:掌握正确的学习方法,深入理解民事诉讼基本理论,整体把握民事诉讼法学理论体系,熟练掌握民事诉讼法解释方法与应用技术,培养运用民事诉讼法律规定与法学理论解决实际问题的能力。

二、民事诉讼法学理论体系

任何一门法学学科都有自成一体的理论体系。这个体系是由该学科的核心概念为基石、基本原理为骨架搭建起来的理论大厦,拥有一根贯穿始终的理论主线和一套理论逻辑。学习一门学科的总体要求,就是在掌握这些核心概念、基本原理的基础上,整体把握该学科的理论体系,学会运用核心概念与基本原理为分析工具解决具体制度立法与司法实践问题,培养起该学科的逻辑思维方式。只有整体把握该学科的理论体系,才能避免对具体法律制度的认知陷入"只见树木不见森林"的片面,防止因认识上的偏差与不足而误导民事诉讼实践。

民事诉讼法学理论体系的两大基石是诉权与审判权,围绕诉权与审判权的关系,发展出程序保障理论、民事诉讼目的论、民事诉讼法律关系(民事诉讼模式)论、判决效力理论等基本原理。程序保障与程序效力则成为贯穿民事诉讼理论始终的理论主线,程序独立价值与正当化机能是民事诉讼制度建构、理解与适用的理论逻辑。如何发挥民事诉讼程序在约束审判权、保障诉讼权利、提高法院裁判的公信力方面的正当化作用,始终是学习研究民事诉讼法的中心问题。

作为一门课程,民事诉讼法学以系统介绍民事诉讼理论与法律制度为主旨。为帮助学生整体把握民事诉讼理论体系,本教材力求凸显民事诉讼理论的层次性,按照以下三个层次安排内容结构:最基础的一层是诉讼程序原理,第二层次为民事诉讼基本范畴与构建原理,第三层次为民事诉讼基本制度与程序规则。全书分为原理篇、诉讼主体篇、诉讼制度篇、证据篇、普通诉讼程序篇、特殊诉讼程序篇和执行程序篇。其中,原理篇包括程序价值理论、民事诉讼目的论、诉权与审判权关系理论、诉的理论、既判力理论等基本理论,涵盖民事诉讼基本范畴与运作机理,构成理解与研究民事诉讼法学理论的分析工具与理论框架。诉讼程序篇以普通程序为核心,系统讲解第一审普通程序(及其简易程序)、上诉审程序、再审程序,在此基础上专章介绍公益诉讼、涉外民事诉讼等专门审判程序。非讼程序是与诉讼程序并列的一套程序规则,有自己独特的程序法理和制度规范,涵盖了现行民事诉讼法上的特别程序与公示催告程序。略式程序是诉讼程序中具有独特逻辑的一种程序,包括督促程序、担保物权实现程序、司法确认程序以及《民法典》规定人格权侵权行为禁令程序等。

三、民事诉讼法学方法

民事诉讼法学具有理论性与实践性并重、实体法与程序法交错、既追求程序的安定性又对制度变革保持必要的开放性等特征。因此,正确的学习方法对于理解与把握民事诉讼法学具有重要意义。考虑到民事诉讼法学理论体系的不同层次与我国民事诉讼法律制度变革的现实,推荐以下法学方法供处于不同学习层次、有不同学习需要者选择运用。

1. 法哲学研究

即站在法理学、法哲学的高度理解研究民事诉讼法学理论。这对于透彻地理解程序独立价值及其运作机理、诉权理论、民事诉讼目的论等涉及民事诉讼构建的本原性理论的内容,是非常必要的。因为程序独立价值是建构在商谈理论基础上,诉权理论建构在权利哲学尤其是人权理论基础上,民事诉讼目的论则建构在目的论的基础上,不具备相应的法理学、法哲学理论工具,是无法准确把握、深入理解这些理论,也无法理解那些构成民事诉讼制度构建的深层次理由的原则、命题的。

2. 规范研究

规范研究的核心是运用法律解释方法诠释民事诉讼法律规范,这是民事诉讼法本体论的部分,构成民事诉讼法学主体内容,因此是学习民事诉讼法最为常用的方法。对于初学者来说,可以把主要的精力用于法律解释技术的训练上。在对民事诉讼法进行规范研究时,要特别注意把握好民事诉讼法与民事实体法的关系。民事诉讼法与民事实体法具有密不可分的关联性,表现在几个方面:一是民事诉讼法很多基本概念源自民事实体法,比如诉权是从民法上的请求权变造而来;当事人诉讼权利能力与诉讼行为能力概念显然套用了民事权利能力与行为能力概念,等等。二是民事诉讼法的不少程序规则是以实体法规定为基准设计的,典型如非讼程序中的宣告死亡、宣告失踪、担保物权实现程序、人格权禁令程序等。三是一些诉讼程序规则的适用要以实体法为依托,比如管辖的连接点有很多是依据实体法上的规定来明确的;再比如证明责任规则,大多数情况下是依据实体法关于请求权构成要件的规定,来判断证明责任承担者及其证明范围的,等等。因此,正确理解和解释民事诉讼法律规范,时常要结合民事实体法规定,即用民法与诉讼法交叉视角,才能保证法律解释的正确性。

3. 社会科学研究

由于民事诉讼的目标是解决民事纠纷,民事纠纷先天的社会性、民族性、历史性特征,决定了民事诉讼等解纷方式始终是民族的、历史的、政治的产物。尽管现代司法制度的发展沉淀了一些共性与规律,但任何一个国家的民事诉讼制度都有独特的社会结构特征,不是放之四海皆准的铁律通则。对一国当代民事诉讼法的理解,离不开对该国司法制度历史文化传统和政治经济体制等背景知识的了解。这尤其是对比较研究方法的运用而言,是一个重要的提醒。比较研究是法律解释学上常用的方法,也为大多数民事诉讼法学者所热衷。如果抛开上述背景因素,单纯从法律条文的内容进行文字上的解读,很容易望文生义;而不顾本国制度特质与社会基础,盲目移植他国法律制度,则难以防止排异反应。这样的法律即便制定出来,也无法完全实现,甚至适得其反——因缺乏社会认同而被大量规避。典型如督促程序在我国司法实践中的遭遇。因此,对于志在深入研究民事诉讼法学的人来说,特别鼓励打破学科界限,尝试运用历史学、社会学、政治学、经济学等社会科学的理论与方法,多视角、多维度进行思考、探究。对于同一个法律现象,换个角度可能看到不同的风景,发现新的问题。

📖 **拓展阅读**:"实证研究方法",请扫二维码学习。

实证研究方法

原理篇

第二章　民事诉讼程序法理

第一节　民事诉讼程序价值

一、民事诉讼程序的独立价值

"价值"本为经济学上的一个专门术语,指商品的价值。十九世纪,价值这一概念开始在哲学和其他社会科学领域中使用。《不列颠百科全书》对价值一词的定义是:"善",意指一种高尚的、至少是令人满意的品质,或者对于实现某种目的来说是有用的。① 因此,在哲学意义上,价值的内涵包括事物的品质(固有价值)与有用性(工具价值)两个层面:①内在品质,即一事物自身所固有的优秀品质。②有用性,或工具性价值,即一事物作为用以实现某一外在目的的工具所具有的意义、作用或者功能。二者构成价值评价的两个维度。比如我们在评价某一个人的价值时,不仅会考察他对于社会的贡献等有用性的一方面,更会在意这个人的道德品质等因素。同样,法律意义上的"价值"也是在两种意义上使用:一指法律制度赖以存在的道德根据及其追求的理想目标,如正义、自由、平等、秩序、公共福祉等;二是指法律制度在实现制度目的上所发挥的作用。对程序的价值评价也应当包含这两层含义。

在价值的两个维度中,事物的内在品质具有独立于其工具性价值的意义。换句话说,一个人或事物可能"没有用",但不妨碍因其内在品质的优秀而具有很高的价值。民事诉讼程序自身的品质也是一种可以独立存在和评价的价值。这是民事诉讼程序通过法律规定体现出来、独立于裁判结果的价值,比如尊重当事人人格尊严、平等保护双方当事人诉讼权利、保障程序主体的参与、体现法律上的正义、满足当事人有效率地解决纠纷要求等。当程序设计上体现上述价值时,即被认为是好程序或"正当程序"(due procedure)。公平、正义、尊严、参与、效率等这些只用于对诉讼程序进行评价的价值就是民事诉讼程序的内在价值。一个案件的诉讼程序是否具有上述价值,并不取决于裁判结果的正确与否。② 这就是民事诉讼程序的独立价值。

拓展阅读:"转变中的司法公正观",请扫本节二维码学习。

---

① 《不列颠百科全书(第4卷)》,中国大百科全书出版社1985年版,第306页。
② 陈瑞华:《走向综合性程序价值理论——贝勒斯程序正义理论评述》,《中国社会科学》1999年第6期。

程序价值理论在民事诉讼理论体系中居于核心地位。它构成民事诉讼目的论、诉权理论、既判力理论、民事诉讼基本原则等其他重要的民事诉讼理论内核。正确理解程序的独立价值，不仅为学习研究民事诉讼法具体制度提供分析工具，也为民事诉讼法立法与完善提供理论框架。

二、民事诉讼正当程序

在现代司法中，民事诉讼程序的正当程序品质主要通过以下几个机制得以体现：

（1）司法的独立性。司法独立可以有两层含义：一是国家权力结构意义上的司法权独立，即司法权独立于立法权、行政权等其他国家权力而存在。典型的如实行三权分立国家的司法权。二是审判权独立行使，即法官在审理民事纠纷案件时，依据法律独立进行判断，不受任何个人、组织或机构的干涉。所谓"法律是法官唯一上司"表达的就是法官独立行使审判权的意思。

（2）司法者的中立性。法官作为中立的裁判者，既听取隆著者也听取卑微者，不偏不倚，不带任何偏见。法官中立包括外观上的中立和内心中立两个方面。为保障法官的中立性，诉讼法设置了相应的制度，如回避制，可以保证法官与争议的案件没有利害关系或者其他可能影响公正裁判的关系，"任何人不能做自己案件的法官"；再如限制法官主动调查收集证据，是为了防止法官先入为主形成偏见，等等。

（3）司法的参与性。司法的参与性包括法官亲历与当事人参与两个维度。这是司法个性化的要求。法官亲自接触原始证据、亲耳聆听当事人和证人的陈述，才能对案件事实形成合理的内心确信。法官适用法律对当事人争议事项作出裁断，需要建立在充分听取当事人的主张、辩论基础上，才能够减少"独断"可能产生的错误与片面，所谓兼听则明。因此，司法的参与性要求：①法官自始至终亲历案件审理全过程，中途不能更换他人，不能仅听取他人汇报就作出判断和裁断。②保障当事人充分发表陈述、辩论意见，并对裁判有直接影响，即法官的裁判建立在回应当事人辩论结果的基础上。

（4）程序的安定性。程序的安定性首先表现为程序的法定性，即司法程序必须由法律明文规定，诉讼过程应当严格按照法定程序进行。其次表现为程序的不可逆转性，即程序经过就发生一定的法律效果，对所有程序主体都有拘束力，任何人不能随意要求推翻重来。程序的安定性还表现为终局性，即发生效力的裁判对当事人和法官都有既判力。程序的安定性使得诉讼过程具有透明性和可预见性。[①]

三、民事诉讼程序的正当化功能

强调民事诉讼程序的内在品质，突出程序的独立价值，并不是否认程序之于实体公正的工具性价值。相反，只有具备了正当程序的好品质，程序才能发挥其应有的作用。从正当程序自身特有的品质，我们还能在更宽广的视野里考察程序的功能。

---

① 陈桂明、李仕春：《程序安定论》，《政法论坛》1999年第5期。

(一) 使审判获得正当性

审判的正当性(legitimacy)[①]就是：审判的过程和结果在整体上为当事人以及社会上一般人所接受、认同和信任的性质。[②] 一个好的诉讼程序可以使得裁判在整体上容易获得当事人和社会的认可与支持，即公信力。其正当化原理是：

首先，正当程序赋予裁判结果以正当的外观。从宏观的角度看，实体公正具有一系列明确的价值标准，比如民法规定的诚实信用、权利义务一致、平等自愿等；刑法规定的罪刑法定、罪刑相适应、类似案件给予类似处理等。但是，从微观上看，实体公正标准在个案中是没有统一尺度、很难有明确的对与错的界限的。这是由案件的特性和当事人的个性所决定的。就案件事实而言，法官只能从当事人提供的证据材料中找出"真相"。而且从实践和法律意义上讲，除了法官所找到的真相以外，别无其他真相存在。就实体法律而言，成文法的条文表现为抽象的命题规范，对于一个具体的权利常常因为语义的多元性而可能出现多元解释。因此，要想给所有的案件审判在实体上确定一个统一的"正确"标准是不现实的。如果说，一个案件的裁判结果是否公正，不同的人有不同的看法是正常现象，那么，对这个案件的审判过程是否符合公正的标准，则是确定的、看得见的。相反，如果程序不公正，即使实体结果是正确的，当事人也会不服。因此，社会公众比较容易从诉讼程序是否妥当来评价审判的正当性。如果法院在遵守程序方面得到公众信赖，判决也就确定了权威。

评注：就像民主选举产生的庸才比个人独断指定的天才更容易令人认为是正当的一样。没有人能肯定地说，多数人采纳的观点在实体意义上就是正确的，但正是因为使用了一个大家都同意的程序来形成这个结果，而且因为选举程序的公开可见，于是使这个结果获得了合理性。所谓"过程好结果才好"。

其次，对于正当程序的"尊重"的品格，当事人倾向于以信任和服从作为回报。根据"尊严理论"，尊重具有相互性或互惠性。俗话说："若要获得别人的尊重，首先要尊重别人。"在诉讼中败诉会使人产生不愉快的感觉。而受到不公正的对待时，人对感觉到人格尊严受到损害，继而产生不服。相反，如果当事人在诉讼过程感受到法官真心关怀和公平对待，其陈述、辩论的观点得到法官认真聆听和仔细斟酌，他会感到被尊重，相应地对法官的尊重与信任油然而生，即便被判决败诉，也较为容易接受这样的裁判。

再次，通过将争议问题转化为法律技术问题，避免敏感问题上的立场对立，让裁判结论最大限度地获得社会支持。[③] 比如程序规则中的证明责任分配规则，其原理就是在案件事实真伪不明的时候，法官判决承担证明责任的一方当事人败诉，使得裁判结论纯粹是法律技术（证据规则）的结果，绕过了案件事实这个对当事人双方都比较敏感的问题。对于败诉一方当事人来说，"因没有证据而败诉"的原因比"因说谎而败诉"的原因更容易接受。

[①] 正当性是社会学意义上的概念，由马克斯·韦伯首先提出，原文直译为"合法性"。合法性不是法学上的"合乎法律规定"，那可以称为"合法律性"。韦伯的合法性本意是：统治者的统治地位获得统治者的认可和接受。
[②] 王亚新：《社会变革中的民事诉讼》，中国法制出版社 2001 年版，第 6 页。
[③] 苏力：《法治及其本土资源》，中国政法大学出版社 1996 年版，第 140 页。

（二）实体法规则再生产装置

普适的、抽象性的实体法必须通过一个个案件的裁判才变成有血有肉的具体规则。而实体法在每一个具体的案件中表现为怎样的内容很大程度上依赖程序的运作及其结果。实体法的产生与发展正是诉讼审判实践长期积累的结果。

拓展阅读："判例对法的发展作用"，请扫本节二维码学习。

成文法还有一个特点就是它的相对稳定性。相对稳定性是维护法的权威的必要保证，朝令夕改是最要不得的。但相对稳定性也决定了成文法的另一个弱点：滞后性。社会是不断发展的，社会纠纷也随着社会发展而不断涌现新的内容。面对快速发展的社会以及层出不穷的新型诉讼，实体法不可能时刻跟上社会的需要，难免存在法律漏洞或法律空白。审判实践中屡屡出现当事人争讼的权利在实体法中没有明文规定的情形，而法院不能以任何理由拒绝当事人的请求，包括"法无明文规定"这个理由。因此，现代司法需要对社会保持一定的能动性，要求法官在处理具体争议时，除了要考虑法律规则外，还要考虑具体案件的事实、法律的基本原则、案件的社会影响、伦理道德、社会政策等因素，在综合平衡各项因素的基础上作出裁决。由于法律规定与社会活动之间的距离，使法律适用的过程不可能是一个简单的"对号入座"的过程，而是一个创造性的过程。

从程序作为实体法规则再生产装置这个角度审视实体法与程序的关系可以发现，程序绝不仅仅是实现实体法的手段，反过来，实体法必须在程序中才能不断具体化并实现自我更新。①

（三）限制恣意

程序限制恣意是通过角色的"分化"和"独立"来实现的。这表现为在诉讼活动中，法官、当事人、其他诉讼参与人具有独立的诉讼地位和权利、义务，相互之间又存在制约关系。程序本身是一种角色分派体系，程序法的内容很重要的部分是一种角色规范。各个参加者在角色就位后，各司其职，为了同一目标必须互相配合；同时，为追求各自的利益又彼此牵制，从而最大限度地限制恣意。程序使参加者都有平等的表达和自由选择的机会，使责任范围更加明确。这正是恣意的天敌。在我国，程序的限制恣意的价值更体现在防止法官以权谋私。

评注：权力制约与监督是两个不同的机制。制约是建立在"分权"前提下的。分权使得权利（力）有了边界，相互之间是抗衡关系。监督是一种权力对另一种权力运作的监视、督促。两者之间的区别表现在：①制约是内在的，监督是外部的；②制约是自始至终的，监督是事后的；③制约是刚性的，监督是有限的；④制约是相互的，而监督总是跳不出"谁来监督监督者"的怪圈。

（四）程序效力

正当程序的核心即程序保障。判断正当程序是否得到严格执行，是以程序保障是否

---

① 参见周汉华：《论建立独立、开放与能动的司法制度》，《法学研究》1999年第5期。

得到全面实现为标准的。程序保障有两层含义:其一,保障当事人的诉讼权利得到充分实现,或者说,保障当事人在这些权利中充分体现其自主性。其二,保障审判本身的正当性。其中第一层含义是程序保障最常用的意义。正当程序的基本要求是,保障当事人的参与权、辩论权、处分权、异议权等程序基本权。体现程序保障的程序规则典型如:法院判决不能超越当事人请求的范围(未经请求而判决的事项对当事人没有约束力),所谓"有诉才有裁判"。

程序保障的法律后果在于当事人因此承担的责任:因为当事人获得了程序保障,就必须承认已完成的诉讼程序所发生的结果。这与宪法上的权利义务一致原则的基本原理是相符合的。作为制度化的程序安排,当事人享有提出诉讼请求、出庭参与审理、举证、辩论、上诉等诉讼权利;放弃诉讼权利意味着败诉或者其他不利后果的风险。诉讼结果被视为当事人行动的产物。这促使当事人积极地参与到诉讼过程中来。随着诉讼程序的推行,当事人的各种诉讼权利,包括表达不满的异议权,都一一行使完毕。当程序终结时,法律上视为当事人在实体和程序两个方面失去了表示不满的机会,所产生的实体结果因而获得合法性。换句话说,程序经过所发生的法律效果对程序主体有约束力,任何人不能随意要求推翻重来。这就是程序效力。

程序效力体现在程序的各个阶段。诉讼程序中的期限,是为程序划分阶段的时间标志,也是各段程序发生效力的标志。比如一审判决一经宣告,法院即不得改变判决的实体内容。哪怕在判决生效前就发现自己所作判决确有错误,法院除了"坐等"当事人上诉或者判决生效别无他法。再比如,上诉期届满当事人就不能行使上诉权;举证时限届满当事人举证的机会丧失等。既判力更是程序效力的典型例子;判决一旦确定,即发生既判事项权威,排除当事人就同一事实、以同一理由再次起诉的可能,也排除了法院就既判事项再次审理和判断的可能。

拓展阅读:"程序保障与判决的既判力",请扫本节二维码学习。

四、民事诉讼程序价值机理

程序的核心价值,是在多元价值并存状态下,通过平等对话和商谈论证促成合意,确保判断和决定不偏不倚的"中立性价值生产装置"。[1] 程序维系中立价值反复再生产的机理,是一套程序规则约束下的程序方法与程序技术。换言之,程序价值机理包含规则、对话、共识(合意)等要素。

(一) 以"参与-对话"为基本方法

程序固然表现为一定顺序的步骤和阶段,但程序绝对不是构成机器自动运行的那些命令、步骤的组合,或者说,程序不是目中无人的"自动售货机"。法治意义上的程序始终是有"人"这个行动主体参与其中的,是在各方主体交互影响下形成相互关系且不断发展、

---

[1] 季卫东:《法律程序的形式性与实质性——以对程序理论的批判和批判理论的程序化为线索》,《北京大学学报(哲学社会科学版)》2006年第1期。

演变的过程。其次,参与是以"对话"为基本方式的,在诉讼上表现为当事人的陈述答辩、举证质证、异议反驳等一系列辩论行动。对话式论辩不是无原则的妥协,而是在参加议论的各方平等分担责任、有理有据的论证条件下进行的。① 司法程序的核心是一种论证程序,论证过程遵循主体平等、无强制性、理由的普遍性等规则②,确保商谈及其结果的无成见性。用哈贝马斯的话说:"所有诉讼过程的参与者,不管动机是什么,都对一个从法官的视角来看有助于得到公平判断的商谈过程作出了贡献,而只有这种视角才是对论证判决来说具有构成性意义的。"③

(二)以"共识-合意"为基本目标

现代社会价值多元与不确定,无法纯粹依赖一定价值标准或信仰的实质合理性来作出决定,必须把实质合理性提炼为一般规则,由形式合理性保障决定的可预见性,防止专断与反复无常。但是,即便有完美的立法,也无法杜绝冲突与纠纷的发生。有分歧和纠纷就有程序作用的场域。民事诉讼程序以解决纠纷为问题导向,主张平等对待纠纷各方的利益或价值诉求,为当事人创造在信息对称的前提下寻求缩短彼此认识和价值上的差距的机会,鼓励妥协让步达成重叠共识。这种共识既可以是实体权利义务方面的,也可以是程序规则方面的。无论是哪一方面的共识,都将提高最终结论的可接受性。

经过程序形成的多数意见并非简单的投票表决的结果,而是参与者根据具体情境和具体信息,对自己的行动策略进行反思、斟酌后,调整修正行动方案,与对方相互妥协、彼此磨合而成。越是重要的决定,这种对话-合意的过程就越要充分。司法程序中庭审是各方主体正式对话的关键环节;合议制的功能也在于汇聚不同意见;陪审制更有汇聚社会意见的功能。程序思维反对用一次简单的投票来为最终的决定正当化。

(三)程序发挥正当化作用的关键是说理论证

论证是程序确保最终的决定符合公共理性的基本路径。第一,程序是汇聚不同意见的平台。第二,不同意见是有理由支撑的。程序不能停留在各执己见的阶段,需要在不同意见中寻找接近的可能。这些可能性就隐含在各方意见所赖以成立的理由之中。大量立法、司法与行政决定的程序经验表明,只要讨论过程是有效的,能够保证各种论证依据或理由充分碰撞,行动主体的理由与主张都有可能在程序进行中被改变。④ 第三,理由不是基于各自的偏好或情绪等非理性因素决定的论据,而是在法律的框架内,在形式理性约束下,以现行法律规定为依据,严格遵循逻辑规则进行的论证。第四,法律论证不可能在现行法建立的封闭领域中自足地进行,必须时常吸纳来自法律之外的诸如伦理、道德、成本

---

① 季卫东序,[英]尼尔·麦考密克,[捷克]奥塔·魏因贝格尔:《制度法论》,周叶谦译,中国政法大学出版社 2004 年版,第Ⅵ页。
② 参见[德]罗伯特·阿列克西:《法 理性 商谈:法哲学研究》,朱光等译,中国法制出版社 2011 年版,第124、132页。
③ [德]于尔根·哈贝马斯:《在事实与规范之间:关于法律和民主法治国的商谈理论》,童世骏译,三联书店 2003 年版,第283页。
④ 阿列克西把保障论证充分有效并对个体理由与诉求产生足以改变的影响作为商谈理论典型特征。[德]罗伯特·阿列克西:《法 理性 商谈:法哲学研究》,朱光等译,中国法制出版社 2011 年版,第104页。

收益、实用性等实质性的理由。实质性理由往往是影响各方说服力大小的变量,虽然不是决定性变量。就是说,在法律推理中,形式合理性与实质合理性的论证均是必要的,但各自的正当性都有限度。麦考密特等特别提醒说:"经验的判断不能超出任何以法律的逻辑解释的理由。在法律和程序中,合理性是首要的优点;但除它以外还有别的优点。如果没有智慧、同情和正义感的话,仅有合理性就似乎可能让我们有理由去做真正无理的事情。"[1]

(四)程序遵循"过程决定结果"的逻辑进路

依据一般程序性理论,某个命题或规范的正当性取决于它是否是特定程序的结果。[2]程序思维是一种始终把保障参与程序主体的权利放在优先地位,注重发挥程序的正当化作用,强调"过程好结果才好"的论证逻辑,反对从结果倒推过程的思维方式。

第二节　民事诉讼目的

一、民事诉讼目的的概念与意义

"目的"作为哲学的一个基本范畴,是人们在根据需要进行有意识的活动时,基于对客观事物本质和规律的认识而形成的理想目标。目的不是由自然原因导致的自然结果,而是人类自觉意识所认知的行为或活动所指向的对象或结果。[3] 康德曾说过:"有理性者与世界的其余物类的区别就在于,他能够替自己立个目的。"[4]对某种事物的需要促使人们萌发追求一定目的实现的欲望。目的决定了人们为相关行为的手段。对于通过诉讼方式解决社会矛盾的需要促成了民事诉讼制度的发生,而民事诉讼目的又决定了具体制度的设计与运作。正如日本学者新堂幸司所言:"将民事诉讼的目的作为民事诉讼法理论的出发点来加以议论所具有的实用性,在于主张将民事诉讼制度应实现的最高价值奉为解释论、立法论的指导坐标。"[5]对于民事诉讼目的研究不仅构成民事诉讼法学理论体系的基础和起点,而且成为民事诉讼立法的基点与归宿;民事诉讼目的论是民事诉讼基本理论的重要组成部分。

民事诉讼目的,是指人们设计和运用民事诉讼制度要达到的目标。探究民事诉讼目的就是在追问人们建立民事诉讼制度的根本理由。[6]

研究民事诉讼目的不仅对于民事诉讼制度的设立以及完善具有重要意义,同时对于民事诉讼法学理论研究也有重要的价值。目的论为民事诉讼制度设计提供一种基本理念

---

[1] [英]尼尔·麦考密克,[捷克]奥塔·魏因贝格尔:《制度法论》,中国政法大学出版社1994年版,第248页。
[2] 参见[德]阿列克西:《法　理性　商谈:法哲学研究》,朱光等译,中国法制出版社2011年版,第103页。
[3] 参见夏甄陶:《关于目的的哲学》,上海人民出版社1982年版,第7页。
[4] 康德:《道德形而上学探本》,商务印书馆1957年版,第51页。
[5] 章武生、吴泽勇:《论民事诉讼目的》,《中国法学》1998年第6期。
[6] 张卫平:《民事诉讼基本模式:转换与选择之间》,《现代法学》1996年第6期。

或曰"指引方向"的作用。正是因为目的体现的是人们关于民事诉讼制度的理想与追求，所以民事诉讼目的关系到民事诉讼制度的功能定位、基本模式选择、价值取向以及具体制度的设计。基于不同的目的论会出现不同的制度设计：以"私法权利保护说"或"私法秩序维持说"作为基本理念而设计的民事诉讼制度，一定不会像以"纠纷解决说"为基本理念的民事诉讼制度那样重视当事人的和解；而以"程序保障说"为基本理念设计的民事诉讼制度，肯定要比以其他几种目的论观点为基本理念设计的民事诉讼制度更注重诉讼的程序。[①] 其次，明确的民事诉讼目的有助于制度的整合。各项程序规则之间的组合关系应当符合民事诉讼目的，才能彼此协调配合形成合力。再次，民事诉讼目的是理解和正确适用民事诉讼制度的出发点。目的论可以为法官的法律解释提供方向性的指导。在成文法不甚完善的国家，这种指导显得更为重要。此外，对民事诉讼目的的探究奠定了民事诉讼法学的理论基础，也为从理论层面透视诉讼制度的妥当性或存在的问题提供了分析工具，有助于完善诉讼制度的理论研究。

二、民事诉讼目的理论发展

人类确立行动目的的基础在于对客观事物本质的认识与把握。目的不是人的头脑中固有的，也不是人们凭空想出来的，而是从人们同客观现实的关系中产生的，是人的自身需要与客观对象之间的内在联系的一种反映。作为一个哲学范畴，"目的"这一概念的形式是主观的，其内容却是客观的，是主客观的辩证统一。[②] 民事诉讼目的也是如此。民事诉讼目的不是随便确立的，必然受一定社会历史条件的限制，并取决于不同的诉讼主体的不同诉讼需求。尽管目的论研究所具有的抽象性和普遍性使得对民事诉讼目的的研究在一定程度上可以超越历史、地域范围，但目的论的本质特征又要求我们在研究时不能脱离一个国家的具体国情，即每个国家的法制传统、社会结构，以及由此决定的人们关于诉讼制度的评价标准。从历史上看，大陆法系民事诉讼目的理论经历了"保护私权说""维护秩序说""纠纷解决说"和"程序保障说"几个阶段。

1. 私法权利保护说

该说认为，民事诉讼的目的是保护实体法规定的民事权利的实现。民事诉讼制度的建立是为了克服民事主体之间就纠纷解决而采取私力救济方式所带来的弊端。国家因而承担起保护实体权利的义务。

2. 私法秩序维持说

该说认为，民事诉讼制度是国家基于维护私法秩序的目的而设立的。国家设立民事诉讼制度的目的在于满足社会整体的需要，而不是维护某个当事人的私法权利。国家为了调整私人之间的社会关系而制定了私法制度，同时还需要民事诉讼制度来维护这种私法秩序。尽管客观上民事诉讼制度起到了保护私法权利的作用，但从设立者的角度看，维持社会现存的私法秩序才是其根本目的。

---

① 章武生、吴泽勇：《论民事诉讼目的》，《中国法学》1998年第6期。
② 参见杨荣馨主编：《民事诉讼原理》，法律出版社2003年版，第11-12页。

3. 纠纷解决说

这一学说认为，民事诉讼不是以对原有实体权利的确认为出发点，而是以解决纠纷为其出发点。作为一项制度，其存在的必要性在于当事人之间的某些纠纷不能通过其他诉讼外方式解决，而必须要由国家强制力介入。因此民事诉讼的目的在于以国家强制力解决当事人之间的纠纷。

4. 程序保障说

该说站在宪法上权利保障的角度，特别是从"正当程序"的观念出发来审视民事诉讼目的。认为民事诉讼的正当性来自其程序的正当，而不是其结果的正当；民事诉讼程序并不是为了达到正确判断的手段，其过程本身就是民事诉讼的目的。国家设立诉讼制度就是为了确保当事人双方在程序过程中法律地位的平等及各种程序权利的实现。该说进一步提出，法院不应该把诉讼过程仅仅当作判决或和解的必经阶段，而应把这一过程本身作为诉讼自身应有的目的来把握。

5. 权利保障说

权利保障说从宪法中司法的作用与民事诉讼的关系入手推导出民事诉讼的目的。该说认为，根据宪法理念，民事诉讼就是司法权的行使过程。司法的核心作用是保障以宪法为基础的法律规范所认可的国民权利。因此，民事诉讼制度的目的在于保障以实质性的利益和价值为内容的实质权（权利实体）。该说强调其与传统的私法权利保护说的区别在于：民事诉讼所保障的实质权不包括请求权。请求权是实质权的救济手段，无须凭借诉讼的保护。权利保障说的实质在于对实现实体法规范所规定的权利（实质私权）的保障，把贯彻执行实体法作为诉讼的首要目的。[1]

6. 利益保障说

该学说的基本观点是：民事诉讼目的论不应当刻意强调实体权利的保护，也不应片面追求诉讼过程本身为中心，而应充分认识民事诉讼制度与宪法保障公民基本权利之间的直接关联，并依据宪法理念将此两项利益并纳入民事诉讼目的论之中。宪法在赋予人民主权时，也同时赋予人民以自由权、财产权及生存权等项基本权利，并为保障和实现上述基本权利，宪法又赋予人民以诉讼权，并设立司法机关通过诉讼制度来实现。据此，民事诉讼制度的目的应是利益的提出、寻求、确认和实现，即利益保障。[2]

7. 多元说

有学者从民事诉讼价值的多元化和相对性出发，提出了民事诉讼目的的多元化观点。认为在现代社会，任何把民事诉讼目的个别化的企图都是不足取的，合理的思路应当是在各种冲突的价值观念中找到一个平衡点。民事诉讼目的并非仅仅是法院审判的目的，同时也是程序主体（当事人）的目的。因此，保护实体权利、追求案件中实际保障当事人的程序利益等均为民事诉讼的目的。[3] 有学者从民事诉讼程序主体的多元性和社会价值取向

---

[1] 竹下守夫：《民事诉讼目的与司法的作用》，载《现代法学》1997年第3期。
[2] 参见李祖军：《民事诉讼目的论》，法律出版社2000年版。
[3] 江伟：《市场经济与民事诉讼法学的使命》，载《现代法学》1996年第3期。

的层次性论证民事诉讼目的的多重性和层次性。具体包括：实现权利保障、解决民事纠纷、维护社会秩序。三者的层次是：保障权利是基本目的，解决纠纷是直接目的，维护秩序是最终目的。①

> **评注**：多元目的论得到越来越多的人的追捧。表面上看，多元论的确能够兼顾诉讼主体各层面的目的，但目的多元化可能因不同目的内在价值取向的冲突导致民事诉讼具体制度设计上的无所适从。诉讼法与实体法一个显著的不同在于：实体法条文可以个别分开适用，而诉讼法的全部条文是一个有机整体，每个诉讼案件的程序都要动用大部分诉讼法条文。② 这不仅意味着诉讼法的制定必须符合价值目标统一、理论逻辑一致、具体环节相互衔接、具体制度相互契合的要求，而且意味着诉讼法的修改往往是牵一发动全身，一个具体制度的修改可能产生多米诺骨牌效应。例如，我国民事审判方式改革起初是从引入"当事人证明责任"入手，结果引发了民事诉讼法律制度乃至司法制度的整体变革。诉讼法固有的这一特点，要求在诉讼法的制定与修改过程中具备一种大局观③，任何新制度的构建都要紧扣民事诉讼的根本目的与价值，并与其他制度互相协调。"当法律体系中的每一个规则清楚明确地涉及它所推动的目标，并且对这个目标的渴望的根据已经确定，那么，这个法律体系就更为合理和开化。"④

三、民事诉讼目的是公正解决纠纷

对一个国家民事诉讼制度目的的科学界定，涉及该国社会政治结构特征、法律和司法在国家中的地位与作用、诉权与审判权的配置格局、人们对诉讼程序价值的理解与评价等诸多问题，想要在全世界范围内形成关于民事诉讼的统一的目的论是不可能，也是没有必要的。同时，民事诉讼目的也有时代性，即不同历史时期民事诉讼制度在社会政治结构中的功能定位不同，其制度目的也会不一样。我们要做的是立足于我国的国情，结合诉权理论基本原理，合理定位我国的民事诉讼目的论。如日本学者谷口安平所言："为使诉讼目的论更有建设性，就不应局限于理念层次的争论，而应该与类似诉讼的同种制度相互关联中找到诉讼目的的确切位置，并着眼于实践性与政策性来构筑关于诉讼目的的理论。"⑤ 因此在确立我国当前民事诉讼目的时，有必要分析那些最可能影响我国民事诉讼制度目的定位的因素。具体思路是：

（1）寻找当事人和国家民事诉讼目的的最大公约数。当事人选择和利用诉讼的目的可以分为两个层面：直接目的在于解决纠纷，最终目的在于保护自己的实体权利。国家设计和利用民事诉讼制度的目的也有两个层面：直接目的是解决纠纷，根本目的在于治理，即维护社会秩序。可见，当事人和国家利用民事诉讼的最终目的不尽相同，但直接目的却存在交叉之处：解决纠纷成为各方主体共同的目的。确定民事诉讼的目的既要顾及当事人选择民事诉讼制度的目的，也要尊重设立民事诉讼制度的一方，即国家的利益和目的。因而，民事诉讼制度的运行必须以两者的权利——审判权和请求权的结合为契机，也必须以一个统一的目的融合两权所追求的目的。⑥ 基于这样的理由，把解决纠纷当作民事诉

---

① 何文燕、廖永安：《民事诉讼目的之界定》，《法学评论》1998年第5期。
② 参见黄东熊：《刑事诉讼法论》，三民书局1987年版，第2页。
③ 汪建成：《刑事诉讼法再修订过程中面临的几个选择》，《中国法学》2006年第6期。
④ 斯蒂文·J.伯顿编：《法律的道路及其影响》，张之梅、陈绪刚译，北京大学出版社2005年版，第6页。
⑤ 谷口安平：《程序的正义与诉讼》，王亚新译，中国政法大学出版社1996年版，第49页。
⑥ 刘荣军：《论民事诉讼的目的》，《政法论坛》1997年第5期。

讼的一般目的比较有说服力。

（2）体现司法制度在国家治理体系中的功能定位。某项制度的目的与其在社会结构中的功能定位是密切关联的。目的是微观层面上的概念，即行动者希望通过该制度实现什么目标、取得什么效果的问题。功能则是宏观层面的概念，是该制度在整个社会结构中的位置和发挥的作用。司法在一国政治生活中的功能定位，以及支撑制度功能发挥的社会经济条件、社会对司法的需求等因素，都对司法制度目的的确定有影响。中国司法在政治结构中的位置，一直处于动态发展的过程中，其功能定位随着国家政治体制变革、社会治理结构转型而不断调整，从中可见司法目的也在顺势转向。

（3）突出诉讼制度与其他纠纷解决方式的本质不同。诉讼只是社会纠纷解决的方式之一。一般而言，社会纠纷解决途径包括纠纷主体的妥协与和解、社会调解与斡旋、民商事仲裁、行政机关的调解与裁决、司法机关的裁判等。不同的社会和不同的时代，各种纠纷解决手段的地位和作用是不同的。比如在新中国成立以来相当长的时期内，特别强调人民调解在化解社会纠纷方面的作用。相比之下，利用诉讼方式解决的纠纷占极小的比例。在经济、政治体制改革及其带来的社会结构转型作用下，司法被推到解决纠纷的前台。法院受理诉讼案件数量的急剧增加表明，诉讼已经被社会当作解决社会纠纷的主要手段。与其他纠纷解决相比，民事诉讼更标榜其纠纷解决的公正性。从国家治理社会需要出发，国家是出于不愿放任纠纷解决中的无序与可能的不公平而设立诉讼制度的。换句话说，国家之所以能够用诉讼制度来替代甚至排除私力救济，就是因为它标榜司法解决的公正性。这种公正性包括过程公正与结果公正两个方面。过程公正要求程序制度设计要把程序保障作为民事诉讼的核心内容。结果公正则要求法院认定的事实尽可能接近客观真相，判决所依据的法律准确，不违背法律的基本精神和善良风俗。

> **拓展阅读：** "'程序保障'是民事诉讼目的实现的手段"，请扫本节二维码学习。

综合以上三个方面的分析，我们可以确定，民事诉讼的目的在于公正解决纠纷。"公正性"和"解决纠纷"在民事诉讼目的中是有机结合在一起，不可任意割舍的两个内涵。从审判获得正当性的角度说，在过程和结果两个方面体现法律上的公平与正义，当事人才愿意接受法院的判决，不再争议，从而最终解决纠纷。单独强调民事诉讼所追求公正性或者解决纠纷的意义，都不足以表明其目的。"公正解决纠纷"满足了诉讼主体利用诉讼制度的基本要求，也成为人们评价裁判的可接受性的主要价值标准。中国司法正处于制度变迁之中，每一次政策变动都引发司法功能定位和目的调整。党的十八大把全面建设法治国家作为发展战略，这表明国家治理结构正在向常规治理转型，司法的功能随之调整。[①]党的十八大确定的司法改革的目标是实现司法公正，"让人民群众在每一个司法案件中感受到公平正义"，提高司法公信力，改革的主线是回归司法规律。而司法规律决定了现代治理结构中的司法目的须确定为"公正解决纠纷"。首先，现代司法在社会治理中的功能定位决定其一般目的是解决纠纷。[②] 现代社会法律的功能在于通过化约社会的复杂性，

[①] 吴英姿：《论司法的理性化——以司法目的合规律性为核心》，《政法论丛》2017年第3期。
[②] 有人把解决纠纷当作司法的基本功能。参见姚莉：《法院在国家治理现代化中的功能定位》，《法制与社会发展》2014年第5期。这实际上混淆了制度目的与功能的概念。

使人们的行为具有可预测性和确定性；而司法则利用政治上组织起来的力量，通过反复把法律适用于具体案件让法律所蕴含的公平、公正、人权等人类的理性价值得以不断实现，从而维系社会秩序的再生产。① 在以多元化异质性为基调的现代社会里，法律与司法的这种理性化约能力不断产生凝聚力，使包含不同价值观、不同利益诉求、高度分化的社会，能够按照政治要求紧密地团结为一个统一体，不同的结构和行动可以和谐互动，形成共同的社会生活，实现社会整合。② 如此，现代社会的司法不再是统治者或国家单方的管控手段，而是国家、社会、个人共同治理的制度化平台。因此，确定司法的目的不能仅仅考虑制度提供者国家的需要，也不能把不同主体的目的简单相加，而须从中寻找"最大公约数"。可见，把公正解决纠纷确定为司法目的不仅是中国司法制度自我探索的结果，也符合一般司法规律。

拓展阅读："民事诉讼目的对民事诉讼立法和司法实践的意义"，请扫本节二维码学习。

四、我国民事诉讼法的任务

我国民事诉讼法根据民事诉讼目的，对人民法院审理民事案件应当完成的任务进行了明确。民事诉讼法的任务不同于民事诉讼目的。任务是指交派的工作、指令或完成工作要达到的要求。任务是依据目的来确定的。不同的目的会有不同的任务要求。承担任务的主体是人民法院。民事诉讼法要求人民法院在审理民事案件的同时完成法律提出的任务，以发挥民事审判在社会治理方面的作用。《民事诉讼法》第 2 条规定的民事诉讼法任务包括以下几个方面：

（1）保护当事人行使诉讼权利。诉讼权利是当事人诉权实现的具体表现，是诉权发挥制约审判权作用的根本力量。诉讼权利是否充实、其实现是否有保障，是评价民事诉讼程序是否正当的主要指标，也是实现公正解决纠纷这一民事诉讼目的的重要保障。

（2）保证人民法院查明案件事实，分清是非，正确适用法律，及时审理民事案件。公正解决纠纷建立在人民法院查明事实，分清是非，正确适用法律的基础上。社会评价法院裁判是否公正，首先是对判决认定的事实是否有证据证明和对当事人权利义务的判断是否有法律依据、适用法律是否符合立法精神进行的评价。要求人民法院及时审理民事案件，则体现了程序的效率价值要求。"迟来的正义非正义"，人民法院审理民事诉讼案件要在保证公正的前提下尽可能提高诉讼效率。

（3）确认民事权利义务关系，制裁民事违法行为，保护当事人的合法权益。当事人提起诉讼的最终目的是确定双方之间的权利义务关系，保护自身的合法权益。人民法院在依法裁判当事人的纠纷的同时，也是在实施民事实体法律，实现民法的目的，即保护民事权利，制裁民事违法行为，让有民事侵权、违约等民事违法行为者承担民事责任。

（4）教育公民自觉遵守法律。每一个诉讼过程都是实体法律发挥行为规范作用的过

---

① 程竹汝：《司法改革与政治发展》，中国社会科学出版社 2001 年版，第 187,245 页。
② 参见[美]科特威尔：《法律社会学导论》，潘大松等译，华夏出版社 1989 年版，第 79 页。

程。民事诉讼法要求法院充分利用审理民事案件的机会,通过公开审判过程和裁判结果,向当事人和社会公众宣讲法律,充分发挥司法的"规则再生产"功能,使当事人及社会公众可以通过诉讼过程和裁判结论受到法制教育,增强法治观念,自觉遵守法律,从而起到预防纠纷、减少诉讼的作用。

(5) 维护社会秩序、经济秩序,保障社会主义建设事业顺利进行。从国家角度看,纠纷得不到妥善、及时的处理将对社会秩序和稳定产生威胁。个人之间的利益之争、社会局部的矛盾冲突得不到及时化解,可能导致矛盾纠纷的激烈化,甚至引发群体性事件,带来社会失序的风险。因此,民事诉讼法将维护社会秩序、经济秩序,保障社会主义建设事业的顺利进行确定为人民法院审理民事案件的任务,符合国家利用司法制度解决纠纷、维护社会秩序的目的。

第三节 民事诉讼法的效力

民事诉讼法的效力,即民事诉讼法的作用范围,包括空间效力、时间效力、对人效力和对事效力四个维度。

一、空间效力

民事诉讼法的空间效力,是指民事诉讼法适用的地域范围。我国《民事诉讼法》第4条规定:"凡在中华人民共和国领域内进行民事诉讼,必须遵守本法。"民事诉讼法的空间效力范围涵盖所有国土领域,包括我国领土、领海、领空以及领土的延伸部分(如我国驻外使领馆,航行或停泊于国外或公海上的我国飞行器或船舶等)。根据《民事诉讼法》第17条的规定,民族自治地方的人民代表大会有权制定变通或补充规定。这些变通或补充规定,应当遵循宪法和民事诉讼法的基本原则,仍属于我国民事诉讼法的有机组成部分。因此不能误认为民事诉讼法的空间效力不包括民族自治区域。

民事诉讼法空间效力的例外:根据《香港特别行政区基本法》(以下简称《香港基本法》)和《澳门特别行政区基本法》(以下简称《澳门基本法》)的有关规定,全国性法律除该法有明确规定者外,不在特别行政区实施。因此,我国现行《民事诉讼法》并不适用于中国香港和澳门特别行政区。

二、时间效力

民事诉讼法的时间效力,是指民事诉讼法在什么时间范围内有效,包括生效时间、失效时间,以及是否具有溯及既往的效力等问题。

我国现行《民事诉讼法》的生效时间为1991年4月9日,因此时间效力范围是从1991年4月9日开始,直至将来被废止之日。

由于程序法不规定实体权利和义务,且新的程序法往往较旧法更加接近正当程序,因此程序法一般都有溯及既往的效力。《民事诉讼法》具有溯及既往的效力,意即法院在《民事诉讼法》生效前受理的案件,若尚未审结,适用新《民事诉讼法》规定的程序规则。例如,

2012年修改后《民事诉讼法》从2013年1月1日开始实施。《最高法院关于修改后民事诉讼法施行时未结案件适用法律若干问题的规定》(法释[2012]23号)解释新民事诉讼法的时间效力:2013年1月1日未结案件原则上适用修改后的民事诉讼法。2013年1月1日前依照修改前民事诉讼法和有关司法解释的规定已经完成的程序事项,仍然有效。2013年1月1日未结案件符合修改前的民事诉讼法或者修改后的民事诉讼法管辖规定的,人民法院对该案件继续审理。这是基于维护正在审理案件的程序效力的考虑。依此类推,2021年修改后民事诉讼法于2022年1月1日开始实施,2022年1月1日前依照修改前民事诉讼法和有关司法解释的规定已经完成的程序事项,仍然有效。2022年1月1日未结案件符合修改前的民事诉讼法或者修改后的民事诉讼法管辖规定的,人民法院对该案件继续审理。

三、对人效力

民事诉讼法的对人效力,是指民事诉讼法对哪些人有约束力。根据《民事诉讼法》第3条和第4条的规定,凡在我国领域内参加民事诉讼的人,无论其国籍如何,都必须遵守我我国民事诉讼法。具体包括:① 我国公民、法人和其他组织;② 居住在我国领域内的外国人、无国籍人以及在我国的外国企业和组织;③ 在我国进行民事诉讼的外国人、无国籍人以及外国企业和组织。

对人效力的例外情形:根据我国《民事诉讼法》第268条的规定,对享有外交特权与豁免权的外国人、外国组织或国际组织提起的民事诉讼,应当按照我国法律和我国缔结或参加的国际条约规定办理,即不适用诉讼的方式而是通过外交途径解决。但是,上述人员和组织在下列情形下不具有民事司法豁免权:① 其所属国明确宣布放弃司法豁免的;② 因私人事务与他人发生民事纠纷的;③ 提起民事诉讼而被反诉的。享有司法豁免权者在我国提起民事诉讼的行为意味着其放弃了豁免权。因此,如果对方当事人反诉的,他不得再主张豁免权。

为保障外国人在我国进行民事诉讼的合法权益,同时也为了维护国家主权尊严,《民事诉讼法》第5条规定了两条专门针对外国人在我国进行民事诉讼的原则:① 同等原则,即外国人、无国籍人、外国企业和组织在人民法院起诉、应诉,同中华人民共和国公民、法人和其他组织有同等的诉讼权利义务。② 对等原则,即外国法院对中华人民共和国公民、法人和其他组织的民事诉讼权利加以限制的,中华人民共和国人民法院对该国公民、企业和组织的民事诉讼权利,实行对等原则。

四、对事效力(主管)

民事诉讼法的对事效力,即民事诉讼主管范围,是指法院可以依照民事诉讼法审理的纠纷范围。民事诉讼主管范围反映的是人民法院与其他纠纷解决机构或组织在受理纠纷上的分工和权限。根据《民事诉讼法》第3条的规定,民事诉讼法对事效力范围包括:公民之间、法人之间、其组织之间以及他们相互之间因财产关系和人身关系提起的民事诉讼。就现行法律规定和实践中常见的民事诉讼案件而言,法院主管的民事诉讼范围包括:

(1)民法调整的财产关系和人身关系产生的案件。财产关系案件是指因财产权利发生纠纷而引起的诉讼争议,如买卖、租赁、借贷、侵犯财产权、知识产权等纠纷引起的案件。人身关系案件是指基于婚姻家庭人身关系性质的权利发生争议。如离婚、抚育、扶养、赡养、收养关系纠纷,或者侵犯人身权、肖像权、名誉权等人格权引发的案件等。人身关系争议有时也具有财产争议的内容。多数情况下一个案件可能兼具人身、财产两方面的讼争,如人身损害赔偿纠纷案件、遗产继承纠纷案件等。

（2）经济法调整的应按照民事诉讼程序解决的经济纠纷案件。例如,因生态破坏引发的损害赔偿纠纷案件、因不正当竞争引起的损害赔偿案件等。

（3）商法调整的商事法律关系发生的案件。例如,票据纠纷案件、股东权益纠纷案件、企业法人破产案件、海事海商纠纷案件等。

（4）劳动法调整的劳动争议案件。按照《劳动法》的规定,这类案件依法必须先由劳动争议仲裁委员会仲裁,不服仲裁裁决的当事人可以在接到裁决书之日起15日内向人民法院起诉。劳动争议仲裁委员会以仲裁事项不属于劳动争议为由,或者以当事人仲裁申请超过劳动法规定的申请仲裁的60日期限为由,作出不予受理的书面裁决、决定或者通知,当事人不服,依法向人民法院起诉的,人民法院应当依法受理。

（5）依民事诉讼法规定由人民法院审理的非讼案件和其他案件。例如,选民资格案件、认定无主财产案件、认定公民无民事行为能力或限制行为能力案件、宣告失踪或宣告死亡案件,以及按照督促程序、担保物权实现程序解决债权实现的案件、按照公示催告程序解决遗失票据宣告失效的案件、调解协议司法确认程序等。

第四节 民事诉讼法基本原则

一、民事诉讼基本原则概述

民事诉讼基本原则是民事诉讼规定的,人民法院、当事人和诉讼参与人进行民事诉讼应当遵循的根本规则。"原"即根本,"则"就是规则。原则是指人们说话、行事所依据的法则或标准。在法律上,原则是一种用来进行法律论证的权威性出发点。原则可以分解为两层含义:①法律的诸多规则或学说的根本道理,是法律的其他规则或学说的基础或来源。②确定的行为规则、程序或法律判决、明晰的原理或前提。它意味着,除非有更明晰的前提,不能否定或反驳之。[1] 法律的基本原则反映了人类对于法律的基本精神的共性理解。基本原则作为法律规则体系的灵魂所在,直接决定了法律制度的基本性质、基本内容和基本价值取向,具有一以贯之的统帅特质。[2] 在一部法律中,基本原则是这部法律的总体精神和指导思想,其效力贯穿整部法律的始终。就民事诉讼法而言,民事诉讼法的基本原则负载着民事诉讼的价值,反映民事诉讼的本质和目的。它不仅决定了诉讼各阶段的结构和形式,对诉讼当事人的诉讼行为起导向作用,对法院审判权起制约作用,而且对

---

[1] 参见《布莱克法律辞典》"原则"条,西方出版公司1979年版,第1074页。
[2] 江伟:《中国民事诉讼法专论》,中国政法大学出版社1998年版,第217-218页。

诉讼立法、司法实践起着宏观指导作用。从这个意义上说,民事诉讼基本原则具有立法准则、行为准则及民事诉讼法自我完善的功能。因此,对基本原则的正确理解需要紧扣现代民事诉讼共同价值,并结合民事诉讼目的与本质特征进行把握。

民事诉讼法基本原则包含两个层次:第一层次是三大诉讼法共通的基本原则;第二层次是民事诉讼法特有的基本原则。三大诉讼法通用原则是:

1. 人民法院独立行使审判权原则

该原则规定在《民事诉讼法》第6条:"民事案件的审判权由人民法院行使。""人民法院依照法律规定对民事案件独立进行审判,不受行政机关、社会团体和个人的干涉。"该原则包含两层意思:其一,民事审判权只能由人民法院行使,即审判权专属于人民法院。这是宪法规定的国家权力结构决定的。审判权,在本质上是一种判断权,是司法权的核心内容。因此,在一般意义上,人民法院又称为司法机关。其二,保障人民法院独立行使审判权。司法公正的基本要素之一是司法者的中立性,即法官不偏不倚,居中判断。法官中立性的最有力保障是审判权的独立性,即法官在对当事人争议的事实和权利义务关系进行判断时,不受任何个人、机关或社会团体的干预,不得成为任何个人、机关或社会团体利益的代言人。

2. 人民法院依照事实和法律裁判原则

该原则规定在《民事诉讼法》第7条:"人民法院审理民事案件,必须以事实为根据,以法律为准绳。"理解该原则应当注意以下要点:第一,人民法院的判决结论必须建立在经审理查明的事实基础之上。法官不能凭主观想象的事实或假设的事实作出判断。第二,所谓"以事实为根据",是指以有证据能够证实的事实为依据。法官不是案件的亲历者,其判断事实只能凭借证据。证据规则对于诉讼上的证据、举证责任分配、证明标准等有一套复杂的规则,其目的在于防止法官认知偏差或被虚假的、无关的信息所误导,保障法官尽可能接近真相。第三,所谓"以法律为准绳",是指法官对当事人争议的权利义务的判断只能根据法律进行。司法的本质是"法律的判断"。法律的判断是超越各种道德、宗教教义、政策等社会规范和意识形态之上的,是不同价值诉求和意识形态的"重叠共识"部分。当然,由于法律的抽象性,从法律到裁判的过程中需要经过法官解释法律这个"桥梁"。但法官的法律解释是立足于法律文本的,绝大多数情况下是文字意义上的解释。法官的解释不能够随心所欲,不能表露个人情感、情绪或价值偏好,更不能受控于某种利益集团、宗教派别和道德立场而偏离法律精神。在当事人诉求的实体权利没有法律规定时,法官的法律解释可能会有一些"能动性",但也必须是基于法律原则紧扣法律精神的解释。

3. 直接言词原则

该原则由司法的亲历性决定,包含直接原则与言词原则两个方面。直接原则又称直接审理原则。它是与按他人的审理结果、听取他人汇报进行裁判的间接审理相对立的,指的是判决只能由直接参加法庭调查、听取法庭辩论、亲自接触原始证据的审判人员亲自作出。此原则有三方面含义:一是"在场原则",法院开庭时,法官、当事人、检察官以及其他诉讼参与人必须亲自到庭参加庭审活动;二是"直接采证原则",即参加庭审的法官必须亲自参加法庭调查,直接接触原始证据;三是直接判决原则,判决由亲历庭审过程、亲自审核原始证据的法官作出。[1]

言词原则又称言词审理原则,与书面审理原则相对,是指在庭审过程中,当事人以及法院的诉讼行为特别是质证、辩论、证据调查都要求以言词的形式进行。[2] 言词原则具有双重含义:一是不经言词辩论不得判决;二是只有通过言词辩论得以陈述和显示的内容才属于判决的资料。在诉讼过程中主要体现在如下几个方面:其一,庭审过程中所有民事诉讼主体的诉讼行为都应当以言词的方式进行,当事人应以言词陈述,当事人质证、辩论以口头形式进行,法院调查证据应以口头形式进行,证人应以口头形式作证,鉴定人的鉴定意见应由鉴定人在法庭上口头陈述并接受询问。上述诉讼行为不以言词方式为之不生程序上效力。其二,在法庭上提出的证据材料都应以言词方式提出并调查,否则不得作为判决之依据。

民事诉讼特有的基本原则,是由民事诉讼目的决定的,以保障诉权、构建当事人诉权与审判权相互制约机制为核心,体现民事诉讼本质特征的基本准则。基于这样的思路,本教材将以下原则确定为民事诉讼特有的基本原则:①诉讼权利平等原则;②辩论原则;③诚信原则;④处分原则。

二、诉讼权利平等原则

诉讼权利平等原则要求民事诉讼程序的设置,无论在形式上还是在实质上,均应维持原被告之间的平等地位,拥有相同的攻击和防御办法。[3] 诉讼权利平等原则是宪法中"法律面前人人平等"原则的具体化,是正当程序的内在要求。我国《民事诉讼法》第 8 条规定:"民事诉讼当事人有平等的诉讼权利。人民法院审理民事案件,应当保障和便利当事人行使诉讼权利,对当事人在适用法律上一律平等。"根据法律规定,当事人诉讼权利平等原则包含以下含义:

(1) 当事人双方诉讼地位平等。诉讼对立双方地位平等是民事诉讼程序公正的突出品质。当事人不因为是原告就享有优于被告的地位,当事人也不会因为是被告而受到歧视。

(2) 当事人攻防手段相当,胜败诉机会均等。民事诉讼法规定的当事人双方诉讼地位平等,主要通过赋予双方享有相同的或对等的诉讼权利来体现。当事人享有的诉讼权利有的是完全相同的,比如陈述权、辩论权、异议权;有的诉讼权利虽然不同但是彼此对应、力量相当。比如原告因是发动诉讼的一方而享有选择管辖法院的主动权。为平衡其被动应诉的不利处境,法律赋予被告管辖异议权。被告不仅对原告提出的诉讼请求及其理由有答辩权、反驳权,还享有反诉权。证据规则更是注重通过证明责任分配规则,在当事人之间公平分配证明或说服负担和败诉风险,等等。正是因为双方当事人诉讼权利相当,因而拥有公平对抗的实力,胜诉机会与败诉风险也因此得以在当事人之间均衡分布。

(3) 人民法院平等保障当事人诉讼权利实现。这主要体现在法律要求法官恪守立场中立,对双方当事人一视同仁,不偏不倚。如此在诉讼构造上呈现出一种等腰三角形的结

---

[1] 陈瑞华:《刑事审判原理论》,北京大学出版社 1997 年版,第 183 页。
[2] 刘敏:《论直接言词原则与民事证据制度的完善》,《人文杂志》2001 年第 3 期。
[3] 江伟:《民事诉讼法学原理》,中国人民大学出版社 1999 年版,第 727 页。

构,确保双方当事人的诉讼力量能够在运动中始终保持平衡。如果一方当事人因为法律知识缺乏、诉讼经验不足,又没有能力负担律师提供专业服务的成本,有可能因不懂得举证质证、无法进行有效的陈述辩论、及时提出异议,因而在诉讼权利实现程度上大打折扣,导致双方诉讼权利客观上不对等。此时,法律要求法官在不破坏裁判者中立性的前提下,通过妥当的释明来保持双方攻防力量的平衡,确保程序实质公平。

三、辩论原则

辩论原则是指当事人在诉讼中有权就案件的实体问题和程序问题相互辩论。辩论具体表现为当事人陈述自己的主张与理由,反驳对方的主张与理由。辩论原则建立在双方当事人诉讼权利平等的基础之上,体现了程序通过对话寻求共识、促成合意,进而为最终的决定提供正当性基础的运作机理。辩论原则体现在《民事诉讼法》第12条的规定:"人民法院审理民事案件时,当事人有权进行辩论。"

> **拓展阅读**:"辩论主义",请扫本节二维码学习。

按照程序价值机理和辩论主义,民事诉讼法上的辩论原则应当包含以下内容:

(1) 辩论权是当事人的一项基本诉讼权利,贯穿审判程序始终。程序的参与性主要表现为在诉讼的全过程当事人都享有陈述辩论权。在起诉阶段,原告提出诉讼请求及所依据的事实、理由,被告有权提出答辩,对其请求与理由予以否定、反驳,表达不同意见。在法庭审理阶段,当事人有陈述、反驳、举证、质证和相互辩论的权利,在庭审辩论环节结束时,双方还有最后陈述机会。这样的辩论活动也体现在二审、再审程序各环节中。值得注意的是,辩论原则主要是基于对审结构而存在。在以强制实现生效裁判为目的的执行程序和非讼性质的特别程序中,当事人没有辩论的需要。因此在这些程序中不存在辩论原则。

(2) 当事人行使辩论权的范围既包括案件事实与法律适用等实体问题,也包括管辖权、保全、送达、证明责任分配等程序问题。辩论权行使的方式既有开庭中的口头辩论,也有通过书状进行的书面形式的辩论。

(3) 人民法院应当保障当事人充分行使辩论权。人民法院保障当事人辩论权的本质,是确保当事人的辩论对诉讼程序与裁判结论发生实质性影响。因此,人民法院应当引导当事人围绕争议的事实、证据与法律焦点展开有效的辩论,以当事人的争议焦点为审理判断的对象,在裁判理由中对当事人辩论的观点一一作出回应。相反,对于当事人没有作为争议焦点提出主张,也没有充分辩论的证据材料、案件事实和权利请求,法院不得作出裁判。

四、处分原则

在民事诉讼理论中,处分应当理解为当事人安排和解决自己的实体权利和诉讼权利的行为。处分原则集中体现于《民事诉讼法》第13条第2款:"当事人有权在法律规定的范围内处分自己的民事权利和诉讼权利。"处分原则是指当事人在诉讼过程中,对自己享有的民事权利和诉讼权利,在法律规定的范围内有权自由支配。其内涵主要包括以下几点：

(1) 只有当事人和具有当事人诉讼地位的诉讼参加人才能享有处分权。没有诉讼行为能力的人在诉讼中行使处分权，必须通过自己的法定代理人才是有效的。委托代理人只能在当事人特别授权的范围内代为行使当事人的处分权。

(2) 当事人处分民事权利和诉讼权利必须在法律规定的范围内进行，即民事诉讼上的处分原则是相对的、有限的。如果当事人的处分行为超过了法律的规定，侵害了他人的民事权益，其处分就是无效的。因而，当事人在民事诉讼中的处分行为要接受法院的审查。

(3) 当事人的处分权包括对实体权利的处分和诉讼权利的处分。对实体权利的处分具体表现为：第一，权利主体在权益受到侵犯或与他人发生争议时，可以选择权利保护的方式，并确定诉讼请求的范围。如当事人可以决定请求赔偿的范围、实现权利的方式等。第二，在诉讼开始以后的合理期限内，原告可以变更诉讼请求，也可以增加或减少诉讼请求。第三，在诉讼中，原告可以放弃诉讼请求、撤回起诉；被告可以部分或全部承认原告的诉讼请求；当事人双方可以通过调解达成协议，等等。第四，在裁判生效后，在判决执行完毕之前，双方当事人还可以就裁判文书确定的实体权利的实现方式自行和解。

对诉讼权利的处分包括：第一，在争议发生之后，当事人决定是否向法院起诉。只有在当事人起诉的情况下，诉讼程序才会发生。第二，在诉讼的过程中，原告可以随时撤回起诉，从而终结诉讼程序。被告也有权决定是否提出反诉来对抗原告的诉讼请求。第三，在一审裁判生效后，对于可以上诉的裁判，当事人有上诉或不上诉的权利。第四，在裁判生效后，权利主体有权决定是否申请强制执行。需要说明的是，在诉讼中，当事人对实体权利的处分往往是通过对诉讼权利的处分来实现的。比如当事人要放弃诉讼请求就可以通过撤诉来实现。

拓展阅读："处分权主义"，请扫本节二维码学习。

五、诚信原则

《民事诉讼法》第13条第1款规定："民事诉讼应当遵循诚信原则。"民事诉讼中的诚信原则，就是要求民事诉讼法律关系主体应该以诚实善意的态度来参与民事诉讼。由于诉讼行为具有相互性特征，即任何一方当事人的诉讼行为都会影响到对方当事人的行使诉讼权利的决定，因此诚实信用原则特别强调当事人在法律规定的范围内审慎行使和处分自己的民事权利和诉讼权利，自觉履行诉讼义务，不损害他人和社会公共利益。

背景资料："诚信原则进入民事诉讼的过程"，请扫本节二维码学习。

按照诚实信用原则要求，当事人在诉讼中的意思自由是受法律限制的，具体表现为以下几个方面：

1. 真实义务与禁止虚假陈述

当事人在诉讼中承担真实义务，不得虚构事实和证据影响法院对案件事实的判断。真实义务是诚实信用原则最基本的表现形态。对当事人真实义务的要求是对辩论主义和处分权主义的补充。如果把当事人虚假陈述作为行使处分权来对待,则必然会违反诉讼形式上的公正以及实体上的公正。当事人和其他诉讼参与人违反真实义务不仅是对另一方当事人正当程序权利的侵犯,还是对法院司法权威的蔑视。因此,在诚实信用原则下,当事人在诉讼中所作的虚假陈述不产生程序上的拘束力。诚实信用原则禁止当事人以不正当的方法或手段骗取有利于自己的诉讼状态。比如以不正当手段骗取本地法院对案件行使管辖权,或以虚假的理由获得法院财产保全、证据保全、先予执行裁定,或者妨碍对方当事人有效地实施诉讼行为,等等。采取不正当手段获取的对自己有利的诉讼状态,对方当事人对此可以提出异议,法院也可以根据诉讼法的规定对不当诉讼行为给予否定评价,对构成妨害诉讼的行为采取强制措施。行为人因不当诉讼行为给对方当事人造成损害的,应当承担赔偿责任。当事人虚假陈述行为构成妨害诉讼行为的,法院可以采取强制措施加以排除。《民事诉讼法》第115条和第116条分别针对当事人和被执行人通过恶意诉讼、仲裁和调解等方式侵害他人合法权益或逃避履行法律文书确定的义务的行为,规定了相应的程序规则。当事人之间恶意串通,企图通过诉讼、调解等方式的,人民法院应当驳回其请求,并根据情节轻重予以罚款、拘留;构成犯罪的,依法追究刑事责任。被执行人与他人恶意串通,通过诉讼、仲裁、调解等方式的,人民法院应当根据情节轻重予以罚款、拘留;构成犯罪的,依法追究刑事责任。《民诉法解释》第92条第3款规定,当事人自认的事实与人民法院查明的事实不符的,不予确认。第96条规定,人民法院认为当事人有恶意串通损害他人合法权益可能的,可以依职权调查收集证据加以认定。第119条、第120条规定证人有如实作证义务,要求证人出庭作证前要签署如实作证的保证书。证人拒绝签署保证书的,不得出庭作证,并自行承担因参加诉讼而发生的相关费用。

2. 审慎行使诉讼行为,禁止反悔及矛盾行为

禁止反悔及矛盾行为,简称禁反言,是指当事人在诉讼上或诉讼外为某种行为的结果,使对方当事人相信其行为将出现一定的法律状态,因而决定其态度。这时只要从客观上来看该当事人的相信是合理的,就应受法律保护。[①] 禁止反悔及矛盾行为重在保障对方当事人的诉讼利益。如基于一方当事人已有的陈述和行为,另一方当事人本着信任而为的行为应当受到法律的保护,不允许一方当事人事后反悔或采取矛盾的行为来损害对方当事人的正当利益。最高人民法院指导性案例第2号的上诉人采取的先与被上诉人达成和解协议并撤回上诉,然后又反悔不履行协议,致被上诉人既不能按照和解协议实现债权也无法获得二审裁判支持的行为,损害了对方当事人的诉讼利益和实体权利,构成滥用诉讼权利,是典型的违反诚实信用原则的行为。[②]

3. 依法及时行使诉讼权利,禁止滥用诉讼权利,故意拖延诉讼

在诉讼中当事人享有广泛的诉讼权利,同时也承担相应的诉讼义务,即当事人行使诉讼权利必须依法进行。滥用诉讼权利是指,当事人没有正当行使诉讼法赋予的权利,导致诉讼不能及时、顺利进行。例如,明知自己没有事实和法律依据,为意图拖延诉讼而滥用反诉权、回避申请权、管辖异议权等行为。滥用诉讼权利也表现为当事人懈怠行使诉讼权

---

① [日]兼子一,竹下守夫:《日本民事诉讼法》,白绿铉译,法律出版社1995年,第79页。
② 吴梅诉四川省眉山西城纸业有限公司买卖合同纠纷案。

利,包括长期没有行使权利的表示、不实施相应的诉讼行为,致使对方当事人以为其已经放弃了该项诉讼权利,而实施了一定的诉讼行为时,该当事人才开始行使该项权利,导致对方来不及做好举证质证、反驳的准备而利益受损的"诉讼突袭"行为。2012 年修改《民事诉讼法》时增设的举证时限制度,就是针对一些当事人在合理时间内怠于举证,在开庭时或上诉后突然提交证据,让对方当事人措手不及的情形加以规制。该制度规定当事人超过举证时限提供的证据,法官可以不作为定案根据。即便采纳了当事人逾期提交的证据,人民法院也可以采取训诫、罚款等强制措施,责令当事人负担因此而增加的诉讼费用。《民诉法解释》第 409 条:"当事人提交新的证据致使再审改判,因再审申请人或者申请检察监督当事人的过错未能在原审程序中及时举证,被申请人等当事人请求补偿其增加的交通、住宿、就餐、误工等必要费用的,人民法院应予支持。"

> **拓展阅读**:"域外法上的诚信原则",请扫本节二维码学习。

第五节 民事诉讼法律关系

一、民事诉讼法律关系的概念和特点

民事诉讼法律关系是民事诉讼法律、法规所调整的法院与当事人及其他诉讼参与人之间,以诉讼权利和诉讼义务为内容的法律关系。民事诉讼法律规范的存在,是特定的社会关系转变为民事诉讼法律关系的前提。民事诉讼法律关系,是民事诉讼法律规范在现实生活中的体现。

民事诉讼法律关系的核心是当事人与法院的关系,即诉权与审判权的关系。当事人行使诉权是法院行使审判权的前提。法院审判权必须围绕当事人诉权运作。其他诉讼参与人的诉讼行为也是围绕当事人的诉讼请求和法院对案件的审理需要而展开。因此,在民事诉讼法律关系中,诉权与审判权的关系成为各种诉讼法律关系的中心。

民事诉讼法律关系还表现为法院同其他诉讼参与人之间发生诉讼关系。例如与证人、鉴定人等发生的诉讼关系。当事人为了获得有利于己的裁判,在诉讼过程中必然要求相互对话与沟通,实施攻击防御的诉讼行为;其他诉讼参与人也为诉讼的顺利进行发挥特定作用。例如,当事人委托代理人代为实施诉讼行为,当事人对证人证言进行质证,翻译人员为当事人进行翻译等。但是,各诉讼法律关系主体的诉讼行为都是在法院的组织和指挥下进行的。因此,民事诉讼法律关系体现为以法院为中心,各诉讼参加人和其他诉讼参与人分别与法院形成的权利(力)义务关系。

二、民事诉讼法律关系的构成要素

民事诉讼法律关系和其他法律关系一样,也是由主体、内容和客体三个要素组成的。

(一)民事诉讼法律关系的主体

民事诉讼法律关系的主体,是指在民事诉讼程序中依法享有诉讼权利和承担诉讼义

务的国家机关、公民、法人和其他组织。在我国，人民法院、人民检察院、诉讼参加人、其他诉讼参与人都是民事诉讼法律关系的主体。

1. 人民法院

人民法院是行使国家审判权的机关，在诉讼中依法享有审判权和承担依法裁判的职责，依法定程序和方式进行审判活动。人民法院在诉讼中，通过行使审判权，与当事人和其他诉讼参与人形成审判法律关系。在审判法律关系中，人民法院有职责组织和指挥诉讼程序。由于人民法院的诉讼行为能够在一定程度上决定诉讼程序的开始、变更或消灭，所以，人民法院既是民事诉讼法律关系主体，又是诉讼主体。

2. 诉讼参加人

诉讼参加人包括当事人和诉讼代理人。其中，当事人是任何诉讼法律关系都必须具备的诉讼主体。诉讼参加人的诉讼行为能够引起诉讼法律关系发生、变更和消灭。《民事诉讼法》上的当事人概念是广义的当事人，根据《民事诉讼法》第五章第一节的规定，当事人包括原告、被告、共同诉讼人、第三人和诉讼代表人。当事人在诉讼过程中享有广泛的诉讼权利，对诉讼程序和民事诉讼法律关系的发生、发展和终结具有决定性的影响，因此，他们既是诉讼法律关系主体，又是诉讼主体。诉讼代理人包括法定代理人和委托代理人，分别基于法律规定、当事人的委托或人民法院指定代理当事人参加诉讼。尽管他们不是以自己的名义实施诉讼行为，但是在诉讼过程中他们根据法律规定或者当事人授权，行使当事人的诉讼权利。其实施的诉讼行为能够左右民事诉讼程序的发生、变更和消灭，因此被归入诉讼参加人中。

3. 人民检察院

人民检察院作为国家的法律监督机关，有权对人民法院的民事审判活动和执行活动进行监督。根据《民事诉讼法》第215条赋予的抗诉权，人民检察院对人民法院已经发生法律效力的裁判发现有法定再审事由的，通过提出抗诉、派检察员参加诉讼的方式介入民事诉讼的再审程序，与人民法院形成诉讼法律关系，是特殊的民事诉讼法律关系主体和诉讼主体。

4. 其他诉讼参与人

其他诉讼参与人包括证人、鉴定人、勘验人员和翻译人员等。他们基于不同的原因参加诉讼，主要是协助人民法院和当事人查明案件事实，同诉讼结果不具有法律上的利害关系。尽管在这一过程中其他诉讼参与人也依法享有诉讼权利和承担诉讼义务，但是他们实施诉讼行为不能引起民事诉讼程序的发生、变更或消灭。因此，其他诉讼参与人与诉讼参加人的诉讼地位是不同的。

（二）民事诉讼法律关系的内容

民事诉讼法律关系的内容，是指民事诉讼法律关系主体根据民事诉讼法律规范所享有的诉讼权利和承担的诉讼义务。民事诉讼法律关系的主体不同，其所享有诉讼权利义务也不尽相同。比如，法院行使审判权，对民事案件进行审理和作出裁判；人民检察院基于法律监督权,有权对人民法院的行使审判权的行为实施法律监督;当事人依法享有起诉权、答辩权、申请回避权、上诉权、申请执行权等各种程序权利。《民事诉讼法》第 52 条以列举的方式规定了当事人的诉讼权利与诉讼义务,包括有权委托代理人,提出回避申请,收集、提供证据,进行辩论,请求调解,提起上诉,申请执行,查阅、复制本案有关材料和法律文书。在抽象意义上,当事人的诉讼权利可以做以下类型划分:

1. 诉讼程序发动权

程序发动权是指当事人通过起诉或申请引发某种诉讼程序开始的权利。民事诉讼是当事人主动行使诉权的结果。当事人向人民法院提起诉讼(或反诉)是导致诉讼程序开始的法律事实。起诉权是最为典型的诉讼程序发动权。类似地,当事人申请人民法院执行会引发民事强制执行程序的启动。在诉讼过程中,当事人申请人民法院调查取证,也可以引发人民法院启动调查程序;请求法院进行调解,则启动调解程序,等等。这些均属于程序发动权。

2. 程序选择权

程序选择权意味着当事人有权选择适用何种程序解决自己的纠纷。比如,在是否通过诉讼解决纠纷的问题上,当事人有权在仲裁和诉讼之间进行选择。在提起民事诉讼后,当事人可以在小额诉讼程序、简易程序、普通程序、调解程序或者特别程序中选择适合自己纠纷解决需要的程序,等等。此外,在程序中还有许多要素可供选择。比如当事人可以选择是否进行证据交换以及交换的次数。在简易程序中,当事人可以选择是否需要答辩期等。当事人一旦作出程序选择即发生程序后果,要接受程序效力的约束,不得随意反悔。

3. 程序参与权

正当程序的一个基本要求就是保障利害关系人参加自己案件审理的全过程。作为民事诉讼主体的当事人本身不仅与案件具有直接的利害关系,而且其在诉讼中所作的意思表示和所实施的诉讼行为对诉讼结果的公正价值有着至关重要的影响。参与权的主要内容是当事人的陈述辩论权,其本质是要求法院听取当事人的陈述与辩论意见,并在裁判中作出实质性回应。在这个意义上,参与权也可以称之为"听审权"。当事人有权委托诉讼代理人参加诉讼,是保障当事人更有效地实现参与权的制度安排。"一般来说,让那些与案件的结局有直接利害关系的人参与到裁判的制作过程中来,使其有机会提出自己一方的观点、主张和证据,有能力对裁判者的结论施加积极的影响,这被视为审判公正的最低标准之一。"[1]只有在当事人充分参与的前提下,程序经过所发生的效果才对他发生约束力。

评注:日本学者谷口安平把程序正义在诉讼制度上的表现归结为三个方面:(1)确保利害关系人参加的程序;(2)关于参加"场所"的程序保障;(3)程序参加的结果展示。[2] 当事人的程序参与权要求:与程序结果有利害关系或者可能因该结果而蒙受不利影响的人,都有权参加该程序,并有权提出自己的

---

[1] 陈瑞华:《正义的误区——评法院审判委员会制度》,《北大法律评论》1998 年第 2 辑,第 397 页。
[2] [日]谷口安平:《程序的正义与诉讼》,中国政法大学出版社 1996 年版,第 12-18 页。

主张、进行陈述与辩论,有权提供证据证明自己的主张或者反驳对方的主张。即使法院依职权调查时,也不允许把当事人未陈述或者未辩论的事实和证据作为裁判的基础。与当事人的程序参与权相对应,法院有义务聆听当事人的陈述辩论,了解当事人陈述的详细内容,并加以斟酌。①

4. 公正裁判请求权

这是以当事人的处分权为核心的基本程序权利,其作用在于限制法院裁判范围,要求法院依法裁判,促进程序公平。公正裁判请求权包括当事人增加和放弃、变更诉讼请求的权利,申请财产保全、证据保全的权利,撤诉、和解、自认的权利,申请证人或鉴定人出庭作证的权利,要求及时裁判、公开审判过程与结果、查阅修正诉讼记录的权利,有使用本民族语言文字进行诉讼的权利,等等。

5. 程序异议权

典型的程序异议权如对审判组织组成人员的异议权,即回避申请权;对法院所作裁判不服而表示不同意见,要求重新作出裁判的申请复议权、上诉权和申请再审权;对执行行为的合法性表示质疑的执行异议,等等。当事人的程序异议权是对审判权滥用的直接制约。因此在理论上说,凡是由审判权作出的,可能涉及当事人实体权利和程序权利的审判行为,当事人都可以提出异议。

按照《民事诉讼法》第52条的规定,当事人的诉讼义务有:①依法行使诉讼权利;②遵守诉讼秩序;③履行发生法律效力的判决书、裁定书和调解书。

(三) 民事诉讼法律关系的客体

民事诉讼法律关系的客体,是指民事诉讼法律关系主体的诉讼权利和诉讼义务所指向的对象。民事诉讼法律关系主体之间存在着多种民事诉讼法律关系,各个主体所享有的诉讼权利和承担的诉讼义务也不尽相同,因而客体也有区别。

人民法院和当事人之间的诉讼权利义务所指向的对象,是案件的事实争议和实体权利请求争议。当事人要求人民法院查明案件事实,通过裁判以保护其合法权益;同时,当事人也有责任提供证据,证明案件事实,进而支持其实体权利请求。人民法院的主要职责就在于查明案件事实,适用法律对当事人的诉讼请求作出裁判。

人民法院和人民检察院之间的诉讼权利义务所指向的对象是人民法院的裁判行为。人民检察院在民事诉讼中的权利和义务的目标是监督法院的审判与执行行为,发现和纠正渎职、枉法裁判、受贿等滥用审判权、违法裁判行为,包括对人民法院作出的生效裁判所认定的事实和适用的法律是否正确进行检察监督,通过抗诉促使人民法院纠正生效裁判的错误。

人民法院和其他诉讼参与人之间的诉讼权利和诉讼义务所指向的对象是案件的事实。证人、鉴定人和勘验人员行使诉讼权利和承担诉讼义务,是为了揭示案件的事实真相;人民法院要求证人出庭作证,要求鉴定人就某些专门技术性的问题进行鉴定、提供鉴定意见,勘验人员制作勘验笔录,都是为了协助查明案件的事实,要求翻译人员如实提供

---

① 江伟等:《民事诉权研究》,法律出版社2002年版,第442页。

译文,也是为了反映案件的真相。

三、民事诉讼上的法律事实

能够引起民事诉讼法律关系发生、变更和消灭的事实,称为民事诉讼上的法律事实。民事诉讼法律关系的发生、变更和消灭,是由于出现了民事诉讼法律规范所规定的法律事实而引起的。民事诉讼上的法律事实分为两类:一是诉讼事件;二是诉讼行为。

(一) 诉讼事件

诉讼事件是指不以人的意志为转移的一切客观情况。这里的客观情况,主要是指客观存在的、非人为的、不可抗力的事实。这些事实在法律规定的情况下,能够引起民事诉讼法律关系的发生、变更和消灭。在民事诉讼中,可能发生各种不同的法律事件。不同事件所产生的法律后果是不同的。比如,一方当事人丧失诉讼行为能力,尚未确定法定代理人的诉讼事件能引起民事诉讼法律关系的中止;又如,在离婚诉讼中,当事人一方死亡的诉讼事件引起民事诉讼法律关系的消灭。

(二) 诉讼行为

诉讼行为是指民事诉讼法律关系主体在诉讼过程中依法所进行的各种诉讼活动。既包括法院的审判活动,如案件受理、调查取证、作出裁判等,也包括当事人和诉讼参与人的活动,如原告起诉、被告提出答辩或反诉、证人出庭作证等。诉讼行为必须是法院和当事人、诉讼参与人在诉讼过程中所进行的能够发生诉讼关系的活动。如法院受理了原告的起诉后,将起诉状副本于法定期限内送达被告,这就是一种在诉讼过程中进行的诉讼活动。诉讼活动与诉讼关系密切相关。在大多数情况下,民事诉讼法律关系的发生、变更和消灭是基于诉讼行为引起的。因此,诉讼行为是诉讼上的主要法律事实。

四、民事诉讼行为

(一) 民事诉讼行为构成要件

民事诉讼行为构成要件即诉讼行为效力要件,是指诉讼行为能引起民事诉讼法律关系的发生、变更和消灭的法律效果必须具备的条件。

1. 主体合格

主体合格,即特定诉讼行为必须由特定民事诉讼法律关系主体实施才有法律效力。诉讼行为是由民事诉讼法律关系主体实施的行为。主体不同,其可以实施的诉讼行为也不同,遵循不同的程序规则,不能混同。当事人诉讼行为包括起诉、答辩、举证、质证、辩论、提出异议、履行生效法律文书确定的义务,等等。其中既有行使诉讼权利的行为,也有履行诉讼义务的行为。人民法院的诉讼行为包括审判行为与执行行为。审判行为主要是对案件证据和事实进行审理和判断,以及对当事人争议事项作出裁判的行为,主要以判决、裁定、决定和调解等方式实施。执行行为是法院对裁判确定的实体事项或程序事项,依法采取措施加以落实的行为。执行过程中,法院也可能需要对一些执行程序事项作出裁决,如审查执行当事人提出的执行异议,作出准许或驳回的裁定,审查当事人申请追加被执行人理由是否成立,裁定追加或驳回申请,等等。人民检察院实施的主要是民事诉讼法律监督行为,具体包括对人民法院已经发生法律效力的裁判的提出抗诉或再审检察建议的行为。这种行为能够引起人民法院再审程序的发生。证人、鉴定人和翻译人员是为了协助人民法院和当事人查明案件事实、有效对话而参加诉讼的。他们的诉讼行为是辅助性的,但在保障诉讼顺利进行方面具有不可替代的作用。

2. 方式合法

方式合法,即诉讼行为必须采用符合诉讼法规定的方式实施才能发生预期效果。诉讼主体以法律规定的方式实施的行为才能够发生诉讼法上的效力。例如,《民事诉讼法》第16条规定:"经当事人同意,民事诉讼活动可以通过信息网络平台在线进行。民事诉讼活动通过信息网络平台在线进行的,与线下诉讼活动具有同等法律效力。"即在线进行的诉讼行为,须满足法律规定的"经当事人同意"的条件,才能发生法律效力。又如,当事人必须以书面方式达成管辖协议。再如,督促程序债务人对支付令提出异议的,必须提交异议书,以口头方式提出异议不发生法律效力。

3. 以产生诉讼上效果为目的

当事人的诉讼行为目的在于影响诉讼程序的发展。当事人在诉讼过程中实施的行为既可能发生诉讼法后果,也可能产生实体法后果。判断当事人某个行为是否为诉讼行为,主要以行为人的目的及其典型功能为标准。如当事人在诉讼开始后主张抵销权,如果是直接向一方当事人行使,对诉讼程序没有任何影响的,不是诉讼行为。但如果被告针对原告诉讼请求主张抵销权,要求法院作出裁判的,就是诉讼行为。相反,在诉讼程序开始前实施的、旨在引发诉讼上效果的行为,也是诉讼行为。如当事人在纠纷发生前达成管辖协议的行为;申请诉前(财产、行为、证据)保全的行为等。

4. 在合法的期限内完成

除法律另有规定外,诉讼行为应当在诉讼过程中实施,且多数诉讼行为必须是在法定或指定期间内完成,才能实现预期目的。如对于普通民事案件,法院应当在收到起诉状后7日内审查决定是否受理;被告提出管辖异议必须在答辩期内提出;当事人只有在诉讼过程中对案件事实表示承认才具有自认的效果。逾期实施的诉讼行为可能无法发生当事人预期的法律后果。如当事人超过举证时限提供的证据,可能不能成为法院认定案件事实的根据;再如当事人超过执行期限申请执行,法院可能裁定驳回申请。

诉讼行为不完全具备上述要件的,属于瑕疵诉讼行为,一般不能发生预期的法律效果。法律规定了补正办法的,行为瑕疵可以依照法律规定的程序加以补正而治愈。如,原告起诉条件不符合法律规定条件的,法院应告知其补正,对于补正后满足条件的起诉,法院应当受理;法院裁判中的笔误,可以用裁定的方式补正;无诉讼行为能力的当事人所实施的诉讼行为,经其合法的诉讼代理人追认亦可治愈。如果诉讼行为瑕疵是由于客观原因造成的,当事人可以行使程序异议权要求补正或撤销。如因不可抗力原因耽误期限的,当事人可以申请法院顺延;当事人有证据证明没有受合法通知导致其未能出席庭审的,有权申请将程序恢复到送达前状态,重新确定开庭期日。

(二) 当事人诉讼行为类型

按照不同的标准,可以对当事人诉讼行为进行不同的分类。

1. 合法行为和违法行为

按照是否合法为标准进行划分,当事人的诉讼行为可以分为合法行为和违法行为。后者是指违反民事诉讼法的行为。违法诉讼行为有两种:一是实施了法律所禁止的行为,如扰乱法庭秩序、妨害证人出庭作证、毁灭证据等妨害民事诉讼的行为;二是不实施法律所要求的行为,如必须到庭的当事人,经法院合法传唤无正当理由拒不到庭行为;拒不执行生效裁判的行为,等等。违法诉讼行为也能引起民事诉讼法律关系的发生、变更和消灭。例如,原告经传票传唤无正当理由拒不到庭的,人民法院可以裁定按撤诉处理,导致民事诉讼法律关系的终结。

2. 作为和不作为

按照行为方式进行划分,当事人诉讼行为可以分为作为和不作为两大类。积极行为如当事人在上诉期内提出上诉的行为是积极的作为。相反,上诉期内不提出上诉的行为则是消极的不作为。

3. 明示行为和默示行为

以诉讼行为意思表示的方式为标准,诉讼行为有明示行为与默示行为之分。明示诉讼行为即当事人在诉状中、开庭时,以口头或书面语言明确表达意思的行为。如在诉状中提出诉讼请求的行为,申请审判人员回避的行为,在庭审中进行陈述、辩论的行为,等等。默示行为,是指当事人没有用语言表达其意思,但作出了一定的行为,从法律上可以推知其意思表示的行为。如原告经法院通知,没有正当理由不到庭参加诉讼的行为,法律上认为其表达的是撤回起诉的意思表示。再如原告在没有管辖权的法院提起诉讼,被告不提出管辖异议且应诉答辩的,视为同意受案法院行使管辖权。法律通过拟制方式,让默示诉讼行为与明示诉讼行为产生一样的程序法律后果。

4. 取效行为和与效行为

根据诉讼行为发生预期法律效果的要件,可以把当事人诉讼行为分为取效行为和与效行为。取效诉讼行为也称起因行为,是指不能直接和单独达到预期效力,而必须与法院的司法行为结合才能产生法律效果的诉讼行为。如原告起诉要获得法院的受理才能发生诉讼系属状态,引发原告和法院之间民事诉讼法律关系的发生;同样,原告撤诉经人民法院裁定准许,才能引发终结诉讼程序的效果。再如,当事人申请审判人员回避,经法院作出回避决定,才发生预期的法律效果。当事人大多数诉讼行都属于取效行为,包括请求、主张、举证等行为,表现为当事人请求法院为特定司法行为而提出申请、提供诉讼资料的行为,包括提出诉讼请求、主张事实、提供证据材料、陈述辩论等等行为。

与效行为也称直效行为,是无须借助法院司法行为直接产生法律效果、形成预期的诉讼状态的行为。如当事人在法定的上诉期内不提起上诉的行为;对另一方当事人所陈述的不利于己的事实表示承认的行为,等等。

当事人有的诉讼行为同时是取效行为和与效行为。如原告的起诉行为虽然需要经过法院审查和受理才能真正启动诉讼程序、发生诉讼系属的效果,但起诉行为本身直接产生诉讼时效中断的效果,因此也是直效行为。再如当事人的自认行为,在正常情况下直接发生免除对方当事人证明责任的效果,但如果法院发现当事人自认与查明的事实不符,认为不能成立自认的,将不会发生相应的法律效果。

(三) 当事人诉讼行为的特点

当事人诉讼行为采取表示主义,也称为客观主义,即主要以当事人行为外观来评价其法律意义,而不需要探求其内心真实意思。这是诉讼行为与私法上民事行为最显著的区别。民事行为原则上采用意思真实主义,即当事人意思表示真实是民事行为具有法律效力的要件。但是,民事诉讼当事人的诉讼行为则有不同。由于程序环环相扣,后行诉讼行为建立在先行诉讼行为程序效力的基础上,采用表示主义更符合程序安定原理。如果采用意思真实主义来评价当事人诉讼行为效力,则每个诉讼行为是否有效须得审查行为人意思表示是否真实,如此势必导致诉讼拖延。此外,意思真实主义还意味着,行为人可以用"违背真实意思"或"意思表示瑕疵"对已经实施行为的有效性进行抗辩、要求撤销,这在强调程序安定的诉讼程序中是无法容忍的。当具体诉讼行为的意义发生歧义时,用于解释当事人诉讼行为的关键因素不在于行为人隐含的内心意思,而仅根据行为表现出来的可观察、可识别的因素,结合该行为实施之时的条件,按照通常的标准进行理解即可。

根据表示主义,当事人单纯的沉默也构成诉讼法上的意思表示。这是诉讼行为不同于民事法律行为的第二个特点。民法上判断当事人的意思表示是否真实,主要从行为人是否自觉地从事某项行为的意思(行为意思)、是否认识到其行为的法律意义或可能产生的法律效果(表示意思)、是否表达法律行为具体内容(目的意思)、是否有追求法律上效力的意思(效果意思)、是否具有把上述意思表达出来的行为(表示行为)等几个要素进行识别。特别是行为人是否有将意思表现于外部,并足以为外部或感知的行为,是评价当事人是否作出意思表示的重要指标。在民法上,行为人既没有用语言表达,亦未作出任何举动的单纯的沉默或不行动本身,被认为是没有作出任何意思表示。只有法律有明文规定或当事人有特别约定的情况下,沉默才构成意思表示。[①] 但是,诉讼行为具有相互性,任何一个诉讼主体的行为都会对法院和对方当事人的诉讼行为产生影响,基本上不存在单方诉讼行为。一方当事人的沉默不仅对他自己有意义,也必将影响程序进行。因此,诉讼法需要对当事人的沉默规定明确的法律效果。例如,被告在受合法通知的情况下,无正当理由拒不到庭的行为,外观上表现为沉默。这样的沉默将引起特定的法律后果——法院将分别不同情况,或者缺席判决,或者用拘传的方式强制被告到庭。再如,督促程序中,支付令送达债务人后,债务人在法定期限既不提出异议,也不履行债务的,支付令将发生法律效力成为执行名义。

诉讼行为遵循表示主义,意味着符合条件的诉讼行为一旦实施即产生法律效果,当事

[①] 王利明等:《民法学》(第五版),法律出版社2017年版,第164-170页。

人原则上不得在法律规定之外自行附加条件或期限,且非经法定程序不得撤销。[1] 为保障当事人正确实施诉讼行为,充分行使诉讼权利,法律要求法官尽到释明职责。尤其是对当事人的沉默或默示行为,通常要求以法官释明作为发生法律效果的前提条件。例如,在诉讼过程中,当事人对另一方陈述的对其不利的事实不做任何表示,在法官充分释明后进行询问,其仍然不明确表示承认或否定的,法律上视为自认。

诉讼契约与一般的诉讼行为不同,是双方当事人意思表示达成一致的结果,原则上以当事人意思表示真实为条件。沉默不宜作为诉讼契约的意思表示。《德国民事诉讼法》规定,原告向没有管辖权的法院起诉,被告经法官告知无管辖权情况并释明不异议的后果之后,仍然不提出管辖异议并有应诉答辩行为的,才能视为双方当事人达成"由受诉法院管辖"的合意。

---

[1] 邵明:《民事诉讼法学》(第二版),中国人民大学出版社2016年版,第79页。

第三章　诉权与审判权

诉权与审判权是民事诉讼的两大基石。诉权与审判权的关系构成民事诉讼法律关系的核心。诉权与审判权的相互制衡形成的合力,是推动诉讼有序进行的基本力量。诉权理论是民事诉讼法学原理的重要内容。民事诉讼法是以保障诉权实现为重心的制度构建。因此理解诉权理论,对于准确把握民事诉讼基本理论与具体制度具有重要意义。法官依法行使审判权是民事诉讼得以有序、妥当推进的关键。审判权运行要遵循民事诉讼法律关系的基本原理,按照民事诉讼目的与程序保障要求行使各项权力。民事诉讼法还必须为防止审判权滥用设定相应的制约与监督机制。

第一节　诉权

一、诉权理论的嬗变

在学术史上,诉权理论对于现代民事诉讼法学在理论体系的形成和建构方面具有重要意义。诉权概念的提出和诉权理论的成熟,为民事诉讼法学从民法学中独立出来,并形成自己的理论体系奠定基础。诉权理论对于民事诉讼基本原则的确定和具体制度的完善均有积极意义,并可以指导民事司法实务,促成民事诉讼法和民事实体法目的协同实现。

自诉权概念出现以来,出现了诸多诉权学说。这些认识在不同程度上揭示和迎合了不同历史时期民事诉讼制度所依存的社会环境及其主流的价值诉求。[①] 因此,诉权是一个发展中的概念。准确理解诉权概念及其属性,应当以诉讼制度历史发展为线索,将诉权置于权利哲学领域,结合正义观(特别是司法公正观)的时代内涵,揭示各诉权概念的继替关系,诠释诉权理论的时代价值,把握当代诉权的本质属性。

(一) 罗马法上的"诉权"

从罗马建国到查士丁尼主持编撰《查士丁尼法典》的一千多年时间里,罗马的诉讼制度经历了法定诉讼时期、程式诉讼时期和非常诉讼时期三个发展阶段。古罗马诉讼法主要是关于民事诉讼的法律规定。它具有程序法的形式,但在性质上属于保证罗马私法得以贯彻的操作规程,其主要内容是规定可以请求司法官裁判的诉权(Actio)种类和具体程

[①] 江伟等:《民事诉权研究》,法律出版社 2002 年版,第 2-4 页。

式。学界公认诉权概念来自古罗马法上的"Actio"。① 但这个概念并不具有现代意义上的"权利"的含义。古罗马法上的"Actio"具有鲜明的时代特征：一是法定性。法律给每一项诉权以特定的名称，诉权的数量限于法律有明确规定的范围。每一种诉代表一种诉权和相应的诉讼形式。当事人发生纠纷是否能够提起诉讼，取决于其主张的权利是否在法律上有对应的诉，即原告必须以法律规定的诉权作为诉讼的根据。当一项权利对应数个诉时，当事人要运用数个诉权、提起数个诉讼以获得完整的救济。② 二是资格的有限性。法定诉讼时期，诉讼程序只适用于罗马市民，外国人不得援用。由于新兴罗马国家资源匮乏，提供公共服务的能力非常有限，因此通过立法规定身份并限制身份范围，以保证有限的公共产品资源首先满足贵族阶层的需要，排除或牺牲那些被认为是无用之人的机会。③ 三是私力救济属性。按照罗马法的规定，诉讼的主动权在当事人而不在法官。有关传唤、执行的事务都由当事人自行办理。债权人可将无力偿还的债务人，交付法庭判决，直到将其戴上足枷、手铐，甚至杀死或卖之为奴。极端情况下，如债权人有数人时，得分割债务人的肢体进行分配。可见，Actio并非现代意义上的权利，而是债权人行使权利的方式或手段之一。如果用霍菲尔德权利理想型来勾勒罗马法上的 Actio，似乎更像"特权"，即特定主体在特定条件下被许可运用的权力。④ 但后世法学家的确是从古罗马法上的 Actio 解释创造了现代意义上的"诉权"概念。所以，Actio 至少拥有作为权利的诉权的"基因"。

> 📖 **拓展阅读**："诉权理论嬗变的历史背景"，请扫本节二维码学习。

（二）中世纪欧洲的司法割据与"诉权"状况

中世纪时期，即 14—15 世纪的欧洲处于封建割据、僧俗势力并存、多民族混居的局面。罗马法衰落，封建领主法、教会法、王室法、商人法和罗马法并存，各民族地方习惯法混杂，加上王室、教会、领主之间的权力争夺，造成法律冲突和司法权分裂。王室、教会、领主分别有自己的法庭和诉讼程序。世俗裁判权和教会裁判权成为两种有同等权威而相互竞争的司法裁判权。与此同时，欧洲海运复兴、商业活动繁荣，出现了巴黎、里昂、都尔奈、马赛、科隆等一批新兴商业城市。市民是以工商业者为主的独立的自由人。他们为了保卫自由而成立了自己的纠纷解决机构。比如商事法院、市场法院、集市法院、商人行会法院、公社法院和城市法院等。⑤ 司法权的分裂与地方化导致当事人的诉权行使非常困难。生活在不同法律下的不同民族的人在一起进行交易或者为解决纠纷而寻求司法救济时，首先要查明他属于哪个法庭管辖，那些有双重身份或跨域的纠纷会导致情况非常复杂，当事人谋求司法救济的难度很大。

---

① 彭梵得考证发现，"Actio"在罗马法中有三种用法：一指某人（包括原告与被告）诉诸官厅的行为；二指在官厅进行诉讼的程序；三指有权在审判员面前追诉取得应得的东西，简称"诉权"。他采用主观法和客观法的概念来分别描述"Actio"的两层意义：当人们强调其是一种行为权利（即主观法意义）的时候即为诉权；当人们强调的是一种行为规范（即客观法意义）时即为诉讼。[意]彼得罗·彭梵得：《罗马法教科书》，黄风译，中国政法大学出版社 2005 年版，第 25 页。
② [意]彼得罗·彭梵得：《罗马法教科书》，黄风译，中国政法大学出版社 2005 年版，第 86－106 页。
③ 徐国栋：《寻找丢失的人格——从罗马、德国、拉丁法族国家、苏联、俄罗斯到中国》，《法律科学》2004 年第 6 期。
④ 吴英姿：《作为人权的诉权理论》，法律出版社 2017 年版，第 30－39 页。
⑤ 夏勇：《人权概念的起源》，中国政法大学出版社 1992 年版，第 118－120 页。

司法权割据状态与诉讼困难实际上是中世纪欧洲"黑暗时期"的一个表现。封建专制和教会控制着国家的社会、经济和意识形态。宗教法庭和王室、领主法庭成为帮凶,司法专横盛行。诉权实际上处于司法权的掌控之下。审查原告是否有诉权成为司法权的权能,而诉权则完全是法官恩赐的"特权"。

(三)诉权概念的权利化:私法诉权说

近代欧洲诉权概念的出现,是现代权利理论的产物。其概念的提出和成熟包含了自然法学、历史法学派和法治国思想的理论贡献。其中,历史法学派突出的贡献是对罗马法上的诉权进行权利化改造。

萨维尼区分作为"规则"的客观法规范与作为"意志权力"的主观权利,认为侵害主观权利将导致"诉权"的发生。诉权乃是法律关系的消极状态。[①] 在此基础上,潘德克顿学派代表人物温德雪得(Windscheid)对罗马法中的"诉权"进行了重新解释。他通过"请求权"将诉权内容移入实体法中,以期建立起以权利为主体的实体法体系。同时他指出,诉权是诉讼法上的概念,并将诉讼法从实体法中分离出来。因为诉权的权源来自私法上的请求权,在性质上属于私法权利。[②] 后人称之为"私法诉权说"。

按照私法诉权说的理解,私法上的权利由于侵害能够转化为要求排除侵害的权利——请求权。当这种请求权不能直接从侵害人处得到满足时,才会转化为诉权。权利人得借此向法院提出要求作出排除侵害的判决的诉求。私法诉权说在当时的德国法学界占主导地位,对1877年德国民事诉讼法的制定产生了直接影响。法国民事诉讼法典则对诉权进行了明确的界定:诉权对于提出请求的当事人而言,是用以陈述其实体内容,以便法官判断其请求有无法律依据的权利;对于另一方当事人的被告来说,诉权则是针对对方的请求之法律依据进行抗辩的权利。

(四)诉权观念的革命:公法诉权说

公法诉权说主张,法院和当事人在民事诉讼中发生的法律关系不是私法性质的关系,而是当事人对国家发生的公法性质的关系,引起这种公法关系的发生依据是当事人对国家的公法上的请求权即诉权。诉权在性质上不是依据私法上的请求权派生的权利,而是一种公法上的权利。因此,诉讼法上的"诉"和实体法上的"请求"具有不同的性质。前者是针对法院提起的诉讼上的请求,后者是针对民事主体相对方提起的私法上的请求。在这个意义上,诉讼法属于公法的范畴;诉权不是对于被告的权利,而是对于国家司法机关的权利。

公法诉权说经历了从"抽象的公法诉权说"向"具体的公法诉权说"发展的过程。抽象诉权说又称为抽象的公权说或者形式的诉权说,其产生与当时人们痛恨普鲁士法院以及地方司法组织蛮横剥夺诉权的情结相关。按照德国学者德根科贝(Degenkolb)、伯洛兹(Blosy)和彪罗(Bülow)的论证,诉权是个人对国家的一种自由权,它和诉讼中争议的私法

[①] 参见余履雪:《德国历史法学派:方法与传统》,清华大学出版社2011版。
[②] 江伟、邵明、陈刚:《民事诉权研究》,法律出版社2002年版,第9页。

上的权利或诉讼标的没有关系。此说认为,诉权是当事人向法院提起诉讼、请求合法审理和判决的权利。诉权限于发动诉讼程序,只要当事人提起了诉讼即使被法院依法驳回,当事人的诉权也被视为实现;只有当法院非法拒绝当事人的起诉,诉权才遭到侵犯。由于该学说将诉权当作存在于诉讼之前的纯粹意义上的公法上权利,而没有赋予诉权以请求法院为具体判决的内涵,也没有说明何人于何种情况下始可起诉,法院于何种要件之下始得对于原告为有利的判决,因此人们认为其所谓的诉权是抽象的、无需具体内容的,故被称为"抽象诉权说"。抽象诉权说以维护法律秩序的诉讼目的为立论基础。为了维护法律秩序,应当允许任何人都享有民事诉权,不问他是否享有民事权利。

具体诉权说认为,作为一种公法性质的权利,诉权是指在个案中,当事人向法院请求特定内容的利己判决的权利。由于这种诉权理论将原告具体的权利主张作为诉权的内容,因此德国法学界称之为"具体的公法诉权说"。具体诉权说与抽象诉权说的区别主要是:将原告的具体权利主张作为诉权的内容,并以个案来解释诉权的具体化。该说的代表人物包括拉邦德(Laband)、瓦希(Wach)、赫尔维格(Hellwig)、斯太因(Stein)、塞芬特(Seuffent)等。该说认为,诉权在诉讼开始以前已经存在于纠纷双方当事人;在诉讼过程中,诉权就以请求法院作出利己判决请求权的方式得以实现。法院审理终结后,对于具有诉权的一方当事人作出对其有利的判决。因此,诉权的存在必须要具备权利保护要件。这种权利保护要件包括:①实体要件或者权利保护要件。该要件又包括两个方面:其一是实体的权利保护要件,即原告主张的实体上的权利义务关系应该存在(或不存在);其二是当事人适格和诉的利益的要件。当事人适格的要件是指当事人对于作为诉讼标的的权利义务关系有进行诉讼的权利;法律上正当利益的要件是指诉讼标的能够或者适合于由法院以判决的方式加以确定。②诉讼要件即起诉的形式要件(程序上合法要件),如原被告有行为能力、诉案属于法院审判权范围、诉案是向有管辖权的法院提起、一事不再诉等。[①]具体诉权说将诉权拉回到实体权利保护的本源,防止诉权脱离民事诉讼目的而成为专制统治的工具。

如今,诉权的公法权利性质因行政诉讼制度、宪法诉讼制度的确立而得到加强。

(五)实体法与程序法双重视角下的诉权概念:二元诉权论

由苏联学者顾尔维奇提出的"二元诉权说"主要观点是,诉权的具体内涵包括程序意义上的诉权和实体意义上的诉权两个方面。程序意义上的诉权就是提起诉讼的权利,即起诉权;实体意义上的诉权则指原告对被告的实体上要求获得满足的权利,或曰胜诉权。两者是相互依存的,因为没有起诉的权利,就不可能有满足诉的权利。同时,如果原告没有满足诉的权利,这种起诉的权利也就不会成为对原告有充分价值的保护被侵害或被争议的权利的手段。顾尔维奇之所以这样理解诉权,主要是因为他认为据此可以清楚而准确地理解法律和正确适用法律。二元诉权理论从程序法和实体法两个层面考察当事人的诉权,的确具有相当的明确性,可操作性也比较强。正因为如此,二元诉权学说对我国的诉权理论和民事诉讼立法的影响非常深远。在传统教科书中,我国学者对诉权的界定基

---

① 江伟等:《民事诉权研究》,法律出版社2002年版,第10-29页。

本上沿袭二元诉权理论的思路,认为诉权是法律所确定的,赋予当事人进行诉讼的基本权能。法律是确定权利义务的根据,实体法确定当事人在什么情况下有权提起诉讼,程序法确定具备什么条件当事人有权进行诉讼,二者统一于诉的法律制度之中,而称为诉权。[1] 立法者也以该理论为框架,设计了我国的民事诉讼审查起诉制度。

(六) 诉权的人权化发展

当代诉权理论最为重要的发展是把诉权提高到人权层面加以保障。基于对两次世界大战中司法制度被当作践踏人权的工具的反思,人权与正当程序理论获得极高的正当性,促成诉权保障条款写入人权国际条约。《世界人权宣言》第8条、第10条;《公民权利和政治权利国际公约》第14条第1款;《欧洲公约》第6条第1款等都作出了相应的规定。在那些有过严重践踏人权罪行的国度中,学者强烈呼吁从人权角度来考察诉权,并主张将诉权写入宪法。德国民事诉讼法学家提出了"司法行为请求说"。该说认为,在现代法治国家社会中,宪法保障任何人均可向法院请求司法保护,其中当然包括对私权的司法保护。受美国正当程序理论影响,日本学者也开始把诉权的性质提升到宪法的高度来讨论。有学者根据日本宪法第32条"任何人在法院接受审判的权利不得剥夺",将诉权定位为宪法上的"接受裁判的权利",将宪法上所保障的诉讼受益权性质引进诉权理论,提出"宪法诉权论"。该学说主张,"接受裁判权"是受国际公约和各国宪法所保障的权利。在法治国家,公民相互间的社会生活关系不受人的支配,而是受法的支配。为了解决公民相互之间因社会生活关系引起的法的纠纷,即为了保障任何人的权利或利益不受非法侵害,法院应通过诉讼程序解决民事权益纠纷,这是法治国家承担的保护每个人自由和权利的基本义务。在民事诉讼领域将"接受裁判权"演化为诉权,也就使诉权成了当事人向法院请求审判的权利,而运用诉讼制度进行权利保护也就必须从保护当事人享有接受裁判权为起点。因此,诉权是宪法所保障的公民基本权利之一。[2] 法国学者认为,尽管法国宪法没有直接规定诉权,但并不意味着诉权未作为一种基本权利得到承认。因为作为法国民事诉讼法重要渊源的欧盟法院和欧洲人权法院的判例都已经承认诉权的基本权利性质,而且在法国国内,诉权是得到最高行政法院保障、受宪法委员会保护的权利。法国民诉法学关于诉讼程序内涵的诠释也能看出这一点:①当事人为获得公正司法而应当履行的手续,即诉诸法院的权利;②法院为公正司法而必须遵守的手续,即人人都享有公正诉讼的权利。[3] 在我国,国务院新闻办公室2012年6月,发布了第二个以人权为主题的国家规划《国家人权行动计划(2012—2015年)》,新的行动计划将民众获得公正审判的权利作为人权的重要内容纳入宪法保护的范畴。

诉权入宪和写入国际条约不仅是人权从自然法进入实在法的表现,也标志着诉权完成了从特权走向人权的历程。

---

[1] 柴发邦主编:《民事诉讼法学新编》,法律出版社1992年版,第62页。
[2] 江伟等:《民事诉权研究》,法律出版社2002年版,第4—5页。
[3] [法]让·文森,[法]塞尔日·金沙尔著《法国民事诉讼法要义(上)》,罗结珍译,中国法制出版社2001年版,第21,100页。

评注：以权利理论为分析工具的研究表明，在诉讼制度发展历程中，诉权经历了债权人特权（古罗马法和中世纪法定诉讼时期）、民事主体私权利（近代欧洲资产阶级司法制度）、公民对国家的公权利（资产阶级现代司法制度和福利国家司法制度）和人权（二战后国际公约及各国承认公约的法律）发展阶段，呈现出"走向人权"的发展趋势。司法制度的变迁也伴随着诉讼目的论的变化。不同时期的民事诉讼目的经历了实现债权人权利、维护民事主体实体权利、维护社会秩序、公正解决纠纷等变化过程。诉讼目的侧重点的不同，在微观方面反映的是民事诉讼法律关系中诉权与审判权的关系（力量对比）。其演变的趋势是诉权力量的不断壮大，逐步成为制衡审判权的力量，使得诉权与审判权相互制约关系成为民事诉讼法律关系的核心，两者在互动中形成的合力成为诉讼程序的主要推动力。在宏观方面反映的是诉权与国家公权力的关系——越到当代，诉讼制度越强调诉权对公权力的约束与抗衡。

二、诉权的人权属性及其特质

（一）诉权的人权属性

诉权是当事人发动诉讼的基本权能。诉权是民事主体作为人所当然享有的权利之一，是当事人维护自身的独立人格和意志自由所必然拥有的权利，属于人权的范畴。诉权人权观表达的是"任何人都可以自主决定是否提起诉讼"的观念。[1]

第一，有社会纠纷就有诉权。诉权是作为"社会人"所当然享有的权利。诉权表达了人权的社会性与自利性的统一的属性。人为了生存相互合作，结成社会。为了避免互相侵犯，人与人之间又必须保持一定的距离，这种距离就是人与人的权利义务关系。因为并非所有人对这种距离的理解都能够达成一致，也不是每个人都能够始终保持恰当的距离，因此社会纠纷是不可避免的。现代国家设立司法制度的目的在于干预社会纠纷解决，并垄断了强制解决纠纷的权力，司法较之其他纠纷解决途径的优势是"公正的""最后的""最有效的"救济途径。因此，诉权人权观与当代司法制度设立的目的是契合的。这是法治社会的必然要求，是诉讼制度发展的必然结果，是诉讼从审判权本位到诉权本位的进步。

第二，诉权所体现的是公民与国家之间的权利义务关系。诉权是权利主体向国家司法机关请求司法救济的权利。诉权的主体是作为私权主体的公民，其义务主体是代表国家的司法机关。公民行使诉权的结果是司法机关行使司法权。从这个角度说，司法机关的审判活动与其说是在行使权力，毋宁说是在履行救济义务。所以说，权力行使的出发点是对权利实施必要的救济。当权力行使偏离此目标时，就可能变异成对权利的侵害。针对公权力侵权救济需要，行政诉权和宪法诉权应运而生。[2]

第三，诉权属于公民具有完整人格的人所不可或缺的一项基本人权。诉权乃是与作为社会主体的人的自我意识和自主地位紧密相连的，是社会主体的价值确认方式，也是人的自主性的权能表现之一。[3] 诉权的缺失意味着人格的缺损，也意味着作为一个独立的人应当享有的权利、自由等都没有获得公力救济的途径。

---

[1] 吴英姿：《作为人权的诉权理论》，法律出版社2017年版，第82页。
[2] 刘作翔主编：《多向度的法理学研究》，北京大学出版社2006年版，第209页。
[3] 程燎原、王人博：《权利及其救济》，山东人民出版社1998年版，第317页。

(二) 诉权的特质

诉权的人权属性,决定了它具有不同于一般权利的特质:

第一,诉权的绝对性,不得为诉权的实现附加条件。诉权的绝对性是指诉权具有与生俱来性、不可或缺性、不可取代性、不可转让性,且其实现不得附加条件等特质。具体有两层含义:一是诉权的存在具有绝对性。诉权是每个人生来就具备的,不以国家授权为前提。权利主体是公民个人,义务主体是国家。同时,权利人有权要求国家保障其权利的实现,而义务主体即国家(公权力机关)却绝对无权否定这些权利的存在,也不能为权利的实现附加条件或要求回报。[①] 二是诉权的内容具有绝对性。公民请求司法机关受理其诉讼请求并作出公正裁判的权利具有绝对性,不允许司法机关以任何理由——包括案件事实真伪不明或法无明文规定——拒绝作出裁判。此乃司法权对诉权的应答性。

第二,诉权的不可放弃性。诉权的人权本质使之具有不可放弃性。换句话说,诉权与主体的关系具有稳定性。在一般民事权利情况,主体对自己的权利有处分权,这是私法上的基本原则之一。但是,凡涉及公民基本权利、公共利益和公法性质的法律关系,处分权是受到限制的。如同公民不能以契约的方式放弃生命权等基本权利一样,诉权也不能以当事人合意的方式放弃。此命题的另一面是,如果当事人对法律不允许诉讼的事项达成"起诉契约"的,也没有法律效力。如当事人在执行过程中达成和解协议,约定一方当事人违反和解协议的,另一方可以据协议提起诉讼;或者在劳动合同中约定,发生劳动争议的可以不经仲裁直接起诉等。这些协议因违反诉讼法和相关法律的规定而无效,不能约束法院审判权。

第三,诉权的不可否定性,诉权只能经行使而消耗。诉权的人权本质还使之具有不可剥夺性或不可否定性。国家不能以任何理由否定诉权。相反,国家还有义务采取积极行切实保障和促进诉权的实现,排除妨碍和侵害诉权的行为。

诉权不可剥夺,但会因主体行使而消耗。当事人行使诉权的目的是请求司法机关公正解决纠纷。为达至定纷止争的效果,诉讼法规定生效裁判发生既判力。既判力即"既判事项权威",指已经为生效裁判判断过的事项排除当事人再次争议的效果。裁判发生既判力的前提是程序保障,即完整的诉讼程序过程。诉权经行使而消耗也意味着:诉权未经行使不得被剥夺。任何机关、社会团体和个人无权否认当事人的诉权。比如,公证行为和调解协议的司法确认程序均不导致诉权的消耗。有强制执行内容的公证债权文书当事人和获得司法确认的调解协议当事人提起诉讼的,不违反一事不再理规则,法院不得拒绝受理。[②]

> **评注**:在某种意义上,诉权绝对性的内涵与公法诉权说特别是抽象诉权说很相似。其实两者有本质区别:诉权属于人权,而公法上的权利属于公民权,即以权利人具有公民身份为资格要件。马克思专门论述过资本主义社会人权与公民权的差异。他首先区分了政治国家与市民社会。认为资产阶级

---

① 姚建宗:《人权的历史和哲学基础》,载高鸿钧主编:《清华法治论衡》(第二辑),北京:清华大学出版社2002年版,第408-409页。
② 刘晴辉:《诉权约定的效力与公民诉讼权的保护》,《社会科学研究》2002年第5期。

政治国家造成人权与公民权之间的二分与对立。认为公民权是政治权利,是只有同别人一起才能行使的权利,其内容就是参加政治共同体,参加国家。这些权利属于政治自由的范畴。而人权"无非是市民社会成员的权利,即脱离了人的本质和共同体的利己主义的人的权利。"它是由自由、平等、私有财产和安全构成的,是人类普遍的权利。[①] 马克思认为只有通过"政治解放",即把市民从资产阶级国家的政治工具中解放出来,改变以私有财产为国家存在的基础,而让市民真正成为国家的自然基础,才能让人与公民、人权与公民权合二为一。[②]

诉权的绝对性并不意味着任何纠纷都可以通过司法途径解决。因为司法不是万能的,司法权在解决纠纷方面的功能有限。比如,司法一般不主动介入社会自治领域的问题;对那些需要通过立法或制定公共政策才能解决的问题也要保持克制。[③] 不过,司法权的边界不是通过对当事人行使诉权施加实质条件来体现,而是以纠纷是否具有可诉性来判断的。纠纷的可诉性包括以下要素或特征:①具有争议的双方;②具有明确的请求;③案件的成熟性(即不是臆想中的、是否发生难以预测的纠纷);④非既往的纠纷(即非为生效裁判判断过的纠纷);⑤具有法律意义的争议,非单纯的政治问题、外交行动、学术问题、情感问题等(详见第四章第一节"诉的合法性"部分)。

诉权的绝对性也不意味着当事人可以滥用诉权。因为滥用权利就是对他人权利(包括公权力)的损害。当事人行使诉权要遵循诚实信用原则。当然,对滥用诉权的判断需要确立严格的标准与程序规则,防止司法权过于宽泛地认定滥用诉权行为而对诉权造成实际损害。[④]

(三) 诉权与诉讼权利的区别

诉讼权利是当事人依据民事诉讼法的规定,在诉讼过中享有的各种程序权利。诉权与诉讼权利的关系是:诉权具有母体性权利的特质,诉讼权利由诉权衍生而来。诉讼权利是诉权力量的内核,是诉权在诉讼过程中的具体形态。有人把诉讼权利视为"诉权在诉讼程序空间中的演进"。[⑤] 当事人不行使诉权,就不可能启动诉讼程序,也就谈不上诉讼权利;没有充实的诉讼权利,当事人诉权就失去了制度保障,只能停留在纸面的法律上,不能变为实现的行动,也不能实现权利救济的目标。

诉讼权利不同于诉权的特点是:①与诉权普遍存在于所有公民,一旦行使即启动诉讼程序后便停止作用不同,诉讼权利是在诉讼程序开始后出现的。诉讼法基于程序保障要求,针对不同诉讼阶段特征,分别赋予当事人的程序性权利。因此,诉讼权利只有依托具体的诉讼程序才有实际意义。②与诉权的抽象性、绝对性形成鲜明对比的是,诉讼权利具有具体性、程序性特征。只有参与到具体诉讼的当事人和其他诉讼参与人才能享有诉讼权利,且不同阶段的诉讼权利有不同内容,诉讼法还针对不同的诉讼权利规定了相应的行

[①] 《马克思恩格斯全集》第1卷,第436-437页。
[②] 公丕祥:《权利现象的逻辑》,山东人民出版社2002年版,第235页。
[③] 吴英姿:《司法的限度:在司法能动与司法克制之间》,《法学研究》2009年第5期。
[④] 欧洲委员会确立了两个条件作为判断标准:①必须是"所提起的诉讼明显没有任何依据";②"提起诉讼的目的是企图排除竞争"干扰对方企业。
[⑤] 黄娟:《当事人民事诉讼权利研究——兼谈中国民事诉讼现代化之路径》,北京大学出版社2009年版,第22页。

使条件。对诉讼权利进行类型化角度描述可以概括为：程序发动权、程序参与权、程序选择权、程序异议权、公正裁判行为请求权等几大类。比如上诉权与诉权仅一字之差，却有本质区别。上诉权是诉讼权利的一种，是当事人对法院一审裁判不服而要求上级法院重新审理的权利，属于程序异议权。有上诉权的人只限于一审案件中的当事人，且当事人行使上诉权须符合诉讼法规定的程序条件。可见，诉讼权利对当事人有依附性，要通过当事人的具体诉讼行为来实现。③与诉权的义务主体是抽象的国家不同，诉讼权利的义务主体是具体审理案件的法院和对方当事人。

拓展阅读："诉权的社会化"，请扫本节二维码学习。

三、诉权的增强：支持起诉制度

支持起诉是指国家机关、社会团体、企业事业单位依法支持民事主体提起民事诉讼的制度。《民事诉讼法》第 15 条规定："机关、社会团体、企业事业单位对损害国家、集体或者个人民事权益的行为，可以支持受损害的单位或者个人向人民法院起诉。"民事诉讼法设立支持起诉制度的本质，是在诉权保障机制中加入国家与社会力量干预因素，目的在于实现诉权的实质平等。

诉权具有人身性，因此民事诉讼在一般情况下只能由民事权益受到侵害或者发生争议的主体提出，无需其他组织或个人干预。在特殊情况下，受到损害的单位或个人不能或不敢独立保护自己的合法权益，诉权的实现存在障碍。民事诉讼法规定的支持起诉制度，就是一种引入社会力量帮助民事主体，增强诉权力量的机制。民事主体行使诉权有障碍或有困难的情形，多发生于弱势群体，如家庭暴力的受害者、未成年人、年老丧失劳动能力的人、智力或身体残疾者等，以及受侵害的利益属于国家利益、公共利益，没有人主动行使诉权，使受害利益得不到及时的司法救济的情形。实践中，民政部门、工会组织、妇联、消费者协会、环保组织支持起诉的情况并不少见，也有人民检察院在国有资产流失、环境公益诉讼、农民工讨薪等案件中支持起诉的案例。最高人民检察院第 31 批指导性案例，第 122 号涉及智力残障人士诉权的实现，事关残疾人保障；第 123 号涉及老年人权益保障，且事关修复受损家庭关系；第 124、125 号案例涉及集体劳动争议处置和保障企业持续健康发展；第 136 号涉及反家庭暴力与人格权保护等，分别是面向残疾人、老年人、劳动者、家庭暴力受害者等特殊群体合法权益保障支持起诉的典型案件。这些案件的诉讼标的虽然属于当事人的私益，但其合法权益的保护不同程度地牵涉到社会公共利益，是社会公平正义的重要指针，具有维护社会和谐稳定的公共价值。检察机关支持起诉对于匡正司法形式正义、实现个案实质公平有积极意义。

按照民事诉讼法的规定，支持起诉的应当符合下列规范：

第一，支持起诉主体只限于国家机关、社会团体、企事业单位，个人不能作为支持起诉主体。

第二，以帮助当事人的起诉满足民事诉讼法规定的起诉条件为基准。以《民事诉讼法》第 122 条规定的起诉条件为参照，支持起诉的基本条件有三：一是纠纷具有可诉性，可以通过司法途径获得救济。如果涉案纠纷不是法律意义上的争议，如人事调动、职称评定、学术观点分歧等非法律争议,或者尚未现实发生的臆想的争议,或者是社会普遍的、抽象的不满,都不符合支持起诉的条件。二是权利主体行使诉权的困难具有现实存在,客观上未能提起诉讼。反之,如果当事人已经起诉,就没有必要支持起诉;或者当事人本无起诉困难,仅仅是担心付出了诉讼费和时间精力后,诉讼请求得不到法院支持,想借助国家机关、社会团体的力量争取胜诉结果,则不符合支持起诉的条件。三是上述起诉障碍是可以克服的,即通过精神上的鼓励、道义上的支持,可以打消当事人对起诉的顾虑与恐惧心理;或者通过协助收集起诉证据,可证明当事人的起诉符合起诉条件、法院应当受理;或者通过指引当事人寻求法律援助,可以解决诉讼费用、法律服务费用等物质上的困难,等等。如当事人完全没有通过诉讼寻求司法救济的意愿,则不符合支持起诉的条件。

第三,支持方式合法。支持起诉的"支持",不仅是在道义上肯定、精神上鼓励当事人行使诉权,更是在行动上帮助当事人克服行使诉权的障碍,成功启动诉讼程序。在具体支持起诉方式上,支持起诉者可以根据案件具体情况,综合运用提供法律咨询、争取法律援助、协助收集起诉证据、提出支持起诉意见、为当事人准备书状、陪同当事人出庭等方式为支持对象起诉提供帮助。支持起诉以排除诉权实现困难为限,不以帮助当事人获得胜诉结果为目标,也不能违反当事人自愿、强迫起诉。最高人民检察院第122号案例指出:"支持起诉并非代替当事人行使诉权,检察机关不能独立启动诉讼程序。"

> **拓展阅读**:"检察机关支持起诉规则",请扫本节二维码学习。

第二节 审判权

审判权是法院最基本、最重要的职权,是指法院受理法律争议,依法对案件实体问题和程序事项进行审理和作出判断的权力。作为一种渐次展开的过程,诉讼程序是当事人与法院、当事人之间,以及其他诉讼参与人与法院之间互动的过程。为了保证程序的有序进行,促成各诉讼主体之间的良性互动关系,法院还应当承担起对诉讼的控制与指挥的职责与权力。

法院的审判权的特点是:它既是一种权力,又是一种职责,通常被称为"职权"。[①] 法院审判职权包含两层意义:其一,在出现法律规定情形时,法官必须行使审判权,即依职权为一定的审判行为。比如,对于涉及回避、管辖权等的程序事项,法院应该按照法律规定,不待当事人主张,依职权主动调查认定。其二,正当行使审判权是法官的一项义务。比如,当事人提出的诉讼请求,法官必须作出裁判,当事人提出事实主张和证据材料的,法官必须进行审查判断。同时,对于当事人没有主张的事实请求,法官原则上不得主动斟酌。

法院的审判权贯穿于诉讼程序的始终,主要包括为诉讼指挥权、裁判权、释明权等。

一、诉讼指挥权

诉讼指挥权,也称程序控制权,是指法院对民事诉讼程序进程与状态进行指挥和决定

[①] 参见张卫平:《民事诉讼法》,法律出版社2019年版,第82-83页。

的权力。法院的诉讼指挥权从程序的启动开始,贯穿程序发展全过程,一直到程序的终结。根据我国民事诉讼法,法院的诉讼指挥权主要表现在以下几个方面:

(1)决定程序的开始。当事人向法院提起诉讼后,法院应当按照法律规定的起诉条件进行审查,认为符合起诉条件的,予以受理,诉讼程序正式开始;如果起诉不满足法律规定的起诉条件的,法院裁定不予受理,诉讼程序就不能开始。

(2)主持具体诉讼活动。诉讼活动包括指定诉讼期日(比如开庭日期、举证时限、证据交换时间、宣判日期、期限与期日的顺延、变更等),传唤当事人或证人出庭,主持庭审,指挥当事人进行陈述、举证质证、辩论,组织当事人进行调解,等等。

(3)决定诉讼程序的状态。诉讼程序状态包括根据当事人的申请决定诉的合并与分离、诉讼中止与诉讼终结,促进诉讼中的和解,准许当事人反诉、撤诉等。

(4)维持诉讼秩序。重要是针对当事人或诉讼参与人、案外人扰乱法庭秩序,妨害诉讼顺利进行的行为,有权予以制止,并根据行为人妨害诉讼行为的具体情节,决定采取强制措施,排除妨害,保证诉讼顺利进行。

法院行使程序指挥权的价值在于保证诉讼程序的有序和效率,维护司法的严肃性。纠纷的公正解决也包含程序效率的内涵。为了做到这一点,法院应当有相应的职权,比如,为保障庭审有序、高效,法官可以要求当事人围绕争议焦点发表陈述和辩论,制止当事人重复已经陈述过的言辞。再比如,法院在庭前准备阶段,可以根据案件情况要求当事人适时提供证据、进行证据交换,被告起诉反诉的,法官有权审查反诉是否符合诉讼经济原则而决定是否与本诉合并审理,等等。

二、释明权

释明权,又称阐明权,是法官为了明确案件的事实关系与法律关系,就当事人争议的事实和法律问题,以询问、说明或晓谕的方式,帮助当事人正确行使诉讼权利,促使当事人及时、完整地陈述事实和提供证据的职权。①

背景资料:"释明权产生的动因",请扫本节二维码学习。

(一)释明制度的功能

法官释明权行使的目的在于保障当事人辩论权与处分权的实现,确保程序的实质公平,真正体现当事人诉讼权利平等原则。释明制度具有以下功能:

(1)增进沟通,充实程序有效性,发挥程序正当化机能。程序价值机理在于诉讼主体充分对话、有效沟通,发现重叠共识。在相当程度上,是法官与当事人之间的沟通与信息交换的充分性决定着审判的质量。当事人因陈述不充分、不明确、不妥当,或者诉讼资料不齐备时,通过法官释明,让当事人的表达更为准确、充分。如此不仅有助于充实法庭审理,增进法庭辩论的实效性,更为重要的是提高当事人之间沟通的有效性,有助于激发当事人的反思理性,拉进诉、辩之间的距离,促成合意。

---

① 参见熊跃敏:《民事诉讼中法院释明的实证分析——以释明范围为中心的考察》,《中国法学》2010年第5期。

(2) 保障当事人充分参与，防止裁判突袭，提高裁判的可接受性。当法官发现当事人主张的法律关系的性质或者民事行为的效力与人民法院根据案件事实作出的认定不一致时，法官可以通过释明引导当事人进一步寻找合适的法律理由进行论证，就作为判决基础的事实问题和法律问题充分发表意见，让最终的裁判结论真正建立在当事人辩论的基础上，防止裁判出乎当事人因意料之外而降低可接受性。

(3) 促进纠纷一次性解决，实现民事诉讼目的。法官释明可以避免当事人因对法律关系的认识错误，提出的诉请不正确或诉讼资料不齐备而被法院驳回，不得不另行提起诉讼的情形，争取在一次诉讼程序中尽可能圆满地解决当事人的纠纷。

法官行使释明权的效果是对当事人进行了诉讼指导和提供了法律技术上的帮助，明显带有能动性，所以一旦行使不当，容易破坏法官中立，损害程序公平。因此，释明必须在一定的规则内行使。释明制度并不是否定辩论主义与处分权主义，毋宁是保障辩论权与处分权。因此释明的底线是不能突破辩论原则与处分权原则。释明的范围以当事人主张的事实为边界，即只有在当事人主张的事实中涉及的事项，法官才可以释明。释明的结果不是代替当事人作出决定，而是帮助当事人作出正确的决定。如果当事人拒绝根据法官释明作出改变的，应当尊重当事人的选择。由于法官的释明极有可能改变甚至翻转诉讼结果，必须保障当事人的辩论机会。法官的释明意见应当公开地告知双方当事人，供当事人进行辩论、提出不同意见。

(二) 释明的事项范围

应当限制法官释明的事项范围。通常认为法官可以释明的事项包括：

(1) 诉讼请求的释明。人民法院在庭前准备阶段，可以根据案件情况召集庭前会议，明确原告的诉讼请求和被告的答辩意见，整理争议焦点。法官发现当事人提出的诉讼请求不准确、不清晰、不妥当、不充分或相互矛盾的，可以告知当事人变更、增加诉讼请求。比如当事人诉请赔偿损失，其请求权基础是侵权责任与违约责任请求权竞合的情形，当事人没有明确表示依据哪一种请求权作为理由时，法院应当释明，询问当事人选择哪一个请求权作为诉的理由。再比如，当事人在请求法院确认合同无效的同时要求判令对方承担违约责任，法院就应当向当事人释明其诉讼请求的矛盾之处，要求当事人更正。诉讼请求不充分多表现为侵权损害赔偿纠纷案件中，当事人主张的赔偿数额偏低，法院可以在探求当事人真实意思的基础上，启发当事人调整。《民诉法解释》第 198 条："诉讼标的物是房屋、土地、林木、车辆、船舶、文物等特定物或者知识产权，起诉时价值难以确定的，人民法院应当向原告释明主张过高或者过低的诉讼风险，以原告主张的价值确定诉讼标的金额。"

(2) 证明责任与证据材料的释明。民事诉讼当事人负担着为其主张提供证据加以证明的责任。某一项待证事实应当由哪一方当事人举证证明是涉及程序公平的关键事项。当事人证明责任是否充分，又关涉到败诉风险等重要的诉讼利益。因此，在具体诉讼过程中，法官应当针对当事人争议焦点释明本案证明责任分配问题，并听取双方当事人辩论意见。法官还应当针对案件具体情形给当事人必要的举证指导，比如在当事人陈述的事实或已经提供的诉讼资料中，法官发现有可能对案件事实有亲身感知人可以提供证言的，可以提示当事人申请该证人出庭作证。再比如承担证明责任的当事人所提供的证据不足以让法官形成心证的，或者因证据瑕疵导致证明力不足的，法官应告知当事人补强证据。《民诉法解释》第 356 条规定，人民法院适用司法确认程序审查人民调解协议相关情况时，经审查认为当事人的陈述或者提供的证明材料不充分、不完备或者有疑义的，可以要求当事人限期补充陈述或者补充证明材料。

（3）法律适用的释明。尽管有"当事人负责事实，法官负责法律"的法谚，但辩论原则要求保障当事人在法律适用方面的参与权。因此，当法院裁判可能适用的法律与当事人论证其诉讼请求所提出的法律观点不一致时，法官应当进行释明，并给当事人陈述意见、相互辩论提供足够的机会。法官不经释明而直接用其认为正确的法律进行裁判，本质上剥夺了当事人的参与辩论权，将构成裁判突袭，当事人有权以程序违法为由提起上诉。[①] 如果当事人在诉讼请求中主张的法律关系性质或民事行为效力，与人民法院根据案件事实作出的认定不一致的，法官应晓谕当事人，并将该法律关系性质或者民事行为效力作为焦点问题进行审理，而不是直接按照法官认为正确的法律关系进行审理，也不能强制当事人作出变更。

（4）权利的释明。法官对当事人权利的释明原则上以程序权利为限。当事人诉讼权利平等原则要求，法院应当保障当事人充分行使诉讼法赋予的各项程序权利。因此，如果当事人因不知晓某种诉讼权利而不会行使，将有损程序公平，正当程序所要求的程序保障也将空洞化。因此，法官应当针对具体案件中当事人的情形，帮助其了解和及时行使程序权利。最高人民法院 2003 年公布的《关于适用简易程序审理民事案件的若干规定》（以下简称《简易程序规定》）第 20 条要求法官在适用简易程序开庭审理时行使释明权："对没有委托律师代理诉讼的当事人，审判人员应当对回避、自认、证明责任等相关内容向其作必要的解释或者说明，并在庭审过程中适当提示当事人正确行使诉讼权利、履行诉讼义务，指导当事人进行正常的诉讼活动。"法庭审理必须围绕当事人争议的事实、证据和法律适用等焦点问题进行。因此《民诉法解释》第 226 条规定，人民法院在根据当事人的诉讼请求、答辩意见以及证据交换的情况归纳争议焦点时必须进行释明，包括提示法院整理的争议焦点，征求当事人的意见，根据当事人意见调整、补充后，确定本案争议焦点。当事人不主张的权利，法官不得通过释明要求当事人主张。比如被告按照反驳提出抗辩意见的，法官不得要求被告提出反诉。

相反，对于当事人可能享有的实体法上的权利，法官原则上不能主动释明。典型如诉讼时效、同时履行抗辩、先诉抗辩，以及抵销权、撤销权、合同解除权等各种可以作为被告的抗辩主张的权利。因为实体权利抗辩属于当事人处分权范围，在当事人没有主动提出时，不论基于什么原因，法官都不能提示或代替其行使。最高人民法院《诉讼时效规定》第 3 条："当事人未提出诉讼时效抗辩，人民法院不应对诉讼时效问题进行释明及主动适用诉讼时效的规定进行裁判。"除非当事人在陈述、辩论中表达了类似的意思，只是不知道应该如何用法律上的概念来表达时，法官才可以通过提问、晓谕、解释，引导他加以明确。

总之，衡量法官妥当行使释明权的标准，是看其释明行为是否遵循了辩论原则与处分

---

① 熊跃敏：《民事诉讼中法院释明的实证分析——以释明范围为中心的考察》，《中国法学》2010 年第 5 期。

权原则,是否有助于程序实质公平,是否满足民事诉讼公正解决纠纷的目的。

评注:释明的程序法理

虽然法官释明权具有"谋求审理充实化、促进化及公平审理实质化的手段"的价值,[①]但法官释明的目的不仅仅是为了实体公正。在运作机理上,法官释明权应当遵循正当程序原理。"发现案件真实""保护实体权利"不是法官释明的目标,不能以法官主观追求的实体结果为标准倒推释明的妥当性与必要性。更为重要的是,以发现真相、保护实体权利作为释明的主旨,提供的是一种实体标准。而实体标准的模糊性终将让释明的边界模糊化并走向实质主义。实质主义的释明理论虽然声称以辩论主义为底线,但如果不扩大解释辩论主义便无法自圆其说,而且在诉讼时效等实体抗辩权应否释明问题上陷入"何种权利更值得保护"难题的泥沼。以实体公正作为法官释明的正当性理由,会将释明范围无限扩大,最终陷入"一切皆可释明"的尴尬境地。法官过度释明不仅容易破坏程序的中立性,打破当事人平等的格局,且难以避免法官滥用审判权。应当从正当程序及其价值机理角度理解释明权,并为释明权的行使设置相应的程序规则,以约束释明权在合理的范围内发挥作用。

释明权是法官帮助当事人充分行使诉讼权利的职权。因此,释明权的对象涉及当事人行使实体权利和程序权利的层面的问题。释明不同于职权上的告知、通知。对属于法院依职权决定的事项,法官直接将决定结果告知、通知当事人,而不是进行释明。

三、裁判权

裁判权是指法院对案件实体问题和程序问题作出的判断与处理决定的权力。裁判权是法院审判权的核心与标志性权力。法院裁判权包括对证据能力与证明力的判断,依据证据对当事人争议的案件事实作出的判断,依据事实和法律对当事人争议的诉讼请求进行的判断,对受理起诉、管辖权、诉讼保全、诉讼中止与终结等程序事项所作的判断,以及对诉讼过程中特定事项的判断等。

民事裁判权的主管范围,即法院可以适用民事诉讼法作出裁判解决纠纷的范围。主管一词源于我国法院内部分工,即按照纠纷性质把案件分为刑事案件、民商事案件、行政案件,分别由刑庭、民庭、行政庭等业务庭主管。主管一词还用于区别法院与其他国家机关处理纠纷的分工与权限范围。理论上,只有涉及法律的争议才能成为法院裁判的对象。那些与法律问题无关的问题,比如单位内部的人事变动、干部晋升等,就是裁判权范围之外的。裁判权适用范围从一个侧面可以反映法律在一个国家社会生活中的地位作用,也折射出这个国家司法机能的大小。

民事裁判权主管范围与民事诉讼法对事效力范围相一致。根据《民事诉讼法》第3条的规定,民事裁判权主要处理平等主体之间有关财产权利和人身权利的纠纷,以及法律规定适用民事诉讼程序处理的案件。常见的属于人民法院主管的民事案件有:一是平等主体之间因民事法律关系发生的争议,包括民法、经济法等调整的财产关系、人身关系发生的争议;二是涉及身份关系和劳动关系的纠纷,即婚姻法、劳动法调整的婚姻家庭关系纠纷案件、劳动争议案件;三是法律规定适用民事诉讼法审理的其他案件,如选民资格案件、宣告失踪、宣告死亡案件、支付令案件、公示催告案件等。

[①] [日]新堂幸司:《新民事诉讼法》,林剑锋译,法律出版社2008年版,第314页。

法院行使裁判权对不同事项采取的方式是不同的。根据民事诉讼法的规定,法院对事实与法律问题用判决的方式作出裁判,对程序事项的判断应作出裁定,对特别事项用决定方式进行处理。

(一) 判决:对实体问题的裁决

人民法院对当事人争议的案件事实和民事权利义务关系作出的权威性判定,称为判决。

民事判决由人民法院审判组织依法作出。民事判决必须采用书面形式作出,称为判决书。判决书是人民法院对案件行使审判权的重要表现,因而也是诉讼中的重要法律文书。判决书由首部、正文和尾部组成。首部是人民法院名称、案号和当事人自然情况、案由、案件受理与审理过程等。案由是案件内容和性质的概括,应简明确定"离婚""继承""债务""赡养"等案件性质。正文是法院对案件进行审理和作出判决结论的主体部分。根据民事诉讼法第155条的规定,判决书正文内容包括:①案由、诉讼请求、争议的事实和理由;②判决认定的事实和理由、适用的法律和理由;③判决结果和诉讼费用的负担;④上诉期间和上诉的法院。在判决书的尾部,是审判人员、书记员署名,加盖人民法院印章。

(二) 裁定:对程序事项的裁决

裁定是人民法院在审理民事案件时,对程序问题所作的审判职务上的判定。

根据《民事诉讼法》第157条规定,裁定适用于下列范围:①不予受理;②对管辖权有异议的;③驳回起诉;④保全和先予执行;⑤准许或不准许撤诉;⑥中止或者终结诉讼;⑦补正判决书中的笔误;⑧中止或者终结执行;⑨撤销或不予执行仲裁裁决;⑩不予执行公证机关赋予强制执行效力的债权文书;⑪其他需要裁定解决的事项,例如督促程序中的支付命令,证据规则中的书证提出命令、律师调查令,执行程序中的搜查令,人格权禁令等民事禁令程序中的禁止令、暂时命令,等等。适用裁定解决的事项一般不涉及主诉案件实体权利义务关系的判断,但影响程序能否启动和继续进行的问题。比如判决书笔误,即判决书内容中出现错写、误算,正本与原本个别地方不符;判决书的文字表述明显与法院判决原意不相符合,或用语不当,致当事人对判决理解上出现偏差等情况,或者数字、小数点出错等,这些错误不涉及实体判断问题,都属于程序问题。人民法院应当依当事人申请或依职权用裁定形式予以补正,并将裁定书附在原判决书原本和正本后面。再比如诉讼保全和先予执行虽然涉及对当事人财产权利的限制或民事义务履行,但诉讼保全和先行给付裁定不是对权利义务关系的最后决定,故仍属诉讼程序的范畴。其他需要用裁定方式处理的程序事项还有很多,比如管辖权问题的处理、追加或更换当事人、简易程序转为普通程序、对调解协议作出司法确认、采取执行强制措施、执行异议的处理等。

民事裁定一般以书面形式作出,称为裁定书。裁定书应具备事实、理由和主文三部分。这是裁定的基本内容。此外,裁定书的首部应有人民法院的全称、裁定书标题、编号,以及当事人的基本情况。裁定书的尾部一般由审判员、书记员署名。按照审判监督程序决定再审的裁定,由院长署名。如果法律规定可以上诉的裁定,在裁定书尾部应当记明上诉期间及上诉审法院。如果是不得上诉的裁定,应记明"本裁定不得上诉"。如果是终审裁定,应记明"本裁定为终审裁定"。裁定书的正本应由书记员签名证明正本与原本相同。裁定书应加盖人民法院印章。

裁定也可以采取口头形式,口头裁定必须由书记员记入笔录。

民事裁定具有程序法上的拘束力,也称形式确定力。当事人、诉讼参与人、审判人员应按裁定的内容为一定行为或不为一定行为。比如裁定中止诉讼,诉讼程序就处于暂时停止状态,当事人和审判人员都不会开展诉讼活动。部分裁定具有执行内容,人民法院有权依权利人的申请或依职权强制执行,如财产保全和先予执行的裁定。由于裁定是人民法院用于指挥诉讼的手段,解决程序性问题,作用于诉讼过程,因此,裁定的拘束力通常只及于当事人、诉讼参与人和审判人员,对案外人不具有拘束力。但是,有时裁定的执行涉及其他单位和个人的协助,比如财产保全的裁定,需要银行协助冻结当事人的存款,有关单位和个人应当协助执行。裁定也可以根据一定情况撤销,如诉前保全的裁定,当事人在人民法院作出裁定后,没有在法定期间提起诉讼的,人民法院应当予以撤销。当事人对于多数裁定没有异议权,只有对不予受理、管辖权异议的和驳回起诉的裁定可以上诉,上诉期为10日。对于财产保全先予执行的裁定不服,当事人可以向作出裁定的法院申请复议一次。

拓展阅读:"法院命令",请扫本节二维码学习。

(三) 决定:对特别事项的处理

民事决定是对特定事项作出的职务判定,适用于以下几个方面:①处理有关审判组织的事项,比如采用合议制抑或独任制的组织形式,是否采用陪审制,审判人员回避,等等。②指挥和保障程序顺利进行需要处理的事项,如适用简易程序,确定开庭期日,举证时限,召开庭前会议,组织证据交换,对妨害民事诉讼行为采取强制措施,等等。③解决诉的合法性方面的问题,如审查起诉后立案,当事人主体适格问题,追加当事人,诉的合并,等等。④审判委员会讨论决定的事项,如对疑难复杂案件的审理意见,审查再审申请是否符合法律规定的再审事由的意见,等等。

民事决定可以采取书面形式,也可以采取口头的形式。人民法院用书面形式作出决定的,应制作民事决定书。民事决定书除应记明事实、理由和决定内容外,还应在开头部分写明作出决定的人民法院全称、决定书编号、案由、当事人或被决定人的基本情况,在结尾部分由作出决定的组织、人员署名,载明是否准许申请复议,作出决定的年、月、日,并加盖人民法院印章。民事决定除法律明确规定必须用书面方式的以外,人民法院可以用口头形式作出决定。口头决定由书记员记入笔录。

人民法院对特定事项作出决定,通常是为了及时解决问题。因此,民事决定一经作出,立即发生法律效力。根据我国《民事诉讼法》的规定,有些决定可以申请复议。如驳回申请回避的决定,对妨害民事诉讼行为人采取罚款、拘留措施的决定,都可以申请复议一次,但复议期间并不影响决定的效力,无论复议的结果如何,人民法院都应继续审理案件,执行决定的内容。

> **拓展阅读**："决定程序正当性问题"，请扫本节二维码学习。

第三节　诉权与审判权关系

一、诉讼模式

所谓诉讼模式，亦称"诉讼方式"，是法院审判权和当事人诉权在诉讼中的法律地位及其相互关系，以及因此表现出来的诉讼方式的特点。通常认为，在司法制度发展历史中曾经出现过的诉讼模式，近现代以前有"弹劾式"诉讼和"纠问式"诉讼两种模式，这主要是从诉讼方式的特点进行的概括。近现代以来的司法制度中的诉讼模式，主要是根据审判权与诉权在诉讼中的地位进行的划分，大致分为"当事人主义"诉讼与"职权主义"诉讼两种模式。

> **拓展阅读**："弹劾式诉讼与纠问式诉讼"，请扫二维码学习。

当事人主义诉讼模式是对近现代以来英美法系国家司法制度诉讼方式特点的概括性描述。该种诉讼模式的特点是：诉讼程序的发动、推进和变化主要依赖于当事人相互对抗的诉讼行为所产生的推力；诉讼过程由当事人主导，法官恪守中立地位；当事人承担提出诉讼请求、事实主张和收集提供证据的责任，法官不能在当事人争议事项和质证范围以外依职权主动收集证据、审判案件。

职权主义诉讼模式是对近现代以来大陆法系国家司法制度诉讼方式特点的概括性描述，德国、法国、奥地利等国家的民事诉讼制度具有代表性。在近代资产阶级革命中，欧洲大陆司法制度的民主化改革废除了封建专制司法制度，确立了当事人诉讼主体地位，模仿英美法系当事人主义诉讼模式，强调法官中立角色，提倡当事人的主动性、主导性作用，要求法官保持相对消极、被动。但随着诉讼迟延问题日益严重，大陆法系国家在19世纪末20世纪初，又开始加强法官的程序控制权和能动性，形成了现代司法制度上的职权主义诉讼模式。该模式的特点是：双方当事人是平等的诉讼主体，对于诉讼程序的启动、推进等重大程序问题有决定权，但法官不能消极被动地进行裁判，应当对诉讼进程发挥指挥、控制作用，必要时应当主动地向当事人释明，确保程序正当和诉讼效率，积极促成双方和解。此外，在涉及身份关系、公共利益保护或纯粹的程序事项时，强调司法干预的必要性，要求法官依职权调查收集证据，法官对这些事实的判断并非完全依赖于当事人的陈述辩论。[①]

二、诉权与审判权的相互制约关系

诉权与审判权共同的诉讼目标使得两种权力（利）必须合作，而不同的利益追求又使

[①] 参见蔡虹：《民事诉讼法学》（第四版），北京大学出版社2016年版，第60－61页。

两者能够互相钳制。此外,诉权与审判权在诉讼全程序里始终相伴相随,形成相互制约关系。

首先,诉权具有主动性,审判权具有被动性。这里包括两层含义:一是先有诉权的行使,后有审判权的运行。当事人行使诉权是法院行使审判权的前提,即"有诉才有裁判"。二是法院裁判对象必须严格限制在当事人的诉讼请求范围之内,即"无诉即无裁判"。

> **评注**:肯定诉权主动性的积极意义在于,赋予公民通过法律途径保卫自己的合法权益以有力武器。德国法学家耶林说:"大凡一切权利的前提就在于时刻准备着主张权利。法不仅仅是思想,而是活的力量。正义女神一手持有衡量权利的天平,另一只手握有为主张权利而准备的宝剑。无天平的宝剑是赤裸裸的暴力,无宝剑的天平意味着法的软弱可欺。天平与宝剑相互依存,正义女神挥舞宝剑的力量与操作天平的技巧得以均衡之处,恰恰是健全的法律状态之所在。"[1]

其次,审判权对于诉权具有应答性,即"有诉必有裁判"。承认诉权是当事人发动诉讼的基本权能,就应当承认诉讼是当事人行使诉权的结果。换句话说,只要当事人行使诉权,诉讼就应当发生。只要当事人起诉,法院就应当受理。对于当事人提出的诉讼请求,法院必须一一作出裁判。法院无权以任何理由拒绝当事人的请求,包括"法无明文规定"或者"案件事实查不清"这样的理由。

再次,诉权与审判权相互制衡。理想的诉讼程序应当是无需外力推动的具备自治机制的结构过程。诉讼程序正是通过诉讼主体角色地位的分派,以不同诉讼主体的权利(权力)之间的相互制约为动力,推动诉讼程序自主发展的。相反,如果某个诉讼主体的权力(权利)超越其他诉讼主体之上,整个诉讼的进程依赖于单方权利(权力)推动,诉讼法律关系呈现"一头重"的不均衡状态,而缺乏制衡的权利(权力),尤其是缺乏制衡的权力最容易被滥用,甚至滋生司法腐败。

制约机制的形成不是仅有分权就足够,还需要一个重要的条件:相互对立的权利(力)的力量对比基本均衡,即哈林顿说的"均势"[2]。如果审判权过分膨胀压抑了诉权,会出现诉讼专制;反之,如果诉权过分强大吞没了审判权,则有诉讼无序的危险。诉权与审判权既相互配合又相互制约的关系构成民事诉讼法律关系的理想状态:诉权与审判权力量对比势均力敌,诉讼程序在两者的合力作用下有序推进。

> **评注**:法治就是对权力的制约。[3] 正当程序在行为形态上体现为依照权力制约的原理设置的相互行为系统,通过赋予参加者以平等的人格和主体性,以及程序权利和程序义务的合理配置,形成程序主体之间的相互作用和相互制约的关系。这种制约能够确保个人权利与国家权力取得更加平等的地位,使个人能够与国家权力机构展开平等的交涉、对话和说服活动;能够规范法律的运作,抑制国家权力在法律运作过程中的恣意,克服审判权行使中的专断,从而保证司法过程的理性、审慎与公正客观。[4] 民

---

[1] [德]鲁道夫·冯·耶林:《为权利而斗争》,载梁慧星主编:《民商法论丛》(第2卷),法律出版社1995年版,第12页。

[2] 哈林顿在《大洋国》一书中创设了法治共和国的模式构想。他设计的共和国权利结构的原则是"均势"。他认为国家的奥秘就在于均势,否则就难以自立。如果原有均势发生偏差,任何政体都只能维持一个短暂的时期。均势就是平等,包括产权平等和权力平等,权力的平等不仅仅是整个共和国的自由,而且也是每个人的自由。

[3] 龚祥瑞:《比较宪法与行政法》,法律出版社1985年版,第74页。

[4] 蒋秋明:《诉权的法治意义》,《学海》2003年第5期。

事诉讼程序设计立足于当事人程序权利对法官权力的制约和限制。诉讼结构以当事人行使诉权为本位,而审判权的行使则应以保障当事人诉权的充分实现为宗旨。在诉讼程序中,当事人行使诉权及各种具体的诉讼权利行为就构成对审判权具体运作的制约。构建诉权对审判权的制约机制,一方面要确立当事人的主体性地位,另一方面要充实当事人在诉讼中的各种程序权利,并为其权利实现给予充分的程序保障,这样才能使诉权具有足以抗衡审判权的能力。以完善当事人诉讼权利为核心,构建诉权对审判权的制约机制,是我国民事诉讼法发展完善的方向。

第四章 诉

第一节 诉的基本原理

一、诉的概念

诉是指当事人向法院提出的,要求法院对其争议事项作出裁判的请求。

当事人行使诉权发动诉讼后,诉就出现了。当事人行使诉权是从向法院提出诉开始的。不同的案件当事人的诉是不同的。诉的内容取决于当事人争议的事项及当事人的处分权。通常情况下,诉表现为当事人要求法院确认或者变更、消灭其与对方当事人之间的实体权利义务关系的请求。诉的要义包括以下几个方面:

(1) 诉是民事主体基于纠纷而提出的。诉的发生基于民事主体对于民事实体权益、义务或责任的争议状态。由此决定了诉所引发的案件一般性质是争讼案件,而不是非讼事件。在诉的内部存在着双方当事人对抗或对立的结构,即所谓"两造对抗",这是民事诉讼结构的基本特征之一。

(2) 诉是民事纠纷主体向法院提出的请求。诉的对象是法院。纠纷主体向其他个人、组织或机构提出的解纷请求都不能称之为诉,通常用"申请"。比如向仲裁机构申请解决纠纷,提出请求者称为"申请人",对方当事人称为"被申请人"。法院在诉讼结构中是居中裁判的角色。民事诉讼结构因此呈现"两造对抗—法官居中"的等腰三角形特征。

(3) 诉是原告提出的特定的实体主张。诉的内容是原告提出的实体主张,就是原告追求的获得实体法律地位或实体法效果的主张。原告提出的诉必须是特定的或者具体的实体主张。例如原告请求被告给付某物、原告请求与被告离婚等。特定而具体的实体主张是明确法院裁判对象和既判力范围的依据。在诉讼中,诉的内容表现为当事人在起诉状中提出的具体诉讼请求和所依据的案件事实、法律理由。

(4) 诉的提起者和相对方都是特定的。即原告和被告均须具体、明确。特定的原告与被告,是使得民事诉讼案件具有个性化特征的主要因素。司法是对特定纠纷主体之间已经发生的特定纠纷的个案处理,以明确法律上的权利、义务或责任的具体归属者及其相互关系。这是司法的个性化特征,也是司法与立法、行政最明显的不同。

准确掌握诉的概念对于理解民事诉讼制度、正确开展民事诉讼实践具有重要意义。第一,当事人的诉决定了法院裁判范围。根据"有诉才有裁判"和"有诉必有裁判"的原理,法院裁判必须围绕诉进行,不能超出诉的范围或遗漏诉的事项。第二,诉的性质决定了裁判的性质。且不同种类的诉当事人的争议侧重点不同,证明责任不同,法院审理的重点和裁判的方向也不同。第三,当事人主要围绕诉行使处分权。比如原告要求增加诉、变更诉、撤诉、被告提出反诉等。诉也是法院决定诉的合并与分离等诉讼形态的基本单位。

二、诉的要素

诉的要素,是指构成一个完整的诉所必备的因素或要件。诉的要素在民事诉讼中具有重要的理论与实践价值。第一,诉的要素是否齐备,直接关涉诉的成立与否。法院在受理当事人的起诉时,先审查当事人的请求是否具备诉的各项要素。欠缺某个要素的,法院会向当事人释明,要求补齐。第二,诉的要素也是使诉特定化、区别于他诉的主要指标,即此诉与彼诉的识别标志,也是判断当事人提起的诉的数量的标志。第三,诉的要素是人民法院决定程序事项的判断依据。如案件是否属于法院民事诉讼主管范围,受诉法院是否有管辖权,是否需要变更、追加当事人,或者当事人的诉是否为法律规定的禁止起诉的事项,对当事人提出的数个诉是否可以合并审理,等等。在约束审判权的意义上,诉的要素发挥着规范审判行为、限制裁判恣意的作用。第四,诉的要素是当事人展开攻击防御的焦点目标。当事人应当对其主张的权利的法律要件事实提供证据加以证明;被告可以围绕原告是否适格、原告主张的事实是否有证据证明、诉讼请求是否有法律依据等进行反驳,针对原告的诉讼标的提出抗辩或反诉,等等。在程序保障的意义上,诉的要素是衡量当事人诉讼权利是否得到保障和实现的依据。第五,诉的要素是判断一个特定的诉是否是诉讼系属状态(即已经为法院受理),从而判断当事人的另一个诉是否构成更行起诉(多次起诉)的基本方法。诉的要素也决定了法院裁判既判力所及的范围,成为判断后诉是否构成重复诉讼的基本指标。

诉的要素包括主观要素和客观要素。诉的主观要素即诉的主体,就是当事人。诉的客观要素即诉的内容,包括诉讼标的与原因事实。

(一) 当事人

诉的主体是当事人。在基本的民事诉讼形态中,当事人就是原告和被告。在一个具体的案件中,由谁来诉、原告诉谁、谁将接受法院裁判的拘束,这些问题对于每一个诉而言都是至关重要的。离开具体的当事人,诉将无法确定。首先,任何一个诉都必须有原告,否则,诉就不能提起。在民事诉讼中,"不告不理"是一项重要的规则。法院行使国家审判权对民事案件进行裁判,必须先由原告提起诉讼、启动诉讼程序,即所谓"无原告即无法官"。其次,任何一个诉都必须有被告,否则,裁判结果将无人承受。

(二) 原因事实

原因事实是诉发生的原因,即当事人提出诉讼请求的事实根据。原因事实直接表现为当事人陈述的案件事实,即其描述的双方发生争议的经过。原因事实首先表现为经验层面的事实,或曰生活事实成为诉的要素的,则是经过法律过滤的事实,是其中引发当事人民事权利义务关系发生、变更和消灭的事实,即法律事实,也是当事人主张的实体权利在法律上的要件事实。法律要件事实才是对诉的成立及法院裁判具有实质意义的事实。法院必须在裁判中,依据证据规则对法律要件事实作出判断,作为确认当事人权利义务关系的事实依据,并成为最终裁决结论的理由。

原因事实理由虽然不像诉讼标的那样对诉的识别起决定作用,但是对诉的成立与识别也有重要意义。有的民事案件裁判生效后,由于发生新的原因事实,可能导致法律关系发生变动而形成新的诉。同时,原因事实对法院裁判也有重要意义。法院对当事人主张的原因事实的判断、斟酌和分析,构成判决理由的一部分。法院在裁判中对双方争议事实作出明确认定后,相同当事人在其后进行的诉讼中不得就该事实作相反的陈述,后诉法院亦不得为相反的判断。

(三) 诉讼标的

诉讼标的是当事人争议的、请求法院裁判的权利主张或权利义务关系。诉讼标的是诉的核心要素,是法院裁判的对象,也是确定诉的内容和范围、识别诉的数量的主要指标,还是划分诉的类型的基准。

具体案件的诉讼标的主要根据当事人提出的诉讼请求及其所依据的法律理由进行识别。诉讼请求也称"诉的声明",是指当事人起诉要求法院裁判的具体权利主张。当事人在一个诉中可以提出数个诉讼请求。例如,因侵权纠纷提起的诉,当事人可以请求确认对方行为构成侵权,判令对方赔偿损失,或者赔礼道歉、恢复原状等。诉讼请求应当有质的确定性,即实体权利保护形态上的要求。如主张对方承担什么法律责任,要求法院对争议的法律关系如何进行处置,或者请求法院对争议的民事行为效力作出评价,等等。诉讼请求还应当有量的确定性。如主张支付的价金、赔偿金的具体数额要求等。不同的案件可能案件事实类似、争议的法律关系性质相同,但由于当事人的诉讼请求不同而使诉讼具有独立的特征。比如,同样是合同履行引发的纠纷,原告都是请求法院判令被告承担合同责任,有的案件原告的诉讼请求是判令被告继续履行合同,有的是请求判令被告承担违约责任。这是司法个性化的表现之一。诉讼请求基于当事人的诉讼目的而确定。同时,诉讼请求又是确定当事人诉的范围的主要指标。

评注:作为诉讼标的组成部分,诉讼请求有相对独立性,在立法上和诉讼活动中可以单独使用。比如《民事诉讼法》第54条:"原告可以放弃或者变更诉讼请求。被告可以承认或者反驳诉讼请求,有权提起反诉。"再如第56条:"当事人一方人数众多的共同诉讼……代表人变更、放弃诉讼请求或者承认对方当事人的诉讼请求,进行和解,必须经被代表的当事人同意。"再如第59条第3款,对于第三人撤销之诉"人民法院经审理,诉讼请求成立的,应当改变或者撤销原判决、裁定、调解书;诉讼请求不成立的,驳回诉讼请求"。

诉讼请求所依据的法律理由,是指诉讼请求在实体法上的根据,即当事人主张的实体权利的民事法律关系基础。当事人主张的实体权利可以是民事权利中的任何一种,包括支配权、请求权、抗辩权和形成权。任何民事权利都与一定的民事义务相对应。当事人以诉的方式主张某种权利,其本质是要求对方履行一定义务,或者要求确认、改变或消灭与对方之间的权利义务关系。有些权利主张包含给付内容,如要求法院判令被告为一定行为或给付一定金钱、财物的请求。当原告主张实体法上的支配权、形成权时,其权利主张可能不包含给付请求,只是要求确认某种法律关系存在或不存在,或者改变某种法律关系的现状。

如果说诉讼请求是诉讼标的量的规定性,那么法律理由是诉讼标的的质的规定性。

诉讼请求的数量对识别诉讼标的没有根本影响，而法律理由不同可能形成不同的诉讼标的。例如，当事人都是主张"撤销权"，法律理由是《民法典》第538条规定的债权人撤销权（债务人以放弃其债权、放弃债权担保、无偿转让财产等方式无偿处分财产权益，或者恶意延长其到期债权的履行期限，影响债权人的债权实现的，债权人可以请求人民法院撤销债务人的行为），还是第539条规定的债权人撤销权（债务人以明显不合理的低价转让财产、以明显不合理的高价受让他人财产或者为他人的债务提供担保，影响债权人的债权实现，债务人的相对人知道或者应当知道该情形的，债权人可以请求人民法院撤销债务人的行为），还是依据第658条规定的赠与人撤销权（赠与人在赠与财产的权利转移之前可以撤销赠与），诉讼标的是不一样的。

识别一个民事案件的诉讼标的，需要置于具体诉讼程序中，以当事人的诉讼目的，所提出的诉讼请求及其依据的法律理由，结合当事人争议情况进行动态识别。比如，原告以和被告之间存在借贷合同为理由，请求判令被告偿还借款并支付利息。被告辩称，原告是投资不是借贷，不能要求返还。如果被告单纯以此为抗辩，不提出反诉，本案的诉讼标的就是双方之间的借款债权关系；如果被告提出反诉，要求对方当事人按照合同约定分担投资风险，那么反诉的诉讼标的就是双方之间的合作经营关系。

评注： 之所以把当事人的诉讼请求和所依据法律理由作为诉讼标的识别的一体化依据，是因为：诉讼请求及其法律理由既是当事人争议的焦点，又构成法院裁判的关键部分：①从当事人争议重点看，当事人针对权利主张发生争议，主要是因为该权利的法律关系基础存在争议，当事人在辩论中必然作为重点问题加以陈述辩论。②从法院裁判权性质看，法院是依据法律对诉作出判断，法律理由是法院裁判不可或缺的部分。法院对法律理由的裁判构成裁判结论即"本院认为"以下部分；对诉讼请求的裁判出现在判决主文即"判决如下"的部分。③根据辩论原则，即便当事人因为不知法而不能准确指出法律理由，法官也要向当事人指明法律依据，保障当事人的辩论权，防止裁判突袭。总之，必须把诉讼请求及所依据的法律关系作为一个整体来把握，才能正确理解我国《民事诉讼法》中的诉讼标的。如《民事诉讼法》第55条规定的共同诉讼和第59条规定的第三人诉讼，都必须将当事人的诉讼请求及其法律理由一并加以考虑，才能判断数个当事人的诉讼标的是否"同一"；第三人是否提出了"独立的请求权"。

诉讼标的的概念是确定的。个别情况下，诉讼标的是什么可能存在所指含混的问题。例如，在原告主张的实体权利可能有多个实体请求权依据，即所谓"请求权竞合"的情形，法律不可能预先限定当事人的诉讼标的，当事人依据哪一种实体权利为理由提起诉讼属于他的处分权或选择权。如果当事人以侵权行为主张损害赔偿的，其诉讼标的是当事人之间的侵权法律关系；如果当事人以违约为由主张违约责任的，其诉讼标的是当事人之间的合同关系。

评注： 请求权竞合下，不同请求权基础构成不同的诉讼标的，可能发生当事人为同一争议提起多个诉讼的问题。当事人多次诉讼不仅可能形成重复诉讼和矛盾判决，而且可能发生一次损害获得多重赔偿，与实体法秩序相冲突。长期以来，民事诉讼法学者试图通过修正诉讼标的概念来应对这一问题，先后提出了诉讼法说（又分为一分肢说、二分肢说）、新实体法说、相对的诉讼标的说，等等。[①] 诉讼标

[①] 参见［德］汉斯-约阿希姆·穆泽拉克：《德国民事诉讼法基础教程》，周翠译，中国政法大学出版社2005年版，第86—92页。

的理论问题,本质上是因请求权竞合引发的概念含混问题。该问题的解决需要遵循概念语义探知的方法论原理,运用程序思维,将诉讼标的置于具体案件的诉讼程序中,根据当事人诉的目的,综合诉的要素进行判断和识别。至于重复诉讼则需要综合其他原理和程序规则来处理,并非修正诉讼标的概念可以圆满解决。

诉讼标的与诉讼标的物是两个不同的概念。诉讼标的物是当事人争议的权利义务所指向的具体的物,是诉讼标的的客体。比如在出租人请求承租人腾退房屋的诉中,诉讼标的是当事人争议的房屋租赁合同关系,诉讼标的物是案涉房屋。任何诉都必须有诉讼标的,因为任何诉讼都是基于当事人之间的法律关系争议而发生,但是并非每个诉都有诉讼标的物。一般来说,财产类纠纷案件多有诉讼标的物,非财产类纠纷案件不一定有诉讼标的物。例如,在收养关系、亲子关系等纯粹的身份关系诉讼中,就不存在诉讼标的物。

三、诉的合法性

诉的合法性,是指当事人提起的诉是否具备了法律上的要件,有必要且能够通过民事诉讼程序处理的条件。大陆法系通常用"诉的利益",英美法系则用"纠纷的可诉性/可裁判性"概念来表达。所谓诉的利益,就是当事人有通过诉讼解决纠纷的必要性、实效性,或者说当事人会从法院的审理裁判中获得解纷的好处。对诉的合法性的判断从法院受理起诉开始,一直到诉讼终结,具体构成诉讼法上关于起诉条件、诉讼条件和裁判条件等程序规范。诉的合法性判断依据包括积极要件和消极要件。

(一)积极要件:具备诉的要素

当事人向法院起诉时,法院会根据诉的要素就当事人的起诉作形式审查。诉的要素不齐备的,法院会释明并告知当事人补齐。《民事诉讼法》第122条规定的起诉条件的第一、二项条件,要求原告是所诉的纠纷的直接利害关系人,并有明确的被告,体现了诉的主体要素。第三项条件要求当事人在起诉时提出具体的诉讼请求,并说明案件事实与法律理由,体现了诉讼标的、原因事实两个要素。第四项条件要求当事人诉请法院解决的纠纷性质属于民事诉讼案件范围,并且受诉法院有管辖权。

1. 主体要件

诉合法成立的主体要件是指存在对立的双方当事人。这是对抗式诉讼制度的功能要件。缺少一方当事人的请求不能成立诉。因为司法无法处理缺少一方当事人的"纠纷"。首先,原告缺位的纠纷无法通过诉讼解决。因为法律一般推定当事人是自己利益的最佳判断者。在适格原告没有出现的情况下,任何人或组织"自告奋勇"担当原告进行诉讼,不管他出于什么目的,都让人对其能否真正地、充分地代表当事人利益产生合理怀疑。如此状态下进行诉讼,法院不得不猜测缺席原告可能的意思,不可避免要对当事人的请求妄加判断,势必背离司法公正解决纠纷的目标。其次,司法也不能处理被告不明确的案件,也不能用"被告嫌疑人"来代替。缺少被告的纠纷,法院的裁判将没有承受的主体。对抗式诉讼能够公正解决纠纷的预设前提是:法院可以通过对立当事人的充分陈述与辩论程序辨明事实真相。缺少任何一方当事人将无法真正落实处分权原则和辩论原则,整个司法程序的可靠性就会大打折扣。

2. 客体要件

诉合法成立的客体要件包含以下含义:第一,要求诉诸法院的纠纷是具体的争议,即涉及有相反法律权益的当事人之间具体法律关系的争议。一般情况下,原告不得主张他人的权利、为他人的纠纷提起诉讼,也不能主张不特定多数人所共有的"普遍性的不满"。[1] 第二,要求诉诸法院的案件是具有法律意义的争议,是适合依据法律作出裁判的争议,不属于纯学术性的观点分歧、情感纠纷或纯粹的政治问题。第三,纠纷必须是成熟的、现实发生的。成熟性标准将当事人臆想的、可能不会发生的或可能以无法预见的方式发生的纠纷事项排除在法院审理的范围之外。第四,纠纷也不能是既往的、已经解决掉的纠纷。如果在诉讼被提起之后发生了某些情况使得当事人的争议得到解决,就可以说该案已成既往,已失去裁判的实际意义。比如原告起诉后被告就履行了义务,或者当事人刚起诉离婚一方便去世,使得诉讼没有必要开始。典型的既往的纠纷是已经为生效裁判处理过的纠纷。

诉的合法性的形式标准主要是在起诉阶段进行审查判断,根据当事人请求中的显著性因素采取形式审查的方式进行。起诉阶段对诉的合法性进行审查,有利于发现那些不能通过诉讼途径解决的纠纷及时阻止司法程序的启动,避免浪费司法资源、增加当事人解纷成本。但有些情况下,某些条件可能仅靠形式审查无法作出明确的判断。为保障诉权,法院应当先立案受理,经过实质审理、听取当事人辩论意见后再作出判断。对一个诉是否符合起诉条件的判断属于程序事项,无论是否经过了实质审理,都是用裁定方式处理。

(二) 消极要件:不违反一事不再理规则

按照诉权经行使而消耗,一个诉只能获得一个裁判的原理,诉讼法确立"一事不再理"或称"一事不二诉"规则:除非法律另有规定,当事人不得就同一事实,以同样的理由提出两个或者两个以上的诉。当事人同时提出两个以上的相同诉也称为"更行起诉"。另外,按照既判力原理,已为法院生效裁判确定的纠纷事项,当事人不得再争议,即不得重复诉讼。

诉的要素是使诉特定并据以区别于彼诉的标志。因此,比较两个诉的要素是否相同,可以识别此诉与彼诉,是判断当事人是否重复诉讼和更行起诉的基本方法。根据《民诉法解释》第247条的规定,当事人先后提起的两个诉同时符合下列条件的,构成重复起诉:①后诉与前诉的当事人相同;②后诉与前诉的诉讼标的相同;③后诉与前诉的诉讼请求相同,或者后诉的诉讼请求实质上否定前诉裁判结果。

(1) 所谓前后诉当事人相同,是指前后诉当事人基本构成相同,即是相同的当事人之间的对抗。但当事人的诉讼地位不一定完全相同,即前诉原告在后诉中成了被告,前诉被告是后诉的原告,也属于前后诉当事人相同。

(2) 所谓诉讼标的相同,在《民诉法解释》中是指当事人争议的法律关系相同,既包括

---

[1] 参见宋冰主编:《程序、正义与现代化——外国法学家在华演讲录》,中国政法大学出版社1998年版,第195页起。当然,公益诉讼是例外。

当事人主张的实体权利关系相同,也包括该权利关系的基础法律关系相同。

(3)所谓后诉的诉讼请求实质上否定前诉裁判结果,是指当事人在前后两个诉中虽然提出的诉讼请求不相同,但是指向的法律效果相互矛盾,如果后诉法院判决支持其诉讼请求,将直接否定前诉裁判结论的情形。比如,当事人在前诉中的诉讼请求没有获得法院判决支持,为追求同样的法效果而变换诉讼请求及其所依据的法律理由提起后诉。典型如前诉原告人侵权之诉请求判令被告承担赔偿责任,被判决驳回后,又基于相同的事实以侵犯消费者权益主张就该赔偿侵权。或者当事人因在前诉中败诉,为挽回自己不利的法律效果,用否定前诉的诉讼请求的法律理由提起后诉的。如前诉原告主张给付货物价金,获得胜诉判决,被告提起确认买卖合同无效的后诉。

值得注意的是,单就其中任何一个指标往往很难判断后诉是否构成重复诉讼。法院应当综合诉的要素,并审查前诉中当事人是否就后诉提出的诉讼标的、原因事实进行过充分的辩论,才能做出判断,否则可能构成裁判突袭,剥夺当事人的辩论权。比如原告以双方签订的山林承包合同长期没有履行且实际无法履行为由,诉请解除合同,判令被告退还生态补偿金。法院判决驳回诉讼请求后,原告又以相同的被告、基于同一合同,以被告在签订合同时有欺诈行为,隐瞒了重要的事实为由,主张撤销合同并退还补偿金。尽管前后诉的诉讼主体相同,诉讼追求的法效果一致,但后诉提出的诉讼标的与原因事实均与前诉不同,且当事人在前诉中对此没有主张、论辩过。如果法院不予受理后诉,将剥夺当事人的辩论权。因此后诉不构成重复诉讼。

第二节 诉的类型

按照诉讼标的性质的不同,诉可以划分为确认之诉、给付之诉和形成之诉三大类。划分诉的类型的意义在于,有助于准确把握不同诉的本质特征,设置相应的程序规则。实践中,能否准确地给一个诉归类,对正确运用程序规则有重要影响。诉的分类突出了不同类型诉的特征,因此有助于法官识别此诉与彼诉,更好地判断当事人提起诉的个数,以及是否有更行起诉与重复诉讼情形。此外,诉的类型决定了裁判的类型,有助于法官审查审理范围和裁判事项是否符合当事人的诉,是否有遗漏或超越诉的范围。

一、确认之诉

确认之诉,是指原告请求法院确认其与被告之间的法律关系存在或不存在的诉。确认之诉的诉讼标的是当事人之间的民事权利义务关系,以及要求确认该法律关系存在/不存在或有效/无效的请求。确认之诉的目的比较单一,仅在于明确当事人之间权利义务关系,并不包含要求对方履行义务的诉讼请求。确认之诉提起的必要性(即诉的利益)在于,当事人之间的法律关系处于争议状态,如果不加以明确,将不利于当事人权利的实现或影响正常的生产、生活秩序。

根据当事人提出的请求是肯定性确认还是否定性确认为标准,可以把确认之诉分为积极的确认之诉与消极的确认之诉两种。积极的确认之诉即当事人请求法院确认某种法律关系存在或有效的诉,如所有权确认之诉、合同有效之诉、亲子关系确认之诉等。反之,当事人请求法院确认某种法律关系不存在或无效的为消极确认之诉,如侵权行为否定之诉、婚姻无效之诉、合同无效之诉等。通常认为自己享有某种权利的人会提起积极确认之诉,认为自己不应当承担某种义务的人会提起消极确认之诉。

二、给付之诉

给付之诉是当事人请求法院判令对方为履行一定义务的诉。给付之诉的诉讼标的是当事人之间以请求权为基础的法律关系和具体的给付请求。典型的给付之诉如侵权损害赔偿之诉、偿还借款之诉、要求对方承担违约责任之诉,等等。给付判决具有执行内容,当事人不自动履行生效判决确定的给付义务的,判决确定的权利人有权申请强制执行。

给付之诉获得实体判决支持的基础是当事人享有实体法上的请求权。因此法院在给付之诉的判决中会先就该请求权所依据的权利义务关系是否存在或有效进行判断。但这并不意味着所有给付之诉中都包含一个确认之诉。在给付之诉中,给付请求权的基础法律关系是请求权发生的法律要件,法院对该法律关系的判断属于对诉的原因事实(法律要件事实)的判断,在裁判文书中属于判决理由部分。法院对给付请求的判决应当写入主文。如果当事人没有明确将确认请求权基础法律关系列入诉讼请求,法院就不能将其作为裁判标的写入判决结论。否则就超出了诉的范围构成裁判突袭,不具有合法性。

按照当事人请求的义务履行方式的不同,给付之诉可以细分为作为的给付之诉与不作为的给付之诉。前者即要求对方当事人为一定行为,如要求对方支付价金、履行保证责任、承担违约责任、返还不当得利、赔礼道歉、恢复原状,等等。后者如请求对方停止侵权等。

按照给付的时间,可以将给付之诉分为现在给付之诉与将来给付之诉。现在给付之诉是当事人发生争议时,给付义务已经到了履行期的。大多数给付之诉是现在给付之诉。履行期限是否届满成为判断现在给付之诉的合法性的一个重要指标。如果法律规定的或合同约定的履行期尚未到来,当事人就提起给付之诉的,将因纠纷不成熟而被认为不具有可诉性。将来给付之诉是原告请求法院判令被告在将来条件成熟时履行某种义务或者承担违约责任的诉。将来给付之诉的特点是,在原告起诉时,债务履行期尚未到来或约定的履行条件尚未成就。此种诉的合法性在于,因对方的行为表明或明确表示不履行义务,使得当事人依法有权在履行期限届满前要求对方按照约定履行义务或承担责任,或者说履行合同纠纷已经成为现实,因而有诉的利益。如《民法典》第578规定:"当事人一方明确表示或者以自己的行为表明不履行合同义务的,对方可以在履行期限届满之前请求其承担违约责任。"

三、形成之诉

形成之诉,也称变更之诉,是当事人请求法院对现存法律关系加以改变或消灭的诉。形成之诉的诉讼标的,是当事人主张的形成权及提出的改变某种法律关系的请求。当事人提起形成之诉的目的,在于改变既存的权利义务关系,创设另一种法律关系。常见的形成之诉如(债权人)撤销之诉、解除(合同、婚姻、收养关系)之诉、变更(合同)之诉、(债务人)异议之诉等。按照当事人主张的形成权的性质,形成之诉可以分为实体法上的形成之诉和诉讼法上的形成之诉。前者是当事人以诉的方式行使民法上形成权的结果;后者是依据诉讼法上的形成权提起的要求撤销、变更生效裁判的诉。比如撤销仲裁裁决之诉、第三人撤销之诉、债务人异议之诉、案外人执行异议之诉、参与执行分配方案异议之诉等。

民法上的形成权,是一种依照权利人单方意思表示就可以使已经成立的民事法律关系发生、变更或消灭的权利,如变更权、解除权、撤销权、终止权、追认权、抵销权、选择权、共有物分割请求权等。形成权主要出现在亲属法和公司法中。在这些领域,法律关系的不确定会给当事人造成无法忍受的困扰或给其利益造成重大损失。由于形成权赋予权利人得依其单方意思而形成一定法律效果之法律权能,一旦行使将对相对人利益将产生重大影响,而相对人只能受到拘束,须容忍该法律效果,因此必须保护后者免受不公平结果的损害。所以除少数形成权可以由权利人直接行使(如解除合同)外,法律规定大多数形成权要通过诉讼方式,由法院审查认定形成权的要件是否具备,然后才能发生法律效果。如解除婚姻、撤销董事会决议、撤销合同等。

形成之诉合法成立的条件是符合法律关于形成权的规定,且原告是法律规定的享有形成权的主体。例如离婚之诉成立的条件以存在合法有效的婚姻关系为前提,当事人必须是婚姻关系的主体;撤销董事会决议之诉的原告只能是董事会所属公司的股东;第三人撤销之诉的主体仅限于民事诉讼法规定的第三人;等等。

由于形成权是附着于特定法律关系的,因此法院在形成之诉的审理中,通常会就形成权指向的法律关系的状态进行审理判断,作为是否支持当事人主张的形成权的依据。但这不意味着所有的形成之诉中都包含一个确认之诉。既存法律关系属于当事人主张形成权的原因事实,法院对此的判断应当写入裁判理由部分。另外,如果法院判决驳回当事人请求的,虽然判决产生的法律效果使既存法律关系得以维持,但并不意味着本案诉的性质变成了确认之诉。因为无论当事人争议焦点还是法院的裁判结论,在形成之诉与确认之诉都是不一样的。

第三节 反诉

一、反诉制度构建的理论基础

反诉是指在已经开始的诉讼程序中,被告以本诉的原告为被告提出的,旨在抵销、吞并原告的诉讼请求或者使原告的诉讼请求失去意义的反请求。

背景材料:"反诉制度的形成",请扫本节二维码学习。

反诉制度是基于当事人的诉权而建立的。反诉的提起是被告行使诉权的结果。因此,反诉制度设计的理论框架应当遵循诉权基本原理。具体来说,反诉制度设计的价值目标包括以下几个要点:

第一,当事人的诉权平等与相互制衡。反诉制度设立的基本目的在于,赋予被告更充分的诉讼权利,改变被告被动防御的诉讼地位,以被告的反诉权制约原告的起诉权,确保原被告之间诉讼地位的平等。作为当事人行使诉权的方式之一,被告提起反诉与原告的起诉享受同样的程序保障。因此,除法律为保障诉讼顺利进行而作出的限制性规定外,被告提起反诉的程序、被告在反诉中享有的诉讼权利、反诉权受到妨碍时的救济方法等,原则上应当与原告相同。

第二,诉权对审判权的制约。赋予被告反诉权最重要的意义在于,使被告的反诉权成为当事人诉权制约审判权的又一力量。确立反诉权对审判权的制约机制,要求制度设计时遵循诉权的主动性与审判权的被动性原理,保障被告在反诉上的程序选择权。被告提出的反对事项或者理由仅仅用于反驳或者抵销抗辩,而没有明确声明提起反诉的,法院不得依职权认定为反诉;被告明确声明提起反诉的,只要符合法律规定的反诉成立条件,没有出现限制性规定的情形,法院就不得拒绝受理。为此,法律应当明确规定反诉的成立条件,用列举的方式对不能成立反诉的情形作出明确规定。这样可以尽可能减少法院在受理和不受理反诉时的任意性。此外,对反诉权的程序保障还要求被告在反诉中享有充分的程序异议权。比如,有必要规定法院对反诉的受理或不受理应当用裁定的方式作出,并且赋予被告对于法院不予受理反诉的裁定以上诉权等。

第三,以诉讼经济为原则。反诉的成立必然导致本诉与反诉的合并审理。如同其他的诉的合并一样,反诉与本诉的合并审理也符合诉讼经济原则,即达到节省司法资源,提高诉讼效率,降低当事人诉讼成本的目的。如果反诉与本诉合并审理可能导致法律关系错综复杂、证据数量大量增加、给事实认定带来很大障碍等问题,非但不能减少诉讼成本,反而导致诉讼拖延的,法院可以行使自由裁量权,裁定不予受理反诉。由于反诉具有独立性,因此法院不受理反诉并不会导致被告实体权利丧失救济途径。当事人可以另行起诉。

二、反诉与反驳的区别

从性质上说,反诉是被告在原告提起的诉讼程序中用以对抗原告诉讼请求的防御手段。但作为一种防御手段,反诉与反驳具有本质区别。反驳是对原告的实体权利请求的事实或法律依据进行的否定、反对与抗辩,以使原告的请求在事实上或法律上不能成立,而反诉则是针对原告的诉另外提出一个独立的诉。如果被告提出的反请求获得裁判支持,其产生的法律效果将抵销或吞并原告的请求获得裁判支持所产生的法律效果。两者的不同还表现在:

第一,当事人的地位不同。反诉当事人的地位具有双重性,即一旦本诉的被告提出反诉,本诉当事人的地位就发生变化。本诉的原告变成了反诉的被告,本诉的被告变成了反诉的原告。反驳则不会使当事人的诉讼地位发生变化。无论被告反驳原告的主张,还是原告反驳被告的主张,均不使原告与被告的诉讼地位发生变化。

第二,提出的程序效果不同。反诉是本诉之外的一个新的诉,法院必须分别进行审理。即使本诉原告撤诉,也不影响法院对反诉的审理,不影响本诉的原告承担责任。反驳则是被告针对原告提出的事实或理由,用相反的证据或者法律观点进行否定、拒绝原告的诉讼主张。这种反驳没有提出新的诉,不是向原告主张权利,不构成一个诉。反驳者不必为单纯的否定或拒绝的意思表示承担证明责任,反诉者必须为其提出的权利主张承担证明责任。

第三,成立的条件要求不同。反诉适用的条件是其请求与本诉请求互相牵连,还要具备一定的形式要件。反驳没有特定条件限制。

在审判实践中,有时被告的反驳表面上看包含诉的各个要素,此时识别反诉与反驳的最基本的方法是看被告有没有明确提出反诉声明。法官也有必要通过询问、晓谕的方式进行释明,令被告表明是否提起反诉。

三、反诉成立条件

反诉势必带来案件的合并审理,并影响本诉的进行。合理的反诉应当适合与本诉合并审理,并不至于过分阻滞本诉的进行。此外,合理的反诉还应当体现反诉作为被告的一种防御手段的特征。因此,反诉除了应具备诉的构成要素以外,还应当具备起诉的一般条件。同时,反诉毕竟是在本诉系属内提起的,因此其成立条件又不完全与起诉条件相同。我国《民事诉讼法》没有明文规定反诉的条件,理论界关于这一问题的争议也比较大。从反诉的性质特征并结合该制度的价值目标,主流的看法是,反诉应当满足形式要件和实质要件两个方面的成立条件。

(一) 反诉的形式条件

第一,反诉的主体。反诉只能由本诉被告向本诉原告提起,即反诉的原告须是本诉的被告,反诉的被告须是本诉的原告。《民诉法解释》第233条规定:"反诉的当事人应当限于本诉的当事人的范围。"

> **拓展阅读**:"关于反诉主体的争论",请扫本节二维码学习。

第二,反诉提起的时间。反诉只能在本诉进行中提起。由于我国《民事诉讼法》没有对提起反诉的时间作出明确规定,实践中当事人从案件受理开始,一直到审理完毕的任意一个阶段都可以提起反诉。为实现反诉制度追求的诉讼经济与当事人程序权利保障的价值目标,反诉提起的时间应当合理控制在一定的阶段内。就成本效益角度看,反诉在一审法庭辩论终结前提出,与本诉合并审理比较符合诉讼经济的价值目标。《民诉法解释》第232条规定:"在案件受理后,法庭辩论结束前,原告增加诉讼请求,被告提出反诉,第三人提出与本案有关的诉讼请求,可以合并审理的,人民法院应当合并审理。"如果在法庭辩论结束后,证据基本固定,案件事实已经可以认定,当事人的诉讼请求和主张的法律评价已经可以预见,这时还允许被告提出反诉,需要另行组织开庭,不仅造成重复劳动,拖延本诉的审理,而且也会破坏程序的安定性,违背设置反诉制度的初衷。

第三,反诉只能向受理本诉的法院提起且不属于其他法院专属管辖。专属管辖是法律的强行性规定,不允许当事人以反诉的方式进行改变。《民诉法解释》第233条第三款:"反诉应由其他人民法院专属管辖,或者与本诉的诉讼标的及诉讼请求所依据的事实、理由无关联的,裁定不予受理,告知另行起诉。"

第四,反诉与本诉必须适用相同种类的诉讼程序。原则上,本诉适用的是普通程序,反诉则不得为简易程序,或者特别程序,除非法律有例外规定。比如我国台湾地区"民事诉讼法"规定,如果本诉是简易诉讼程序之诉(在一定数额以下),反诉是通常诉讼程序之诉,除经当事人合意外,反诉仍应适用通常诉讼程序而不得适用简易诉讼程序。日本《民事诉讼法》的例外规定是:交付子女、返还财物、给付家庭生活费或扶养费的请求,或者由诉讼的原因事实所产生的损害赔偿的请求,可在婚姻无效之诉、撤销婚姻之诉、确认婚姻成立或不成立之诉、离婚之诉、夫妻同居之诉的本诉程序中提起反诉。

(二) 反诉的实质要件

反诉的实质要件是指反诉请求与本诉请求之间存在关联性。这种关联性指的是反诉请求和本诉请求是基于同一实体法律关系或者同一法律事实而提出的。例如,房屋的承租方起诉要求出租方返还预付的定金,而出租方反诉要求承租方赔偿使用房屋不当造成的损失。返还定金的请求和赔偿损失的请求是基于同一房屋租赁关系而提出的。因为只有在反诉请求和本诉请求基于同一实体法律关系或者同一法律事实而提出的条件下,人民法院合并审理本诉请求和反诉请求才能最好地实现设立这一制度的目的。如果反诉请求事项与本诉请求事项的关联性仅仅是因为其赖以产生的法律关系或法律事实有一定的牵连,则不构成必要的反诉。反诉与本诉分属两个不同的法律关系,基于不同的法律事实发生的情形,如果合并审理,势必导致法院同时审理两个实体法律关系,分别调查证据、认定事实、适用法律,诉讼程序可能无法顺利展开,甚至拖延诉讼,增加诉讼成本。

拓展阅读:"美国的强制反诉",请扫本节二维码学习。

反诉实质要件的意义在于:区别必要反诉与非必要反诉,限制法官受理反诉的自由裁量权。反诉与本诉关联性很强的,构成必要的反诉。只要被告声明提起反诉,法院就必须受理。一般来说,基于同一法律关系产生的反诉请求,与本诉的关联性比较强,无论从判决既判力客观范围的确定、避免矛盾判决,还是从诉讼经济、彻底解决当事人纠纷等方面看,都有必要与本诉合并审理。比如,在买卖合同纠纷案件中,原告起诉要求被告承担延迟付款的违约责任,被告反诉原告提供的货物不符合合同约定的质量标准,也应当承担违约责任。这样的反诉就可以认为是必要的反诉,法院应当合并审理。在基于同一法律事实而产生的反诉请求中,有的可能与本诉具有很强的牵连关系,有的则不一定。比如,当事人相互扭打各有损伤,一方起诉要求对方承担侵权损害赔偿责任,对方以同样理由反诉的,其相互关联性比较强,应当合并审理。相反,反诉与本诉关联性较弱的,法官可以根据反诉的成立条件,综合考虑诉讼制度的目标价值,决定是否受理反诉。

四、反诉的审理

(一) 反诉的提起

提起反诉的程序,可以参照起诉制度,并考虑到反诉的特点。实践中,本诉被告向人民法院提起反诉,通常有三种形式:①在接受起诉状副本后即向法院递交反诉状;②在答辩状中声明提起反诉;③口头声明反诉。为了保障反诉被告的程序权利,一般要求当事人在提起反诉时以书面形式进行,并按被告人数提起副本,以便人民法院将副本发送本诉原告。如果书写起诉状确有困难的，可以口头起诉，由人民法院记入笔录并通知对方当事人。

对于被告提起的反诉，原告有相应的答辩权和答辩期间。如果被告在开庭过程中提出反诉，本诉原告有权申请延期审理。

（二）反诉的受理与裁判

人民法院对反诉应及时审查，符合反诉条件的，应该与本诉合并审理，一并作出判决。但在审理时，要将本诉与反诉分别予以审理，并在判决书中分别表明本诉和反诉的裁判结论。

对于被告提出的反诉，法官如果认为不符合成立条件，或者有法律限制性规定情形，不应当受理的，应由法官出具书面的不予受理裁定书，并且应阐明不予受理反诉的理由，告知当事人可以另案起诉，或者在法定期限内提出上诉。如果当事人对不予受理反诉的裁定提出上诉，法院应当中止本诉的审理，等待二审作出终审裁定后再恢复本诉的审理。

在反诉成立后，本诉原告的撤回诉讼并不影响人民法院对反诉的继续审理。同样，反诉的撤回也不影响法院对本诉的继续审理。被告反诉，原告经人民法院传票传唤，无正当理由拒不到庭，或者未经许可中途退庭的，人民法院可以缺席判决。

（三）二审中反诉的处理

《民事诉讼法》并未禁止当事人在二审中提出反诉。但二审中对反诉进行审理和裁判，涉及当事人上诉权保障问题。因此，反诉原则上不应当在二审中提出。如果被告在二审中坚持提出反诉的，法院对反诉请求只能进行调解。调解不成的，应告知当事人另行起诉。《民诉法解释》第326条规定："在第二审程序中，原审原告增加独立的诉讼请求或者原审被告提出反诉的，第二审人民法院可以根据当事人自愿的原则就新增加的诉讼请求或者反诉进行调解；调解不成的，告知当事人另行起诉。双方当事人同意由第二审人民法院一并审理的，第二审人民法院可以一并裁判。"如此既不违背两审终审制原则，照顾了当事人的审级利益，也能发挥诉讼程序一次解决多个纠纷的作用。

第四节　诉的形态

诉的形态是指诉的主体要素与客体要素是单一的还是复数的状态。如果在一个案件中，诉的主观要素和客观要素都是单一的，就是单一的诉；如果诉的要素中有其中之一是多数时，就出现了诉的合并现象，可以称为复合之诉，或者合并之诉。我国《民事诉讼法》第54条规定的反诉、第55条规定的共同诉讼、第59条规定的第三人参加之诉，都是典型的复合之诉。在诉讼过程中，原告有可能增加、变更诉，都会导致诉的形态发生变化。民事诉讼法规定复合之诉的诉讼形态，旨在一个诉讼程序中同时解决多个争议或者多个人的争议，增强诉讼制度解决纷争功能，防止矛盾判决，尽可能满足诉讼经济的基本要求。

一、诉的合并

诉的合并包括诉的主体合并(也叫主观的诉的合并)和诉的客体合并(也叫客观的诉的合并)。

(一) 诉的主体合并

或称诉的主观合并,是指诉的主体要素为多数的诉讼。必要的共同诉讼就是典型的主观的诉的合并,即当事人一方或者双方为二人以上,诉讼标的是同一的,数个当事人一同起诉应诉的情形。诉的主体合并可能发生于提起诉讼之时,也可能发生于诉讼进行中。诉的主体合并应当满足民事诉讼法关于共同诉讼条件的规定。

(二) 诉的客体合并

诉的客观要素为多数的诉讼,叫做诉的客体合并,也称诉的客观合并。当事人在一个程序中提出数个诉,法院合并审理的,就是诉的客体合并。诉的客观合并成立的诉讼程序,形式上虽然是一个单一的案件,然而实质上其中包含具有独立诉讼标的几个诉。诉的客观合并必须具备以下条件:其一,受诉法院对几个合并的诉都有管辖权。其二,合并的几个诉讼必须是属于同种诉讼程序。如果在受理时发现,当事人提出的几个诉,有的应当适用普通程序,有的可以适用简易程序的,应当合并适用普通程序进行审理。如果已经受理的诉适用简易程序审理,在审理过程中当事人增加的诉应当适用普通程序审理,或者应当适用特别程序的,不能合并。其三,合并的几个诉之间原则上应当具有关联性。所谓关联性即几个诉之间具有法律上或者事实上的牵连。之所以要求合并的几个诉之间应当有牵连关系,主要是从诉的合并制度的价值目标上考虑的。如果让相互之间没有任何牵连的几个诉合并审理,实际上就是把几个本该独立审理的案件揉在一个程序中,不仅导致审理认定证据和判断案件事实的复杂化,极易导致诉讼拖延,且不符合"一案一判"的诉讼基本规则。例如,在同一程序中,原告同时提出要求被告依据房屋租赁合同支付租金之诉,同时因被告擅自改变房屋结构而要求恢复原状之诉。这是基于同一法律关系而发生的两个诉,完全符合诉的合并的基本条件。再如,原告因与被告因相邻权发生纠纷,诉请法院判令被告停止侵害,赔偿损失,同时因双方在纠纷发生过程中有扭打行为,原告又诉请法院判令对方承担人身损害赔偿责任。这两个诉并非发生于同一法律关系,但在法律事实上有一定的牵连性,合并审理可以彻底解决当事人的纠纷,对于查明案件事实,厘定双方的权利义务关系均有助益。

有的案件会同时出现主观的诉之合并与客观的诉之合并现象。比如普通的共同诉讼、有独立请求权第三人参加的诉讼、被告提起反诉的诉讼等。

(三) 诉的预备合并

诉的预备合并,是指原告在提起主位诉讼的同时,在同一诉讼程序中提起预备之诉,以备主位诉讼无理由时,可以就其预备之诉请求法院审判的诉讼合并状态。

评注：我国民事诉讼法及最高人民法院司法解释均没有对预备合并之诉作出明文规定。就审判实践来看，我国法院对预备合并之诉的态度不一致。有些法院对有诉的预备合并情形的案件进行受理并实质审理。法院会对两个诉均进行审理，如果其中一个诉成立，即作出支持该诉的裁判，另一个诉自然不必裁判；如果两个诉都不能获得支持，法院会在说明理由的前提下一并予以驳回。但也有法院要求当事人进行选择，以明确诉讼请求，否则认为当事人的诉不符合《民事诉讼法》第122条规定的起诉条件，裁定不予受理或驳回起诉。通常认为，诉的预备合并应当符合诉的合并的制度目标，即诉讼经济与有利于纠纷解决。因此，应当按照一定的条件或标准来判断当事人的诉能否采取预备合并的形态。一是主位之诉与备位之诉是否存在法律上的关联性，比如两个诉基于同一法律事实或同一法律关系而提出；二是两个诉的诉讼目的不相冲突，即诉讼请求指向的权利形态或法律效果不是自相矛盾的；三是两个诉合并审理不致诉讼拖延。

（四）诉的主观预备合并

诉的主观预备合并，是指当事人一方由先位当事人和后位当事人组成。如果法院驳回有关先位当事人的请求，当事人可以请求法院审理关于后位当事人的请求的诉的预备合并。诉的主观预备合并包括两种情形：①原告方面诉的预备合并。这种预备合并会出现先位原告与后位原告。针对同一诉讼请求，如果先位原告的诉讼请求无理由的，再以后位原告的诉讼请求为诉讼标的进行审理。如甲和乙就转让的债权是否履行发生争议，甲、乙作为共同原告起诉债务人丙，请求法院首先审理受让人乙请求债务人丙履行的诉讼请求，如果法院认为债权转让无效而驳回其请求时，再审理让与人甲请求丙履行的诉讼请求。②被告方面诉的预备合并。这种预备合并会出现先位被告与后位被告。原告针对先位被告的诉讼请求被判定无理由的，可以再针对后位被告的诉讼请求要求法院进行裁判。如甲公司与乙公司签约订购茶叶2 000吨，约定乙以定期班轮载运，并须保证于交货时无质量瑕疵。后乙未依约定，租用丙公司的非定期班轮运送。货物运抵目的港后，发现破包甚多，须在船上重新包装。甲因此起诉乙赔偿损失，并以丙为第二被告，如法院认为乙不负赔偿责任，则请求判令丙赔偿。

评注：关于诉的主观预备合并是否符合诉的合法性条件，学界众说纷纭。支持者认为，主观的预备之合并实系法院依原告所为先位声明及预备声明定审判之顺序，属于当事人处分权范围，也符合民事诉讼法辩论主义的立法精神，并且非法所不许，而且有利于防止裁判冲突、统一解决纷争、符合诉讼经济原则、避免原告陷于自相矛盾窘境、保护原告实体法上之权利（包括免罹于消灭时效）、防止被告推诿责任、有益于扩大诉讼制度解决纷争功能等。对这些好处，否定说者多不否认。而否定说所指责的主要问题是：①后位当事人的诉讼地位处于不安定状态，程序保障不充分。若法院对先位当事人的诉讼请求作出有理由判决，则后位请求立即溯及消灭其诉讼系属效力，并且先位当事人与对方当事人之间的裁判对后位当事人无法律上的拘束力，结果是后位当事人的诉讼行为归于无意义。②因预备合并共同诉讼人之间诉讼地位相对独立，先、后位诉讼往往难以保持合并审理状态，致裁判亦无法达到统一。③如果在第一审中准许先位请求，而第二审改为驳回先位请求、准许后位请求的情形，实际上损害了后位当事人的审级利益。在实务方面，诉的主观预备合并在德国尚鲜见判例，而日本和我国台湾地区均有支持和否定的不同的判例出现。

二、诉的变更

诉的变更是指诉的替换改变或增加，即当事人在诉讼系属后提出一个以新的诉替换原先的诉,或者在原先的诉之外增加新的诉。诉的增加如果获得法院认可,即形成诉的合并。诉的变更可以是主体的变更,也可以是诉讼标的的变更。

(一) 诉的变更条件

为保证程序安定,防止诉讼突袭,原告向法院提起诉讼后,原则上不得随意变更诉讼标的,即不得随意进行诉的变更或追加。大陆法系传统诉讼制度中有所谓的"诉争一成不变规则",意思是诉讼系属后经过合理时间,诉的要素即当固定,不得随意变更。但是在某些情况下,诉的要素在诉讼系属后可能发生变动,或者当事人在诉讼程序已经开始后才发觉诉讼标的需要调整或增加。为避免诉讼程序半途而废、已经实施的审判行为变得无意义,也避免当事人不得不重新提起诉讼而增加诉讼成本、徒耗司法资源,应当允许诉的变动。诉的变更的基本理由是,以适当的诉讼主体和诉讼标的作为审判对象,从而达到争议的适当和真正的解决。比如原告最初提出的诉尚不足以充分解决与被告之间的纠纷,为了避免败诉或其他不利后果,希望利用现有的诉讼程序和已有的程序结果增加或者变更诉。但是,基于程序保障的要求,诉的变更,必须具备下列条件:

(1) 须经被告同意。各国民事诉讼法不允许原告随意进行诉的变更和追加目的在于保护被告的利益,避免被告疲于防御而拖延诉讼。因此,原告请求变更或追加诉,法院应当告知被告,征求被告意见。在被告同意的情况下,法院才会允许原告的请求。

(2) 不得妨碍被告的防御和诉讼正常进行。诉的变更和追加的目的在于诉讼经济和纠纷一次解决,如果追加和变更的诉讼证据与之前的诉相同,可以相互引用,法院只需调查其他少数诉讼证据,甚至不必调查就可以作出裁判,那么这种诉的变更和追加就一般不会妨碍被告防御和诉讼的正常进行。反之,因诉的变更和追加使以前所收集的诉讼证据和已经进行的诉讼程序大半归于白费,必须另行收集新的诉讼证据,诉讼程序必须重新进行,势必妨碍被告的防御以及诉讼程序的正常进行。至于是否符合这个要件,应该由法院依职权根据具体情况进行审查决定。

(3) 不得包含有非受诉法院专属管辖的诉讼标的。专属管辖的规定涉及社会公共利益或者国家利益,不能以当事人的意志随意变更。如果追加和变更的诉不属于专属管辖,即使是受诉法院没有管辖权,受诉法院可因诉的牵连关系而合并管辖。

(4) 追加和变更的诉必须能够与原诉适用同一诉讼程序。法律之所以准许原告追加变更诉讼标的,目的在于使追加、变更的诉合并到原诉的诉讼中去,从而符合诉讼经济的原则。如果追加、变更的诉与原诉不能适用同一诉讼程序,自然就无法达到诉讼经济的目的。

(5) 诉的变更申请原则上应当在原诉一审辩论终结之前提出。如果因诉的变更和追加显著地拖延原有诉讼程序的,法院得不予准许。同一当事人间发生的诉的变更,是在原诉的诉讼程序中进行。之前经过的诉讼程序和已经提出的诉讼资料,在当事人间继续有效,可以在审理变更之诉时援用。

(二) 诉的主体的变更

从讼争一成不变规则中可以引申出"当事人恒定主义",即诉讼过程中,当事人的诉讼标的(物)转让给案外第三人的,不影响诉讼继续进行,由原当事人继续进行诉讼,诉讼结果(程序效力)扩张及于受让人。《民诉法解释》第249条规定,在民事诉讼中,争议的民事权利义务转移的,不影响当事人的诉讼主体资格和诉讼地位。人民法院作出的发生法律效力的判决、裁定对受让人具有拘束力。受让人为维护自身合法权益,可以申请参加正在进行的诉讼程序。一般情况下,受让人参加诉讼的身份应该是无独立请求权的第三人。受让人申请替代当事人承担诉讼的,人民法院可以根据案件的具体情况决定是否准许。

特定情况下,法院也可以准许受让人承担诉讼。人民法院准许受让人替代当事人承担诉讼的,应当作出变更当事人的裁定。如最高人民法院《关于金融资产管理公司收购、处置银行不良资产有关问题的补充通知》(2005)中,出于维护金融资产安全,降低不良资产处置成本的政策考量,特别规定"金融资产管理公司转让、处置已经涉及诉讼、执行或者破产等程序的不良债权时,人民法院应当根据债权转让协议和转让人或者受让人的申请,裁定变更诉讼或者执行主体"。变更当事人后,诉讼程序以受让人为当事人继续进行,原当事人应当退出诉讼。原当事人已经完成的诉讼行为对受让人具有拘束力。

(三) 诉讼标的的变更

诉讼标的的变更,主要表现为原告在同一诉讼程序中提出新的诉讼请求,或者变更、增加诉讼请求。根据民事诉讼法的规定,当事人应该向法院提交诉状,并按照规定预交诉讼费用。

由于追加或变更诉涉及当事人的实体权利处分,因此当事人的委托代理人并不当然有代理权,应由当事人另行授权委托。

对原告追加或变更的诉的审理,法院应依职权审查其是否符合追加或变更诉的条件,还要审查是否符合法律规定的起诉条件。原告进行诉的变更时,如果声明以新诉代替原诉并撤回原诉时,法院只需就变更的新诉进行审理。如果变更后的诉不具备起诉条件或者变更、追加诉的条件的,法院应裁定责令原告限期补正。如当事人逾期不补正或不能补正的,法院应对新诉以裁定驳回。

在第二审程序中,原审原告增加独立的诉讼请求或者原审被告提出反诉的,二审法院可以根据当事人自愿的原则就新增加的诉讼请求或者反诉进行调解;调解不成的,告知当事人另行起诉。一审判决不准离婚的案件,当事人上诉后,第二审人民法院认为应当判决离婚的,可以根据当事人自愿的原则,与子女抚养、财产问题一并调解;调解不成的,发回重审。双方当事人同意由二审法院一并审理的,法院可以一并裁判,视为当事人对新增加诉的裁判放弃上诉权。

二审裁定撤销一审判决发回重审的案件,当事人申请变更、增加诉讼请求或者提出反诉,第三人提出与本案有关的诉讼请求的,法院审查符合诉的合并条件的,可以合并审理。

但是,法院经再审裁定撤销原判决、裁定发回重审的案件,当事人申请变更、增加诉讼请求或者提出反诉,须符合一定的条件才能成立诉的合并。《民诉法解释》252条规定,再审发回重审案件,有下列情况之一的,法院可准许当事人变更、增加诉讼或提起反诉:①原审未合法传唤缺席判决,影响当事人行使诉讼权利的;②追加新的诉讼当事人的;③诉讼标的物灭失或者发生变化致使原诉讼请求无法实现的;④当事人申请变更、增加的诉讼请求或者提出的反诉,无法通过另诉解决的。

第五章 判决效力

第一节 判决效力概述

一、判决效力概念

判决效力就是在判决生效后所具有的权威作用或令人服从的法律效果。我国《民事诉讼法》第158条规定:"最高人民法院的判决、裁定,以及依法不准上诉或者超过上诉期没有上诉的判决、裁定,是发生法律效力的判决、裁定。"

首先,判决效力是指确定判决的效力。《民事诉讼法》第158条规定的发生法律效力的判决简称生效判决,也称为确定判决。在法律意义上,"效力"的本质内涵是"约束力",即使人服从和遵守之力量。判决具有权威意即判决内容不可随意改变。这种权威应当是稳定的和绝对的,不能随意撤销。尚未生效的判决,如一审法院作出的判决,因当事人有上诉权而不会立即生效,其内容可能被上诉审法院撤销或改变。此时的判决是未确定判决,没有判决效力。当然,一审判决宣告后,作出判决的法院要受到自己所作判决的约束,即便自己发现判决内容有错误,除了用裁定方式修正笔误外,不能随意撤回判决书,不能对判决书的内容进行实质修改。《民诉法解释》第242条指出,一审宣判后,原审人民法院发现判决有错误,当事人在上诉期内提出上诉的,原审人民法院可以提出原判决有错误的意见,报送第二审人民法院,由第二审人民法院按照第二审程序进行审理;当事人不上诉的,按照审判监督程序处理。日本学者将未生效裁判的这种令法院受自己所作决定约束的自缚性称为"羁束力"[①],是程序所固有的对所有程序主体的约束力,即程序效力。

其次,判决效力主要是对当事人发生的约束作用,即强制当事人服从的权威效果。作为诉讼的结果,法院判决是对当事人作出的,即当事人是判决所确定的权利义务的承受主体。从程序效力的角度看,民事诉讼是当事人行使诉权的结果。程序保障的核心在于保障当事人诉讼权利,只要法院的判决建立在当事人充分行使诉讼权利的基础上,根据权利义务一致性原理,当事人就承担起承认判决结论的正当性,自觉接受判决约束的责任。

拓展阅读:"正确理解判决的约束力",请扫本节二维码学习。

二、判决效力的内涵

从效力内涵上看,确定判决的约束力体现在以下几个方面:

[①] [日]新堂幸司:《新民事诉讼法》,林剑锋译,法律出版社2008年版,第606页。

（一）拘束力

拘束力是指要求当事人服从判决的意旨，按照判决确定的内容确立双方权利义务关系的效力。在给付之诉中，判决的拘束力体现为强制当事人按照判决确定的法律关系履行义务、实现权利。在确认之诉中，判决的拘束力体现为从外部明确某种法律关系及其效力的确定力。在形成之诉中，判决的拘束力体现为形成新的法律关系的形成力。可见，拘束力是生效判决明确当事人之间争议的法律关系的性质，并在当事人之间产生的实体法上的效果。拘束力是判决效力的基本内容，判决的其他效力——既判力、执行力都是基于拘束力而存在的。

（二）既判力

既判力是指法院确定判决判断过的事项，当事人不得再争议，法院不得重新判断的效力。既判力包含实质确定力与形式确定力两层含义。实质确定力是指确定判决产生的诉讼法上的效果，即当事人不得就已裁判的事项再次诉讼，或在后诉中提出相反的主张；法院也不得在以后的诉讼中作出相冲突的判断。实质确定力主要体现为对以后诉讼所发生的，阻止同一民事争议再次进入诉讼程序的程序法效果。形式确定力是指对确定判决，当事人不得再为上诉的方式表示不服法院未经法定程序不得撤销、变更其实体内容。

既判力强调的是前诉判决所裁判的事项对于后诉的程序上的效力，其效果包括重复诉讼禁止和重复判决禁止两方面。对当事人而言，既判力排除当事人就同一诉讼标的再次请求裁判的可能，即"不可争议性"。这里说的"争议"是指以起诉或申请仲裁等方式表现的争议，而不是通常意义上的"不满"或"纷争"。事实上，判决生效后，当事人内心仍可能对判决处理结果不服。换句话说，判决不一定能够彻底消除纷争，而是在法律上发生不允许当事人再把纠纷提交审判或仲裁等法律程序解决的作用。对法院而言，既判力使法院从他处理的争讼中"摆脱出来"，对判决确定的权利义务关系不得再受理，不得再为审理，更不得为相反判断，非经法定程序不得改变判决内容，即"一事不再理"。[①]

> **拓展阅读**："两大法系既判力概念比较"，请扫本节二维码学习。

既判力是程序效力原理的体现，最能体现判决效力的本质。因此，既判力是判决效力程序法理的核心。诉讼法学理论研究中，多用既判力概念指代判决效力一词。

（三）执行力

广义的执行力是指判决内容得以实现的效力。狭义的执行力专指具有给付内容的判决生效后，一方当事人没有自动履行判决所确定的义务时，对方当事人申请法院采取强制手段迫使对方当事人履行义务的效力。拘束力和既判力是执行力的前提，执行力是拘束力和既判力的结果和保证。判决的拘束力要求判决所确定的权利义务应当得到实现；既

[①] "一事不再理"包括两层含义：一是诉讼系属后当事人不得另行起诉；二是既判力的消极作用，即当事人不得就既判事项再次起诉或申请仲裁。

判力决定了判决所确定的权利义务关系不容再次争议;执行力则以强制手段实现该权利义务关系。

基于拘束力和既判力,执行力的本质是:无需对判决等执行名义的内容进行实体审查,就可以通过强制手段加以实现。对民事执行权性质的确定需要建立在对判决执行力本质正确理解的基础上。判决的执行力赋予当事人强制执行请求权,即判决确定的权利人依据生效判决申请赋予对义务人实施强制执行。这种请求权只能向有强制执行权的国家机关(法院)提出。大陆法系理论认为这种请求权性质上属于"公权利"。它不同于权利人基于物权或债权而产生的请求权,后者是直接向义务人提出的,没有强制力。但两种请求权并非截然分开,强制执行请求权所请求实现的是生效判决所确认的实体请求权,故强制执行请求权以实体请求权存在为前提。没有实体请求权的存在,强制执行所依据的执行名义失去根据,终将被排除执行,强制执行请求权也将不复存在。而法定执行机构的执行权必须以生效裁判文书的执行力为依据,除法律另有规定外,原则上以权利人行使执行请求权申请执行为前提。因此,执行权在本质上是基于生效裁判执行力,保证生效裁判实现的强行权。

> **评注**:生效判决的证明效力
> 由于判决中包含法院对当事人争议的案件事实和法律关系的判断,因此常常被后诉当事人用于证明后诉中的待证事实。各国法院一般认可生效裁判的证据能力,此即为生效判决的证明效力。在满足一定条件的情况下,后诉法院甚至可以不需要当事人证明就直接对生效裁判认定的事实加以确认。但这种效力并非约束力,即不当然拘束后诉法院的判断,不必然产生阻止法院作出相反判断的强行力。因此,生效判决的证明效力不属于约束力意义上的判决效力。

三、判决效力的本质

法院的判决确定后,无论该判决有无错误,当事人都要受判决的拘束,不得就该判决内容另行争执;法院也要受自己所做判决的羁束,不得在后诉作出矛盾判决。确定判决为何具有这种拘束力?其拘束当事人及法院的基本依据何在?这些问题就是判决效力本质论探讨的范畴。

> **拓展阅读**:"关于既判力性质的学说",请扫本节二维码学习。

诉讼是实体法和诉讼法综合作用的"场",考察判决效力发生的根据应当从实体法和诉讼法的双重意义上进行。

首先,从实体法角度看,判决确定了当事人之间的权利义务关系,结束了当事人之间对权利义务的争议,使其法律关系由不确定变为确定状态。民事诉讼的目的在于公正解决纠纷。在争议状态下,当事人没有或不知道以怎样的标准来实现权利,也无权强迫对方当事人履行义务。确定判决成为双方当事人实现权利的唯一参照和根据。换句话说,判决的基本作用在于为当事人实现权利确定规准,从而终结纷争。这也可以说是判决的实体法效果。

> **评注**:正确理解判决的实体法效果,不能把判决效力等同于法律效力。因为判决这种创设实

体规准的效果只发生在当事人之间,只对具体个案有约束力。即便在关于当事人争议的权利实体法没有明文规定的情形,判决确定的新规准也不当然对其他案件有通用力。用德国学者 Schwab 的话说:"既判力的本质并非消极的规定,而系积极地创造判决内容的规准性,此之规准性并非指依既判力而形成权利,而是当事人必须遵从判决。"[1]

其次,从诉讼法角度看,判决的既判力是程序保障的结果,本质上是程序效力。判决效力是程序安定的重要保证和主要内容。判决发生法律效力是程序终结的标志,意味着程序已经完成,当事人和法院均不得要求再次审理或变动判决内容,是程序不可逆性的要求。其正当性源于诉讼法赋予当事人程序权利并保障其得到落实,也要求当事人承担服从判决的责任。

评注:法国学理认为,"既判力的依据是讼争不应该无止境地拖下去,当事人已经享受司法组织审理层次的保障,法官的判断会有差错,新的判决同样会有差错,所以最好的办法是,如果第一次判决是在所有正规的保证已经做到的情况下作出的,就视为讼争已经得到一次性的解决。"[2]从外观上看,判决的约束力是国家审判权所固有的强制力的结果。国家权力是以各种暴力手段为后盾保证实施的。法院代表国家行使审判权也是如此。因此,作为审判权行使结果的判决也当然的具有这种强制实现、不容抗拒的力量。拒不执行法院判决不仅是违法的,构成妨害民事诉讼的行为,情节严重的还能构成犯罪。但单纯从国家权力及其强制力角度理解判决效力的约束力是不够的,因为单纯依赖强制力获得当事人服从是单向度的"压服",并非真正意义上的权威。权威包含认同,一种让人认为是正确的,愿意服从的状态。判决的权威性主要是来自判决本身的正当性:判决是严格依照诉讼法规定的程序作出的,判决中的判断是法官充分听取当事人陈述与辩论,以事实为依据,适用法律的基础上形成的,故在法律上视为是正确的(正当的)。这是要求当事人认同和遵从的基础,即当事人从内心认为法院的判决是正当的,自己应当接受并遵照执行的。

四、无效判决

无效裁判是指欠缺法律效力要件的法院裁判,虽经宣告而不发生法律效力的情形。所谓不具备法律效力要件,主要指欠缺诉的合法性要件或审判权不合法。具体包括以下几种情形:

(一) 诉的合法性要件缺失

法院处理了不具有可诉性的纠纷所形成的裁判没有生效基础,主要有以下几种情形:①缺少一方当事人,或者当事人欠缺诉讼主体资格的纠纷的裁判。因为法官不能代替不存在的原告主张和处分权利。而被告不明确或不存在的情况下,法院裁判将因为没有承受者而失去意义。因此,缺失一方当事人的判决,当事人一方或双方不适格的判决,诉讼过程中当事人一方死亡,法院在不知情的情况下作出的判决,无诉讼能力当事人未经合法代理的判决,以非真实存在的人作为当事人的判决,对享有司法豁免权的人作出的判决

---

[1] 转引自吕太郎:《民事确定判决之反射效力》,《法学丛刊》1988 年第 4 期。
[2] 沈达明编著:《比较民事诉讼法初论》,中国法制出版社 2002 年版,第 588-589 页。

等,均属无效判决。① ②对不属于法律上的权利义务争议所作裁判。司法超越法律的边界对非法律意义上的争议(如纯粹的学术争论、政治争论,或者单位内部等社会自治领域的纷争等)所作出的裁判没有法律效力。在仲裁制度中,法律对可仲裁事项有明确的限定,即只限于民商事纠纷。如果仲裁裁决事项超过了法律规定的范围,如对家事纠纷、行政争议等非民商事纠纷作出的裁决,是无效裁决。③司法裁判标的不是特定的、具体的纠纷。司法无法处理抽象利益诉求或社会普遍的不满,对这种诉求只能经由民主程序制定公共政策或立法来解决。司法介入立法、公共政策领域作出裁判,是权力僭越的行为,不具有合法性。④司法处理的"纠纷"是当事人预想的、尚未现实发生的纠纷,或者是既往的、已经为生效裁判处理过的纠纷。前者因没有实在的裁判对象而无存在意义,后者因违反既判力原理而不能发生法律效力。

(二) 裁判机构不合法

非依法组成的裁判机构作出的裁判,或者没有法官/仲裁员资格的人参与审判作出的裁判(如没有陪审员资格的人以陪审员身份参加合议庭,或者法官助理、书记官作出的判决等),或者在诉讼程序外(如诉被撤回后或审级结束后)作出的判决等,均为无效裁判。在扩大意义上,审判人员、仲裁员在审理案件过程中有索贿受贿、徇私舞弊、枉法裁判行为,使得裁判机构的公正性在根本上受到怀疑的,也属于裁判机构不合法的情形,所作裁判无法获得社会信赖。

(三) 裁判机构在没有审判权或仲裁权的情况下作出的裁判

按照宪法的规定,法院代表国家行使审判权,任何一个依法成立的法院对起诉到法院的纠纷案件都享有审判权。但落实到具体案件上,则需要明确应当由哪一个法院来行使审判权,即管辖权。所谓"无管辖权则无审判权"②,对所受理的案件没有管辖权的法院作出的裁判,本质上是在没有审判权的情况下进行的裁判。因此,民事诉讼法把法院对案件具有管辖权作为起诉合法性条件之一。法院在受理案件后须先行审查管辖权,只有认定自己对所受理的案件有管辖权时,才允许法院对本案实体问题进行审理和裁判。如果法院对具体案件缺乏管辖权的情况下进行审判,视为剥夺诉讼当事人的正当程序权利,所经过的审判程序不发生程序效力,所作出的裁判虽经宣告亦不能发生效力。③ 在仲裁制度层面,仲裁权的合法性来自当事人自愿与合意,即仲裁协议。当事人没有仲裁协议,或者仲裁协议被认定无效,或者超出仲裁协议范围作出的裁决,都是无效裁决。

(四) 当事人利用虚假诉讼骗取的裁判

虚假诉讼表现形式大体有两种:一种是双方当事人恶意串通,虚构事实、伪造证据、捏

---

① 《德国民事诉讼法》第579条,丁启明译,厦门大学出版社2017年版,第154页。参见[日]新堂幸司:《新民事诉讼法》,林剑锋译,法律出版社2008年版,第469-471页。

② 在英美法上,管辖权与审判权是一个词:"Jurisdiction"。在国际民事诉讼中,法院对本国没有管辖权的案件行使司法权更有侵犯别国主权的问题。

③ [美]理查德·D.弗里尔:《美国民事诉讼法(上)》,张利民等译,商务印书馆2013年版,第64页。

造法律关系进行的虚假诉讼。另一种是一方当事人自编自导自演的虚假诉讼,如无中生有编造民事纠纷,偷盖他人印章、偷用他人身份证明冒名进行诉讼,或者原告谎称被告住所不明,使法院公告送达、被告对诉讼完全不知情的情况下取得胜诉判决;还有双方达成和解协议,约定原告撤诉,被告因此不出庭,原告隐瞒和解协议,继续实施诉讼,取得胜诉判决[1],等等。无论哪一种形式的虚假诉讼,当事人的目标都是骗取法院裁判或仲裁裁决,以达到转移财产、逃避债务等获取非法利益的目的,其结果是对他人或国家社会利益的损害。

对不具有合法性的判决,当事人有权申请法院撤销无效裁判;法院也可以依职权宣告该裁判无效。

第二节 判决效力的主观范围

判决效力范围,是指确定判决在什么范围内具有约束力。正确理解判决效力的范围,需要从主观范围、时间范围和客观范围三个维度进行把握。

判决效力的主观范围,也即主体范围,是指确定判决对哪些人具有约束力。判决效力主观范围的基本原理是判决效力的相对性原则。该原则也有例外——在特定条件下,判决会对当事人以外的人(以下称"案外第三人")发挥某种约束力。

一、判决效力的相对性

判决效力的相对性,是指确定判决能够约束的主体范围原则上只及于当事人。判决效力相对性原理的理由有三点:

(1) 民事诉讼目的在于解决当事人之间的权利义务争议,判决对象也是当事人之间争议的法律关系与权利主张,因此,判决结果只与当事人有法律上的利害关系,与案外人无关。故判决效力仅就特定权利于特定当事人之间存在。

(2) 判决效力相对性是诉的特定化的结果。在民事实体法上,权利被分为对世权(物权)和对人权(债权)两大类。但是,当物权受到他人侵害,或与人发生争议后,权利人起诉通过法院向对方行使的请求权已转变为诉讼上的请求权,请求的对象是法院,内容是要求法院确认特定被告的责任或义务。因此,无论物权还是债权引起的诉讼,判决所确认的都是特定当事人之间的法律关系。诉的特定化是判决效力相对性的实质基础。

(3) 程序保障原则也要求判决效力只能发生在当事人之间。程序保障要求,判决之作出必须以当事人参与诉讼、充分陈述辩论、运用攻防方法、行使异议权等程序权利的实现为前提。法院判决的事实基础必须是依据经当事人质证的证据作出判断的结果,判决的法律理由也要经过当事人辩论才能作为判决结论的法律依据。正是由于得到了充分的程序保障,当事人才承担起承认判决结果的责任。任何人不受他并未参加的诉讼结果的约束。反之,对于没有参加诉讼的人主张判决约束力,是要求他在没有听审机会、没有辩

---

[1] [日]新堂幸司:《新民事诉讼法》,林剑锋译,法律出版社2008年版,第469-471页。

论权利的情况下接受判决结果,甚或被强制执行,显然是不公平的。

二、判决的对外效力

民法规定的实体权利是一个有机整体。在民事权利体系内部,各种权利既相对独立,又彼此牵连。一项权利的成立常以另一项权利的成立为前提;一项权利的变动往往影响其他权利也发生变化。反映在法律关系中就是:先决法律关系主体的行为引起附随法律关系的变动。典型的例子是保证合同与主合同之间的牵连关系。而一旦当事人发生争议,又经过民事诉讼取得确定判决之后,透过判决效力相对性规则,却可能使诸权利形成彼此孤立的状态,难免导致实体法律关系间的矛盾与冲突。例如,主债权人甲诉保证人丙承连带担保证责任。获胜诉判决后,丙诉债务人乙主张代位求偿权。乙却以主债权不成立为由进行抗辩。由于两案当事人不同,诉讼标的各异,后诉并不受前诉判决既判力约束,不违反一事不再理规则。如果后诉法院审理后认为主债权不存在并据此判决驳回丙诉讼请求,判决一经确定即出现甲乙间主债权不成立而丙的保证责任却存在的怪现象。这不仅违背实体法关于保证责任从属性之规定,而且使丙行使追偿权无门。对于丙而言,这是不公平的。从理论上讲,凡三个以上权利主体间权利义务具有依存关系的,均可能出现类似情形。如连带债务、合伙、无限责任公司、雇主责任、空间利用权、保险合同、财产共有、代位权等。因此,在某些情形下,法律和法理允许和承认判决对人效力范围突破相对性限制,对本案当事人之外的第三人发生作用,即判决的对外效力。这种对外效力可以分为第三人(对世)效力、判决效力扩张和反射效力。

(一) 判决的第三人效力

判决的第三人效力,主要是指确认之诉和形成之诉的判决在实体法上发生对世效力,即当事人以外的其他人均不得否定判决效力的效果。判决第三人效力体现的是判决为了所有人并且针对所有人的既判力作用,主要出现在公众对诉讼标的的裁判有公共利益的情形。这样的判决主要发生在亲属法、公司法领域。前者如离婚之诉、婚姻无效之诉、撤销婚姻之诉、确认收养关系之诉、解除收养关系之诉、亲子关系确认(否认)之诉,等等。我国台湾地区亲属法上还有认领子女之诉、认领无效之诉、撤销认领之诉、就母再婚后所生子女确定其父之诉、宣告停止亲权之诉、撤销宣告停止亲权之诉、撤销视为宣告之诉、更正死亡之时之诉等。由于婚姻家庭身份关系的对世效力特征,终局判决的效力及于一般第三人。公司法诉讼领域如股东资格确认之诉、公司决议效力确认之诉、公司决议撤销之诉,等等。由于现代公司的社会性,使得公司股东身份和公司决议效力也具有对世效力特征,有关判决效力及于全体公司股东。此外,公益诉讼的判决也有对世效力。这是公共利益的主体是不特定多数人所决定的。法院对公益诉讼的判决生效后,对全体社会成员均有约束力。

(二) 判决效力扩张

判决效力扩张,即当事人之间的生效判决对案外第三人发生确定判决的约束力,该案外人须承受该判决的拘束力、既判力和执行力的效果。诉讼程序保障原则要求,在认可判决效力扩张时,必须严格依照法律规定,同时应当充分考虑各利害关系人的利益获得最适当调整,以保证判决中判断的客观性。"只有那些绝对不能排除的利害关系人参与了诉讼,在考虑统一确定要求之后将判决效力扩张至当事人以外的其他人才能说是正确的。"[①]更重要的是使判决效力扩张所及者第三人的合法权益得到保障,避免非正当地扩张判决效力。因此,判决效力扩张所及的第三人只限于法律有明确规定,且对判决所处理的诉讼标的没有独立抗辩权(或在法律上视为放弃抗辩权)的人。一般来说,这种第三人与当事人一方之间的权利义务关系与诉讼标的存在某种依存关系。且因这种依存关系,第三人对当事人就诉讼标的行使处分权的结果不得不承认。既判力向其扩张的正当性基础在于,相关主体已经无需再被赋予程序保障,他们的程序保障已经被当事人一方所替代获得。[②] 当事人权利义务的继承人或继受人即为典型例子。反之,凡对诉讼标的有自己的抗辩权的人,如保证人、连带债务人等,不得将对主债务人、其他连带债务人的判决扩张及于他们。否则,将剥夺他们进行诉讼行使抗辩权的权利,侵犯其诉权。

判决效力扩张及于案外第三人主要包括以下几种情形:

1. 判决向当事人的承继人发生效力扩张

当事人的承继人包括作为当事人的自然人死亡后继承其遗产的人,和作为当事人的法人和其他组织合并分立后承受其权利的新法人和组织。在此,生效判决的既判力延伸到当事人的承继人。继承的发生时间通常是在判决生效后,向前也可以延伸到事实审法庭辩论终结前。在此种情形,形式上的当事人发生变化(原当事人被其承继人所取代),但是实质当事人未变,诉讼仍然以原当事人间的法律关系为诉讼标的。判决对承继人的效力实质上仍然是对原当事人的效力。故承认判决效力扩张性并不是对判决相对性的否定,而是判决效力的特殊效果。承认此种情形下判决效力的扩张性可以强化判决效力,保证判决所确认的权利义务得以实现,避免因当事人的承继人否认判决效力而使判决效力陷于不稳定状态,或者因重复审判而产生矛盾判决。

2. 判决效力对受让当事人诉讼标的者发生扩张

这种扩张发生在诉讼过程中当事人将诉讼标的转让与第三人的情形。根据当事人恒定原则,诉讼过程中诉讼标的转让的,当事人不变。诉讼标的转移后,当事人成为受让人的诉讼担当人。此为法定的诉讼担当。法院对当事人作出的裁判对受让人有约束力,此种扩张为《民诉法解释》第249条所肯定。这意味着受让诉讼标的者同时承受法院针对该诉讼标的的裁判结论,无论出让人是胜诉还是败诉。判决效力扩张及于当事人诉讼标的的受让人的原理同于扩张及于当事人的继承人,旨在维护诉讼的程序效力和确定判决解决纠纷的实效。如果继受人不受判决既判力的拘束,可以就该诉讼标的另案诉讼,原诉讼程序及其裁判结论均陷入无意义。[③]

[①] [日]谷口安平:《程序的正义与诉讼》,王亚新译,中国政法大学出版社1996年版,第218页。
[②] [日]高桥宏志:《民事诉讼法:制度与理论的深层分析》,林剑锋译,法律出版社2003年版,第584页。
[③] 参见新堂幸司:《新民事诉讼法》,林剑锋译,法律出版社2008年版,第486页;[日]高桥宏志:《民事诉讼法:制度与理论的深层分析》,林剑锋译,法律出版社2003年版,第563页。

3. 判决效力向诉讼标的物受让人,或为当事人的利益占有标的物的人发生扩张

这种情形发生在判决发生效力后,或者事实审言词辩论终结后,第三人从当事人处受让权利义务及其所指向的标的物,或者为当事人的利益而占有标的物的情景。但标的物受让人或为当事人利益而持有之人毕竟不是当事人,只是承受发生在该标的物上的裁判后果。通常认为,判决效力扩张及于诉讼标的新的权利主体,仅发生在受让的诉讼标的是物权请求权争议的情形。若受让的标的为纯粹的债权请求权,判决效力的主观范围不发生扩张。① 最高人民法院《关于判决生效后当事人将判决确认的债权转让债权受让人对该判决不服提出再审申请人民法院是否受理问题的批复》(法释〔2011〕2号)明确指出:判决生效后债权受让人不是当事人,对确认该债权的生效裁判不具有申请再审人主体资格。

4. 判决效力向诉讼担当情形下的利益归属人发生扩张

诉讼担当是指基于法律的规定或当事人授权,权利义务关系主体之外的人对他人的权利争议行使诉讼实施权的情形。典型如代位诉讼、破产管理人诉讼、代表人诉讼等。在代位权人(债权人、股东)提起诉讼后,被代位人不得就同一诉讼标的另行起诉,他可以参加诉讼,也可以不参加诉讼,但必须承受判决结果,无论有利还是不利。

判决效力扩张还有执行力的扩张的情形,是指当事人得以生效判决为依据对特定第三人申请强制执行。这主要是发生在对被执行人到期债权执行的情形。执行程序中,被执行人不能履行判决确定的义务,但对第三人享有到期债权的,申请执行人应申请法院对该第三人强制执行。在第三人无异议时,法院可以裁定执行该第三人的财产。其实质是原判决的执行力对第三人发生扩张。既判力扩张往往导致执行力扩张,但执行力扩张不一定以既判力扩张为前提。对既判力扩张情形,判决的对象不变,仍然是原当事人之间的诉讼标的,只是判决的效力范围(主体范围)发生了变化。而在执行力扩张的情形,判决的对象也被扩张了,导致当事人与第三人之间的法律关系也因此被确定。执行力扩张实际上就是认可将当事人间的执行名义准用于对第三人强制执行。②

拓展阅读:"判决效力扩张理论的提出",请扫本节二维码学习。

(三) 判决的反射效力

判决的反射效力,是指生效判决引发案外第三人实体权利义务关系发生、变化或消灭的效果。就像光线照射到镜面而出现反射光,可以照射到另一个地方一样,判决的反射效力体现的是这样一种法律效果:即特定当事人之间的判决结果作为法律事实,导致案外第三人的权利、义务关系发生变动的情形。如此,某个确定判决不仅成为当事人间实现权利的规准,在特定情形下亦能成为第三人确定权利义务的规准,发生某种"通用力"。承认判决的反射效力并不是理论逻辑上的自相矛盾。因为所谓判决的反射效力,并非判决的拘

---

① 〔日〕高桥宏志:《重点讲义民事诉讼法》,张卫平、许可译,法律出版社2007年版,第389页。最高人民法院《关于判决生效后当事人将判决确认的债权转让债权受让人对该判决不服提出再审申请人民法院是否受理问题的批复》(法释〔2011〕2号)指出:债权受让人不是当事人,不具有申请再审人主体资格。

② 〔日〕竹下守夫:《日本民事执行法理论与实务研究》,张卫平、刘荣军译,重庆大学出版社1994年版,第62-63页。

束力、既判力或执行力,而是指判决作为一种法律事实,引起当事人与案外第三人间权利义务关系发生、变更或消灭的作用。例如,判决确认主债务因抵销而消灭,从而能够确定保证责任亦随之消灭;再如,判决确定保险合同解除,因而能确定原合同指定的受益人丧失受益权;再如,判决认定销售者承担产品质量责任,销售者履行义务后,其向生产者追偿的权利即确定,等等。可见,判决的反射效力不是指判决对第三人发生约束力,而是指判决在客观上对第三人权利义务的影响。这种影响是依据法律规定或合同约定而发生的,可以称为"判决的法律事实效果"。①

判决的反射效力并非判决的一般现象,而是在实体法规定的特定情况下发生的作用。根据民事实体法的规定,可能发生判决的反射效力的情形主要有两种:

第一种是当事人间权利义务的确定对第三人的权利义务起预决作用,第三人对判决所确认的法律关系必须承认的情形。典型如:①合伙组织所受判决对各个合伙人发生反射效力。因合伙人的权利义务在法律上完全从属于合伙组织。当合伙组织资产不足清偿时,由全体合伙人负连带清偿责任,且不问债务发生原因。合伙人只能以合伙组织的主张之抗辩对抗债权人。因此,当债权人对合伙组织的诉讼有确定判决后,无论胜诉败诉,各合伙人的权利义务因而确定。②第三人利益合同中,当事人所受判决对受益人有反射效力。第三人利益合同是当事人订立合同,为第三人设定权利,第三人取得请求债务人履行债务的权利的合同。如保险合同中,被保险人与投保人不是同一人时,以及合同指定受益人时,被保险人、受益人即成为第三人利益合同中的第三人(受益人)。他的权利取决于合同成立。因此,当事人所受判决亦能成为第三人判断权利存在与否的规准。③判决生效后债权转让的,法院对债权关系的生效判决,对债权受让人有反射效力。诉讼终结后,生效裁判文书确认的债权转让给第三人的,受让人并不取代当事人的诉讼地位,即不发生诉讼担当问题。但法院关于债权债务关系的裁判效力对受让人有实际影响,表现为受让人在受让债权的同时只能承受该裁判结论。最高人民法院在《关于判决生效后当事人将判决确认的债权转让债权受让人对该判决不服提出再审申请人民法院是否受理问题的批复》指出:"当事人可以在裁判文书生效后将判决确认的债权转让给其他民事主体,债权转让后,如果受让人对已经生效的裁判文书不服向法院启动再审程序的,法院应该以受让人不是提起再审的适格当事人为由,裁定不予受理其再审申请。"即债权受让人只能继受判决所确认的债权,对之前法院已经裁判过的法律关系不能再行争执,但继受人可以就该债权申请强制执行。② ④善意第三人就买受的动产或不动产获得的生效判决,对无权处分人、原权利人发生反射效力。按照善意第三人制度原理,善意第三人与无权处分人之间就动产或不动产转让纠纷获得的胜诉判决,原权利人不得以所有权主张取回,只能向无权处分人要求赔偿。因此,善意第三人获得的生效裁判对原权利人发生反射效力。同理,受让人与原权利人就受让行为是否构成善意取得纠纷获得的生效判决,对无权处分人也会发

---

① 有学者把判决作为证据证明案件事实的作用成为"判决的事实效力"。参见张卫平:《民事诉讼法》,法律出版社2018年版,第441页。但反射效力所产生的法律事实效果并非判决的证明力。证明力是指证据证实案件事实的作用。反射效力不是为了证明案件事实,而是作为法律事实本身,直接影响案外第三人的法律关系。

② 最高人民法院《关于审理涉及金融不良债权转让案件工作座谈会纪要》中明确,特定继受人在诉讼系属结束之后,受让法院生效裁判文书上所载的民事权利时,可以直接作为执行主体获得权利的实现。

生反射效力。类似的还有,依我国台湾地区"民法"第821条规定,部分共有人可以就共有物之全部而对被告提起返还共有物之诉,受败诉判决时,其效力应及于其他未起诉的共有人,等等。

第二种是对第三人权利义务虽无预决作用,但因权利义务的从属性,致使判决所确认的事实或法律关系对第三人权利产生有利或不利的影响的情形。典型如:①债权人对主债务人诉讼的判决对保证人有反射效力。因为保证责任从属于主债务,保证人得以主债务人的一切抗辩事由为抗辩。但反过来,债权人对保证人的诉讼判决不一定对债务人有反射效力,因为债务人不得以保证人的抗辩事由为抗辩。②债权人对一个或部分连带债务人的诉讼,判决对其他连带债务人发生反射效力。连带债务人一人为清偿后,即获得向其他连带债务人追偿的权利。连带债务人在对外(债权人)关系上有共同目的,在对内关系上则有各自应分担份额,存在对立性。判决判令其中一个债务人承担全部清偿责任后,其追偿权即告确立。但该债务人在诉讼中放弃权利的,该处分结果由他自己承担,对其他债务人不发生反射效力;反之,如果债权人在诉讼中放弃权利的,对其他债务人发生反射效力。例如我国台湾地区"民法"第275条:"连带债务人之一人,受确定判决,而其判决非基于该债务人之个人关系者,为他债务人之利益,亦生效力。"此"效力"即为反射效力。③承租人所受判决对次承租人发生反射效力。次承租人的使用权从属于承租人的租赁权,但又有自己独立的权利。故原则上承租人所受判决只有在有利于次承租人时方对后者发生反射效力,等等。

拓展阅读:"反射效力理论的提出",请扫本节二维码学习。

判决效力扩张不同于判决的反射效力。前者指判决直接对第三人发生效力。这意味着受判决效力扩张的第三人不仅不得对原当事人的诉讼标的再行争议,而且可能依判决受强制执行。后者则是指判决对第三人权利义务的确定发生影响的作用,包括有利影响与不利影响。前者是判决对第三人发生的制度上的效果(实体法效果及诉讼法效果),后者是判决对第三人发生的法律事实上的效果。因此,受判决效力扩张所及的第三人如果认为生效裁判确有错误,有权以当事人身份申请再审。而在判决发生反射效力的情形,第三人是不能主张当事人之间的判决有错误的,但可以为自己主张与裁判认定相矛盾的权利。在后诉中,关于前诉判决效力是否对后诉当事人发生扩张,法院应依职权主动审查,而对前诉判决是否发生反射效力仅依当事人请求才予考虑。此外,判决效力发生扩张的范围仅限于判决主文部分(即关于诉讼标的的判断及处理结果),判决理由中的判断不得发生扩张效力,但是判决的主文及理由中的判断均可发生反射效力。

三、案外第三人救济程序

由于判决的对外效力可能对案外第三人权利产生不利影响,必须为该第三人权利设置救济途径。在反射效力情形,尽管根据判决效力相对性原则,案外第三人可以拒绝当事人依生效裁判对其主张权利,也可以独立提起诉讼维护自己的权利。但是,案外人另诉所取得的生效裁判,囿于效力的相对性,不能阻止他人间生效裁判的履行和执行。在法院强制执行过程中,判决对外效力对第三人的不利影响变得现实而紧迫,可能待第三人通过另行起诉确认权利来排除这种影响,损失已经无法挽回。在判决效力扩张情形,第三人则无法通过另行提起诉讼解决争议。比如,在诉讼中当事人转让诉讼标的而令判决效力扩张致受让人的情形,受让人不一定参加诉讼,如果转让人在诉讼系属中利用诉讼担当人的身份为诉讼行为时存在重大过错或故意损害继受人利益的,该继受人(第三人)是无法通过另行起诉维护自己的合法权益的。代位诉讼中被代位人也有类似情形。另外,如果当事人共谋进行虚假诉讼,损害第三人合法权益的,也出现了案外第三人利益受其未参加诉讼判决不利影响的问题。三种情形下,案外第三人的救济途径是不一样的。法国为受反射效力影响的案外第三人设置了第三人异议之诉。意大利模仿法国法设立了第三人裁判异议之诉。在此以《法国民事诉讼法》①为主,兼及其他国家有关立法,勾勒案外第三人异议之诉度的制度轮廓。

1. 诉讼主体

有权对他人间生效裁判提起异议之诉的主体是案外第三人,即不是生效裁判的当事人(包括被遗漏的必须参加诉讼的共同诉讼人,或未定合法授权的代理人代理参加诉讼的人、缺席判决的当事人)。《法国民事诉讼法》583条规定:有权提起异议之诉者为"于其中有利益的任何人",但必须是在其攻击的判决中既不是当事人,也未经代理人进行诉讼的人。一方当事人的债权人与其他权利继受人,也可提出第三人异议。法国最高司法法院的判例认为,凡是可以就裁判提起上诉的人,均不得经第三人异议途径攻击该判决。还有地方法院的判例指出,如果案外第三人申请参加该判决的上诉审程序的,不得再行提出第三人异议之诉。如果在一审程序中提出过诉讼请求,但被法院裁定不予受理的,或者申请参加诉讼不被准许的,有第三人异议资格。《意大利民事诉讼法》第404条规定,因判决受到损害的第三人有第三人异议之诉的主体资格。②

2. 诉讼标的

第三人异议之诉的诉讼标的,是请求撤销或变更生效裁判中损害自己利益的部分。《法国民事诉讼法》第582条规定,第三人异议之诉只能针对法院判决提出,不能针对当事人诉讼和解协议提出。异议的对象仅限于裁判主文中对当事人诉讼请求的裁判结论,不能针对裁判理由中的事实认定或法律理由的认定。第三人应当对生效裁判损害其利益提供证据证明。另外,第三人只能对其攻击的判决已经裁判的争点提出异议,不能提出新的独立的诉讼请求。意大利第三人异议之诉的客体不限于法院判决,还包括仲裁裁决。

3. 诉的合法性条件

即诉的利益,要求第三人提起异议之诉时必须提供的事实、理由。第三人提起异议之诉的事实、理由主要是声明其所攻击的判决损害了其合法权益,但不以该判决对其权利义务作出了审理和裁判为必要条件。所谓"损害其合法权益"应当是异议者本人的、直接的利益,也即不能以他人利益受损害为异议理由,也不能以判决违反法律规定为异议理由。在原判决当事人存在欺诈的情况下,第三人当然可以提出异议,但要提出证据加以证明。

---

① 罗结珍译:《法国新民事诉讼法典》,法律出版社2008年版,第633-646页。
② 参见廖永安,陈逸飞:《意大利民事诉讼第三人裁判异议之诉初探》,《现代法学》2018年第6期。

《法国民事诉讼法》第584条还规定,在对于受到攻击的判决的数个当事人为不可分之诉的情况下,只有在所有当事人均不被通知参加诉讼时,第三人异议之诉才可以受理。《德国民事诉讼法》仅规定了案外人执行异议之诉,即第三人对执行标的物主张有阻止执行的权利时,可以向执行法院提起异议之诉。有德国学者认为,如果第三人认为其权利已经受到某个生效裁判的威胁,他可以在该判决公布时就可以提起异议之诉,不一定要等到执行程序开始。[①] 这种在执行程序开始前提起的异议之诉就带有第三人异议之诉的性质。

4. 诉的程序条件

诉的程序条件包括起诉时限、管辖法院等。《法国民事诉讼法》规定第三人异议之诉自判决之日起30年内,向作出受到攻击的判决的法院提出,且由同一司法官作出裁判。如果受攻击的判决是上诉法院作出的,即使上诉法院仅仅是维持一审判决,也应当向作出上诉判决的法院提出。第三人异议之诉也可以在其他诉讼中作为附带争议提出,原则上应当向作出原判决的法院提出。《意大利民诉法》第405条也有类似规定,第三人裁判异议之诉应当向作出被攻击判决的原审法院主审法官提出。但其允许第三人提出异议之诉的期限很短,原则上为30天不变期间,自判决送达之日起开始计算。对于原审判决构成欺诈判决的情形,自欺诈、伪造或串通等行为被发现之日起开始计算。

第三人异议之诉适用普通诉讼程序。《法国民事诉讼法》第592条规定,该第三人对异议之诉裁判不服的,可以上诉。法院受理第三人异议之诉,并不必然导致原判决执行中止。按照《意大利民事诉讼法》第407条的规定,第三人可以申请中止原审判决的执行,是否中止执行,由法院经合议程序作出裁定。

5. 对原裁判的相对撤销

《法国民事诉讼法》第591条规定,对第三人异议之诉作出的裁判,仅在有损于该第三人利益的范围内,对原判决事项予以取消或变更。原判决在其当事人之间仍然保有其效力,即使是被取消的事项亦然。按照判决效力相对性原理,法院作出支持第三人异议的判决时,该判决产生的效力是:受到第三人异议的原判决对该第三人不产生对抗效力,但不影响原判决对其当事人的既判力。《意大利民事诉讼法》规定,第三人裁判异议之诉对于原审判决当事人的法律效果,仅限于原审判决对第三人不利的部分,而原审判决中与第三人利益无涉的争点,则不应成为第三人裁判异议之诉的审理内容,并且原审判决中有关这些争点的判断仍然对该原审当事人发生法律效力。德国学者认为,案外人的异议之诉获得法院支持的后果仅限于撤销确定判决的执行力,并不否定其既判力。[②] 但在实体权利具有"不可分性"时,原判决确定的当事人的权利义务与第三人异议之诉判决的结果之间势必会产生矛盾。比如原判决确定当事人之间继续履行合同,但第三人异议之诉的结果是撤销合同的,客观上会导致原判决无法在当事人之间实现。再比如,第三人异议之诉确认当事人对案涉不动产的所有权的,由于所有权的排他性与绝对性,第三人行使取回权事

---

① [德]汉斯-约阿希姆·穆泽拉克:《德国民事诉讼法基础教程》,周翠译,中国政法大学出版社2005年版,第415页。
② [德]汉斯-约阿希姆·穆泽拉克:《德国民事诉讼法基础教程》,周翠译,中国政法大学出版社2005年版,第415页。

实上会使异议之诉的判决效力波及所有当事人。可见,第三人异议之诉的功能定位不同于再审程序,其目的不在于纠错,更不是对原判决效力的全面否定,而在于对原判决效力的不当扩张进行修正。因此,第三人异议之诉的判决效果是有限撤销和"靶向"撤销,以案外人获得必要的救济为限,将异议之诉对既判力的影响降低到最小,体现了最大限度维护既判力的立法意图。

6. 审理法院

第三人异议之诉审理的重点在于原审判决中没有涉及的第三人因素进行考量,任务是撤销原审判决对第三人不利的部分。让原审法院和原主审法官审理第三人异议之诉案件,可以发挥其熟悉案件情况的优势,更加有利于保护当事人及第三人的合法权益。

四、我国第三人撤销之诉

(一) 第三人撤销之诉的概念

我国《民事诉讼法》第 59 条第 3 款规定的第三人撤销之诉,是指非因自己的原因未能参加诉讼的第三人,有证据证明发生法律效力的裁判的部分或者全部内容错误、损害其民事权益的,请求法院改变或者撤销原生效法律文书的制度。

拓展阅读: "第三人撤销之诉的立法目的",请扫本节二维码学习。

(二) 第三人撤销之诉的起诉条件

按照《民事诉讼法》和最高人民法院关于适用《中华人民共和国民事诉讼法》的解释(以下简称《民诉法解释》)规定,第三人提出撤销之诉应当满足以下条件:

(1) 原告是原生效裁判或调解书所处理的案件(以下简称"原案")的有独立请求权第三人或无独立请求权第三人。第三人提起撤销之诉以原案裁判文书上所列的全体当事人为被告,原案裁判文书中没有承担责任的无独立请求权的第三人列为第三人。

(2) 原告因不能归责于自己的事由未参加原案诉讼程序。所谓"不能归责于自己的事由"是指没有过错或者无明显过错,包括无从知晓相关诉讼信息而未能参加诉讼,也包括因不可抗力等客观因素致无法参加诉讼,还有经申请参加未获准许,等等。《民诉法解释》第 293 条将下列情形解释为非因当事人自己的原因未参加诉讼:①不知道诉讼而未参加的;②申请参加未获准许的;③知道诉讼,但因客观原因无法参加的;④因其他不能归责于本人的事由未参加诉讼的。

(3) 原告有证据证明原案发生法律效力的判决、裁定、调解书的部分或者全部内容错误,且损害其民事权益。所谓"内容错误",是指原案裁判文书处理当事人民事权利义务的结果错误。与一般民事诉讼相比,第三人撤销之诉对起诉证据的要求很高,要求原告在起诉时就要提供证据证明其请求撤销的裁判文书确实存在错误,而且要证明自己的民事权益因此而遭受了损害。《民诉法解释》第 290 条指出,第三人撤销之诉原告在起诉时应当提供存在下列情形的证据材料:①因不能归责于本人的事由未参加诉讼;②发生法律效力的判决、裁定、调解书的全部或者部分内容错误;③该错误损害其民事权益。

(4) 原告须在法定期限内提起第三人撤销之诉。《民事诉讼法》规定第三人撤销之诉的起诉期限是 6 个月,自第三人知道或者应当知道其民事权益受到损害之日起计算。第三人撤销之诉的起诉期限是除斥期间,超过即丧失撤销请求权。

(5) 属于可以适用第三人撤销之诉救济的案件范围。《民诉法解释》第 295 条排除了下列案件适用第三人撤销之诉谋求救济的可能:①适用特别程序、督促程序、公示催告程序、破产程序处理的案件;②婚姻无效、撤销或者解除婚姻关系等判决、裁定、调解书中涉及身份关系的内容;③《民事诉讼法》第 56 条规定的未参加登记的权利人对代表人诉讼案件的生效裁判;④《民事诉讼法》第 58 条规定的损害社会公共利益行为的受害人对公益诉讼案件的生效裁判。

(三) 审查起诉与受理

按照《民事诉讼法》规定的起诉条件,法院审查第三人撤销之诉原告的起诉包含实质审查和实体判断,审查起诉的期限也比普通民事诉讼案件要长得多。按照《民诉法解释》第 291 条的规定,符合起诉条件的,人民法院应当在收到起诉状之日起 30 日内立案;不符合起诉条件的,应当在收到起诉状之日起 30 日内裁定不予受理。

人民法院受理第三人撤销之诉案件并不必然导致原案执行程序中止。原告申请中止执行并提供相应担保的,人民法院可以根据案件具体情况裁定是否准许。

(四) 第三人撤销之诉的审理与裁判

按照《民诉法解释》第 298 条的规定,人民法院受理第三人撤销之诉后,适用普通程序进行审理。当事人对法院审理第三人撤销之诉所作裁判不服的,可以上诉。

在人民法院审理第三人撤销之诉案件期间,发现原案生效裁判有法定再审事由而决定再审的,应当裁定将第三人的诉讼请求并入再审程序。但有证据证明原审当事人之间恶意串通损害第三人合法权益的,人民法院应当先行审理第三人撤销之诉案件,裁定中止再审诉讼。第三人诉讼请求并入再审程序审理的,如果原生效裁判是一审裁判,人民法院按照第一审程序审理的,应当对第三人的诉讼请求一并审理,所作的判决可以上诉;如果原生效裁判是二审裁判,人民法院按照第二审程序审理的,人民法院可以调解,调解达不成协议的,应当裁定撤销原判决、裁定、调解书,发回一审法院重审。法院对原案进行重审时应当将第三人撤销之诉的原告列为第三人。

在原案裁判执行过程中,第三人在提起撤销之诉的同时,可以依据《民事诉讼法》第 234 条的规定提起执行异议。执行法院对第三人提出的执行异议应予审查。经审查,执行法院认为第三人提出的执行异议不成立的,裁定驳回异议。第三人不服驳回执行异议裁定,应当继续通过第三人撤销之诉寻求救济,不能申请再审。第三人申请对原案生效裁判再审的,人民法院不予受理。

案外人对人民法院驳回其执行异议裁定不服,认为原判决、裁定、调解书内容错误损害其合法权益的,应当申请再审。案外人提起第三人撤销之诉的,人民法院不予受理。

人民法院审理第三人撤销之诉案件,按下列情形分别处理:请求成立且确认其民事权利的主张全部或部分成立的,改变原判决、裁定、调解书内容的错误部分;请求成立,但确认其全部或部分民事权利的主张不成立,或者未提出确认其民事权利请求的,撤销原判决、裁定、调解书内容的错误部分;请求不成立的,驳回诉讼请求。原判决、裁定、调解书的内容未改变或者未撤销的部分继续有效。

评注:按照全国人大立法委员会的立法说明,我国民诉法设立第三人撤销之诉的立法目的在于给因受恶意诉讼损害的第三人以权利救济。① 但《民事诉讼法》第 59 条第 3 款规定第三人撤销之诉的法律条文中并没有明确该立法目的,而且将该制度规定在民事诉讼第三人制度之下。从文义解释角度,民诉法规定的第三人撤销之诉是为他人生效裁判不利影响的第三人提供救济的制度安排。根据判决的对外效力原理,民事主体的权利受他人生效裁判影响的主要有三种情形:①受判决效力扩张所及;②受判决对世效力的约束;③受判决反射效力影响。受当事人虚假诉讼的侵害当然也属于案外第三人的合法权益受他人生效裁判不利影响的情形。但与前三种情形有本质不同。如果说前三种是法律制度的法效果,那么后一种则属于侵权损害后果。针对民事主体合法权益受到他人判决影响的原因不同,法律应当按照影响形成的机理——对应地设置救济机制。但我国第三人撤销之诉的制度设计没有做此区分,混杂了三种判决对外效力影响者和虚假诉讼受害者的救济机制。最高人民法院 2021 年 2 月 9 日发布的第 27 批指导案例中,第 148—153 号都是关于第三人撤销之诉的。这 6 个案例正好包含了三种不同性质的案外人救济制度:第 148 号和第 149 号是因判决效力扩张所及者提起的撤销之诉;第 150 号和第 151 号是受判决反射效力影响者提起的撤销之诉;第 152 号和第 153 号是认为原案当事人恶意诉讼损害其合法权益者提起的撤销之诉。三种案外人救济制度基于不同的民事诉讼法理,遵循不同的制度逻辑,属于不同的程序性质,应当为之配备不同的程序规则。未来应当紧扣维护司法权威,恢复司法秩序的公共利益目标,按照无效裁判撤销程序的程序属性与程序结构,重新构建我国的第三人撤销之诉,完善起诉条件、证明标准、裁判效力与救济机制等具体程序规则。

第三节 判决效力的时间范围

一、时间范围

判决效力的时间范围,是指确定判决对什么时间之内的法律关系具有既判力。判决结论是对当事人争议的权利义务法律关系的确认。法院对当事人权利义务的判断应当得到尊重,在判决生效后不允许受到攻击。但民事权利义务是一个动态的过程,会随着时间的变化、新的法律事实的出现而变更消灭。鉴于民事法律关系存在发展变化的可能,故发生既判力的判决只确认特定时刻的权利状态,而不是所有未来的权利状态。② 因此,判决效力范围的时间维度就是要确定判决是对哪一时间点上当事人权利义务关系的判断。该时间点被称为既判力发生的标准时或基准时。在这个时间点之后,当事人权利义务可能

---

① 全国人大常委会法制工作委员会民法室:《〈中华人民共和国民事诉讼法〉条文说明、立法理由及相关规定》,北京大学出版社 2012 年版,第 86 页。

② [德]奥特马·尧厄尼希:《民事诉讼法》,周翠译,法律出版社 2003 年版,第 332 页。

发生变化,确定判决对它不具有既判力。当事人因基准时后新的事实而致权利义务关系发生争议的,可以提出新的诉讼。

二、基准时

根据程序保障原理,法院判决主要是根据当事人提供的诉讼资料作出判断。所以,这个特定的时间点应当与双方当事人在诉讼进行中能提供新的诉讼资料的截止时刻相同。在大陆法系国家民事诉讼法,既判力的基准时通常被确定为事实审法庭辩论终结时。因为,在事实审法庭辩论终结之时,正是当事人可以主张案件事实、提出证据、进行反驳和抗辩,即提出诉讼资料和开展进攻防御的最后截止时间。在事实审法庭辩论终结后,法院将在当事人提供的诉讼资料之上对事实作出判断,之后就是合议作出判决阶段了。因此,事实审法庭辩论终结时,就是判决确认的权利义务关系"定格"的时间点。以此为基准时间,可以判断判决效力所约束的是什么时间内的权利义务关系。

多数国家上诉制度的第三审为法律审,当事人不得就法院的事实判断问题提起第三审,即在法律审中当事人不能再提出新的事实资料。因此,事实审法庭辩论终结时最多是第二审庭审终结之时。在当事人没有提起第二审上诉,而是直接提起第三审上诉(即"飞跃上诉")的情形,事实审法庭辩论终结时就是一审庭审终结之时。我国实行的是两审终审制,当事人只有一次上诉机会,二审兼具事实审与法律审,因此判决效力的基准时通常是二审法庭辩论终结时。如果当事人没有提起上诉,基准时就是一审法庭辩论终结时。

三、遮断效

既判力遮断效表现为一种失权效或排除效,即在既判力基准时点前已经存在的、当事人可以提出而未提出的攻击防御方法,因判决生效而不得再提出。民事诉讼中的攻击防御方法表现为当事人为提出诉而陈述理由、提供证据,或者对诉进行防御而提出的事实上和法律上的主张,表现为否认、抗辩和质证,等等。遮断效的正当性基础是:为了维护既判力,前诉法院所作出的对案件事实的认定和法律评价都不能被攻击,故以最后一次言词辩论结束时为基准时,法院就该时点前的案件事实和权利义务关系存在与否为基础所作的判决发生既判力后,在基准时前已经存在的攻击防御方法,不问当事人在该诉讼之言词辩论中是否主张,也不问他没有主张是否存在过失,其主张权均因既判力而遮断。[①] 易言之,此后都不允许相同当事人对前诉判决认定的案件事实提出新的证据、作出不同说明,包括所谓"新的科学认识"。[②]

遮断效的作用还表现在,相同当事人在后诉中,一方以该确定判决的结论为基础,用于新诉请求的攻击防御方法时,对方应受既判力的约束,不得以该确定判决标准时前可以提出而未提出的攻击防御方法进行抗辩或否认,即不得为与确定判决意志相反的主张;法院亦应以既判事项为基础处理新诉,不得作出矛盾的评价,避免该确定判决的既判力失却意义。遮断效的正当性根据在于程序的不可逆性,目的在于督促当事人在诉讼中充分地、

---

① 骆永家:《既判力之研究》,三民书局1981年版,第8页。
② [德]罗森贝克等:《德国民事诉讼法》,李大雪译,中国法制出版社2007年版,第1170页。

及时地行使诉讼权利。因此,当事人应就与诉讼标的有利害关系的攻击防御方法于辩论终结前尽量提出。否则,一旦判决确定,在后诉中当事人就不能再用于攻防,法院也不得再斟酌。例如,在债权人甲诉债务人乙清偿债务诉讼中,乙本来可以用债务混同为理由主张抗辩,但他在辩论终结前没有提出,后法院判决原告胜诉。那么在判决生效后,如果发生与该债务相关的后诉,乙不得以债务混同为由提出抗辩。

第四节 既判力的客观范围

一、既判力客观范围以诉讼标的为限

根据最高人民法院印发的《人民法院民事裁判文书制作规范》和《民事诉讼文书样式》,民事判决书由标题、正文、落款三部分组成。正文包括首部、事实、理由、裁判依据、裁判主文、尾部。其中,事实部分要载明当事人的诉讼请求、事实和理由,人民法院认定的证据及事实;理由是根据认定的案件事实和法律依据,对当事人的诉讼请求是否成立进行分析评述,阐明理由;裁判依据是人民法院作出裁判所依据的实体法和程序法条文;裁判主文是人民法院对案件实体、程序问题作出的明确、具体、完整的处理决定。判决的事实认定、法律理由和判决结果是判决的主要内容,但是既判力并非涵盖判决正文的全部内容。在大陆法系民事诉讼理论上,一般认为既判力客观范围以判决主文中对当事人请求所作的裁判为限。

> **拓展阅读**:"既判力客观范围立法例",请扫本节二维码学习。

如果在"诉讼标的是原告提出的实体权利主张"这个传统概念上,这些国家和地区的规定就是一致的。大陆法系民事诉讼理论主流观点认为,裁判标的必须与诉讼标的一致,因此既判力客观范围以诉讼标的为限。

> 诉讼标的＝裁判标的＝既判力客观范围

二、判决理由有无既判力问题

在传统民事诉讼理论中,既判力范围以主文为限的另一面,是判决理由没有既判力。判决既判力客观范围仅限于当事人请求的范围,基于下列理由:①判决主文载明了法院判断的事项——诉讼标的,而判决理由只是法院对诉讼标的进行判断的前提,并非判决对象。②当事人进行诉讼,预期的结果是获得法院对其诉讼请求的判断,并获得相应的确定判决。如果将判决理由也纳入既判力范围,无疑会使当事人遭受"意外事项被确定判决的突袭"。[①] 这是违反民事诉讼辩论原则和处分原则的。③从诉讼保障角度看,当事人进行诉讼是围绕诉讼标的进行主张、举证、反驳等进攻防御行为,而对于作为诉讼请求的理由

[①] 王甲乙:《判决理由之效力》,《法学丛刊》1985年第4期。

的法律关系,并不是争议的焦点,有时当事人会忽略之不作充分的举证、辩论。例如,甲乙签订借款合同,借期三年,每六个月支付利息若干元。后因乙未按期支付利息,甲诉至法院,请求判令乙支付未按期支付的利息。本案诉讼标的是利息支付,双方当事人可能仅就利息支付方式、时间及数额等进行争执、举证和辩论。而对借款合同本身不作充分争执。假定法院判决甲胜诉,判决生效后,其效力范围应当限于利息部分。尽管法院在判决甲胜诉时,隐含着对借款合同成立的判断(判决理由),但如果认为法院在判决理由中的判断也有既判力,那么无疑剥夺了当事人就合同关系进行诉讼的权利。对债权人来说,利息相对于本金而言显然后者更重要。为主张次要权利而丧失主要权利的诉权,是不公平的。在诉讼保障原则之下,如果当事人就诉讼标的被赋予充分的程序权利,自然应当承担受既判力拘束的结果责任。但是,就诉讼标的前提问题(理由),当事人有进行争执和自认的自由,这是处分原则的结果。如果认为判决理由亦有既判力,无疑是剥夺当事人就前提问题不加争执辩论的自由,违反当事人的意志自治,损害其专门就该项法律关系请求裁判的诉权。

以当事人的诉讼请求或判决主文确定既判力的客观范围,在单纯的确认之诉和变更之诉中问题都不大。但是,在给付之诉中却有可能因当事人请求给付的法律理由有差异而出现既判力范围不确定状态。问题首先产生于请求权竞合的诉讼中。根据旧实体法说,只要实体法上规定的实体权利不同,即使原告请求给付的目的只有一个,其诉讼标的也不同。按照"法官负责法律"的逻辑,法院可选择其中一个请求权判决甲胜诉,或就数个请求权基础全部进行判断而作出判决。但原告胜诉和败诉的既判力客观范围出现了不一致的问题,有可能引发当事人多重诉讼,削弱司法制度解纷效能。

大陆法系学者多承认,由于判决主文大多比较简明,有时还须借助判决理由才能确定判决主文的具体内容,尤其是给付之诉;而且有可能发生两个判决间相互抵触,实体权利义务关系相互冲突,乃至权利人无法依判决实现权利的现象。例如甲诉乙返还借款,假设在甲获胜诉判决后,乙以借款合同不成立为由提起诉讼,由于审判的法院不同,加上当事人充分举证、辩论等,后诉法院完全有可能判定合同不成立。这样就发生两个判决对同一事项的判断相抵触(一为判决理由中的判断,一为判决主文中的判断),而甲应依前诉生效判决主张给付,乙却应依后诉判决主张合同不成立之怪现象。针对审判实践中出现的这一问题,有的学者提出,应当承认判决理由也有既判力;更多的学者则不愿突破传统理论及现行立法,但也认为判决理由在某种情况下应当具有某种效力。其中,以日本新堂幸司提出的"争点效理论"最有影响。我国台湾地区学者依据争点效理论,也提出一些解决问题的方案。

(一) 争点效理论

所谓争点效,是指当事人在前诉作为重要争执点加以争执,且经法院审理并判断后,在以同一争点为重要之先决问题的后诉中,当事人不得为相反之主张、举证,法院不得为矛盾之判断。前诉判决理由对后诉当事人及法院发生的效力即为争点效力。仍以前述借款合同为例,甲诉乙支付利息,如果乙以合同不成立为由进行抗辩,双方就合同成立与否进行了充分争执,用尽举证、辩论等进攻防御方法。法院认定合同成立,并以此为由判令乙支付利息。判决生效后,尽管乙仍得以合同关系为诉讼标的提起诉讼,但在合同成立问题上不得为相反主张。后诉法院也不得为相反判断。前诉的"借款合同关系"即为双方争执点,它虽不是诉讼标的,但因双方围绕它进行了充分的争执,而成为"争点",并对后诉发生某种效力。这种效力主要表现为禁止后诉当事人及法院为矛盾主张和判断。

新堂幸司提出的争点效理论,是设想将争点效与既判力并列、补充既判力。目的在于使判决获收更充实的纷争解决效果。他强调争点效不同于既判力,争点效的作用在于排除矛盾判决,但并不反对就该争点为诉讼标的另行起诉。争点效理论是建立在诚实信用原则和公平原则基础之上的。当事人"一旦以重要争点加以争执过,如将其结果适用于相关联之另一请求正当与否之判断基础,在当事人间更为公平","相反,若允许当事人或法院在诉讼中轻易将其结论推翻,不仅违反当事人间之公平而且与诚实信用(禁止反言)相悖。"[①] 争点效发生的条件主要有:①当事人在前诉中作为重要事项加以争执,即必须存在"争点"。所谓"重要事项"是指对判决结论产生影响,或者说对判决结果的得出必不可少的事项。②当事人在前诉中对该争点已经有充分的主张、举证和辩论等进攻防御方法。③前诉法院在判决中对该争点作出实质判断,即前诉法院对该争点进行了实体审查并就实体问题得出结论。④前、后诉争点基本相同。[②]

(二) 依争点效扩大遮断效

该理论为我国台湾地区学者王甲乙提出。依争点效扩大遮断效理论就是在争点效基础上扩大遮断效的适用范围,以解决判决理由的效力问题。主要内容是:在与前诉之诉讼标的不同之后诉,如果后诉是以前诉已确定的诉讼标的为先决法律关系,或与之相矛盾的法律关系的,即承认前诉判决既判力的遮断效。具体而言,基于确定判决,于后诉中用于攻防方法时,他方不得以前诉言词辩论终结前所提出的或应提出而未提出之攻防方法为与该生效判决意旨相反的主张。例如,甲以乙为被告,基于所有权诉请注销乙就某房屋的所有权登记。法院判决甲胜诉。判决生效后,乙以甲为被告,以受赠为由请求确认自己对该房屋的所有权,并请求返还房屋。如果"受赠"事项是前诉中乙应提出而未提出的事项,那么在后诉中,这项抗辩事项就被前诉判决的既判力遮断,乙不得在后诉中再提出。前诉判决理由中的判断对后诉发生遮断效往往出现在下列情形:①前诉判决确定的法律效果或所追求的法律秩序,因后诉请求被否定而丧失意义时,前诉判决理由对后诉有遮断效;②如果前诉判决理由中判断的法律关系是后诉诉讼标的的先决条件时,有遮断效。[③]

(三) 本书观点

当代民事诉讼关于当事人诉讼地位平等的观念正在从形式平等转向实质公平,过去那种将当事人处分权主义与辩论主义绝对化的态度也有明显松动。越来越多的人赞同通过法官的适度干预,保障当事人充分参与诉讼,有效地运用处分权与辩论权,提高庭审的实效性,成为衡量程序正当与否的重要指标。即便当事人因不知法而未能给诉讼请求指

---

① 吕太郎:《民事确定判决之反射效力》,《法学丛刊》1988 年第 4 期。
② [日]新堂幸司:《新民事诉讼法》,林剑锋译,法律出版社 2008 年版,第 496-501 页。
③ 王甲乙:《判决理由之效力》,《法学丛刊》1985 年第 4 期。

明法律理由,或者所引据的法律依据不正确,也不会因此丧失就法律依据发表意见的机会。法官在运用法律作出裁判之前必须履行释明义务,保障当事人知情权,引导当事人充分陈述意见、发表辩论、提出异议。因此,那种假设当事人对法律理由没有充分关注而可能未获得程序保障的情形将成为例外。这样的共识为以当事人诉讼请求及所依据的法律理由确定诉讼标的提供了正当性基础。法院裁判中有关法律理由的判断就完全可以纳入既判力客观范围之中。当然,如果有证据证明,在前诉中当事人未就法律理由作充分辩论,应当保障其就该法律理由所涉权利义务另行起诉的权利。

拓展阅读:"英美法上判决理由的效力",请扫本节二维码学习。

如果将诉讼标的界定为当事人主张的实体权利及其所依据的法律关系,那么裁判理由中关于法律理由的判断就应当有既判力。实际上,当代德国法学界主流的诉讼标的说"二分肢说"以原告的权利主张(诉的声明)与原因事实为一体界定诉讼标的,意味着既判力客观范围涵盖了判决主文与判决理由。我国主流的诉讼标的概念"当事人争议的法律关系",是以当事人双方的争议内容来标定诉讼标的的,所谓争议内容包含了当事人争议的案件事实与法律理由。从这个角度看,在我国审判实务中使用的诉讼标的概念与德国二分肢说没有实质区别。因此,判决理由也应当有既判力的认识在审判实务中没有太大障碍。最高人民法院《民诉法解释》第247条规定的重复诉讼识别标准中,第三个标准"后诉与前诉的诉讼请求相同,或者后诉的诉讼请求实质否定前诉裁判结果",就必须从前诉判决理由中对当事人争议的法律关系的判断来进行考察。依据该司法解释所作的大量的判例表明,承认判决理由的既判力不仅起到合理识别重复诉讼的作用,也没有出现学者担心的裁判突袭问题。

不过,不能把"判决理由有既判力"这一命题绝对化,需要仔细厘定可以发生既判力的判决理由的范围与条件。首先,判决理由有既判力的部分仅限于有关法律理由(即权利主张所依据的法律关系)的判断部分。判决理由中关于案件事实的认定不属于既判力客观范围所及的事项,毋宁是判决效力时间范围解决的问题,即基准时之前的事实,在后诉中没有发生变动的,当事人不得再次争议,也不得提出相反的主张和证据。如果后诉中当事人争议的事实是基准时后新发生的事实,当然不受前诉判决理由中判断的约束。其次,判决理由发生既判力,以当事人享受到程序保障为前提。在前诉中当事人没有关注到、没有充分行使攻防手段的法律理由,在后诉法官就不能以落入既判力客观范围为由拒绝当事人再争议,也不能拒绝作出实质审判。这是既判力的本质所决定的,也是民事法律关系的复杂性、多样性背景下保障民事主体诉权的客观需要。考虑到法官释明对当事人充分行使辩论权、处分权的积极作用,就不必过于担心会频繁发生当事人就相同法律关系反复启动诉讼程序的情形。

三、抵销抗辩判决有无既判力问题

抵销抗辩是被告在诉讼中以原告对其负有债务为由进行抗辩,旨在用自己的债权抵销原告诉讼请求的一部或全部的行为。法院对被告的抗辩是否成立的判断是写在判决理由中的。大陆法系主流学说认为,判决对于当事人抵销抗辩所作的判断应当有既判力。

理由是：如果不承认抵销抗辩判断的既判力，那么无论判决认定反对债权成立或不成立，当事人都可以另行起诉，再次主张该债权。这必将导致法院对同一事项重复审理，对方当事人可能因一事而遭遇多重诉讼，还可能出现矛盾判决。承认判决理由中对抵销抗辩的判断有既判力，是突破"判决理由没有既判力"之传统观念的开始。

四、部分请求权判决的既判力范围问题

部分请求权判决，是当事人就可拆分的实体权利进行分割，仅就其中一部分权利提出诉讼请求，法院对当事人提出的部分请求作出的裁判。无论是请求给付种类物的诉讼还是金钱之债的诉讼，都可能出现当事人仅就部分权利提出请求的情形。部分请求权判决的问题是：法院对于部分请求所作的判决对未主张部分是否有既判力？

在一些案件中，当事人提出部分请求权主张是有合法性的。比如在人身侵权赔偿诉讼中，因为当事人的受损害情况可能会因时间而有变化。在起诉时，损害结果已经发生，但是否可能发生后续损害（比如继发后遗症）并不确定，而损害赔偿事宜不容拖延，因此应当允许当事人根据起诉时的损害情况提出部分请求。判决的既判力仅及于原告在该诉讼中主张的债权额。再比如，在金钱债权诉讼中，当事人将本金与利息分开进行诉讼，或者先就一部分金钱数额提起诉讼，有的是基于双方现实发生的争议暂时仅出现在利息部分，或者因为争议标的额巨大又没有十分的胜诉把握，基于诉讼费用控制的考虑先诉一部分，也是可以理解的。从诉权原理上看，实体法上的请求权本是当事人处分权范围的权利，除非法律有禁止性规定，应当允许当事人就可拆分行使的权利提出部分请求。根据最高人民法院《关于审理人身损害赔偿案件适用法律若干问题的解释》（2003）规定，人身损害赔偿纠纷的受害人就医疗费提出诉讼请求时，可以主张赔偿包括因就医治疗支出的各项费用。医疗费的赔偿数额，按照一审法庭辩论终结前实际发生的数额确定。器官功能恢复训练所必要的康复费、适当的整容费以及其他后续治疗费，赔偿权利人可以待实际发生后另行起诉，也可以根据医疗证明或者鉴定结论一并主张。相反的解释出现在《关于确定民事侵权精神损害赔偿责任若干问题的解释》（2001）中。最高人民法院认为当事人在侵权诉讼如果要主张精神损害赔偿，必须与其他赔偿请求一并主张。如果没有提出赔偿精神损害的诉讼请求，诉讼终结后又基于同一侵权事实另行起诉请求赔偿精神损害的，人民法院不予受理。

"无诉即无裁判"决定了既判力的范围仅限于当事人诉讼请求及其所依据的法律关系本身，不能随意扩张致当事人未主张的那部分权利。如果当事人利用多次诉讼的方式意图骚扰当事人、浪费司法资源，则属恶意诉讼的范畴，可以依据诉讼上的诚实信用原则，运用第三人撤销之诉和诉讼费用等制度综合规制。

诉讼主体篇

第六章 法院与审判组织

第一节 法 院

法院是宪法规定的行使国家审判权的机关。1979年颁布,1984年、2006年和2018年三次修改的《人民法院组织法》,对我国人民法院的性质、设置、职权、组织结构和运行架构有明确规定。该法第2条规定:"人民法院是国家的审判机关。"

一、法院的职责

人民法院的职责是审判各类案件,惩罚犯罪、解决纠纷、保护民事权益、监督行政机关依法行政,通过司法裁判维护国家安全和社会秩序,维护社会公平正义,维护国家法制统一,维护国家尊严和司法权威,保障中国特色社会主义建设的顺利进行。

法院行使审判权履行职责时应当遵循下列原则:①独立原则。人民法院依照法律规定独立行使审判权,不受行政机关、社会团体和个人的干涉。②平等原则。人民法院审判案件在适用法律上一律平等,不允许任何组织和个人有超越法律的特权,禁止任何形式的歧视。③公正原则。人民法院坚持司法公正,以事实为根据,以法律为准绳,遵守法定程序,依法保护个人和组织的诉讼权利和其他合法权益,尊重和保障人权。④公开原则。人民法院审判案件依法公开进行,接受社会监督。

在保障人民法院独立行使审判权的同时,《人民法院组织法》和《民事诉讼法》规定了对法院审判权的监督机制,主要包括:①国家权力机关监督。人民法院的审判权来自国家权力机关的授权。因此,法院在履行职责时要接受国家权力机构的监督。各级人民代表大会及其常务委员会对本级人民法院的工作实施监督。最高人民法院对全国人民代表大会及其常务委员会负责并报告工作。地方各级人民法院对本级人民代表大会及其常务委员会负责并报告工作。②审判监督。最高人民法院监督地方各级人民法院和专门人民法院的审判工作,上级人民法院监督下级人民法院的审判工作。③检察监督。人民检察院对人民法院行使审判权进行法律监督。④社会监督。人民法院接受人民群众监督,保障人民群众对人民法院工作依法享有知情权、参与权和监督权。

二、法院的结构

按照《人民法院组织法》第12条、第13条的规定,我国的人民法院分为最高人民法院、高级人民法院、中级人民法院和基层人民法院四级。

1. 最高人民法院

最高人民法院是我国最高审判机构。最高人民法院的职权：①审理各类依法应当由其审理的一审案件、上诉案件、再审案件；②死刑复核；③对属于审判工作中具体应用法律的问题作出司法解释；④指导下级法院审判工作。比如最高人民法院可以通过发布指导性案例指导地方各级法院的审判工作；针对审判工作中普遍存在的问题，通过召开研讨会、发布会议纪要等多种方式进行指导，以发挥业务指导和统一法律适用的作用。

《人民法院组织法》第19条规定，最高人民法院可以设巡回法庭。巡回法庭是最高人民法院派驻地方的常设审判机构，是最高人民法院的组成部分，所作判决和裁定是最高人民法院的判决和裁定。2014年12月2日，中央全面深化改革领导小组审议通过了《最高人民法院设立巡回法庭试点方案》和《设立跨行政区划人民法院、人民检察院试点方案》。同年，最高人民法院第一、第二巡回法庭分别在深圳、沈阳设立。2016年11月1日，中央深改组第二十九次会议，同意在重庆市、西安市、南京市、郑州市增设四个巡回法庭。巡回法庭庭长均由最高人民法院副院长兼任，副庭长从最高人民法院现任庭局职干部中选派。

最高人民法院设立巡回法庭的背景，是党的十八大提出的深化司法体制改革的要求，目的是方便群众对审判的监督权，便于对地方审判的指导，防止地方保护主义对司法公正的损害。最高人民法院巡回法庭主要审理跨行政区域的重大行政和民商事案件，并接受巡回区域内向最高人民法院提出的涉诉信访。2016年，最高人民法院制定《关于巡回法庭审理案件若干问题的规定》，公布了各巡回法庭辖区范围、受理案件范围和受理程序。

2. 地方各级人民法院

高级人民法院，设置于各省、自治区、直辖市。每个省、自治区、直辖市设一个高级人民法院。高级人民法院审理的案件包括：①法律规定由其管辖的第一审案件；②下级人民法院报请审理的第一审案件；③最高人民法院指定管辖的第一审案件；④对中级人民法院判决和裁定的上诉、抗诉案件；⑤按照审判监督程序提起的再审案件；⑥中级人民法院报请复核的死刑案件。

中级人民法院，设置于省辖市、自治区辖市、自治州。中级人民法院审理的案件包括：①法律规定由其管辖的第一审案件；②基层人民法院报请审理的第一审案件；③上级人民法院指定管辖的第一审案件；④对基层人民法院判决和裁定的上诉、抗诉案件；⑤按照审判监督程序提起的再审案件。

基层人民法院，设置于县、自治县、不设区的市和市辖区。基层人民法院审理第一审案件，法律规定由中级以上人民法院审理的除外。基层人民法院还承担着对人民调解委员会的调解工作进行业务指导的职责。为方便群众诉讼，基层人民法院可以根据地区、人口和案件情况，设立人民法庭。人民法庭是基层人民法院的组成部分，所作判决和裁定是基层人民法院的判决和裁定。

3. 不同级别法院的职能分工

从数量上看，四级法院呈金字塔型结构。位于塔基的是数量众多的基层人民法院。中级人民法院数量次之。位于塔顶的是最高人民法院，全国只有一个。法院的金字塔型结构不仅代表数量上的差异，更为重要的是不同审级的审理重心不同，相应地不同级别法院的核心职能也有所不同。一审重在解决事实认定和法律适用问题，二审重在解决事实和法律争议、实现二审终审，再审重在依法纠错、维护裁判权威。这种职能定位的差异突出体现在法院的级别管辖（即对一审案件的职能分工与权限）上。民事诉讼法将绝大多数案件的一审工作分配给基层法院，中级法院在受理一定数量的一审案件的同时，承担着绝大多数二审案件的审理工作。高级法院一审案件数量已经非常少，其工作重点在于审理中级法院为一审的二审案件和再审案件。因此，基层法院的主要职能是解决纠纷，中级法院兼具解决纠纷和实现两审终审的职能。高级、最高级法院的职能侧重法律适用统一。最高人民法院尽管依法也有受理一审案件的权限，但历史上没有真正受理过一审民事案件。最高人民法院主要精力放在了再审和司法解释上，说明其主要职能在于解释法律和保障司法统一。

三、专门法院

《人民法院组织法》第12条规定了专门法院，是相对于普通的地方各级法院而言的。所谓专门法院，是根据特定的事项、特定的系统、特定的区域设立的专业审理某一类案件或某一系统内案件的审判机关。根据《人民法院组织法》第15条的规定，专门人民法院依照宪法和全国人大常务委员会的决定设立，包括军事法院和海事法院、知识产权法院、金融法院等。专门人民法院的设置、组织、职权和法官任免，由全国人民代表大会常务委员会规定。

专门法院具有不同于普通法院的特殊人事体制和特殊审判层级，审理案件适用特别的审理程序。比如，军事法院有独立于地方法院的司法系统，向军事委员会和政治部负责，不受最高人民法院的领导，专门审理现役军人、军队在编职工的刑事案件。《民诉法解释》第11条规定，双方当事人均为军人或者军队单位的民事案件由军事法院管辖。再如海事法院，根据《海事诉讼特别程序法》的规定，受理的案件主要包括海事侵权纠纷、海商合同纠纷、船舶权属纠纷等。海事诉讼程序突出海事、海商活动特征，结合行业习惯与国际惯例，最大限度满足此类纠纷解决的需要。海事法院性质上属于中级法院，其作出的第一审判决、裁定的上诉案件，由所在地的高级人民法院审理。根据1984年11月全国人民代表大会常务委员会《关于在沿海港口城市设立海事法院的决定》和最高人民法院《关于设立海事法院几个问题的决定》的规定，在上海、天津、广州、青岛、大连和武汉等市设立第一批海事法院。随着对外开放发展，海事、海商纠纷增多，原有的海事法院不足以满足需要，国家先后又在北海、海口、宁波等港口城市增设海事法院。2019年，第11家海事法院南京海事法院成立。

知识产权法院主要是为了加强知识产权运用和保护、健全技术创新激励机制而设立的审判机构。2014年8月31日，全国人大常委会通过了《关于在北京、上海、广州设立知识产权法院的决定》。该决定规定，知识产权法院管辖有关专利、植物新品种、集成电路布图设计、技术秘密等专业技术性较强的第一审知识产权民事和行政案件。知识产权法院性质上属于中级法院，其作出的第一审判决、裁定的上诉案件，由所在地的高级人民法院审理。知识产权法院案件技术性强，民事、行政、刑事案件交叉的情形较多，需要设计适合审理该类案件的特别程序。

金融法院是专门审理涉及证券、期货交易、信托、保险、票据、信用证等金融纠纷案件的法院。2018年4月27日,全国人民代表大会常务委员会通过了《关于设立上海金融法院的决定》,同年8月7日,最高人民法院发布《关于上海金融法院案件管辖的规定》,规定上海金融法院管辖上海市辖区内应由中级人民法院受理的下列第一审金融民商事案件:证券、期货交易、信托、保险、票据、信用证、金融借款合同、银行卡、融资租赁合同、委托理财合同、典当等纠纷;独立保函、保理、私募基金、非银行支付机构网络支付、网络借贷、互联网股权众筹等新型金融民商事纠纷;以金融机构为债务人的破产纠纷;金融民商事纠纷的仲裁司法审查案件;申请承认和执行外国法院金融民商事纠纷的判决、裁定案件。

互联网法院是专门审理特定类型互联网案件的人民法院。2017年6月26日,中央全面深化改革领导小组审议通过《关于设立杭州互联网法院的方案》。2017年8月18日,杭州互联网法院挂牌运行。2018年7月6日,中央全面深化改革委员会审议通过《关于增设北京互联网法院、广州互联网法院的方案》,决定在北京、广州两地增设互联网法院。为统一规范杭州、北京、广州三家互联网法院诉讼活动,保护当事人及其他诉讼参与人合法权益,最高人民法院于2018年9月6日发布实施《最高人民法院关于互联网法院审理案件若干问题的规定》(法释〔2018〕16号)(以下简称《互联网法院规定》),对互联网法院的管辖范围、上诉机制和诉讼平台建设,以及在线诉讼的身份认证、立案、应诉、举证、庭审、送达、签名、归档等诉讼规则作出一系列规范。按照该规定,北京、广州、杭州互联网法院集中管辖所在市的辖区内应当由基层人民法院受理的下列第一审案件:通过电子商务平台签订或者履行网络购物合同而产生的纠纷;签订、履行行为均在互联网上完成的网络服务合同纠纷;签订、履行行为均在互联网上完成的金融借款合同纠纷、小额借款合同纠纷;在互联网上首次发表作品的著作权或者邻接权权属纠纷;在互联网上侵害在线发表或者传播作品的著作权或者邻接权而产生的纠纷;互联网域名权属、侵权及合同纠纷;在互联网上侵害他人人身权、财产权等民事权益而产生的纠纷;通过电子商务平台购买的产品,因存在产品缺陷,侵害他人人身、财产权益而产生的产品责任纠纷;检察机关提起的互联网公益诉讼案件;因行政机关作出互联网信息服务管理、互联网商品交易及有关服务管理等行政行为而产生的行政纠纷;上级人民法院指定管辖的其他互联网民事、行政案件等。

第二节 审判组织

一、审判组织概述

审判组织是指在具体诉讼中对民事案件行使审判权作出裁判的组织。

根据我国《人民法院组织法》和《民事诉讼法》的规定,法院审理民事案件的审判组织形式有合议庭和独任庭。合议制就是由三名以上审判人员组成审判组织,代表人民法院行使审判权,对案件进行审理并作出裁判的制度。独任制是由一名审判员组成审判庭,代表人民法院对民事案件进行审理并作出判决的制度。尽管审判委员会不担任具体案件的审理,但《人民法院组织法》规定,对于审判委员会讨论决定的事项,合议庭和独任法官都要执行。这种权力使得审判委员会实际上承担着裁判的职能,特别是享有对重大疑难案件裁判的权力,从而具有审判组织的功能。最高人民法院1999年10月正式公布的《人民法院五年改革纲要》中也明确将审判委员会定位为法院内部的最高审判组织。最高人民法院2010年印发《关于改革和完善人民法院审判委员会制度的实施意见》(法发〔2010〕3号)(以下简称《完善审判委员会意见》)重申:"审判委员会是人民法院的最高审判组织"。因此,审判委员会事实上成为我国法院内部特有的一种审判组织。

二、合议制

我国的人民法院组织法和三大诉讼法都把合议制作为基本的审判组织形式。《民事诉讼法》第40条规定,人民法院审理第一审民事案件,除法律另有规定外,原则上采用合议庭形式。一审既可以由审判员、陪审员共同组成,也可以由审判员组成合议庭。第41条第1款规定,人民法院审理第二审民事案件,除法律另有规定外,原则上采用合议庭方式进行审理。二审合议庭应当全部由审判员组成。发回重审和再审案件,都必须采用合议庭形式。

(一) 合议制功能定位

按照通常的认知,由数名法官组成审判庭集体审理案件,能够集思广益,在社会经验与专业知识上相互取长补短,在价值评价与利益衡量上抑制偏见,还可以相互监督防止恣意与权力滥用。所以,合议制被认为在准确判断事实、正确适用法律、保证审判质量方面优于独任制,以多数人意见作出的裁判更容易为当事人所接受。在我国,合议制被认为更能体现社会主义民主法治、符合人民法院对审判活动集体负责的要求。在价值多元的现代社会,合议制的制度价值更多体现在其正当程序功能上。其不可替代的价值在于汇聚不同意见,寻找重叠共识,并以此为裁判理由,提高裁判的可接受性。

但合议制毕竟需要耗费较多的司法资源,因此并非所有的案件都需要用这种组织形式。各国法律普遍将合议制适用范围确定为审理较为疑难复杂的一审案件和上诉、再审案件。《民事诉讼法》第42条规定了必须适用合议制审理的一审案件类型,包括:①涉及国家利益、社会公共利益的案件;②涉及群体性纠纷,可能影响社会稳定的案件;③人民群众广泛关注或者其他社会影响较大的案件;④属于新类型或者疑难复杂的案件;⑤法律规定应当组成合议庭审理的案件;⑥其他不宜由审判员一人独任审理的案件。

(二) 合议制的价值机理

合议制发挥制度价值的基本原理是民主评议。民主评议被视为合议制的"灵魂",它包含多人参与、充分讨论、平等表决、多数决定等民主议事原则,通过平等对话、充分沟通,在求同存异基础上寻找重叠共识。《民事诉讼法》第45条根据民主评议原理规定了合议庭活动规则:"合议庭评议案件,实行少数服从多数的原则。评议应当制作笔录,由合议庭

成员签名。评议中的不同意见,必须如实记入笔录。"该规则包含四个方面的要点:

1. 共同参与,独立发表意见

共同参与意味着所有合议庭成员要亲自地、实质地参加案件审理活动:①全程参与。合议庭成员不仅仅是在开庭时和庭审结束后合议时才参与一下,而是要自始至终地参加到案件审理全过程,不得中断、缺席、退出或无故更换。全程参与是司法亲历性的要求。法官只有亲自接触原始证据、亲耳聆听当事人陈述与辩论,才能对案件事实和权利主张形成正确的判断,才能实质参与合议,有效行使评议权。最高人民法院2002年发布的《关于人民法院合议庭工作的若干规定》(法释〔2002〕25号)(以下简称《合议庭规定》)指出,合议庭组成人员确定后,除因回避或者其他特殊情况不能继续参加案件审理的之外,不得在案件审理过程中更换。确有特殊原因需要更换合议庭成员的,应当报请院长或者庭长决定,并及时通知当事人。2010年发布的《关于进一步加强合议庭职责的若干规定》(法释〔2010〕1号)(以下简称《强化合议庭职责规定》)要求,开庭审理时,合议庭全体成员必须共同参加,不得缺席、中途退庭或者从事与该庭审无关的活动。合议庭成员未参加庭审、中途退庭或者从事与该庭审无关的活动,当事人有权提出异议,审判长应当即时纠正。合议庭不纠正的,当事人可以要求休庭,并将有关情况记入庭审笔录。②全面参与。合议的对象涉及案件事实与证据、程序问题和法律适用问题等案件审理的各个方面。其中,在审理过程中的评议对象多为程序性事项,如讨论管辖权问题、诉讼保全、证据保全、采取排除妨害诉讼行为的强制措施,等等;在法庭辩论终结后的评议对象以实体性事项为主,是对当事人争议的事实和法律问题以及诉讼请求进行评议并作出裁判结论。③共同决策,共同负责。合议成员对权限范围内的事项集体作出决定,并对裁判结论共同承担责任。共同决策意味着全体合议庭成员均应当参加案件评议,并针对案件的证据采信、事实认定、法律适用、裁判结果以及诉讼程序等问题充分陈述意见,不得拒绝发表意见或弃权。合议庭成员弃权违背法官不得拒绝裁判原则,有违司法制度的目的。同意他人意见的,也应当提出事实根据和法律依据,进行分析论证,不能仅作同意与否的简单表态。合议庭评议通常是口头方式进行。必要时,合议庭成员还可提交书面评议意见。所谓共同负责,是指无论在评议时是多数意见还是少数意见,合议庭成员都对最终的决定承担责任。

所谓独立发表意见,是指合议庭成员自由意志不受任何人干预,根据自己的理性和良心,对案件审理中需要评议的问题自主发表意见和陈述理由。按照审判权独立行使原则,合议庭在审判过程中依法独立行使审判权,不受任何国家机关、利益集团、其他个人(包括法院行政长官、上级法院)的指挥或干预。非合议庭成员不得介入合议庭审判工作。合议庭独立是每一个合议庭成员独立发表意见的基础,合议庭成员独立发表意见,是合议庭独立审判的体现,更是合议实质化的表现。

评注:合议制作出决定的行为模式是典型的集体决策式。集体决策有两个缺陷:一是多数意见或权威成员意见容易形成"群体压力",影响少数意见者的独立性和自主意识,被迫放弃自己的意见;二是风险分散,"共同负责"变成"无人负责",使集体决策特别敢冒风险而慎重不足。为避免集体决策的上述缺陷,提高每个合议庭成员的责任心和谨慎度,可以设置更为详细的议事规则。如在发言顺序上,可以按照年龄、资历、行政职务从低到高的顺序安排,避免年轻、资历浅、层级低的合议庭成员受权威压力不敢坚持自己的意见。《合议庭规定》对合议庭评议案件时的发言顺序规定如下：先由承办法官对认定案件事实、证据是否确实、充分以及适用法律等发表意见，审判长最后发表意见。审判长应当根据评议情况总结合议庭评议的结论性意见。此外，要求合议庭成员独立发表意见，也有助于防止成员不负责任、不坚持原则，防止合议庭对重大问题轻率作出决定。按照英美法的司法制度，数名法官一起审理案件时，每个法官都独立撰写裁判意见。在多数意见形成后，由持多数意见者中的一位撰写详细的判决书，其他法官用自己的名义写出独立的同意意见或反对意见。一个案件出现多个判决意见的情形并不鲜见。日本最高法院的裁判规则也有这样的要求。日本《法院法》第11条规定，最高法院的判决书中"应当表示各位法官的意见"。

2. 地位平等，表决权相同

全体合议庭成员在合议庭中法律地位平等，无论是审判员还是陪审员，无论是否在法院担任行政职务，都拥有相同的审判权，评议时享有同等表决权。合议庭设审判长，但审判长并非行政级别和管理职位，而是合议庭内部分工和组织化的需要。其主要职责是主持合议庭审判工作，在行使审理权上没有任何特权。《合议庭规定》指出，合议庭的审判活动由审判长主持，全体成员平等参与案件的审理、评议、裁判。同时对审判长的职责进行了明确，主要包括：确定案件审理方案、庭审提纲、协调合议庭成员的庭审分工以及做好其他必要的庭审准备工作；主持庭审活动；主持合议庭对案件进行评议；制作裁判文书等。审判长并无高于其他合议庭成员的特权。当审判长的意见是少数意见时，也要遵照少数服从多数的原则作出决定。

3. 秘密评议，公开裁判理由

大陆法系国家法院奉行的评议秘密原则包括两项内容：一是评议过程不公开，即合议庭"闭门合议"，外人不得参与；二是表决结果不公开，指哪些成员持多数意见，哪些是少数派的情况保密。秘密评议的目的是确保每个合议庭成员在发表评议意见时没有顾虑，充分、坦率地公开自己的心证过程和对法律的理解，不必因为担心考虑不成熟、可能出错而不敢发表意见。秘密评议还意味着，合议庭成员评议时发表的意见不受追究。只有这样才能让不同的意见充分表达、各种观点进行交锋、相互修正，合议庭汇聚不同意见的制度功能才能发挥出来，也是裁判文书充分说明理由、提高公信力的保证。

合议庭最终形成的裁判结论所依据的理由必须公开。这是审判公开原则的要求。公开裁判理由与秘密评议并不冲突。裁判理由是合议庭评议后形成的多数意见，也是经过讨论酝酿最终成熟的意见。裁判理由公开不仅是说服当事人、获得当事人理解与认同的需要，也是保障当事人异议权的要求。公开裁判理由还有助于促进合议庭成员认真负责、实质合议，增强合议制的正当性。

4. 多数决定，保留少数意见

合议制运作机制是程序沟通理性的典型代表，是各种意见沟通对话的制度化平台。在现代社会价值多元的背景下，有关案件事实与法律的判断出现不同意见是很正常的。很多情况下，对于具体案件的处理并非总是只有一个正确的意见，或者说每一种意见都有其合理性，都值得尊重。此时，让裁判获得多数人接受与支持的有效途径，是寻求多种意见的重叠共识。因此，合议庭讨论特别鼓励不同意见。但合议不能议而不决，根本的办法是求同存异,即所有成员以公共的理由(即法律上的理由)发表看法,在沟通对话中缩小差距,促成共识,哪怕是浅层次、窄范围的共识。如果无法达成全面共识,则在尊重少数意见的基础上,以多数意见作出裁判。用共识或多数意见作为最终决定的理由,更容易获得不同立场的人的支持。按照《人民法院组织法》第 31 条、《民事诉讼法》第 45 条和《合议庭规定》第 10 条的规定,合议庭评议案件,实行少数服从多数的原则。合议庭成员对评议结果的表决,以口头表决的形式进行。评议应当制作笔录,由合议庭成员签名。评议中的不同意见,必须如实记入笔录。

拓展阅读:"合议制少数服从多数的规范解释",请扫本节二维码学习。

合议庭作出的裁判是各合议庭成员独立行使审判权共同决策的结果。多人参与、充分评议、平等表决、多数决定构成实质合议的四个关节。多人参与是合议制的运行基础;充分评议是合议的实质内容;平等表决是合议制民主性的要求;多数决定,则是最终让合议制具有实质意义的标志。如果虽然合议庭由多人组成,但是没有实质合议环节,而是用简单的投票决定结果;或者虽然也有讨论甚至激烈的辩论的过程,但是最后是由实际掌握权力者"拍板定夺",那么合议制不过是徒有其表,毫无实际意义。

(三)合议庭组成

根据我国民事诉讼法的规定,在不同的审级,合议庭的组成具有不同的要求。

(1)第一审合议庭。《民事诉讼法》第 40 条规定,人民法院审理第一审民事案件,由审判员、陪审员共同组成合议庭或者由审判员组成合议庭。第一审民事诉讼程序合议庭的组成有以下特点:第一,既可以由审判员组成合议庭,也可以吸收陪审员参加合议庭。是否邀请陪审员参加合议庭,由人民法院依据法律规定,根据案件具体情况决定。第二,为了确保能产生多数意见,合议庭的组成人数必须是单数。

(2)第二审合议庭。《民事诉讼法》第 41 条第 1 款规定:"人民法院审理第二审民事案件,由审判员组成合议庭。合议庭的成员人数,必须是单数。"第二审合议庭全部由审判员组成。

(3)发回重审和再审合议庭。凡是发回重审和再审案件都必须组成合议庭进行审理。为避免先入为主影响案件公正审理,原合议庭成员不得参与审判。发回重审的案件,原审人民法院应当按照第一审程序另行组成合议庭。再审合议庭的组成方式取决于原审程序。审理再审案件,原来是第一审的,按照第一审程序另行组成合议庭;原来是第二审的或者是上级人民法院提审的,按照第二审程序另行组成合议庭。

(四)合议庭的内部关系

合议庭内部关系即成员之间的相互关系。合议庭是一个审判集体,由 1 名审判员担任审判长。审判长由院长或者庭长指定审判员 1 人担任。院长或庭长参加合议庭时,应亲自担任审判长。审判长的职责是主持合议庭的审判工作,指挥法庭的审判活动。当事人和其他诉讼参加人,在法庭上需要向证人、鉴定人发问,陈述意见或进行辩论,均需经过审判长允许。全体合议庭成员享有平等的审判权。在合议庭评议时,各合议庭成员独立对案件事实作出判断、对法律适用问题发表意见。合议庭按照少数服从多数的原则对案件裁判作出最终决定。

三、独任制

《民事诉讼法》第 40 条规定，适用简易程序审理的民事案件，由审判员一人独任审理。独任制既可以适用于简易程序，也可以适用于普通程序；既可以在一审程序中适用，也可以在二审程序中适用。其中，包括以下几种情形：

（1）基层人民法院适用简易程序审理简单民事案件。民诉法规定的简单民事案件，是指案件事实清楚，权利义务关系明确，当事人争议不大的案件。

（2）基层人民法院适用普通程序审理基本事实清楚、权利义务关系明确的民事案件。此种情形与第一种的差别在于，法院审理的案件不属于简单民事案件，不采用简易程序进行审理，如案件事实比较复杂，证据较多；或者当事人争议的标的额比较大；或者当事人一方下落不明，无法判断双方争议是否属于法律上规定的"争议不大"的情形。所谓案件基本事实清楚，主要是指对于诉讼请求所依据的主要案件事实，尽管证据较多，但当事人提供的证据比较充分，法院很容易进行判断。所谓权利义务关系明确，是指当事人的权利义务关系在法律规定上或合同约定中是明确的，双方当事人对此不争议，或者没有争议的空间。对这样的案件应当适用普通程序进行审理，但基于案件事实的判断不复杂，且法律适用问题不会有分歧，独任制审理也足以保障程序正当，因此可以适用独任制。

（3）中级人民法院审理第一审适用简易程序审结的上诉案件，事实清楚、权利义务关系明确的，经双方当事人同意由审判员一人独任审理的。二审案件肩负着吸收当事人对一审裁判的不满、监督一审裁判的责任，因此较之一审程序应更为慎重，原则上应当采用合议制。基于对当事人程序权利保障的要求，二审法院认为案件符合独任制适用条件的，不能直接决定采用独任制审理，应当征求当事人意见。仅在当事人同意的情况下，二审案件才能适用独任制审理。

（4）中级人民法院审理不服一审裁定提起上诉的上诉审案件，事实清楚、权利义务关系明确的，经双方当事人同意由审判员一人独任审理的。一审裁定类案件可以上诉的有不予受理、管辖权异议、驳回起诉三种裁定。这三种裁定涉及起诉时法院对诉的合法性要件的判断，对于保障当事人诉权、保证审判权合法性具有重要意义。起诉条件中包含实体内容，如原告是否是本案利害关系人；判断管辖连接点时需要对当事人的诉讼标的、被告是否适格等进行判断；在分析当事人的争议是否适合通过民事诉讼程序处理时，需要对案件性质进行判断，等等。并非所有裁定类上诉案件都可以适用独任制，仍然要依据"事实清楚、权利义务关系明确"的标准进行识别。

> 📖 **背景资料：**"繁简分流改革与独任制适用范围的扩大"，请扫本节二维码学习。

为防止独任制被滥用，民诉法规定了两个制约机制：一是明确规定排除独任制适用的案件类型；二是设置了独任制向合议制转换的机制，包括人民法院依职权决定转换和经当事人异议转换两种途径。《民事诉讼法》第 43 条规定，人民法院在案件审理过程中，发现案件不宜由独任审判的，裁定转由合议庭审理。当事人认为案件由审判员一人独任审理违反法律规定的,可以向人民法院提出异议。人民法院对当事人提出的异议应当审查,异议成立的,裁定转由合议庭审理;异议不成立的,裁定驳回。

四、审判委员会

(一) 审判委员会的性质

审判委员会是各级人民法院内部的最高决策机构,是按照民主集中制原则领导和决定法院重大事项的内设机构。按照《人民法院组织法》第 36 条的规定,各级人民法院都设立审判委员会。审判委员会由院长、副院长和若干资深法官组成,成员应当为单数。审判委员会是我国司法制度的特色,制度目的是通过总结审判经验、研究疑难复杂案件等方式,对法官进行审判业务指导,解决审判人员在审判工作中遇到的疑难问题,保证审判质量。

(二) 审判委员会职能

审判委员会的职能主要有:总结审判工作经验;审理、讨论决定重大、疑难、复杂案件的法律适用;讨论决定本院已经发生法律效力的判决、裁定、调解书是否应当再审;讨论决定其他有关审判工作的重大问题。2010 年,最高人民法院发布《关于改革和完善人民法院审判委员会制度的实施意见》(以下简称《完善审判委员会意见》)就各级人民法院审判委员会的工作职责进行了明确。最高人民法院审判委员会的职责是审理案件和监督、管理、指导审判工作,具体包括:①讨论疑难、复杂、重大案件;②总结审判工作经验;③制定司法解释和规范性文件;④听取审判业务部门的工作汇报;⑤讨论决定对审判工作具有指导性意义的典型案例;⑥讨论其他有关审判工作的重大问题。

地方各级人民法院审判委员会通过以下方式履行审理案件和监督、管理、指导审判工作的职责:①讨论疑难、复杂、重大案件;②结合本地区和本院实际,总结审判工作经验;③听取审判业务部门的工作汇报;④讨论决定对本院或者本辖区的审判工作具有参考意义的案例;⑤讨论其他有关审判工作的重大问题。

(三) 审判委员会组成人员

审判委员会一般由院长、副院长、庭长担任审判委员会委员。为增强审判委员会的专业指导能力,《人民法院组织法》规定,审判委员会可以按委员专业特长设专业委员会会议,还应当配备若干名不担任领导职务,政治素质好、审判经验丰富、法学理论水平较高,具有法律专业高等学历的资深法官委员。目前,各级人民法院都配备了若干名审判委员会专职委员。实践中,人民法院会根据审判工作需要,按照审判委员会委员专业和工作分工,召开专业委员会会议。

拓展阅读:"专业法官会议制度",请扫本节二维码学习。

(四) 审判委员会讨论事项

按照《完善审判委员会意见》的规定，人民法院审判工作中的重大问题和疑难、复杂、重大案件以及合议庭难以作出裁决的案件，应当由审判委员会讨论或者审理后作出决定。最高人民法院审理的下列案件应当提交审判委员会讨论决定：①本院已经发生法律效力的判决、裁定确有错误需要再审的案件；②最高人民检察院依照审判监督程序提出抗诉的刑事案件。

高级人民法院和中级人民法院审理的下列案件应当提交审判委员会讨论决定：①本院已经发生法律效力的判决、裁定确有错误需要再审的案件；②同级人民检察院依照审判监督程序提出抗诉的刑事案件；③拟判处死刑立即执行的案件；④拟在法定刑以下判处刑罚或者免于刑事处罚的案件；⑤拟宣告被告人无罪的案件；⑥拟就法律适用问题向上级人民法院请示的案件；⑦认为案情重大、复杂，需要报请移送上级人民法院审理的案件。

基层人民法院审理的下列案件应当提交审判委员会讨论决定：①本院已经发生法律效力的判决、裁定确有错误需要再审的案件；②拟在法定刑以下判处刑罚或者免于刑事处罚的案件；③拟宣告被告人无罪的案件；④拟就法律适用问题向上级人民法院请示的案件；⑤认为应当判处无期徒刑、死刑，需要报请移送中级人民法院审理的刑事案件；⑥认为案情重大、复杂，需要报请移送上级人民法院审理的案件。

(五) 提交审判委员会讨论程序

在下列情况下，合议庭可以提请院长决定提交审判委员会讨论：①合议庭意见有重大分歧、难以作出决定的案件；②法律规定不明确，存在法律适用疑难问题的案件；③案件处理结果可能产生重大社会影响的案件；④对审判工作具有指导意义的新类型案件；⑤其他需要提交审判委员会讨论的疑难、复杂、重大案件。

案件或者议题是否提交审判委员会讨论，由院长或者主管副院长决定。合议庭认为案件需要提交审判委员会讨论决定的，由审判长提出申请，分管院长批准。院长认为不需要提交审判委员会的，可以要求合议庭复议。合议庭没有建议提请审判委员会讨论的案件，院长、主管副院长或者庭长认为有必要的，也可以提请审判委员会讨论。《落实司法责任制意见》提出，判决可能形成新的裁判标准或者改变上级人民法院、本院同类生效案件裁判标准的，应当提交专业法官会议或者审判委员会讨论。合议庭不采纳专业法官会议一致意见或者多数意见的，应当在办案系统中标注并说明理由，并提请庭长、院长予以监督，庭长、院长认为有必要提交审判委员会讨论的，应当按程序将案件提交审判委员会讨论。审判委员会讨论案件，同级人民检察院检察长或者受检察长委托的副检察长可以列席。

审判委员会讨论案件按照听取汇报、询问、发表意见、表决的顺序进行。案件由承办人汇报，合议庭其他成员补充。审判委员会委员在听取汇报、进行询问和发表意见后，其他列席人员经主持人同意可以发表意见。审判委员会委员发表意见的顺序，一般应当按照职级高的委员后发言的原则进行，主持人最后发表意见。审判委员会应当充分、全面地对案件进行讨论，各委员应当客观、公正、独立地发表意见。审判委员会委员定位平等，发表意见不受追究,并应当记录在卷。

审判委员会讨论案件遵循多数意见决定规则。审判委员会委员发表意见后,主持人应当归纳委员的意见,按多数意见拟出决议,付诸表决。审判委员会的决议应当按照全体委员二分之一以上多数意见作出。审判委员会讨论案件的决定及其理由应当在裁判文书中公开,法律规定不公开的除外。审判委员会的决定,合议庭应当执行。

五、陪审制

陪审制是国家审判机关吸收非职业法官参加案件审判的制度。现代陪审制度是司法民主和公民参与国家政治生活权利的制度保障。

拓展阅读:"陪审制滥觞",请扫本节二维码学习。

(一) 陪审制的制度价值

作为合议制的特别形式,陪审制独特的功能在于将社会意见有序引入司法,拉近法律与社会的距离。作为司法的沟通平台,陪审制的价值就在于通过陪审员,源源不断地将普通人的日常生活经验和社会朴素正义感带入法庭,在常识与价值判断两个层面保持司法与社会的沟通,保证司法的公共理性。陪审制的根本作用在于:避免法律和司法脱离社会。现代社会法律及其运作体系已越来越专业化、技术化,成为律师、检察官和法官等职业法律人把持的专门知识。如果任其发展,司法制度和法律职业容易走向封闭,审判可能变得过于追求学术探究和理论论证而逐渐脱离社会。而法律与社会是不可分开的,脱离社会的土壤,不了解民意,法律与司法的生命力会有枯竭的危险。陪审制的优势就在于非专业化的陪审员。陪审员比职业法官更接近大众生活,更具有基层工作和生活的经验。更重要的是,他们拥有社会一般人关于公平与正义的朴素观念。因此,他们的参审会使审判更贴近社会,使法院的裁判能够与民意相沟通,更容易获得社会的支持与认同。陪审制不仅是一种具体的审判制度,更是一种审判权力结构的配置制度,是一种国家制度和社会制度。它关系到司法权的正当行使,关系到纠纷解决过程中社会利益与基本价值在司法裁判中的体现。

评注:两大法系的陪审制各有其传统和特色,但用日常经验和社会正义观来影响司法裁判是二者的共同点。以"经验论"为哲学观念和思维方式的英美国家,倚重普通多数人经验的可靠性,把由普通人组成的陪审团审判作为正当程序,并在刑事审判中把罪与非罪问题交由陪审团进行判断。以"唯理论"为哲学观念和思维方式的大陆法系国家,则用陪审制将社会朴素正义观念引入司法过程,拉近法律与社会的距离,防止法律职业家的自我封闭、脱离社会。可见,陪审制的价值无外乎"日常经验"与"朴素正义观"两个方面。当然,陪审制还有其他一些优势,比如,陪审员不依赖司法当局的恩惠而求生,也没有必要为职务升迁而屈从于政治干预。他们往往比职业法官少一些偏私和顾忌,会更公平地判案。

(二) 陪审制的运作机理

陪审制的运作机理是"参与-论证"。作为司法制度组成部分的陪审制,其让裁判体现民意之方式,不是直接根据民意作出裁判,更不是将纠纷付诸"公众审判",其制度机理是陪审员的参与加上法官的论证。"参与"即陪审员代表民众参与到司法程序中,带入社会一般人的日常生活经验和朴素的正义观。陪审员在合议时用其朴素的正义感和日常经验,将来自不同阶层和群体的理性与经验传递到法官面前,增加法官说理负担。"论证"即法官的论证,法官必须对陪审员的意见作出回应,用法律解释和法律原理与社会经验和朴素正义观进行对话,从中寻找重叠共识,作为裁判理由。

评注:如果说陪审制为司法的公共理性提供了法律程序保障,那么陪审员的意见则为司法保持公共理性提供了民意之源。尽管个案中陪审员的人数是有限的,未必在每个案件中陪审员的意见都能代表社会各个方面,但无数个案中陪审员意见对法官的影响,能够从整体上保证司法不偏离公共理性。即便陪审员表达的观点不同于法律规定,也有助于法官更加周密地思考和补强论证,有助于裁判理由获得尽可能多的普通人的接受。这正是司法公信力的不竭源泉。尤其是在社会异质性不断增强、价值取向趋于多元化的当下中国社会,司法更需要常常与来自不同阶层、代表不同利益群体的陪审员就什么是公平、正义的看法进行交流,围绕是与非、善与恶的价值选择进行对话,通过诉讼程序达到法律与社会价值在具体问题上的重叠共识,争取社会普遍认同。法律和司法在蕴含自然正义的社会观念面前,应始终保持必要的谦逊和足够的沟通理性。

(三) 人民陪审员法

全国人大常委会于 2018 年 4 月通过了《人民陪审员法》,将人民陪审制的目的定为"保障公民依法参加审判活动,促进司法公正,提升司法公信"。该法坚持按照"普通人"的标准确定陪审员选任条件,目的在于保证陪审员的"人民性"。同时该法规定人民陪审员的任期为五年,一般不得连任,以保证陪审员的代表性。该法规定了一种"大合议庭"模式,即人民陪审员和法官组成合议庭审理案件,可以由法官 3 人与人民陪审员 4 人组成 7 人合议庭。

在陪审制适用范围上,《人民陪审员法》规定陪审制主要适用于涉及群体利益、公共利益、社会影响大的案件。其中第 16 条规定,人民法院审判下列第一审案件,由人民陪审员和法官组成七人合议庭进行审理:①对于可能判处十年以上有期徒刑、无期徒刑、死刑,社会影响重大的刑事案件;②根据民事诉讼法、行政诉讼法提起的公益诉讼案件;③涉及征地拆迁、生态环境保护、食品药品安全,社会影响重大的案件;④其他社会影响重大的案件。人民陪审员参加七人合议庭审判案件,对事实认定,独立发表意见,并与法官共同表决;对法律适用,可以发表意见,但不参加表决。

拓展阅读:"'解决合而不议'问题的路径",请扫本节二维码学习。

第三节 审判权监督机制

一、检察监督

检察监督是指检察机关依法对民事诉讼活动和执行活动实施法律监督。《民事诉讼法》第14条规定:"人民检察院有权对民事诉讼实行法律监督。"人民检察院对民事诉讼的监督,主要是指对人民法院行使审判权和执行权的行为进行的法律监督。检察机关是我国宪法规定的法律监督机关,检察机关监督审判权和执行权的运行是其履行法律监督职责的重要内容,也是审判权监督机制中最为重要的部分。

检察监督的内容主要包括:①对法官在审理民事过程中的各种职权行为进行监督,重点监督法官是否有违法违纪的行为,包括受贿、渎职、徇私舞弊、枉法裁判等行为。②对裁判结果进行监督,重点是生效裁判文书是否存在认定事实错误、适用法律错误,或者严重违反法定程序可能损害司法公正的情形。③对执行行为进行监督,主要是监督执行行为是否违反程序,执行人员是否有贪污受贿、徇私舞弊、渎职等行为。

检察监督的方式主要有两种:一是提出检察建议;二是对人民法院作出的生效裁判提起抗诉,要求再审。人民检察院检察长在同级人民法院审判委员会讨论民事抗诉案件或者其他与民事诉讼监督工作有关的议题时,可以依照有关规定列席会议。

为了保障和规范人民检察院依法履行民事检察职责,2013年9月23日,最高人民检察院公布施行《人民检察院民事诉讼监督规则(试行)》(以下简称《检察监督规则》)。按照《检察监督规则》,人民检察院办理民事诉讼监督案件应当坚持以事实为根据、以法律为准绳的准则;遵循公开、公平、公正和诚实信用原则;目标是尊重和保障当事人的诉讼权利,监督和支持人民法院依法行使审判权和执行权。人民检察院以办理民事诉讼监督案件的形式进行监督。民事诉讼监督案件的来源包括:当事人向人民检察院申请监督;当事人以外的公民、法人和其他组织向人民检察院控告、举报;人民检察院依职权发现。《检察监督规则》还对人民检察院办理民生监督案件的具体程序作出了规定。

二、审判公开

审判公开制度是指人民法院审判民事案件的活动依法向当事人和社会公开。《民事诉讼法》第10条规定,人民法院审理民事案件,依照法律规定实行公开审判制度。

审判公开制度是宪法规定的公开审判原则在民事诉讼法中的具体落实。公开是正当程序的基本品质。审判过程公开透明让司法公正成为"看得见的正义",是让当事人和社会感受到公平正义的最佳途径,有助于社会对司法的理解和认同。正所谓"阳光是最好的防腐剂",审判公开也是监督审判权和防止司法专断的有效手段。审判公开是保障当事人参与权、知情权等诉讼权利的基本要求。只有切实落实审判公开,当事人监督、人大及其常委会的工作监督和新闻媒体的舆论监督才能发挥作用。审判公开制度同样体现了司法民主,反映了司法文明。落实审判公开制度,把审判活动置于群众的监督之下,促使审判人员加强依法办案的观念,增强秉公执法的责任感,有助于法院提高办案质量。审判公开也有利于当事人依法行使诉讼权利,一方面能够促使人民法院保障当事人平等地行使诉讼权利,防止限制当事人诉讼权利现象的发生;另一方面也让当事人的诉讼行为受到社会监督,有助于防止当事人滥用诉讼权利。实行公开审判,还有助于案件的审理和纠纷的解决。通过充分公开审判信息,引导社会舆论,激发当事人的反思理性,有助于促进纠纷解决。公开审判也是法治宣传的最佳途径,有助于民众学习法律,增强守法的自觉性,从而预防纠纷、减少诉讼。

公开审判制度要求人民法院审判民事案件的过程和结果都应当向当事人公开，向社会公开，便于当事人和社会的监督。审判公开的要求贯穿民事诉讼全过程。2007年6月，最高人民法院印发《关于加强人民法院审判公开工作的若干意见》，要求各级法院"依法、及时、全面"落实审判公开制度。①法院受理案件公开。如果依法不予受理，应当作出裁定，公开不予受理的理由。②开庭审理公开进行。人民法院庭审活动应当在审判法庭进行。在案件审理过程中做到公开开庭，公开举证、质证和辩论。除法律有特别规定的情形外，法院应当允许民众旁听，允许新闻记者采访报道。法院应当在开庭前公布案件信息及开庭日期，方便公众旁听。对群众广泛关注、有较大社会影响或者有利于法治宣传教育的案件，可以有计划地通过相关组织安排群众旁听，邀请人大代表、政协委员旁听。③审判流程信息公开。公开案件审理过程中与保护当事人权利有关的人民法院审判工作各重要环节的有效信息。人民法院应当以设置宣传栏或者公告牌、建立网站等方便查阅的形式，公布本院管辖的各类案件的立案条件、由当事人提交的法律文书的样式、诉讼费用的收费标准及缓、减、免交诉讼费的基本条件和程序、案件审理与执行工作流程等事项。2018年3月，最高人民法院公布《关于人民法院通过互联网公开审判流程信息的规定》，进一步就规范人民法院通过互联网公开审判流程信息工作进行了规定。其中要求对办案过程中涉及当事人或案外人重大权益的事项，法律没有规定办理程序的，以及对当事人、利害关系人提出的执行异议、变更或追加被执行人的请求等，人民法院应当根据实际情况举行听证。④审判结果公开，包括公开宣判和裁判文书公开。对于不公开审理的案件，宣判也应当公开进行。裁判文书公开不仅要求内容上要清楚地反映裁判过程、事实、理由和裁判依据，而且允许和方便当事人和社会公众查询生效裁判文书。裁判文书公开的重点是裁判理由公开，包括法官对案件事实心证过程和法律适用理由的公开。裁判理由是说服当事人接受裁判的关键因素，也是让社会理解法院裁判的重要因素。裁判理由公开还意味着当事人程序异议权的保障，因为如果当事人不服法院裁判，其上诉或申请再审的理由主要是针对裁判理由提出不同意见。因此，如果说公开开庭、裁判流程信息公开和裁判文书公开都是形式意义上的公开，那么裁判理由公开可谓审判的实质公开。

《民事诉讼法》规定了公开审判制度的例外。某些案件涉及需要特殊保护的利益或需要维护的重要价值，如果公开审理，可能造成严重的损失或消极的社会影响，就不宜公开审理。《民事诉讼法》第137条规定了两类不公开审理的案件，一类是不得公开审理的案件，包括两种：一是涉及国家秘密的案件。国家秘密是指关系国家的安全和利益，依照法定程序确定，在一定时间内只限一定范围的人员知情的事项。按照《保守国家秘密法》的规定，国家秘密包括重大决策秘密、国防和军事秘密、外交与外事活动秘密，科学技术秘密，等等。二是涉及个人隐私的案件。个人隐私是当事人不愿让他人知道的个人生活的秘密。公民依法享有隐私权，不因包括审判在内的理由被迫公开。第二类是依当事人申请可以不公开的案件，包括离婚案件和涉及商业秘密的案件。《民事诉讼法》第71条规定，在开庭审理的举证、质证环节，对涉及国家秘密、商业秘密和个人隐私的证据应当保密，需要在法庭出示的，不得在公开开庭时出示。

三、回避制度

回避制度是审判人员及其他有关人员,遇有可能影响案件公正审理的情形,依法退出本案审理的制度。《民事诉讼法》第四章专章规定了回避制度。

在现代司法中,司法公正不是依赖法官个人的高尚品德维系,而是通过制度保障法官的中立形象与公正行为来实现的。正当程序的基本要求是"任何人不能做自己案件的法官"。回避制度是为了体现程序的中立性,保障司法公正而设立的一项审判制度。其内容是:人民法院在审理民事案件时,组成审判组织的审判人员或其他有关人员与案件有利害关系,或遇有其他可能影响案件公正审理的情形,应当主动退出本案的审理;当事人及其代理人也有权请求他退出审判组织,更换审判人员。

适用回避的人员是在审判活动中具有一定审判职能或代行某种职能的人。《民事诉讼法》第47条规定适用回避的对象有:审判人员、书记员、翻译人员、鉴定人、勘验人。按照《检察监督规则》,检察人员办理民事监督案件也应当实行回避制,以保证检察监督的公正性。适用回避的法定情形是:

(1)审判人员或上述其他人员是本案当事人或当事人、诉讼代理人的近亲属。为体现程序的公正性,本案的当事人不能同时充任案件的审判人员、书记员和翻译人员、鉴定人、勘验人等,避免因感情因素和利益关系而影响案件的公正裁判。当事人或者诉讼代理人的近亲属亦然。

(2)审判人员或上述其他人员与本案有利害关系。即本案的审判结果与审判人员或其他有关人员的某种经济利益或者人身利益存在某种直接或者间接的事实关联,例如,本人或者其近亲属持有本案非上市公司当事人的股份或者股权,案件处理结果可能导致其利益增、减的。

(3)审判人员或上述其他人员与本案当事人有其他关系,可能影响对案件公正审理的。这里所说的"其他关系",包括同学、邻居、上下级、师生、战友等比较亲密的关系,也包括仇人等特殊关系。并非存在这些关系就一定要回避,必须是可能影响对案件公正审理的情形下,才需要回避。当事人以这一情形申请回避的,要求理由相对充分。

(4)审判人员接受当事人、诉讼代理人请客送礼,或者违反规定会见当事人、诉讼代理人的,当事人有权要求他们回避。《民诉法解释》第44条罗列了几种常见的情形:①接受本案当事人及其受托人宴请,或者参加由其支付费用的活动的;②索取、接受本案当事人及其受托人财物或者其他利益的;③违反规定会见本案当事人、诉讼代理人的;④为本案当事人推荐、介绍诉讼代理人,或者为律师、其他人员介绍代理本案的;⑤向本案当事人及其受托人借用款物的;⑥有其他不正当行为,可能影响公正审理的。

在一个审判程序中参与过本案审判工作的审判人员,不得再参与该案其他程序的审判。但根据《民诉法解释》第45条的规定,发回重审的案件,在一审法院作出裁判后又进入第二审程序的,原第二审程序中审判人员不需要回避。

回避的方式有当事人申请回避和有关人员自行回避两种。

回避的程序是:当事人申请回避必须在案件开始审理时,或在法庭辩论终结前提出,并说明理由。回避的审批程序是:院长担任审判长或独任审判员时的回避,由审判委员会决定；审判人员回避，由院长决定；其他人员的回避，由审判长或独任审判员决定。人民法院对当事人提出的回避申请，应当在申请提出的三日内，以口头或者书面形式作出决定。当事人提出申请到法院作出决定的期间，除案件需要采取的紧急措施外，被申请回避的人员，应暂时停止执行与本案有关的职务。当事人对法院作出的不回避的决定不服的，可以申请复议一次。人民法院对复议申请，应当在三日内作出复议决定，并通知复议申请人。复议期间不停止本案的审理；被申请回避的人员，不停止参与本案的工作。

第七章　当事人与诉讼代理人

第一节　当事人概述

一、当事人的概念

民事诉讼中的当事人,是指因民事权利义务发生争议,以自己的名义进行诉讼,要求法院对其与相对人的争议进行裁判的人。作为诉讼主体,当事人在诉讼中具有十分重要的地位,可以通过其诉讼行为直接导致诉讼程序的发生、变更和消灭。民事诉讼因当事人的起诉和应诉而开始,诉讼的整个过程也主要由当事人的诉讼行为推进。当事人的正确界定关系到法院管辖权、回避、当事人能力、当事人诉讼能力、诉讼费用的负担、判决效力的主观范围、强制执行等民事诉讼制度的构建。

拓展阅读:"当事人概念的发展变迁",请扫本节二维码学习。

当事人是指凡是以自己的名义起诉或者应诉,要求法院就其争议行使审判权作出裁判的人及其相对人。其本质特征是不以实体权利义务的归属定义当事人概念。按照这一概念,当事人的特征是:

(1) 以自己的名义进行诉讼。这是确定当事人的第一基准。如果某人以他人的名义进行诉讼,除非是获得授权的诉讼代理人,否则构成冒名诉讼,不符合诉的合法性要件。

(2) 以与他人发生民事权利义务争执为由。民事争议是当事人提起民事诉讼的动因,从原告来说,是因为同被告发生民事纠纷才提起诉讼,寻求司法救济的;就被告而言,也是基于同样的原因才应诉的。同时,存在对立当事人或称"两造对立原则"是当事人的显著特征。所谓一个人不能对自己提起诉讼。如果起诉时是对立的双方,在诉讼过程中双方因继承或合并而合二为一,诉讼就会归于消灭,也就无所谓当事人。

(3) 能够引起民事诉讼程序发生、变更或消灭,并承受程序结果。唯有当事人才能够引起民事诉讼程序的发生、变更或消灭。这一特征表明了当事人民事诉讼主体的地位。当事人以外的人,虽然也以自己的名义参加诉讼,但却不能引起诉讼程序作上述变动。根据任何人都要对自己的行为负责的道理,当事人要承受程序效力的约束,最主要的是承受法院的裁判结果。

当事人有广义和狭义之分。狭义的当事人专指原告和被告。原告是指为了保护民事权益或者解决与他人的民事争议,以自己的名义向法院提起诉讼,从而引起民事诉讼程序发生的人。被告是指被原告诉称侵犯其民事权益或与其发生民事权益争执,而由法院通知应诉的人。原告和被告是民事诉讼中最基本的当事人。民事诉讼制度主要是为了解决原、被告之间关于民事权利义务关系的争议而设置的。原、被告的对立关系,是民事诉讼构造的基本形态。广义的当事人包括原告和被告、共同诉讼人、诉讼代表人、第三人。共同诉讼人、诉讼代表人制度第三人制度,都是建立在原、被告对立结构的基础之上的复杂诉讼形态。

当事人在不同程序中有不同的称谓。在第一审程序中称为原告和被告,在第二审程序中称为上诉人和被上诉人;在审判监督程序中,适用第一审程序再审的,称为原审原告和原审被告;在特别程序中一般称为申请人;在执行程序中称为申请执行人和被执行人;等等。当事人的不同称谓,表明他所处于不同诉讼程序,以及因诉讼程序不同而具有的不同诉讼地位和诉讼权利义务。

二、当事人能力

当事人能力,是指能够成为民事诉讼当事人、享有民事诉讼权利和承担民事诉讼义务的法律上的资格,又称民事诉讼权利能力。当事人能力是抽象的作为民事诉讼当事人的资格。《民事诉讼法》第51条规定:"公民、法人和其他组织可以作为民事诉讼的当事人。"

> **拓展阅读:**"当事人能力与民事权利能力的关系",请扫本节二维码学习。

1. 自然人(公民)

《民事诉讼法》上的"公民"应该解释为自然人。因为,自然人的范围要宽于公民,包括具有中国国籍的人(公民)也包括不具有公民资格的外国人、无国籍人等。《民法典》在规定民事主体时,用"自然人"代替了"公民"。无论从民事诉讼主体不能窄于民事主体的角度,还是《民事诉讼法》对人效力范围的规定,都应该作如此解释。根据最高人民法院的司法解释,自然人作为诉讼当事人的情形还包括:①以业主身份作为当事人。公民成为个体工商户时,以营业执照上登记的业主为当事人。②以雇主身份作为当事人。个体工商户、农村承包经营户雇用的人员在进行雇用合同规定的生产经营活动中造成他人损害的,其雇主为当事人。③以直接责任人员的身份为当事人。法人或其他组织应登记而未登记即以法人或其他组织名义进行民事活动,或者他人冒用法人、其组织名义进行民事活动,或者法人或其他组织依法终止后仍以其名义进行民事活动的,以直接责任人员为当事人。

自然人的当事人能力始于出生、终于死亡。因此,胎儿和已故之人不能成为当事人。如果当事人的纠纷涉及胎儿或死者的利益,应当由胎儿的母亲或死者的继承人为当事人进行诉讼。如,我国继承法规定,继承发生时应当为胎儿保留其应得的遗产份额。如果继承人因遗产继承发生纠纷进行诉讼,涉及胎儿特留份额的利益之争,由其母亲为当事人进行诉讼。《民诉法解释》第69条规定,对侵害死者遗体、遗骨以及姓名、肖像、名誉、荣誉、隐私等行为提起诉讼的,死者的近亲属为当事人。

2. 法人

在现实生活中,大量的民事活动是由法人进行的,因此法人也是民事诉讼中常见的一种当事人。《民诉法解释》第53条规定,法人非依法设立的分支机构,或者虽依法设立,但没有领取营业执照的分支机构与他人发生争议进行诉讼的,以设立该分支机构的法人为当事人。

3. 其他组织

按照《民诉法解释》第 52 条,民诉法规定的其他组织是"指合法成立、有一定的组织机构和财产,但又不具备法人资格的组织"。按照这一解释,能够成为当事人的其他组织应同时具备以下三个条件:①合法成立;②有一定的组织机构;③有一定的财产。该解释罗列的其他组织包括:依法登记领取营业执照的个人独资企业;依法登记领取营业执照的合伙企业;依法登记领取我国营业执照的中外合作经营企业、外资企业;依法成立的社会团体的分支机构、代表机构;依法设立并领取营业执照的法人的分支机构;依法设立并领取营业执照的商业银行、政策性银行和非银行金融机构的分支机构;经依法登记领取营业执照的乡镇企业、街道企业;其他符合本条规定条件的组织。最高人民法院在《关于审理物业服务纠纷具体应用法律若干问题的解释》中,认可依法成立的、获得业主授权的业主委员会可以在物业管理纠纷中作为当事人进行诉讼。《民诉法解释》第 68 条规定,村民委员会或者村民小组与他人发生民事纠纷的,村民委员会或者有独立财产的村民小组为当事人。

法人和其他组织的当事人能力始于依法成立、终于其终止。

三、当事人适格

(一) 当事人适格的概念

当事人适格,是指在具体的诉讼中,作为本案当事人起诉或应诉的资格。适格的当事人,又称为正当当事人。在诉讼实务中,为了使诉讼程序发生实际效果,法院裁判能真正解决民事争议,都要求原告或被告是正当当事人。当事人适格是诉的合法性在实体审理阶段的要件。

当事人适格与当事人能力是两个不同的概念。当事人能力是抽象的作为诉讼当事人的资格,它与具体的诉讼无关。当事人能力的有无,取决于民事诉讼法的规定。当事人适格则是针对具体诉讼而言的,它所要解决的问题是特定的人在特定的诉讼中能否作为本案当事人。

(二) 当事人适格的认定

为了使诉讼能够在适格的当事人之间进行,同时也为了使法院的裁判有实际意义,需要用一定的标准来衡量起诉人和被诉人是否是本案的正当当事人。通常情况下,判断起诉者是否有诉的利益,是根据起诉人与其主张的诉讼标的之间有没有直接关系来判断的。例如甲起诉要求法院判决解除乙、丙之间的婚姻关系,由于甲与乙、丙之间的婚姻关系无关,其作为原告也无法解决乙、丙之间的纠纷,因此甲不是本案的适格当事人。因此,多数案件可以以当事人是否是发生争议的民事法律关系(本案的诉讼标的)的主体,作为判断当事人适格与否的标准。根据这一标准,凡民事权利或民事法律关系的主体,以该权利或法律关系为诉讼标的进行诉讼时,一般都是适格的当事人。

确认之诉中的适格当事人是对诉讼标的有确认利益的人。在消极的确认之诉中,原告要求法院确认他与被告之间不存在某种法律关系,因此,如果要求原告和被告是发生争执的法律关系的主体,则与这种诉讼的性质相悖。原告只需就诉讼标的有确认的利益,即不予确定会对其生产、生活和民事权益的确定发生不利影响,就可以成为适格的当事人;而被告只要是原告认为的对作为诉讼标的的法律关系是否存在发生分歧的人,就是适格的被告。当事人之间的纠纷经人民调解委员会或者其他依法设立的调解组织调解达成协议后,一方当事人不履行调解协议,另一方当事人向人民法院提起诉讼的,应以对方当事人为被告。

在法人或非法人组织未正式成立,或依法终止后,行为人以法人或非法人组织名义实施的行为与他人发生纠纷的,应以行为人为适格当事人。行为人没有代理权、超越代理权或者代理权终止后以被代理人名义进行民事活动的也是如此。《民诉法解释》第64条规定:企业法人解散的,依法清算并注销前,以该企业法人为当事人;未依法清算即被注销的,以该企业法人的股东、发起人或者出资人为当事人。

(三) 诉讼担当

在特殊情况下,非民事权利或民事法律关系主体基于诉讼担当也可以成为适格的当事人。所谓诉讼担当,是指与案件有利害关系的当事人因故不能参加或怠于参加诉讼,由第三人以自己的名义,代替当事人进行诉讼,判决效力及于被代位者的制度。

根据法律规定而获得代位当事人进行诉讼的资格的,属于法定的诉讼担当。主要有三种情形:一是法律规定的对他人财产行使管理权或处分权的人,如信托制度下的遗产管理人、遗嘱执行人、破产程序中的清算组织;二是因被代位者怠于行使诉权而妨害了其自身权利的实现的人,如债权人行使代位权、股东行使代位权等;三是法律规定的可以提起公益诉讼的主体,如我国《民事诉讼法》规定人民检察院有提起环境保护和消费者权益保护类公益诉讼的资格,《消费者权益保护法》规定消费者协会有提起消费者权益保护方面的公益诉讼的资格,《环境保护法》规定符合条件的环保组织由提起环境公益诉讼的资格。在域外法上,德、日、法、英等国法律赋予检察官提起公益诉讼的资格,美国反托拉斯法规定司法部反托拉斯局委员会有提起反垄断诉讼的资格,等等。

经当事人授权而获得代位当事人进行诉讼资格的,属于任意的诉讼担当。典型如诉讼代表人。2019年修订的《证券法》明确,投资者保护机构经一定数量的投资者授权,可在证券诉讼中作为代表人提起诉讼。最高人民法院《关于审理著作权民事纠纷案件适用法律若干问题的解释》第6条规定,依法成立的著作权集体管理组织,根据著作权人的书面授权,可以以自己的名义提起诉讼。

(四) 非适格当事人的更换

不适格的当事人之间不存在真正的民事权利义务争议。审理当事人不适格的案件不仅对当事人无益,而且因缺乏诉的合法性要件,将导致判决无效。因此,法院在受理诉讼后发现当事人不适格时,有必要在诉讼中更换当事人。

对于当事人是否适格的判断属于实体问题的审查判断,法院不能在审查起诉阶段就当事人适格与否作出判断,更不能以当事人不适格为由拒绝受理。在案件受理后,发现当事人可能不适格的,要在开庭阶段听取当事人对此问题的陈述、辩论后再作出判断,并保障当事人的异议权。如原告不适格,又拒绝退出诉讼的,法院应当判决驳回诉讼请求。如果被告不适格,应当更换被告,且无须新的被告同意。

当事人是诉的主体,当事人变更势必引起诉的变动。因此更换当事人后,诉讼应重新开始,原当事人的诉讼行为对新当事人不产生效力。

拓展阅读:"当事人错误问题的处理",请扫本节二维码学习。

四、当事人诉讼能力

诉讼能力又称诉讼行为能力,是指当事人亲自进行诉讼活动,以自己的行为行使诉讼权利和承担诉讼义务的法律上的能力。当事人具有诉讼能力是诉讼行为有效的必要条件。有当事人能力而无诉讼能力的人,虽然可以成为民事诉讼的当事人,但却不能自己有诉讼行为,需要诉讼代理人代为诉讼。

在公民作为诉讼当事人时,诉讼能力问题才具有实际意义。因为作为诉讼当事人的公民,可能并无诉讼能力。法人和其他组织的诉讼能力与当事人能力同时产生,不存在无诉讼能力的问题。公民的诉讼能力与民事行为能力有密切的联系,但两者的分类不尽相同。民事行为能力则采用三分法,分为完全民事行为能力、限制民事行为能力和无民事行为能力;而民事诉讼能力采用两分法,只有有诉讼能力和无诉讼能力之分。在民事诉讼中,具有完全民事行为能力的公民才具有诉讼能力,无民事行为能力和限制民事行为能力的公民均无诉讼能力。

法人作为当事人,由其法定代表人进行诉讼。法定代表人以依法登记的为准,一般指法人的正职负责人,如工厂的厂长、公司的董事长等,但法律另有规定的除外。依法不需要办理登记的法人,以其正职负责人为法定代表人;没有正职负责人的,以其主持工作的副职负责人为法定代表人。在诉讼中,法人的法定代表人变更的,由新的法定代表人继续进行诉讼,并应向人民法院提交新的法定代表人身份证明书。原法定代表人进行的诉讼行为有效。法定代表人更换不影响诉讼主体的同一性,因而原法定代表人更换前实施的诉讼行为对新法定代表人有效。

其他组织由其主要负责人进行诉讼。村民小组为当事人的,由村民小组的负责人即小组长进行诉讼。小组长以村民小组名义进行诉讼,应当参照《村民委员会组织法》规定的民主议定程序确定。

五、诉讼权利义务的承担

诉讼权利义务的承担,是指在诉讼进行中,由于特定事由的出现,一方当事人的诉讼权利义务由案外人承受继续进行诉讼的制度。当事人是因为民事实体权益发生纠纷而进行诉讼的,因此,在诉讼过程中,当事人的民事权利义务一旦发生了转移,诉讼权利义务也会随之发生转移。在实务中,引起诉讼权利义务承担的主要情形有:

（1）一方当事人死亡。在诉讼进行中，一方当事人死亡，由其继承人承担诉讼权利义务，作为当事人继续进行诉讼。但是，如果实体权利义务是专属于当事人的带有人身性质的权利义务，则不发生诉讼权利义务的承担。

（2）法人合并与分立。在诉讼过程中，法人发生合并或分立，由变更后的新的法人承担原法人的诉讼权利义务。

（3）法人解散、依法被撤销或宣告破产。在诉讼过程中，作为诉讼当事人的法人出现解散、依法被撤销或宣告破产情形时，要由清算组接管法人的财产，负责对法人的债权债务进行清理。因此，清算组应承担该法人的诉讼权利和诉讼义务，作为当事人继续诉讼。

出现诉讼权利义务承担的情形，诉讼程序是继续进行而不是重新开始。新当事人参加诉讼是继续原当事人未完成的诉讼。原当事人实施的诉讼行为和所经过的程序，对新当事人都有程序效力。

第二节　共同诉讼人

一、共同诉讼概述

共同诉讼是指当事人一方或双方为二人以上（包括二人）的诉讼形态，即诉讼的当事人为多数的情形。在多数当事人进行的诉讼中，有原告一方为二人以上的，有被告一方为二人以上的，也有原、被告双方均为二人以上的。原告方为二人以上的称为积极的共同诉讼；被告方为二人以上的称为消极的共同诉讼；原、被告均为二人以上的称为混合的共同诉讼。

共同诉讼是将多数当事人纳入同一诉讼程序进行诉讼。共同诉讼是典型的诉的合并形态，既有诉讼主体的合并，即数个共同诉讼人以相同的诉讼标的进行诉讼，也有诉讼主体与客体的双重合并，即共同诉讼人提起涉及不同主体的数个诉，在一个诉讼程序中一并解决。

设置共同诉讼制度的目的有两个：其一，将有共同法律关系基础的诉讼请求合并处理，可以全面查明案件事实、正确认定各当事人之间的权利义务关系，防止分别诉讼可能发生的错误判断或矛盾判决；其二，一次诉讼解决多个纠纷，实现诉讼经济。但多数人共同参加诉讼，相对于一对一的诉讼而言较为复杂，可能导致程序拖延。因此，能否成立共同诉讼需要考虑一定的条件。纵观两大法系共同诉讼的制度与学说，在是否可以成立共同诉讼合并审理及合并的强制程度上，有四个因素在综合发生作用：一是实体法规定，比如实体法关于共有、合伙、连带责任、不真正连带责任的规定，等等。二是司法政策或诉讼上妥当解决纠纷的考虑，主要包括便于查清事实、纠纷一次解决、防止矛盾判决、诉讼经济，等等。三是当事人处分权或程序选择权。四是法院裁量权。四因素不同的组合影响着具体诉讼中共同诉讼的形态，且各种形态诉的合并的强制性/任意性程度是不同的。通常情况下，实体法规定比较明确的，当事人选择和法院裁量的空间就比较小，诉的合并的强制性程度就比较高。最为极端的强制合并就是必要共同诉讼。如果法律没有禁止性规定，是否合并属于当事人处分权事项，那么当事人有更多程序选择权，法院也会有更多自由裁量权,即诉的合并的任意性就比较大。最为极端的任意合并就是普通的共同诉讼。在两极之间,还存在着许多强制/任意程度不同的合并形态。比如司法政策主导型的诉的合并,法院自由裁量权在决定是否合并上起主要作用,诉的合并的强制性也比较明显,但强度相对于法律有明确规定的情形要弱一些。按照四个要素相互之间的逻辑关联性的不同组合,以诉的合并必要性强度为标准,从强到弱可以分为四种共同诉讼。

(一) 固有的必要共同诉讼

固有的必要共同诉讼是根据实体法的规定,当事人争讼的法律关系为数个主体共同的权利或义务,即诉讼标的是共享的、同一的,比如当事人主张的是共享的管理权、实施权、处置权;如果要通过诉讼解决权利义务纠纷,必须共同实施诉讼行为,法院也必须合并审理,才能作出正确判断和确定,即有"合一确定"必要性的共同诉讼。应当共同参加诉讼的当事人缺席的,除该当事人明确表示放弃权利的外,法院应当依职权追加。被追加者经合法传唤不到庭的,法院可以缺席判决。此可谓法定的诉的合并。典型的是因共同共有、遗产继承、夫妻共同债务等纠纷形成的共同诉讼,属于强制合并的类型。

(二) 类似必要共同诉讼

也称为非固有必要共同诉讼,即当事人的诉讼标的是共同的,然共同诉讼人不必全体参加诉讼,但一旦共同起诉或共同应诉,裁判就必须对全体共同诉讼人合一确定的共同诉讼。典型如按份共有或按份责任纠纷诉讼、债权人代位诉讼、债权人撤销权诉讼、股东代位诉讼、撤销董事会决议诉讼,等等。只要当事人选择合并诉讼,法院就应当合并审理。换句话说,在是否采用共同诉讼形式上,当事人任意性比较强,而法院的裁量空间较为有限。

(三) 牵连关系共同诉讼

此种共同诉讼当事人争讼的法律关系不是共同的,但根据实体法的规定,当事人可以选择单独诉讼,也可以共同诉讼;一旦当事人选择了合并诉讼,法院就必须合并审理的共同诉讼类型。学者仍称之为"因法律或事实上的牵连关系而成的共同诉讼"。[①] 常见的可能成为牵连型必要共同诉讼的有连带责任、保证责任等诉讼。如根据我国《票据法》第68条的规定,汇票的出票人、背书人、承兑人和保证人对持票人承担连带责任。持票人可以不按照汇票债务人的先后顺序,对其中任何一人、数人或者全体行使追索权。随着德国学理上的"不真正连带责任"概念进入实定法,此类共同诉讼的范围变得越来越宽。如《民法典》第1250条规定,因第三人的过错致使动物造成他人损害的,被侵权人可以向动物饲养人或者管理人请求赔偿,也可以向第三人请求赔偿。动物饲养人或者管理人赔偿后,有权向第三人追偿。类似的还有《消费者权益保护法》第40条关于商品销售者、生产者对消费者权益损害承担赔偿责任的规定;第42条使用他人营业执照者与营业执照的持有人承担责任的规定;第43条展销会的举办者、柜台的出租者赔偿后,有权向销售者或者服务者追

[①] 章武生,段厚省:《必要共同诉讼的理论误区与制度重构》,《法律科学》2007年第1期;张永泉:《必要共同诉讼类型化及其理论基础》,《中国法学》2014年第1期。

偿的规定;第44条网络交易平台提供者与销售者或者服务者承担责任的规定。再如《旅游法》第71条关于组团社、地接社、履行辅助人责任承担的规定,等等。按照这些法律规定的责任承担规则,不同的责任人对受害人承担不同的赔偿责任,其间并非连带责任;但因法律规定任何一个责任人都有义务向受害人承担全部责任,承担责任后再向最终责任人追偿。[①] 表现在诉讼形态上,被侵权人既可以起诉其中一个责任人,也可以同时起诉所有可能承担责任的人。当事人同时起诉数个责任人时,由于数个责任人之间存在事实上或者法律上的牵连关系,法院需要在分清各责任人责任的基础上作出统一的裁判,因而有必要合并审理。此类诉讼实行诉的合并的正当性基础显然出于多元因素的综合作用:一是实体法的规定。二是当事人(主要是原告)的处分权或程序选择权起着至关重要的作用。因此,从当事人的角度说,诉的合并的任意性大于强制性。三是法院基于司法政策的考量,对此种类型的诉讼是鼓励诉的合并的,因为分别诉讼可能导致权利人多重受偿而破坏实体法的整体性;相反,合并审理有利于查清事实、避免矛盾判决,还有助于扩大诉讼解纷功能,实现一次诉讼整体确定各牵涉方的权利、义务或责任,还能节省司法资源,降低诉讼成本,提高诉讼效益,等等。四是对法院而言,此类共同诉讼是否合并审理的自由裁量权同时受到当事人选择与司法政策的约束,强制性大于任意性。《民诉法解释》规定的几种适用共同诉讼的情形也基于此等考虑。如第58条规定在劳务派遣期间,被派遣的工作人员因执行工作任务造成他人损害的,原则上以接受劳务派遣的用工单位为当事人。但当事人主张劳务派遣单位承担责任的,人民法院应当将该劳务派遣单位作为共同被告。第59条规定,个体工商户营业执照上登记的经营者与实际经营者不一致的,以登记的经营者和实际经营者为共同诉讼人。

(四)普通共同诉讼

也称非必要共同诉讼,即当事人诉讼的法律关系在实体法上是独立的,只是因为是同一种类,或基于同一事件发生的同类纠纷,当事人要求合并审理,法院也认为适合合并审理,因而形成的共同诉讼。无论对于当事人还是法院,普通共同诉讼诉的合并的任意性都很大,分开审理没有矛盾判决风险,合并审理却不一定有助于司法效率。因此,当事人需要权衡一起进行诉讼的利弊,法院也要斟酌合并审理是否反而增大纠纷解决难度、延宕诉讼等可能。类似这样的共同诉讼还有英美法上的交叉诉讼。[②]

我国《民事诉讼法》第55条只规定了必要共同诉讼与普通共同诉讼两种典型的共同诉讼类型。

二、必要共同诉讼

(一)必要共同诉讼的概念与特征

必要共同诉讼,是指当事人一方或者双方为二人以上,诉讼标的是共同的,法院必须

[①] 税兵:《不真正连带之债的实定法塑造》,《清华法学》2015年第5期。
[②] 所谓交叉诉讼,是指共同诉讼中的共同原告之一或者共同被告之一对同一方的其他共同诉讼人提出诉讼请求的情形。

合并审理并在裁判中对诉讼标的合一确定的诉讼。必要共同诉讼的本质特征在于，多数当事人之间的诉讼标的是共同的。这是必要共同诉讼的实体依据。必要共同诉讼主要有两种情形：

第一，共同诉讼人对于诉讼标的具有共同的、不可分割的利益。在这种情况下，形成的共同诉讼是不可分之诉，它要求由当事人全体对起诉请求的利益有共同管理权或处分权，必须共同实施诉讼行为，否则这一方当事人就不"适格"。这类诉讼包括（部分）共同共有诉讼，数人依法定或约定的任务必须共同行使职务进行的诉讼（如因遗产管理人有数人而产生的共同诉讼），以及形成权应由数人（或对数人）共同行使的诉讼（如债权人行使对其债务人与第三人订立合同的撤销权而提起的共同诉讼）等情形。

第二，基于同一原因事实而形成的共同诉讼。如共同继承人因被继承人死亡的法律事实获得继承权而共同起诉、被诉，共同侵权行为引起的侵权损害赔偿之诉、企业分立对分立前发生的债务分担而被共同起诉等。在司法实践中，这类共同诉讼比其他类型的共同诉讼更为常见。但是，基于同一法律事实引起的共同诉讼未必都是必要的共同诉讼，法官应根据具体情况决定，关键看当事人对诉讼标的是否具有共同的权利义务关系，是否必须共同进行诉讼才能正确确定各当事人的权利义务。

（三）必要共同诉讼人的追加

必要共同诉讼是不可分之诉，因此，只有全体共同诉讼人一同起诉或应诉当事人才适格，法院才能够以同一判决确定当事人之间的权利和义务。如果只有部分共同诉讼人起诉或应诉时，就需要追加当事人。对已经明确表示放弃实体权利的原告，可不予追加。追加当事人可以由人民法院依职权追加，也可以根据当事人的申请追加。人民法院追加当事人时，应通知其他已参加诉讼的共同诉讼人。对当事人的申请，人民法院审查后认为有理由的，应同意追加，以书面形式通知被追加的当事人参加诉讼；否则，以裁定驳回。

对被追加人不愿意参加诉讼的，人民法院应区分被追加人是原告还是被告分别作出处理。被追加的原告既不愿参加诉讼，又不放弃实体权利的，仍追加为共同原告，其不参加诉讼不影响人民法院对案件的审理和判决。被追加的被告不愿参加诉讼的，人民法院可以对其缺席判决。对必须到庭的被告，法院可以采用拘传方式强制其到庭参加诉讼。

（四）必要共同诉讼人的内部关系

必要共同诉讼人都是独立的诉讼主体，他们在诉讼中都要实施诉讼行为，这些行为不可能完全一致；另一方面，共同诉讼人对诉讼标的有共同的权利或义务，法院对诉讼标的须合一作出判决。由此便产生了如何对待共同诉讼人之间的行为，如何处理他们之间的内部关系的问题。有的国家民事诉讼法是依据有利原则来处理这一问题的，即依据诉讼行为对其他共同诉讼人是否有利来确定行为的效力。共同诉讼人中一人的行为有利于其他共同诉讼人，其效力及于全体共同诉讼人；否则，仅对其本人生效。我国民事诉讼法采用的是承认原则。按照《民事诉讼法》第55条第2款的规定，共同诉讼的一方当事人对诉讼标的有共同权利义务的，其中一人的诉讼行为经其他共同诉讼人承认的，对其他共同诉讼人发生效力。采用承认原则的理由是每一共同诉讼人都是独立的诉讼主体，都有权独立实施诉讼行为。从诉讼实践看，承认原则与有利原则的实际效果相差不大。因为必要的共同诉讼人之间具有共同的利害关系，一人的诉讼行为对其他共同诉讼人有利的，其他共同诉讼人一般都乐于承认；而一人的诉讼行为有损于其他共同诉讼人利益的，其他共同诉讼人一般都会拒绝承认。承认原则也存在着例外情形，共同诉讼人之一不服一审判决提出上诉时，不论其他共同诉讼人是否承认上诉行为，上诉的效力都及于全体共同诉讼人。

三、普通共同诉讼

（一）普通共同诉讼的概念与特征

普通共同诉讼，是指当事人一方或者双方为二人以上，其诉讼标的是同一种类，法院认为可以合并审理，当事人也同意合并审理的诉讼。

普通共同诉讼与必要共同诉讼的相同之处在于当事人均为二人以上，并且法院在一个诉讼程序中合并解决多数当事人之间的民事纠纷。但是，与必要共同诉讼相比，普通共同诉讼具有以下特征：

(1) 普通共同诉讼的诉讼标的是同一种类的，而必要共同诉讼的诉讼标的是同一的。这是普通共同诉讼与必要共同诉讼最主要的区别，也是普通共同诉讼的基本特征。

(2) 普通共同诉讼有数个诉讼标的，而必要共同诉讼只有一个诉讼标的。普通共同诉讼是将数个独立的、相同种类的诉讼标的合并在一起审理。必要共同诉讼无论当事人有多少人，只有一个诉讼标的。

(3) 普通共同诉讼是可分之诉，而必要共同诉讼是不可分之诉。普通共同诉讼是由数个同一种类的诉讼标的合成的，这些诉均具有独立性。即便合并审理，法院也要分别判决。必要共同诉讼的实质是诉的主体的合并而不是诉的客体合并，无法将诉分开来审理。

（二）普通共同诉讼的构成要件

构成普通共同诉讼，必须具备下列条件：

(1) 两个以上的当事人就同一种类诉讼标的的案件向同一法院起诉。同一种类的诉讼标的是指同一类型的民事法律关系，如甲、乙、丙三人均购买了丁电脑公司的电脑，后因质量问题向丁提起诉讼。这三个诉讼起因于三个独立的买卖合同关系，但它们是同一种类的民事法律关系，所以诉讼标的是同一种类的。反之，诉讼标的如果不是同一种类的，即使被告是同一个人，也不能构成普通共同诉讼。甲的一套房屋分租给乙、丙两人，依租赁合同对乙主张支付房租，依另一租赁合同对丙主张损害赔偿。这两个诉的诉讼标的就不是同一种类，不合适成立共同诉讼。再如，甲因房屋租赁合同纠纷向丙提起诉讼，乙因房屋买卖合同纠纷也向丙提出诉讼，也不能构成普通共同诉讼。

(2) 归同一法院管辖，适用同一诉讼程序。管辖权是法院合法行使审判权的前提，因此，只有当法院对诉讼标的为同一种类的数个诉讼均有管辖权时，才能够将它们合并审理。在归同一法院管辖的前提下，数个诉讼都适用同一种诉讼程序，才有可能构成普通共同诉讼。如果有的诉讼应适用简易程序，有的诉讼应适用普通程序，就不能将它们合并审理。

(3) 符合共同诉讼的目的。民事诉讼法主要是基于诉讼经济的考虑设立普通共同诉讼制度,如果合并审理不能够达到节约人力、物力和费用的目的,反而会导致程序的复杂化和诉讼延滞,法院不会觉得合并审理。

(4) 当事人同意合并审理。普通共同诉讼合并审理属于当事人处分权范围的事项,是当事人行使程序选择权的结果。如果当事人认为合并审理会有损自己的利益,他们就有权拒绝。法院不能依职权合并审理。

(三) 普通共同诉讼人之间的关系

普通共同诉讼是将数个诉讼标的为同一种类的相互独立的诉合并到一个诉讼程序中审理,但合并审理并未改变诉的独立性本质。由于各个诉是独立的,普通共同诉讼中每个共同诉讼人的行为也是独立的,他们虽然被合并在一个程序中进行诉讼,但实质上仍然是各打各的官司。因此,《民事诉讼法》第55条第2款规定:"对诉讼标的没有共同权利义务的,其中一人的诉讼行为对其他共同诉讼人不发生效力。"由于各个共同诉讼人的诉讼行为是独立的,所以他们每个人实施的诉讼行为,无论是有利的还是不利的,均对本人产生效力,而不会影响到其他共同诉讼人。例如,共同原告中一个放弃诉讼请求或撤回诉讼,并不会对其他共同诉讼人产生不利的影响。

但是,普通共同诉讼人诉讼行为的独立性也不是绝对的。作为例外,普通共同诉讼人实施的有利于自己的诉讼行为也可能会对其他共同诉讼人产生有利的影响。例如,甲、乙、丙三人分别对丁提起侵权赔偿诉讼,诉讼的理由是丁厂排出的废水污染了他们各自的鱼塘,造成塘里的鱼大量死亡。甲和乙均就鱼是遭废水污染而死提供了强有力的证据,由于甲、乙、丙三人的鱼塘相邻,都受到丁排出的废水污染,甲、乙提供的证据会有利于法院认定丙鱼塘里的鱼也是因受丁的污染而死亡。

第三节 诉讼代表人

一、诉讼代表人概述

群体诉讼是为解决多数人纠纷所设计的一种当事人诉讼制度。诉讼当事人一方或双方人数众多时,即使当事人间在法律或事实上有牵连关系,这个诉讼群体也并不构成一个固定的组织,所以无法将其视为一个法人实体来进行诉讼。又由于一个诉讼空间无法容纳这么多的诉讼主体,为了一并解决众多当事人与另一方当事人之间的利益冲突,达到诉讼经济的目的,各国采取了不同的制度模式。如美国的集团诉讼,是将人数不确定但各个人所具有同一事实或法律关系的当事者拟制为一个群体。群体中的一人或数人提起诉讼视为代表整个群体所提起,判决效力扩及群体中的每个个体,除非被代表的群体成员声明退出。再如日本和我国台湾地区的选定当事人诉讼,则是扩大原有共同诉讼制度的适用,通过当事人适格的扩张,在任意的诉讼担当理论基础上,由全体共同诉讼选出能够代表他们的当事人,委托授权选定的当事人进行诉讼。德国的团体诉讼,则将具有共同利益的众多法律主体提起诉讼的权利"信托"给具有公益性质的社会团体,由该社会团体提起符合其章程与设立目的的诉讼。判决是针对该团体及其被告作出的,有利判决的效力间接地惠及团体的成员,产生"事实上的既判力"。各国群体诉讼的解决机制是相似但又很不相同的。由于现代诉讼所面临的问题大同小异,各国群体诉讼制度有相互影响相互借鉴的趋势。

我国《民事诉讼法》第 56 条、第 57 条规定了代表人诉讼制度。它借鉴了美国、日本等国群体性诉讼的立法经验,同时又有自己的特点。《证券法》借鉴美国的集团诉讼"默示加入,明示退出"诉讼机制模式,设立了全新的证券纠纷诉讼代表人制度。该法第 95 条第 3 款规定,投资者保护机构经一定数量的投资者授权可以作为代表人参加诉讼,并为所有投资人向法院登记为当事人,但投资者明确表示不愿意参加该诉讼的除外。

(一) 诉讼代表人的概念与性质

诉讼代表人,是指由人数众多的一方当事人推选出来,代表该方当事人进行诉讼的人。我国的诉讼代表人制度是在吸收共同诉讼制度和诉讼代理制度的优点,结合两者长处的基础上建立的一项制度,因此兼具共同诉讼制度和诉讼代理制度的某些特征。首先,诉讼代表人所进行的诉讼符合共同诉讼的基本条件,通常是普通共同诉讼性质。如果所代表的当事人不能作为共同诉讼人,也就不能在诉讼中推选代表人代为实施诉讼行为。其次,诉讼具体由代表人进行而不是由全体当事人进行,这是诉讼代表人制度的显著特点,也是代表人诉讼与共同诉讼的重大区别。在代表人诉讼中,人数众多的一方当事人只要推选出了诉讼代表人,就可以脱离诉讼,将诉讼实施权完全交给诉讼代表人。此外,从诉讼行为的效力来说,诉讼代表人实施的诉讼行为,除法律另有规定外,其效力原则上及于全体当事人。

诉讼代表人制度采取了诉讼代理制度的运作机理,使众多诉讼主体的诉讼行为通过诉讼代表人集中实施,扩大了诉讼的容量,避免了因众多当事人直接参与诉讼所带来的诸多问题。诉讼代表人具有双重身份,一方面他是诉讼当事人,另一方面又是代理人。这是诉讼代表人的又一显著特征,也是诉讼代表人与单纯代理当事人实施诉讼行为的诉讼代理人的区别之所在:其一,诉讼代表人本身是本案的利害关系人,与本案的诉讼结果有直接的利害关系;诉讼代理人与本案则没有直接的利害关系。其二,代表人实施诉讼行为不仅是为了被代表的当事人,同时也是为了自己的利益。其三,诉讼代理人实施诉讼代理行为必须有被代理人的特别授权;诉讼代表人实施诉讼行为时,在当事人人数不确定的情况下,可由部分当事人推选,即部分当事人的授权,但其代表人诉讼行为的效力仍及于全体利害关系人。由于诉讼代表人本人也是当事人,所以他们与诉讼结果有直接利害关系,与被代表的当事人具有共同的利益诉求,这就决定了诉讼代表人在保护全体当事人共同利益的同时,也保护了自身的合法利益,同时也决定了诉讼后果要由诉讼代表人和被代表的当事人共同承担。这些特点,诉讼代理人是不具备的,他们与诉讼没有直接利害关系,也不承担诉讼后果。

(二) 诉讼代表人制度的作用

(1) 能够有效地处理群体性纠纷。在现代社会中,群体性纠纷日益增多,生产者、经营者实施的侵权或违约行为往往会造成数百人甚至成千上万人的人身或财产损害。在多数受害人分别提起的诉讼中,受害人与加害人之间的法律关系是同一种类,可以采用普通的共同诉讼将众多的原告合并到同一诉讼程序审理。但由于原告人数众多,诉讼无法有效进行。代表人诉讼正是为了适应解决群体性和大型化纠纷的需要而产生的。

(2) 有利于简化诉讼程序,实现诉讼经济。对群体性纠纷,如果让各原告人分别进行诉讼,当事人和法院都要为诉讼花费大量的人力、物力和时间,而且由于由不同法院分别审理,可能产生矛盾判决。通过代表人诉讼,既可以将各个诉讼合并到一个程序中审理,达到简化诉讼程序的效果,又可以防止法院作出互相冲突的裁判。

(三) 诉讼代表人种类

我国的代表人诉讼制度有人数确定代表人诉讼和起诉时人数不确定代表人诉讼两种情形。前者是指共同诉讼人的人数众多,在起诉时人数已确定的情形;后者是指起诉时共同诉讼人的人数众多,未来是否还有共同诉讼人提起诉讼不能确定的情形。

按照《民诉法解释》第 75 条的解释,《民事诉讼法》第 56 条、第 57 条和第 206 条规定的"人数众多",一般指 10 人以上。

二、诉讼代表人产生程序

按照《民诉法解释》第 76 条、第 77 条的规定,诉讼代表人产生的方式依次是:①选定。由向人民法院登记的那部分权利人选出诉讼代表人。同时规定,当事人一方人数众多在起诉时确定的,可以由全体当事人推选共同的代表人,也可以由部分当事人推选自己的代表人;推选不出代表人的当事人,在必要的共同诉讼中可以自己参加诉讼,在普通的共同诉讼中可以另行起诉。②商定。在权利人推选不出代表人时,由人民法院与权利人通过协商方式产生代表人。③指定。在协商不成的情况下,由人民法院在权利人中指定代表人。《证券法》规定的人数众多的证券民事诉讼中出现了新的产生方式。④部分当事人授权。部分当事人在向人民法院登记之前,依法授权特定机构为诉讼代表人。《证券法》第 95 条第 3 款规定,投资者保护机构受 50 名以上投资者委托,可以作为代表人参加诉讼,并经证券登记结算机构确认的权利人依照前款规定向人民法院登记。

诉讼代表人的基本条件是:①诉讼代表人应当是共同诉讼人或诉讼标的为同一种类的诉讼当事人。②诉讼代表人具有诉讼行为能力。③诉讼代表人具备与进行该诉讼相适应的能力,例如,具有一定的法律知识和文化水平。④能够善意地履行诉讼代表人的职责。

诉讼代表人的人数不可过多,人数太多有悖于设置代表人诉讼制度的本意。但代表人的人数也不宜太少,太少则不利于维护全体当事人的利益。根据《民诉法解释》第 78 条的规定,当事人可以推选 2 至 5 名诉讼代表人,每位代表人可以委托 1 至 2 位诉讼代理人。

代表人在诉讼的权限相当于未被授权处分实体权利的诉讼代理人。代表人在诉讼中实施诉讼行为或接受诉讼行为,原则上对被代表的全体当事人产生法律效力,但代表人在实施处分被代表的当事人的实体权利的行为时,如变更或放弃诉讼请求、撤回诉讼、与对方当事人达成和解或调解协议等,则必须取得被代表人的当事人同意。《民事诉讼法》对代表人的权利作上述限制,目的在于防止代表人滥用诉讼权利,保护被代表的当事人的权益。

代表人产生后,一般可以作为当事人进行诉讼至诉讼终结,但如出现特殊情况,则需更换代表人,特殊情况包括代表人死亡或丧失行为能力,代表人因不尽职责或与对方当事人恶意通谋,损害了被代表人利益,被代表人要求更换。在需要更换代表人时,人民法院应裁定中止诉讼,然后由法院召集全体被代表人,以推选、协商等方式重新确定诉讼代表人,新的代表人产生后,再恢复诉讼。

三、人数不确定的代表人诉讼的特殊程序

与人数确定的代表人诉讼相比,人数不确定的代表人诉讼有一系列特殊的问题,这些问题需要通过专门的程序解决。

(一) 公告

在人数不确定的代表人诉讼中,向法院提起诉讼的有时只是具有同种类法律上利益的人中的少数人。为了利用同一诉讼程序尽可能多地解决同种类纠纷,人民法院在受理案件后,可根据民事诉讼法的规定,发出公告,在公告中说明案件情况和诉讼请求,通知尚未起诉的权利人在规定期间内来法院登记。公告的方式包括在报纸、电视等媒体上发布,在当事人所在地区张贴公告等。公告的期限由法院视具体情况决定,但最少不得少于30日。

(二) 登记

登记是指人民法院对见到公告后前来参加诉讼的权利人进行登记。登记的目的是确定当事人的人数,以便为进一步的诉讼活动作好准备。除法律另有规定外,登记产生以下法律效果:其一,没有登记的权利人无权推选诉讼代表人,也不能被推选为诉讼代表人。其二,人民法院对本案的裁决对已经登记的权利人有拘束力,即人民法院对该诉讼所作出的判决、裁定对参加登记的权利人发生效力。《证券法》第95条的规定属于例外:经授权的投资者保护机构可以代为当事人登记。投资者不明确表示退出诉讼的,视为同意登记、成为当事人。

在公告期内,与已提起的诉讼具有同种类法律上利益的人可以去人民法院办理登记,表明愿意作为当事人参与诉讼。权利人向法院登记时,应提供初步证据证明自己与对方当事人的法律关系和所受到的损失,证明不了的,不予登记。权利人未在公告期内向人民法院登记,仅表明他不作为本次代表人诉讼的当事人,对其实体权利无任何不利影响。权利人虽去登记但因未提供相应证明而被拒绝登记的,实体权利也不受影响,他们都可以另行提起诉讼。

(三) 裁判效力

人民法院对人数不确定的代表人诉讼作出裁判后,裁判的拘束力仅及于参加登记的

全体权利人,对未参加登记的权利人无直接拘束力,但具有预决效力。未参加登记的权利人在诉讼时效期限内提起诉讼,法院认定其请求成立时,应裁定直接适用法院对代表人诉讼已作出的裁判,而无需另行作出裁判。直接适用已作出的裁判,既有利于实现诉讼经济,又可以防止裁判相抵触。

拓展阅读:"证券特别代表人诉讼规则",请扫二维码学习。

证券特别代表人诉讼规则

第四节　第三人

一、第三人制度价值

民事诉讼第三人制度,是在诉讼过程中,当事人以外的第三方参加到诉讼程序中来,形成一种三方结构的诉讼形态。

由于实体权利的相互性,一个诉讼中当事人争议的权利义务关系,如果与诉讼外第三人的权利有牵连关系,法院的判决就有可能对该第三人发生扩张,或者对其权利发生事实上的影响。民事诉讼第三人制度的目的,就是为这样的第三人提供事前保障的机会,即允许那些认为他人诉讼可能损害自己合法权益的第三人,以参加诉讼的方式及时主张权利,或者辅助一方当事人行使权利,以维护自己的利益。尽管在理论上第三人可以单独起诉维护自己的合法权益,但事后的救济显然不如参与到正在进行中的诉讼那样及时有效。尤其是在防止恶意诉讼方面,第三人参加诉讼有助于及时发现当事人虚构事实、伪造证据或恶意串通进行虚假诉讼的行为。此外,民事诉讼法确立第三人制度还希望发挥如下价值:

(1)一次诉讼解决多个纠纷,实现诉讼经济,提高诉讼效益。第三人参加诉讼能够使两个相互牵连的纠纷通过一次诉讼得到解决,即实质上解决了三方纠纷,避免分别进行诉讼可能的低效率和不经济。对于参加诉讼的第三人来说,本案诉讼程序对他发生"参加效",即第三人事后不得对法院就本案事实的判断提出相反主张,在一定程度上有预防纠纷的功用。

(2)防止矛盾裁判。在有独立请求权第三人参加之诉的场合,法院是在同时审理本诉和参加之诉两个有冲突的、竞争性的诉;在无独立请求权第三人参加之诉的场合,法院是同时处理两个有内在牵连的诉。与本诉与反诉的审理先后进行不同,本诉与参加之诉的审理是同步进行的,原被告之间、第三人对本诉当事人之间在举证质证、法庭辩论上合并展开,法院在充分考量三方诉讼资料的基础上合一判断,如此实现三方纠纷的统一解决。而第三人单独诉讼因管辖法院不同且缺少第三方信息,两个案件的裁判难免彼此冲突。

(3)有助于法院查清事实,分清是非,妥当处理民事纠纷。第三人参加诉讼,将对一个诉讼中有牵连关系的民事主体引进诉讼,为法院查明当事人争议的事实提供了另一条信息渠道,第三人提供的证据不仅指向其主张的案件事实,也能够与本诉当事人提供的证据相互印证,或作为相反的证据帮助法官识别当事人证据的真伪。

我国民事诉讼法规定了两种第三人:有独立请求权第三人和无独立请求权第三人。

二、有独立请求权的第三人

有独立请求权的第三人,是对本诉当事人的诉讼标的主张独立的诉讼请求而参加诉讼的人。《民事诉讼法》第59条第1款规定:"对当事人双方的诉讼标的,第三人认为有独立请求权的,有权提起诉讼。"根据该条规定,有独立请求权第三人参加诉讼应当符合下列条件:

1. 对本诉的诉讼标的主张独立的请求权

所谓"独立的请求权",是指针对诉讼标的提出既不同于本诉原告的诉讼请求,也不支持被告的反对主张或反诉请求权的自己的权利主张。表现为第三人针对本诉原告提出的诉讼请求主张相排斥的请求,同时否定被告的主张,认为自己对诉讼标的享有全部或部分实体权利。例如,甲、乙为房屋买卖合同发生诉讼,丙向法院主张房屋产权一部或全部归自己所有,本诉当事人不得进行处分。按照形式当事人原理,第三人提出独立的请求权是成立参加之诉的程序性要件,与提出者是否真正享有所主张的实体权利无关。因此,只要第三人对本诉的诉讼标的提出了独立的诉讼请求,就满足了作为有独立请求权的第三人的条件,法院既无需审查请求权能否成立,也不得以第三人不享有所主张的权利为由拒绝其参加诉讼。

《民事诉讼法》第59条第3款的立法目的在于防治虚假诉讼,赋予"非因自己的原因未参加诉讼者"提起第三人撤销之诉的资格,说明立法允许那些认为正在进行的诉讼当事人有恶意诉讼嫌疑,可能损害其合法权益的人,以第三人身份参加诉讼。因此,"独立的请求权"可以扩张解释为:认为本诉当事人的诉讼行为属于虚假诉讼,可能损害自己合法权益的主张。

2. 本诉的诉讼程序正在进行中

这是有独立请求权第三人参加诉讼时间方面的条件,指第三人欲参加的诉讼已经开始而尚未终结,具体是指法院受理诉讼后作出裁判前。第三人一般应在第一审程序中参加诉讼。作为例外,法院也可以允许第三人直接在第二审程序中参加诉讼,但考虑到两审终审制下当事人的审级利益,二审法院对这类诉讼经调解达不成协议的,原则上应裁定发回重审。

3. 第三人应以起诉的方式参加

这包含两层意思:一是有独立请求权的第三人在诉讼的诉讼地位相当于原告。所谓"相当于"原告,是指他并不是加入本诉原告一方进行诉讼,而是在参加之诉中居于原告的身份。他既反对本诉中原告的主张,又反对被告的主张,认为他们的主张均侵犯了自己的合法权益,因而将他们置于被告的地位。二是有独立请求权的第三人参加诉讼的方式提起诉讼,因此要履行与原告相同的手续,如提交起诉状、预交诉讼费用等。其所提起的诉也必须符合民事诉讼法关于起诉条件的规定,才能成立参加之诉。

三、无独立请求权第三人

无独立请求权第三人,是指对正在进行的诉讼的诉讼标的没有独立请求权,但因裁判结果与他可能具有法律上的利害关系,而参加诉讼的人。

《民事诉讼法》第59条第2款规定:"对当事人双方的诉讼标的,第三人虽然没有独立请求权,但案件处理结果同他有法律上的利害关系的,可以申请参加诉讼,或者由人民法院通知他参加诉讼。人民法院判决承担民事责任的第三人,有当事人的诉讼权利义务。"从该条规定的字面意思和诉讼实践样态,学理上以案件处理结果与第三人可能存在的利害关系性质不同为标准,把无独立请求权第三人划分为两种类型:一种是法院可能直接判决其承担民事责任的被告型无独立请求权第三人,简称"被告型第三人";另一种是案件处理结果对其实体权利有预决效力,为维护自身利益而辅助本诉一方当事人进行诉讼,法院不能直接判决其承担民事责任的无独立请求权第三人,简称"辅助型第三人"。

(一) 被告型第三人

被告型第三人具有当事人的诉讼地位,但他不是加入本诉被告与之共同进行诉讼,而是作为被告的被告参加诉讼的。被告型第三人参加诉讼,使得法院审理的对象增加了一个诉,即本诉被告与第三人之间的诉。被告型第三人的制度功能侧重于一次性解决多个纠纷,节省当事人诉讼成本和司法资源。这在解决所谓"连环纠纷"方面具有显著的优势。

由于被告型第三人是当事人,因此享有包括上诉权等在内的当事人权利。但由于是参加之诉的当事人,因此没有管辖异议权。依照《民事诉讼法》第59条第2款的规定,第三人参加诉讼的方式可以是主动申请参加,也可以由法院依职权通知参加。但在被告型第三人情形,因为是可能被直接判令承担责任的一方,因此通常是被动应诉。实践中,多为当事人一方向法院申请追加,法院认为适合追加为第三人的,通知第三人参加。

(二) 辅助型第三人

辅助型第三人参加诉讼,是为了避免一方当事人败诉影响自身的权益,而辅助该方当事人进行诉讼,以维护自己的民事利益。他并未向法院提出任何诉讼请求,不具有当事人的诉讼地位。法院对本诉作出的判决,不对该第三人发生既判力。理论上讲,受当事人之间判决的反射效力影响的案外第三人,都有可能作为辅助型第三人参加诉讼。但是否参加,由当事人和该第三人自主决定。通常情况下,以第三人申请参加诉讼的方式参加。常见的辅助型第三人参加诉讼的情形如担保人申请参加主合同当事人纠纷案件的诉讼程序。

辅助型第三人的诉讼地位既有从属性的一面,又有独立性的一面。该第三人是参加一方当事人进行诉讼,参加诉讼的目的是为了帮助被参加的一方赢得诉讼,因而不得实施与参加人地位和参加目的相悖的诉讼行为,如不得提出管辖异议和反诉,无权放弃诉讼请求、与对方和解,不得作出自认或承认对方诉讼请求。但另一方面,该第三人既然参加到诉讼中来,就应该获得基本的程序保障,享有独立的诉讼实施权,如有权委托代理人进行诉讼,有陈述权、举证质证权、辩论权和必要的异议权等。

根据程序保障与程序效力原理,辅助型第三人参加诉讼的,本诉程序对他发生"参加效力"。大陆法系学理上的参加效,是指辅助第三人在与其所辅助的当事人之间的后诉中,不得主张前诉程序不当,不得针对前诉程序中所辅助的当事人的诉讼行为进行攻击防御;但当事人因故意或重大过失不用攻击或防御方法者除外。

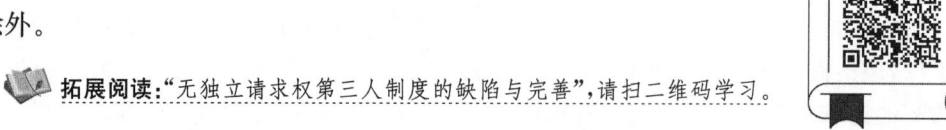

拓展阅读:"无独立请求权第三人制度的缺陷与完善",请扫二维码学习。

无独立请求权第三人制度的缺陷与完善

四、第三人与必要共同诉讼人的识别与确定

第三人参加诉讼与必要共同诉讼一样,也是诉的合并。第三人参加诉讼形成与共同诉讼完全不同的诉讼形态,在诉讼结构、诉讼标的、相互关系上均有明显区别。

(1) 第三人参加他人之间的诉讼,形成一种三方诉讼结构。除辅助型第三人外,第三人与本诉当事人一方或双方存在对立的诉讼关系,诉讼法律关系呈现出有三方当事人的多边结构。第三人是相对于本诉的当事人的独立的诉讼主体。有独立请求权的第三人虽然在提起诉讼时将本诉的双方当事人均作为被告,但本诉的原告与被告在参加之诉中并非共同诉讼人,因为他们对诉讼标的主张对立的而不是共同的利益。而共同诉讼,无论共同诉讼人的人数是多少,只有"原告-被告"两造对立结构。尽管共同诉讼人之间可能有责任份额分担或追偿的可能,但对于对方当事人而言,这种相互关系是共同诉讼人的内部关系,他不必关心,也不能作为诉讼请求要求法院处理。

(2) 第三人的诉讼地位因性质不同而不同。有独立请求权第三人具有原告的诉讼地位,被告型第三人则是被告的诉讼地位,而辅助型第三人不是当事人,其诉讼地位是诉讼参与人。共同诉讼人首先都是当事人,与其他共同诉讼人是相同的诉讼地位,或者都是原告,或者都是被告,共同与对方进行对抗。诉讼地位不同,相应的诉讼权利与诉讼义务也不同。

(3) 争议的对象不同。有独立请求权第三人与本诉的原告、被告都有争议。被告型无独立请求权第三人与本诉被告有争议。而辅助第三人不与任何一方发生争议,仅仅是辅助一方当事人进行诉讼。共同诉讼人是"一致对外",与对方发生争议。

(4) 诉的合并性质不同。第三人参加之诉,无论是有独立请求权第三人还是被告型无独立请求权第三人,都是数个诉的合并。必要共同诉讼仅是诉讼主体的合并,所有共同诉讼人共享一个诉讼标的。必要共同诉讼是不可分之诉,而第三人参加之诉是可分之诉。

(5) 参加诉讼的方式不同。有独立请求权第三人以起诉的方式参加诉讼。被告型无独立请求权第三人以被诉的方式参加诉讼。辅助型第三人以申请方式参加诉讼。必要共同诉讼人要么在起诉时与其他共同诉讼人一起起诉、被诉,要么在诉讼开始后被追加进入诉讼。

上述分析表明,第三人与必要共同诉讼人在学理上是可以清楚地划分的,各自的制度边界是清晰的。但由于民事活动的复杂性和实体法关于法律责任承担的多元化,诉讼实践中,在诉讼系属之后才进入诉讼的当事人究竟以第三人身份参加,还是加入一方当事人成为共同诉讼人,并不总是一定的,需要结合个案诉讼程序情况,通过诉讼标的的识别进行

明确。如当事人为继承发生纠纷,诉讼系属后,另一继承人要求加入诉讼,其提出的主张既不同于原告,也不同于被告,法院应当将其列为共同诉讼人还是第三人?此问题的解决不能抽离加入诉讼者所提出的诉讼请求及其法律理由泛泛地得出结论,需要考察加入者的诉讼标的与本诉诉讼标的的关系予以确定。如果其诉讼请求的"质"(即所依据的法律关系)与本诉诉讼标的是同一的,只是在诉讼请求的"量"(即具体权益要求)上有不同意见,那么就是本诉的共同诉讼人。比如在继承纠纷中,如果后加入者与本诉当事人一样以法定继承为由主张继承权,只是就如何分配遗产、每个继承人应得的份额有不同于原、被告的意见,那么就是诉讼请求"量"的差异,诉讼标的是同一的,应该作为原告的共同诉讼人身份加入进来。如果后加入者主张的是遗嘱继承,以此反对原、被告之间法定继承的主张,由于其权利主张所依据的法律理由与本诉当事人的理由不同,是提出了一个全新的诉讼标的,属于提出了独立的请求权,应该以有独立请求权第三人的身份参加诉讼。

可见,后加入诉讼者的诉讼地位不是从其加入的方式来决定的,关键在于其诉讼标的与本诉诉讼标的的关系,也即取决于当事人或加入者如何提出主张。这实际上是当事人/第三人实体处分权和程序选择权双重性质的问题。理论上说,因牵连关系而合并的两个诉,都有可能因当事人主张方式的不同,而出现共同诉讼或第三人参加诉讼的不同情形。比如,因挂靠形式从事民事活动发生的纠纷,当事人可以仅起诉挂靠人或被挂靠人承担民事责任,也可以同时以挂靠人和被挂靠人为共同被告提起诉讼;还可以在起诉挂靠人后,挂靠人认为应该由被挂靠人承担责任的,请求法院追加后者为第三人;被挂靠人也可以申请作为第三人参加诉讼。类似的还有企业分立、借贷保证、债权人行使撤销权、债权转让、无权代理等引发的纠纷案件。当然,法院在确定后加入者的诉讼地位时也有一定的裁量权。法院可以在比较两种制度不同价值与比较优势的基础上,综合考虑后来者是否适合和以什么诉讼地位加入诉讼。但起主导作用的,应当是当事人的处分权与程序选择权。如《劳动争议解释》第11条规定,"用人单位招用尚未解除劳动合同的劳动者,原用人单位与劳动者发生的劳动争议,可以列新的用人单位为第三人。原用人单位以新的用人单位侵权为由向人民法院起诉的,可以列劳动者为第三人。原用人单位以新的用人单位和劳动者共同侵权为由向人民法院起诉的,新的用人单位和劳动者列为共同被告。"

第五节 诉讼代理人

一、诉讼代理人概述

民事诉讼代理人,是指依据法律的规定或者当事人的授权,在民事诉讼中为当事人的利益代当事人进行诉讼活动的人。

(一)诉讼代理人的特征

(1)以被代理人的名义实施诉讼行为。这是诉讼代理人的身份所决定的。民事诉讼发生在双方当事人之间,诉讼代理人参与诉讼的目的是为了维护所代理的当事人的利益,是帮助当事人进行诉讼。另一方面,诉讼的后果要由当事人承担,而法律后果须和名义保持一致性。所以,诉讼代理人只能以被代理的当事人的名义实施诉讼行为。

(2) 在代理权限范围内实施诉讼行为。代理人进行诉讼活动的权利来自代理权,而代理权来源于法律的规定或当事人的授权。诉讼代理人的行为受到代理权限的限制,只能在代理权限范围内实施诉讼行为,超越代理权限范围,代理行为便成为无效的行为,不能产生诉讼上的效果。

(3) 诉讼代理行为的法律后果由被代理人承担。代理人是替被代理的当事人进行诉讼,并且是在代理权限范围内以当事人的名义实施诉讼行为,因而代理行为的后果显然应归属于被代理人。代理的后果既可能因代理人的积极行为而产生,又可能因代理人的消极行为而产生,代理的法律后果既包括程序性后果,又包括实体性后果。如诉讼代理人申请回避而导致人民法院作出回避决定,系积极行为产生的程序性后果;诉讼代理人对对方当事人主张的事实未表示反对,致使人民法院认定该事实并判决被代理人承担某种义务,系消极行为产生的实体性后果。诉讼代理人的行为只要是在代理权限内,无论其为积极还是消极,也无论其法律后果是否有利于被代理人,均应当由被代理人承担。

(二) 诉讼代理的作用

诉讼代理是民事诉讼中一项不可或缺的制度,其作用表现在以下三个方面:

(1) 保证了民事诉讼的正常进行。无民事行为能力人和限制民事行为能力人无诉讼能力,但作为民事主体,他们难免要与他人发生民事纠纷,需要起诉或应诉。如果没有诉讼代理制度,无诉讼行为能力人的诉讼就无法进行。

(2) 有助于保护诉讼当事人的合法权益。随着我国社会逐步走向法治化,国家颁布的法律、法规越来越复杂,尤其是那些知识产权方面、金融方面的新型案件,既涉及技术、经济上的专业知识,又涉及法律的专门性问题。进行诉讼还需要掌握程序法方面的知识和技巧,一般的诉讼当事人往往不具备法律方面的专业知识和诉讼的技能。另一方面,我国的民事审判方式已由过去的职权主义转为具有较多当事人主义因素的辩论式诉讼。在辩论式诉讼中,当事人的地位虽然提高了,但他们在诉讼中的责任也加重了,如果不能及时地、有效地实施诉讼行为,就很有可能为此而承担不利的诉讼结果。因此对当事人来说,寻求诉讼代理人的帮助,尤其是具有法律专业知识、熟悉诉讼程序和技能的律师的帮助是极为重要的。诉讼代理制度的存在满足了那些需要寻求帮助的当事人的需要,有效地维护了他们的合法权益。

(3) 有利于人民法院正确处理诉讼。在实务中,多数案件的诉讼代理人是由律师担任的。律师熟谙程序规则和相关的实体法,由律师作为诉讼代理人,既能够向审判人员提供有价值的法律意见,又能够使诉讼程序合法、有序地向前发展。

民事诉讼法规定了法定诉讼代理人和委托诉讼代理人两类代理人。

二、法定诉讼代理人

法定诉讼代理人,是指根据法律规定代理无诉讼行为能力的当事人实施诉讼行为的人。

法定诉讼代理人主要是为无诉讼行为能力的当事人设立的,因此法定诉讼代理人的范围一般与监护人的范围一致。《民事诉讼法》第 60 条规定:"无诉讼行为能力人由他的监护人作为法定代理人代为诉讼。"当出现监护人之间发生推诿,或者当事人以监护人为被告的,以及诉讼发生前监护人尚未确定的情况时,可由有监护资格的人协商确定;协商不成的,由人民法院在他们之中指定诉讼代理人。当事人如果没有符合法律规定的监护人的,人民法院可以依照《民法典》的规定指定有监护职责的组织担任诉讼期间的法定代理人。

法定诉讼代理人作为诉讼代理人既与当事人的意志无关,也不取决于代理人本人的意愿,而是由于法律的规定。法定诉讼代理人是代理无民事行为能力或限制民事行为能力的当事人进行诉讼,这样的当事人因年龄或精神方面的原因通常不出庭参加诉讼,即使出庭也因为欠缺诉讼能力而不得实施诉讼行为。因此,为了充分发挥诉讼代理人的作用,也为了使诉讼能够顺利地进行,同时有效地保护被监护人的合法权益,让法定诉讼代理人处于与当事人类似的地位,使他们享有包括处分被代理人的实体权利在内的广泛的诉讼权利是必要的。

法定诉讼代理人的诉讼代理权来源于他监护人的身份,是监护权的内容之一。因此,法定诉讼代理权的取得依赖于监护权的取得。被监护人的民事争议发生前,诉讼代理权便存在于监护权之中,发生争议需要进行诉讼时,监护人即可行使此权利。法定诉讼代理人的代理权因监护权的消灭而消灭。根据民法的有关规定,引起监护权消灭的情形包括:①被监护人取得或恢复民事行为能力;②监护人死亡或丧失民事行为能力;③因离婚或解除收养关系监护人失去监护权。

法定诉讼代理人的代理权的发生有两种情况:一种是诉讼发生前便存在,在多数情况下无民事行为能力人和限制行为能力人的监护人早在诉讼发生前就已确定好,因此诉讼发生前代理权便存在;另一种是诉讼发生后才存在,被人民法院指定代理诉讼的监护人便是受指定后才取得诉讼代理权。

法定诉讼代理人虽然具有类似于当事人的诉讼权利,但他们与当事人仍然是存在区别的。例如,他们必须以当事人的名义进行诉讼,人民法院裁判针对当事人而不是他们作出,法定诉讼代理人在诉讼过程中死亡或丧失行为能力,人民法院可另行指定监护人代理诉讼而不必终结诉讼。

诉讼代理权的有无直接关系到代理人诉讼行为的效力,因此人民法院在进入实体审理前就需要对代理人调查核实。当发生疑问时,人民法院还要求代理人进行证明。法定诉讼代理人的身份可以用户口簿,居民委员会、村民委员会的指定文书或证明,以及人民法院的裁决来证明。代理诉讼的监护人在诉讼进行过程中如失去了监护权,应及时把这一情况告知人民法院,并退出诉讼,但在被监护人死亡的情况下,如法定诉讼代理人不知其死亡继续实施诉讼行为,则应当认为诉讼行为依然有效,如果为了被监护人的继承人的利益需要继续进行诉讼的,也应当允许原来的法定诉讼代理人继续进行诉讼。

三、委托诉讼代理人

(一) 委托诉讼代理人的概念与特征

委托诉讼代理人,是指受诉讼当事人或法定代理人的委托,以当事人的名义代为诉讼行为的人。民事诉讼中的委托代理人具有不同于法定代理人的一些特点:第一,代理权来源不同。委托诉讼代理人的代理权来源于当事人或其法定代理人的授权委托行为,而法定诉讼代理人的代理权来源于法律的直接规定。第二,代理权限不同。委托诉讼代理人代理权的大小取决于当事人、法定代理人的授权委托,因而不同的诉讼代理人有代理权大小之别,法定诉讼代理人都具有相当于当事人的诉讼权利,他们之间的代理权限是相同的,无大小之别。第三,证明代理权的方式不同。委托诉讼代理人证明其代理权的方式是向人民法院提交由被代理人签署的授权委托书,法定诉讼代理人证明代理权的方式则是出具证明其为监护人身份的证件或文书。在诉讼实务中,委托诉讼代理人通常由律师担任,而法定诉讼代理人则通常由被监护人的父母、配偶及其他近亲属担任。

(二) 委托诉讼代理人范围

委托诉讼代理人的范围涉及的是哪些人可以接受委托代理民事诉讼的问题。为了保护被代理人的利益和保证诉讼的顺利进行,各国法律对诉讼代理人的资格均有限制。归结起来,有两种立法模式:一种是采用律师强制主义或原则上采用律师强制主义。如《日本民事诉讼法》第79条对诉讼代理人的资格专门作了规定,即"除根据法令可以做裁判上行为的代理人外,非律师不可以作为诉讼代理人。但在简易法院经过准许,可以由非律师做诉讼代理"。另一种是对诉讼代理人规定了相当宽的范围,律师和非律师均可以作为委托诉讼代理人。我国采用的是后一种立法模式,对诉讼代理人的范围规定得相当广泛。依据《民事诉讼法》第61条的规定,委托诉讼代理人包括:

(1) 律师。律师是为社会提供法律服务的执业人员。律师执业须取得律师资格和执业证书。接受民事案件当事人的委托,作为代理人参加诉讼,是律师业务之一,也是律师为社会提供法律服务的一种主要方式。

(2) 当事人的近亲属或者工作人员。与当事人有夫妻、直系血亲、三代以内旁系血亲、近姻亲关系以及其他有抚养、赡养关系的亲属,可以当事人近亲属的名义作为诉讼代理人。

(3) 当事人所在社区、单位以及有关社会团体推荐的公民。为了规范公民代理行为,《民诉法解释》对当事人委托公民代理诉讼规定了具体的条件与程序。其一,与当事人有合法劳动人事关系的职工,可以当事人工作人员的名义作为诉讼代理人。其二,有关社会团体推荐公民担任诉讼代理人的,应当符合下列条件:①社会团体属于依法登记设立或者依法免予登记设立的非营利性法人组织;②被代理人属于该社会团体的成员,或者当事人一方住所地位于该社会团体的活动地域;③代理事务属于该社会团体章程载明的业务范围;④被推荐的公民是该社会团体的负责人或者与该社会团体有合法劳动人事关系的工作人员。专利代理人经中华全国专利代理人协会推荐,可以在专利纠纷案件中担任诉讼代理人。其三，公民接受委托成为诉讼代理人，应当向法院提供相关证明文件，包括身份证件、推荐材料和当事人属于该社区、单位的证明材料等。

对当事人可以委托多少诉讼代理人，多数国家在民事诉讼法中未作限制性规定，由当事人根据案件的具体情况和自己的财力来决定。我国《民事诉讼法》第61条对代理人的人数作了限定，规定当事人、法定代理人可以委托1至2人作为诉讼代理人。如委托2人作为诉讼代理人，各自的代理事项和代理权限应当在授权委托书中分别载明。

为了保护委托人的利益，法律禁止委托诉讼代理人同时接受对立双方当事人的委托代理进行诉讼。但代理人能否同时代理共同诉讼中一方数个当事人进行诉讼则是一个有争议的问题。我们认为，这取决于数个共同诉讼人之间的利益是否存在冲突。如果存在现实的或潜在的冲突，就不得由一位代理人同时代理他们进行诉讼。如在共同侵权的诉讼中，诉讼代理人就不得代理两个或两个以上的被告人，因为尽管在反对原告上共同被告的利益具有一致性，但在侵权责任大小问题上共同被告之间是存在利益冲突的。如果共同诉讼人之间不存在利益冲突，则应当允许诉讼代理人代理数位共同诉讼人进行诉讼。

（三）委托诉讼代理人的代理权限

委托诉讼代理人的代理权产生于当事人、法定代理人的授权委托行为。从形式上看，民事诉讼中的授权委托不同于民法中的授权委托，民法中的委托代理除法律规定用书面形式的外，可以用书面形式，也可以用口头形式。为了保证授权行为的确定性和代理权限的明晰性，民事诉讼法规定授权委托必须以书面方式进行，即"委托他人代为诉讼，必须向人民法院提交由委托人签名或盖章的授权委托书"。

委托诉讼代理人代理权限的大小，取决于被代理人的授权，包括一般授权与特别授权两种情形。当事人在民事诉讼中的权利大体可分为两大类：一类是纯程序性质的或者与实体权利关系不那么密切的诉讼权利，如申请回避、提出管辖权异议、申请复议、陈述案情、提供证据、进行质证和辩论等；另一类是实体权利或与实体权利紧密相关的诉讼权利，如代为承认、变更、放弃诉讼请求，进行和解，提起反诉或者上诉。这两类权利在性质上有很大区别。当事人在授予代理权时，可以只授予第一类权利而保留第二类权利，也可以在授予第一类权利的同时，将第二类权利中的部分或全部授予诉讼代理人。

第二类权利对当事人的利益关系重大，因此民事诉讼法对这类权利持特别慎重的态度，明确规定诉讼代理人除非经过委托人的特别授权，不得在诉讼中实施这类行为。对需要特别授权的事项，当事人在授权委托书中必须一一写明，有的当事人为图方便省事，在授权委托书代理权限一项中只概括地写上"全权代理"。对这种不规范的授权，《民诉法解释》第89条明确规定："授权委托书仅写'全权代理'而无具体授权的，诉讼代理人无权代为承认、放弃、变更诉讼请求，进行和解，提出反诉或者提起上诉。"此外，如果当事人在授权委托书中没有写明代理人在执行程序中有代理权及具体的代理事项，代理人的代理权仅限于第一审或第二审程序，在执行程序中没有代理权，不能代理当事人直接领取或者处分标的物。

(四) 委托诉讼代理人的诉讼地位

委托诉讼代理人在诉讼中的地位是帮助当事人进行诉讼的诉讼参加人。当事人委托诉讼代理人后,本人可以出庭参加诉讼,也可以不再出庭。有不少当事人之所以委托代理人进行诉讼,就是为了使自己能够从诉讼中解脱出来,因此允许当事人不再参加诉讼是合理的。但离婚诉讼是例外。这类诉讼涉及夫妻的感情是否破裂和哪一方更适合抚养子女等唯有当事人才能说得清楚的问题。尤其是对离与不离的问题,由诉讼代理人表达意见是不合适的。此外,人民法院对离婚诉讼通常要进行调解,当事人本人如不出庭参加诉讼,调解就无从进行。因此,《民事诉讼法》第65条对离婚诉讼的代理问题作了特别规定:委托了诉讼代理人的离婚诉讼的当事人,本人除不能表达意志的外,仍应当出庭参加诉讼。确因特殊情况无法出庭的,必须向人民法院提交书面意见。

(五) 委托诉讼代理权的变更与消灭

委托代理关系在诉讼过程中可能会发生变化,由于这样或者那样的原因,诉讼代理人可能会辞去委托,委托人也可能变更代理权限的范围或者取消委托。是否变更代理权,是当事人的权利,可以由当事人单方面作出决定,但当事人在作出变更或解除代理权的决定后,必须用书面形式告知人民法院,并由人民法院通知对方当事人。诉讼代理人在代理权变更或解除前实施的诉讼行为,其效力不受代理权变更或解除的影响。

委托诉讼代理权因下列原因之一而消灭:

(1) 诉讼结束。当事人是针对特定的审级委托代理人进行诉讼的,因而代理人的任务仅限于该审级。该审级终结,代理权便因诉讼任务的完成而消灭。如当事人委托代理人代理某一案件的第一审诉讼,代理权在第一审终结时便消灭。案件进入第二审后,当事人如要原来的诉讼代理人继续代理,须另行授权委托。

(2) 代理人死亡或者丧失诉讼行为能力。

(3) 代理人辞去委托或被代理人取消委托。辞去委托和取消委托均是单方的行为,无需征得对方同意。代理人辞去委托应及时通知被代理人,以便被代理人重新委托代理人或自己参加诉讼。在新代理人或当事人本人接替诉讼之前,对具有紧迫性的诉讼行为,诉讼代理人为了当事人的利益应当继续实施代理行为。

诉讼制度篇

第八章 民事诉讼管辖

第一节 管辖制度概述

一、管辖权的概念与意义

民事诉讼中的管辖，是指各级法院之间和同级法院之间受理第一审民事案件的分工和权限。

比较：主管与管辖是民事诉讼中具有密切联系的两个概念。主管先于管辖发生，它是确定管辖的前提与基础。主管划定了民事审判权作用的范围，解决了哪些纠纷可以作为民事诉讼案件适用民事诉讼程序处理。管辖则是对属于民事诉讼主管的案件，就法院审判权的具体落实，即特定案件确定具体由哪个法院行使审判权。如果说主管决定了特定案件是否适用民事诉讼法处理，那么管辖权决定了特定法院可以对某一案件行使审判权的资格或权能。[1]

管辖权是审判权的合法性基础，有管辖权才有审判权。从司法权整体的角度而言，任何一个依法成立的法院都拥有宪法授予的审判权。但落实到具体案件上，则需要明确应当由哪一个法院来行使对该案的审判权。而管辖就是在各个法院之间分配审判权的制度。在英美法上，管辖权与审判权是一个词："Jurisdiction"。在国际民事诉讼层面，由于司法权是国家主权的重要组成部分，对某个案件有无管辖权，是由一国司法主权范围决定的。主权原则决定了任何一个国家不能对自己没有管辖权的案件行使司法权，否则就可能侵犯到别国的主权。国内民事诉讼的管辖一般不涉及国家主权问题，但管辖制度在民事诉讼法中的重要地位却不容小觑。因为具体案件由哪一个法院来管辖，事关当事人诉权实现和一国司法秩序，具有公共利益性质，绝不仅仅是法院系统内部分工的小事情。管辖的制度价值在于赋予法院对特定案件行使审判权以合法性。无论国际还是国内民事诉讼法，"无管辖权即无审判权"都是铁律。

评注：各国民事诉讼法均把法院对案件具有管辖权作为起诉合法性条件之一。为避免诉讼程序因欠缺管辖权而无效，法院在受理案件后须先行审查管辖权，发现管辖错误的必须予以纠正。只有认定自己对所受理的案件有管辖权时，才允许法院对本案实体问题进行审理和裁判。如果受案法院在诉

---

[1] 参见［德］汉斯-约阿希姆·穆泽拉克：《德国民事诉讼法基础教程》，周翠译，中国政法大学出版社2005年版，第17页；［日］新堂幸司：《新民事诉讼法》，林剑锋译，法律出版社2008年版，第68页。

讼开始后才发现自己对所受理的案件没有管辖权,应立即终止程序。德国、日本的民事诉讼法均规定,对于无管辖权的案件,法院当以起诉行为无效或裁判权不存在为由判决驳回。受诉法院发现对所受理的案件没有管辖权时,应当在听审双方当事人之后依职权以裁定的方式宣告诉讼途径不合法,并将诉讼移送给有管辖权的法院。① 如果法院不顾自己没有管辖权而就该案行使审判权并作出裁判,所经过的审判程序不发生程序效力,所作裁判虽经宣告亦不发生法律效力。

二、管辖法定原则

为确保司法权有序运行,给当事人行使诉权的路径以明确的指引,同时防止法院之间互相推诿或争夺管辖权伤害当事人诉权,各国民事诉讼法都按照"管辖法定原则"来分配管辖权,即主要通过立法明确规定各级、各地法院的管辖权范围与标准。对于可能涉及国家司法主权的案件类型,各国法还设立了强制性、排他性的专属管辖规则。国际社会为避免因管辖权发国际争端,一直在努力通过缔结国际条约的途径,就管辖权达成一些共同遵守的国际法则。同时,为了适应案件的多样性,方便当事人诉讼、方便法院行使审判权,管辖制度须保持一定的弹性或灵活性,表现为:①法律对一个案件设定两个或两个以上的管辖法院,给当事人自主选择的空间;②允许当事人双方在法律限定的范围内,协议选择管辖法院。但是,无论是当事人一方选择还是双方合意选择管辖法院,都建立在避免对管辖法定原则造成根本性冲击的大前提之下。

学理上将用于确定管辖法院的依据称为"管辖连接点",意即法院辖区与案件构成要素发生联系的地点。常见的连接点有当事人住所地、标的物所在地、纠纷发生地等。上述地点与法院辖区重合的,就表明法院与案件有实际联系。让与案件有实际联系的法院管辖,不仅方便当事人诉讼,而且方便法院行使审判权,正当性比较高。我国民事诉讼法在确定管辖连接点的时候,综合考虑了下列因素:

(1) 保持四级法院工作负担均衡。各级人民法院的职能不同,任务也不同。基层人民法院的任务较为单纯,仅负责审理第一审案件。中级以上的人民法院既要审理上诉案件,又要负责指导、监督下级人民法院的审判工作。级别越高,指导、监督工作的量就越大。因此,在确定管辖时,应考虑各级人民法院职能和任务上的区别,使它们的工作负担尽可能均衡。民事诉讼法将大多数第一审民事案件划归基层人民法院管辖,中级以上的人民法院级别越高,管辖的第一审民事案件越少,便反映了这一原则的要求。

(2) 便于当事人进行诉讼,便于人民法院审理案件和执行裁判,即所谓"两便原则"。以法院与案件有实际联系为标准,让当事人住所地法院、纠纷发生地法院、标的物所在地法院管辖,一方面便于当事人诉讼,另一方面便于法院行使审判权,包括送达文书、调查取证、强制执行,等等。这不仅有利于节约当事人诉讼成本,也可以节约司法资源。反之,如果管辖连接点与法院辖区没有任何关系,让法院不得不到其他法院辖区去执行公务,不仅不方便、成本高,而且对于被迫到远离自己住所地的法院诉讼的当事人而言也是不公平的。

---

① 参见[日]新堂幸司:《新民事诉讼法》,林剑锋译,法律出版社2008年版,第68页;[德]汉斯-约阿希姆·穆泽拉克:《德国民事诉讼法基础教程》,周翠译,中国政法大学出版社2005年版,第17页。

(3) 维护国家主权。司法权是国家主权的重要组成部分,在确定管辖连接点时,既要维护我国的国家主权,也要尊重别国主权。在确定专属管辖和涉外民事诉讼管辖问题时,必须把国家主权因素考虑进去,最大限度维护我国公民利益、国家利益和公共利益,同时遵循国际惯例,以利我国法院的裁判获得别国的承认与执行。

三、管辖恒定规则

管辖恒定是指起诉时对案件享有管辖权的法院,不因诉的要素发生变化而丧失管辖权。管辖恒定反映了程序安定与诉讼经济的要求,避免因管辖变动造成已经进行的诉讼程序失去意义,导致司法资源的浪费,也防止增加当事人解纷成本,有助于诉讼尽快了结。

管辖恒定规则主要是针对地域管辖而言的。《民诉法解释》第 37 条、第 38 条规定,案件受理后,受诉人民法院的管辖权不受当事人住所地、经常居住地变更的影响。有管辖权的人民法院受理案件后,不得以行政区域变更为由,将案件移送给变更后有管辖权的人民法院。该解释还将管辖恒定原则延伸至上诉案件和再审案件的管辖,即判决后的上诉案件和依审判监督程序提审的案件,由原审人民法院的上级人民法院进行审判;上级人民法院指令再审、发回重审的案件,由原审人民法院再审或者重审。级别管辖属于法律强行性规定,任何时候发现级别管辖错误,法院都应当予以纠正。如果在法院受理案件后,当事人增加诉讼标的额,超过受诉人民法院级别管辖标准的,受诉法院应当将案件移送给有管辖权的上级法院管辖。《最高人民法院关于审理民事级别管辖异议案件若干问题的规定》(以下简称《级别管辖异议规定》)第 3 条指出,在提交答辩状期间届满后,原告增加诉讼请求金额致使案件标的额超过受诉人民法院级别管辖标准,被告提出管辖权异议,请求由上级人民法院管辖的,人民法院应当按照管辖异议审理程序进行审理,异议成立的,裁定移送有管辖权的人民法院。

四、当事人选择管辖法院

按照法律规定确定管辖,会发生两个或两个以上的人民法院对同一案件都具有管辖权的情形。比如,共同诉讼中的数个被告的住所地在两个或两个以上人民法院辖区内,或者一个诉讼中诉讼标的物分处不同法院的辖区,等等,都可能出现数个法院都有管辖权的情形。此时,当事人(主要是原告)有选择其中一个法院提起诉讼的权利,即管辖法院选择权。

对数个法院都有管辖权的案件,原告只能做单一的选择。原告在向某一法院提起诉讼后,选择权便因行使而消灭,管辖也因其选择而确定。实践中可能出现原告先后向有管辖权的几个法院提起诉讼的情况,也可能出现双方当事人分别选择不同的有管辖权的法院提起诉讼的情形。为解决上述情形下如何确定管辖的问题,《民事诉讼法》第 36 条规定,原告向两个以上有管辖权的人民法院起诉的,由最先立案的人民法院管辖。这一规定将法院立案时间的先后作为确定管辖的标准。为防止法院在受理诉讼时互相推诿或者争抢管辖权,《民诉法解释》第 36 条规定,两个以上人民法院都有管辖权的诉讼,先立案的人民法院不得将案件移送给另一个有管辖权的人民法院。人民法院在立案前发现其他有管辖权的人民法院已先立案的,不得重复立案;立案后发现其他有管辖权的人民法院已先立案的,裁定将案件移送给先立案的人民法院。

五、确定管辖的方法

民事诉讼法确定案件管辖权包含两个步骤:

第一步确定级别管辖,即通过明确四级法院各自受理第一审民事案件的分工和权限,确定具体案件由哪一个级别的法院管辖。

第二步明确地域管辖,即以管辖连接点为依据,确定具体案件由哪个地方的法院管辖。

第二节 级别管辖

级别管辖是指法律就上下级法院之间受理第一审民事案件的分工和权限的规定。

按照《人民法院组织法》和《民事诉讼法》的规定,我国四级人民法院都有受理第一审民事案件的权限,因此需要在法律上就级别管辖作出明确规定。《民事诉讼法》是根据以下三个方面的标准来确定案件的级别管辖的。

(1) 案件的性质。案件性质不同,审理起来难易程度也不同。比如重大涉外案件在性质上不同于一般涉外案件。专利案件、海事海商案件专业性强,在性质上也不同于一般案件。这些性质特殊的案件,应当由较高级别的人民法院管辖。

(2) 案件的繁简程度。案件情节有简单和复杂之分,简单的案件审理起来相当容易,复杂的案件审理起来有一定的难度。案情越复杂,审理的难度越高。因而在确定级别管辖时,有必要考虑案件的繁简程度,将简单的案件分配给低级别的人民法院,将复杂的案件分配给级别较高的人民法院。

(3) 案件的影响范围。案件的处理结果会对社会产生一定的影响。有的案件仅在基层人民法院的辖区内有一定的影响,有的案件则在全省、自治区、直辖市范围内有重大影响。案件影响范围越大,对审判质量要求就越高,所以要根据案件影响范围的大小来划分级别管辖,将影响范围大的案件分配给级别较高的人民法院。影响范围与人民法院的级别呈正比,影响范围愈大,受理该案件的人民法院的级别愈高。

一、基层人民法院管辖的第一审民事案件

《民事诉讼法》第18条规定:"基层人民法院管辖第一审民事案件,但本法另有规定的除外。"由于民事诉讼法规定由其他各级人民法院管辖的案件为数较少,所以这一规定实际上把大多数民事案件都划归基层人民法院管辖。将大多数民事案件划归基层人民法院管辖是有道理的。基层人民法院是我国法院系统中最低的一级,不仅数量多,而且遍布各个基层行政区域,当事人的住所地、争议财产所在地、纠纷发生地,一般都处在特定的基层人民法院的辖区之内。由基层人民法院管辖第一审民事案件,既便于当事人参与诉讼,又便于人民法院审理案件,更重要的是,能够发挥基层法院解决纠纷的职能。

二、中级人民法院管辖的第一审民事案件

依据《民事诉讼法》第 19 条的规定,中级人民法院管辖的第一审民事案件有三类:

1. 重大的涉外案件

所谓"重大",《民诉法解释》第 1 条解释为:争议标的额大的案件、案情复杂的案件,或者一方当事人人数众多等具有重大影响的案件。为了保证涉外民商事案件的审判质量,依法保护中外当事人的合法权益,最高人民法院于 2002 年 2 月 25 日颁布了《关于涉外民商事案件诉讼管辖若干问题的规定》,对部分涉外民商事案件实行集中管辖。这些涉外民商事案件包括:①涉外合同和侵权纠纷案件;②信用证纠纷案件;③申请撤销、承认与强制执行国际仲裁裁决案件;④审查有关涉外民商事仲裁条款效力的案件;⑤申请承认和强制执行外国法院民商事判决、裁定的案件。但不包括发生在与外国接壤的边境省份的边境贸易纠纷案件、涉外房地产案件和涉外知识产权案件。

有权管辖上述一审涉外民商事案件的法院为:①国务院批准设立的经济技术开发区法院;②省会、自治区首府、直辖市所在地的中级法院;③经济特区、计划单列市的中级法院;④最高人民法院指定的其他中级法院;⑤高级法院。中级法院的区域管辖范围由其所在的高级法院确定。

2. 在本辖区有重大影响的案件

这是指案件的影响超出了基层人民法院的辖区,在中级人民法院辖区内产生了重大影响。

3. 最高人民法院确定由中级人民法院管辖的案件

这是指最高人民法院根据审判工作的需要,将某些案件确定由中级人民法院作为第一审法院。目前这类案件主要有:①海事、海商案件,由海事法院管辖;②专利纠纷案件由知识产权法院、最高人民法院确定的中级人民法院和少数基层人民法院管辖;③著作权纠纷案件;④重大的涉港、澳、台民事案件,在管辖上比照涉外案件处理;⑤诉讼标的金额大或者诉讼单位属省、自治区、直辖市以上的经济纠纷案件;⑥证券虚假陈述民事赔偿案件。这类案件由省、直辖市、自治区人民政府所在的市、计划单列市和经济特区中级人民法院管辖。

三、高级人民法院管辖的第一审民事案件

高级人民法院管辖在本辖区内有重大影响的第一审民事案件。从当前的情况看,各地一般都是把诉讼标的额大的民事案件作为在本辖区内有重大影响的案件,具体数额原来由各高级人民法院根据本地的情况作出规定后报最高人民法院批准,后来改为由最高人民法院根据各地的具体情况作出规定。

四、最高人民法院管辖的第一审民事案件

最高人民法院管辖的第一审民事案件有两类:一类是在全国有重大影响的案件;另一类是认为应当由本院审理的案件。

在四级人民法院中,由最高人民法院管辖的第一审民事案件数量最少。这样分配是考虑到最高人民法院的特殊性质与职能定位。最高人民法院是国家最高审判机关,其主要任务是对地方各级人民法院和各专门法院的审判工作进行指导、监督,对审判中适用法律时遇到的疑难问题作出司法解释,对下级人民法院的请示作出批复,还要审理因不服高级人民法院一审裁判而提出上诉的案件。最高人民法院又是最高级别的法院,实行的是一审终审制。以上种种因素,决定了最高人民法院管辖的第一审民事案件只能是极少数特别重大的案件。在审判实务中,最高人民法院至今从未管辖过第一审民事案件,最高人民法院这一权力基本上是备而不用的。

第三节 地域管辖

地域管辖又称"区域管辖"或"土地管辖",是指确定同级人民法院之间在各自区域内受理第一审民事案件的分工和权限。地域管辖是按照各人民法院的辖区和民事案件的隶属关系来划分诉讼管辖。民事诉讼法通过级别管辖将民事案件在四级人民法院中做了分配,划定了各级人民法院受理第一审民事案件的权限,但仍然不能确定某一案件具体由哪个法院受理。因为除最高人民法院外,在同一级中仍然有许多个法院,所以还需要进行第二次分配,将已划归同一级人民法院管辖的第一审案件在各个人民法院之间进行分配。这一任务是由地域管辖完成的,因此,地域管辖的作用在于确定同级人民法院在各自辖区内受理第一审民事案件的分工和权限。

地域管辖是着眼于法院与当事人、诉讼标的(物)或法律事实的隶属关系来确定的。从法院方面说,审理案件是其职权,它有权审理发生在它辖区内的案件。在当事人的所在地、诉讼标的物所在地等位于某一法院辖区内时,该法院应当有权审理。从当事人方面说,由于住所、诉讼标的物等处于某一法院辖区内而与该法院产生一种隶属关系,一旦发生诉讼,就应当服从该法院的管辖。德国、日本和我国台湾地区的民事诉讼法均将诉讼当事人因人或物与特定法院的辖区相关联而产生的隶属关系称为"审判籍",并规定诉讼由审判籍所在地的法院管辖。具体来说,确定地域管辖的标准主要有两个:一是诉讼当事人的所在地与法院辖区之间的联系;二是诉讼标的、诉讼标的物或法律事实与法院辖区之间的联系。按第一个标准确定管辖的称为一般地域管辖,按第二个标准确定管辖的称为特殊地域管辖。

一、一般地域管辖

一般地域管辖,是指以当事人的所在地与法院的隶属关系来确定诉讼管辖。一般地域管辖实行"原告就被告"的原则,即以被告所在地作为确定管辖的标准。实行"原告就被告"原则是出于平衡被动应诉的被告的管辖利益确立的,一方面方便被告应诉,一定程度上可以抑制原告滥用起诉权,使被告免受原告不当诉讼的侵扰;另一方面也有利于法院传唤被告参加诉讼,对诉讼标的物进行保全或勘验,有利于判决的执行。我国民事诉讼法是以被告所在地管辖为原则、原告所在地管辖为例外来确定一般地域管辖的。

(1) 被告为公民。由被告住所地人民法院管辖,被告住所地与经常居住地不一致的,由经常居住地人民法院管辖。公民的住所地是指该公民的户籍所在地,经常居住地是指公民离开住所地至起诉时已连续居住满1年的地方,但公民住院就医的地方除外。

(2) 被告为法人或其他组织。由被告住所地人民法院管辖。这里的住所地是指法人或其他组织的主要营业地或主要办事机构所在地。被告如为没有办事机构的公民合伙、合伙型联营体,则由被告注册登记地人民法院管辖。没有注册登记的,几个被告又不在同一法院辖区的,各被告住所地的人民法院都有管辖权。

(3) 例外情形以原告所在地人民法院管辖。实践中存在一些由被告所在地人民法院管辖会给原告行使诉权和人民法院审理案件带来诸多不便的情况,民事诉讼法规定某些案件由原告住所地人民法院管辖;原告住所地与经常居住地不一致的,由原告经常居住地人民法院管辖。《民事诉讼法》第23条规定的四种例外情形:①对不在中华人民共和国领域内居住的人提起的有关身份关系的诉讼;②对下落不明或者宣告失踪的人提起的有关身份关系的诉讼;③对正在被劳动教养的人提起的诉讼;④对正在被监禁的人提起的诉讼。上述规定中的身份关系,是指与人的身份相关的各种关系,如婚姻关系、亲子关系、收养关系等。

《民诉法解释》补充了几种例外情形:①被告被注销户籍的,原则上由原告住所地人民法院管辖;②追索赡养费、扶养费、抚养费案件的几个被告住所地不在同一辖区的,可以由原告住所地人民法院管辖;③夫妻一方离开住所地超过一年,另一方起诉离婚的案件,可以由原告住所地人民法院管辖。此外,《民诉法解释》第13—17条,还就涉外婚姻诉讼案件的管辖法院如何确定的问题进行了解释。

(4) 特殊情况下由当事人住所地以外的人民法院管辖。《民诉法解释》规定了几种特殊情况下的管辖法院:①当事人的户籍迁出后尚未落户,有经常居住地的,由该地人民法院管辖;没有经常居住地的,由其原户籍所在地人民法院管辖。②被告被监禁或者被采取强制性教育措施一年以上的,由被告被监禁地或者被采取强制性教育措施地人民法院管辖。③不服指定监护或者变更监护关系的案件,可以由被监护人住所地人民法院管辖。

二、特殊地域管辖

特殊地域管辖,又称特别管辖,通常除了当事人住所地,还以引起诉讼的法律事实的所在地、诉讼标的(物)所在地为标准确定诉讼的管辖法院。可见,"特殊"地域管辖并不优先于"一般"地域管辖,体现的是立法对民事诉讼复杂性的预见,以确保民事诉讼管辖制度一定的灵活性,给当事人更多选择权。《民事诉讼法》第24—33条规定了10种属于特殊地域管辖的诉讼。

(1) 因合同纠纷提起的诉讼,由被告住所地或者合同履行地人民法院管辖。合同履行地应当在合同中明确约定。合同对履行地点没有约定或者约定不明确,应当根据《民法典》第511条第1款之(三)的规定确定履行地,即给付货币的,在接受货币一方所在地履行;交付不动产的,在不动产所在地履行;其他标的,在履行义务一方所在地履行。《民诉法解释》第18—20条补充解释:即时结清的合同,交易行为地为合同履行地。合同没有实际履行,当事人双方住所地都不在合同约定的履行地的,由被告住所地人民法院管辖。财产租赁合同、融资租赁合同以租赁物使用地为合同履行地。以信息网络方式订立的买卖合同,通过信息网络交付标的的,以买受人住所地为合同履行地;通过其他方式交付标的的,收货地为合同履行地。

(2) 因保险合同纠纷提起的诉讼,由被告住所地或者保险标的物所在地人民法院管辖。保险合同是投保人与保险人约定保险权利义务关系的协议。这类诉讼,被告住所地和保险标的物所在地人民法院都有管辖权。如果保险标的物是运输工具或者运输中的货物,可以由运输工具登记注册地、运输目的地、保险事故发生地人民法院管辖。因人身保险合同纠纷提起的诉讼,可以由被保险人住所地人民法院管辖。

(3) 因票据纠纷提起的诉讼,由票据支付地或被告住所地人民法院管辖。票据支付地,是指票据上载明的付款地,如未载明付款地,则以票据付款人(包括代理付款人)的住所地或主营业所所在地为票据付款地。

(4) 因公司设立、确认股东资格、分配利润、解散等纠纷提起的诉讼,由公司住所地人民法院管辖。上述纠纷诉讼还包括因股东名册记载、请求变更公司登记、股东知情权、公司决议、公司合并、公司分立、公司减资、公司增资等纠纷提起的诉讼。

(5) 因铁路、公路、水上、航空运输和联合运输合同纠纷提起的诉讼,由运输始发地、目的地或被告住所地人民法院管辖。运输合同包括客运合同与货运合同两大类。运输中的始发地,是指旅客或货物的最初出发地,目的地则是指最终到达地。此类纠纷发生在我国海事法院、铁路运输法院等专门法院辖区的,由海事法院、铁路运输法院管辖。

(6) 因侵权行为提起的诉讼,由侵权行为地或者被告住所地人民法院管辖。侵权行为地,包括侵权行为实施地和侵权结果发生地。信息网络侵权行为实施地包括实施被诉侵权行为的计算机等信息设备所在地,侵权结果发生地包括被侵权人住所地。因产品、服务质量不合格造成他人财产、人身损害提起的诉讼,产品制造地、产品销售地、服务提供地、侵权行为地和被告住所地人民法院都有管辖权。

知识产权侵权纠纷案件的侵权行为地

拓展阅读:"知识产权侵权纠纷案件的侵权行为地",请扫二维码学习。

(7) 因铁路、公路、水上和航空事故请求损害赔偿提起的诉讼,由事故发生地或者车辆、船舶最先到达地,航空器最先降落地或者被告住所地人民法院管辖。航空器泛指一切在天空运行的人造物体,包括飞机、飞艇、热气球、卫星等。航空事故是指航空器在空中碰撞、坠毁,在飞行中抛物、排油而引起的事故。最先到达地是指车辆、船舶最先到达的车站、港口所在地,最先降落地指第一次降落的机场或其他地点,或者坠毁的地点。

(8) 因船舶碰撞或者其他海损事故请求损害赔偿提起的诉讼,由碰撞发生地、碰撞船舶最先到达地、加害船舶被扣留地或者被告住所地人民法院管辖。船舶碰撞是指船舶在航行过程中因接触和碰撞而造成的损害事故,其他海损事故是指船舶在航行中因触礁、触岸、失火、爆炸、沉没等造成的事故。不论哪国的船舶发生了碰撞或其他海损事故,只要发生在我国领海海域内,我国人民法院就可以对请求损害赔偿的诉讼行使管辖权。将因海损事故引起的损害赔偿诉讼规定由上述四个地点的人民法院管辖,充分考虑了这类案件的特殊性,既有利于当事人根据案件的具体情况选择其中一个人民法院提起诉讼,也有利于人民法院对案件的审理和判决的执行。

（9）因海难救助费用提起的诉讼，由救助地或被救助船舶最先到达地法院管辖。海难救助是指对遭遇海难的船舶及船舶上的人员、货物给予的救助。救助行为实施后，救助人有权根据救助的事实和效果要求被救助方支付救助费用。双方对此可能出现纠纷，引起诉讼，这类诉讼由实施救助行为地点的法院或者被救助船舶最先到达地法院管辖是各国的通例。

（10）因共同海损提起的诉讼，由船舶最先到达地、共同海损理算地或者航程终止地人民法院管辖。共同海损是指船舶在海运中遭受到海难等意外事故时，为了排除危险，挽救船舶、人员和货物而作出的牺牲或支付的费用。因共同海损作出的牺牲或支付的费用应当根据一定的规则进行理算，并由受益各方分摊。

> 评注：目前国际上通用的理算规则是《约克·安特卫普规则》，我国于1975年颁布了《中国国际贸易促进委员会共同海损理算暂行规则》（简称《北京理算规则》），并在北京设立了共同海损理算处。发生共同海损后，如在我国理算，理算地即为北京。航程终止地，是指发生共同海损的船舶航程终止的地点。共同海损发生后，如船舶最先到达我国的某一港口，或者有关当事人同意在北京理算，或者船舶的航程终止地在我国某一港口，上述地点的人民法院对由此提起的诉讼有管辖权。

三、专属管辖

专属管辖是指法律规定某些特殊类型的案件专门由特定的法院管辖。专属管辖是法律强行性规定，具有强烈的排他性。专属管辖的排他性表现为：①排除外国法院的管辖权；②排除当事人以协议方式选择国内的其他法院管辖；③排除一般地域管辖和特殊地域管辖规定的适用。《民事诉讼法》第34条规定了三种专属管辖诉讼：

（1）因不动产纠纷提起的诉讼，专属于不动产所在地人民法院管辖。不动产一般是指不能移动或移动后会降低乃至丧失其价值的财产，如土地及土地上的建筑物、河流、滩涂等。不动产中的土地又是国家领土的组成部分，关系到国家的主权，因此，将因不动产纠纷提起的诉讼规定为专属管辖，是各国民事诉讼法通行的做法。按照《民诉法解释》第28条，不动产纠纷是指因不动产的权利确认、分割、相邻关系等引起的物权纠纷，包括农村土地承包经营合同纠纷、房屋租赁合同纠纷、建设工程施工合同纠纷、政策性房屋买卖合同纠纷，等等。不动产所在地是指不动产登记簿记载的所在地。不动产未登记的，就是不动产实际所在地。不动产纠纷诉讼常常需要进行勘验，由不动产所在地人民法院管辖便于对案件审理，也便于对不动产进行保全和执行。如果是普通的商品房买卖合同引发的房款支付、房产交付纠纷，则不适用专属管辖。《民诉法解释》把房屋买卖合同纳入普通合同纠纷范围，以被告所在地和合同履行地确定管辖法院。该解释第18条规定，当事人因交付不动产发生纠纷的，不动产所在地为合同履行地。

（2）因港口作业发生纠纷提起的诉讼，专属于港口所在地人民法院管辖。在港口作业中，一方面会因为装卸、驳运等发生纠纷，另一方面会因违章作业等行为损坏港口设施或造成其他人身或财产的损害引起侵权纠纷，这两类纠纷都由港口所在地人民法院管辖。

（3）因继承遗产纠纷提起的诉讼，专属于被继承人死亡时住所地或主要遗产所在地人民法院管辖。遗产继承纠纷相当复杂,可能涉及被继承人立遗嘱时有无民事行为能力、被继承人死亡时间的确定,以及继承人对被继承人的赡养情况,还可能涉及遗产的种类、数额等问题。因此民事诉讼法规定专属于以上两个地点的人民法院管辖。当遗产有多处且分布在不同人民法院辖区时,还需要区分主要遗产和非主要遗产。遗产既有动产又有不动产的,一般以不动产所在地作为主要遗产地;动产有多项的,则以价值高的动产所在地作为主要遗产地。由被继承人死亡时住所地或者主要遗产所在地人民法院管辖继承遗产的诉讼,便于人民法院查明被继承人、继承人和遗产的有关情况,有利于人民法院对案件作出正确的处理。

第四节 协议管辖

一、协议管辖的概念

协议管辖又称合意管辖或约定管辖,是指双方当事人在民事纠纷发生之前或之后,以协议的方式选择管辖法院。协议管辖是民事诉讼中处分原则的体现,也是当事人行使程序选择权的体现。同样是当事人选择管辖法院的行为,协议管辖不同于选择管辖。选择管辖是原告单方面的行为,无需取得被告的同意;协议管辖则是双方当事人共同的行为,以双方的合意为基础。此外,协议管辖需要满足法律规定的条件才能发生诉讼法上的效果。

二、协议管辖成立条件

《民事诉讼法》第35条规定:"合同或者其他财产权益纠纷的当事人可以书面协议选择被告住所地、合同履行地、合同签订地、原告住所地、标的物所在地等与争议有实际联系的地点的人民法院管辖,但不得违反本法对级别管辖和专属管辖的规定。"依据此规定,协议管辖须具备以下条件:

(1) 协议管辖适用于合同及其他财产权权益纠纷案件。当事人对非财产类纠纷,如劳动争议、涉及身份关系的案件等不得协议管辖。按照《民诉法解释》,当事人因同居或者在解除婚姻、收养关系后发生财产争议,也可以适用《民事诉讼法》第35条的规定约定管辖法院。

(2) 协议管辖仅适用于第一审案件地域管辖。当事人不得对第二审案件、再审案件以协议方式选择管辖法院,也不得就级别管辖达成协议。属于专属管辖的案件,当事人不能约定其他法院管辖。级别管辖和专属管辖都是强制性规定,不允许当事人通过协议改变。

(3) 协议管辖原则上应当采取书面形式。当事人可以在订立合同时约定协议管辖,将协议管辖作为合同的内容之一,也可以在合同订立后、诉讼发生前以书面形式约定协议管辖。如果约定在合同中,有关协议管辖的条款应被视为具有独立性的条款,即使合同被确认为无效,协议管辖条款的效力亦不受影响。《民诉法解释》规定了两种例外情形:①经营者使用格式条款与消费者订立管辖协议,未采取合理方式提请消费者注意,消费者主张管辖协议无效的,人民法院应予支持。②合同转让的,合同的管辖协议对合同受让人有效,但转让时受让人不知道有管辖协议,或者转让协议另有约定且原合同相对人同意的除外。

(4)当事人选择的法院应当与争议有实际联系。民事诉讼法规定的可供当事人选择的法院包括:原告住所地、被告住所地、合同签订地、合同履行地、标的物所在地和与争议有实际联系的地点的人民法院,都是常见的与当事人之间的民事纠纷有关联性的地方。该要件体现了方便当事人诉讼和方便法院审理的原则,也是对当事人程序选择权的约束。管辖协议约定由一方当事人住所地人民法院管辖,协议签订后当事人住所地变更的,由签订管辖协议时的住所地人民法院管辖,但当事人另有约定的除外。

(5)当事人选择的法院应当确定。当事人须在协议中对管辖法院作出明确、具体的约定,即指明选择的哪一个地方的人民法院,必须能够清楚地与其他法院区别开来。此外,为了确保约定明确,当事人原则上应当在法律规定范围内选择一个。但出于最大限度尊重当事人的处分权,《民诉法解释》第30条第2款规定:"管辖协议约定两个以上与争议有实际联系的地点的人民法院管辖,原告可以向其中一个人民法院起诉。"债权人同时要求债务人以及担保人承担偿还义务和担保责任,应当以主合同来确定管辖。如果当事人约定法院不明,比如约定"在守约方法院诉讼",如果双方对哪一方是守约方有争议,就属于约定不明确,协议管辖不具有可执行性。这种情况下,依照《民事诉讼法》的一般地域管辖或特殊地域管辖的规定确定管辖。

第五节 裁定管辖

裁定管辖是指依据法院的裁定确定管辖法院。裁定管辖是法定管辖的必要补充。民事诉讼法规定的裁定管辖有三种:移送管辖、指定管辖和管辖权的转移。

一、移送管辖

移送管辖是指人民法院在受理民事案件后,发现自己对案件并无管辖权,依法将案件移送给有管辖权的人民法院审理。移送管辖是为法院提供的一种管辖纠错的程序,是将案件从无管辖权的法院移送到有管辖权的法院。移送管辖通常发生在同级人民法院之间。少数情况下(即级别管辖错误时)也发生在上下级人民法院之间。还有一种移送管辖的情形,发生在两个以上人民法院对案件都有管辖权时,法院在立案后发现其他有管辖权的人民法院已先立案的,应将案件移送到先立案的人民法院。

为避免管辖权错误造成程序混乱,人民法院在接受原告起诉时应当认真履行管辖权审查职责,发现本院没有管辖权的应及时裁定移送。《民诉法解释》第35条规定:"当事人在答辩期间届满后未应诉答辩,人民法院在一审开庭前,发现案件不属于本院管辖的,应当裁定移送有管辖权的人民法院。"该条解释为移送管辖设定了一个期限,即"一审开庭前",以杜绝法院过度移送管辖导致程序拖延、司法资源耗费。该解释同时建立起了另一个规则,如果当事人在答辩期间届满后未应诉答辩,法院在一审开庭前也未能及时发现管辖错误的,之后即便发现管辖错误也不再移送。这种情况下,受案法院在事实上获得了管辖权。[①] 其根据的就是管辖恒定规则。因为在诉讼程序经过审前准备阶段、进入开庭庭审理阶段后法院才发现管辖错误的,如果裁定移送管辖势必导致已经过的程序失去意义,不仅浪费司法资源,而且致诉讼拖延,增加当事人讼累,有违程序正当与诉讼经济。

评注:最高人民法院专家的学理解释指出,该条是对《民事诉讼法》规定的移送管辖"设定的期限"。由于《民事诉讼法》没有规定移送管辖的期限,理论上,受诉人民法院在案件实体判决前均可以移送。之所以设定"一审开庭前"为移送管辖的期限,是针对实践中个别法院在当事人没有提出异议的情况下,案件经过开庭审理甚至已经合议,却基于案件重大复杂、年底无法结案、担心涉诉信访等考虑而裁定移送管辖的现象,旨在防止浪费司法资源、增加当事人讼累。[②]

二、指定管辖

指定管辖指上级人民法院以裁定方式指定其下级人民法院对某一案件行使管辖权。依据《民事诉讼法》第 38 条的规定,指定管辖适用于以下三种情形:

(1) 受移送的人民法院认为自己对移送来的案件无管辖权。根据《民事诉讼法》第 37 条的规定,受移送的人民法院即使认为本院对移送来的案件并无管辖权,不得再自行将案件移送到其他法院,而只能报请上级人民法院指定管辖。

(2) 有管辖权的人民法院由于特殊原因,不能行使管辖权。特殊原因从理论上说可能包括两种情形:一是法院的全体法官均需回避;二是有管辖权人民法院所在地发生了严重的自然灾害。

(3) 人民法院之间因管辖权发生争议,通过协商未能解决的。法院对同一案件发生管辖权争议后,应尽可能通过协商解决,协商不成的,应报请他们的共同上级人民法院指定管辖。如双方为同属一市的基层人民法院,由该市的中级人民法院指定管辖;同属一省、自治区、直辖市的两个人民法院,由该省、自治区、直辖市的高级人民法院指定管辖;如双方为跨省、自治区、直辖市的人民法院,先由双方的高级人民法院协商,协商不成的,由最高人民法院指定管辖;军事法院与地方法院之间因管辖权发生争议,协商解决不了的,报各自的上级法院协商解决,仍然协商不成的,报最高人民法院指定管辖。为防范基于地方保护而争管辖的行为,最高人民法院《关于在经济审判工作中严格执行〈中华人民共和国民事诉讼法〉的若干规定》要求,法院之间如果对案件的地域管辖发生争议,有关人民法院应立即停止对案件进行实体审理。在争议解决前,任何一方人民法院均不得对案件作出判决。违反此要求抢先作出判决的,上级人民法院应以违反程序为由撤销其判决,并将案件移送或指定其他法院审理,或自己提审。

上级人民法院指定管辖后,应通知报送的人民法院和被指定行使管辖权的人民法院,后者应及时告知当事人。

---

① 参见最高人民法院指导性案例 56 号"韩凤彬诉内蒙古九郡药业有限责任公司等产品责任纠纷管辖权异议案"。

② 参见沈德咏:《最高人民法院民事诉讼法司法解释理解与适用》(上),人民法院出版社 2015 年版,第 193 页。

三、管辖权转移

管辖权转移是指依据上级人民法院的决定或同意，将案件的管辖权从原来有管辖权的人民法院转移至无管辖权的人民法院，使无管辖权的人民法院因此而取得管辖权。管辖权转移在上下级人民法院之间进行，是对级别管辖的变通和个别调整。根据《民事诉讼法》第 39 条的规定，管辖权转移的情形有两种：

（1）向上转移。指管辖权从下级人民法院转至上级人民法院。有两种情况：一是上级人民法院认为下级人民法院管辖的第一审案件应当由自己审理时，有权决定把案件调上来自己审理；二是下级人民法院认为自己管辖的第一审案件需要由上级人民法院审理时，报请上级人民法院审理。在第一种情况下，上级人民法院作出决定后，管辖权即发生转移。在第二种情况下，必须经过上级人民法院同意后，管辖权才能发生转移。实践中，管辖权上移的情形通常发生在新类型纠纷案件中。此类案件由上级法院管辖一审案件，便于确立典型案件，对下级法院审理类似案件起示范作用。

（2）向下转移。即上级人民法院对本该自己管辖的第一审民事案件，认为确有必要交下级人民法院审理的，可以在报请其上级人民法院批准后，将案件管辖权转移给某下级法院。《民诉法解释》第 42 条罗列了可以在开庭前将管辖权转移给下级人民法院的案件，包括：①破产程序中有关债务人的诉讼案件；②当事人人数众多且不方便诉讼的案件；③最高人民法院确定的其他类型案件。除此之外，所谓"确有必要"的情况，比如该案所涉及的纠纷在某下级法院辖区内很有普遍性，受到本地民众广泛关注，该案放在该下级法院审理有利于落实审判公开，方便当地民众旁听，或者可以发挥示范效果、预防类似纠纷反复发生等。

为规范管辖权向下级法院转移，防止法院滥用此项制度规避级别管辖，《民事诉讼法》第 39 条特别规定：有管辖权的法院确有必要将本院管辖的第一审民事案件交下级人民法院审理的，应当报请其上级人民法院批准。

管辖权转移与移送管辖虽然都属裁定管辖，但具有本质上的区别，主要体现在以下三个方面：①移送和转移的对象不同。管辖权转移转移的是案件的管辖权，而移送管辖移送的是案件。②目的与作用不同。管辖权转移是对级别管辖的调整，即根据具体案件的实际情况改变案件的一审法院级别，是上下级法院之间对个案管辖权的调整，目的也因案而异，有的为了便于法院审理，有的为了在法律适用方面给类似案件的审判起示范作用，有的可能是为了进行法制宣传、教育民众，等等。而移送管辖的目的在于纠正法院错误行使管辖权，是一种补救措施。③移送和转移的方式不同。管辖权转移是在上下级法院之间转移，而移送管辖多数是在平级法院之间移送。

第六节 管辖权异议

一、管辖权异议的概念

等管辖权异议也称管辖异议，是指当事人认为受理案件的人民法院没有管辖权，而要

拓展资源

求将管辖权移送其他人民法院管辖的主张和意见。由于确定管辖的因素比较复杂,当事人对管辖权的归属理解不一定准确;同时,法院是根据原告单方面提供的材料审查立案,难免出现受理了自己本无管辖权的案件。因此,赋予对方当事人管辖异议权是正当程序和程序保障的要求。另一方面,被告是被动应诉的一方,在选择管辖法院方面处于被动状态。赋予被告管辖异议权,就是在选择管辖法院权利上抗衡原告的力量,体现当事人诉讼权利平等原则。此外,赋予被告管辖异议权,有助于消解被告因担心地方保护主义而对法院的不信任。

二、管辖权异议的条件

按照《民事诉讼法》第130条第1款的规定,当事人提出管辖权异议应当符合下列条件:

(1) 当事人对管辖权有异议的,应当在提交答辩状期间提出。这一条件是促使当事人及时行使管辖异议权。当事人在法定的异议期间没有提出管辖异议,就视为放弃了管辖权异议权。如果案件已经进入实质审理阶段,当事人再提出异议,会导致司法资源的浪费和诉讼拖延。因此,当事人逾期提出管辖权异议的,人民法院不予审查。根据管辖恒定规则,人民法院对管辖异议审查后确定有管辖权的,不因当事人提起反诉、增加或者变更诉讼请求等改变管辖。人民法院发回重审或者按第一审程序再审的案件,当事人提出管辖异议的,人民法院不予审查。但是,被告管辖异议权失权不一定让法院获得管辖权。如果法院及时发现了管辖错误,还会通过裁定移送进行纠正。

(2) 管辖权异议的对象仅限于第一审民事案件的管辖权。当事人不得就上诉审案件提出管辖权异议。上诉案件的管辖权取决于一审案件的管辖权,因而在一审程序中给予当事人提出管辖权异议的机会就足够了。

当事人异议的内容既可以是地域管辖错误,也可以是级别管辖错误。最高人民法院《关于审理民事级别管辖异议案件若干问题的规定》(以下简称《级别管辖异议规定》)指出:被告在提交答辩状期间提出管辖权异议,认为受诉人民法院违反级别管辖规定,案件应当由上级人民法院或者下级人民法院管辖的,受诉人民法院应当审查,异议成立的,裁定移送有管辖权的人民法院。提交答辩状期间届满后,原告增加诉讼请求金额致使案件标的额超过受诉人民法院级别管辖标准,被告提出管辖权异议,请求由上级人民法院管辖的,人民法院应当进行审查并作出裁定。在管辖权异议裁定作出前,原告申请撤回起诉,受诉人民法院作出准予撤回起诉裁定的,对管辖权异议不再审查,并在裁定书中一并写明。值得注意的是,级别管辖是强制性规范,如果级别管辖错误法院应依职权加以纠正,不以当事人提出管辖异议为前提。按照《级别管辖异议规定》,当事人未依法提出管辖权异议,但受诉人民法院发现其没有级别管辖权的,应当将案件移送有管辖权的人民法院审理。人民法院裁定将案件移送上级人民法院管辖,当事人未提出上诉,但受移送的上级人民法院认为确有错误的,可以依职权裁定撤销。

(3) 管辖异议主体通常是本案被告。在被告提出反诉时,因牵连管辖规则,本诉法院对反诉案件获得了管辖权,原告一般没有管辖异议权。但反诉属于其他法院专属管辖时,原告有权针对反诉管辖问题提出异议。

三、管辖异议审查程序

受诉人民法院收到当事人提出的管辖权异议后,应当进行审查。由于管辖权属于诉的合法性条件,且管辖问题虽然是程序问题,但确定管辖的因素(诉的要素)却包含实体内容,因此法院对此作出裁判前,应当保障当事人的辩论权和异议权。经审查后,认为异议成立的,裁定将案件移送有管辖权的人民法院审理。当案件属于多个法院都有管辖权的情形时,在移送前应征求原告的意见,否则会剥夺原告选择管辖的权利。人民法院经审查,认为异议不成立的,应裁定驳回异议。当事人对管辖异议裁定不服的,可以在10日内向上一级人民法院提起上诉。当事人未提出上诉或上诉被驳回的,受诉人民法院应通知当事人参加诉讼。当事人对管辖权问题申请再审的,不影响受诉人民法院对案件的审理。

四、应诉管辖规则

应诉管辖是指原告向没有管辖权的法院起诉,被告在法定期间未提出管辖异议,且应诉答辩的,法律上视为受诉法院获得管辖权的规则。我国《民事诉讼法》第130条第2款规定:"当事人未提出管辖异议,并应诉答辩的,视为受诉人民法院有管辖权,但违反级别管辖和专属管辖规定的除外。"可见,应诉管辖是当事人不提出管辖权异议的后果之一。

应诉管辖的实质,是通过法律拟制,使本无管辖权的法院获得管辖权。设置应诉管辖制度的目的在于解决受案法院无管辖权情形下行使审判权的效力问题。其产生的程序效力是让受诉法院行使审判权的行为获得合法性,事后当事人不得以法院没有管辖权为由主张程序错误和裁判无效,不能作为上诉或申请再审的理由。

应诉管辖制度的正当性基础有二:

一是维护程序安定。从程序效力累积的角度,程序效力是先后继替的程序累积的过程,后继程序有效性建立在先完成的程序效力的基础上。如果因诉讼主体先前的行为有瑕疵而否定其行为经过所发生的程序效力,导致相继完成的后续程序均被否定,不仅对当事人和司法机关来说是无效益的,而且损害当事人对司法的信赖利益。不分程序违法轻重而一律否定程序效力,代价无疑是巨大的,既耗费司法资源、增加当事人诉讼成本,也有损当事人对司法制度的信赖利益。民事诉讼程序瑕疵"不责问即治愈"原理所体现的就是程序安定的要求。为避免程序过程中某一瑕疵诉讼行为(指不完全满足诉讼行为要件的轻微违法)导致后续诉讼程序全部被推翻,法律在赋予当事人即时异议权(也称"责问权"或程序异议权)的同时,允许当事人放弃该权利,且不及时行使将丧失该权利。而一旦当事人放弃责问权或异议失权,瑕疵诉讼行为即被治愈,并成为自始有效的诉讼行为,不会影响后续程序的效力。[①] 美国诉讼法上的"无害错误"规则体现的也是这个道理:如果程序错误对基本程序权利和实体公正没有造成实质损害,法律上认为可以容忍。按照《美国联邦民事诉讼法》第61条的规定,法院在诉讼程序任何阶段都必须忽视诉讼程序中的无害程序错误,不作为发回重审、撤销判决或命令的理由。落入发回重审或撤销裁判事由范

[①] 参见占善刚:《民事诉讼中的程序异议权研究》,《法学研究》2017年第2期,第113页。

围的程序错误应该达到"严重程序违法"的程度。① 纠正管辖错误也需要在程序正确与程序安定之间进行利益权衡。

> 背景资料:"应诉管辖制度的目的",请扫本节二维码学习。

在管辖错误方面,如果法院违反级别管辖、专属管辖等法律强行性规定,或者有剥夺当事人的参与权、辩论权、异议权的情形,属于严重的程序违法,当事人在任何时候都有权要求纠正。但如果管辖错误违反的是一般地域管辖或特殊地域管辖的规定,通常不会影响当事人参与权、辩论权等重要程序权利的实现,对案件实体问题的判断也不会因不同法院审理而有根本不同。这种程序错误在程度上介于程序瑕疵与严重程序违法之间——基于"无管辖权即无审判权",管辖错误将产生裁判无效的严重后果,不属于当事人不责问即治愈的程序瑕疵——有必要通过一定的制度安排消弭该错误的后果,确保程序有序、安定与程序效力。应诉管辖就是通过法律拟制,在程序过程中处理管辖错误问题的制度安排。

二是被告同意。在现代司法制度中,把被告同意作为法院管辖权的正当性基础之一是多数国家法律所认可的管辖规则。

> 比较:"美国法上管辖权依据",请扫本节二维码学习。

尽管我国《民事诉讼法》在管辖一章中,没有明文规定当事人"同意"是法院管辖权的合法性基础,但是不能说民诉法不承认这也是法院获得管辖权的合法性来源。这主要体现在牵连管辖机制中。所谓牵连管辖,亦称合并管辖,是指对某一案件有管辖权的人民法院,因诉的合并而对另一个诉获得管辖权的现象。适用合并管辖的主要情形是原告增加诉讼请求,被告提出反诉,第三人参加之诉等。由于受案法院不一定对所合并的诉有管辖权,因此诉的合并极有可能让法院对被合并的诉获得管辖权。合并管辖的实质是对某案件有管辖权的人民法院基于诉的合并制度将另一原本无管辖权的案件并归自己管辖。这其中的正当性就来自当事人同意,即对受案法院管辖自己案件的认可。《民诉法解释》将被告应诉答辩解释为"就案件实体内容进行答辩、陈述或者反诉"的行为。其中的反诉行为就是被告同意在本诉受案法院进行诉讼的意思表示。

就《民事诉讼法》第 130 条第 2 款字面意思来看,我国应诉管辖把被告不提管辖权异议而应诉答辩的行为拟制为以默示方式表达"同意受诉法院管辖本案"的意思;以此为前提,将受诉法院拟制为有管辖权法院,产生审判权合法化的法律效果。

> 比较:"德国法上的应诉管辖",请扫本节二维码学习。

根据《民事诉讼法》第 130 条第 2 款,结合《民诉法解释》第 223 条的解释,应诉管辖的成立要件有三:

(1) 当事人未在法律规定的期间内提出管辖异议。《民事诉讼法》规定,被告认为受诉法院没有管辖权的,应当在答辩期间提出管辖异议。超过答辩期未提出异议的,被告即

---

① Daniel Epps: Harmless Error and Substantial Rights, Harvard Law Review, Vol. 131, No. 8(June 2018): 2117-2186.

丧失管辖异议权。逾期提出管辖异议的,法院不予处理。如果当事人在答辩期间提出管辖异议,又针对起诉状的内容进行答辩的,不构成应诉管辖,人民法院应当按照管辖异议程序进行审理。

(2) 当事人实施了应诉答辩行为,即被告就案件实体内容进行答辩、陈述或反诉,或者出庭参加诉讼。被告管辖异议失权尚不足以构成应诉管辖。如果当事人没有实施任何诉讼行动,或者仅就程序问题提出异议,不能发生应诉管辖的法律效果。此时,法院对管辖问题仍然要依职权进行审查,发现自己没有管辖权的,应当适时纠正。必要共同诉讼人中部分的当事人不提管辖异议且应诉答辩,其他当事人没有实施诉讼行为的,不能成立应诉管辖。①

(3) 不违反级别管辖和专属管辖的规定。《民事诉讼法》明确排除级别管辖错误和违反专属管辖的情形成立应诉管辖。但是,我国民事诉讼特别程序法规定的专门管辖或者最高人民法院司法解释确定的集中管辖,不属于强行法规则,当事人不得以此对应诉管辖提出抗辩。

成立应诉管辖后,受诉法院依法获得了管辖权,已经不存在"管辖错误"问题。当事人再以管辖错误提出异议的,法院不予处理,法官只需向当事人作必要的释明即可。

应诉管辖的法律效果属于程序效力,即本案诉讼程序经过所产生的结果对诉讼主体所发生的约束力。程序效力建立在当事人享受到必要的程序保障为前提,且仅在本案程序中有约束力。根据程序效力原理,应诉管辖赋予受诉法院管辖权的效力仅在本案诉讼程序中有效,包括上诉审、再审,以及经上诉或再审发回重审的程序。但应诉管辖的效力不能延伸扩张到当事人事后提起的其他诉讼,也不能自动及于原告撤诉后或法院裁定驳回起诉后当事人重新起诉的案件。②

评注:我国民事诉讼法将管辖权作为起诉条件之一,旨在保证司法权的有效运行,防止法院在没有审判权的情况下进行审理和裁判,导致程序空转,造成司法资源的浪费,徒增当事人诉讼成本。应诉管辖制度设计不能偏离此等目标。要认识到,应诉管辖毕竟建立在管辖错误的基础上,有违管辖制度设立的初衷,成立应诉管辖是"不得已而为之"。该规则属于备而不用、用不上最好的制度安排。

---

① 参见"汪某华与恒博天下、肖某文不当得利纠纷案",最高人民法院(2020)最高法民辖10号民事裁定书。
② [日]新堂幸司:《新民事诉讼法》,林剑锋译,法律出版社2008年版,第83页。

第九章 法院调解

第一节 法院调解概述

一、法院调解的概念

法院调解又称诉讼调解,是指在法院审判人员的主持下,双方当事人就争议事项进行协商,自愿达成协议,结束诉讼程序的诉讼活动。

法院调解是我国民事诉讼中的重要制度,是人民法院审理民事案件常用的方式之一。人民法院在民事审判工作中十分重视通过调解方式处理案件。《民事诉讼法》在总则部分专章规定了法院调解制度。一直以来,法院调解被当作我国民事诉讼的基本原则之一。按照最高人民法院 2004 年颁布实施的《关于人民法院民事调解工作若干问题的规定》(以下简称《调解规定》)第 2 条,对于有可能通过调解解决的民事案件,人民法院应当调解。

二、法院调解的特征

相对于其他诉讼制度,法院调解的制度特征有以下几个方面:

(1) 法院调解适用的案件范围非常广泛。除法律规定不能调解的案件外,调解适用于所有的案件。不能适用调解的案件主要是指:适用特别程序、督促程序、公示催告程序、破产还债程序的案件、身份关系确认案件以及其他依案件性质不能进行调解的民事案件。除此之外的民商事纠纷案件、婚姻家庭关系案件、劳动争议案件等,均可以适用调解。

(2) 法院调解适用的程序很广。第一审普通程序、简易程序、上诉审程序、再审程序都可以适用调解,而且在程序发展的各个阶段都可以进行调解。

(3) 法院调解是法院行使审判权的方式之一,调解协议是法定的结案方式的一种,生效调解书、调解笔录与法院生效判决书具有同等效力。法院调解是在法院审判人员主持下进行的,是法院行使审判权和当事人行使处分权的结合。这是调解不同于诉讼中的和解的特征。诉讼和解是指当事人在诉讼过程中通过自行协商,达成解决纠纷的协议的活动。纯粹意义上的诉讼和解是没有法官参与的当事人在诉讼之外的行为。当事人达成和解后,一般以原告方撤回诉讼的方式终结诉讼程序。某些情况下,诉讼上的和解可能会转化为法院调解,即当事人请求法院以调解书的形式确认其和解协议的,和解可以转化为调解。

评注：作为解决争议的一种手段和方式，调解被广泛地运用于各种解决民事纠纷的制度之中。除法院用调解方式处理民事诉讼外，仲裁机构、行政机关、民间组织也运用调解处理它们主管范围内的民事纠纷。法院调解与其他组织的调解，如仲裁机构的调解、乡（镇）人民政府及其他行政机关的调解、人民调解委员会的调解，既有共性，又有明显区别。

法院调解与其他组织调解的共同之处在于：它们都是建立在当事人自愿基础上的解决纠纷的方式。调解能否开始取决于当事人是否同意接受调解，调解过程中是否作出让步取决于当事人的意愿，调解结束时是否与对方达成调解协议、达成何种内容的调解协取决于当事人的选择。另一方面作为调解的主持者，他们都要做相同或相似的调解工作，都要引导当事人就争议进行协商，化解双方的对立情绪，劝说当事人作出必要的妥协和让步，以达成调解协议解决纠纷。

法院调解与其他组织调解之间的区别在于：第一，性质不同。法院调解是民事诉讼程序的有机组成部分，是法院行使审判权的行为，本质上属于诉讼程序的性质；其他组织的调解是非法院调解，不具有司法性：仲裁机构的调解属于仲裁，乡（镇）人民政府和行政机关的调解是行政行为，人民调解委员会的调解则是民间调解。第二，效力不同。法院调解达成的调解协议一旦生效，就具有与生效判决同等的法律效力，可以作为法院强制执行的依据，当事人不能上诉，也不可能就同一事项再次提起诉讼。其他组织调解达成的协议，除仲裁调解协议外，其他调解协议均没有强制执行力，主要靠当事人自觉履行。当事人反悔的，还可以提起诉讼。

第二节　法院调解的基本原则

《民事诉讼法》第96条规定："人民法院审理民事案件，根据当事人自愿的原则，在事实清楚的基础上，分清是非，进行调解。"《民诉法解释》第145条指出，人民法院审理民事案件，应当根据自愿、合法的原则进行调解。当事人一方或者双方坚持不愿调解的，应当及时裁判。根据上述规定，法院调解应当遵循以下原则：

一、自愿原则

调解的自愿原则，是指法院调解活动的进行和调解协议的达成，都必须以双方当事人自愿为前提。自愿与合意是法院调解获得正当性的基础。只要是出于当事人的自愿并经双方达成一致，即便调解协议内容超出诉讼请求的范围，人民法院也可以准许。自愿原则有以下两方面的含义：

（1）法院调解活动的开始要征得双方当事人的同意。对于自己的案件采用判决方式处理还是以调解方式处理，当事人有选择权。当事人提起诉讼时，是要求法院用判决方式解决争议，因而以调解协议替代判决是当事人对程序上权利的处分。因此，法院是否可以进行调解时，取决于当事人的意愿。法院必须在取得双方当事人同意后才能开始调解。即使法院认为用调解方式处理案件对当事人更加有利，但如果当事人不愿，也不得强迫其接受调解。

（2）调解协议应当反映双方当事人的真实意愿。调解的本质是通过调解人的斡旋，当事人达成谅解、作出让步，从而解决纠纷。法院调解也是如此。为了达成调解协议，当事人往往需要放弃部分实体权利。因此,调解协议的内容必须是当事人真实意思表示。当事人不能就权利义务关系达成一致的,法院应当及时判决,不能为了追求调解结案而强迫或采取久调不决等方式变相强迫当事人作出让步。

> **评注**:强制调解规则
>
> 调解自愿原则的例外是,少数案件实行强制调解规则。所谓强制调解也称调解先行或调解前置,即当事人向法院提起诉讼,必须首先经法院调解后才能进入实体审理程序。《民诉法解释》第145条第2款规定:"人民法院审理离婚案件,应当进行调解,但不应久调不决。"《简易程序规定》第14条规定,下列民事案件,人民法院在开庭审理时应当先行调解:(一)婚姻家庭纠纷和继承纠纷;(二)劳务合同纠纷;(三)交通事故和工伤事故引起的权利义务关系较为明确的损害赔偿纠纷;(四)宅基地和相邻关系纠纷;(五)合伙协议纠纷;(六)诉讼标的额较小的纠纷。但是根据案件的性质和当事人的实际情况不能调解或者显然没有调解必要的除外。调解达成协议并经审判人员审核后,双方当事人同意该调解协议经双方签名或者捺印生效的,该调解协议自双方签名或者捺印之日起发生法律效力。

二、事实清楚、分清是非原则

事实清楚、分清是非原则,是指法院调解应当建立在事实清楚、分清是非的基础上。该原则既是法院调解制度的性质所要求的,也是调解取得成功所必需的。法院调解是诉讼中调解,是法院对民事案件行使审判权的一种方式。遵循事实清楚、分清是非原则是民事诉讼程序正当性的要求。其次,司法经验表明,审判人员要有效地进行调解,说服当事人接受调解方案,事先查清案件的基本事实,分清双方当事人的是非责任是很有帮助的。如果审判人员对当事人争议的案件事实心中无底就开始调解,不仅不能提出双方当事人都能接受的方案,而且容易变成盲目调解,强说硬劝,效果不好,事倍功半;如果审判人员不依法分清双方当事人的是非责任就急于调解,其说理不仅没有说服力,而且容易变成各打五十大板、"和稀泥",不利于保护当事人的合法权益。

当然,以调解方式结案对案件事实的依赖程度不同于判决方式。判决是建立在法院对当事人争议的案件事实作出明确判断和适用法律认定当事人之间的权利义务基础之上的,判决书中写明法官认定事实所依据的证据及其证明力,公开对案件事实形成内心确信的过程,详细论证所适用的法律依据及其解释等。因此,在判决中,案件事实的查明应当达到证据规则规定的证明要求,厘定当事人的权利义务。在调解中,法官查明案件事实的标准相对要低。只要能够起到说服当事人达成协议的作用,法官不一定要严格按照判决的标准把争议事实彻底查清。调解书也不需要载明法官对案件事实的判断结论,不会妨碍调解协议的效力。不排除有些情况下,案件事实的查清反而不利于当事人达成互谅互让的理解,不利于纠纷解决,或者案件事实是否查明对纠纷解决没有实质帮助,在这些情况下,审判人员只要对案件事实的轮廓有大致的了解就可以了。

三、合法原则

调解的合法原则,是指调解协议的内容不得违反法律规定。民事诉讼法对调解协议合法性的要求与对判决合法性的要求是存在区别的。调解的合法是指调解协议的内容不违反法律禁止性规定,而不是指协议内容必须严格遵照法律的规定确定当事人的权利义务关系。首先,民事诉讼是解决当事人之间的私权利纠纷,当事人自愿达成调解协议的行为属于私权利(处分权)行为,因此调解合法与非法的界限应当是"法无禁止皆可为",凡是不违反法律禁止性规定的协议都可以视为是合法的。其次,调解协议通常是权利方作出让步的结果,因此协议内容不可能完全等同于判决内容。

根据《调解规定》第12条,调解协议具有下列情形之一的,人民法院不予确认:①侵害国家利益、社会公共利益的;②侵害案外人利益的;③违背当事人真实意思的;④违反法律、行政法规禁止性规定的。

四、及时原则

调解应当在规定的审理期限内完成。调解是法院在诉讼程序中行使审判权的一种方式,同样受到诉讼法关于审理期限的规定。法院调解所占用的时间,应当计算在审限之内。其必要性在于避免法院以调解为名,拖延案件的审理,或者以拖促调,变相强迫当事人接受调解协议。根据及时原则,在调解开始后,当事人不能达成协议或者调解书送达前一方反悔的,人民法院应当及时判决。

第三节 法院调解程序

一、法院调解的阶段

《民事诉讼法》规定,法官可以在诉讼程序中的任何阶段进行调解。《调解规定》第1条规定,人民法院对受理的第一审、第二审和再审民事案件,可以在答辩期满后裁判作出前进行调解。在征得当事人各方同意后,人民法院可以在答辩期满前进行调解。按照调解的时间,法院调解大致包括庭前调解、庭审调解、庭后调解。

1. 庭前调解

庭审前的调解发生在诉讼的初始阶段,在被告应诉答辩后,开庭审理前进行。《民诉法解释》第142条规定,人民法院受理案件后,经审查,认为法律关系明确、事实清楚,在征得当事人双方同意后,可以径行调解。法官的经验表明,庭前调解的成功率较高。因为开庭审理过程是双方当事人信息交换的过程。信息越充分,当事人对诉讼结果的预期越清晰,认为自己胜诉可能性较大的一方一般不会同意调解。其次,庭审程序的公开性、对抗性和当事人在法庭调查、法庭辩论中对自己主张和理由的不断重复,加之情绪带入逐步增多,会强化当事人的对抗心理。另外,对自己主张的不断重复还会强化、巩固当事人对自己主张的信念。原来不确定的态度、观点会变得确定,并愿意坚持之。这时说服当事人改变态度、作出让步就很困难。

为防止因庭前调解延误诉讼,《调解规定》对庭前调解设置了期限。在答辩期满前人民法院对案件进行调解,适用普通程序的案件在当事人同意调解之日起15天内,适用简易程序的案件在当事人同意调解之日起7天内进行调解。当事人未达成调解协议的,应当及时开庭审理。但各方当事人同意继续调解的,法院可以适当延长调解期间,延长的时间不计入审限。

2. 庭审调解

庭审调解是法院在开庭审理过程中进行的调解。庭审的调解一般应当在法庭辩论结束后进行。但是,如果在法庭调查结束、法庭辩论之前当事人双方都有调解意向的,法官也可以抓住机会及时调解。经过法庭调查和法庭辩论这两个阶段后,法官和双方当事人已经掌握了案件的基本信息,是非责任也初步明确,此时进行调解显得更加公平、正当。经过法庭调查和辩论,如果事实清楚的,审判长或审判员应当按照原告、被告和有独立请求权第三人的顺序询问当事人是否愿意调解。无独立请求权第三人需要承担义务的,在询问原、被告之后,还应询问其是否愿意调解。当事人如果愿意调解,可以当庭进行调解,也可以在休庭后进行调解。

3. 庭后调解

法院在开庭结束后、裁判文书送达前进行的调解,叫庭后调解。开庭结束后,合议庭评议对裁判内容作出决定,以及法官制作裁判文期间,当事人还可以申请法院调解。甚至在法院送达裁判文书时,当事人签收之前还希望调解的,法院也可以进行调解。如果达成调解协议,法院的裁判文书即不必送达,也不再生效,法院应另行制作调解书。

二、法院调解方式

调解程序的启动有两种情形:一种是因当事人提出申请而开始;另一种是人民法院依职权主动征求当事人的意见,询问当事人是否愿意调解,取得当事人同意后,开始调解。

调解是在法院主持下进行的。在实行独任审理时,由审判员一人主持调解;在案件由合议庭审理时,调解可以由合议庭主持,也可以由审判长代表合议庭主持调解。为保障调解的公正性,人民法院应当在调解前告知当事人主持调解人员和书记员姓名以及是否申请回避等有关诉讼权利和诉讼义务。合议庭或独任审判员可以独立进行调解,也可以根据需要邀请有关单位和个人协助法院进行调解。由当事人所在单位、当事人的亲友协助法院做当事人的思想工作,有利于调解的进行,有助于化解纠纷,达成调解协议。当法院发出邀请时,受邀请的单位或个人应当协助法院进行调解。人民法院可以邀请与当事人有特定关系或者与案件有一定联系的企业事业单位、社会团体或者其他组织,和具有专门知识、特定社会经验、与当事人有特定关系并有利于促成调解的个人协助调解工作。经各方当事人同意,人民法院可以委托前款规定的单位或者个人对案件进行调解,达成调解协议后,人民法院应当依法予以确认。

调解的地点可以根据案件的具体情况确定,一般在法院内,也可以到案件发生地、当事人所在地就地进行调解。调解原则上应当在当事人各方均在场的情况下进行,但为了促成当事人达成协议,法院根据需要也可以对当事人分别做调解工作。

法院调解采取不公开的方式进行,包括:①调解过程不公开,但当事人同意公开的除外;②调解协议内容不公开,但为保护国家利益、社会公共利益、他人合法权益,人民法院认为确有必要公开的除外。

主持调解和参与调解的人员,对调解过程以及调解过程中获悉的国家秘密、商业秘密、个人隐私和其他不宜公开的信息,应当保守秘密,但为保护国家利益、社会公共利益、他人合法权益的除外。

人民法院调解案件时,原则上由当事人亲自参加,特别是涉及身份关系案件的当事人,应当亲自参加调解。当事人不能出庭的,经其特别授权,可由其委托代理人参加调解;达成的调解协议,可由委托代理人签名。离婚案件当事人确因特殊情况无法出庭参加调解的,除本人不能表达意志的以外,应当出具书面意见。

法院主持调解时,应当引导当事人就解决争议的方案进行充分协商。调解方案应先由各方当事人提出,审判人员促成双方达成协议。在双方当事人提出的方案差距太大,难以达成一致意见的情况下,审判人员可以依据案件事实和法律规定,在分清双方的是非责任情况下,提出一个双方都有可能接受的调解方案,供当事人考虑。双方当事人在诉讼外自行协商达成协议要求法院制作调解书,法院应对协议的内容进行审查,协议内容不违反法律的,可以根据协议内容制作调解书。当事人不能对诉讼费用如何承担达成协议的,不影响调解协议的效力。人民法院可以直接决定当事人承担诉讼费用的比例,并将决定记入调解书。

调解在以下两种情况结束:一是经调解双方当事人达成了调解协议;二是当事人未能达成调解协议。在第一种情况下,调解结束同时也是诉讼的结束。第二种情形调解虽然结束,但诉讼却继续进行,由调解转入庭审程序或判决程序。当事人经调解不能达成协议的,人民法院应当及时作出裁判。

第四节 调解书及其效力

一、调解书

调解书是法院制作的记载当事人调解协议内容的法律文书。调解书须依据调解协议制作,反映调解协议的内容。当事人自行和解或者调解达成协议后,也可以请求人民法院按照和解协议或者调解协议的内容制作调解书。

法院对达成调解协议的案件,一般应当制作调解书,除法律另有规定的除外。当事人请求制作判决书的,人民法院不予准许。但是,无民事行为能力人的离婚案件,法定代理人与对方达成协议要求发给判决书的,人民法院可根据协议内容制作判决书。《民事诉讼法》第101条规定可以不制作调解书的案件包括:①调解和好的离婚案件;②调解维持收养关系的案件;③能够即时履行的案件;④其他不需要制作调解书的案件。

调解书的格式,由首部、主文和尾部三部分组成。首部应写明制作调解书的法院、案件的编号、当事人、第三人、诉讼代理人的基本情况、案由和主持调解的合议庭组成人员或独任审判人员。主文是调解书的核心内容,它由案件事实和调解结果两部分构成。案件事实部分应写明:①原告的诉讼请求及理由。被告的答辩主张和理由。有第三人参加诉讼时,还应写明第三人的主张和理由。②由法院在调解中查明的有争议的案件事实。调解结果部分写明经法院主持调解,双方当事人自愿达成的调解协议的内容。这部分一定要写得明确、具体,否则在履行调解书时会出现争议。尾部由主持调解的审判人员、书记员署名,写明制作调解书的时间,加盖法院的公章。

二、调解书效力

已生效的调解书、调解笔录与生效判决书具有同等法律效力,包括拘束力、既判力和执行力。

1. 拘束力

调解书的拘束力表现为双方当事人之间的民事权利义务关系依据调解书或调解笔录中记载的调解协议的内容而确定。

2. 既判力

既判力是指调解书在诉讼法上的效力,表现为两个方面:①结束诉讼程序。调解书或调解笔录生效表明双方当事人之间的纠纷已通过诉讼得到解决,诉讼程序因此而结束。当事人不得以同一事实和理由向同一被告再次提起诉讼。②当事人不得对调解协议提出上诉。调解协议是当事人自愿达成的,由于法律已经为调解的自愿性提供了充分的程序保障,当事人应当为自己的行为承担法律后果,不能随意推翻。因此,法律规定,当事人对已生效的调解书无权提出上诉。

3. 执行力

生效调解书具有与生效判决一样的执行力,当事人应当遵照调解书内容履行义务。一方当事人拒绝履行调解书载明的义务的,对方当事人可将调解书作为执行依据向人民法院申请强制执行。

三、调解书生效时间

法院调解协议生效的时间,因是否制作调解书而有所不同。

1. 调解书生效时间

根据《民事诉讼法》第89条的规定,调解书经双方当事人签收后具有法律效力。即调解书需经当事人签收后才发生法律效力。在共同诉讼情形,应当以最后收到调解书的当事人签收的日期为调解书生效日期。在无独立请求权第三人参加诉讼的情形,人民法院调解民事案件,需由无独立请求权的第三人承担责任的,应当经其同意。该第三人在调解书送达前反悔的,人民法院应当及时裁判。换句话说,法院主持当事人进行调解达成协议时,该协议并不是立即生效的,在法院制作调解书和送达之前,当事人都有权利反悔。调解协议虽然是当事人自愿达成的,但达成调解协议后当事人仍然可能出现反悔。当事人反悔有时表现为拒绝签收法院送达的调解书。对调解书送达前一方或双方当事人反悔的,调解书不再发生效力,法院应继续对案件进行审理,并及时作出判决。

法律在调解协议达成与调解书生效之间设置了一个时间差,其本意是给予当事人更多的时间和机会再次斟酌,以保证调解协议是当事人真实意思的表现,在一定程度上还可以减少法官滥用调解手段,在当事人信息不完全的情况下变相强迫调解。

2. 不需制作调解书的调解协议生效时间

民事诉讼法规定,依法不需要制作调解书的案件,当事人达成的调解协议应当记入调解笔录,由双方当事人、审判人员、书记员签名或盖章,调解协议即发生法律效力。对此,法官应当向当事人释明。当事人各方同意在调解协议上签名或者盖章后即发生法律效力的,经人民法院审查确认后,应当记入笔录,或者将调解协议附卷,并由当事人、审判人员、书记员签名或者盖章后即具有法律效力。如果当事人请求制作调解书的,人民法院审查确认后可以制作调解书。当事人拒收调解书的,不影响调解协议的效力。

第十章 诉讼保障制度

为维护诉讼秩序、保障诉讼程序顺利进行,民事诉讼法设置了期间、送达、保全、先予执行、排除妨害诉讼行为、诉讼费用等制度,在本教材中统称诉讼保障制度。

第一节 期 间

一、期间的概念和意义

(一)期间的概念

期间又称诉讼期间,是指人民法院、当事人和其他诉讼参与人汇合进行或单独完成某种诉讼行为的时间。

期间包括期限和期日两种。所谓期限,是指法院或当事人单独完成一定诉讼行为所需要的时间,如立案期限、上诉期限、审理期限等。期日,是指人民法院、当事人及其他诉讼参与人会合进行诉讼行为的时间,如开庭审理日、宣判日等。期限多为民事诉讼法明文规定。期日多由人民法院根据具体情况指定。

(二)期间的意义

诉讼是需要各诉讼主体投入大量时间和精力的过程。合理确定诉讼行为实施的期日与期限,既是保障当事人充分行使诉讼权利,保证法院妥当行使审判权的要求,也有督促当事人及时行使诉讼权利、履行诉讼义务,约束法院及时作出裁判行为,防止诉讼拖延的意图。因此,期间的制度价值同时关涉到公正与效率两个方面。

期间是程序效力的节点标志。期间的届至即时间的经过,是引发诉讼法律关系发生、变更、消灭的法律事实之一。比如期限届满往往意味着当事人某项诉讼权利的失权。典型如答辩期限届满,被告就没有权利提出管辖异议;上诉期限届满,当事人就不能再行使上诉权;当事人在举证时限届满后提供的证据可能不能作为定案根据;在指定的开庭日期当事人没有正当理由不出席庭审,可能被缺席判决,等等。因此,期间直观地体现了司法活动的程序性特征,是程序安定的重要保证,也是维护审判严肃性和法律权威性的制度保障。

二、期间的种类

根据我国《民事诉讼法》第85条的规定,民事诉讼的期间包括法定期间和指定期间两种。

(一) 法定期间

法定期间是民事诉讼法明确规定的诉讼期间。主要的法定期间规定在审理程序中，是确保诉讼程序按时、有序进行的一般规定，包括立案期间、管辖权异议期间、上诉期间、申请复议期间、债务人对支付令提出异议的期间、申请再审的期间、第三人提起撤销之诉的期间、申请执行的期间，等等。

法定期间通常是不可变更期间，不适用诉讼时效中止、中断、延长的规定。审理期限是少数法律规定可以变更的法定期间。

(二) 指定期间

指定期间是指人民法院根据审理案件的具体情况，依职权决定的期间。常见的指定期间适用于完成特定诉讼活动所需要的时间，如补正起诉状的期限、举证时限、履行生效法律文书确定义务的时间、补充证据等诉讼资料的时间等。由于诉讼活动的复杂性，法律不可能对一切诉讼行为的期间都作出明确规定，有必要赋予法院根据案件的具体情况，灵活确定某些诉讼行为实施期间的裁量权。

指定期间具有较强的灵活性和针对性，属于可变期间。人民法院在指定期间后，如果遇有特殊情况，当事人或其他诉讼参与人不能在指定的期间内完成规定的诉讼行为时，可以申请延长。人民法院可以根据实际情况撤销原来指定的期间而重新指定。此外，指定期间从属于法定期间。人民法院在指定期间时，必须确保诉讼活动能够在法定期间完成。

三、期间的计算

我国《民事诉讼法》第85条第2—4款对诉讼期间的计算方法做了明确的规定。

(1) 期间以时、日、月、年计算。民事诉讼中以时起算的期间从次时起算；以日、月、年计算的期间从次日起算，即期间开始的时和日不计算在期间之内。例如上诉期间的计算，是从判决书送达当事人的次日起计算为第一天。再比如对情况紧急的财产保全的申请，法院接受申请后必须在48小时内作出裁定，应从法院接受申请之后的下一个小时开始计算。

(2) 期间届满的最后一日是法定休假日的，以法定休假日后的第一日为期间届满的日期，即以法定休假日后的第一个工作日为期间届满的日期。法律上的法定休假日是指国家统一规定的节假日和休息日，如星期六、星期日、元旦、春节、清明节、五一节、端午节、中秋节、国庆节等。它不包括专为某一类人规定的节假日、某些民间节日、国外节日或单位自己规定的假日，如妇女节、青年节、儿童节、重阳节、圣诞节、单位庆典日等。

(3) 期间不包括在途时间。所谓在途时间，是指人民法院或者当事人邮寄诉讼文书在途中所用去的时间。诉讼文书在期满前交邮的，不算过期。如5月10日上诉期间届满的日期，当事人或其法定代理人只要在这一天(包括这一天)之前将上诉状交邮局寄出的，不管法院几天后收到都应视为在上诉期内提起了上诉。确定诉讼文书是否在期间届满前交邮，不是以诉讼文书到达地邮局邮戳上的时间为标准，而是以诉讼文书寄出地邮局邮戳上的时间为标准。按照《民诉法解释》,公告期间、当事人和解期间等不计入审理期限。

四、期间的耽误和顺延

(一) 期间的耽误

期间的耽误,是指当事人或其他诉讼参与人在法定或指定的期间内,没有完成某项诉讼行为的状态。如果是因为当事人和其他诉讼参与人主观的原因耽误期间的,其法律后果一般是丧失了为某种行为的诉讼权利,因而承受不利的诉讼后果。

(二) 期间的顺延

如果期间的耽误是因为客观原因导致的,民事诉讼法规定了顺延的补救办法。《民事诉讼法》第86条规定:"当事人因不可抗拒的事由或者其他正当理由而耽误期限的,在障碍消除后的10日内,可以申请顺延期限,是否准许,由人民法院决定。"根据这一规定,期间的顺延必须符合一定的条件:①申请的主体限于当事人。其他诉讼参与人无权提出顺延申请。②申请的理由必须是当事人主观上无法预测,客观上无法避免、不可抗拒的事由或者其他正当事由。如自然灾害致通讯、交通阻断,当事人突然患重病无法行动,等等。③申请的时间应当在障碍消除后的10日内。此为不变期间,逾期则丧失申请顺延的权利。

期间耽误后,当事人应当以书面形式向法院提出顺延申请,法院经审查认为确实存在法律规定的正当理由的,应准许顺延;如果不存在正当理由,则应裁定驳回当事人的申请。

法院经审理准许顺延期限的,具体顺延期限的长短,因法定期间与指定期间而有所不同。对法定期间的顺延,一般是将实际耽误的期间补足;如果被耽误的是指定期间,其顺延期限的长短,由法院根据具体情况决定。

第二节 送达

一、送达的概念和意义

(一) 送达的概念

民事诉讼中的送达,是指人民法院依照法定的程序和方式,将诉讼文书送交给当事人和其他诉讼参与人的行为。送达是人民法院进行的一项重要的诉讼行为,具有以下特点:

(1) 送达的主体只能是人民法院。具体送达人是代表法院执行送达职务的法官助理、书记员、司法警察或专职的送达工作人员。送达行为的相对人,简称受送达人,主要包括当事人和其他诉讼参与人、协助执行人,等等。当事人及其他诉讼参与人向法院递交诉讼文书、相互之间交换诉讼文书,或法院之间移交诉讼文书的行为,都不属于送达。

(2) 送达必须按照法律规定的程序和方式进行。民事诉讼法对送达的方式和程序有比较具体的规定,实施送达行为时必须照此办理,否则不能产生送达的法律效力。

(3) 送达的对象是各类诉讼文书,包括起诉状副本、答辩状副本、上诉状副本、传票、通知书、判决书、裁定书、调解书、决定书、支付令等。

(二) 送达的意义

送达是民事诉讼法中的一项重要制度,在民事诉讼中具有十分重要的意义。第一,依法送达法律文书或诉讼文书,可以使当事人及其他诉讼参与人及时了解送达文书中的内容,为行使诉讼权利和履行诉讼义务做好准备。从这一意义上说,送达是法律为当事人和其他诉讼参与人充分行使诉讼权利提供的程序保障。第二,依法送达法律文书,是法律文书的法律效果得以发生的前提。如传票一经送达,受传唤的被告就有到庭的义务;如果是必须到庭的被告,经两次传票传唤,无正当理由拒不到庭的,人民法院可以适用拘传,强制其到庭。第三,送达也为法院实施诉讼行为,使诉讼程序得以正常、有序地运行提供了保障。

(三) 送达回证

送达回证是指人民法院制作的用以说明受送达人收到所送达的诉讼文书的凭证。《民事诉讼法》第87条规定:"送达诉讼文书必须有送达回证,由受送达人在送达回证上记明收到日期、签名或者盖章。"送达回证的内容包括:实施送达的法院的名称,受送达人的姓名(名称)、职务、住所地或经常居住地,应送达文书的名称和案件编号,送达方式,送达人和受送达人的签名或盖章、签收日期等。受送达人在送达回证上的签收日期为送达日期。

二、送达的效力

送达的效力是指诉讼文书送达给受送达人后所产生的法律后果。送达的效力表现在以下两个方面:

(1) 程序上的效力。程序上的效力是指诉讼文书送达后所产生的民事诉讼程序上的法律后果。如起诉状副本送达被告后,被告就应该应诉,还有权提交答辩状。传唤当事人出庭的传票送达后,当事人就有出庭的义务。如果经传票传唤,原告无正当理由拒不到庭的,将按撤诉处理;被告提出反诉的,人民法院还可以缺席判决;被告无正当理由拒不到庭,法院可以缺席判决。

(2) 实体上的效力。实体上的效力是指诉讼文书送达后所产生的实体权利义务方面的法律后果。如双方当事人签收了向其送达的判决书、调解书后,该裁判文书即发生法律效力,债务人应在规定的期限内履行义务,逾期不履行的,债权人可依判决书、调解书的内容向人民法院申请强制执行。

诉讼文书的内容不同,送达后产生的法律后果也不同。有的诉讼文书只产生程序法上的效力,如传唤当事人出庭的传票;有的诉讼文书送达后既产生程序法上的效力,又产生实体上的效力,如判决书、调解书。

三、送达的方式

根据《民事诉讼法》及有关司法解释的规定，人民法院送达诉讼文书的方式有以下七种。

(一) 直接送达

直接送达又称交付送达，是指人民法院指派专人将诉讼文书直接送交受送达人本人的送达方式。直接送达是最基本的送达方式，诉讼文书能够直接送达的人民法院都应当采用直接送达的方式。受送达人是公民的，应当由公民本人签收。向法人或者其他组织送达诉讼文书，应当由法人的法定代表人、该组织的主要负责人或者办公室、收发室、值班室等负责收件的人签收或者盖章。

以下情况视为直接送达：①公民本人不在的，可交给他的同住成年家属签收。但是在离婚案件中，如果受送达人不在时，不宜由对方当事人或在该纠纷中与受送达人处于对立关系的同住成年家属签收，因为他们之间有某种利害关系。②受送达人有诉讼代理人的，可以送交其代理人签收。③受送达人已向人民法院指定代收人的，送交代收人签收。调解书应当直接送达当事人本人，本人因故不能签收时，可由其指定的代收人签收。④人民法院通知当事人到人民法院领取的。按照《民诉法解释》第131条，人民法院通知当事人到法院领取诉讼文书，当事人到达人民法院，拒绝签署送达回证的，视为送达。审判人员、书记员应当在送达回证上注明送达情况并签名。

(二) 留置送达

留置送达是指在受送达人或其同住的成年家属拒绝接收送达的文书时，送达人依法将诉讼文书留在受送达人的住所即视为送达的一种送达方式。留置送达与直接送达具有同等的法律效力。留置送达适用于下列三种情况：其一，受送达人或者其同住成年家属拒绝接收诉讼文书的；其二，法人的法定代表人、其他组织的主要负责人或者办公室、收发室、值班室等负责收件的人拒绝签收或者盖章的；其三，受送达人指定诉讼代理人为代收人时，该代收人拒绝接受送达的诉讼文书的。

调解书不适用留置送达。当事人拒绝签收调解书，即意味着对先前达成调解协议反悔了。在这种情况下，调解程序终结，人民法院应当及时作出判决。

人民法院适用留置送达时，还必须履行法律规定的程序才能产生送达的法律后果。留置送达的程序是：①在受送达人或其同住成年家属拒绝接收诉讼文书时，送达人应当邀请有关基层组织或者其所在单位的代表到场，说明情况，在送达回证上记明拒收事由和日期，由送达人、见证人签名或者盖章，然后把诉讼文书留在受送达人的住所，即产生送达的法律效力；②如果有关基层组织或其所在单位的代表及其他见证人不愿意在送达回证上签字或盖章的，由送达人在送达回证上记明情况，把送达文书留在受送达人住所，并采用拍照、录像等方式记录送达过程，即视为送达；③人民法院在定期宣判时，当事人拒不签收判决书、裁定书的，应视为送达，并在宣判笔录上记明；④人民法院可以在当事人住所地以外向当事人直接送达诉讼文书。当事人拒绝签署送达回证的，采用拍照、录像等方式记录送达过程即视为送达。审判人员、书记员应当在送达回证上注明送达情况并签名。

(三) 电子送达

电子送达是指人民法院用传真、电子邮件、移动通信等即时收悉的特定系统作为送达媒介的送达方式。为解决送达难,节约司法资源,《民事诉讼法》第 90 条规定了远程送达方式。该条规定的远程送达应当按照下列程序:①经受送达人同意;②所采用的方式必须是能够确认其收悉的方式;③所有的诉讼文书均适用远程送达,但通过电子方式送达的判决书、裁定书、调解书,受送达人提出需要纸质文书的,人民法院应当提供;④电子送达以送达信息到达受送达人特定系统的日期,也即人民法院对应系统显示发送成功的日期,为送达日期。但受送达人证明到达其特定系统的日期与人民法院对应系统显示发送成功的日期不一致的,以受送达人证明到达其特定系统的日期为准。

(四) 委托送达

委托送达是指法院直接送达诉讼文书有困难的,委托受送达人所在地人民法院代为送达的方式。委托送达与直接送达具有同等效力。根据《民诉法解释》第 134 条的规定,委托其他人民法院代为送达的,委托法院应当出具委托函,并附送达回证,以受送达人在送达回证上签收的日期为送达日期。受委托人民法院应当自收到委托函及相关诉讼文书之日起十日内代为送达。

(五) 邮寄送达

邮寄送达是指法院通过邮局将诉讼文书挂号寄交受送达人的送达方式。同委托送达一样,邮寄送达是在受送达人住所在外地,直接送达有困难时,才能适用的一种送达方式。法院在采用邮寄送达时,应附有送达回证。送达回证没有寄回的,以挂号信回执上注明的收件日期为送达日期。

(六) 转交送达

转交送达是指人民法院将诉讼文书送交受送达人所在单位代收后,再由该单位转交给受送达人的送达方式。转交送达是在受送达人身份比较特殊,不宜或不便采用直接送达的情况下所适用的一种送达方式。根据《民事诉讼法》第 92 条、第 93 条的规定,可以适用转交送达的情形是:受送达人是军人的,通过其所在部队团以上单位的政治机关转交;受送达人是被监禁者,通过其所在监所或者劳动改造单位转交。代为转交的机关、单位收到诉讼文书后,必须立即将其交受送达人签收,受送达人在送达回证上的签收日期,为送达日期。

(七) 公告送达

公告送达是指在受送达人下落不明或者前述六种方式均无法送达的情况下,人民法院通过公告将诉讼文书有关内容告知受送达人的一种特殊的送达方式。根据民事诉讼法的相关规定,公告送达必须遵循以下程序规则:①法院采取公告送达,应当以当事人可能看到的载体和地方发出公告。例如在法院的公告栏和受送达人原住所地张贴公告,或在报纸上刊登公告等方式。法律对公告方式有特殊要求的,应按要求的方式进行公告。②公告送达起诉状或上诉状副本的,应当在公告中说明起诉或上诉的要点,受送达人答辩期限及逾期答辩的法律后果;公告送达传票的,应当说明出庭地点、时间及逾期不出庭的法律后果;公告送达判决书、裁定书的,应当说明裁判主要内容;裁判是第一审法院作出的,还应当说明上诉权利、上诉期限和上诉审人民法院。③自公告发出之日起,经过30日,即视为送达。④人民法院应当在案卷中说明公告送达的原因和经过。

第三节　诉讼保全

一、诉讼保全的概念与种类

诉讼保全是指法院根据利害关系人或当事人的申请,或者依职权裁定对涉案财产进行保全,责令相关行为人作出一定行为或者禁止其作出一定行为的强制性保护措施。诉讼保全制度设置的目的在于保证将来的生效判决得到执行,切实维护胜诉一方当事人的合法权益,维护法院生效判决的权威性和严肃性。

我国民事诉讼法规定了财产保全和行为保全两类诉讼保全制度,分别有诉讼中保全和诉前保全两种情形。

二、财产保全

(一)财产保全的条件

财产保全裁定是在人民法院对当事人争议的实体问题作出裁判前,甚至在当事人提起诉讼之前作出的。申请财产保全的一方当事人并不一定能够胜诉。如果其败诉,保全将难免会给对方当事人带来损害。另外,即使申请财产保全的一方当事人胜诉,判决生效之前就使另一方当事人的财产或争议标的物受到强制也会影响其物的效用的发挥,造成损失。为防止保全措施被滥用,民事诉讼法对当事人申请财产保全以及法院依职权采取财产保全规定了一定的限制条件。

(1)适用诉讼财产保全的案件仅限于给付之诉。具有给付内容的判决才有执行性,才存在着判决生效后难以实现的问题,具有财产保全的可能性。

(2)必须具有采取财产保全措施的必要性。诉讼中的财产保全必要性表现为,可能因当事人一方的行为或者其他原因,使判决不能执行或难以执行。比如当事人一方擅自将争议的标的物出卖、转移、隐匿、毁损、挥霍,或者将自己的资金抽走、动产带出国外等以逃避履行义务为目的恶意行为,也可以是基于客观原因致争议的标的物无法保存。如诉讼标的物是季节性商品、鲜活、易腐烂变质以及其他不宜长期保存的物品,若不及时采取保全措施,将会造成更大损失。

采取诉前财产保全还必须有采取保全措施的紧迫性,即情况紧急,不立即采取财产保全将会使申请人的合法权益受到难以弥补的损害。这里所谓的情况紧急,是指利害关系人的相对人的恶意行为(如即将实施或正在实施转移、隐匿、毁损财产的行为),或者其他客观情况,使利害关系人的合法权益受到损害的危险迫在眉睫。一旦紧急情况发生,将给其合法权益造成实际损害,若等到案件受理以后再申请诉讼财产保全,已无实际意义。

(3) 通常情况下,法院根据当事人的申请裁定采取财产保全措施;必要时也可由人民法院依职权裁定采取保全措施。诉前财产保全必须由利害关系人向人民法院提出申请。诉前财产保全发生在起诉之前,案件尚未进入诉讼程序,诉讼法律关系还未发生,法院不存在依职权采取财产保全措施的前提条件,所以只有在利害关系人提出申请后,法院才能够采取财产保全措施。

(4) 保全担保。诉讼中财产保全,人民法院认为必要时,可以责令申请人提供担保。诉前财产保全申请人必须提供担保。因为诉前财产保全发生在诉讼程序开始之前,与诉讼中的财产保全相比,法院对是否存在保全的必要性和会不会因申请不当而给被申请人造成损失更加难以把握。为了防止诉前保全错误,民事诉讼法规定申请人必须提供担保。申请人不提供担保的,人民法院应驳回其申请。

(5) 财产保全的范围限于请求的范围,或者与本案有关的财物。所谓限于请求的范围,是指被保全的财物的价额,不应超出诉讼请求的标的额。所谓与本案有关的财产,是指保全的财物是本案的标的物或者与本案标的物有牵连的其他财物。比如当事人行使留置权的留置物。限定财产保全的范围,是为了控制财产保全的制度风险,避免因保全的范围过宽而给相关当事人造成不必要的财产损失。《民诉法解释》第157条规定,人民法院对抵押物、质押物、留置物可以采取财产保全措施,但不影响抵押权人、质权人、留置权人的优先受偿权。

(二) 财产保全的程序

当事人申请财产保全可以在起诉前、诉讼系属后、二审期间,也可以在法律文书生效后,进入执行程序前。

当事人申请财产保全一般应当采用书面形式。采用书面形式确有困难的,也可以口头方式提出申请,由人民法院记录在卷,由当事人签名或盖章。申请书或者笔录中要载明请求保全财物的名称、数量或价额、财物所在的地点、需要保全的原因等。人民法院接受当事人诉讼财产保全的申请后,经过审查认为符合法律规定的,应当适时作出保全裁定。如果情况紧急,必须在48小时内作出裁定。人民法院接受利害关系人诉前财产保全的申请后,必须在48小时内作出裁定。法院裁定采取财产保全措施的,应当立即开始执行。

财产保全的裁定,一般采用书面形式。一经作出,立即发生法律效力。保全裁定进入执行程序后,自动转为执行中的查封、扣押、冻结措施,期限连续计算。执行法院无需重新制作裁定书,但查封、扣押、冻结期限届满的除外。当事人不服的,不得上诉,但可以申请复议一次。对当事人不服财产保全裁定提出的复议申请,人民法院应当及时审查,裁定正确的,通知驳回当事人的申请;裁定不当的,作出新的裁定以变更或撤销原裁定。复议期间不停止对裁定的执行。

人民法院进行财产保全可以采取查封、扣押、冻结或者法律规定的其他方法。查封是指人民法院清点财产、粘贴封条、就地封存,以防止被处理和移动的一种财产保全措施。这种措施主要适用于不动产。扣押是指人民法院对需要采取财产保全措施的财物就地扣留或异地扣留保存,在一定期限内不得动用和处分。这种措施主要适用于动产。冻结是指人民法院依法通知有关银行、信用合作社等单位,不准被申请人提取或转移其存款的一种财产保全措施。人民法院依法冻结的款项,任何人(包括银行和信用合作社)都不准动用。冻结期限为6个月。6个月的诉讼期限届满之后,人民法院没有重新办理冻结手续的,原冻结措施视为自动撤销,权利人有权自由处分冻结的款项。法律准许的其他方法还有:①对季节性商品、鲜活、易腐烂变质以及其他不宜长期保存的物品采取保全措施时,可以责令当事人及时处理,由人民法院保存价款;必要时,人民法院可予以变卖,保存价款。②对债务人到期应得的收益,可以限制其支取,通知有关单位协助执行。③债务人的财产不能满足保全请求,但对第三人有到期债权的,人民法院可以依债权人的申请裁定该第三人不得对本案债务人清偿。该第三人要求偿付的,由人民法院提存财物或价款。

人民法院冻结财产后,应当立即通知被冻结财产的人。人民法院在财产保全中采取查封、扣押财产措施时,应当妥善保管被查封、扣押的财产。当事人、负责保管的有关单位和个人以及人民法院原则上不得动用该项财产。如果继续使用对该财产的价值无重大影响,可以允许被保全人继续使用。

人民法院采取财产保全措施时,发现待保全财产已经被其他人民法院查封、冻结的,不得重复查封、冻结,可以轮候查封。

(三) 财产保全的解除

人民法院裁定采取保全措施后,除作出保全裁定的人民法院自行解除或者其上级人民法院裁定解除外,在保全期限内,任何单位不得解除保全措施。根据《民事诉讼法》及有关司法解释的规定,出现下列情形之一的,人民法院应当及时作出裁定,解除财产保全措施。

(1) 生效的法律文书已经得到执行。这是财产保全程序的自然解除。

(2) 财产保全的原因和条件发生变化或不再存在。如被申请人自动履行了义务,诉前保全的紧急情况不复存在,原告申请撤销且被人民法院批准等。

(3) 被申请人提供担保。人民法院裁定采取保全措施后,被申请人提供担保的,消除了将来生效判决不能执行或难以执行的危险性,财产保全已无必要,应裁定解除财产保全措施。

(4) 诉前财产保全的申请人在人民法院采取保全措施后30日内不起诉或申请仲裁的。

(四) 财产保全错误的救济

《民事诉讼法》第108条规定:"申请有错误的,申请人应当赔偿被申请人因财产保全所遭受的损失。"申请有错误,包括诉前保全申请人没有在规定的期限内提起诉讼或申请仲裁;超出必要范围申请保全;申请保全的原因不存在;以及经实体审理后诉讼请求未获得法院支持,等等。财产保全错误,给被申请人造成财产损失的,申请人应当承担赔偿责任。人民法院依职权采取保全措施错误的,应当按照国家赔偿法的规定进行赔偿。

三、行为保全

行为保全是对当事人或利害关系人的行为采取的保全措施,即责令行为人为一定行为或停止为一定行为的强制性保护措施。行为保全的目的在于及时阻止正在进行的侵权行为,防止申请人损失进一步扩大。行为保全多适用于海事海商纠纷、知识产权侵权纠纷和不正当竞争纠纷案件。目前我国的法律与司法解释规定了两种行为保全,一是诉前(中)禁令,二是海事强制令。

(一) 诉前(中)禁令

诉前(中)禁令是指在诉讼系属前,或诉讼系属后裁决生效前,人民法院根据利害关系人的申请,向被申请人发出停止实施侵权行为的禁止性命令。我国诉前禁令制度主要规定在知识产权法律制度中。如《商标法》第65条规定,商标注册人或者利害关系人有证据证明他人正在实施或者即将实施侵犯其注册商标专用权的行为,如不及时制止将会使其合法权益受到难以弥补的损害的,可以依法在起诉前向人民法院申请采取责令停止有关行为的措施。最高人民法院2018年发布的《关于审查知识产权纠纷行为保全案件适用法律若干问题的规定》(以下简称《知识产权保全规定》)就申请诉前责令停止侵害知识产权行为的法律适用问题专门做了解释。按照该司法解释,人民法院审查行为保全申请,应当综合考量下列因素:①申请人的请求是否具有事实基础和法律依据,包括请求保护的知识产权效力是否稳定;②不采取行为保全措施是否会使申请人的合法权益受到难以弥补的损害或者造成案件裁决难以执行等损害;③不采取行为保全措施对申请人造成的损害是否超过采取行为保全措施对被申请人造成的损害;④采取行为保全措施是否损害社会公共利益;等等。

> **评注:** 英美法上的马利华禁令(Mareva Injunction)和大陆法系上假处分制度都是诉讼保全上的行为保全制度。马利华禁令的内容主要是禁止被告把财产转移出法院的管辖区,并禁止他在法院辖区外处分该财产的行为。[①] 假处分则是禁止当事人改变系争物的状态,或维持争议法律关系的现状。知识产权侵权纠纷领域常用的诉前禁令,如国际条约《与贸易有关的知识产权协定》(TRIPs)第50条、我国《专利法》第66条、《商标法》第65条、《著作权法》第50条规定的诉前禁令,针对的是侵犯知识产权的行为,目的都在于保全知识产权中的财产利益,避免发生当事人即便胜诉也无法挽回的经济损失。

诉前禁令主要适用于情况紧急,不立即采取行为保全措施即足以损害申请人利益的情形。常见的有:①申请人的商业秘密即将被非法披露;②申请人的发表权、隐私权等人身权利即将受到侵害;③诉争的知识产权即将被非法处分;④申请人的知识产权在展销会等时效性较强的场合正在或者即将受到侵害;⑤时效性较强的热播节目正在或者即将受到侵害;等等。

申请人申请行为保全的,应当依法提供担保。申请人提供的担保数额,应当相当于被

[①] 沈达明编著:《比较民事诉讼法初论》,中国法制出版社2002年版,第341页。

申请人可能因执行行为保全措施所遭受的损失,包括责令停止侵权行为所涉产品的销售收益、保管费用等合理损失。人民法院采取的行为保全措施,一般不因被申请人提供担保而解除,但是申请人同意的除外。

人民法院裁定采取行为保全措施前,应当询问申请人和被申请人,但情况紧急或者询问可能影响保全措施执行等情形除外。人民法院裁定采取行为保全措施或者裁定驳回申请的,应当向申请人、被申请人送达裁定书。向被申请人送达裁定书可能影响采取保全措施的,人民法院可以在采取保全措施后及时向被申请人送达裁定书,至迟不得超过 5 日。当事人不服行为保全裁定的,可以申请复议。人民法院应当在收到复议申请后 10 日内审查并作出裁定。

人民法院裁定采取行为保全措施的,应当根据申请人的请求或者案件具体情况等因素合理确定保全措施的期限。行为保全裁定的效力一般应当维持至案件裁判生效时止。

申请行为保全有错误的,申请人应当承担赔偿责任。申请有错误包括以下情形:申请人在采取行为保全措施后 30 日内不依法提起诉讼或者申请仲裁;行为保全措施因请求保护的知识产权被宣告无效等原因自始不当;申请责令被申请人停止侵害知识产权或者不正当竞争,但生效裁判认定不构成侵权或者不正当竞争;等等。

(二)海事强制令

海事强制令是指海事法院根据海事请求人的申请,为使其合法权益免受侵害,责令被请求人作为或者不作为的强制措施(详见"海事诉讼特别程序"二维码学习)。

> 拓展阅读:"保全错误的程序法解释",请扫二维码学习。

保全错误的程序法解释

第四节 先予执行

一、先予执行的概念和意义

先予执行是指人民法院在案件受理后,判决作出之前,为解决当事人一方生活或生产的紧迫需要,根据其申请,裁定对方当事人先行给付一定的财物或者立即为某种行为的制度。

在通常情况下,执行必须以生效的判决作为依据,即要等到判决生效以后才能执行,以实现债权人的权利。但是案件的审判是需要时间的。在这段时间内,对于某些案件的权利人(原告)来说,可能由于经济困难,连正常的生活也难以维持,或者生产经营无法进行。如果等到判决生效后再按判决确定的内容执行,往往难解燃眉之急,甚至为时已晚,权利人遭受到难以挽回的损失。

为了使权利人在诉讼期间能够维持最起码的生活,或使其生产经营活动不至于完全陷入停顿状态，有必要将执行的时间向前推移，移至法院作出终审判决之前。这就是先予执行制度。先予执行的最大意义即在于能解决当事人生活、生产经营上的燃眉之急，使满足原告诉讼请求的判决在生效前就实现其内容。

二、先予执行的适用范围和条件

(一) 先予执行的适用范围

先予执行只适用于法律规定的特定类型的案件。根据《民事诉讼法》第109条的规定，这些案件范围包括：

(1) 追索赡养费、扶养费、抚养费、抚恤金、医疗费用的案件。这几类民事案件都直接涉及申请人的正常生活与身心健康。先予执行有利于保护申请人的合法权益，保障诉讼顺利进行。

(2) 追索劳动报酬的案件。这类案件与权利人的生活和工作有密切联系，需要先予执行。

(3) 因情况紧急需要先予执行的案件。根据《民诉法解释》第170条，所谓情况紧急需要先予执行，包括下列情形：①需要立即停止侵害、排除妨碍的；②需要立即制止某项行为的；③追索恢复生产、经营急需的保险理赔费的；④需要立即返还社会保险金、社会救助资金的；⑤不立即返还款项，将严重影响权利人生活和生产经营的。

(二) 先予执行的条件

根据《民事诉讼法》第110条的规定，人民法院裁定先予执行，必须具备以下条件：

(1) 当事人之间权利义务关系明确。这是指在民事法律关系中，原告与被告之间的权利义务关系是法律有明确规定的，通常是被告对原告承担法定义务的情形。

(2) 有先予执行的紧迫需要。这是指对当事人生活、生产经营具有紧迫性，如果不先予执行，将严重影响申请人的生活或生产经营。出现紧迫需要的情形主要有两种：一是申请人依靠被申请人（被告）履行义务而维持正常生活。如丧失劳动能力又无经济来源的父母靠子女给付赡养费维持生活，在提出申请时原告的生活已经陷入困境，或住院治疗急需支付手术费，等等。二是原告的生产经营活动，因被告拖欠款项而陷入停顿，无法维持继续生产的。

(3) 当事人提出申请。法院不能依职权主动裁定先予执行。

(4) 被申请人有履行能力。先予执行的目的是为了解决原告的燃眉之急，及时解决其实际困难，如果被告没有能力先行给付，自己也存在生活困难、流动资金匮乏等问题，就没有先予执行的条件。在被申请人没有履行能力的情况下，即使人民法院作出先予执行裁定，也没有实际意义。

比较："先予执行与行为保全的制度交叉与界分"，请扫本节二维码学习。

先予执行与保全的制度交叉与界分

三、先予执行的程序

(一) 先予执行的开始

当事人应在起诉的同时或法院受理案件后、判决作出之前提出申请,法院应当开庭审理后作出裁定。申请一般应采用书面形式,载明先予执行的请求、理由和根据,并说明对方当事人有履行能力的具体情况。如果以口头形式申请的,人民法院应当记录在卷,并由当事人签字或盖章。

(二) 责令申请人提供担保

法院在接到申请后,应审查当事人申请的案件是否属于先予执行的范围,是否符合先予执行的条件。对符合条件的案件,法院根据案件具体情况考虑是否要求申请人提供担保。让申请人提供担保的目的,是为了平衡和保护被申请人的利益,避免因申请人的申请错误,而使被申请人遭受不应有的财产损失。一般情况下,追索赡养费、扶养费、抚养费、抚恤金和劳动报酬的案件,不必责令申请人提供担保,对于其他案件,如果法院认为有必要的,可以责令申请人提供担保。如果法院决定责令提供担保,则申请人必须提供有效担保,否则,法院将驳回其申请。

(三) 先予执行的裁定

人民法院对当事人先予执行的申请,经审查符合法定条件的,应当及时作出先予执行的裁定。先予执行范围应当以当事人诉讼请求为限。对不符合法定条件的申请,则应裁定驳回。裁定一般采用书面形式,一经送达当事人即发生法律效力,并一直持续到法院对案件作出的判决生效。当事人对裁定不服的,可以申请复议一次,复议期间不停止裁定的执行。对当事人提出的复议申请,人民法院应及时审查,裁定正确的,通知驳回申请;裁定不当的,作出新的裁定变更或撤销原裁定。

四、先予执行错误的补救

人民法院先予执行后,根据发生法律效力的判决发现先予执行错误的,申请人应当返还因先予执行所取得的利益,人民法院应当裁定执行回转。

第五节 对妨害民事诉讼的强制措施

一、对妨害民事诉讼的强制措施的概念和性质

对妨害民事诉讼的强制措施,是指人民法院在民事诉讼中,为了制止和排除诉讼参与人或案外人对民事诉讼的妨害,维护正常的诉讼秩序,保证诉讼活动的顺利进行,而依法对妨害人所采取的各种强制手段的总称。

对妨害民事诉讼的强制措施是保障民事诉讼程序顺利进行的手段，是民事诉讼法律规范中不可缺少的重要组成部分。

> **争鸣**："对妨害民事诉讼的强制措施的性质的争议"，请扫二维码学习。

对妨害民事诉讼的强制措施的性质的争议

对民事诉讼强制措施性质的界定，必须从其目的入手，结合其制度性特征，抓住其本质属性来理解。就民事诉讼法规定的强制措施适用对象、适用范围和启动方式而言，民事诉讼强制措施具有以下特点：

其一，根据民事诉讼法的规定，民事诉讼强制措施的适用对象既可以是当事人，也可以是当事人的诉讼代理人，以及证人、鉴定人、翻译人员等其他诉讼参与人，还可以是旁听人员等案外人。因此，民事诉讼强制措施适用对象是广泛的，不限于本案诉讼参加人。

其二，采取民事诉讼强制措施是人民法院依职权主动进行的，不需要当事人的申请，是一种审判职权行为。

其三，民事诉讼强制措施只适用于诉讼过程中，包括审判阶段和执行阶段，针对的是对正在进行的民事诉讼程序形成妨害的行为。

其四，民事诉讼强制措施的目的在于维持诉讼秩序、保障诉讼活动的顺利进行。采取强制措施惩戒有妨害诉讼行为的人只是手段，只要达到排除妨害程序顺利进行的状态即可。在具体案件中，人民法院可以根据强制措施实施的效果提前解除该措施的适用。

由此可见，民事诉讼强制措施在本质上是一种程序保障规则，是法律赋予人民法院采取强制性手段排除诉讼程序障碍，保障诉讼顺利进行，维护诉讼秩序的程序规则。尽管拘留、罚款等民事诉讼强制措施在外观上与行政处罚或刑罚有一些相似之处，但它并非行为人违反实体法而产生的法律后果。人民法院对当事人进行批评教育、限制人身自由或经济惩罚只是手段，目的在于恢复诉讼的正常、有序状态。如果因此把民事诉讼强制措施视为一种教育活动或行政制裁，只看到该制度的表面现象而没有真正理解该制度的本质特征。

二、民事诉讼强制措施的意义

在民事诉讼法中规定对妨害民事诉讼的强制措施，具有下列意义：

（1）维护诉讼秩序，保障人民法院正常行使审判权，顺利完成审判任务。在民事诉讼中，人民法院行使审权处理案件，必须有法定的程序和良好的诉讼秩序，这是顺利完成审判任务的基本条件。但是，在审判实践中，一些诉讼参与人和少数旁听群众无视法庭纪律，无理取闹，破坏诉讼秩序，如证人作伪证、哄闹法庭等，严重阻挠和干扰人民法院正常审判秩序。对妨害民事诉讼行为的人采取一定的强制措施，及时排除妨害，以保证审判工作的顺利开展和民事诉讼任务的完成。

（2）排除妨害诉讼行为，保障当事人和其他诉讼参与人充分行使诉讼权利。妨害民事诉讼的行为，不仅直接干扰了诉法活动的正常进行，而且还会影响到当事人和其他诉讼参与人对诉讼权利的充分行使，使他们的合法权益受到侵害，甚至还可能危及他们的人身安全，如威胁、侮辱、殴打证人和诉讼参与人等。因此，人民法院必须依法对妨害民事诉讼的行为人采取必要的强制措施，以保障当事人和其他诉讼参与人能够充分行使诉讼权利，确保他们的合法权益在诉讼过程中免受侵害,或者即使受到侵害也能得到及时的制止和排除。

(3) 教育公民自觉遵守法律,自觉维护诉讼秩序。依法对妨害民事诉讼的行为人采取必要的强制措施,不仅可以使行为人本人受到深刻的教育,同时对其他公民也具有教育意义和警示作用,从而促使他们自觉遵守国家法律,维护诉讼秩序。

三、妨害民事诉讼行为的构成和种类

(一) 妨害民事诉讼行为的构成

所谓妨害民事诉讼的行为,是指当事人、其他诉讼参与人或案外人在民事诉讼过程中故意实施的扰乱民事诉讼秩序,阻碍民事诉讼正常进行的行为。正确认定妨害民事诉讼行为是准确适用强制措施的前提条件,因此,必须掌握妨害民事诉讼行为的构成要件。这些要件包括:

1. 行为人实施了妨害民事诉讼的具体行为

妨害民事诉讼的具体行为,其表现形式包括作为和不作为两种。所谓作为是指行为人积极实施妨害民事诉讼的行为,如提供伪证,指使、贿赂他人作伪证,变卖已被查封、扣押的财产,等等。所谓不作为,是指行为人拒绝实施法律规定应当实施的行为,如拒绝协助执行等。

2. 行为人有实施妨害民事诉讼行为的故意

这是构成妨害民事诉讼行为的主观要件。所谓故意是指行为人明知自己实施的行为会妨害民事诉讼法秩序,希望或者放任这种情形的发生。行为人主观上存在着明显的妨害民事诉讼的目的,如当事人以暴力的方法阻止证人出庭作证。如果某一行为的实施不是基于行为人的故意,而是出于他的过失,则不能将这一行为认定为妨害民事诉讼的行为,即使这一行为在客观上可能会给诉讼的正常进行造成一定程度的影响。

3. 行为人在诉讼期间实施妨害民事诉讼行为

妨害民事诉讼行为表现为扰乱、阻碍民事诉讼的正常进行,因此必须是发生在一定诉讼期间的行为。这里的诉讼期间,包括从受理起诉到执行终止的整个过程。在这个过程中,不论行为人是在法庭内还是在法庭外实施的妨害行为,均构成妨害民事诉讼的行为。如果行为人的行为是在起诉前或执行完毕后实施,则不构成妨害民事诉讼行为。但该行为构成其他违法的,应由其他机关依照有关法律、法规加以处理。

4. 行为人的行为对正在进行的民事诉讼程序造成了妨碍

只有对民事诉讼的顺利进行造成了妨害的行为,才可能构成妨害民事诉讼的行为。如果行为人表示了妨害民事诉讼的意图,没有具体实施的行为,或者开始实施后又自动中止,且尚未造成妨害诉讼的实际后果的,则不能视为妨害民事诉讼的行为。

(二) 妨害民事诉讼行为的种类

根据我国民事诉讼法和相关司法解释的规定,妨害民事诉讼行为的具体种类有:

1. 必须到庭的被告,经两次传票传唤,无正当理由拒不到庭

所谓必须到庭的被告,是指负有赡养、抚育、扶养义务和不到庭就无法查清案情的被告。所谓无正当理由,通常是指客观上并不存在不可抗力、意外事件等使前述被告无法到庭的特殊情况。另外,如果必须到庭的被告是给国家、集体或他人造成损害的未成年人,则其法定代理人经两次传票传唤,无正当理由拒不到庭的,也同样构成妨害民事诉讼的行为。

2. 违反法庭规则,扰乱法庭秩序的行为

这是在法庭审理中所为的妨害行为,包括:一般违反法庭规则,情节较轻的行为和违反法庭规则,情节较重的行为。前者如未经许可在庭审时录音、录像,不公开审理时强行进入法庭旁听等;后者如哄闹、冲击法庭,侮辱、威胁、殴打审判人员等。如果违反法庭规则,情节严重,已经触犯刑法构成了犯罪,则此行为就不仅属于妨害民事诉讼行为,而且是犯罪行为,应依法追究刑事责任。

3. 证据妨害行为

证据妨害行为包括三种形式:①当事人没有正当理由未按人民法院指定的举证期限提供证据,人民法院根据不同情形可以不予采纳该证据,或者采纳该证据但予以训诫、罚款。②伪造、毁灭重要证据,妨碍人民法院审理案件。伪造证据,指行为人为掩盖事实本来面目而故意以弄虚作假的方式制造根本就不存在的证据;毁灭重要证据,是指行为人将现有的能够证明案件事实的证据销毁。③以暴力、威胁、贿买方法阻止证人作证,或者指使贿买、胁迫他人作证。这里包括两方面的行为:一是以武力、殴打、拘禁、恐吓、金钱引诱等方式阻止本案证人向法庭提供证言;二是以强迫、逼使、金钱引诱、要挟等方式使不是本案的证人作证,或让本案证人作虚假证明。

4. 隐藏、转移、变卖、毁损已被查封、扣押的财产或者已被清点并责令其保管的财产,转移已被冻结的财产

这种行为是针对已由人民法院采取财产保全或其他限制处分权的执行措施的财产所为的,它将对生效裁判的执行构成妨碍。

5. 妨害司法人员执行公务行为

妨害司法人员执行公务行为包括两种行为:①对司法工作人员、诉讼参加人、证人、翻译人员、鉴定人、勘验人、协助执行人进行侮辱、诽谤、诬陷、殴打或者打击报复。这些行为直接指向正在执行职务的司法工作人员及有关人员,阻碍了司法工作人员执行职务和诉讼参与人行使诉讼权利,干扰和破坏了诉讼程序,使审判和执行活动无法进行。②以暴力、威胁或者其他方法阻碍司法工作人员执行职务。司法工作人员,是指审判人员、执行人员、书记员、司法警察以及法院内的法医等工作人员。此外,在由人民检察院按照审判监督程序提出抗诉并派员出席法庭的再审案件中,出庭的检察人员也属于司法人员。上述行为是直接施加于司法工作人员的,是在司法工作人员执行职务时实施的。

6. 拒不履行人民法院已经发生法律效力的判决、裁定行为

这是在执行程序中发生的妨害民事诉讼的行为。人民法院制作的生效法律文书,对

当事人具有强制性,当事人应当履行。对生效判决、裁定有能力履行而故意拒不履行的行为就是妨害民事诉讼的行为。根据《民诉法解释》第188条的规定：当事人有下列情形之一的,属于拒不履行人民法院已经发生法律效力的判决、裁定行为：①在法律文书发生法律效力后隐藏、转移、变卖、毁损财产或者无偿转让财产、以明显不合理的价格交易财产、放弃到期债权、无偿为他人提供担保等,致使人民法院无法执行的；②隐藏、转移、毁损或者未经人民法院允许处分已向人民法院提供担保的财产的；③违反人民法院限制高消费令进行消费的；④有履行能力而拒不按照人民法院执行通知履行生效法律文书确定的义务的；⑤有义务协助执行的个人接到人民法院协助执行通知书后,拒不协助执行的。

7. 拒不履行协助义务行为

《民事诉讼法》第117条规定了几种拒不履行协助义务,构成妨害诉讼的行为：①有关单位拒绝或者妨害人民法院调查取证。依法调查取证是人民法院的一项重要诉讼活动,有关单位有义务给予配合,不得拒绝,更不得人为设置障碍,否则便构成妨害民事诉讼行为。②银行、信用合作社和其他有储蓄业务的单位接到人民法院协助执行通知书后,拒不协助查询、冻结或者划拨存款。人民法院有权向银行、信用合作社和其他有储蓄业务的单位查询被执行人的存款情况,有权冻结、划拨被执行人的存款。人民法院决定冻结、划拨存款,应当作出裁定,并发出协助通知书。银行、信用合作社和其他有储蓄业务的单位必须办理,拒不协助查询、冻结或者划拨存款的,将会对诉讼造成妨害。③有关单位接到人民法院协助执行通知书后,拒不协助扣留被执行人的收入、办理有关财产权证照转移手续、转交有关票证、证照或其他财产。例如,房管部门拒不办理私房产权过户手续,交通管理部门拒不转交驾驶证等。④其他拒绝协助执行的行为。例如,有协助义务的银行擅自转移已被人民法院冻结的存款,或擅自解冻的；以暴力、威胁或者其他方法阻碍司法工作人员查询、冻结、划拨银行存款的；接到人民法院协助执行通知后,给当事人通风报信,协助其转移、隐匿财产的,等等。《民诉法解释》第192条规定,有关单位接到人民法院协助执行通知书后,有下列行为之一的,也构成妨害诉讼的行为：允许被执行人高消费的；允许被执行人出境的；拒不停止办理有关财产权证照转移手续、权属变更登记、规划审批等手续的；以需要内部请示、内部审批,有内部规定等为由拖延办理的。

8. 采取侵犯他人合法权益的行为追索债务的行为

债务人逾期不偿还债务,人民法院可以依法采取强制执行措施,除人民法院外的其他任何单位和个人,如果为追索债务,绑架、扣押人质,私自扣押债务人的财产,均构成妨害民事诉讼的行为。

9. 妨害强制执行的行为

根据最高人民法院1998年发布,2020年修改的《关于人民法院执行工作若干问题的规定(试行)》(以下简称《执行规定》)的规定,妨害执行的行为主要有：①隐藏、转移、变卖、毁损向人民法院提供执行担保的财产的；②案外人与被执行人恶意串通转移被执行人的财产的；③故意撕毁人民法院执行公告、封条的；④伪造、隐藏、毁灭有关被执行人履行能力的重要证据,妨碍人民法院查明被执行人财产状况的；⑤指使、贿买、胁迫他人对被执行人的财产状况和履行能力问题作伪证的;⑥妨碍人民法院依法搜查的;⑦以暴力、胁迫或其他方法妨碍或抗拒执行的;⑧哄闹、冲击执行现场的;⑨对人民法院工作人员或协助执行人员进行侮辱、诽谤、诬陷、围攻、威胁、殴打或者打击报复的;⑩毁损、抢夺执行案件材料、执行公务车辆、其他执行器械、执行人员服装和执行公务证件的。《民诉法解释》第519条规定,在执行终结六个月内,被执行人或者其他人对已执行的标的有妨害行为的,也构成妨害执行行为。

10. 虚假诉讼行为

《民事诉讼法》第115条、第116条规定了两种以虚假诉讼方式表现的妨害诉讼行为:①当事人之间恶意串通,企图通过诉讼、调解等方式侵害他人合法权益的,人民法院应当驳回其请求,并根据情节轻重予以罚款、拘留;构成犯罪的,依法追究刑事责任。②被执行人与他人恶意串通,通过诉讼、仲裁、调解等方式逃避履行法律文书确定的义务的,人民法院应当根据情节轻重予以罚款、拘留;构成犯罪的,依法追究刑事责任。

四、民事诉讼强制措施及其适用程序

(一) 民事诉讼强制措施

根据民事诉讼法的规定,人民法院可以根据不同的妨害民事诉讼行为的情节轻重以及特定的条件,采取不同的强制措施。具体包括以下五种强制措施:

(1) 拘传,也称强制到庭,指人民法院对必须到庭的被告,派出司法警察强制其到庭参加诉讼的措施。

(2) 训诫,是指人民法院对妨害民事诉讼情节较轻的人,以口头形式给予批评教育,指出其行为的违法性并责令其改正、不得再犯的措施。

(3) 责令退出法庭,是指人民法院对于违反法庭规则,扰乱法庭秩序的行为人,由司法警察依法强制其退出法庭的措施。

(4) 罚款,是指人民法院对构成妨害民事诉讼行为的人,惩罚其交纳一定现金的强制措施。

(5) 拘留,是指人民法院对实施妨害民事诉讼行为的人所采取的在一定期间内限制其人身自由的强制措施。

(二) 民事诉讼强制措施的适用程序

对妨害民事诉讼的行为采取强制措施,是排除诉讼障碍的一种有效方法。为了确保适用强制措施的合法性,人民法院必须按照法律规定的条件和程序进行。

1. 拘传的适用

按照民事诉讼法的规定,采取拘传措施应具备下列条件:

(1) 被拘传的对象必须是法律规定或人民法院认为必须到庭的被告。根据最高人民法院的司法解释,必须到庭的被告,主要是指追索赡养费、抚养费、扶养费案件的被告;损害赔偿案件的被告;不到庭就无法查清案情的被告。另外,给国家、集体或他人造成损害

的未成年人的法定代理人,如其必须到庭,经两次传票传唤无正当理由拒不到庭的,也可以适用拘传。在反诉中,本诉的原告变成了反诉的被告,如果是必须到庭的,也可以对其适用拘传。

(2) 必须经过两次传票传唤。人民法院必须依照诉讼文书的送达方式,将传票两次送达被告,传唤其出庭。如果采用打电话、捎口信等简易方式传唤被告,被告不到庭的,不能拘传被告。

(3) 无正当理由拒不到庭。如果必须到庭的被告因遇不可抗拒的自然灾害,或被告因生病等健康原因不能到庭的,即可以认为是有正当理由。此外,人民法院可以对拒不接受人民法院传唤的被执行人采取拘传手段。

人民法院采取拘传措施的程序是:先由合议庭或独任审判员提出,然后报院长批准,经批准后填写拘传票。拘传票写明被拘传人的姓名、性别、住所、工作单位、拘传理由、应到庭的时间和具体地点。由制作拘传票的单位和负责人签名,交司法警察执行。司法警察在拘传时,应向被拘传人出示拘传票,再次责令其立即到庭,并说明拒不到庭的法律后果,如果被拘传人经批评教育仍拒绝不到庭的,可以使用戒具强制其到庭。

对被执行人采取拘传方式进行调查询问,应当拘传至人民法院;在人民法院辖区以外采取拘传措施时,应当将被拘传人拘传至当地人民法院,当地人民法院应当予以协助。由于拘传不同于拘留,所以对被拘传人的调查询问不得超过 24 小时,调查询问后不得限制被拘传人的人身自由。

2. 训诫的适用

适用训诫,一般是当庭进行。人民法院采取训诫措施的程序是:经合议庭或独任审判员决定,由审判长或独任审判员以口头方式指出行为人的错误事实、性质及危害后果,并当庭对妨害者提出具体要求,责令其立即改正。训诫的内容应记入笔录,由被训诫者签名。

3. 责令退出法庭的适用

人民法院采取责令退出法庭的程序是:对妨害者进行批评教育,即对其训诫,经训诫仍不改正,经合议庭或独任审判员决定,由审判长或独任审判员口头宣布,责令其退出法庭。行为人如不自动退出法庭,可由司法警察强制其退出法庭,并将训诫内容、被责令者姓名、违反法庭规则的事实和危害后果记入笔录。

4. 罚款的适用

罚款是一种比较严厉的强制措施,对妨害民事诉讼行为人的罚款数额,应根据妨害行为的具体情节及所造成的危害后果来决定。对个人的罚款金额,为人民币 10 万元以下。对单位的罚款金额,为人民币 5 万元以上 100 万元以下。人民法院采取罚款措施的程序是:由合议庭或独任审判员提出意见,制作罚款决定书,报人民法院院长批准。批准后,通知被罚款人在指定期限内将所罚款额交人民法院。人民法院收到罚款后,必须给交款人开具收据。如果被罚款人不服罚款决定的,可以向上一级人民法院申请复议一次,复议期间不停止决定的执行。

5. 拘留的适用

拘留是强制措施中最严厉的一种,它涉及公民的人身自由和民主权利。因此适用时必须慎重。只有对极少数有严重妨害民事诉讼行为人,经反复教育仍坚持错误的,才能适用。根据民事诉讼法的规定,拘留的期限不得超过 15 天。

人民法院采取拘留措施的程序是:由合议庭或独任审判员提出意见,报人民法院院长批准,制作拘留决定书。因哄闹、冲击法庭,用暴力、威胁等方法抗拒执行公务等紧急情况,必须立即采取拘留措施的,可在拘留后,立即报告院长补办批准手续。院长认为拘留不当的,应当解除拘留。在执行拘留时,执行人员应向被拘留人出示并当场宣读拘留决定书,由司法警察将被拘留人送交当地公安机关看管。被拘留人对决定不服的,可以向上一级人民法院申请复议一次。复议期间不停止执行。

人民法院对被拘留人采取拘留措施后,应当在 24 小时内通知其家属;确实无法按时通知或者通知不到的,应当记录在案。被拘留人不在本辖区内的,作出拘留决定的人民法院应派员到被拘留人所在地的人民法院,请该院协助执行,受委托的人民法院应及时派员协助执行。被拘留人申请复议或者在拘留期间承认并改正错误,需要提前解除拘留的,受委托人民法院应向委托人民法院转达或者提出建议,由委托人民法院审查决定。

在宣布拘留决定后,对被拘留人仍应说服教育。被拘留人当场认错悔过的,报院长决定,可暂缓拘留或解除拘留。被拘留人在拘留期间认错悔改的,人民法院可以责令具结悔过,报经院长批准,提前解除拘留,并制作提前解除拘留决定书,交负责看管的公安机关执行。

罚款、拘留两种措施可以单独适用,也可以合并适用。合并适用时应注意:对同一妨害民事诉讼行为的罚款、拘留不得连续适用。但发生了新的妨害民事诉讼的行为,人民法院可以重新予以罚款、拘留。

被罚款、拘留的人不服罚款、拘留决定申请复议的,上级人民法院应在收到复议申请后 5 日内作出决定,并将复议结果通知下级人民法院和当事人。上级人民法院复议时认为强制措施不当,应当制作决定书,撤销或变更下级人民法院的拘留、罚款决定。情况紧急的,可以在口头通知后 3 日内发出决定书。

此外,《民诉法解释》还规定,人民法院对于不履行法律文书确定的义务的被执行人,除可以根据情节采取上述强制措施外,还可以将其纳入失信被执行人名单;将被执行人不履行或者不完全履行义务的信息向其所在单位、征信机构以及其他相关机构通报;对其采取或者通知有关单位协助采取限制出境;在征信系统记录、通过媒体公布不履行义务信息,以及法律法规规定的其他措施。因妨害执行行为给执行债权人或者其他人造成损失的,受害人可以对行为人另行起诉。

第六节 诉讼费用

一、诉讼费用的概念和意义

(一) 诉讼费用的概念

诉讼费用是指当事人在人民法院进行民事诉讼及相关活动,依法应当交纳和支付的费用。征收诉讼费用是一项重要的诉讼制度,也是国家财税法律制度的一个重要组成部分。《民事诉讼法》第121条规定:"当事人进行民事诉讼,应当按照规定交纳案件受理费。财产案件除交纳案件受理费外,并按照规定交纳其他诉讼费用。"2006年12月,国务院颁布《诉讼费用交纳办法》,是诉讼费用交纳的主要法律依据。

法院征收诉讼费用有如下意义:

(1) 制裁民事违法行为。诉讼费用负担的基本原则是由败诉方承担。败诉方通常就是违反法律、不履行义务,给对方当事人造成一定损失或侵犯了对方当事人合法权益的当事人。法律规定由败诉方承担诉讼费用,实质上是对违法行为的一种制裁。

(2) 填补国家财政开支。民事案件是公民、法人和其他组织之间的民事权益之争,大多属于财产争议。人民法院为解决这些纠纷,必须支出一定的费用。当事人为了自身的利益进行诉讼,让国家负担其诉讼开支,显然是不合理的。向当事人收取合理的诉讼费用,既可约束当事人的违法行为,又可以填补国家财政开支。

(3) 防止当事人滥用诉权、缠诉等行为。收取诉讼费用,可以促使民事纠纷当事人在起诉前认真审视诉讼的必要性以及诉讼成本,慎重对待起诉;也可以促使他们通过自行和解,民间调解等途径解决纠纷,在客观上减轻法院的工作负担。

(4) 维护国家主权和经济利益。随着国际交往日益频繁和广泛,诉至法院的涉外案件也随之增多。在当今世界各国法院审判民事案件都要收取诉讼费用的情况下,我国公民、法人或者其他组织,在外国进行民事诉讼,要缴纳诉讼费用;如果外国人、无国籍人或外国的企业和其他组织在我国进行民事诉讼反而不缴纳诉讼费用,则既不符合同等原则和对等原则,也有损于我国的经济利益。

二、诉讼费用的种类

根据《诉讼费用交纳办法》,诉讼费用包括三种:案件受理费,申请费,其他诉讼费用。

(一) 案件受理费

案件受理费,是指人民法院决定受理民事案件时,起诉一方当事人应当向人民法院交纳的费用。除法律另有规定外,第一审、第二审民事案件原则上都要征收案件受理费。《诉讼费用交纳办法》第8条规定了四类不交纳案件受理费的案件,包括:①依照民事诉讼法规定的特别程序审理的案件;②裁定不予受理、驳回起诉、驳回上诉的案件;③对不予受理、驳回起诉和管辖权异议裁定不服,提起上诉的案件;④行政赔偿案件。

案件受理费根据案件性质分为非财产案件受理费和财产案件受理费。非财产案件,如离婚、收养等案件,指当事人因人身权利等非财产权益的争议提起的诉讼。财产案件受理费,是指当事人因财产权益争议提起的诉讼,如合同纠纷、侵权赔偿等案件。案件性质不同,案件受理费的征收方法也不相同。

1. 非财产案件受理费

非财产案件受理费按件征收,具体数额由人民法院在法定幅度内收取。根据《诉讼费用交纳办法》第13条的规定,非财产案件的受理费按下列标准征收:离婚案件每件交纳

50元至300元。涉及财产分割,财产总额不超过20万元的,不另行交纳;超过20万元的部分,按照0.5％交纳。侵害姓名权、名称权、肖像权、名誉权、荣誉权以及其他人格权的案件,每件交纳100元至500元。涉及损害赔偿,赔偿金额不超过5万元的,不另行交纳;超过5万元至10万元的部分,按照1％交纳;超过10万元的部分,按照0.5％交纳。知识产权民事案件,没有争议金额或者价额的,每件交纳500元至1000元;有争议金额或者价额的,按照财产案件的标准交纳。劳动争议案件每件交纳10元。其他非财产案件每件交纳50元至100元。当事人提出案件管辖权异议,异议不成立的,每件交纳50元至100元。省、自治区、直辖市人民政府可以结合本地实际情况在法定幅度内制定具体交纳标准。

2. 财产案件受理费

财产案件受理费依率计征。具体是根据诉讼请求的金额或者价额,按照下列比例分段累计交纳:不超过1万元的,每件交纳50元;超过1万元至10万元的部分,按照2.5％交纳;超过10万元至20万元的部分,按照2％交纳;超过20万元至50万元的部分,按照1.5％交纳;超过50万元至100万元的部分,按照1％交纳;超过100万元至200万元的部分,按照0.9％交纳;超过200万元至500万元的部分,按照0.8％交纳;超过500万元至1000万元的部分,按照0.7％交纳;超过1000万元至2000万元的部分,按照0.6％交纳;超过2000万元的部分,按照0.5％交纳。破产案件依据破产财产总额计算,按照财产案件受理费标准减半交纳,但是,最高不超过30万元。

(二) 申请费

所谓申请费,是指当事人申请人民法院执行法律规定由人民法院执行的法律文书,申请人民法院采取财产保全措施等,按规定应交纳的费用。申请费主要包括下列费用:①申请执行法院判决、裁定、调解书、仲裁机构的裁决,公证机关依法赋予强制执行效力的债权文书和行政机关的处理或处罚决定的申请执行费;②财产保全的申请费;③支付令的申请费;④公示催告的申请费;⑤申请扣押船舶、债权登记、留置货物、燃料以及船东责任限制的申请费。

申请执行的,执行金额或者价额不超过1万元的,每件交纳50元;超过1万元至50万元的部分,按照1.5％交纳;超过50万元至500万元的部分,按照1％交纳;超过500万元至1000万元的部分,按照0.5％交纳;超过1000万元的部分,按照0.1％交纳。

申请保全措施的,实际保全财产数额不超过1000元或者不涉及财产数额的,每件交纳30元;超过1000元至10万元的部分,按照1％交纳;超过10万元的部分,按照0.5％交纳。但是,当事人申请保全措施交纳的费用最多不超过5000元。

(三) 其他诉讼费用

其他诉讼费用,是指在诉讼过程中实际支出的,应当由当事人负担的费用。该项诉讼费用主要包括证人、鉴定人、翻译人员、理算人员在人民法院指定日期出庭发生的交通费、住宿费、生活费和误工补贴。

人民法院收取诉讼费用应严格执行"无明文规定不收费"的原则,除《诉讼费用交纳办法》以及最高人民法院作出的相关司法解释所明文规定的收费范围、项目和标准外,各级人民法院均不得另行收取任何费用。

三、诉讼费用的负担

(一) 诉讼费用负担原则

诉讼费用的负担,以败诉当事人负担为原则,胜诉方当事人自愿负担的除外。败诉人负担诉讼费也是世界各国诉讼费用负担的普遍原则。同理,在执行费用负担上,由被申请人负担。

共同诉讼当事人败诉,由人民法院根据他们各自对诉讼标的的利害关系,决定各自应负担的金额;其中专为自己利益的诉讼行为所支出的费用,由该当事人自行负担。

具体案件不同情形,诉讼费用负担方式还有:①当事人按比例负担。当事人部分胜诉,部分败诉的,诉讼费用由人民法院根据双方当事人责任大小,确定双方当事人按比例负担。②当事人协商负担。调解解决的案件,诉讼费用由双方当事人协商分担。当事人协商不成的,可以由人民法院决定如何负担。③原告负担。原告撤诉的案件,由原告负担案件受理费,但应减半收取;其他诉讼费用,按实际支出收取。申请公示催告、申请股东责任限制的申请费,由申请人负担。申请支付令,因债务人异议而终结的,申请费由申请人负担;债务人未提出异议的,申请费由债务人负担。④人民法院决定负担。离婚案件的诉讼费用的负担,由人民法院决定。这是因为离婚案件是根据当事人双方的感情是否确已破裂进行判决的,胜诉方不一定无过错,败诉方则不一定负主要责任。因此,对离婚案件,人民法院只能根据案件具体情况决定诉讼费用的负担。人民法院还可以决定实施了不当诉讼行为的当事人负担应该行为而发生的费用。

再审案件不交纳诉讼费用。但是,当事人有新的证据,足以推翻原判决、裁定,向人民法院申请再审,人民法院经审查决定再审的案件除外。由于当事人的原因未能在指定期限内举证,致使案件在再审期间因提出新的证据被人民法院发回重审或者改判的,对方当事人有权要求提出新证据的一方当事人负担由此增加的旅费、误工、证人出庭作证、诉讼等合理费用以及由此扩大的直接损失。经再审认为原判确有错误,依法改判的案件,人民法院应当根据诉讼费用的负担原则,对诉讼费用进行改判。

(二) 当事人对诉讼费用的异议权

当事人不得单独对人民法院关于诉讼费用的决定提起上诉。当事人对人民法院关于诉讼费用的决定有异议的,可以向作出决定的人民法院院长申请复核。复核决定应当自收到当事人申请之日起 15 日内作出。当事人对人民法院决定诉讼费用的计算有异议的,可以向作出决定的人民法院请求复核。计算确有错误的,作出决定的人民法院应当予以更正。

四、司法救助

司法救助是指法院对交纳诉讼费确有困难的当事人,经申请而给予缓交、减少或免交的制度。这是一项保障经济上确有困难的当事人能充分行使诉讼权利的救助制度。

《民事诉讼法》第121条第2款规定:"当事人交纳诉讼费用确有困难的,可以按照规定向人民法院申请缓交、减交或者免交。"

(二) 诉讼费用的缓、减、免的程序和适用情形

当事人申请缓、减、免交诉讼费用,可以采用书面或口头形式提出。口头申请的,人民法院应记入笔录,由当事人签名或盖章。人民法院根据当事人的经济情况,决定是否缓交、减交或免交诉讼费用。

(1) 当事人可以申请免交诉讼费的情形,主要包括:①残疾人无固定生活来源的;②追索赡养费、扶养费、抚养费、抚恤金的;③最低生活保障对象、农村特困定期救济对象、农村五保供养对象或者领取失业保险金人员,无其他收入的;④因见义勇为或者为保护社会公共利益致使自身合法权益受到损害,本人或者其近亲属请求赔偿或者补偿的;⑤确实需要免交的其他情形。

(2) 当事人可以申请减交诉讼费用的情形,主要包括:①因自然灾害等不可抗力造成生活困难,正在接受社会救济,或者家庭生产经营难以为继的;②属于国家规定的优抚、安置对象的;③社会福利机构和救助管理站;④确实需要减交的其他情形。人民法院准予减交诉讼费用的,减交比例不得低于30%。

(3) 当事人可以申请缓交诉讼费用的情形,主要包括:①追索社会保险金、经济补偿金的;②海上事故、交通事故、医疗事故、工伤事故、产品质量事故或者其他人身伤害事故的受害人请求赔偿的;③正在接受有关部门法律援助的;④确实需要缓交的其他情形。

人民法院对一方当事人提供司法救助,对方当事人败诉的,诉讼费用由对方当事人负担;对方当事人胜诉的,可以视申请司法救助的当事人的经济状况决定其减交、免交诉讼费用。

证据篇

第十一章 证据法基本原理

现代诉讼被喻为基于法律和证据进行的裁判。所有案件事实都发生在过去,而法官并非亲历案件发生的人,要确认发生在过去的案件事实,只能通过案件发生后留下的痕迹、信息等事实材料来推断。这些能够反映案件事实的信息材料就是俗称的"证据"。法官只能基于证据判断案件事实。诉讼的过程主要是围绕当事人举证、质证和法官对证据的审查认定而展开。证据是诉讼开始的基础,是诉讼展开的推进器,还是终局判断的依据。在这意义上,证据是诉讼的核心,"打官司就是打证据"。民事诉讼中证据的筛选与运用,均应遵循司法的一般规律,遵守诉讼程序规则。证据规则就是规范当事人和法官运用证据判断案件事实的一套程序规则。

第一节 证据法理论基础

一、证据法的正当程序原理

证据法是规范法院采信证据和认定案件事实的程序规则的法律制度。表面上看,法官判断案件事实是一种发现和认识客观事物的活动,与科学研究、新闻调查、历史发现、医疗诊断等人类探究世界的一般认识活动没有什么两样,但是,法官发现案件事实是民事诉讼活动的一部分,而诉讼活动与认识活动在行动目的、限制条件、解决问题的性质等方面均存在本质区别。

(1)目的不同。与认识活动的目的在于发现事物的客观规律(真相)不同,民事诉讼的目的在于公正解决纠纷,法官查明案件事实是实现诉讼目的的手段之一。法官作出裁判并非一定要建立在案件真相大白的基础上,法律不允许法官以"案件事实真伪不明"为由拒绝裁判。民事证据规则中专门有针对案件事实真伪不明情况下的裁判规则。此外,即便案件事实没有查清,如果当事人选择以和解的方式解决争议,也能够实现诉讼的目的。

(2)是否受到程序规则的限制不同。与科学研究、考古发现、新闻调查等认识活动几乎没有程序规则形成鲜明对比的是,诉讼活动有一套严格的程序规范,约束诉讼主体的诉讼行为,确保当事人依法行使诉讼权利,法官依法行使审判权。法官认定案件事实的行为在以下几个方面受程序规则的限制:①受到诉权行使范围的限制。根据辩论原则和处分权原则,裁判者不能超越当事人主张和争议范围认定事实。对当事人不争议的事实,法官应直接认定。②受到裁判者中立角色的限制。为保证法官外观和内心的中立性,避免先入为主产生认知偏差,法律限制法官主动调查收集证据。这决定了法官主要依靠诉辩双方提供的证据进行判断。③受到诉讼期限的限制。因案件审判必须在规定的审限内完成,法官发现事实就不可能像一般的认识活动一样可以反复地、无期限地进行。在有限的期限内,一个人的认知能力是有限的,当事人能够提供的证据也是有限的。因此,法律不能要求法官在每个案件中对事实的认识都达到"发现真相"的层次。④受到既判力的限制。为了解决纠纷,裁判者必须作出最终的裁判结论。法官的裁判结论建立在能够收集、查证的证据之上。经过法定程序所作裁判,包括有关证据的采纳、事实的认定和实体法的适用,一旦发生法律效力,就具有终局性和权威性(既判力)。新的诉讼的发动受到极为严格的限制,即便出现新的证据都不一定能够导致对判决既判力的否定。

(3)解决问题的性质不同。如果说认识活动要解决的是实然问题,即"是什么"的问题,那么诉讼活动要回答的是应然问题,即"应该是什么"的问题,其中包含应该怎么做才符合法律上公平、正义的价值判断与价值选择。典型如法律对证据的筛选,特别是证据的合法性条件,体现了法律保障人权、约束审判权,禁止为查清事实的目的侵犯他人合法权益的价值要求。可见,法官发现和认定案件事实并非简单地运用证据调查技术和鉴真方法对案件事实形成认知的过程,而首先要解决"谁来提供证据""哪些证据可以作为认定事实的证据""证明达到什么程度可以认定事实"是公平正义的问题,要兼顾双方程序权利与诉讼地位平等保障的问题,价值判断与价值选择贯穿法官事实判断的全过程。

综上,法官用证据判断案件事实的活动不同于一般的认识活动。证据规则必须体现上述特征,以正当程序理论为其法理基础进行制度设置。

二、证据法的目的

证据法的目的在于让法官尽可能接近案件真实。证据法的目的包含三个重要的命题:

(1)证据裁判主义。证据规则的运行遵循证据裁判主义逻辑。所谓证据裁判主义,是指法官只根据证据能够证明的事实作出裁判。《民事证据规定》第85条:"人民法院应当以证据能够证明的案件事实为根据依法作出裁判。"

(2)法律真实观。在公正解决纠纷诉讼的目的指引和程序规则的限制下,法官认定事实不可能总是能够与真相完全一致。换句话说,要求法官在每一个司法案件中都能发现真相是不切实际的。为证据制度拟定过高的目标将导致司法不具有可操作性。按照程序保障与程序效力原理,只要法官是严格遵循证据规则所认定的事实,在法律上即视为真实,即"法律真实"。

(3)法律真实与客观真实大致重合。法律真实并不排斥客观真实。相反,正当程序的诸多制度设计本身就是为了保证法官认定的事实尽可能接近客观真实。例如为避免先入为主而限制法官调查取证;又如严格界定证人证言范围、排除传闻证据、要求证人出庭接受交叉询问;再如要求法官亲自接触原始证据等。这些规则的价值就在于排除各种可能干扰或者误导法官的信息,防止法官的判断陷入误区。在个别案件中,由于程序规则的限制,法律真实可能与客观真实存在一定距离。例如,由于民事诉讼证明标准不要求达到百分百,法官根据优势证据或高度盖然性对案件事实作出的判断,不一定能排除所有其他可能性;有的案件当事人没有证据或者证据不足而致案件事实真伪不明,法官无法对案件事实作出判断,只能依据证明责任分配决定裁判结果;有的案件当事人自认的事实不一定是真相,等等。但从司法制度运行的总体层面观察,证据规则可以保证法官认定的事实与客观真实大致重合。也只有这样,证据规则及据此作出的裁判才有合法性,司法才可能在一般意义上得到当事人和社会的认可。

> **评注**:法律真实与客观真实的差别是在方法论意义上的。法律真实承认法官在个案中的认识能力的有限性,要求法官在每个案件中都能发现客观真实的不现实性,以及根据这种要求设计的证据规则的不可操作性。法律真实概念本身不是证明标准,但是它为确定切实可行的证明标准奠定了基础。法律真实本身也不是证明方法,但是它为构建合理的证明方法提供了科学的思维方式。总之,法律真实的意义在于使司法制度具有可操作性,其合理内核应当从正当程序的角度去把握。

第二节 诉讼上的证据

作为法律上的概念,诉讼上的证据是指被法官用于认定案件事实即定案根据的信息材料。日常生活中人们也经常使用"证据"一词。如人们常说"说话要有根据""推断要有凭据",等等。但是,俗称的"证据"不一定能够成为诉讼上的证据,即法官认定案件事实依据的证据。诉讼上的证据需要经过法律的筛选。符合法律规定的反映待证事实的信息、材料,才具有成为诉讼上证据的资格,即证据能力。

一、证据能力

证据能力是指特定信息或材料能够成为诉讼上证据的资格。在诉讼中,当事人向法庭提供的用于证明其主张的事实的各种信息或材料并不一定是证据,只能称之为"证据材料"。法律要求诉讼上证据必须符合真实性、关联性、合法性。这三个法律属性是诉讼证据的本质特征。当事人向法院提供证据材料时,需要初步表明该证据材料具备上述三个属性,才能够进入诉讼程序。证据材料获得了诉讼上证据的资格也不意味着一定可以成为法官的定案根据。只有法院在庭审中组织当事人对这些证据的真实性、关联性、合法性进行质证后,认定同时具备"法律三性"的证据,才能成为法官判断事实的依据。

(一) 真实性

证据的真实性,也称客观性,即证据的可查实性。《民事诉讼法》第66条第2款规定:"证据必须查证属实,才能作为认定事实的根据。"这是对证据真实性的法律规定。证据的真实性包含两层意思:一是被法官当作定案根据的证据必须是经查证属实的,不是虚构的、想象的;二是按照人的认知能力和程序规则,该信息材料的真伪是可以识别的、可以认定的。例如,当事人以书面文件作为证据的,一般要求提供原始文件,而不能仅提交复印件或照片等。因为复制技术很容易掩盖作假行为的痕迹,以至于真伪难辨。因此,对于无法与原件核对的复制件,法律上通常视为缺乏真实性,不能成为诉讼上的证据。又如,当事人以"单位证明"为证据的,法官一般会仔细核对证明上加盖的单位印章。如果该证明上没有单位印章,随着时间流逝、人员变更等情况变化而无法得到单位的核实认可,该证明可能因真实性不能确认而无法成为诉讼证据。再如,以遗嘱为证据的,法官可以从以下几个方面审查判断其真实性:①是否为立遗嘱人亲笔书写;②是否有见证人当场见证并在遗嘱上签名;③当事人提供的遗嘱是否为原始文本,等等。涉外民事诉讼案件中,对于在境外形成的书面证据材料,其调查、识别的方式更加复杂。《民事证据规定》第 16 条规定:"当事人提供的公文书证系在中华人民共和国领域外形成的,该证据应当经所在国公证机关证明,或者履行中华人民共和国与该所在国订立的有关条约中规定的证明手续。"该规定利用公证制度和国际条约公认的证明手续来保证该证据材料的可查实性。

(二) 关联性

证据的关联性,是指证据与待证事实之间存在反映与被反映的相关性。只有能够反映待证事实的信息材料才有可能成为诉讼证据。某项信息或材料是否有关联性,关键看其与待证事实之间的关系。比如证人证言所陈述的内容,必须是证人对当事人争议事实的亲身感知结果。如果证人看到、听到的事实与当事人争议的案件事实无关,哪怕再清晰、再真实都没有证据价值。证据的关联性要求法官在审理案件时,剔除与待证事实无关的信息材料,以免被无关的信息搅乱视听、降低审判效率,甚至被误导而作出错误判断。

(三) 合法性

证据的合法性,即证据的取得手段必须合法。如民事诉讼当事人收集证据,不得采取非法拘禁、暴力威胁等法律禁止性的行为,不得侵犯他人合法权益;法院调查证据必须由两名以上工作人员共同进行,其中一名担任记录,不得违反法律关于回避的规定,等等。

用非法手段获取的证据不得作为诉讼上的证据,即非法证据排除规则。《民诉法解释》第 106 条规定:"以严重侵害他人合法权益、违反法律禁止性规定或者严重违背公序良俗的方法形成或获取的证据,不得作为认定案件事实的根据。"按照该条解释,民事诉讼证据合法与非法的界限,是看当事人获取证据的行为:一是有无违反法律禁止性规定;二是有无严重侵权行为或严重违背公序良俗。

📖 **拓展阅读**:"民事诉讼证据合法与非法的界限",请扫二维码学习。

民事诉讼证据合法与非法的界限

二、瑕疵证据

瑕疵,指微小的缺点。瑕疵证据是指在某些方面有一定缺陷的证据。瑕疵证据有两种类型:

第一类是当事人收集证据的手段有缺陷,不完全具备民事法律行为要件,导致证据的合法性待定的证据。民事行为在合法行为与非法行为之间,存在着一块"灰色区域",即当事人的行为与法律规定的要件不符或者不完全相符,或者在现行法上找不到合适的依据,但又不违反法律的禁止性规定，可以称之为"瑕疵行为"。例如当事人用欺骗的手段"陷阱取证"，或者采取跟踪、偷拍偷录等方式"秘密取证"的行为。这种瑕疵行为使得所取得证据的合法性存在争议，导致其证据能力处于待定状态。

第二类是因外观形式有缺陷而处于真伪不明状态的证据。比如一方当事人提供的书面证据有涂改、破损痕迹致部分信息灭失，或者书证是被撕碎后又拼贴起来的，等等。对方当事人就其真实性提出疑异时，该证据就处于真伪不明的状态。真伪不明也可以视为"真实"与"虚假"之间的"灰色区域"。这种瑕疵证据不同于虚假证据之处在于，后者是经查实确系伪造的证据材料，而瑕疵证据只是"真伪不明"。证据的真伪不明也使得该证据的证据能力处于待定状态。

三、证明力

证据的证明力，是指证据证明案件事实的能力，即某项证据能够在多大程度上反映待证事实。虽然各类证据对待证的案件事实都具有一定的证明作用，但证明作用的大小却不尽相同。证据证明力之间的差异是客观存在的，例如，直接证据具有强证明力，而间接证据只有弱证明力；当事人陈述前后不一致的，会降低其证明力；一份被添附、删改、涂抹过的书证可能导致其证明力下降，等等。

第三节　证据规则体系

证据的规则体系，是按照一定的逻辑将各种证据规则联系起来，明确其相互关系和适用方法的证据规则系统。证据分类是给各种证据进行分门别类的方法。正确运用分类方法，有助于人们准确识别各种证据，继而为立法按照不同证据的基本特征制定相应规则提供方法论指引。证据分类在理顺各种证据之间相互关系的同时，为形成证据规则体系奠定了逻辑基础。因此，理解把握证据规则体系，掌握证据规则的逻辑结构，需要从正确地给证据分类开始。

一、证据分类

（一）证据分类的意义

对证据进行分类的目的在于识别和运用。分类就是分门别类，即对事物进行识别、认定、归类的过程。分类的结果是把事物系统化。其意义在于帮助人们准确认识和科学界定事物，也便于研究、利用事物。不同种类的证据特征不同，适用的规则亦不同。能否正确地给证据归类，决定了能否正确地适用证据规则。例如，如何给鉴定意见归类，直接影响到法官如何判断该种证据的证据能力和证明力，也影响到举证、质证规则的设置。如果把它归入书证，就应当遵循书证的适用规则，要求当事人提供原始证据即可；如果把它归入人证，就应当遵循人证的适用规则，要求鉴定人出庭接受质证，法官才能认定其证据能力与证明力。

(二) 证据分类标准

分类需要按照统一标准,以保证分类结果能够涵盖对象的全部,不至于遗漏,而且能够保证分类结果是并列非交叉、层次分明、结构关系合理。证据的分类应当遵照系统学的基本原理,按照一个统一的标准,对司法活动中所有的证据进行分门别类,构建证据的科学体系或系谱。我国《民事诉讼法》第 66 条规定:"证据包括:①当事人的陈述;②书证;③物证;④视听资料;⑤电子数据;⑥证人证言;⑦鉴定意见;⑧勘验笔录。"如果按照分类学的要求来衡量,这样的规定看不出统一的分类标准,分类结果存在交叉重叠。实际上立法者并非在给证据分类,而仅仅是依据包含证据信息的实物、文书或言辞等所谓"证据载体",对司法实践中常见证据形态的命名和罗列。由于法律采取的是封闭的规定方式,立法所罗列的八种证据不可能囊括所有的证据形态。而证据在诉讼实践中的发展天马行空,随着新材料、新技术的运用与普及,未来出现新的证据形态是完全可能的。

证据分类的标准,是根据证据证明案件事实的方式即"用什么来证明"之不同。根据这个标准,可以把证据分为书证、物证和人证三大类。

(1) 书证,是指以文字、符号表达的思想内涵来证明案件事实的证据。书证是司法实践中最常见的证据种类之一。常见的书证如合同、证件、书信、遗嘱、档案、凭证、图纸、账册、公文,等等。

(2) 物证,是指以其外观形状、质量、痕迹等物理性特征来证明案件事实的证据。物证用于证明案件事实的元素是多种多样的,如光影、颜色、气味、重量、数量、规格、密度、化学成分、生物结构,等等。

(3) 人证,是指用语言表述的人对事实的感知结果来证明案件事实的证据。与书证、物证相比,人证的特征是对人的感知能力和语言表达的依赖。凡是以语言表达感知来证明事实的证据,都应当纳入人证的范畴。在此,语言包括口头语言、书面语言、肢体语言(如哑语)等形式。

《民事诉讼法》第 66 条规定的八种证据全部可以纳入这三类证据中。比如证人证言、鉴定意见、勘验笔录和当事人陈述可以归入人证的范畴,电子邮件、短信息等电子数据通常被当作书证,视听资料属于物证的范畴,等等。证据分类结构如图 11-1 所示。

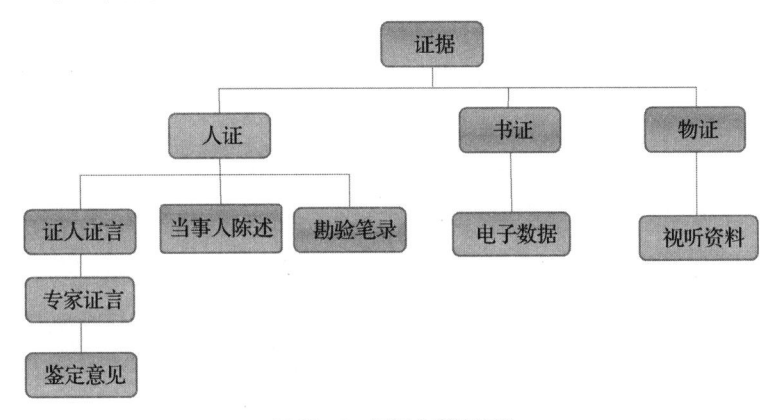

图 11-1 证据分类结构图

> 评注：《英国大百科全书》上记载的英美法系证据分类是以"证明基本手段"为标准，将证据划分为人证、物证、书证三种基本类型。其中当事人在法庭上的陈述、鉴定意见、专家对涉及专业技术问题的案件事实发表的意见等，都是人证。

（三）证据规则体系

按照证明方式给证据进行的分类，构建起证据的规则体系，清晰地呈现了证据相互之间的层级结构与逻辑顺序。法官在审理具体案件时，首先应当对进入诉讼程序的证据进行识别、归类，明确该证据在证据规则体系中的位置，即认清该证据所属的证据类别及其具体层级，然后准确地将该类证据一般规则、上一层级证据特别规则和该证据本身专有规则加以适用，确保所适用证据规则的完整性、准确性。例如鉴定意见这种证据，首先要明确它属于人证这一大类，在证人证言子类下，属于专家证言的一种。因此，鉴定意见的证据规则包括四个层次：首先应当适用人证的一般规则，然后适用证人证言规则，同时适用专家证人的规则，还有鉴定意见自身特有的规则等。再如视听资料，在明确其物证属性后，首先应当适用物证的一般规则，然后再适用视听资料专门规则。

二、书证规则

（一）书证的特征

书证的特征如下：

其一，书证一旦形成就具有稳定性。书证往往是当事人在民事交往过程中，用文字符号形式记录其民事活动内容，反映当时行为主体意思表示而生成的。这些文字符号被固定在纸张等载体上，不易受时间流逝的影响，可以长期保存。只要记载这些文字符号的载体没有受到毁损，书证的证明力就不会受影响。

其二，书证的证明作用依赖文字符号本身的文化意义。换句话说，不认识该文字符号的人是无法识别该书证的证明意义的。比如外国文字、音乐符号、技术符号等，没有经过专门学习的人是不能理解的。这是书证不同于物证的显著特征。因此，确保法院和双方当事人能够看懂理解书证上文字符号是该种证据特有的证据规则。《民事诉讼法》第70条规定："提交外文书证，必须附有中文译本。"同时，对同样的文字符号的意义可能出现仁者见仁的情形。合同双方当事人因对合同条款理解发生分歧而引发纠纷的并不鲜见。

其三，书证具有外部性强、具象化高的特征，反映案件事实能力强。多数情况下，法官根据书证记载的文字符号信息，就能直截了当地对案件事实作出判断。这一特征使得书证比人证更加受青睐。

（二）书证一般规则：原始证据规则

原始证据规则，也叫最佳证据规则，是书证的一般规则。最佳证据规则（best evidence rule）是英国普通法上最为古老的证据规则之一。起源于18世纪，是普通法发展到鼎盛时期的产物，也是普通法证据规则发展到一定成熟阶段的标志，成为英美证据法上的灵魂之一,影响深远。英国大法官哈德威克勋爵在1745年的一起诉讼案中曾指出:"法官和立法的先哲们所制定的唯一证据通则是,认定案件事实应采用符合其本质属性的最佳证据。"

原始证据是指来源于案件事实的证据,即原始出处的证据,是俗话所说的"一手资料"。书证、物证的原件、原物就是原始证据。当事人建立合同关系时制作的合同书,立遗嘱人亲笔所书的遗嘱,证人亲眼所见的侵权事实等,都属于原始证据。

派生证据是从原始证据衍生而来的,又称传来证据,不是来自原始出处,而是经过复制、转述等中间环节而形成的证据,即所谓"二手资料"。常见的派生证据是书证的复印件、传真件、扫描件,物证的复制品、仿真模型等。电子数据主要依据记录和储存该数据的载体来识别。记载于原始载体的电子数据属于原始证据。经过复制存储到其他电子设备中的备份或者打印件等,均为派生证据。

区分原始证据与派生证据,对于法官判断证据材料是否有证据能力以及证明力大小均有现实意义。一般来说,原始证据的真实性非常显著,法官可以直接作出认定。传来证据与案件事实之间存在着中间环节,在形成过程中可能发生信息缺失或失真,而且无法排除变造、伪造、走样变形等可能性,如果当事人对证据的真实性提出质疑,在没有其他证据佐证的情况下,往往难以鉴别真伪。这无疑将影响该证据的证据能力与证明力。传来证据在诉讼中的作用表现在两个方面:其一是作为获得原始证据的线索;其二是在当事人提交原始证据确有困难的情况下,法院可以有条件地接受与原始证据核对无误的传来证据。

(三) 电子数据专门规则

电子数据是利用电子数字技术形成的数字信号、模拟信号为表现形式的证据形式。其形成过程和载体包括电磁场发生与转换设备、光学设备、计算机及其他介质,依靠这些硬件借助程序软件生成、传送、接受、储存。常见的数字信号以语言符号、文字符号、数学字符、通信讯号为主。在诉讼中被当作证据使用的电子数据如电子邮件,储存于电脑中的电子档案或数据库;刊载在网络上的消息、文章、声音、图像、视频、网上购物平台中的合同、订单、确认收货的消息、网上聊天记录等;在手机通信中形成的通话记录、短信、微信、微博;等等。在信息化时代,电子数据的证据价值是显著的,或能引发证明方式的革命性变化。

电子数据应当如何归类是一个比较复杂的问题。就目前的司法实践经验看,人们利用电子数据作为证据的证明方式仍然没有脱离书证和物证两种。如果当事人用电子数据表现出来的文字符合所表达的思想内涵来证明案件事实,那么应当认定为书证。常常被当作书证运用的如电子邮件、电子商务合同等往来文件、手机短信、网上发表的文章、博客、新闻报道等。如果当事人用电子数据表现出来的声音、图像、视频等来证明案件事实的,更像视听资料,应当归入物证一类。因此,没有必要将电子数据单独列为一种证据。

在适用规则方面,除了适用原始证据规则外,需要根据电子数据的特点就该种证据的获取、保存、识别和质证设定一些特别规则。电子数据因其记载的信息可以转换为文字符号、声音、图像、视频等一般人可以识别的元素,而其储存的载体如芯片、光盘、硬盘、软盘、U盘等方便携带,只要借助某种介质(如显示屏)就可以很方便地呈现出来,而具备了作为证据的可能性。与传统的书证、物证相比,电子数据技术含量高,传输途径不局限于物理空间,可以通过光缆在虚拟空间迅速传递。理论上说,一份电子数据可以在所有联网的计算机终端上显示出来。但在证据感知方面,电子数据必须借助计算机等电子设备才能被感知,在虚拟环境下存在的电子数据还不能脱离特定的网络和软件系统。此外,电子数据显示的文字符号等是机器生成的,不像书证带有个人笔迹特征,容易被编辑、删改,因此,电子数据的原件与复制件不容易区分。但是,由于计算机软件的设置带有稳定性,因此任何人为的修改变动都会在电脑硬盘上留下记录,有的直接显示在文件中,如修改与保存时间、文件保存的位置等;有的隐藏在后台,如信息发布者的IP地址、密码、身份信息等。有些介质上的数据一旦删除就可能无法恢复。对作为证据的电子数据的保存、固定和识别,需要采取特别的方法。在制定电子数据的适用规则时需要考虑到这些特点。人民法院依职权调查收集电子数据证据时,应当要求被调查人提供有关资料的原始载体。对电子数据类证据的质证,可以在法庭上当场运行电子数据载体等方式进行展示。例如对电子邮件的质证,要求庭审过程中,当场在网络环境下登录相关邮箱、打开邮件读取的方式进行。对手机短信质证时,须在法庭上当场以手机显示发送、收取信息的记录,以便法庭核实其真实性,等等。《民事证据规定》第93条规定,人民法院对于电子数据的真实性,应当结合下列因素综合判断:①电子数据的生成、存储、传输所依赖的计算机系统的硬件、软件环境是否完整、可靠;②电子数据的生成、存储、传输所依赖的计算机系统的硬件、软件环境是否处于正常运行状态,或者不处于正常运行状态时对电子数据的生成、存储、传输是否有影响;③电子数据的生成、存储、传输所依赖的计算机系统的硬件、软件环境是否具备有效地防止出错的监测、核查手段;④电子数据是否被完整地保存、传输、提取,保存、传输、提取的方法是否可靠;⑤电子数据是否在正常的往来活动中形成和存储;⑥保存、传输、提取电子数据的主体是否适当;等等。

三、物证规则

(一)物证的特征

物证的特点是独立于人的意识之外的客观存在。因此,只要是原件,物证的真实性就比较容易查实。有的物证用肉眼就能识别,有的可能要借助科学仪器或方法才能鉴别,如DNA技术等。因此物证的一般规则也是原始证据规则。

物证在稳定性上与书证有相似之处。但也有些物证,如鲜活食物、药物等,可能因时间和客观环境的变化而变质、腐烂、灭失,不宜长期存放。对这样的物证,可以通过证据保全程序,以拍照、摄像、复制模型、制作勘验笔录等方式固定、保存。根据原始证据规则,法官在运用物证的复制品认定案件事实前,必须与原物核对。

物证不以人的意志为转移,但能够为人所感知,需要经过人的观察、检验、识别、比对等形成感知才能发挥证明作用。因此,物证也被称为"哑巴证据"。司法人员因此形成和积累了一套专门用于提取和固定物证的技术。而物理、化学、生物科学技术的发展,也让物证的运用范围越来越广,证明力的潜力不断被挖掘。

比较:物证与书证的区别

物证与书证的区别不在于其表现形式是文字材料还是物体,关键在于两者的证明方式,即用什么来证明案件事实。如继承纠纷案中,原告提供一份遗嘱证明自己享有继承权,被告以遗嘱是原告仿照被继承人的笔迹伪造的进行抗辩。这份证据虽然是原告提供的,但也成为了被告的证据。原告是用该遗嘱的文字所表达的思想内涵来证明其主张的事实,因此是书证;被告则是用该遗嘱的笔迹特征来证明其抗辩事实,是把遗嘱当作物证来用的。

(二) 物证的一般规则:原始证据规则

物证的一般规则与书证一样,都是原始证据规则即最佳证据规则。

对书证、物证的适用采取原始证据规则,是司法亲历性的要求,也是直接言词原则的表现之一。《民事诉讼法》第73条规定:"书证应当提交原件。物证应当提交原物。"最佳证据规则的例外:其一,文书的原本因毁坏或遗失而不能提出的。法院可以要求当事人表明他已经尽最大努力进行了寻找。其二,原本为对方当事人所控制,经合理通知其提出而未提出的。其三,原本为第三人所控制,且该第三人在法院辖区之外的。其四,为对方所自认的。其五,其他原因提出不能的,如文书数量过大、过重或不可移动等。《民事诉讼法》第73条规定:"提交原件或原物确有困难的,可以提交复制件、照片、副本、节录本。"《民事证据规定》第61条规定:"对书证、物证、视听资料进行质证时,当事人应当出示证据的原件或者原物。但有下列情形之一的除外:①出示原件或者原物确有困难并经人民法院准许出示复制件或者复制品的;②原件或者原物已不存在,但有证据证明复制件、复制品与原件或者原物一致的。"

(三) 视听资料专门规则

视听资料也叫音像资料,是指利用记载在磁性记忆材料(录音带、录像带)中的声音或者用音响、光影、色彩等构成的连续画面、声音来证明案件事实的证据。

视听资料是随着微电子技术及材料科学的发展而出现的,是通过录音、录像、电子扫描、红外线、紫外线以其他电磁方式记录储存的信息资料。物质世界除了实体物质,还有的以场(如电磁场)的形式存在着,如电能的传输、无线电波反射接受、X射线的利用等。记录这些电磁现象的物质载体是多种多样的,而磁性记录材料借助一定的设备和技术方法,可以将某种磁场的运动变化所生产的信息记录下来,如磁带和录音机、录像机等。以录音磁带的制作为例,音乐等声音借助机械振动传播出来,录音机再通过声电转换器先将声音信号转换为电磁信号,再利用磁性记忆材料及录音带记录下来。放音的时候借助转换器将电磁信号转换为声音信号。如此实现记忆、保存、反复播放的目的。视听资料是用记载在磁带上的动态的图像、声音、色彩等物理属性来证明案件事实,而且其展现案件事实的效果对记录和播放设备器材的物理性质、质量与设置有很强的依赖性。比如改变放音设备的播放速度,可以改变声音信息的播放效果,给人不同的听觉感受。因此视听资料在本质上具有物证的根本特征,应当归于物证的范畴。

视听资料具有下列特点:①生动直观。视听资料记录了当事人进行民事活动时的情况,或者记录了具有法律意义的事件发生时的情况,对人们的形象、动作、表情、声音等作了连续性的录制。将视听资料在法庭上播放,可以直观地再现当时的情况,对证明案件事实有很大价值。②便于保管,可以反复播放。视听资料是依托录音、录像设备和磁性记忆材料制作而成。一旦做成磁带则有体积小、重量轻、可反复播放的特点。还可以通过复制保存多个副本而延长保存时间。③易于编辑、复制,且一般人肉眼难以识别原本和复制本。因此,视听资料也很容易通过技术手段篡改或伪造,如可以通过消磁、删节、改变播放速度等方式改变所记载的内容。

作为物证的一种,视听资料首先应当适用物证的一般规则,即原始证据规则。同时,视听资料又有自己的特征,应当针对这些特征制定特殊的规则。针对视听资料复制品难以识别、易于伪造的特点,《民事诉讼法》第74条对视听资料设置了专门规则:"人民法院对于视听资料,应当辨别真伪,并结合本案的其他证据,审查确定能否作为认定事实的根据。"根据该规定,法官在适用视听资料作为定案根据时,首先必须依职权查明该录音带或录像带的真伪,是不是原始带,有没有被复制、编辑过,不以当事人提出异议或申请鉴定为前提。其次,视听资料必须有其他证据佐证才能作为定案根据。如果只有视听资料单独一份证据,法官是不能对案件事实作出判断的。

四、人证规则

人证的特点是:人证的形成经历了感觉、认知、记忆和表达等环节。在这个过程中,很多主客观因素会影响证言的可靠性。例如,亲历案件者视力的好坏可能影响他对案件事实感知的完整性、准确性;作证时距离感知案件事实的时间长短可能影响他对案件事实的记忆清晰度、完整性;证人语言表达能力的强弱则可能影响到他所描述的信息与案件事实的吻合程度等。因此,法律需要针对人证的上述特征设定去伪存真的规则,让法官能够鉴别证言真伪,避免被虚假的、不可靠的证言所误导。

人证中最有代表性的是证人证言。证人证言的适用规则构成人证的一般规则。

(一) 证人证言

证人是指对案件事实有亲身感知的人。证人就亲身感知的案件事实向法庭所作的陈述称为证人证言。所谓"亲身感知"包括三层意思:

(1) 只有自然人才能作证人。所谓"感知"就是通过自然人的感觉器官,对案件事实产生感觉,并在大脑中形成认知。法人或者其他法律拟制人是不可能具备这样的能力,因此也不能够作为证人向法庭提供证言。

(2) 只有证人亲眼所见、亲耳所闻等亲身感觉到的事实,才能成为证人证言的内容。证言与"传言"有本质区别。所谓传言就是非亲身感知,而是道听途说得到的信息。如果证人是转述他人对案件事实的感知,哪怕是听当事人说的,也是传言。例如,证人说:"2020年5月2日,被告对我说,'昨天我在A市'。"如果待证事实是被告2020年5月1日那天是否在A市,这个证言就是传言。但如果待证事实是当天被告是否说过这样的话,那么证人的上述陈述就是证人证言。信息在口口相传的过程中极易丢失、变形。若放任传言作为证据,很可能误导法官的判断。因此,传言不是证据,应当从证人证言中剔除。

(3) 证人能够正确认知所感觉的事实,并能正确表达自己的意志。证人资格与证人的年龄、智力和精神健康状况有关。能否作为证人出庭作证,不是以民事行为能力或民事诉讼行为能力作为判断标准,而是根据有关主体的年龄、智力、精神健康状况与待证事实的特点,评估他能否正确认知和准确表达。《民事诉讼法》第 75 条第 2 款规定:"不能正确表达意思的人,不能作证。"《民事证据规定》第 67 条第 2 款规定:"待证事实与其年龄、智力状况或者精神健康状况相适应的无民事行为能力人和限制民事行为能力人,可以作为证人。"

> **评注**:《民事诉讼法》第 75 条第 1 款规定:"凡是知道案件情况的单位和个人,都有义务出庭作证。"该条对证人的范围规定过宽,不仅单位可以作证,而且不限制作证之人获悉案件事实的途径。通常认为,单位证人主要是指因业务关系而了解案件事实,由单位的法定代表人、负责人或他们授权的人代表单位作证。这样宽泛的证人范围,很难排除传言。《民诉法解释》第 115 条针对单位作证问题进行了解释,规定单位向人民法院提出的证明材料,应当由单位负责人及制作证明材料的人员签名或者盖章,并加盖单位印章。人民法院就单位出具的证明材料,可以向单位及制作证明材料的人员进行调查核实。并规定"必要时,可以要求制作证明材料的人员出庭作证"。《民事证据规定》第 72 条规定"证人应当客观陈述其亲身感知的事实",从证人作证内容的角度对证人范围进行了限制,符合司法规律要求。

长期的司法经验表明,对证人证言的质证方法中,最有效的是当庭对证人进行交叉询问,即通过双方当事人当庭对证人提问,让法庭听取证人的回答来判断证人证言的真伪,将证人证言中不可靠、虚假的部分暴露在法庭面前,也展示其中真实的部分。交叉询问规则像过滤器一样让证人证言去伪存真,使其证据能力外观化,法官对证人证言的证明力也得以形成内心确信。针对证人证言的特征,有必要制定严密的证据规则,以保证法官在适用这种证据作为判断案件事实的依据时尽可能接近真实。证人证言规则包括:

1. 证人出庭接受询问规则

证人出庭接受当事人和法庭的询问是证人证言这种证据最有效,甚至是唯一的质证方式。《民事证据规定》把要求证人出庭规定为法院的责任,第 68 条规定:"人民法院应当要求证人出庭作证,接受审判人员和当事人的询问。""无正当理由未出庭的证人以书面等方式提供的证言,不得作为认定案件事实的根据。"证人在审理前的准备阶段或者人民法院调查、询问等双方当事人在场时陈述证言的,视为出庭作证。例外情形是,双方当事人同意证人以其他方式作证并经人民法院准许的,证人可以不出庭作证。其中,当事人交叉询问是对证人证言进行质证的最有效方式。通过当事人双方的提问和对质,法庭可以审查证人对案件事实的感知、记忆、表达可信与否,暴露证人证言中的模糊、虚构、不可靠的成分,从而去伪存真,让证人证言的证明力得以确立。

> **拓展阅读**:"对证人的交叉询问",请扫本节二维码学习。

2. 传闻证据排除规则

传闻证据是指证人在法庭以外所作的陈述,被他人当作证据转述到法庭上。传闻证据的排除规则,是直接、言词审理原则的必然要求。如果证人不亲自到场,就无法通过交叉询问的方式检验证言是否存在不真实的地方,实际上是剥夺了对方当事人质证的机会。由他人代为陈述的证言因为没有经过反询问,一般认为缺乏可信性,应当加以排除。《民事诉讼法》第 75 条规定,证人出庭作证是法律上的义务。经人民法院通知,证人应当出庭作证。《民事证据规则》第 68 条第 3 款规定:"无正当理由未出庭的证人以书面等方式提供的证言,不得作为认定案件事实的根据。"

> **评注**:我国民诉法对证人出庭接受交叉询问规定了若干例外情形,在第76条第2款允许当事人在确有困难不能出庭时,申请通过书面证言、视听传输技术或者视听资料等方式作证。这些理由包括:①因健康原因不能出庭的;②因路途遥远,交通不便不能出庭的;③因自然灾害等不可抗力不能出庭的;④其他有正当理由不能出庭的。从传闻证据排除规则的角度看,上述情形并非可以用书面证言替代的情形。如果证人确因健康原因不能出庭,法庭可以延期开庭,待证人身体康复再确定开庭时间。如果证人康复时间难以预期的,法庭可以采取到证人身边开庭等特殊方式完成庭审质证环节。路途遥远、交通不便也并非不可克服的困难,尤其是在交通条件大为改善的今天。至于由于自然灾害等不可抗力的原因不能出庭,可能属于诉讼中止的法定情形,法庭应当裁定中止诉讼,待不可抗力因素消失后,再继续开庭。而证人以视听传输技术或者用录音、录像形成视听资料的方式作证,均无法实现有效质证,本质上仍然属于传闻证据。

3. 证人意见排除规则

所谓证人意见,是指证人对案件事实的猜测、推断或者评论性的语言。之所以要排除证人意见,是因为证人的意见不一定正确,容易误导法官。更重要的是,对案件事实的判断属于法官的职权范围,不应当让证人来完成。《民事证据规定》第72条规定,证人作证时不得使用猜测、推断或者评论性语言。

4. 证人的权利义务规则

人证不同于书证、物证等其他证据种类的特殊性就在于,不能把证人客体化,无视证人作为"人"在诉讼中的地位和程序保障。因此,在证人证言证据的适用规则中应当包含证人的诉讼权利和诉讼义务的规范。

证人享有的权利是:①补充、更正权。证人出庭作证时,书记员须将证人陈述的内容如实记入笔录,书记员的记录可能与证人的陈述有出入,证人在核对笔录时,对笔录中误记或漏记的,有权要求更正。②人身安全保护权。证人担心在他提供了不利于一方当事人的证言后,该当事人事后可能会伤害自己,人身安全受到威胁的,有权要求人民法院给予保护。③损失补偿权。证人出庭作证难免会耽搁其工作,减少收入,还会增加相应的开支,如差旅费、误餐费等。对出庭发生的合理开支,证人有权要求获得补偿。④证人拒绝作证权,也称作证特免权(privilege of witness),是指证人在法定情形下享有的拒绝出庭作证的权利。证人拒绝作证权的发生可以基于与当事人存在婚姻、家庭、亲属关系;律师、医生、忏悔牧师、新闻记者等基于特定职业的要求;国家公务人员对涉及国家机密事项;企业相关人员对涉及商业秘密的事项;等等。

> **拓展阅读**:"证人作证特免权",请扫本节二维码学习。

证人承担的义务包括:①出庭义务。按照人民法院的通知,出庭是证人的基本义务。证人出庭,才能向法庭提供证言,才能接受当事人和审判人员的询问,证人证言才能得到有效质证。因此各国民事诉讼法都把出庭规定为证人的义务,违反该项义务构成妨害诉讼的行为,对无正当理由拒不出庭的证人可以视情节轻重采取罚款、拘传等强制措施。②真实义务,即如实陈述的义务。证人出庭后,应如实向法庭陈述所了解的案件事实,如实回答审判人员、当事人、诉讼代理人提出的问题,不得对事实进行增减,更不得作伪证。对违反此项义务作伪证的证人,各国法律都规定了包括刑事责任在内的法律责任。《民诉法解释》第 119 条、第 120 条和《民事证据规则》第 71 条规定了证人具结制度,即要求证人在法庭上陈述证言前,要签署保证书,承诺如实陈述。人民法院在证人出庭作证前应当告知其如实作证的义务以及作伪证的法律后果,要求证人在作证之前签署保证书,并在法庭上宣读保证书的内容。

(二) 当事人陈述

当事人陈述,是指当事人就争议事实向法庭所作陈述。在诉讼中,当事人向人民法院所作的陈述包含多方面的内容,如关于诉讼请求的陈述、关于当事人争议的案件事实的陈述、关于证据来源的陈述、关于诉请所依据的法律理由的陈述等。在上述内容中,可能成为诉讼证据的,只是当事人关于案件事实的陈述。

当事人陈述的显著特征是,实与虚同在,真与伪并存。当事人是发生争议的权利或法律关系的主体,亲身经历了引起法律关系发生、变更或消灭的事实,对案件事实了解得最清楚。但在另一方面,当事人与诉讼结果有直接利害关系。受利益的驱使,当事人很有可能就案件事实作出对自己有利的不真实的陈述,可能故意夸大或缩小事实,甚至陈述根本不存在的事实。正是当事人在诉讼中所处的特殊地位和当事人陈述的两面性,决定了当事人陈述具有真实与虚假并存的特点。能够解决当事人陈述真实性和证明力问题的也只有交叉询问规则,同时要求法官在适用当事人陈述时要特别谨慎,不能仅凭当事人陈述判断案件事实。《民事诉讼法》第 78 条规定:"人民法院对当事人的陈述,应当结合本案的其他证据,审查确定能否作为认定案件事实的根据。"《民事证据规定》第 63 条规定了当事人真实义务,要求当事人"应当就案件事实作真实、完整的陈述"。案件审理过程中,法院发现当事人的陈述与此前陈述不一致的,应责令其说明理由。当事人故意作虚假陈述妨碍人民法院审理的,构成妨害诉讼行为。

> **拓展阅读:**"当事人事案解明义务",请扫本节二维码学习。

(三) 鉴定意见

鉴定意见是指鉴定人运用专门知识对案件中的专门问题进行分析、鉴别、判断后提出的意见。鉴定人须是具有专门的科学技术知识的人,是需要鉴定的问题方面的专家,并获得国家认可的执业资质的人或机构。常见的司法鉴定有文书鉴定、医学鉴定、工程质量鉴定、产品质量鉴定、会计鉴定等。鉴定意见以鉴定书的形式表现出来,其内容主要包括鉴定对象、鉴定方法、鉴定意见、得出结论的依据与过程、鉴定结论等。鉴定书制作完成后,鉴定人须在鉴定书上签名或签章,并加盖证明鉴定人身份的鉴定机构的印章。

鉴定意见作为民事证据之一,具有以下两个特点:①为针对诉讼中某个特定事项的分析与判断,如笔迹特征,物质的化学成分,技术的新颖性、独创性等。②在内容上有科学技术内涵。鉴定意见需要鉴定人利用其专门知识、技术和专业设备,对鉴定对象进行分析鉴别后得出结论性意见。

与一般证人相比,鉴定人的特点在于:①与证人是亲历案件发生过程、对案件事实有亲身感知的人不同。鉴定人是在案件发生之后,应当事人申请或法院委托,对特定案件事实或者证据材料进行专业鉴别形成感知的人。②鉴定人必须与诉讼当事人和案件处理结果无利害关系。这是保证程序公正的规范要求之一。因此,民事诉讼法关于回避的规定也适用于鉴定人。而证人即使与案件有利害关系或者是当事人的近亲属,也不发生回避问题。③与证人的不可替换性不同,鉴定人不具有唯一性和不可替换性。同一专门性问题通常存在若干鉴定部门,因而鉴定部门是可以选择和替换的,凡是符合条件的鉴定部门都可以被指定为鉴定人。

作为诉讼参与人,鉴定人也享有相应的诉讼权利并承担相应的诉讼义务。鉴定人的主要权利是:①了解权。鉴定人有权了解进行鉴定所必需的案件材料,有权通过询问当事人和证人了解有关情况,有权参加现场勘验。②自主鉴定权。同时有几个鉴定人时,相互之间可以进行讨论,在意见一致时可以共同写出鉴定意见,意见不一致时由各人写出自己的鉴定意见;如认为提供鉴定的材料有问题,还可以拒绝鉴定。③报酬请求权。鉴定人的工作一般是有偿的,他们有权请求委托人给付规定或约定的鉴定费、差旅费和其他必要的费用。④请求保护权。因鉴定而受到当事人打击报复时,有权请求人民法院给予保护。

鉴定人的主要义务是:①在当事人委托的范围内进行鉴定。鉴定范围限于当事人要求鉴定的事项,不包括法律争议问题,也不能对当事人争议的事实作出判断。②独立完成鉴定行为,如实提供鉴定报告。③出庭接受交叉询问。鉴定人应当按照人民法院的通知出庭,接受当事人、诉讼代理人和审判人员的询问,回答与鉴定有关的各种问题。

拓展阅读:"科学证据之伪命题",请扫本节二维码学习。

在鉴定意见的质证与认证活动中,专家辅助人可以发挥特殊的作用。专家辅助人是受当事人聘请,出庭辅助当事人举证质证、回答询问的人。《民诉法解释》第122条规定,当事人可以申请一至二名具有专门知识的人出庭,代表当事人对鉴定意见进行质证,或者对案件事实所涉及的专业问题提出意见。经人民法院准许,专家辅助人可以就案件中的问题与对方进行对质,也可以向鉴定人提问。专家辅助人在法庭上就专业问题提出的意见,视为当事人的陈述。他出庭的相关费用由提出申请的当事人负担。《民事证据规定》第83条、第84条规定了专家辅助人出庭参加诉讼的程序规则。在庭审中,审判人员可以对有专门知识的人进行询问。经法庭准许,当事人可以对有专门知识的人进行询问,当事人各自申请的有专门知识的人可以就案件中的有关问题进行对质。

比较:鉴定人、专家证人、专家辅助人

专家证人是证人中的一种,是有专门知识的人运用专业知识感知案件事实的人。其向法庭提供的关于案件事实的亲身感知的陈述就是专家证人证言。如一位医生将其亲眼看到并亲自诊断的当事人受伤害的症状向法庭所作的陈述。

在非严格意义上,鉴定人是专家证人的一种。但两者的区别也是明显的。鉴定人必须有鉴定资质,只能在其执业证书或执照规定的范围内从事鉴定活动,提供鉴定意见。而专家证人更像普通的证人,对于提供证言本身不需要特别的资格。一些经验丰富的技术人员也可能成为专家证人。如一名经验丰富的录音师完全有可能作为专家证人对当事人提供的乐曲的配器、录制技术等问题形成专业感知并表达

出来。

专家辅助人不同于专家证人和鉴定人,他并不直接向法官提供言词证据,只是辅助当事人说明一些技术问题。其参与诉讼是提供一种辅助性的证明方法。通常情况下,当事人之间就技术事项发生争议,或者所提供的证据中含有专业技术问题,而当事人自己又没有相应的专业知识而无法有效质证、辩论时,就有必要请专家提供这样的帮助。

(四) 勘验笔录

勘验笔录是指审判人员在诉讼过程中对与争议有关的现场、物品进行查验、测量、拍照后制作的笔录。民事诉讼中的勘验笔录主要包括现场勘验笔录、物证勘验笔录和人身检查笔录,是司法人员通过勘验、检查等方法形成的证据。其本质特征是用司法人员亲自查看、检验现场、物品等方式,对现场的痕迹、物证的物理特征、人身的体貌特征等获得感觉认知,然后用文字、图形等记录、描述的结果来证明案件事实。

勘验笔录记录的对象通常是现场状况、实物表征、身体情况等物证,而在用文字、图表等记载的内容证明案件事实这一点上,与书证有相似之处。但勘验笔录既不是书证,也不是物证,它们之间存在本质区别:首先,证据形成的时间不同。书证、物证形成于案件发生的过程中,而勘验笔录一般是进入诉讼程序后才制作,包括作为诉讼程序向前延伸的诉前证据保全程序。其次,书证与勘验笔录制作的主体不同。书证一般由当事人或者与案件相关的人制作,而后者则由审判人员制作或在审判人员的参与、指导下制作。再次,反映的内容不同。书证的内容可以反映制作人的主观意志,而制作勘验笔录,最重要的是要客观、全面地记载勘验对象的情况,不可把勘验人主观上的分析判断写入笔录。再有,能否重新制作不同。书证、物证一旦提交法庭后,即使制作当初内容有遗漏、有瑕疵,或者某些意思表示不清楚,也不存在重新制作的问题。勘验笔录则不同,在必要时可以根据当事人提出的申请或者由人民法院依职权重新勘验并制作新的勘验笔录。最后,勘验笔录与书证、物证的证明方式不同。书证是用文字符号所表达的意思内涵来证明案件事实,物证是用实物或材料的物理特征来证明案件事实,而勘验笔录是用勘验人员记录的其对事实的感知结果来证明案件事实。在证据分类上,勘验笔录归属于人证。

勘验笔录除了适用人证的一般规则外,还要遵循以下专门规则:①人民法院应当在勘验前将勘验的时间和地点通知当事人。当事人不参加的,不影响勘验进行。当事人可以就勘验事项向人民法院进行解释和说明,可以请求人民法院注意勘验中的重要事项。在必要时,人民法院还可以通知有关单位或个人保护现场,并协助进行勘验,有关单位和个人接到通知后,有保护和协助的义务。②勘验人必须出示人民法院证件以表明身份,并邀请当地基层组织或者当事人所在单位派人参加。③勘验笔录应记载勘验的时间、地点和场所,勘验人、记录人的基本情况;在场的当事人或其成年家属(如他们拒不到场,也应将情况记入笔录)、被邀请参加人;勘验对象、勘验情况和勘验结果。写完上述内容后,还应由勘验人、记录人、当事人或其成年家属、被邀请参加人在笔录结尾处分别签名或盖章。④制作勘验笔录以文字记载方式为主,以拍照、摄像、测量、绘图等方式为辅。勘验过程中如遇到技术上的专门性问题可能需要鉴定的,人民法院可以通知鉴定人参加。

作为人证的一种,对勘验笔录的质证方式也是通过勘验人员出庭接受询问来进行的。

《民事证据规定》第 82 条:"经法庭许可,当事人可以询问鉴定人、勘验人。"

评注: 由于我国的司法实践长期以来习惯于纠问式的审判方式,询问证人的工作主要由法官来完成,很多法官甚至通过非正式的"访谈"来形成内心确信。当事人不懂得如何相互交叉询问,律师也没有培养起交叉询问的技术,庭审中对人证的质证效果往往不佳,不能帮助法官去伪存真、形成内心确信。因此法官并不鼓励证人、鉴定人出庭,勘验人员更是没有出庭的惯例。久而久之,法官对人证类证据普遍疏远乃至不敏感,更愿意用书证、物证作为定案根据。以至于证人、鉴定人出庭率低下,当事人陈述几乎没有发挥证据作用。占证据半壁江山的人证成为"准死亡"证据。其对司法公正的影响值得关注。

第十二章 证明规则

证明是指在诉讼过程中,诉讼主体用证据表明所争议的案件事实,说服法官相信其主张的事实的诉讼行为。证明的要素包括证明主体、证明对象、证明方法、证明标准、证明责任(证明责任分配)和证明程序等。因此,司法证明活动的本质是证明主体按照证明程序规则,运用证明方法查实证明对象,让法官对待证事实形成判断的过程。

按照民事诉讼程序运行逻辑,证明活动首先从确定双方当事人的争议焦点开始。在明确争议焦点之前,法官不得判断证据。因为,争点是否正确,可能影响到证明责任分配和证明标准的确定,对法官心证过程有直接影响,更关涉程序公平问题。因此,法官在实体审理阶段第一步应当进行释明,引导当事人通过陈述、辩论,整理争议焦点,梳理无需证明事项,剔除无关事项,明确待证事实。在案件事实比较复杂的案件中,法官可以召集审前会议,组织当事人进行证据交换,整理和明确争议焦点。在明确证明对象后,法官应解决证明责任分配问题,即明确哪一方当事人应当就待证事实承担举证证明责任。证明责任规则不仅决定了证据的收集、提供责任的分配,而且意味着说服负担与败诉风险的分配,对法官审查认定证据的证明力、用证据判断案件事实具有重要影响,是贯穿程序始终、体现程序公平的重要规则,因此被喻为"民事诉讼的脊梁"。

第一节 证明对象与证明标准

一、证明对象

证明对象,也称待证事实,是指当事人有争议的请求法院判断的案件事实,是当事人争议焦点的组成部分。民事诉讼中的证明对象可以包括:①案件事实;②程序事实;③外国法律和地方性法规、习惯。

证明对象的确定必须紧扣当事人双方对案件事实的陈述与抗辩,找出其中的分歧点,即"争议焦点"。准确概括证明对象非常重要,因为它不仅决定了法官审理的重点,也决定了当事人之间的证明责任分配和各自的证明负担,还决定了败诉风险的分配。有的案件因法官整理证明对象错误导致一步错、步步错,不仅影响到法官对案件事实的正确判断,而且破坏了程序公平,容易导致当事人的不服。

二、证明标准

证明标准是指用证据证明案件事实的程度。证明标准解决的是当事人用证据证明待证事实达到何种程度法官即可认定的问题。

民事诉讼实践中,因当事人举证能力有限,常常出现证明案件事实的证据不能达到充分、确凿的程度,而民事诉讼公正解决纠纷的目的又不允许法官以证据不充分或案件事实查不清为由拒绝裁判。这给民事审判活动带来了不小的难题。从程序独立价值或通过程序实现正义的角度,民事诉讼的目的在于解决纠纷,不像刑事诉讼那样涉及定罪与刑罚的问题。发现真相与解决纠纷的公正性之间,不如刑事诉讼的要求那样高。因此,现代司法制度普遍接受了民事诉讼证明标准可以较刑事诉讼有所降低的观念,提出了证明标准的盖然性规则。所谓证明的盖然性标准,是指法官依据证据形成的内心确信达到相当的程度即可对案件事实作出认定的规则。该规则建立在概率论基础上,用于民事诉讼领域证据不充分的情形下的证明活动。如果现有证据能够证明案件事实发生的可能性比不发生的可能性明显要大,就允许法官认定该事实的存在。尽管概率理论无法为这样的盖然性提供准确的数据,但根据人类经验法则,认定发生盖然性高的事实是最接近真相的,法官误判的可能性小,而且能够最大限度地满足当事人解决纠纷的要求。在错判成本与公正解决纠纷的收益之间,收益要大于成本,在一般人可以接受的范围内。

最高人民法院从证明规则精细化角度,总结实践经验,为证明标准作了进一步分层,不同的证明对象适用不同的证明标准,由低到高分为四个层次。

1. 初步证明

用于起诉证据的证明标准。所谓初步证明,是指当事人的证据证明事实的存在达到有一定可能性,可以进一步争辩的程度,即可认为完成证明任务。

2. 可能性较大

用于程序事项的证明标准。《民事证据规则》第86条第2款规定,与诉讼保全、回避等程序事项有关的事实,人民法院结合当事人的说明及相关证据,认为有关事实存在的可能性较大的,可以认定该事实存在。

3. 高度可能性

用于民事案件事实一般证明标准。《民诉法解释》第108条规定,对负有举证证明责任的当事人提供的证据,人民法院经审查并结合相关事实,确信待证事实的存在具有高度可能性的,应当认定该事实存在。

> **评注**:两大法系民事诉讼一般证明标准大致相同。英美法系称之为"盖然性占优势"标准,大陆法系则叫"高度盖然性"标准。英美法上的"盖然性占优势"意指,当事人通过庭审活动中的举证、质证和辩论活动,使得事实审理者在心证上更趋于相信其事实主张,那么,该方当事人的举证负担即告解除。大陆法系中的"高度盖然性"是指,法官通过对各种证据的调查、庭审活动的开展,对案件事实发生可能性在内心深处达到相当的高度时,便作出对该事实的认定。

4. 排除合理怀疑

排除合理怀疑是最高证明标准,相当于证据充分的程度。按照《民诉法解释》第109条的规定,当事人欺诈、胁迫、恶意串通事实的证明,以及对口头遗嘱或者赠与事实的证明,人民法院确信该待证事实存在的可能性能够排除合理怀疑的,才能认定该事实存在。上述事实因涉及当事人重大利益,而且可能指向裁判效力等重要问题,证明标准应当高于普通案件事实的证明要求。同时,有关公共利益、恶意诉讼等事实的调查,属于人民法院依职权主动调查的范围,可以解决当事人举证难的问题。

第二节 证明责任

一、证明责任概念

证明责任,也叫举证责任,是指当事人为自己主张的事实提供证据加以证明,说服法官相信的责任。

证明责任包括三层含义:①提供证据的责任。即当事人就自己主张的案件事实向法院提供证据材料的责任。②证明(说服)责任。即当事人用自己提供的证据证明案件事实成立,或者说服法官相信其主张的案件事实成立的责任。③举证不能的后果。当事人不能提供证据,或者所提供证据不能证明所主张的案件事实,将承担败诉的风险。可见,证明责任与提供证据、说服法官相信的诉讼负担有关,更与败诉风险有关。如何分配证明责任,就意味着这些诉讼负担和败诉风险如何分配。这个问题贯穿诉讼过程的始终,德国学者哈姆(Hamm)和莱维(Levy)因此把证明责任喻为"诉讼的脊梁"。①

> 评注:证明责任虽然有"责任"二字,但与"法律责任"没有关系,也不能用"权利"或"义务"来解释。证明责任在本质上是一个有关证据与裁判方法的规则,它的运作机理是通过明确当事人的举证责任承担,影响法官对证据的评价,并且在案件事实真伪不明时作为最终裁判的依据,为法官扫清"事实无法查清"这个裁判障碍。当然,证明责任的价值不仅限于此,它还是构建公平对抗机制的重要手段。法官能够在当事人之间公平分配证明责任,是考察一个诉讼程序是否公平正当的主要指标。

二、证明责任的程序法理

证明责任的本质是确保当事人双方平等的诉讼地位。证明责任分配意味着当事人说服负担的分配,也是败诉风险的分配。因此,必须建立一套规则,使证明责任能够在当事人之间公平分担,不至于让一方当事人承担过重的诉讼负担和过大的败诉风险。尽管证明责任的公平分配离不开对实体法规范的运用,甚至很大程度上依赖实体法规定来保障证明责任分配的公正性,但从程序视角考察,证明责任分配规则的性质首先是程序规则。

第一,证明责任是一套立足具体诉讼过程、融入诉讼结构、构成诉讼程序血肉的规则。证明责任规则的运作原理,是以当事人的主张/抗辩为基点,以双方争议焦点为坐标,依托诉的要素,根据当事人主张的事实与法律依据等要素确定分配方案的规则体系。换句话说,证明责任规则只有结合具体个案诉讼过程才有意义。

第二,证明责任同时兼具诉讼行为规范与裁判规范的双重性质,属于程序控制规范。

---

① [德]哈姆:《德国第23届法学家大会论文集》,Ⅱ,第317页;莱维 Levy,《民事诉讼杂志》第23期,第7页。转引自[德]莱奥·罗森贝克:《证明责任论——以德国民法典和民事诉讼法典为基础撰写》(第四版),庄敬华译,中国法制出版社2002年版,第64页。

首先,证明责任是当事人诉讼行为规范,它明确了当事人证明案件事实的行为方式与要求,是判断当事人证明行为正当性以及是否完成证明任务产生相应法律效果的准则,直接影响诉讼法律关系的发生、变更与消灭。其次,证明责任是法官裁判行为规范,既是法官认定证据、判断案件事实的直接依据,更是在待证事实真伪不明时法官裁判结论的形成依据。在这个意义上,罗森贝克说,某些证明责任的后果"是纯诉讼法的"。[①]

第三,证明责任体现的是诉讼程序的公平性与正当性。也可以说,证明责任的实质性原则是程序公平原则。首先,对于当事人而言,证明责任是诉讼权利平等原则即"武器平等"的体现。当事人承担证明责任与否,其诉讼负担与处境有天壤之别:对于承担证明责任一方而言,不能提供证据或者所提供证据不能说服法官相信其主张的案件事实成立,可能承受败诉的风险;对于不承担证明责任的一方来说,如果对方不能完成证明责任,他一定胜诉。因此,证明责任分配的价值目标首先是保障当事人诉讼权利(机会)平等。其次,证明责任不仅决定了当事人举证的顺序,而且决定了当事人的证明标准与说服负担,也决定了法官评价证据的顺序和对双方证据证明力内心确信的标准,是当事人获得公平感的微妙而关键的因素。

第四,证明责任的规范性作用贯穿诉讼过程始终。证明责任并非仅在诉讼程序的最后阶段出现案件事实真伪不明时才具有意义,而是在诉讼程序一开始,准确地说,是在双方争议焦点确定的时刻,证明责任分配就应该确定下来。如前所述,承担与不承担证据证明的两造当事人在用证据说服法官所要达到的证明标准方面存在很大差异。如果哪一方当事人承担证明责任的问题不明确,法官就不能正确评价双方当事人的证据,极有可能对证据证明力作出错误的认定。更为严重的是,让本不承担证明责任的一方当事人承受过重的说服负担,从而有害于程序公平与正当性。

拓展阅读:"证明责任的确定性",请扫本节二维码学习。

三、证明责任分配规则

证明责任分配的一般规则是"谁主张、谁举证"。这是一个古老的规则,其历史可以追溯到古罗马时期的"主张者举证,否定者无需举证"规则。但是"谁主张、谁举证"并不意味着总是原告主张、原告举证,因为在很多时候被告也会提出主张,按道理也应当举证。其中的难题就是如何识别被告是否提出了主张、是否需要承担证明责任。因此需要更为具体的标准,一则增强证明责任分配规则的可操作性,二则也可以避免赋予法官过大的裁量权,最大限度地保持举证责任分配的一致性和可预见性。为此,大陆法系国家的法学家们进行了长期不懈的研究,从不同角度探讨证明责任分配方案与规则,一些方案和学说得到理论和实务的认同,并对立法产生影响。以下重点介绍几种学说。

1. 规范说

所谓"规范说"是德国民事诉讼法学者罗森贝克在其《证明责任论》一书中确立的学

[①] [德]莱奥·罗森贝克:《证明责任论——以德国民法典和民事诉讼法典为基础撰写》(第四版),庄敬华译,中国法制出版社2002年版,第87页。

说,日本学者称为法律要件分类说。该学说认为,证明责任分配的一般规则是:凡主张对自己有利的法律规范的当事人,均要对自己主张的法律规范要件事实承担证明责任。至于被告何时应当承担证明责任的问题,规范说认为应当从实体法中寻找判断依据。罗森贝克利用民法规范之间的相互关系——互补关系或是相斥关系——寻求证明责任的分配依据,构建证明责任基本原理。他以民法规范关于权利规范的内容为标准,把民法条文分为两类:一为基本规范,指规定民事主体符合哪些条件就拥有什么权利的规定,可以称为"权利生成规范"。与之相对的为对立规范,包括权利妨碍规范、权利消灭规范和权利限制规范。所谓权利妨碍规范,是指规定某些法律事由一旦出现将阻碍权利发生的规范。如民法规定要约可以撤回,同时又规定了若干不得撤销要约的情形,包括要约人确定了承诺期限或者以其他形式明示要约不可撤销的,等等。对于要约撤回权而言,如果说法律关于要约可以撤回的规定是基本规范,那么不可撤销的法定情形就是权利妨碍规范。再如债权人代位权,"债权专属于债务人的"就是代位权生成的妨碍规范。所谓权利消灭规范,即权利虽然已经发生,但因法定事由出现,当事人不能主张该权利的。常见的权利消灭规范是各种免责条款。所谓权利限制规范,是关于权利范围、边界的限制性规定。如民法规定债权人代位权的行使"以债权人的债权为限",就是对代位权的限制规范。

　　规范说用基本规范和对立规范这对概念来分析当事人的诉讼形态,建立起这样一个分析模型:把原告主张的权利请求所依据的法律规定视为基本规范,被告用该权利的限制、妨碍、消灭规范进行抗辩的,就是属于对立规范。按照"主张者举证,否定者不举证"的原理,被告单纯否定的无需举证,只在提出抗辩或相反主张时,才需要针对抗辩事由承担证明责任。原告应就基本规范的法律要件事实承担举证责任;被告单纯否定的无需举证,但如果被告援引对立规范进行抗辩的,应就对立规范的法律要件事实负证明责任。《民诉法解释》第91条对证明责任分配一般规则的规定,体现的正是规范说的基本原理:"人民法院应当依照下列原则确定举证证明责任的承担,但法律另有规定的除外:①主张法律关系存在的当事人,应当对产生该法律关系的基本事实承担举证证明责任;②主张法律关系变更、消灭或者权利受到妨害的当事人,应当对该法律关系变更、消灭或者权利受到妨害的基本事实承担举证证明责任。"

　　评注:法律要件分类说的思路是以实体法规定为基准,识别谁提出了主张,又以权利的法律要件事实为范围,明确当事人举证的范围,法律依据清晰,可操作性强,同时增加了程序的透明度和可预测性,体现形式公平。因此该学说提出的方案博得众多拥趸,成为德国、日本等地的通说,并为他们的立法、司法所接纳。我国《民法典》债权编关于侵权责任的规定中,包含了一些关于证明责任分配的规定,就是按照规范说的原理确定的。例如第1239条规定:"占有或者使用易燃、易爆、剧毒、高放射性、强腐蚀性、高致病性等高度危险物造成他人损害的,占有人或者使用人应当承担侵权责任;但是,能够证明损害是因受害人故意或者不可抗力造成的,不承担责任。被侵权人对损害的发生有重大过失的,可以减轻占有人或者使用人的责任。"

　　如何判断被告的答辩是单纯否定还是提出抗辩呢?否定也即反驳,表现为被告只是否认原告主张的事实和法律依据,没有提出相反的事实和法律依据进行对抗。抗辩则表现为援引对立规范提出自己的事实和法律理由。识别单纯否定型反驳与抗辩的标准,是看被告是否提出了一个新的法律依据,其主张的事实是否独立于原告主张的事实,是否主张了一个新的法律关系。如果被告没有提出另外一个事实和法律关系,只是对原告主张的事实和理由提出不同看法,就是单纯否定。

2. 待证事实分类说

此说是依据待证事实的性质和举证难易程度来分配证明责任。主张凡在性质或内容上不可能证明的事实不必举证,或者不必强求当事人举证充分。其中最有影响的分类法,是将待证事实分为积极事实与消极事实。积极事实就是指已经发生的事实,反之是消极事实。鉴于消极事实尚未发生,不会留下痕迹、不会被人感知,因此难以举证,因此主张如果当事人双方一方主张的是积极事实,另一方主张的是消极事实的,可以考虑由前者负证明责任。以民法规定的同时履行抗辩权为例,当事人互负债务,没有先后履行顺序的,应当同时履行;一方在对方没有履行之前有权拒绝其履行要求。其中,"已经履行合同"是积极事实,"没有履行合同"是消极事实。如果双方就合同是否履行发生争议的,可以由主张自己已经履行了合同的一方当事人举证。

> **拓展阅读**:"内界事实与外界事实的证明",请扫本节二维码学习。

3. 危险领域控制说

世纪50年代以来,随着现代社会经济中工业革命和科技的产业化进程的飞速发展,大规模生产模式下受害者众多的现代型纠纷不断发生,如产品责任、环境污染、损害消费者权益等纠纷案件。在这些民事纠纷案件中,单纯以法律要件分类说为证明责任分配规则,并不能实现实质公平。"现代证明责任论"提出,"危险领域控制说"就是其中的一个。该说认为:如果损害原因属于一方当事人控制的危险领域的,且该当事人否认损害原因与自己有关的,由控制者对侵权行为发生原因负证明责任,因为受害人对发生损害行为的领域没有实际控制力,通常处于无证据状态。要受害人举证证明损害发生原因是强人所难。而控制人正好相反,对危险领域更加熟悉,比较容易提供证据。如环境污染侵权纠纷案件中,排污者否认受害者的损失与其排污行为有关的,应当承担举证责任;再如受害人因火灾而受损且无法查明火因的,可以要求起火点所在领域的控制者就起火原因承担举证责任,或者说如果控制者声称自己对火灾没有责任的,应当举证证明。

4. 盖然性说

该说主张依人类生活经验及统计上的盖然性之高低来决定证明责任的配置。该学说认为,如果双方当事人主张的事实在发生的可能性上明显存在大小之分,那么应当由主张事实发生盖然性低的一方承担证明责任。其正当性是:如果双方当事人都无法提供证据,事实真伪不明时,有主张事实发生可能性小的一方承担不利的诉讼后果,该结果与真相吻合的可能性明显大。

5. 证据距离说

日本的石田穰教授在综合前述各种现代证明责任理论的基础上,试图提出一个简明扼要的方案,即"证据距离说"。该规则形象地将举证责任分配与当事人对证据的距离远近联系起来,认为综合法律规定、待证事实特征和当事人举证难易程度等因素,由距离证据最近的一方当事人承担举证责任。如知识产权侵权纠纷案件中,原告应当对自己拥有专利权、著作权、商标权或技术秘密权提供证据,被告以涉案作品是自己的原创、使用在先等否定自己存在侵权行为的,应当就自己权利的合法来源,或者产品生产方法不同于专利方法等事实承担证明责任,因为这些证据只在被告手上。再如在劳动争议案件中,有关劳动者劳动岗位情况、职业病检查资料、工资福利发放情况等证据一般只在用人单位处保存。涉及此类案件事实的证明时,应当由用人单位承担举证责任,等等。

评注： 上述五种学说提出的证明责任分配方案,各有其合理性,也各有其实用价值,共同构成民事证明责任规则体系。其中,规范说构成该规则体系的核心,适用范围最广,可以解决绝大多数民事案件的证明责任分配问题。但是,没有哪一个方案可以一举解决所有的案件,法律也不可能穷尽所有案件的举证责任分配规则。尤其是在所谓"现代型诉讼"中,具体案件中应当采用哪一种方案分配证明责任,不能机械地采用某一种学说,更不能把该学说变成教条。在证明责任分配存在争议的情形,应当遵循正当程序要求,按照公平和诚实信用的原则,在双方当事人充分辩论的基础上,综合考虑实体法律规定、待证事实特征和当事人举证能力来确定。

四、反证规则

证明责任规则对于当事人双方所举证据来说,最直观的影响在于本证与反证的区分。区分本证与反证的标准是提供证据者是否为承担证明责任者。本证是指对待证事实负有证明责任一方当事人提出的用于证明待证事实的证据。反证是指对待证事实不负证明责任的一方当事人,为证明该事实不存在或不真实而提供的反驳证据。

原告和被告在诉讼中都可能提出本证。例如,在原告要求被告清偿借款的诉讼中,原告主张存在借贷关系而被告予以否认,原告对与被告存在借贷关系负证明责任,故原告提出的用于证明借贷关系发生的借据、合同、收条等为本证;如被告承认借款的事实,但主张借款已还清,则应由被告对债务已清偿的事实负证明责任,被告提出的原告出具的还款收据也是本证。

区分本证与反证的意义在于,本证与反证在证明负担上有显著差异。按照证明责任的内涵,本证的证明标准是"证明",即应当达到说服法官相信,让法官对待证事实形成内心确信的程度。反证的证明标准要低得多。因提供反证者是不承担证明责任的一方,他提供的证据只要能使法官对本证产生合理怀疑,使待证事实陷于真伪不明状态即可。对于反证方来说,没有本证或者本证证明任务未完成时,他完全不需要提出相反的证据即可坐享其成。而反证只要证明存在其他可能性,动摇法官对本证的内心确信,即告成功。

反证规则还隐含了法院审查判断证据的逻辑顺序:法官应当先行审查本证,后审查反证。如果承担证明责任一方没有提供本证,或者所提供的本证未能完成证明责任,法官可以不考察反证就作出判断。

第三节　自认

一、自认的概念与本质属性

自认，是指在诉讼过程中，一方当事人陈述的于己不利的事实，或者对于己不利的事实明确表示承认的，另一方当事人无需举证证明，法院直接加以认定的规则。

自认的本质属性是程序效力，即程序经过所产生的法律后果对诉讼主体的约束力。程序效力原理要求当事人受自己自认所发生的程序后果的约束。自认的程序效力表现为：①自认的程序后果是免除对方当事人就自认事项的证明责任；②自认对作出承认的一方当事人亦产生拘束力，具体表现为一旦作出了自认，便不得任意撤回；③自认还有拘束法院的效力，法院应当以自认的事实作为裁判的基础。

自认的理论基础有以下两点：

第一，自认在本质上属于当事人行使处分权的结果。自认之所以可以直接认定，是基于民事诉讼处分权原则，与这些事实相关的权利是当事人的私权，属于处分权范围事项。自认之所以有免除当事人证明的效力，是基于民事诉讼辩论原则，当事人不争议的事项法官不会主动审理。一般情况下，即便法官对当事人自认是否符合真相产生疑问，也不会依职权进行审查并作出其他判断。同时，凡与社会公共利益有关的事实实行法官职权调查主义，不允许当事人任意处分。所以，自认不适用于如身份关系案件、公益诉讼案件等关系到社会的公共利益和社会公序良俗的事实。此外，当事人在调解、和解过程中达成的一致意见也不能视为自认，因为这种一致是为促成纠纷解决而达成的，不是单纯的当事人对案件事实的陈述。

第二，自认的正当性基础是诚实信用原则。自认的正当性并不是因为自认等于真相。具体案件中当事人自认的动机各式各样，有的出于不愿撒谎，有的为了保护隐私，有的是为了简化解纷过程、与对方维系长期交易关系，等等。因此，自认与真相并不挂钩。自认不一定符合真相却能够获得民事证据规则的确认，是法律上利益权衡的结果，也是民事诉讼法诚实信用原则中"禁反言"规则的体现。因为诉讼是各方诉讼主体互动的过程，一方诉讼主体的诉讼行为必将对法院和对方当事人的诉讼行为产生直接或间接的影响。例如，当事人对于己不利的事实明确表示承认的情况下，对方当事人就不需要积极收集提供证据。如果此后允许当事人随时否定之前的自认，可能导致对方当事人受到诉讼突袭，破坏程序安定与程序公平。

二、自认的构成要件

按照《民事证据规定》第 3 条的规定，自认的构成要件包括以下几个方面：

1. 自认发生在诉讼过程中

按照程序效力以程序保障为前提的原理，自认只在本案诉讼过程中有效。因此，所谓

"在诉讼过程中",是指本案诉讼过程中。当事人可能在诉讼之外对案件事实作出承认。但诉讼外自认不是当事人的诉讼行为,不能发生诉讼法上的效果,法官不会加以认定。类似地,当事人在已经撤诉的案件中做过的自认,不能带入之后重新起诉的诉讼程序中。当事人在民事诉讼前曾经发生过的刑事侦查、治安处理等场合所做的承认,也不能作为民事诉讼上的自认。

2. 自认的对象是本案待证事实

自认不同于对原告诉讼请求的承认(认诺),两者在对象上和法律后果上是存在区别的。自认是对待证事实的承认,其法律效果是影响当事人的证明责任,即免除了主张该事实的一方当事人举证证明的责任。认诺是对实体权利主张的承认,其法律效果是诉讼请求可能获得法院支持。对于法院来说,当事人自认影响法官对案件事实的判断,但不一定对诉讼请求的判断产生直接的影响,因为不排除当事人在自认的同时提出新的事实进行抗辩。认诺则不然,当事人对诉讼请求的承认将直接导致诉讼获得法院判决的支持。

自认与当事人认可对方所举证据的意思表示也存在区别。当事人对证据的认可,是指对于另一方当事人所提供证据的真实性、关联性、合法性没有异议,其法律效果是法院影响对证据能力的判断。然而,证据的法律属性是法官职权判断事项,当事人的认可虽然是法官判断的重要依据,但不是唯一依据。法官仍然要按照法律的规定进行审查、核实,如果有违反证据规则的情形,将不予以确认。如证据合法性问题,如果当事人收集证据的行为有违反法律禁止性、强制性规定的情形,即便对方当事人表示认可,法院也不能直接采纳;经审查认为该证据构成非法证据的,应当加以排除。《民事证据规定》第 89 条规定:"当事人在诉讼过程中认可的证据,人民法院应当予以确认。但法律、司法解释另有规定的除外。"

3. 自认原则上以明示的方式作出

当事人积极、明确地作出意思表示且完全同意对方当事人关于案件事实的主张。当事人可以在起诉状、答辩状、代理词中明确表示承认,也可以在证据交换、法庭调查、法庭辩论中口头表示承认。

默示自认,也叫拟制自认,表现为当事人对另一方当事人陈述的不利于己的事实用沉默的方式消极应对,既不表示承认,也不表示反对的行为。当事人消极应对的行为令案件事实因缺少当事人之间的对抗性互动而难以查清。为消解这一难题,证据规则确立了拟制自认规则,即法院有条件地承认默示自认。最重要的条件是要求法官释明,被告在了解其沉默行为的程序后果的情况下,仍然不做任何表示的,才能构成默示自认。《民事证据规定》第 4 条规定:"一方当事人对于另一方当事人主张的于己不利的事实既不承认也不否认,经审判人员说明并询问后,其仍然不明确表示肯定或者否定的,视为对该事实的承认。"法官释明是防止裁判突袭的正当程序要求。

诉讼代理人也可以代当事人作出自认。因自认对象不是直接指向实体权利处分,因此诉讼代理人代为自认不需要当事人特别授权,除非是当事人在授权委托书中明确排除的事项。《民事证据规定》第 5 条规定:"当事人委托诉讼代理人参加诉讼的,除授权委托书明确排除的事项外,诉讼代理人的自认视为当事人的自认。"

4. 自认的内容原则上是完全同意

自认一般是指当事人对另一方当事人主张的事实全部表示承认。

与完全自认相对的是限制自认,也叫附条件自认,是指当事人对其所承认的事实有所限制,或者附加条件的情形。常见的限制自认表现为:①部分自认。即对于当事人主张的待证事实,另一方当事人只承认其中的一部分的情形。如果被承认的部分事实与整体待证事实可以相对分开,当事人的意思表示构成自认,法官可以直接认定该部分事实。例如,原告主张被告向其借 50 万至今未还,被告承认借款 20 万元未还的事实,但表示其他 30 万元不是本人所借,就属于部分自认。②附条件自认。如果当事人承认的事实与整体待证事实是一个有机整体不可分割,或者部分事实与整体事实之间存在因果关系、从属关系,或者部分事实构成另一部分事实的前提与基础的,可以归入附条件自认的情形。附条件的自认情况比较复杂,是否构成自认,关键看当事人的承认在待证事实的判断中发挥了怎样的作用。如果当事人承认的事实构成待证事实的表面证据,或能够让法官对待证事实形成内心确信的,可以构成自认。具体需要法院根据具体案件情况加以分析判断。《民事证据规定》第 7 条规定:"一方当事人对于另一方当事人主张的于己不利的事实有所限制或者附加条件予以承认的,由人民法院综合案件情况决定是否构成自认。"

三、自认的边界

并非当事人对案件事实的承认都构成自认。作为诉讼行为的一种,当事人自认要符合诉讼法规定的行为生效条件,才能发生诉讼法上的效力。当事人自认行为应当是在法律范围内行使处分权的行为,不能违反法律强行规定,也不得与其他证据规则相冲突。自认违反诉讼法强行性规范的,不发生法律效果。自认的边界有两个维度:

1. 自认范围合法

即自认不得超出法律规定的范围。《民事证据规定》第 8 条规定,对于涉及:①可能损害国家利益、社会公共利益的事实;②身份关系的事实;③公益诉讼案件的事实;④当事人有恶意串通损害他人合法权益可能的事实;⑤依职权追加当事人、中止诉讼、终结诉讼、回避等程序性事项的事实,不适用自认规则。《民诉法解释》第 96 条将上述事实列为人民法院依职权调查事项。《最高人民法院关于审理环境民事公益诉讼案件适用法律若干问题的解释》(以下简称《环境公益诉讼解释》)第 16 条规定:"原告在诉讼过程中承认的对己方不利的事实和认可的证据,人民法院认为损害社会公共利益的,应当不予确认。"

2. 当事人自认不得违反真实义务

虽然自认的事实不一定等于真相,但如果自认与法院已经查明的事实相冲突,或者与其他无需证明的事实相矛盾,或者经查明是当事人虚假陈述、恶意诉讼的结果,不能发生自认的法律效果。在这种情况下,当事人的自认属于滥用诉讼权利,其行为可能损害他人合法权益,虚假诉讼还直接危及司法秩序与裁判权威,不具有合法性基础,不能承认其法律效力。

四、自认的撤回

自认一般不得撤回。自认构成对方当事人证明责任之免除,产生诉讼上的拘束力,法院不必查证就直接作为裁判的事实基础。当事人一旦撤回自认,势必导致对方当事人证明责任的复位,不免扰乱审判秩序。所以各国法律都严格限制当事人撤销自认。例外情形限于:①即时撤回,即在作出自认后当即表示自认错误,可以要求撤回。《民事证据规定》第5条第2款规定:"当事人在场对诉讼代理人的自认明确否认的,不视为自认。"②法庭辩论终结前撤回自认的,应以对方当事人同意为条件。《民事证据规定》第9条还规定了一种可以当庭撤销自认的情形,即当事人证明其自认是在受胁迫或者重大误解情况下作出的,可以在法庭辩论前撤回自认。③法庭辩论终结后,撤回自认的申请一般不予准许,除非满足两个条件,一是合理解释自认错误的理由,二是证明自认的事实与真相不符。此时,待证事实的证明责任已经转移到自认者身上,是否撤回自认意义已经不大。

人民法院准许当事人撤销自认的,应当作出口头或者书面裁定。

比较:《德国民事诉讼法》第290条规定:"当事人撤回自认只限于他证明其自认与真实不符,且自认是由于错误而作出的时候,才发生撤回效力。"我国台湾地区"民事诉讼法"第279条规定:自认之撤销,除别有规定外,以自认人能证明与事实不符或经他造同意者,始得为之。其司法解释认为:"诉讼代理人为诉讼行为,系基于当事人之授权以自己之意思为之,并非代理人之意思决之,其所为事实上之陈述,除经到场的当事人本人即时撤销或更正外,其效果即及于当事人本人,不得以与当事人或本人的真意不符为由,而否认其效力。"[①]

第四节 无需证明的事实

无需证明的事实是被证据规则纳入免证事项范畴的,当事人无需举证证明,法官即可直接认定。根据法律和司法解释,属于免证事项的有司法认知、法官推定、已决事项、公证事项等。

自认和无需证明的事实都属于证据法上的免证规则范畴。自认的特点是因当事人的意思表示而免除对方当事人证明责任。无需证明的事实之所以不需要当事人证明,是因为事实本身的特点,如属于被科学研究和生活实践反复证明的客观规律,或者是属于法律规定本身,或者是依日常生活经验就能作出判断的显著的事实等。

一、司法认知

司法认知,亦称审判上的认知或审判上知悉,就是作为法官应当知道的事项。司法认知包括法律和众所周知的事实。具体说,是指法院对于应当适用的法律或待认定的事实,不待当事人的主张,即给予考虑,不待当事人举证,即予以认知,认定为真实,并可作为判决的依据。司法认知的一大特征是具有公认性。司法认知的事项不仅是客观存在的事实,而且为大众所周知,排除任何疑点。司法认知无需证明规则有助于审理避繁就简,提高效率。司法认知的对象如下:

[①] 林纪东编纂:《新编六法全书(参照法令判解)》,五南图书出版公司1986年版,第381页。转引自毕玉谦《民事证据法判例实务研究》第79页。

其一，法律。法官必须认知法律，是一般的原则，也是法官不可推卸的职责。然而，具体要认知哪些法律，却有不同要求。国内法中，法官应当认知宪法、法律、中央政府制定的行政法规及行政规章。至于地方法规和大量的部门规章，很难要求法官均加以认知。[①]对于国际条约，无论是多边的或双边的条约，只要是本国参加、接受的，都成为法官认知的范围。

其二，众所周知的事实。对于众所周知的事实，当事人无须证明，这是一条古老的法则。但什么叫众所周知的事实，在学说和判例上众说纷纭。实际上，任何事实成为众所周知的事实，都是受一定的时间、地点和条件的限制，它可以在不同的范围内存在。对于法官而言，凡一国之内、一省之内、法院所在地域范围内，社会大众都知悉的事实，或按经验规则为众人所认可的事实，或历史、地理、经济、科学、文化教育、工商业等中易于获得的知识，均可视为"众所周知"。

其三，司法事项。司法事项为法官职务上必须知道的事实。如法院的记录、法官的签名、其他法院的设立、印签等。

司法认知的效力：一是免除当事人证明责任；二是可以作为证明其他事项的逻辑链条；三是绝对性，即使当事人的主张、证人证言，甚至专家意见与司法认知相冲突，法官也必须维持认知而不采信这些意见。

二、推定

推定，是指法官根据已知事实（也称基础事实），依据法律规定或经验法则，推断另一项事实被证实（也称推定事实）的行为。运用推理作出判断是人类认识客观事物的常见手段。在司法活动中，法官也常常需要用推定的方法来判断案件事实。推定的主体只限于法官。法官对案件事实的推定具有程序效力，即免除当事人证明的负担。

根据推定的依据不同，法官推定可以分为法律推定和事实推定。所谓法律推定，是指法官依法律规定，就已知事实对未知事实所作的推定。如民法上的过错推定就是典型的例子。实体法中存在大量的法律推定，与司法认知事项存在一定的交叉。但与司法认知事项无须证明的绝对性不同，法律推定的事实具有可反驳、可证伪性。《民事证据规定》第10条规定，根据法律规定推定的事实，当事人无须举证证明，但当事人有相反证据足以反驳的除外。所谓反驳，是指证明有其他可能性，动摇法官心证，令推定事实真伪不明的状态。

所谓事实推定，是指法官根据一定的经验法则，运用逻辑方法，就已知事实对未知事实所作的推定。与根据法律所作的推定不同，事实推定的"桥梁"是经验法则和法官的逻辑推理。所谓经验法则，就是人们在日常生活中长期、反复实践中体验到的经验中的共识部分，是由大家认为可靠的那部分经验构成的。这种经验法则反映了事物之间的常态联系（或因果关系的常态现象），公认不存在其他可能性，或者其或然性和不确定性很小的情形。从概率上讲，这样的经验法则符合大数法则，基本上能够反映事物发展的规律，出错

[①] 在美国，对于行政规章或有关私人事项的法案的认知，在一般情况下，以申请为必要条件，法官援引适用，须得到当事人及其律师的协助。

可能性很小。当然,不确定性很小并不等于完全没有其他或然性,大数法则强调的是高概率,但毕竟不是百分百。因此对于事实推定允许当事人用相反的证据证伪,但相反证据的证明标准比较高,应当达到动摇法官内心确信的程度。《民事证据规定》第 10 条规定,对于法官根据已知的事实和日常生活经验法则推定出的另一事实,当事人无需举证证明,但当事人有相反证据足以反驳的除外。所谓"足以反驳",就是动摇法官心证,让法官认识到不能排除其他可能性。

> **评注**:事实推定是法官对经验法则的运用。理论上讲,经验法则建立的基础是事物之间的常态联系,但是并非每一个人天生就能了解和掌握这些经验法则。对经验法则的正确认识和运用一方面需要丰富的生活经验,另一方面需要训练有素的逻辑推理能力。这对法官提出了很高的要求。如果法官推理判断的大前提是与经验法则不符,推理结论也将是伪命题。为了尽可能避免这种因经验法则的误用而给事实推定造成的负面影响,法官在运用经验法则时要多方求证、谨慎小心,推定时要注意逻辑严密性,并充分保障当事人用相反证据反驳的异议权。

三、预决事项

预决事实又称已决事项,是指为生效裁判文书所确定的事实。已决事项无需证明的理论基础是既判力的遮断效和争点排除效。按照大陆法系既判力理论,事实审最后一次法庭辩论终结时,法官用以判断案件事实的诉讼资料就已经确定,当事人不能就本案争议事实再提出不同的主张、提出新的证据,包括在法庭辩论终结前应提出而未提出的事项。这种排除当事人对案件事实再争议的效力就是遮断效。遮断效不仅及于本案后续审理程序,也及于相同当事人提起的后诉。常见的情况是,后诉当事人以前诉裁判文书判断过的事实为前提事实或基础法律关系,作为后诉的诉讼标的事实理由。遮断效的意义在于保证程序的安定性,要求享受过程序保障的当事人承认程序经过发生的后果,是程序效力的体现。英美法上的争点排除效原理大同小异,指前诉中当事人实际争议、法院实质审理过的争点,且法院对该争点的判断是前诉判决必不可少的,那么该判断对后诉产生拘束力,当事人在后诉中不得再争议。

根据遮断效和争点排除效原理,构成无须证明的已决事项是有条件的:①前后诉当事人必须相同,但当事人的诉讼地位可以相反,如前诉的原告在后诉中是被告。因为任何人不受自己没有参加的诉讼结果的约束。只有在前诉中享受过程序保障的当事人才受既判力遮断效的约束。所以,如果是前、后诉当事人各不相同的,不得适用已决事项无需证明规则。②已决事实为法院或仲裁机构在前诉实质审理并作出实体判断的事实。③后诉当事人争议的事实与前诉裁判文书中判断过的事实完全一致,即已决事实在前诉基准时后没有发生变动。④当事人在前诉中为调解或和解而作出的自认,不具有预决效力。这是预决效力规则的消极要件。这是由自认的本质属性所决定的。《民诉法解释》第 107 条:"在诉讼中,当事人为达成调解协议或者和解协议作出妥协而认可的事实,不得在后续的诉讼中作为对其不利的根据,但法律另有规定或者当事人均同意的除外。"

适用预决效力规则的前诉裁判一般限于民事判决、民商事仲裁裁决、行政判决。其中,公益诉讼判决对其他受害人私益诉讼有预决效力。《环境公益诉讼解释》第 30 条规定,已为环境民事公益诉讼生效裁判认定的事实,因同一污染环境、破坏生态行为依据《民事诉讼法》第122条规定提起诉讼的原告、被告均无需举证证明,但原告对该事实有异议并有相反证据足以推翻的除外。对于环境民事公益诉讼生效裁判就被告是否存在法律规定的不承担责任或者减轻责任的情形、行为与损害之间是否存在因果关系、被告承担责任的大小等所作的认定,因同一污染环境、破坏生态行为依据《民事诉讼法》第122条规定提起诉讼的原告主张适用的,人民法院应予支持,但被告有相反证据足以推翻的除外。被告主张直接适用对其有利的认定的,人民法院不予支持,被告仍应举证证明。

刑事判决对民事诉讼的预决关系,应具体分析,不宜一概而论。刑事判决如果为有罪判决的,可能对民事诉讼发生预决的效果。例如,人民法院的刑事判决认定被告人实施了伤害、诽谤等犯罪行为,受害人又对其提起民事诉讼要求损害赔偿的,对于被告人是否对原告实施了伤害、诽谤行为即可以不必再证明。刑事判决如果是无罪判决,由于民事诉讼与刑事诉讼的证明标准不同,相同的证据在民事诉讼中可能已经达到一般证明标准而可以认定构成侵权。此时,刑事判决对民事诉讼没有预决效果。

按照《民事证据规定》,预决事项无须证明的刚性较强,只有在当事人用相反证据足以推翻的情形,该规则才不予适用。所谓足以推翻,是指证明相反的事实成立。

四、公证事项

公证事项即经公证机构确认,并出具公证文书的事实。《民事诉讼法》第72条规定:"经过法定程序公证证明的法律行为、法律事实和文书,人民法院应当作为认定事实的根据。"《民事证据规定》也将公证事项列为无需证明的事实。

公证事项无需证明是基于法律赋予公证行为的公信力。公证的公信力源自公证行业长期积累的社会信任,最终被法律所认可。我国公证法律制度仍然处在改革完善的过程中,其社会信任的积累还需要相对长的时间。因此,在证据规则上,公证文书所证明的事项虽然属于免证事项,但不是绝对不可以用反证推翻。不过,用于推翻公证事项的证据必须达到充分,且能证明相反的事实的程度。《民事证据规定》第10条规定,已为有效公证文书所证明的事实当事人无需证明,但当事人有相反证据足以推翻的除外。

第十三章 证据的调查收集与判断

第一节 自由心证与法官释明

一、自由心证

1. 自由心证的概念

自由心证通常称为自由心证原则,或自由心证主义,是指法律不预先设定固定的规则来指示或约束法官对证据的判断,而由法官针对具体案情,根据经验法则、逻辑规则和自己的理性良心来自由判断证据和认定事实。

拓展阅读:"从证据法定主义到自由心证主义",请扫二维码学习。

从证据法定主义到自由心证主义

2. 自由心证与司法规律

实践证明,自由心证原则符合司法规律,已经成为现代司法制度普遍采用的证据规则。自由心证强调法官不受僵化的法定公式的束缚,重视法官职业道德、理性、良心的规范作用。但这并不意味着法官在判断证据时不受任何规则约束。相反,法官自由心证是在严格遵循证据规则的前提下进行的,表现为法官保障当事人举证、质证、辩论权,严格按照法定程序审核判断证据,在裁判文书中公开心证过程。此外,法官自由心证行为是在良心与理性的指引下,遵循逻辑推理规则和日常生活经验的前提下进行的,还受到职业伦理的约束。《民事证据规定》第85条第2款规定:"审判人员应当依照法定程序,全面、客观地审核证据,依据法律的规定,遵循法官职业道德,运用逻辑推理和日常生活经验,对证据有无证明力和证明力大小独立进行判断,并公开判断的理由和结果。"总之,自由心证只是司法制度系统中的一个小齿轮。只要司法制度在整体上是有效运行的,有当事人诉讼权利的制约,有审判公开建立的监督机制,再加上审级制度与再审制度等纠错机制的保障,法官自由心证不会变成随心所欲的自由擅断。

3. 自由心证与自由裁量的区别

自由裁量即自由裁量权,是指司法机关或行政机关在满足法律要件的前提下,在法律授权范围内,依据立法目的和公平、合理原则,自行对具体法律责任作出评价和决定的权力。自由裁量行为主要发生在实体法律适用领域。自由裁量权主体包括司法机关与行政执法机关。而自由心证适用于司法程序中的证据判断,主要是发生在法官的审判活动领域。

4. 自由心证与自由证明的比较

自由证明是指法官可以不按照严格的证据规则，灵活运用自行调查获得的信息对案件事实作出判断的方法。自由证明主要适用于法官职权调查事项，典型如非讼程序中待确认的法律事实的查明，以及管辖权、回避、保全等程序事项的审查判断等。与之相对的概念是严格证明，即以具有证据法上所规定证据能力的证据，通过符合一定格式的证据调查程序而到达法定证明标准的确证程度的证明。所以，自由证明也可以理解为不需要严格证明的证明方法。两种证明方法都适用于民事诉讼，本质上都是法官评价证据和判断事实的方法，仅在证明对象、形成内心确信的方式和调查程序的强制性上有所差异。

二、法官对证据规则的释明

由于自由心证方法强调尊重法官理性。而心证过程毕竟是法官内在的思想活动，如何防止自由心证变成自由擅断，关键在于利用当事人诉讼权利对审判权的制约机制，发挥证据规则对法官自由心证的约束作用。要求法官对证据规则进行妥当的释明，是保障当事人知悉权、参与权，充分行使举证、质证等程序权利的制度安排，构成法官证据调查与认定规则中的重要内容。释明的目的是保障当事人实质参与诉讼，正确、充分行使辩论权和处分权。在证据规则领域，法官释明主要针对当事人因不知晓证据规则，在主张案件事实、承担证明责任、提供证据资料和举证质证过程中可能出现的不准确、不充分、不到位的情形，通过发问、晓喻、提示等方式，引导当事人正确、充分行使程序权利的权力。

法官可以在以下几个方面对证据规则进行释明：

1. 证明责任释明

民事诉讼当事人负担着为其主张提供证据加以证明的责任。而某一项待证事实应当由哪一方当事人举证证明是涉及程序公平的关键事项。当事人证明责任是否充分，又关涉到败诉风险等重要的诉讼利益。因此，在具体诉讼过程中，法官应当针对当事人争议焦点释明本案证明责任分配问题。在起诉阶段，法官应当向当事人释明证据的重要性，说明举证的要求与法律后果，促使当事人在合理期限内积极、全面、正确、诚实地完成举证。在争点确定后，应当明确待证事实的证明责任分配，并告知双方当事人，听取当事人关于证明责任分配的辩论意见。在审理前的准备阶段，法官应当向承担证明责任的当事人送达举证通知书，载明举证责任的分配原则和要求，可以向人民法院申请调查收集证据的情形，人民法院根据案件情况指定的举证期限以及逾期提供证据的法律后果等内容。

2. 证据材料释明

法官还应当针对案件具体情形给当事人必要的举证指导。比如在当事人陈述的事实或已经提供的诉讼资料中，法官发现有可能对案件事实有亲身感知的人可以提供证言的，可以提示当事人申请该证人出庭作证。再比如承担证明责任的当事人所提供的证据不足以让法官形成心证的，或者因证据瑕疵导致证明力不足的，法官应告知当事人补强证据。《民诉法解释》第356条规定，人民法院适用司法确认程序审查人民调解协议相关情况时，经审查认为当事人的陈述或者提供的证明材料不充分、不完备或者有疑义的，可以要求当事人限期补充陈述或者补充证明材料。在审理案件过程中认为待证事实需要通过鉴定意见证明的,应当向当事人释明,并指定提出鉴定申请的期间。人民法院根据当事人申请调查收集的证据,法官应当对调查收集证据的情况进行说明,交由提出申请的当事人与对方当事人、第三人进行质证。

3. 诉讼请求释明

当事人对争议的法律关系的性质认识不清,或者与法律规定有偏差的,不仅可能导致当事人的诉讼请求不能获得法院支持,而且即便法院按照正确的法律理解作出裁判,也可能因出乎当事人的意料,有裁判突袭的嫌疑。从保障当事人辩论权、处分权角度,法官应当就裁判可能依据的法律理由向当事人释明。释明不是代替当事人作出选择,而是通过晓喻,将有关法律关系性质或民事行为效力问题当作争议焦点,引导双方当事人进行充分的陈述、辩论。这既是平等保护双方当事人参与权的要求,也有助于提高裁判的可接受性。《民事证据规定》第53条规定,诉讼过程中,当事人主张的法律关系性质或者民事行为效力与人民法院根据案件事实作出的认定不一致的,人民法院应当向当事人释明,并将法律关系性质或者民事行为效力作为焦点问题进行审理。但法律关系性质对裁判理由及结果没有影响,或者有关问题已经当事人充分辩论的除外。

第二节 证据调查收集

一、法院调查取证

法院调查取证权,是指法院在诉讼过程中,调查案件事实、收集证据的权力。《民事诉讼法》第70条规定:"人民法院有权向有关单位和个人调查取证,有关单位和个人不得拒绝。"一般情况下,民事诉讼的证明主要由当事人提供证据,法官居中判断证据的能力与证明力,并运用可以认定的证据判断案件事实。因此,民事诉讼的证明主体是当事人。只有在法律有特别规定的情况下,法院才能依职权主动调查收集证据。这主要是指纯粹的程序性事项,或者涉及国家利益、社会公共利益的事项。《民事诉讼法》第67条规定:"人民法院认为审理案件需要的证据,人民法院应当调查收集。"《民诉法解释》第96条对"人民法院认为审理案件需要的证据"作出解释,具体是指:①涉及可能损害国家利益、社会公共利益的;②涉及身份关系的;③涉及民事诉讼法规定的公益诉讼的;④当事人有恶意串通损害他人合法权益可能的;⑤涉及依职权追加当事人、中止诉讼、终结诉讼、回避等程序性事项的。

当事人申请法院调查收集证据应当满足法定的条件。《民事诉讼法》第67条规定:"当事人及其诉讼代理人因客观原因不能自行收集的证据,或者人民法院认为审理案件需要的证据,人民法院应当调查收集。"《民诉法解释》第94条对民诉法规定的"当事人及其诉讼代理人因客观原因不能自行收集的证据"作出解释,具体可以包括:①证据由国家有关部门保存,当事人及其诉讼代理人无权查阅调取的;②涉及国家秘密、商业秘密或者个人隐私的;③当事人及其诉讼代理人因客观原因不能自行收集的其他证据。当事人及其诉讼代理人申请人民法院调查收集证据,应当在举证期限届满前提交书面申请。申请书应当载明被调查人的姓名或者单位名称、住所地等基本情况、所要调查收集的证据名称或者内容、需要由人民法院调查收集证据的原因及其要证明的事实以及明确的线索。法院对当事人的申请应当进行审查。如果当事人申请调查收集的证据,与待证事实无关联、对证明待证事实无意义或者其他无调查收集必要的,人民法院不予准许。

法院调查取证的方式主要有:根据当事人的申请或者依职权收集证据,在庭审中询问当事人和证人。调查范围包括程序事项证据和实体事项的证据。人民法院调查收集证据,应当由两人以上共同进行。调查材料要由调查人、被调查人、记录人签名、捺印或者盖章。人民法院调查收集的书证,可以是原件,也可以是经核对无误的副本或者复制件。所调查收集的书证是副本或者复制件的,应当在调查笔录中说明来源和取证情况。人民法院调查收集的物证应当是原物。被调查人提供原物确有困难的,可以提供复制品或者影像资料。当事人提供复制品或者影像资料的,法院应当在调查笔录中说明取证情况。人民法院调查收集视听资料、电子数据,应当要求被调查人提供原始载体。被调查人提供原始载体确有困难的,可以提供复制件,人民法院应当在调查笔录中说明其来源和制作经过。人民法院调查收集可能需要鉴定的证据,应当遵守相关技术规范,确保证据不被污染。

《民事诉讼法》第 70 条规定:"人民法院对有关单位和个人提出的证明文书,应当辨别真伪,审查确定其效力。"但这并不意味着法院依申请或依职权调查收集的证据的证明主体变成了法官。法院调查收集证据应当受当事人处分权和辩论权行使的制约。法院调查收集来的证据,其客观性、关联性与合法性仍然要交当事人进行质证后才能作出判断。未经法庭质证的证据,即便是法官调查收集得来的,也不能作为判断认定案件事实的根据。

二、举证时限

举证时限是指人民法院指定的当事人提供证据的期限。举证时限制度的设置,是基于当事人的诉讼促进义务,即当事人对自己提出的主张有义务及时提供证据。其意义在于防止诉讼拖延和诉讼突袭。当事人超过举证期限提供的证据,可能产生不被法院采纳的后果。

人民法院根据当事人的主张和案件审理情况,确定当事人应当提供的证据及其期限。人民法院应当在审理前的准备阶段确定当事人的举证期限。人民法院指定举证期限的,适用第一审普通程序审理的案件不得少于 15 日,当事人提供新的证据的第二审案件不得少于 10 日。适用简易程序审理的案件不得超过 15 日,小额诉讼案件的举证期限一般不得超过 7 日。举证期限可以由当事人协商,并经人民法院准许。

当事人在该期限内提供证据确有困难的,可以向人民法院申请延长期限,人民法院根据当事人的申请适当延长。所谓"确有困难",主要是指当事人在举证期限内提供证据存在客观障碍。对于是否属于在举证期限内提供证据确有困难,人民法院应当根据当事人的举证能力、不能在举证期限内提供证据的原因等因素综合判断。必要时,可以听取对方当事人的意见。当事人申请延长举证期限的,应当在举证期限届满前向人民法院提出书面申请。申请理由成立的,人民法院应当准许,适当延长举证期限,并通知其他当事人。

延长的举证期限适用于其他当事人。申请理由不成立的,人民法院不予准许,并通知申请人。

举证期限届满后,当事人提供反驳证据或者申请对已经提供的证据的来源、形式等方面的瑕疵进行补正的,人民法院可以酌情再次确定举证期限,该期限不受之前法院指定的期间限制。法院应当晓喻被告在答辩期届满前提出书面答辩,阐明其对原告诉讼请求及所依据的事实和相关证据材料的意见。

当事人逾期提供证据的,人民法院应当责令其说明理由,必要时可以要求其提供相应的证据。当事人拒不说明理由或者理由不成立的,人民法院根据不同情形分别处理:①当事人因故意或者重大过失逾期提供的证据,人民法院原则上不予采纳。②当事人非因故意或者重大过失逾期提供的证据,人民法院应当采纳,并对当事人予以训诫。③当事人因客观原因逾期提供证据,或者对方当事人对逾期提供证据未提出异议的,视为未逾期。④当事人因故意或者重大过失逾期提供的与案件基本事实有关的证据,人民法院应当采纳,并按照妨害诉讼行为,依照民事诉讼法规定的民事诉讼强制措施,予以训诫、罚款。此外,当事人一方要求另一方赔偿因逾期提供证据致使其增加的交通、住宿、就餐、误工、证人出庭作证等必要费用的,人民法院可予支持。

三、书证提出命令

书证提出命令,也称文书提出命令,是书证在对方当事人控制之下,且持有书证者无正当理由拒不提供,法院依承担证明责任一方当事人的申请,向持有证书者发出的强制其将书证提交法庭的命令。

基于辩论主义原理,证据主要由主张者提供。但是,在当事人按照法定义务、合同约定或者依照习惯单方保存书证的情形,书证就有可能被单方控制在不负证明责任的一方当事人手上。如果该当事人拒不提供,将导致对方当事人无法完成证明责任。这对于承担证明责任的一方当事人而言是不公平的。从法律性质上讲,控制书证一方当事人无正当理由拒不提交书证,已经构成妨害民事诉讼的行为。书证提出命令属于排除妨害行为的一种措施。按照《民诉法解释》第112条的规定,承担举证证明责任的当事人可以在举证期限届满前书面申请人民法院责令对方当事人提交。

当事人申请法院发出书证提出命令,应当说明理由。并非书证在对方当事人控制之下,法院都有必要发出书证提出命令。只有在不提出该书证将导致案件事实真伪不明,证明责任承担者将承担不利的诉讼后果的情况下,才有发出命令的需要。当事人申请人民法院责令对方当事人提交书证的,申请书应当载明所申请提交的书证名称或者内容、需要以该书证证明的事实及事实的重要性、对方当事人控制该书证的根据以及应当提交该书证的理由。

当事人申请法院发出书证提出命令,还要提供相应的证据,证明书证是在对方当事人控制之下,以及强制其提交的必要性。《民事证据规定》第47条列举了控制书证的当事人应当提交书证的几种情形:①控制书证的当事人在诉讼中曾经引用过的书证;②为对方当事人的利益制作的书证;③对方当事人依照法律规定有权查阅、获取的书证;④账簿、记账原始凭证;⑤人民法院认为应当提交书证的其他情形。前款所列书证,涉及国家秘密、商业秘密、当事人或第三人的隐私,或者存在法律规定应当保密情形的,提交后不得公开质证。

法院对当事人提交书证的申请进行审查时,应当听取对方当事人的意见,必要时可以要求双方当事人提供证据、进行辩论,然后根据法律规定、习惯等因素,结合案件的事实、证据,对于书证是否在对方当事人控制之下的事实作出综合判断。法院对当事人的申请进行必要性审查后,认为当事人申请理由成立的,以裁定的方式责令对方当事人提交。当事人申请提交的书证不明确、书证对于待证事实的证明无必要、待证事实对于裁判结果无实质性影响、书证未在对方当事人控制之下或者不符合《民事证据规定》第47条情形的,人民法院不予准许,并通知申请人。

因提交书证所产生的费用,由申请人负担。对方当事人无正当理由拒不提交的,人民法院可以认定申请人所主张的书证内容为真实,并按照民诉法规定的排除妨害诉讼行为的规定对书证持有人采取强制措施。

四、证据保全

证据保全是指在证据可能灭失或以后难以取得的情况下,人民法院依当事人申请或依职权对证据采取固定、提取、封存等保护措施,保证证据完整、真实的制度。证据保全的目的在于事先防范证据因时间经过发生物理、化学变化,或者因情势变化、意外事件永远无法再现的情形发生,保证将来的诉讼程序中证据作用的发挥。《民事诉讼法》第84条规定:"在证据可能灭失或者以后难以取得的情况下,当事人可以在诉讼过程中向人民法院申请保全证据,人民法院也可以主动采取保全措施。"

证据可能灭失或以后难以取得的情形在不同的证据有不同的表现,如物证属于易腐败、变质、融化,不及时固定保存很快会失去证据价值;再如证人年事已高,或者身患重病,一旦身故再也无法获得证人证言的;证人即将出国定居,长时间不能回国的;书证面临被毁损,以后无法复原的;等等。

证据保全主体是人民法院。其他国家机关,包括人民检察院、国家行政机关等,均不能作为证据保全主体。公证机关也不是证据保全的主体。这是证据保全与用公证方法证明事实的本质区别所在。因为证据保全属于司法活动,与财产保全、行为保全一样,是诉讼保全的一种。按照《民事诉讼法》第84条第3款的规定,证据保全的程序,除法律有特别规定的外,参照适用民诉法关于诉讼保全的有关规定。因此,证据保全应当由司法权负责实施。同时,证据保全可能需要对证人进行调查,或者需要对可能成为证据的书信文件和财产采取封存保护措施,都会涉及双方当事人程序权利保障问题,必须有司法权介入确保程序公平。因此,只有人民法院有权采取证据保全措施,其他任何机关、组织和个人均不能进行证据保全。

证据保全按照采取措施的时间不同,有诉前证据保全和诉讼中证据保全之分。因情况紧急,在证据可能灭失或者以后难以取得的情况下,利害关系人可以在提起诉讼或者申请仲裁前向证据所在地、被申请人住所地或者对案件有管辖权的人民法院申请保全证据。所谓"情况紧急",是指证据灭失或被毁损的情形正在发生,不立即采取措施将无法保全证据的情形。利害关系人主要是指将来可能提起诉讼的当事人。因为在申请证据保全时尚未提起诉讼,还不能称之为"当事人",故在诉前证据保全程序中称为"利害关系人"。人民法院采取诉前证据保全措施后,当事人向其他有管辖权的人民法院提起诉讼的,采取保全措施的人民法院应当根据当事人的申请,将保全的证据及时移交受理案件的人民法院。

当事人请求法院证据保全应当提出书面申请。申请书应当载明需要保全的证据的基本情况、申请保全的理由以及采取何种保全措施等内容。申请证据保全的时限不能超过举证时限。《民诉法解释》第98条规定,当事人申请证据保全的,可以在举证期限届满前提出。

证据保全可能涉及对当事人财产利益的限制,因此必须给予相应的程序保障。人民法院进行证据保全,可以要求当事人或者诉讼代理人到场。在符合证据保全目的的情况下,人民法院应当选择对证据持有人利益影响最小的保全措施。当事人或者利害关系人申请采取查封、扣押等限制保全标的物使用、流通等保全措施,或者保全可能对证据持有人造成损失的,人民法院应当责令申请人提供相应的担保。担保方式或者数额由人民法院根据保全措施对证据持有人的影响、保全标的物的价值、当事人或者利害关系人争议的诉讼标的金额等因素综合确定。申请证据保全错误造成财产损失,当事人有权请求申请人承担赔偿责任。

不同类型的证据,保全的手段是不同的。根据当事人的申请和具体情况,人民法院可以采取查封、扣押、录音、录像、复制、鉴定、勘验等方法进行证据保全,并制作笔录。

拓展阅读:"律师调查令",请扫二维码学习。

律师调查令

第三节 证据的审查判断

一、起诉证据的审查判断

起诉证据是指当事人向人民法院提起民事诉讼时用于证明其起诉符合法定的起诉条件的证据。《民事证据规定》第1条规定:"原告向人民法院起诉或者被告提出反诉,应当提供符合起诉条件的相应的证据。"起诉是民事主体行使诉权的行动。从诉权的绝对性角度,法律不能为当事人行使诉权附加任何条件。但是,司法权的作用范围是有限的,并非所有的"纠纷"都能通过诉讼途径解决。此外,司法是公共产品、稀缺资源,当事人寻求司法救济必然会占用司法资源。当事人行使诉权也要本着善意和诚信的原则,依法行使诉权,不得滥用权利。法院在受理当事人起诉时,需要通过审查起诉证据,对当事人请求裁判的纠纷进行"可裁判性"审查,避免那些无法通过司法途径解决,不具有可诉性或可裁判性的纠纷占用宝贵的司法资源;还要对当事人请求解决的纠纷是否为民事纠纷,是否属于法院适用民事诉讼程序处理等问题作出初步判断,按照民事、行政、刑事诉讼案件进行识别与分流,防止程序空转。这就是起诉证据的价值功能。

法院要在遵循保障诉权基本原则的基础上,严格按照民事诉讼法关于起诉条件的规定,以起诉阶段诉的合法性要求为标准,对起诉证据进行审查判断。

(1) 证明对象:起诉条件的要件事实。按照《民事诉讼法》第 122 条的规定,原告提起诉讼需要提供证据证明以下事实:①自己是本案争议的权利义务关系主体;②有明确的被告,即争议对方当事人具体明确,可以与其他人区别开来;③有具体的诉讼请求,及其事实与法律理由;④受诉法院有管辖权;⑤请求法院裁判的纠纷是民事纠纷,应当适用民事诉讼程序审理裁判。此外,当事人的起诉还应当满足不违反重复诉讼等消极要件。以上要件事实不涉及当事人争议的案件事实和实体权利请求的证据,即起诉证据不包含支持诉讼请求成立的胜诉证据。

(2) 审查方式:形式审查。民诉法规定的起诉条件都是形式要件,只要原告诉称的内容在形式上符合法律规定的各个要件,即可认为满足了起诉条件。虽然一些条件包含实体内容,如原告与诉讼标的有利害关系、受诉法院有管辖权、是否为重复诉讼等,但法院对起诉证据的审查方式只能是形式审查,即根据原告诉状记载事项和当事人口头声明事项进行审查判断,不需要对整个案件进行实质审理后才作出判断。

(3) 证明标准:初步证明。所谓初步证明,即表明待证事实的存在有一定可能性,达到可以进一步争辩的程度即可。例如,侵权之诉中,原告选择在被告所在地提起诉讼,那么被告是否构成侵权就是判断受诉法院是否有管辖权的基础事实。但在起诉审查阶段,法院不可能对该事实进行实质审理后再作出判断,只要当事人能够初步证明被告存在侵权的可能,该事实可以在接下来的诉讼程序中进一步展开争辩,就可以证成受诉法院有管辖权。

(4) 程序保障:必要时应开庭审理,并保障当事人上诉权。对于起诉条件中的实体内容,法院形式审查方式不足以作出判断的,应当开庭审理,给当事人陈述、辩论的机会。经审理,认为原告起诉证据不能证明其起诉符合法定条件的,应当以裁定方式驳回起诉。当事人对裁定不服的,有权提起上诉。

二、瑕疵证据补强规则

对待收集手段有瑕疵或外观有瑕疵的证据,法院不得简单地适用排除规则,而是通过职权调查或告知当事人追加证据予以补证。这就是瑕疵证据补强规则。

首先,收集手段瑕疵致证据合法性待定的证据,法院应当依职权调查认定是否构成非法证据,即当事人收集证据时是否采用了法律禁止性规定的行为或严重损害公序良俗的行为、严重损害他人合法权益的行为。在事实调查清楚之前,法官不能直接否定相关证据材料的证据能力。

其次,对于外观瑕疵致证据真伪不明的证据,法官应当告知提供该证据的当事人补强证据,即用其他证据(包括间接证据)来佐证该证据,证明其真实性。如果以证据真伪不明直接加以排除瑕疵证据,可能加剧当事人证明难的问题,不利于民事诉讼目的的实现。

三、直接证据与间接证据

根据证据能否单独证明待证事实,可以把证据分为直接证据和间接证据。

直接证据是指与待证的案件事实具有直接联系,能够单独证明案件事实的证据。间接证据是指与待证的案件事实之间具有间接联系,不能单独证明案件事实,因而需要与其他证据结合起来才能证明案件事实的证据。直接证据能够单独证明案件事实,其证明力一般强于间接证据,运用它来认定案件事实也较为便捷。间接证据虽然不能单独用来证明案件事实,但也具有重要的证明作用,它一方面可以用来补强直接证据的效力,对案件事实起辅助性的证明作用,另一方面可以在缺乏直接证据的情况下,运用多个间接证据,形成证据链条,证明案件事实。

法官运用间接证据认定案件事实,应当遵循下列规则:①在缺乏直接证据的前提下,才能使用间接证据作为定案根据。②间接证据须具备一定的数量,并构成完整的证明链条。证据数量的多少取决于证据反映的信息多少、待证事实的复杂程度等,不可能有一个明确的数据,但"孤证不能定案"是间接证据必须遵循的规则。③各间接证据之间须具有一致性,相互之间不存在矛盾。④在运用间接证据推定案件事实时,必须贯彻逻辑严密、内容精确、推理前后一致的原则。

四、证明妨害规则

证明妨害,也称举证妨害,是指不负证明责任的当事人所实施的导致承担证明责任一方当事人无法完成证明责任的行为。妨害证明的行为表现不一,常见的有控制书证的一方当事人无正当理由拒不遵从法院命令提交书证,或者当事人用威胁、恐吓、非法拘禁等行为阻止证人出庭作证,或者持有书证、物证者毁损书证、物证,使之无法恢复原状,丧失证据价值,等等。

作为一种事实判断规则,证明妨害规则旨在排除这种妨害,赋予法官直接认定不利于行为人的事实成立。这是民事诉讼诚实信用原则在具体证据规则上的应用。一般而言,如果待证事实不能查明,或者处于真伪不明状态,法官依据证明责任分配规则,判决承担证明责任的一方当事人承担不利的诉讼后果。但是,如果事实无法查明或真伪不明状态不是由于证明责任承担一方当事人没有尽到提供证据的努力,而是由于对方当事人的妨害证明的行为造成的,法律对事实认定作出不利于有妨害证明行为的当事人的调整。这是当事人滥用诉讼权利、妨害司法秩序所应当承担的法律后果。换个角度,根据日常生活经验,当事人妨害证据呈现于法庭,通常是因为该证据记载了不利于他的信息。因此,法官认定不利于该方当事人的事实成立,是符合常理的。

根据《民诉法解释》和《民事证据规定》,证明妨害规则主要包括下列情形:

(1) 一方当事人控制证据无正当理由拒不提交,对待证事实负有证明责任的当事人主张该证据的内容不利于控制人的,人民法院可以认定该主张成立。典型如控制书证的当事人无正当理由拒不提交书证,人民法院可以认定对方当事人所主张的书证内容为真实。例如,《环境公益诉讼解释》第13条规定:"原告请求被告提供其排放的主要污染物名称、排放方式、排放浓度和总量、超标排放情况以及防治污染设施的建设和运行情况等环境信息,法律、法规、规章规定被告应当持有或者有证据证明被告持有而拒不提供,如果原告主张相关事实不利于被告的,人民法院可以推定该主张成立。"

(2) 一方以妨碍对方当事人证明为目的,实施隐匿、毁灭有关书证、物证,或者阻止证人出庭等致使证据不能使用或者无法呈现法庭的行为的,人民法院可以认定不利于该当事人的事实主张成立。

(3) 法院认为当事人应当出庭接受询问,经合法传唤当事人无正当理由拒不到场、拒不签署或宣读保证书或者拒不接受询问,且待证事实无其他证据证明的,人民法院应当作出不利于该当事人的认定。

> **比较**:我国台湾地区"民事诉讼法"第282条之1:当事人因妨碍他造使用,故意将证据灭失、隐匿或致碍难使用者,法院得酌情形认他造关于该证据之主张或依该证据应证之事实为真实。前项情形,于裁判前应令当事人有辩论之机会。

普通程序篇

第十四章 第一审普通程序

第一节 第一审普通程序概述

一、第一审普通程序的概念

第一审普通程序是普遍适用于一般民事案件第一审的诉讼程序。

按照我国审级制度的安排,民事诉讼程序分为第一审、第二审(上诉审)两个审级程序。其中,《民事诉讼法》对第一审程序的规定称为"第一审普通程序"。普通程序是《民事诉讼法》规定的民事主体进行民事诉讼活动,在第一审阶段通常适用的程序。"普通"是"普遍通用"之意。与它相对应的是简易程序。简易程序是对普通程序的简化,只适用于简单的民事案件。

二、第一审普通程序的特点

普通程序具有以下特点:

(1)普通程序是规定得最完备的审判程序。从当事人起诉、人民法院受理、审理案件到作出裁判的各个程序环节都有具体规定,还包括诉讼过程中可能出现的撤诉、缺席判决、诉讼中止、诉讼终结等情形的程序规则。这些程序都一般适用于简易程序、二审程序、再审程序等。例如简易程序,除了法律明确规定可以在起诉方式、传唤方式、审理期限、审判组织等方面采用简便易行的方式进行外,开庭审理、宣判、当事人撤诉、诉讼中止、诉讼终结等程序都是按照普通程序的规定进行的。二审程序也是如此。再审程序除了启动阶段有特别规定外,《民事诉讼法》并没有专门规定其审理与裁判程序。再审的审理与裁判程序分不同情况适用第一审或第二审程序的有关规定。

(2)普通程序是整个诉讼程序中的基础程序。简易程序的规定是以普通程序为基础的,是普通程序的简化。第二审(上诉)程序也是建立在第一审基础之上的,是第一审程序的继续,是对第一审程序结果(事实认定与法律适用)的审查评判。

(3)普通程序是一般民事案件通用程序。表现在:其一,除法律有规定的案件适用简易程序和特殊程序审理外,人民法院审理第一审民事案件,都应适用普通程序。人民法院在适用简易程序审理过程中,如发现该案件不属于简单民事案件的,应当改用普通程序审理。其二,中级以上人民法院审理的第一审案件一律适用普通程序。二审裁定发回重审的案件一律适用普通程序,即使原一审适用的是简易程序。再审程序也是如此。

第二节 起诉与受理

一、起诉

(一) 起诉条件

起诉是指民事主体在认为民事权益受到侵犯或与他人发生争议的情况下,请求人民法院作出裁判、解决纠纷的诉讼行为。起诉是当事人行使诉权寻求司法救济的行为,是民事诉讼程序启动的必要条件。作为解决私权利纠纷的方式之一,民事诉讼程序的启动遵循当事人处分权原则,实行"不告不理",没有原告的起诉行为,法院不能依职权主动介入民事纠纷的解决。当事人行使诉权提起诉讼是法院行使审判权的前提。

根据我国《民事诉讼法》第 122 条的规定,当事人起诉必须符合下列条件:

(1) 原告是与本案有直接利害关系的公民、法人和其他组织。所谓"有直接利害关系",是指原告与本案争议的诉讼标的有法律上的利害关系。绝大多数情况下,原告起诉是因为自己的民事权益受到侵犯或者与他人发生争议。因此,原告与诉讼标的有直接的利害关系表现为:原告就是请求法院裁判的法律关系的主体。在法律有规定或当事人约定情况下,原告虽然不是诉讼标的主体,但是对所涉及的民事权益享有管理权、支配权的,也可以提起诉讼。

(2) 有明确的被告。所谓"明确的被告",是指原告起诉必须向法院指明对方当事人是谁。原告应当提供被告的姓名或者名称、住所等足以使被告与他人相区别的信息。民事诉讼公正解纷之制度功能的发挥,建立在纠纷当事人互动的基础上,即诉讼双方必须具有特定性、明确性。如果原告只知道自己的权益受到损害,却不知道实施损害行为的人是谁,即被告不明确,司法就无法发挥救济作用。

> **评注**:"被告明确"并非指"被告的地址明确"。尽管法院要求原告在提交起诉状时注明被告地址和联系方式,但其目的主要在于识别和便于送达、传唤。实践中不乏起诉时被告地址不明,甚至下落不明的情况,民事诉讼法对此专门规定了相应的处理方式,如公告送达,不影响原告起诉。

(3) 有具体的诉讼请求和事实、理由。所谓"具体的诉讼请求",是指原告的权利主张要明确。原告应当在起诉状中写明要求人民法院裁判的具体事项,即要求获得司法保护的民事权益的范围、内容和数额等。所谓"事实、理由",是指据以支持诉讼请求的案件事实和法律理由。

(4) 属于人民法院主管范围和受诉人民法院管辖。首先,原告起诉的案件应属于人民法院主管,即原告起诉要求解决的纠纷属于法院行使民事审判权的职权范围。因为司法权是有边界的,并非所有的纠纷都适合通过民事诉讼途径解决。比如,属于单位内部自治范围的纠纷,就不适合通过诉讼解决。其次,案件属于受诉人民法院管辖,即受诉法院对原告起诉的案件依法享有管辖权。管辖权是人民法院行使审判权的合法性基础。对没有管辖权的案件,法院不能越权审理。法院在受理当事人起诉时,发现本院对该案没有管辖权,应告知原告向有管辖权的人民法院起诉;原告坚持起诉的,裁定不予受理;立案后发现本院没有管辖权的,应当将案件移送有管辖权的人民法院。

评注:民事诉讼起诉条件是诉的合法性在起诉阶段的规范表达。民事诉讼法要求当事人起诉必须符合一定的条件,目的在于为诉讼程序的顺利进行把第一道关。通过审查起诉,法院可以排除那些不具有可诉性的"纠纷"进入司法途径,及时发现法院管辖错误,避免上述程序问题进入实质审理阶段才发现,导致当事人时间、金钱无谓支出和司法资源的浪费。

《民事诉讼法》第122条规定的起诉条件是形式要件,即法院只能根据起诉者的声明,从形式上进行审查,而不是对各项条件的事实根据和法律规定进行实质审查和判断。比如,要求当事人起诉应当有事实和理由,是指原告应当在起诉状中陈述一定的事实、理由。至于这些事实、理由能否查证属实作为裁判的根据,能否足以支持提出的诉讼请求,则是开庭审理阶段才能完成的审查。因此,在起诉阶段,法院不应以诉讼请求不合法、事实没有证据证明、理由不充分等为由不受理当事人的起诉。

(二) 起诉方式与起诉状

根据《民事诉讼法》第123条规定,当事人起诉有两种方式:其一是书面方式,即以文字材料形成的起诉状,并按被告人数提供副本,一并递交人民法院。其二是口头起诉,即由当事人向人民法院口述,由审判人员记入笔录,并告知对方当事人。起诉的方式,以书面起诉为原则,以口头起诉为例外。

起诉状是原告向受诉人民法院表述诉讼请求和事实根据的一种诉讼文书。根据《民事诉讼法》第124条的规定,起诉状应记明以下事项:

(1) 当事人的基本情况。当事人是公民的,分别写明原告和被告的姓名、年龄、性别、民族、籍贯、职业、工作单位和住址。原告如果是由法定代理人或者委托代理人代为诉讼的,亦应写明他们的基本情况;原告或者被告是法人或其他组织的,应写明法人或者其他组织的名称、住所和法定代表人或者主要负责人的姓名、职务。如委托诉讼代理人的,亦应写明诉讼代理人的基本情况。诉讼代理人是律师的,写明律师姓名及所属律师事务所的名称。起诉状列明的被告信息不足以认定明确的被告的,人民法院可以告知原告补正。原告补正后仍不能确定明确的被告的,人民法院裁定不予受理。

(2) 诉讼请求和所根据的事实与理由。原告向人民法院应当提出具体请求,以及原被告之间的纠纷发生的事实经过和起诉所依据的法律理由。

(3) 证据和证据来源、证人姓名和住所。原告作为主动发动诉讼者,应向人民法院提供证据。如本人无法提供,应向人民法院提供证据来源,并写明情况请法院调取。如果有证人,应写明其姓名、住所、工作单位及所了解的事实,由法院调查。

此外,起诉状还应记明受诉人民法院的名称、起诉的时间(年、月、日),最后由起诉人签名或盖章。

二、受理

(一) 受理及其程序

受理是人民法院对符合法定条件的起诉予以接受、发生诉讼系属的诉讼行为。

根据《民事诉讼法》第 126 条的规定,人民法院对符合起诉条件的起诉,必须受理。符合起诉条件的,应当在 7 日内立案,并通知当事人;不符合起诉条件的,应当在 7 日内作出裁定书,不予受理;原告对裁定不服的,可以提起上诉。

拓展阅读:"法院审查起诉后处理方式",请扫二维码学习。

法院审查起诉后处理方式

诉讼时效不是妨碍当事人行使诉权的事由。诉讼时效是民法规定的实体权利获得司法保护的期限,是实体法上的权利保护制度,不是对诉权行使期限的规定。诉权具有绝对性,法律不会为当事人行使诉权附加期限和其他条件。权利人在法定期间内不行使权利将丧失请求利益,丧失的是胜诉权。当事人超过诉讼时效期间起诉的,人民法院应予受理。受理后对方当事人提出诉讼时效抗辩,人民法院经审理认为抗辩事由成立的,判决驳回原告的诉讼请求。

(二) 不予受理的情况

当事人的起诉不符合起诉条件的,人民法院裁定不予受理。依照《民事诉讼法》第 127 条的规定,下列六类案件人民法院不予受理:

(1) 属于行政诉讼的案件。例如,公民对公安机关依据《治安管理处罚法》所作的罚款、拘留决定不服而引发的案件是行政案件,当事人只能按照行政诉讼程序提起诉讼。如果当事人向法院提起民事诉讼的,法院将不予受理,并告知其提起行政诉讼。

(2) 当事人达成仲裁协议的案件。当事人的仲裁协议排除法院的管辖权。《仲裁法》第 5 条规定:"当事人达成仲裁协议,一方向人民法院起诉的,人民法院不予受理,但仲裁协议无效的除外。"当事人双方自愿达成书面仲裁协议,将纠纷提交仲裁机构仲裁的,当事人就不得再向人民法院起诉。当事人一方起诉到人民法院的,人民法院应告知当事人向仲裁机构申请仲裁,其坚持起诉的,裁定不予受理。但仲裁条款或者仲裁协议不成立、无效、失效、内容不明确无法执行的除外。比如当事人在仲裁条款或仲裁协议中选择的仲裁机构不存在,或者仲裁裁决的事项超越仲裁机构权限的,当事人向人民法院起诉的,人民法院应当受理。《仲裁法》第 26 条规定,当事人达成仲裁协议后,一方当事人向人民法院起诉未声明有仲裁协议,另一方在法院首次开庭前提交仲裁协议的,人民法院应当裁定驳回起诉,告知当事人申请仲裁;另一方在首次开庭前未对人民法院受理该案提出异议的,视为放弃仲裁协议,人民法院获得管辖权。

(3) 不属于法律争议,依照法律规定应当由其他机关处理的争议。比如有的争议依法应当由行政职能部门处理。行政职能部门作为管理国家行政事务的部门,享有广泛的行政权力,其中包括处理与行政管理有关的争议以及部分民事争议的权力。前者如公务员的职务升迁、晋职、晋级、奖惩等引发的人事纠纷。后者是法律规定专属行政机关处理的民事权益争议,比如商标异议。《商标法》第33条规定,对于初步审定、予以公告的商标有不同意见的,当事人应当向商标局提出异议。对商标局处理决定不服的,当事人可以向商标评审委员会申请复审。有的纠纷处理程序将行政机关的处理设为前置程序,即当事人须先向有关行政机关申请处理,对行政机关的处理不服的才可以向人民法院起诉。如《商标法》第34条规定,当事人对商标评审委员会的复审决定不服的,可以自收到通知之日起30日内向人民法院起诉。再如劳动争议,按照《劳动法》的规定,这类纠纷必须先经劳动争议仲裁委员会仲裁。当事人对仲裁裁决不服的,可以在接到裁决书之日起15日内向人民法院起诉,等等。如果这些案件的当事人直接向人民法院起诉的,人民法院不予受理,告知其先向有关机构申请处理。

(4) 不属受诉法院管辖的案件。起诉时法院发现,依照法律规定,本院对当事人所诉纠纷没有管辖权的,应当告知原告向有管辖权的人民法院起诉。当事人坚持起诉的,法院应裁定不应受理。

(5) 判决、裁定已经发生法律效力的案件。按照诉权消耗理论,某一案件人民法院已经作出了判决或者裁定并已发生法律效力的,当事人的诉权就已经消耗,不能就同一争议再次行使诉权。当事人不服已经发生法律效力的判决、裁定,起诉到人民法院的,人民法院应告知原告按申诉处理。人民法院准许撤诉的裁定除外。由于撤诉被视为自始未起诉,因此,当事人撤诉或人民法院按撤诉处理后,当事人以同一诉讼请求再次起诉,人民法院应予受理。此外,赡养费、扶养费、抚养费案件,裁判发生法律效力后,因新情况、新理由,一方当事人再行起诉要求增加或者减少费用的,人民法院应作为新案受理。

(6) 依法在一定时期内不得起诉的案件。譬如,《民法典》第1082条规定:"女方在怀孕期间、分娩后一年或终止妊娠六个月内,男方不得提出离婚。"该条又规定:"女方提出离婚的,或人民法院认为确有必要受理男方离婚请求的,不在此限。"另外,《民事诉讼法》第127条规定,判决不准离婚和调解和好的离婚案件,判决、调解维持收养关系的案件,没有新情况、新理由,原告在6个月内又起诉的,人民法院不予受理。由于婚姻关系、收养关系是以双方的感情为基础的,而感情一般都有逐渐演变的过程,因此,在人民法院判决不准离婚、维持收养关系后,或在调解和好后,只要没有新情况、新理由,不应允许原告在短时间内以同一事实和理由重新起诉。当然,这条限制性规定不适用于被告。

(三) 受理的法律效果

原告的起诉行为引发实体法和程序法双重效果。在实体法上,当事人争议的民事权利的诉讼时效中断;在程序法上,根据"有诉必有裁判"的原理,原告起诉应当引发诉讼程序的启动。具体包括:

(1) 诉讼程序开始,即诉讼系属。诉讼主体之间的诉讼法律关系形成,当事人的诉讼地位确立,享有相应诉讼权利,承担相应的诉讼义务。

(2) 受诉法院获得了对该案的审判权。按照"一案一判"的原则,其他法院,包括对该案有管辖权的法院,均不得受理和审判该案。

(3) 当事人不得再就同一案件向其他法院起诉,即更行起诉禁止。基于同一事实发生的纠纷,双方当事人分别向同一人民法院起诉的,人民法院可以合并审理。

第三节 审理前的准备

一、审理前的准备及其意义

审理前的准备,也称为开庭前准备程序,是指法院受理原告的起诉以后,为保证庭审的顺利进行而进行一系列准备活动的程序。

审前准备程序是民事诉讼普通程序必经阶段,其目的在于为开庭审理做好准备。审理前的准备既包括当事人为开庭时有效地行使诉讼权利而做的准备,比如在合理的时间内提供证据,对起诉状提出答辩意见,对受诉法院管辖权合法性提出质疑,等等;也包括法院为高效率地行使审判权而做的准备,比如组成审判组织、确定开庭时间、地点,送达相关诉讼文书,根据案件需要组织当事人进行证据交换,等等。

审理前准备对于保障当事人平等而充分行使诉讼权利有重要意义。在审理前的准备阶段,当事人了解到承担其案件审理工作的审判组织成员,可以有效地行使申请回避权;当事人了解和掌握了对方当事人的主张、证据材料和支持其主张的事实与法律依据,有针对性地收集相反证据、进行抗辩、提出反诉,等等。审理前的准备使得当事人双方在知己知彼、准备充分的情况下进行诉讼,不仅是在当事人之间形成公平对抗机制,而且可以帮助当事人预见诉讼程序的发展趋势,客观评估自己的诉讼结果,有时还有助于当事人之间相互沟通、达成和解。

与此同时,审理前的准备对于法院提高诉讼效率、有效行使审判权、确保开庭审理的实效也具有重要意义。通过审理前的准备,承办法官可以及时发现是否遗漏当事人,初步整理当事人的争议焦点和没有争议的事实,行使释明权晓喻当事人围绕争议焦点收集提供证据材料,补齐必须的诉讼材料,等等。这样在开庭时法官就能够做到胸有成竹,指挥当事人围绕争议焦点进行调查和辩论,避免临时需要补充诉讼材料或追加当事人等问题而耽误时间。

二、审理前准备的内容

《民事诉讼法》规定的审理前的准备工作主要有以下几项:

(1)送达诉讼文书,保障被告的答辩权。首先是送达受理案件通知书和应诉通知书。人民法院决定立案的,应在决定立案的同时将受理案件通知书发送原告,并向被告发送应诉通知书。其次是送达起诉状、答辩状副本。人民法院应按照法律规定的期限将原告的起诉状副本发送给被告,以便被告了解起诉的内容,进行应诉的准备。根据《民事诉讼法》第128条、第129条规定,人民法院应当在立案之日起5日内将起诉状副本发送被告,被告在收到之日起15日内提出答辩状。被告提出答辩状的,人民法院应在收到之日起5日内将答辩状副本发送原告。答辩,是指被告对原告提出的诉讼请求及其理由和事实根据,提出回应和辩解。答辩的内容既可以是实体方面的,也可以是程序方面的。民诉法把答辩规定为被告的一项诉讼权利,被告可以提供答辩状也可以不提供答辩状。被告不提供答辩状的,不影响人民法院对案件的审理。

(2) 引导案件分流处理。为保证诉讼程序的高效、便利,降低当事人诉讼成本,节约司法资源,人民法院可以根据案件具体情况,为当事人提供不同的处理方案,引导案件分流处理。案件分流包括:普通程序与督促程序分流、调解与诉讼分流、繁简分流等。根据《民事诉讼法》第136条之规定,人民法院对受理的案件,分别情形,予以处理:①当事人没有争议,符合督促程序规定条件的,可以转入督促程序;②开庭前可以调解的,采取调解方式及时解决纠纷;③根据案件情况,确定适用简易程序或者普通程序;④需要开庭审理的,通过要求当事人交换证据等方式,明确争议焦点。

(3) 告知当事人的诉讼权利义务及审判组织组成人员。人民法院应口头或书面向当事人双方告知有关的诉讼权利义务。在开庭审理前及时告知当事人诉讼权利义务,有利于更好地保护当事人行使诉讼权利,包括申请回避、收集证据、申请法院调查取证权,等等。同时提示当事人依法履行诉讼义务,如及时举证、按时出庭参加庭审,等等。开庭前的各项准备工作,应当在合议庭所有成员的参加下进行。因此,人民法院决定受理原告起诉后,即应依法组成合议庭,并在合议庭组成人员确定后3日内告知当事人,以便使当事人行使申请回避权。因情势变化,必须调整合议庭组成人员的,应当于调整后3日内告知当事人。在开庭前3日内决定调整合议庭组成人员的,原定的开庭日期应当予以顺延。

(4) 确定举证时限,调查收集必要的证据。《民事诉讼法》第68条规定,当事人对自己提出的主张应当及时提供证据。人民法院根据当事人的主张和案件审理情况,确定当事人应当提供的证据及其期限。如果案件审理所需要的证据涉及公共利益,人民法院应依职权收集。

(5) 召开庭前会议,组织当事人交换证据,明确争议焦点。根据案件具体情况,庭前会议可以包括下列内容:明确原告的诉讼请求和被告的答辩意见;审查处理当事人增加、变更诉讼请求的申请和提出的反诉,以及第三人提出的与本案有关的诉讼请求;根据当事人的申请决定调查收集证据,委托鉴定,要求当事人提供证据,进行勘验,进行证据保全;组织交换证据;归纳争议焦点;进行调解。人民法院应当根据当事人的诉讼请求、答辩意见以及证据交换的情况,归纳争议焦点,并就归纳的争议焦点征求当事人的意见。当事人在庭前会议中对事实和证据表示认可的,人民法院应当加以固定,当事人在庭审中不得做相反陈述。当事人在庭审中对其在审理前的准备阶段认可的事实和证据提出不同意见的,人民法院应当责令其说明理由。必要时,可以责令其提供相应证据。人民法院应当结合当事人的诉讼能力、证据和案件的具体情况进行审查。理由成立的,可以列入争议焦点进行审理。

(6) 追加必要共同诉讼当事人。人民法院在准备工作中,经过阅卷、调查,如发现有与本案有直接利害关系、必须共同进行诉讼的人没有参加诉讼的,应作出决定追加其为诉讼当事人,并通知其他当事人。

(7) 其他准备工作。如处理当事人的管辖异议,委托外地人民法院调查必要的证据,对公开审理的案件在开庭3日前发出公告,对于不通晓当地民族通用的语言、文字的诉讼参与人准备翻译人员,等等。

第四节　开庭审理作出判决

一、开庭审理概述

开庭审理又称法庭审理,是指人民法院在当事人及其他诉讼参与人的参加下,依照法定程序对案件进行实体审理的诉讼活动。

开庭审理是对案件审理的中心环节和必经环节。人民法院对案件事实问题和法律问题的审理,主要是在开庭审理过程中完成的。开庭审理的主要任务是,调查当事人争议的案件事实,听取当事人的主张和辩论,为准确判断案件事实和正确适用法律认定当事人的权利义务奠定基础。

二、开庭审理的方式

开庭审理采取集中审理、公开审理、直接审理和言词审理的方式。

1. 集中审理

开庭审理应当集中进行。所谓集中体现在两个方面:首先是在场所上,开庭审理应当在法庭上集中进行。即便是巡回审理、就地办案的场合,也应当设立专门的审判庭或审判场所。其次是在人员上,按照普通程序审理的案件,应当由合议庭全体成员集体进行,当事人及其他诉讼参与人全部到场。因此,开庭审理是汇集所有诉讼主体参加的诉讼活动过程。

2. 公开审理

按照《民事诉讼法》137条的规定,除涉及国家机密、个人隐私等法律另有规定的案件外,人民法院开庭审理民事案件,应当公开。并非诉讼程序的任何阶段都需要公开进行,比如说合议庭评议就是秘密进行的。而公开开庭审理,接受公众旁听和媒体报道是公开审理的主要方式。

3. 直接审理

直接审理是相对于间接审理而言的。间接审理是审判人员不直接接触当事人和证据,根据听取他人汇报的信息进行审理的方式。直接审理则要求审判人员亲耳聆听当事人、证人和其他诉讼参与人的陈述辩论,亲自接触并审查认定原始证据,根据自己在法庭上获得的第一手信息对当事人争议事项作出判断。

4. 言词审理

言词审理是相对于书面审理而言的。书面审理是审判人员只审查书面材料,不听取当事人和其他诉讼参与人陈述的情况下作出判断的审理方式。言词审理是指在开庭审理中,审判人员的审理、当事人陈述、举证质证、辩论、证人鉴定人出庭作证等诉讼活动,一律以口头方式进行。相对于书面审理,言词审理体现司法程序对审判人员亲历性的要求,适应司法活动个性化特征,更符合审判人员对案件事实的认知规律。

三、开庭审理程序

为充分保障当事人的程序权利,依照普通程序开庭审理案件,必须严格按照法定的程序进行。

1. 开庭预备

预备阶段是为开庭审理作准备的阶段。开庭审理前,由书记员查明当事人和其他诉讼参与人是否到庭,宣布法庭纪律,然后请审判长、审判员到审判席。开庭审理时,由审判长或独任审判员核对当事人,宣布案由及审判人员、书记员名单,告知当事人有关的诉讼权利和义务,以及询问当事人是否提出回避申请。如果必须到庭的当事人或诉讼参与人没有到庭,审判人员可根据情况,决定延期审理或依法采取拘传措施。不是必须到庭的人员没有到庭的,人民法院应继续开庭审理。

2. 法庭调查

法庭调查的中心活动是展现证据材料,即当事人进行举证质证的活动。法庭调查按照下列步骤进行:首先是原告陈述其诉讼请求、事实和理由;其次是被告进行答辩;接着由承担举证责任的一方当事人出示证据,对方当事人就该证据的真实性、关联性、合法性等进行质证。如果不承担举证责任者也提供了证据,也应当进行质证。有第三人参加诉讼的,该第三人的陈述和举证均应在被告陈述、举证之后进行。有证人出庭作证的,法院应告知证人的权利与义务。经过法庭许可,当事人可以向证人、鉴定人、勘验人发问。总之,与案件有关的证据必须在法庭调查阶段经过充分的质证,才能作为法院认定事实的根据。

3. 法庭辩论

法庭辩论的中心活动是当事人论证自己的主张、反驳对方观点的诉讼行为。法庭辩论是民事诉讼辩论原则最集中、最突出的表现。当事人应当根据法律规定,围绕争议的案件事实和法律理由问题展开辩论。当事人的辩论为法官最后作出裁判打下基础。按照《民事诉讼法》的规定,法庭辩论按照下列顺序进行:首先是原告及其诉讼代理人发言,其次是被告及其诉讼代理人发表辩论意见,再次是第三人及其诉讼代理人发言或答辩,最后由双方当事人互相辩论。

第一轮辩论结束后,审判长或独任审判员应当询问当事人是否还有补充意见。当事人要求继续发言的,应当允许。但要提醒当事人已经说过的意见无需重复,以提高庭审效率。当事人没有补充意见的,审判长即应宣布法庭辩论终结。

法庭辩论终结前,原告增加诉讼请求、被告提出反诉、第三人提出与本案有关的诉讼请求,可以合并审理的,人民法院可以在向当事人释明后合并审理。

法庭辩论终结后,审判长或独任审判员按原告、被告、第三人的先后顺序征询各方最后意见。

法庭调查与法庭辩论是庭审最重要的两个阶段。但在实际运作中,当事人不一定将两者分得很清楚,常常在法庭调查时也一并发表辩论意见。对此,《民诉法解释》第230条规定,人民法院根据案件具体情况并征得当事人同意,可以将法庭调查和法庭辩论合并进行。如此是最大限度体现了对当事人处分权的尊重,也有利于提高庭审效率。

第一审法庭辩论终结也是诉讼程序一个标志性的时间点。当法庭宣布法庭辩论终结时,当事人的诉讼资料(包括陈述、辩论的主张、法律理由、证据材料)都因此固定下来,成为合议庭评议作出裁判结论的基础。

四、先行判决

又称部分判决,是相对于全部判决而言的,是人民法院对已经审理清楚的部分事实和部分请求作出的判决。《民事诉讼法》第156条规定:"人民法院审理案件,其中一部分事实已经清楚,可以就该部分先行判决。"

一般情况下,人民法院审判民事案件,无论原告有多少个诉讼请求,都是在全部案情查清之后一并作出判决。民诉法设置先行判决制度的意图主要有两点:一是尽快确定当事人的权利义务关系,解决一部分争议,有助于当事人实体权利获得及时救济,也可以避免因为诉讼周期长而扩大损害、激化矛盾。二是为诉讼程序提速,控制司法成本。先行判决主要适用于那些案情比较复杂,难以在短期内查清全部事实的情形。法院就已经查清的部分事实先行判决,先理清一部分法律关系,有助于当事人在后续诉讼程序中聚焦余部争议,增强庭审调查和法庭辩论的有效性,提高诉讼效率。对涉及赔偿请求的案件就已查清的基础法律关系事实先行判决,可以避免对赔偿数额问题的审判陷入无意义而浪费司法资源。

法院在判断是否需要作出先行判决时,综合考虑以下条件:①当事人诉讼请求中部分请求所指向的事实已经查明,人民法院认为可以作出判断。②该部分事实是在诉讼请求中相对独立的部分,或者是合并审理的几个诉中的一个诉求。对该部分事实的判决能够解决当事人的某个诉讼请求。比如被告提出反诉的,法院可以先就本诉进行判决。③先行判决的结果不涉及未查清的那部分案件事实,不影响其后判决的实体权利。

先行判决毕竟是在诉讼程序尚未进行完毕时的一种中间措施,属于全部判决的有机组成部分,因此必须慎重适用,控制在必要的限度内。比如,民事诉讼法规定了民事案件的审理期限。但是有的案件当事人提出的诉讼请求及事实有多重性、复杂性,一些事实的认定证据比较充分,可以及时作出判断;而另一些事实可能需要通过鉴定、审计、评估等方法来进行查明,可能导致案件审理周期拖得太长。当事人出于及时保护民事利益的需要,对先行确认侵权、合同效力等法律关系比较急切,就有必要先行判决。比如在知识产权诉讼中,原告请求确认被告的行为构成侵权,要求停止侵害、赔偿损失。其中构成侵犯知识产权的行为证据比较确凿,法院已经形成心证,而赔偿数额的计算可能比较复杂。原告也希望法院就侵权问题先行作出判决,以便制止对方继续实施侵权行为,避免损失进一步扩大。对这类案件法院可根据情况,对已经查清的部分事实先行判决。类似的还有建筑工程施工合同等。但并非所有可能超出审限的案件都需要先行判决。

对一时无法查清的余部事实,法院不能采取告知当事人另案起诉的方式拒绝裁判。因为审判权对诉权的应答性决定了法官不能以案件事实查不清为由拒绝裁判。法院更不能用判决驳回起诉的方式进行处理。因为事实查不清楚不是判决驳回起诉的合法理由。而且一旦判决驳回,意味着法院在实体上对当事人的诉讼请求作出了判断,当事人以后再起诉就成了重复诉讼。对于这部分事实和请求的审理,法院可申请延长审理期限,等待审计、鉴定、评估等证据出现再继续审理,达到可以形成心证时再作出判决。如果穷尽所有证据和证明手段,案件事实仍然真伪不明时,法院应当根据证明责任分配作出裁判。

先行判决与将要作出的后部判决一起构成完整的判决,因此具有判决的效力。《民事诉讼法》没有明确规定当事人是否有权对先行判决上诉。遵循权利"法无禁止皆可为"的原则,当事人可以对先行判决提起上诉。

指导性案例: 最高人民法院指导性案例第115号"瓦莱奥清洗系统公司诉厦门卢卡斯汽车配件有限公司等侵害发明专利权纠纷案"中,瓦莱奥公司请求判令卢卡斯公司、富可公司和陈少强停止侵权,赔偿损失及合理开支暂计600万元,并请求法院先行判决被告立即停止侵害涉案专利权的行为。上海知识产权法院于2019年1月22日作出先行判决,判令卢卡斯公司、富可公司于判决生效之日起立即停止侵害。两被告不服上述判决,向最高人民法院提起上诉。最高人民法院于2019年3月27日公开开庭审理本案,判决驳回上诉,维持原判。一审法院默认当事人对先行判决提起上诉的权利,也有等待二审判决结论、避免后续判决与先行判决矛盾或陷于无意义等考虑。

五、合议与宣判

法庭辩论结束后,审判长宣布休庭,合议庭全体成员退庭进行评议。合议庭评议中如果发现案件事实尚未查清,可以决定再次开庭。合议庭评议不公开进行。评议结论实行少数服从多数的原则,根据多数人的意见作出决定。对评议中的不同意见,必须如实记入笔录。评议笔录应由合议庭成员签名。

宣判是人民法院向当事人宣读判决书的行为。无论是否公开审理的案件,都应该公开宣判。可以当庭宣判,也可以定期宣判。当庭宣判的,应在宣判后10日内发送判决书。定期宣判的,法院将另行通知当事人定期宣判的时间和地点,并在宣判后立即发给判决书。宣判的同时,人民法院应向当事人说明上诉权和上诉期限。宣告离婚判决时,还须告知当事人在判决书发生法律效力之前,不得另行结婚。

第五节 撤诉、缺席判决和延期审理

一、撤诉

撤诉是在人民法院受理案件之后,宣告判决之前,原告向法院表示撤回自己起诉请求的诉讼行为。撤诉分为两种:一是明示的撤诉,即申请撤诉,即当事人以口头或书面的方式,明确申请撤回起诉;二是推定的撤诉,即在原告作出某种行为的情况下,推定其撤回起诉,即按撤诉处理。

(一)申请撤诉

申请撤诉虽然是当事人的一项诉讼权利,但是否准予撤诉,则由人民法院审查后作出裁定。一般情况下,申请撤诉必须符合以下条件,才能得到人民法院的批准。

(1) 申请的主体只能是原告。在被告提出反诉的情况下,当事人有双重的诉讼地位,本诉的被告同时是反诉中的原告,有权撤回反诉。有独立请求权的第三人由于参加诉讼后处于原告的诉讼地位,也可以提出撤诉申请。

(2) 撤诉必须是原告基于自己真实的意思表示。原告申请撤诉必须出于自愿,任何人不得以任何胁迫的方式迫使原告撤诉,审判人员也不得以任何借口动员原告撤诉。

(3) 原告行使撤诉权应符合法律规定。原告撤诉不得有规避法律的行为,不得有损于国家、集体和他人的利益。

(4) 原告的撤诉申请必须在人民法院宣判前提出。撤诉申请必须在人民法院受理案件后至宣告判决前这段时间内提出。在宣判以后,法院裁判就发生程序上的效力,当事人和法院都不能随意修改或宣布作废。所以,原告此时欲撤回诉讼已经不可能。

对原告的撤诉申请,人民法院经过审查,认为符合法律规定的,裁定准予撤诉。反之,则应裁定不准撤诉。人民法院准予或者不准撤诉的裁定,可以采用书面形式,也可以采用口头形式。无论是用书面裁定还是用口头裁定,人民法院都应将裁定内容告知当事人并记入笔录。

(二) 按撤诉处理

按撤诉处理是指由于原告的行为出现了法定情形,人民法院依法比照撤诉来处理案件的程序。根据《民事诉讼法》和《民诉法解释》,法院对下列情况可以按撤诉处理:

(1) 原告经传票传唤,无正当理由拒不到庭,或者未经法庭许可中途退庭的。

(2) 原告应当预交而未预交案件受理费,经人民法院通知后仍不预交,或申请减、缓、免交诉讼费未获人民法院批准而仍不预交的。

(3) 无民事行为能力的原告的法定代理人,经传票传唤无正当理由拒不到庭的。

(4) 有独立请求权的第三人经人民法院传票传唤,无正当理由拒不到庭的,或者未经法庭许可中途退庭的。

撤诉的直接后果是导致本案诉讼程序终结。当事人申请撤诉或者人民法院按撤诉处理后,除了当事人的实体权利的诉讼时效自当事人起诉时起中断以外,有关该权利的纠纷在程序上视为从未诉讼过。当事人以同一诉讼标的再次起诉的,人民法院应予受理。

二、缺席判决

缺席判决是指人民法院在一方当事人不到庭的情况下开庭审理作出判决的程序。

缺席判决是与对席判决相对而言的。缺席判决的效力,等同于对席判决。人民法院审理民事案件以对席判决为原则,缺席判决为例外。当事人到庭参加诉讼,是当事人参与权的要求,也是保障当事人充分行使处分权、辩论权的需要。缺席判决不是对缺席一方当事人的惩罚,而是督促当事人及时行使诉讼权利、保证诉讼程序顺利进行的一项制度设计。缺席判决不能以牺牲当事人的诉讼权利为代价,只有在给予当事人充分的程序保障的前提下,才能采取缺席判决。

根据《民事诉讼法》和《民诉法解释》,出现下列情况之一的,可以缺席判决:

(1) 被告经人民法院传票传唤,无正当理由拒不到庭的,或者未经法庭许可中途退庭的。

(2) 被告反诉,原告经人民法院传票传唤,无正当理由拒不到庭的,或者未经法庭许可中途退庭的。

(3) 无民事行为能力的被告的法定代理人,经法院传票传唤,无正当理由拒不到庭的。

(4) 人民法院审查裁定不准撤诉的案件,原告经法院传票传唤,无正当理由拒不到庭的。

(5) 无独立请求权的第三人经法院传票传唤,无正当理由拒不到庭,或未经法庭许可中途退庭的。

在适用缺席判决时,法院不是简单地根据原告的陈述作出裁判,要按照法律规定,审查认定证据,在查明案件事实、分清是非的情况下作出判决。

三、延期审理

延期审理是指在开庭审理过程中出现了特定情形,致庭审无法继续进行,法院决定推迟开庭审理时间的程序规则。

延期审理不同于开庭审理中的休庭。休庭是庭审活动告一段落时的短暂停顿,择时继续进行的行为。民诉法没有就休庭的原因作出限定,通常是庭审中间休息;或者需要等待合议庭评议后当庭宣判;或者由于时间原因本次庭审未能完成,需择时继续进行;或者由于庭审中临时出现需要立即处理的事项,等等。延期审理是间隔较长时间不开庭审理的状态。延期审理的事由是法律有明确规定的。《民事诉讼法》149条规定了可以延期审理的情形:

(1) 必须到庭的当事人和其他诉讼参与人有正当理由没有到庭。所谓必须到庭的当事人,是指不到庭就无法查清案情的当事人或诉讼参与人。主要有两种情形:一是负有赡养、抚养、扶养义务和不到庭就无法查明案件事实的被告;二是离婚案件的当事人。

(2) 当事人在开庭过程中临时提出回避申请。在开庭审理时,因当事人临时提出回避申请,法院必须处理并作出决定,被申请回避的人员依法应当暂停参与本案的工作,案件因而只能延期审理。

(3) 需要通知新的证人到庭,调取新的证据,重新鉴定、勘验或者需要补充调查。此时庭审法庭调查无法继续进行,只能延期审理。

(4) 因其他事由需要延期审理的。

受诉人民法院决定延期审理的,应及时通知当事人和其他诉讼参与人。

第六节 诉讼中止和诉讼终结

一、诉讼中止

诉讼中止是指人民法院在审理案件的过程中,因特定事由而暂时停止诉讼活动的程序规则。

诉讼中止不同于延期审理。诉讼中止是诉讼程序的暂时停止。诉讼中止的事由多属于种种客观原因,无法通过诉讼主体积极行为消除。诉讼中止的期限相对较长,什么时间恢复诉讼,人民法院难以确定。而延期审理的原因可以通过法院和当事人的积极行为加以解决。因此延期审理期间诉讼活动并未停止,而且一般推延的时间较短,人民法院在决定延期审理时通常会确定下次开庭审理的时间。

《民事诉讼法》第153条规定了应当中止诉讼的几种情形:

(1) 一方当事人死亡,需要等待继承人表明是否参加诉讼的。当事人既是民事权利义务的主体,也是民事诉讼法律关系的主体。当事人死亡后,由于诉讼缺少了相对应的一方主体,只能中止诉讼。中止诉讼后,如果已死亡的一方当事人的继承人表示接受遗产的,可以承继当事人的诉讼权利义务参加诉讼,人民法院可以恢复诉讼。

(2) 一方当事人丧失诉讼行为能力,尚未确定法定代理人的。依照《民事诉讼法》规定,无诉讼行为能力人应当由他的监护人作为法定代理人代为诉讼。在确定法定代理人之前,只能暂时中止诉讼。

(3) 作为一方当事人的法人或者其他组织终止,尚未确定权利义务承受人的。即法人或者其他组织依法解散、被宣告破产或者被撤销、合并等情形。在权利义务承受人确定前,诉讼应当暂时停止,等待承继人参加诉讼。

(4) 一方当事人因不可抗拒的事由,不能参加诉讼的。所谓不可抗拒的事由,指自然灾害和非人的能力所能解决的事件。如火灾、水灾或者地震等原因,使当事人不能参加诉讼,应中止诉讼。

(5) 本案必须以另一案的审理结果为依据,而另一案尚未审结。这种情况是指另一案件的裁判结论对本案有预决性,而只能中止本案的诉讼程序,等待该案裁判结果。

(6) 其他应当中止诉讼的情况。例如,在诉讼过程中,当事人的利害关系人或者有关组织提出该当事人不能辨认或者不能完全辨认自己的行为,要求宣告该当事人无民事行为能力或者限制民事行为能力的,人民法院应当依申请启动特别程序,同时裁定中止本案诉讼程序。

中止诉讼应由人民法院作出裁定,并送达或者通知当事人及其他诉讼参与人。此项裁定不准许上诉,亦不得申请复议。裁定中止诉讼后,人民法院和当事人在中止诉讼期间应停止与案件有关的诉讼活动,但需要依法采取保全措施的除外。当中止诉讼的障碍消除后,当事人可以申请或者人民法院依职权恢复诉讼程序,但不必撤销原裁定。从人民法院通知或准许当事人双方继续进行诉讼时起,中止诉讼的裁定即失去效力。诉讼程序恢复后,原来已经进行的一切诉讼活动依然有效,非有必要,不得重启已经经过的程序。

二、诉讼终结

诉讼终结是指在诉讼进行中,因发生法定的原因,使诉讼无法继续或者继续进行已无必要,从而结束诉讼的程序规则。

诉讼终结和诉讼中止,虽然都是停止诉讼活动,但两者有根本不同。诉讼终结是永远停止,不再恢复诉讼程序。后者则是暂时停止,待障碍消除后即恢复诉讼,人民法院将对案件继续审理,直至作出判决。

根据《民事诉讼法》154条的规定,下列情况下人民法院应裁定终结诉讼程序:

(1) 原告死亡,没有继承人,或者继承人放弃诉讼权利的。民事诉讼实行"不告不理"的原则,诉讼因原告起诉而提起。原告在诉讼中死亡,如果原告没有继承人或继承人放弃诉讼权利,那么在程序上继续诉讼已缺少相对一方当事人,在实体上司法保护已失去保护对象。因此,必须终结诉讼。

(2) 被告死亡,没有遗产,也没有应当承担义务的人的。因为继续进行诉讼,不单在程序上缺少相对一方,更为重要的是在实体上已失去了承担义务的主体,故继续诉讼已不可能。

(3) 离婚案件一方当事人死亡的。离婚案件是一种身份关系案件,目的在于确定人身关系。由于离婚诉讼一方当事人死亡,婚姻关系自行消灭,继续进行诉讼已经没有意义。

(4) 追索赡养费、扶养费、抚养费以及解除收养关系案件的一方当事人死亡的。这类案件与离婚案件一样,同属于身份关系案件。当事人死亡后,由于双方的身份关系自然解除,因身份关系产生的权利义务不复存在,诉讼失去继续进行的意义。

诉讼终结的裁定一经作出,即发生法律效力。当事人既不得提起上诉,也不能申请复议。

第七节　审理笔录与审理期限

一、审理笔录

审理笔录是在诉讼过程中,人民法院对审理活动所做的记录。

审理笔录是一种重要的诉讼文书。通过笔录,诉讼过程得以以文字的形式固定下来,使法院的审判行为有记录可供查询。特别是庭审笔录,可以作为法院作出裁判的重要依据。笔录还成为二审、再审法院审查第一审程序是否合法的原始凭据。

审理笔录由书记员制作。笔录的制作应当客观、全面,真实反映诉讼程序的全过程。每个阶段某个诉讼活动结束,书记员应当将笔录交由诉讼行为人阅读、签名,法官和书记员也要签名。当事人、证人等对自己所做陈述的笔录有权阅读,认为笔录有误的,有权申请补正。当事人等无正当理由拒绝在笔录上签字的,书记员应当记明附卷。

二、审理期限

审理期限简称审限,是指人民法院审理民事案件的法定期限。《民事诉讼法》第152条规定,第一审普通程序审理案件的期限是立案之日起6个月内审结。有特殊情况需要延长的,由本院院长批准,可以延长6个月。还需要延长的,报请上级人民法院院长批准。普通程序的审限是唯一可以延长的法定程序。

审限的计算从人民法院立案之日起至裁判宣告、调解书送达之日止。审限的计算应扣除公告期间、鉴定期间、审理当事人提出的回避申请、管辖权异议以及处理人民法院之间管辖争议的期间、诉讼中止期间等,但延期审理的期间应当计算在内。

第十五章　简易程序与小额诉讼程序

第一节　简易程序概述

一、简易程序的概念

我国《民事诉讼法》规定的简易程序,专指基层人民法院审理简单的民事案件时适用的简便易行的程序,包括简易程序和小额诉讼程序。简易程序只适用于初审案件,在性质上属于第一审普通程序。

简易程序是普通程序的简化,普通程序是简易程序的基础。简易程序可以向普通程序转化。法院适用简易程序审理案件时,凡遇到简易程序中未做具体规定的问题,一律适用普通程序中的有关规定。在适用简易程序审理案件的过程中,发现案情复杂,不适合用简易程序审理的,可以转化为普通程序。

二、简易程序的正当性

简易程序的正当性可以用程序相称原理进行理解。程序相称原理是指民事程序制度的设置应当与解决民事纠纷的需要和民事权利保护的要求相匹配。程序相称原理在民事诉讼法上表现为不同的民事纠纷提供不同的程序制度,所谓"订制的正义"。简易程序就是针对简单的民事纠纷案件提供简便快速解纷方式的制度安排。

(一)提高诉讼效率,契合简单纠纷的解决需要

所谓"迟来的正义是非正义"。简易程序的一个立法意图在于:通过简化诉讼手续,缩短审理时间,加快诉讼节奏,以提高诉讼效率。从纠纷发展与解决规律的角度说,当事人争议不大的案件,简易程序较之普通程序更有正当性。民事纠纷发展一般地呈现出"金字塔"形发展过程:从一开始的"多点不满",到有针对性地提出抱怨,最后聚焦到就一个分歧点提起诉讼,双方当事人纠纷的范围由宽到窄逐步聚焦、激烈程度逐步升级,解决的难度也逐渐增大。纠纷解决的实践经验表明,如果在纠纷形成的初级阶段当事人能有效沟通,更容易促成妥协、达成解纷合意。简易程序正是一种契合解决处于发展初期阶段、争议不大的纠纷的民事程序。所谓"争议不大",表现为当事人对纠纷事实与权利义务关系的认知大致相同,相互之间对抗性不大。这种案件不仅非常适合调解,而且宜简化处理环节,"快刀斩乱麻"式地作出决断。简易程序以压缩甚至省略部分程序环节、加快作出裁判的速度、非正式化操作为基本特质,有助于弱化程序的对抗性,促成此类纠纷的有效解决。反之,如果按照标准化的普通程序按部就班地进行审理,在相互对立的陈述、辩论、举证、

质证的节奏下,当事人之间的对抗性必然不断增强。因为庭审公开进行,无形中给当事人施加了要坚守已公开表达的主张的道德压力。加上诉讼周期长、当事人感情带入多而埋下矛盾激化的隐患,错过解纷的最佳时机,反而不利于民事诉讼解纷目的的实现。

(二) 简化手续,有助于社会接近正义

简易程序的首要目的在于方便当事人诉讼,即通过简化起诉手续,灵活运用审前准备、开庭审理等程序规则,让诉讼程序常识化运作,使即便没有任何法律知识的当事人也觉得诉讼并非难事,从而大胆利用司法救济途径解决纠纷。

> **拓展阅读**:"程序简化的中国传统与世界潮流",请扫二维码学习。

程序简化的中国传统与世界潮流

(三) 降低司法成本,提高裁判的可接受性

简易程序另一个立法意图在于降低诉讼成本。对于简单的民事纠纷而言,当事人花费较少的时间和精力获取纠纷解决的效果,会更容易接受裁判结论。首先,简易程序只适用于案件事实简单、当事人争议不大的简单民事案件。这种案件适用简化了的诉讼程序进行审理,也不大容易出错,不至于影响裁判结论的正确性。其次,对简单的民事纠纷,当事人理性的考量通常是更注重控制解决争议的成本,更希望快速解决纠纷、恢复民事法律关系的正常状态,提高解纷收益。

但是,诉讼程序对效率的追求是不能以牺牲公正为代价的,而程序的简化必然导致程序保障在一定程度上的减损。因此,简易程序不能突破最低限度程序保障要求,即保障当事人的法定听审权,包括受合法通知权、陈述辩论权等。同时要保障当事人对法院适用简易程序的异议权。法院无权超越法律的规定任意简化诉讼程序,包括不能省略开庭审理程序等涉及当事人陈述、辩论权利实现的关键程序环节。

第二节　简易程序规则

一、简易程序的适用范围

为防止简易程序被滥用,民诉法对简易程序适用范围有严格限制,包括可以适用简易程序的法院范围和案件范围两个方面。

1. 适用简易程序的法院

根据《民事诉讼法》160条的规定,适用简易程序的人民法院,仅限于基层人民法院和它派出的人民法庭。人民法庭是基层人民法院的派出机构,它所进行的审判活动,与基层人民法院进行的审判活动,产生同等的法律效力。

中级人民法院、高级人民法院、最高人民法院审理的第一审民事案件,争议标的额很

大,涉及法律关系复杂,应当适用普通程序。因此,简易程序不适用于中级以上人民法院。

2. 适用简易程序的案件

根据《民事诉讼法》160条的规定,只有简单民事案件才能适用简易程序审理。所谓简单的民事案件应同时具备以下三个特征:

(1) 事实清楚,是指当事人对案件事实陈述基本一致,证据比较充实,无须人民法院调查收集证据即可查明事实。

(2) 权利义务关系明确,是指当事人诉讼请求所依据的实体法律关系在法律上或约定上是明确的,双方的理解不存在分歧或分歧不大。

(3) 争议不大,是指当事人对案件的是非、责任承担以及诉讼标的争执无原则分歧。案件的争议大小并不完全取决于双方争议标的额的多少,有的争议诉讼标的额不多,但当事人关于法律关系的争议很大。而有的争议诉讼标的额较多,权利义务却比较明确,当事人分歧不大。因此,人民法院对案件的争议大小不能简单地以诉讼标的金额或价额的多少去判断。

此外,民事诉讼法规定了当事人合意选择适用简易程序的权利。基层人民法院适用第一审普通程序审理的民事案件,当事人双方可以约定适用简易程序。但人民法院不得违反当事人自愿原则,将普通程序转为简易程序。当事人就适用简易程序提出异议,人民法院认为异议成立的,或者人民法院在审理过程中发现不宜适用简易程序的,应当将案件转入普通程序审理。

为避免任意扩大简易程序适用范围,损害程序的正当性,《民诉法解释》第257条规定了不得适用简易程序的案件情形:①起诉时被告下落不明的;②发回重审的;③当事人一方人数众多的;④适用审判监督程序的;⑤涉及国家利益、社会公共利益的;⑥第三人起诉请求改变或者撤销生效判决、裁定、调解书的;⑦其他不宜适用简易程序的案件。对上述案件,当事人约定适用简易程序的,人民法院不予准许。

二、程序的简化

简易程序在以下几个方面对程序进行了简化处理:

1. 起诉的方式简便

简易程序简化了原告提起诉讼的方式。法律规定,对简单的民事案件,原告可以口头起诉,而不附加任何条件和限制。人民法院应当将原告口头起诉的内容记入笔录。如果按照普通程序,原告应以书面起诉为原则,只有当事人书写诉状确有困难时,才可以口头起诉。

2. 受理与审理前准备程序简化

简易程序简化了人民法院审查起诉、决定是否受理的程序,不一定非要经过审理前的准备这一诉讼阶段。按照简易程序的规定,当事人双方同时到基层人民法院或者它派出的人民法庭,请求解决争议时,审判人员经过审查,认为符合起诉条件的,可以立即收案受理;符合开庭条件的,可以当即开庭审理。不具备当即开庭条件的,也可以另定日期审理。按照普通程序的规定,人民法院接到原告的起诉状或者口头起诉后,经审查,认为符合起诉条件的,应当在 7 日内立案。认为不符合起诉条件的,也应当在 7 日内作出裁定,不予受理。原告对不予受理的裁定,可以上诉。

3. 传唤方式简便灵活

简易程序简化了人民法院传唤当事人、证人及其他诉讼参与人的方式,可以采取捎口信、电话、短信、传真、电子邮件等简便方式传唤双方当事人、通知证人和送达诉讼文书,而且不受开庭审理 3 日前这个法定期间的限制。当然,不论采用何种简便的方式,都必须以保障当事人受合法通知权为原则。以简便方式送达的开庭通知,未经当事人确认或者没有其他证据证明当事人已经收到的,人民法院不得缺席判决。

4. 审判组织采用独任制

法院按照简易程序审理案件一律实行独任制,即由审判员一人审理案件,书记员担任记录。需要注意的是,即便是简易程序也不得由审判员自己审理,自己记录,更不得由没有审判资格的法官助理或书记员审理案件,以确保审判行为的合法性与裁判的有效性。

5. 对适合调解的案件先行调解

调解因其灵活性而与简易程序非常契合。根据最高人民法院《简易程序规定》第 14 条规定,下列民事案件,人民法院在开庭审理时应当先行调解:①婚姻家庭纠纷和继承纠纷;②劳务合同纠纷;③交通事故和工伤事故引起的权利义务关系较为明确的损害赔偿纠纷;④宅基地和相邻关系纠纷;⑤合伙协议纠纷;⑥诉讼标的额较小的纠纷。但是根据案件的性质和当事人的实际情况不能调解或者显然没有调解必要的除外。

6. 庭审程序机动灵活

开庭审理案件时,对法庭调查、法庭辩论两个步骤不必严格划分,可以结合进行。调查中有辩论,辩论中又穿插调查。法庭调查和法庭辩论中的具体顺序,也可以灵活掌握。适用简易程序审理的民事案件,应当一次开庭审结,但人民法院认为确有必要再次开庭的除外。

7. 审限较短

法院适用简易程序审理案件,应当在立案之日起 3 个月内审结。审理期限到期后,有特殊情况需要延长的,经本院院长批准,可以延长审理期限。延长后的审理期限累计不得超过四个月。相对于普通程序,简易程序的审限缩短了一半。这既是简易程序在程序上简化后的必然结果,也是简单案件当事人对简便快速解决纠纷的客观要求,符合简单民事案件本身的特点。

8. 裁判文书适当简化

比如适用简易程序审理的案件,当事人达成调解协议并需要制作民事调解书的,或者一方当事人明确表示承认对方全部或者部分诉讼请求的,人民法院可以根据当事人协议或一方当事人的权利主张内容制作调解书,不一定要详细写明证据、事实与法律理由。再比如,涉及商业秘密、个人隐私的案件,当事人一方要求简化裁判文书中的相关内容,人民法院认为理由正当的;或者当事人双方同意简化的,人民法院在制作判决书、裁定书、调解书时,对认定事实或者裁判理由部分可以适当简化。

鉴于程序简便、灵活,为保障简易程序的规范性,书记员应当将适用简易程序审理民事案件的全部活动记入笔录。特别是对于下列事项应当详细记载:①审判人员关于当事人诉讼权利义务的告知、争议焦点的概括、证据的认定和裁判的宣告等重要事项;②当事人申请回避、自认、撤诉、和解等重大事项;③当事人当庭陈述的与其诉讼权利直接相关的其他事项。

三、程序转换

人民法院适用简易程序审理案件的过程中,发现案件不宜适用简易程序,需要转为普通程序审理的,应当裁定转为普通程序。当事人有权就案件适用简易程序提出异议。对于当事人的异议,人民法院应当进行审查,认为异议成立的,裁定转为普通程序;异议不成立的,裁定驳回。裁定以口头方式作出的,应当记入笔录。

程序转换的裁定应当在简易程序审理期限届满前作出,并将审判人员及相关事项书面通知双方当事人。案件审理期限自立案之日计算。转为普通程序的,人民法院应当将审判人员及相关事项以书面形式通知双方当事人。转为普通程序前已经经过的程序具有程序效力。双方当事人已确认的事实,可以不再进行举证、质证。

比较: 英美法上的即决判决(summary judgement)是迅速处理没有实质争议的民事诉讼案件的程序,目的是防止没有真正理由的诉请或抗辩引发的不必要的审判、导致诉讼拖延和无意义的开支,阻止那些仅为骚扰目的而提起的虚假诉讼和毫无根据的抗辩。①《英国民事诉讼规则》第24条规定的即决判决适用条件是:原告诉请或被告的抗辩没有胜诉可能,或者审理没有理由也没有实际意义的案件,法院无需经审理程序而径行裁决。《美国联邦民事诉讼规则》(以下简称"美国民诉规则")第56条(c)款规定,如果当事人的诉状、口供和招供书以及宣誓书表明,除损害赔偿数额外,双方对于影响案件实体裁判的任何重要事实没有实质争议(no genuine issue),就无须进行庭审,当事人可以申请法院作为法律事项作出判决。② 即决判决的适用范围几乎没有限制,且原被告均可向法院申请作出即决判决的动议。③

第三节 小额诉讼程序

一、小额诉讼程序概述

小额诉讼程序是专门用于审理数额较小的金钱类债权债务纠纷案件的程序。

小额诉讼程序是从简易程序中分离出来的一种相对独立的民事诉讼程序,可以理解为简易程序的进一步简化。因此在基本原理上,小额诉讼程序与简易程序是一致的。不过,小额诉讼程序因为适用的案件更加单纯,而且强调标的额的"小",因此在程序规则的

---

① Dolan, M. A. (1951). Summary Judgement in Federal Courts. Catholic University Law Review, 2(1), 20-33.
② [美]理查德·D.弗里尔:《美国民事诉讼法(上)》,张利民等译,商务印书馆2013年版,第537页。
③ Clark, C. E. (1952). The Summary Judgment. Minnesota Law Review, 36(6), 567-579. Stamper, J. W. (1981). Rule 56: Using Summary Judgement Motions. Litigation, 7(3), 36-38.

设计上更加侧重低成本、高效率。例如按照较低的标准收取诉讼费,程序更加简便,注重调解,鼓励当事人协商解决。小额诉讼案件的答辩期、举证期限都可以由当事人协商缩短,也可以放弃。当事人到庭后表示不需要举证期限和答辩期间的,人民法院可立即开庭审理。小额诉讼案件的裁判文书可以较简易程序更加简化,主要记载当事人基本信息、诉讼请求、裁判主文等内容。

二、小额诉讼程序规则

1. 适用条件

根据《民事诉讼法》第165条的规定,小额诉讼程序的适用在满足简易程序的一般条件的同时,还必须符合"争议的标的额小的金钱给付案件"的条件。民事诉讼法对于"小额"的认定标准,是按照各省、自治区、直辖市上年度就业人员年平均工资50%为计算标准。诉讼标的额在这个标准以下的属于小额诉讼案件。诉讼标的额超过各省、自治区、直辖市上年度就业人员年平均工资50%但在2倍以下的,当事人双方约定适用小额诉讼的,方可适用小额诉讼程序。

小额诉讼程序适用案件类型限定为"金钱给付民事案件"。常见的金钱给付案件如买卖合同、借款合同、租赁合同纠纷;责任明确,仅在给付的数额、时间、方式上存在争议的交通事故损害赔偿和其他人身损害赔偿纠纷;供用水、电、气、热力合同纠纷;银行卡纠纷;物业、电信等服务合同纠纷,等等。

《民事诉讼法》第166条排除下列案件适用小额诉讼的程序:①人身关系、财产确权案件;②涉外案件;③需要评估、鉴定或者对诉前评估、鉴定结果有异议的案件;④一方当事人下落不明的案件;⑤当事人提出反诉的案件;⑥其他不宜适用小额诉讼的程序审理的案件。

2. 审理程序

在小额诉讼案件审理程序上,《民事诉讼法》规定了更为简约、快捷的程序。人民法院适用小额诉讼的程序审理案件,可以一次开庭审结并且当庭宣判。人民法院适用小额诉讼的程序审理案件,应当在立案之日起2个月内审结。有特殊情况需要延长的,经本院院长批准,可以延长1个月。

3. 实行一审终审

小额诉讼程序对当事人的程序异议权也有所限制。我国《民事诉讼法》规定,小额诉讼程序实行一审终审,即法院适用小额诉讼程序作出的裁判一经送达立即生效,当事人不得上诉。当事人提出管辖异议的,人民法院应当作出裁定。裁定一经作出即生效。人民法院受理小额诉讼案件后,发现起诉不符合起诉条件的,裁定驳回起诉。裁定一经作出即生效,当事人没有上诉权。

比较:"不同国家的小额诉讼程序",请扫二维码学习。

不同国家的小额诉讼程序

三、程序保障与程序转换

为保障当事人程序权利,人民法院在受理案件时,认为适合用小额诉讼程序进行审理的,应当向当事人进行释明,即告知该类案件的审判组织、一审终审、审理期限、诉讼费用交纳标准等相关事项。当事人对按照小额诉讼案件审理有异议的,应当在开庭前提出。人民法院经审查,异议成立的,适用简易程序的其他规定审理或者裁定转为普通程序;异议不成立的,裁定驳回。裁定以口头方式作出的,应当记入笔录。适用小额诉讼程序审理的过程中,因当事人申请增加或者变更诉讼请求、提出反诉、追加当事人等,致使案件不符合小额诉讼案件条件的,应当适用简易程序的其他规定审理,或转为普通程序。

人民法院在审理过程中,发现案件不宜适用小额诉讼的程序的,应当适用简易程序的其他规定审理或者裁定转为普通程序。当事人认为案件适用小额诉讼的程序审理违反法律规定的,可以向人民法院提出异议。人民法院对当事人提出的异议应当审查,异议成立的,应当适用简易程序的其他规定审理或者裁定转为普通程序;异议不成立的,裁定驳回。

第十六章 上诉审程序

第一节 上诉审程序概述

一、上诉审程序概念

上诉审程序,是指当事人不服第一审法院裁判,以上诉的方式请求上一级法院进行审理的程序制度。因我国实行两审终审的审级制度,上诉审程序就是指第二审程序,也是终审程序。

第一审程序和上诉审程序均是基于当事人的民事争议而发生的,最终都是为了公正解决当事人之间的民事争议。但是,上诉审程序在发生的基础、对象、程序规则等方面均与第一审程序存在明显区别。具体表现在:

(1) 程序发生的基础不同。第一审程序基于当事人的诉权而发生,起诉是当事人行使诉权的行为。上诉审程序则基于当事人上诉权而发生。上诉权是诉讼法赋予当事人的一项程序救济权。上诉是当事人对第一审法院所做裁判表示不服的行为。

(2) 审理的对象不同。当事人提起诉讼原因是自认为民事权利受到侵害或者与他人发生争议,发动诉讼程序的目的在于要求法院解决纠纷、保护其合法权利,因此,第一审程序的主要内容在于围绕当事人争议认定案件事实、适用法律、确认权利义务关系。当事人提起上诉的原因则是对一审法院的裁判不服,包括认为一审裁判认定事实有误或者适用法律不正确。因此,上诉审程序的内容要围绕上诉人的上诉请求内容,审查第一审法院裁判在认定事实或适用法律方面是否存在错误。

(3) 适用的程序不同。上诉审程序在启动的条件、管辖法院、审理的方式、审理期限、裁判的效力等方面所适用的程序规则都有不同于第一审程序的规定。

二、上诉审程序的功能

上诉审程序具有"三合一"的功能:

第一,吸收不满。上诉是《民事诉讼法》赋予当事人最基本的程序异议权之一。当事人上诉并不一定意味着一审裁判有错,法律也不要求当事人在上诉时提出充分的证据证明一审裁判确有错误。审级制度第一价值就在于给当事人表达不满的机会。通过对一审裁判表达不同意见,并获得上一级法院再次斟酌,多一个对话沟通的过程,可以多吸收一些当事人的不满情绪,化解对立心理。因此,上诉审是为当事人提供多层级程序保障的制度安排。吸收不满的另一面是权利救济,包括实体权利保护与程序权利保障。通过二审程序的审理,深化对当事人实体权利主张的事实基础与法律理由的斟酌,进一步实现当事

249

人各种程序权利,以更为充分的理由支持最终的裁判,有助于依法保护当事人的民事权益,提高裁判的可接受性。

第二,纠错。按照多数人的经验,人对事物的正确认识往往是通过反复进行而取得的。当事人通过行使上诉权可以使其案件获得上一级法院的复查,增加发现法官在证据判断和法律解释方面的错误的机会。换一个审判组织审理,可以使自己的意见得到更多人的考量,增加获得支持的可能性。同时,上诉审程序的纠错功能为上级法院指导和监督下级法院的审判工作提供有效途径。根据《人民法院组织法》,上级法院对下级法院的审判工作负有监督职责。上级法院对下级法院的监督,主要是通过审理上诉案件、纠正一审裁判错误来实现的。在上诉审程序中,上级法院发现原审法院认定事实不清或适用法律有误,可以通过发回重审或改判的方式加以纠正,从而为第一审法院提供业务上的指导。同时,上诉审程序将一审法院法官的审判行为置于上级法院的监督之下,可以有效减少审判权的恣意。

第三,统一法律适用。上诉审程序的设立,使得案件的终审集中到上级法院。而上级法院及其合议庭数量远少于下级法院,有助于把法律问题集中到较少的合议庭中,减少了对同一法律问题在理解、解释与适用上可能出现的分歧。如果案件能上诉到最高法院,则有助于在全国范围内实现法律适用的统一。

三、上诉审程序的性质

上诉审程序的性质问题,是指上诉审程序与第一审程序的关系问题。不同的制度设置反映出上诉审程序性质的不同。从各国立法情况看,上诉审程序性质主要有三种类型:

第一种是复审制,即将上诉审程序作为对案件的重新审理。复审制模式下,上诉审法院应当全面审查上诉案件,不以当事人的上诉请求为限。法官应当根据重新调查收集的诉讼资料作出裁判。复审制上诉审体现出较为明显的职权主义特征,强调上诉审的纠错功能。

第二种是续审制,即将上诉审作为第一审的继续和发展。当事人在第一审中的诉讼行为和提出的诉讼资料在上诉审中仍然有效。同时保留当事人在第二审中提出新的证据等攻击防御方法的权利,但要受到一定的限制。是否准许当事人提出新的攻击防御方法,由法官根据程序安定、对方当事人程序利益和诉讼效率等因素自由裁量。续审制是处分权主义和一审中心主义结合的产物。大多数国家采续审制模式,且允许当事人在第二审程序中提出新的诉讼资料,少数国家(如德国、意大利等)对此加以限制。而美国的上诉法院一般不考虑当事人提出的新证据。①

第三种是事后复审制。该制度有两个特点:一是上诉审只能以当事人在第一审中提出的诉讼资料为依据,并且限制当事人在上诉审中提出新证据等诉讼资料;二是上诉审法院只就第一审适用法律是否恰当进行审查,不再审查案件事实部分。②

评注:目前世界上大多数国家的第二审采用的是续审制。第三审程序则属于事后复审性质,

---

① 齐树洁主编:《民事诉讼法》,高等教育出版社 2007 年版,第 285-286 页。
② 张卫平主编:《民事诉讼法》(第五版),法律出版社 2018 年版,第 378 页。

只审查原审法院在适用法律方面是否存在问题,被称为"法律审"。我国1982年颁布的《民事诉讼法(试行)》规定的第二审程序属于典型的复审制性质。该法第149条规定:"第二审人民法院必须全面审查第一审人民法院认定的事实和适用的法律,不受上诉范围的限制。"而现行《民事诉讼法》规定的第二审程序将上诉审范围限定在当事人上诉请求范围之内,同时还规定了举证时限制度,因此当事人在二审程序中提出新证据是受限制的。《民诉法解释》第340条指出:"当事人在第一审程序中实施的诉讼行为,在第二审程序中对该当事人仍具有拘束力。"可见,我国现行民诉法规定的上诉审性质属于续审制。

上诉审程序的性质不同,决定了审理范围与所遵循原则的差异。如果采用复审制,那么上诉审法院可以不限于上诉请求范围进行审理和裁判,而且只要二审法院认定一审裁判有错误,可以超出当事人上诉事项范围进行纠正。不排除上诉者获得比第一审更为不利的裁判结果。对于续审制性质的二审程序而言,其审理范围必须严格限制在当事人上诉的事项内。对于没有提出上诉的事项,即便二审法院发现存在瑕疵,也不必须审理和主动纠正。对上诉人在上诉中没有提出的请求,上诉审法院不能进行审理和作出裁判。

第二节 上诉的提起与受理

一、上诉及其条件

上诉是当事人不服人民法院的第一审裁判,请求上一级人民法院对案件进行二次审理的诉讼行为。

当事人提起上诉需要具备以下条件:

1. 上诉人适格

根据《民事诉讼法》的规定,有权提起上诉的人是第一审案件的当事人,即原告、被告、共同诉讼人、有独立请求权的第三人、一审判决判令承担义务的无独立请求权的第三人。无民事行为能力人、限制民事行为能力人的法定代理人,可以代理当事人提起上诉。

上诉审程序中当事人的诉讼地位(称谓)是按照当事人是否提起上诉来确定的。提起上诉的当事人称为上诉人,没有提起上诉的对方当事人称为被上诉人。双方当事人和第三人都提出上诉的,均为上诉人。由于上诉审各当事人的诉讼地位因当事人上诉请求的不同而有差异,《民事诉讼法》从行文简便角度,把所有没有提起上诉的人统称"对方当事人"。《民诉法解释》第316条指出,此处的"对方当事人"包括被上诉人和原审其他当事人。在必要共同诉讼人的一人或者部分人提出上诉的,按下列情况处理:(1)上诉请求是针对与对方当事人之间权利义务的分担有意见,不涉及其他共同诉讼人利益的,对方当事人为被上诉人,未上诉的同一方当事人依原审诉讼地位列明,称为"原审原告""原审被告"等。(2)上诉请求是针对共同诉讼人之间权利义务分担提出不同意见,不涉及对方当事人利益的,未上诉的其他共同诉讼人为被上诉人,对方当事人依原审诉讼地位列明。(3)上诉请求对双方当事人之间以及共同诉讼人之间权利义务承担均有不同意见的,未提出上诉的其他当事人均为被上诉人。

2. 上诉的对象合法

上诉的对象合法，即提起上诉的客体必须是依法允许上诉的判决或裁定。可以提起上诉的判决包括：地方各级人民法院适用普通程序和简易程序审理民事案件作出的第一审判决，被第二审人民法院发回重审后作出的判决。可以上诉的裁定包括：一审法院作出的不予受理的裁定、驳回管辖权异议的裁定和驳回起诉的裁定。

不可以提起上诉的裁判包括：地方各级人民法院制作的调解书、其他裁定、决定；人民法院依特别程序作出的判决；人民法院依小额诉讼程序作出的判决、裁定；最高人民法院的判决、裁定、调解等。

3. 在法定期限内提出

民事诉讼法对判决和裁定提起上诉规定了法定期限。《民事诉讼法》第171条规定："当事人不服地方人民法院第一审判决的，有权在判决书送达之日起15日内向上一级人民法院提起上诉。当事人不服地方人民法院第一审裁定的，有权在裁定书送达之日起10日内向上一级人民法院提起上诉。"上诉期限从当事人接到第一审人民法院的判决或者裁定的次日起算。上诉期限是法定期限，不得改变，也不能申请延长。

上诉期届满直接导致当事人上诉权失权和一审判决生效。一审判决书和可以上诉的裁定书不能同时送达各方当事人的，上诉期从各自收到判决书、裁定书的次日起计算。这意味着可能出现当事人上诉期届满、上诉权失权而裁判文书尚未生效的情形。比如在必要的共同诉讼中，裁判文书生效时间应以最后一个收到裁判文书的共同诉讼人的上诉期届满为准。因此，在最后一个收到判决或者裁定的共同诉讼人的上诉期届满后，没有人提起上诉的，一审裁判才生效。再比如当事人一方住所地在国外的涉外民事诉讼案件，双方当事人对判决不服的上诉期，应按各自的不同规定计算。《民事诉讼法》第276条规定："在中华人民共和国领域内没有住所的当事人，不服第一审人民法院判决、裁定的，有权在判决书、裁定书送达之日起三十日内提起上诉。"因此，住所地在国内的一方当事人，其上诉期是15日或10日；住所地在国外的一方，上诉期是30日。只有双方当事人的上诉期都届满后未有人提起上诉，判决才发生法律效力。

当事人因不可抗拒的事由或者有其他正当理由耽误上诉期限的，在障碍消除后10日内有权申请顺延。但是否准许，由人民法院决定。

4. 上诉方式合法

《民事诉讼法》规定当事人上诉的方式应当是书面形式，即当事人提起上诉要向人民法院递交上诉状，不能用口头方式。一审宣判时或者判决书、裁定书送达时，当事人口头表示上诉的，人民法院应告知其必须在法定上诉期间内递交上诉状。未在法定上诉期间内递交上诉状的，视为未提起上诉。

上诉状应写明以下几项：①双方当事人的姓名、法人的名称及其法定代表人的姓名或者其他组织的名称与主要负责人的姓名。②原审人民法院名称、案件编号和案由。③上诉的请求和理由。上诉的请求和理由是上诉状的主要内容。上诉的请求是上诉人通过上诉要达到的目的。上诉理由则是上诉人提出上诉请求的具体根据，应表明上诉人对第一审法院在认定事实和适用法律方面的意见。当事人提起上诉时，应当按照对方当事人的人数提出上诉状副本,以便对方当事人进行答辩,并为进行上诉审程序做好准备。

上诉时当事人应当按照人民法院指定的期限交纳上诉费。当事人虽递交上诉状,但未在指定的期限内交纳上诉费的,按自动撤回上诉处理。

5. 上诉状的递交

当事人原则上向原审人民法院递交上诉状。尽管当事人的上诉是向上一级人民法院提出的申请,但是为简化手续,法律规定当事人提起上诉时应当向原审法院提交上诉状。此规定的意图在于方便当事人提起上诉,也便于上诉审程序启动后书状的送达与卷宗移交,还可以让原审法院及时审查当事人上诉是否符合法律规定的条件,对不符合条件的上诉通知进行补正,提高二审程序的效率。另一方面,当事人向原审人民法院递交上诉状也可以让人民法院及时了解裁判文书是否发生效力。但是,考虑到当事人可能对原审人民法院不信任,为了更好地保障当事人的上诉权,民事诉讼法也允许当事人直接向上诉审人民法院递交上诉状。

上诉案件的管辖法院是原审人民法院的上一级法院。上诉案件的管辖法院是法定的、唯一的,不允许当事人通过协议改变管辖法院,也不允许当事人越级向更高级别的法院上诉。除非出现二审法院全体法官应当回避等需要指定其他法院管辖的法定情形,上诉案件的管辖也不存在移送管辖或管辖权转移的问题。

二、上诉的受理

原审人民法院收到当事人提交的上诉状后,应当进行审查,认为符合民事诉讼法规定的上诉条件的,应予受理。当事人直接向上诉审人民法院上诉的,上诉审人民法院应当在5日内将上诉状移交原审人民法院。上诉被受理后,二审程序即行开始。

原审人民法院应当在收到上诉状之日起5日内将上诉状副本送达对方当事人。对方当事人在收到之日起15日内提出答辩状。人民法院应当在收到答辩状之日起5日内将副本送达上诉人。对方当事人不提出答辩状的,不影响人民法院审理。

原审人民法院收到上诉状、答辩状,应当在5日内连同全部案卷和证据,报送上诉审人民法院。

三、撤回上诉与撤回起诉

当事人提起上诉后又撤回的,是否准许,由上诉审人民法院裁定。上诉审人民法院裁定准许上诉人撤回上诉后,上诉审程序即告终结。基于一审程序所发生的程序效力不容否认,法院裁定准许撤回上诉的,原裁判立即发生法律效力。《民诉法解释》第342条对一审程序效力有明确解释:当事人在第一审程序中实施的诉讼行为,在第二审程序中对该当事人仍具有拘束力。当事人推翻其在第一审程序中实施的诉讼行为时,人民法院应当责令其说明理由。理由不成立的,不予支持。

由于二审程序肩负的多重功能,当事人申请撤回上诉不一定能发生所预期的程序后果。人民法院应当综合案件情况对当事人的申请进行审查。经审查认为一审判决确有错误,或者当事人之间恶意串通损害国家利益、社会公共利益、他人合法权益的,不应准许。

基于民事纠纷的解决尊重当事人处分权的原则,在第二审程序中,原审原告也可以申请撤回起诉,但必须符合一定的条件才能发生撤诉的效果。首先,当事人申请撤回起诉,须经其他当事人同意。这是保护其他当事人的实体权利与程序利益所必须的程序条件。其次,当事人撤诉行为不损害国家利益、社会公共利益、他人合法权益。当事人在第二审程序中达成和解协议的,人民法院可以根据当事人的请求,对和解协议进行审查并制作调解书送达当事人;因和解而申请撤诉,经审查符合撤诉条件的,人民法院应予准许。人民法院准许撤诉的,应当一并裁定撤销一审裁判。为避免当事人滥用撤诉权,保证司法资源均衡利用,应当限制二审撤诉当事人再次提起诉讼。《民诉法解释》第338条规定,原审原告在第二审程序中撤回起诉后重复起诉的,人民法院不予受理。

第三节 上诉案件的审理

一、上诉案件的审理范围

《民事诉讼法》第175条明确规定:"上诉审人民法院应当对上诉请求的有关事实和适用法律进行审查。"根据民事诉讼法的规定,上诉审的审理范围有两个要点:

(1) 审理范围原则上以上诉请求为限。所谓上诉请求,是指上诉人要求上诉审法院作出裁判的事项。上诉审以上诉请求为限,是民事诉讼法上处分权原则的体现。二审法院不得超出上诉请求进行审理。即使一审裁判有瑕疵,只要当事人不作为上诉请求要求更正,二审法院不予审理。但一审判决违反法律禁止性规定,或者损害国家利益、社会公共利益、他人合法权益的除外。

(2) 审理范围既包括事实认定问题,也包括法律适用问题。可见,就上诉审的性质而言,我国的上诉审既是事实审,也是法律审。由于我国实行的是两审终审制,当事人只有一次上诉的机会,应当给予当事人更为全面的审级保障,这是上诉审的审理范围涵盖事实问题和法律问题的主要原因。其次,在案件的审理中,事实认定和法律适用往往是如影随形、无法分开的,两者均对当事人合法权益的保护产生重要影响。

二、上诉案件的审理方式

上诉审以开庭审理为原则,径行判决为补充。按照《民事诉讼法》第176条的规定,第二审人民法院审理上诉案件,原则上应当开庭审理。二审中凡事实审都要求法官亲历案件审理全过程,包括亲耳聆听当事人陈述、辩论,听取证人陈述、回答交叉询问,亲自接触原始书证、物证等,这样才能保证法官对证据和事实的判断尽可能接近真相。只有在二审中当事人对事实问题没有异议,或虽然认为一审裁判认定事实有误,但没有提出新的事实,没有新的证据,没有提出新的理由,合议庭认为不需要开庭审理的,方可以径行作出判决、裁定。

径行判决不同于书面审理。所谓书面审理是指人民法院受理上诉案件后,既不经过开庭,也不采用传唤询问当事人、证人等方式进行调查,仅是对第一审人民法院制作的案卷材料进行审查,就直接作出裁判的审理方式。《民事诉讼法》规定的径行裁判建立在审判人员的调查和询问基础之上。因此,即便决定不开庭审理,二审法院仍然要与当事人见面、听取当事人陈述后,才能作出判决、裁定。

为防止法官滥用径行判决方式,保障当事人程序权利,《民诉法解释》第331条将可以不开庭审理即径行裁判的情形限制为以下几种:①不服不予受理、管辖权异议和驳回起诉裁定的;②当事人提出的上诉请求明显不能成立的;③原判决、裁定认定事实清楚,但适用法律错误的;④原判决严重违反法定程序,需要发回重审的。

三、二审中诉的变更的处理

为了保障当事人的上诉权即审级利益,也是出于保证程序的安定性,原则上不允许当事人在二审程序中增加、变更诉讼请求,或提起反诉。因为二审判决是终审判决,上诉审人民法院对这些事项不能用判决的方式处理,否则当事人对新增加的诉的裁判不服将无法提起上诉。剥夺当事人的上诉权是严重的程序违法,不符合程序保障的基本要求。类似的问题还有一审遗漏必须参加诉讼的共同诉讼人、遗漏当事人诉讼请求等。但如果当事人双方就诉的变更达成合意的,有助于促成纠纷的解决。因此法律没有严格禁止当事人在二审中变更诉。二审中处理此类的程序规则是发挥调解的作用。因为调解协议是建立在当事人自愿的基础上的,不存在上诉问题。调解不成的,或告知当事人另行起诉,或裁定发回重审。具体而言,在上诉审程序中出现下列情形的,二审法院需要适用调解处理:

(1) 对当事人在一审中已经提出的诉讼请求,原审人民法院未作审理、判决的,上诉审人民法院可以根据当事人自愿的原则进行调解,调解不成的,裁定发回重审。

(2) 在上诉审程序中,原审原告增加独立的诉讼请求或原审被告提出反诉的,上诉审人民法院可以根据当事人自愿的原则就新增加的诉讼请求或反诉进行调解,调解不成的,告知当事人另行起诉。

(3) 一审判决不准离婚的案件,上诉审人民法院认为应当判决离婚的,可以根据当事人自愿的原则,对子女抚养、财产分割的问题一并调解。调解不成的,裁定发回重审。一审判决既然不准离婚,则表明一审中未审理子女抚养之诉与财产分割之诉。二审如果判决离婚,直接对财产分割和子女抚养等作出裁判,不符合二审终审制。因此只能调解或者发回重审。

(4) 必须参加诉讼的当事人在一审中未参加诉讼,上诉审人民法院可以根据当事人自愿的原则予以调解,调解不成的,发回重审。但是,在第二审程序中,作为当事人的法人或者其他组织分立的,人民法院可以直接将分立后的法人或者其他组织列为共同诉讼人;合并的,将合并后的法人或者其他组织列为当事人,不必将案件发还原审人民法院重审。因为当事人的合并与分立仅导致诉讼权利义务的承担问题,并未影响各方当事人的程序参与权,原当事人享受的审级保障,承担诉讼的当事人必须承认。因此继续审理、作出二审裁判不违反两审终审制度。

调解作为人民法院处理民事案件的一种重要方式,既适用于第一审程序,也适用于上诉审程序。根据《民事诉讼法》第179条规定,上诉审人民法院审理上诉案件,可以进行调解。调解达成协议的,应当制作调解书,由审判人员、书记员署名,加盖人民法院印章,送达即发生法律效力,原审人民法院的判决不再生效。

第四节　上诉案件的裁判

一、适用判决的情形

在下列情况下,上诉审人民法院应当适用判决处理上诉案件:

(1) 原判决认定事实清楚,适用法律正确的,判决驳回上诉,维持原判。维持原判是上级人民法院对下级人民法院判决的正确性与合法性的一种肯定,也是上级人民法院对下级人民法院判决确认的当事人之间的权利义务关系的一种认可。这属于对案件实体问题的确认,应当用判决的形式。

(2) 原判决适用法律错误的,依法改判。这里所说的"法律",主要是指实体法。在这种情况下上诉审人民法院改判所依据的事实,仍然是原判决认定的事实,改变的是原审法院所适用的法律及其关于当事人权利义务关系的判定。上诉审人民法院的改判,既可以是完全否定原审判决,重新作出判决内容,也可以是撤销原审判决的部分内容,或者以变更判决结果的方式加以改正。

(3) 原审判决认定事实错误的,可以依法改判。所谓认定事实错误,是指在证据确定的情况下,本来应当认定事实 A 的,原审法院认定为事实 B。按照《民事诉讼法》的规定,对于这种情况,上诉审法院可以直接改变事实认定结论,并改变判决结论。

(4) 原判决认定基本事实不清,查清事实后改判。所谓认定基本事实不清,包括原审裁判对案件事实的判断证据不足,或者可能遗漏证据,或者出现了新的证据,使得原判决认定事实的证据的证明力被置于合理怀疑的境地等,以至于案件事实究竟是什么还需要进一步查明的。上诉审法院对这种情况,原则上应当裁定发回重审,以保证当事人对新的证据和新的事实判断的异议权。但《民事诉讼法》也允许上诉审法院在查清事实的基础上直接改判。

二、适用裁定的情形

在下列情况下,上诉审人民法院应当适用裁定处理上诉案件:

(1) 原判决认定基本事实不清的,裁定撤销原判决,发回原审人民法院重审。

(2) 原判决严重违反法定程序的,应当裁定撤销原判决,发回原审人民法院重审。所谓严重违反法定程序,一般指突破了程序保障的最低限度要求的情形。根据《民事诉讼法》第 177 条和《民诉法解释》第 323 条的规定,属于严重违反法定程序的情形主要有以下几种:①审判组织的组成不合法的;②应当回避的审判人员未回避的;③无诉讼行为能力人未经法定代理人代为诉讼的;④违法剥夺当事人辩论权利的。程序上严重错误,已经危及整个案件的司法公正,或者所作裁判没有生效的基础。不论实体判断上有没有错误,都必须否定其程序效力,发回原审法院重新审理。

(3) 上诉审人民法院对不服第一审人民法院裁定的上诉案件的处理,一律使用裁定。因为裁定所解决的问题只限于程序问题。当事人对一审裁定不服,即对一审法院所解决的程序问题不服,而不涉及对当事人之间实体权利义务关系的确认。《民事诉讼法》规定当事人可以上诉的裁定包括:不予受理裁定、驳回起诉裁定、管辖异议裁定等。上诉审法院审查一审法院的裁定后,应根据裁定的不同情况作出处理。原审裁定依据的事实清楚、适用法律正确的,应裁定驳回上诉,维持原裁定。原裁定所依据的事实不清,适用法律不当的,应当裁定撤销原裁定,作出新裁定变更原裁定。上诉人民法院在审理中,如果查明第一审人民法院作出的不予受理的裁定有错误的,应在撤销原裁定的同时,指令第一审人民法院立案受理;查明第一审人民法院作出的驳回起诉的裁定有错误的,应在撤销原裁定的同时,指令第一审人民法院进行审理。二审法院认为第一审人民法院受理案件违反专属管辖规定的,应当裁定撤销原裁判并移送有管辖权的人民法院。

(4) 上诉审人民法院认为依法不应由人民法院受理的即原审人民法院受理了不属于人民法院主管的事件的,可以直接裁定撤销原裁判,驳回起诉。

三、发回重审程序规则

发回重审的案件,根据《民事诉讼法》第 41 条第 3 款规定,原审人民法院应当按照第一审程序另行组成合议庭进行审判。原合议庭成员不能参加新组成的合议庭。

原审人民法院对发回重审案件所作出的判决,仍属于一审判决,当事人不服,有权提起上诉。

原审人民法院对发回重审的案件作出判决后,当事人提起上诉的,第二审人民法院不得再次发回重审。

第十七章　再审程序

第一节　再审程序原理

一、再审程序的性质与特征

再审程序,是指人民法院对已经发生法律效力的裁判再次进行审理所适用的程序。

再审程序的性质是一种非常程序,或称特殊救济程序。再审程序一旦启动,即产生废弃原生效裁判的既判力的法律效果,民事案件恢复到没有审理的原点、诉讼程序重新起步的状态。因此,从程序的安定性和既判力权威的角度看,再审程序不是诉讼程序通常需要经过的程序,也不是上诉审程序的继续,是不能轻易动用的程序。

表面上看,再审程序是为了处理已经发生法律效力的裁判的错误而设置的一种事后纠错程序,再审裁判结果也能发挥解决纠纷、权利救济的作用,但在本质属性上,再审程序不是在一般意义上解决纠纷、纠正法律适用错误,与普通程序、上诉审程序有本质上不同。

1. 再审制度的目的是恢复司法公正

与普通程序解决个案民事纠纷、为具体当事人提供权利救济的目的不同,再审程序的目的较为宏观,是维护整体司法公正,具有公益性。再审程序是在不轻易否定普通程序效力的前提下设置的,最大限度地维护既判力是其制度构建的基础之一。再审程序只在发生危及整体司法公正的严重瑕疵情形才会启动,是典型的"备用"制度,理想的状态是"备而不用"。如果再审程序被频繁启动,说明司法制度在整体上陷入失序状态。正因再审程序是很少启用的程序,因此在制度设计上,不能把解决纠纷、纠正错误等目标寄希望于再审程序。

2. 再审程序的动力机制是对普通程序无法或难以发现的严重瑕疵进行修补

在普通程序中,只要当事人对法院审判行为和裁判结论不服,就可以通过提起上诉或申请复议途径启动上诉审或复议程序。所以法律并不明确规定当事人上诉或申请复议的具体事由,而仅仅因为当事人对裁判结论有不同意见是不足以启动再审程序的,必须出现了法律明文规定的表明生效裁判确有错误的事由,才能启动再审程序。比如,判决生效后发现了在原审程序中无法发现的新证据,足以推翻原判决的;或者判决生效后才发现原判决据以作出的证据是伪造的等。但是,如果是应当在普通程序中提出的抗辩事由或证据材料,当事人没有正当理由没有提出,判决生效后以此为由请求撤销原判决的,不能启动再审程序,即再审程序排除正常程序"能为而不为"的情形进入再审程序。

3. 再审程序发动的权利(力)基础不同于普通程序

依处分权原则,普通程序遵循"有诉才有裁判"的原理,只有当事人行使诉权和上诉权才会发动,人民法院和人民检察院均不能依职权启动普通程序及其上诉程序。实践中,再审程序通常因当事人行使申请再审权而发动。但是,再审程序的启动不纯粹是当事人处分权的结果,再审程序的公共目的不容许当事人处分权起绝对主导作用。当法院发现原生效裁判出现了严重危及司法公正的瑕疵,确需启动再审程序加以修复时,不因当事人撤回申请而终结再审程序。

4. 再审程序的结构不同于普通程序

再审程序在结构上有别于单纯的"两造对抗-法官居中裁判"的结构,其包含一种双层复式构造:第一层次是启动程序,即法院审查再审事由、判断是否应当再审的程序,也叫"再审审查程序",属于单边的"申请-审查"结构。法院审查主要依据法律规定的再审条件与事由进行书面审查。审查的对象或范围是当事人再审申请的请求事项。审查程序结束可能产生两种结果:一是认为原生效裁判没有法律规定的应当再审的情形,因而裁定驳回申请,终结再审程序。此时不会进入第二层次程序。二是原生效裁判确有应当再审的事由,因而裁定再审。裁定再审的后果是宣告冲破或废弃原生效裁判的既判力,中止原生效裁判的执行,本案恢复到诉讼系属之初的未经审理状态。接着进入第二层次程序,即本案再审审理阶段。本案再审审理阶段的审理对象是当事人之间的争议,即原审原告提出的诉讼。法院适用普通程序对当事人的纠纷再一次审理,重新作出裁判。

二、再审程序的功能定位

1. 再审程序的基本功能是"补救"

根据既判力原理,裁判一旦生效,就必须维护其既判力的稳定性和权威性,当事人不得再对裁判确认的实体法律关系进行争议,法院也不得随意撤销或者变更该裁判。即程序的"作茧自缚"的效应。[1] 再审程序作为例外的救济程序,其功能定位是"补救",即补充性救济,就是在整体上不破坏既判力的前提下,对局部出现的错误进行补正。这种需要补正的错误是非常规、同时又是非常严重的,属于破坏具体裁判的正当性基础,不加修正将危及整体司法公正的程度,以至于确有必要冲破该生效裁判的既判力,以便对该案件裁判的实体错误或程序违法进行修正,恢复社会正义。[2] 作为一种补充性的救济制度,再审程序的适用范围和启动程序都受到严格限制。当事人申请再审不必然导致再审程序的启动。因为启动再审程序不仅要符合法定的再审事由,而且须经过一个审查、筛选、把关"择案而审"的过程。这种例外性的修正与弥补显然不同于上诉审的纠错,充其量是一种"有限纠错"。[3] 因此,再审程序不是通常适用的程序,也不是一级审级,而是存在于审级制度之外的一种独立的程序,且是一种被严格限制动用的"备用程序"。在制度设计上必须将

---

[1] 参见季卫东:《程序比较论》,《比较法研究》1993年第1期。
[2] 参见汤维建等著:《民事诉讼法全面修改专题研究》,北京大学出版社2008年版,第382页。
[3] 张卫平:《有限纠错——再审制度的价值》,《法律适用》2006年第7期。

这种非常救济控制在"极端例外"的范围之内,不至于影响民事诉讼的主体结构。①

2. 再审程序的附属功能是审判监督

再审程序的运作过程是审判权自律、检察权监督和诉权制约综合作用的过程。通过上级法院和本院审判委员会决定再审、检察院抗诉和当事人申请再审,对裁判已生效的案件进行再一次审理,纠正生效裁判的错误,不但是对当事人权利的进一步救济,也是审判权监督与制约机制发挥作用的表现。因此,再审程序具有保障当事人的诉权、监督与制约审判权的功能。通过再审程序,可以促使法官正确行使审判权,克服偏私与滥用权力,避免或者减少裁判的随意性,确保裁判的公正性。

再审程序监督的重点放在对法官司法行为的监督上。再审程序的审理结果是修正原生效裁判的严重瑕疵,客观上能够起到监督审判权、纠正错误判决的效果。但监督和纠错只能视为制度的附属功能。基于监督的事后性、外部性,应当承认监督之于司法公正作用的有限性。特别是在案件事实判断和法律适用等非亲历而不能保证判断的可靠性的问题上,通过监督的途径发现错误是有困难的。将监督的重点放在法官行为上才符合司法规律,也能凸显再审程序的制度逻辑。

三、再审程序的补充性原则

再审程序的补救功能,决定了再审程序应当遵循补充性原则。所谓补充性原则,是指再审程序的启用以用尽普通程序规定的救济途径为前提。

补充性原则包含两层含义:

其一,再审程序排斥基础异议权的行使。如果异议权属于普通程序有明确规定的,当事人在正常诉讼过程中已经获得了充分的程序保障,由于自己的原因没有行使的,不能作为申请再审的事由。典型如申请回避、申请复议、管辖权异议、执行异议等异议权,以及不予受理裁定、驳回起诉裁定的上诉权等,当事人只能按照普通程序规定的路径穷尽法定的可能性来行使这些异议权,否则就会发生失权的程序效果。至于财产保全或先予执行裁定,因为法律赋予当事人对保全错误或先予执行错误造成自己损失的可以主张赔偿,也不能成为再审的对象。

评注: 德国民诉法上可以提起判决无效之诉的再审理由,必须是不能通过上诉手段主张的事由。当事人在主诉程序中提出过异议没有获得支持的事由,也不能作为提起无效之诉的理由。而回复原状之诉的理由因多涉及刑事犯罪,故也是无法通过正常诉讼程序提出异议的。换句话说,再审程序"总是补充性地启动"。也就是说,如果当事人在主诉程序中尽到必要谨慎的义务就可以通过异议、控诉、附带控诉、上告等权利的行使而修复的瑕疵,就不可以提起回复原状之诉。②

其二,可以通过再审程序纠正的错误是正常程序"无法为"或者"难以为"的情形,它排除正常程序"能为而不为"的情形。如果造成裁判错误的事由在普通程序中就已经出现,且当事人应当知道该事由存在,普通程序规则中也有救济途径,那么当事人可以通过上

---

① 傅郁林:《审级制度的构建原理》,《中国社会科学》2002 年第 4 期。
② 参见 [德] 莱奥·罗森贝克等:《德国民事诉讼法》,李大雪译,中国法制出版社 2007 年版,第 1211 - 1212 页。

诉、申请复议、提出异议等常规方式寻求救济,而不能在程序终结、判决生效后申请再审。如果在诉讼过程中当事人应当行使的程序权利无正当理由不行使,超过法定期限即产生失权的程序效力,即事后不仅不能再主张异议权,也不允许以申请再审的方式要求法院再次审理。比如,应当在一审程序中提出的抗辩事由或证据材料,当事人没有正当理由没有提出,判决生效后再以此为由请求撤销原判决的,不能启动再审程序。但判决生效后才发现原判决据以作出的证据是伪造的,可以成为启动再审的法定事由。再比如,生效裁判遗漏诉讼请求的情形,一般情况下是不能作为申请再审的事由的,除非该诉讼请求构成本案之诉的不可分内容,不可以单独提起诉讼的方式获得救济。

比较:《日本民事诉讼法》第338条规定,即便存在法律规定的再审事由,有下列情形之一的均不得申请再审:第一,当事人已经依上诉主张过该事由的,或者知道存在该事由却没有主张的;第二,再审事由在第一审判决中就已经存在,而上诉审中对该事由已经作出过本案判决的。①

在再审制度设计上,补充性原则体现在严格限制再审程序的启动:

(1)提高再审程序门槛。再审程序的启动需要满足严格的法定条件,包括法定的申请期限、法定的申请理由、法定的申请方式等。再审程序的高门槛突出表现在,当事人申请再审必须符合法律规定的事由。且当事人仅声称有法定事由还不行,还要有足够的理由和有效的证据让法院相信法定事由确实存在。

(2)严格筛选再审事由。与普通程序把事实认定错误、法律适用错误、审判程序违法作为纠正对未生效裁判错误的事由不同,只有那些表明作为裁判基础的诉讼资料不存在或者诉讼程序有重大违法的情形,或者在正常的诉讼程序中无法发现的严重缺陷,才会被确定为再审事由。例如判决生效后发现作为认定案件事实的主要证据是伪造的,或者主审法官事后被认定在审理该案时有受贿、枉法裁判行为的,等等。

(3)前置再审事由审查程序。法律对开启再审规定了极为严格的审查程序。完整的再审程序分为再审申请审查与本案审理程序两个阶段。当事人申请再审的,并不必然导致本案程序再次进入审理状态。法院首先必须对当事人的再审申请进行严格审查,不仅要审查当事人的申请是否以法律规定的再审事由为依据,还要审查当事人主张的再审事由是否确实存在。只有经审查,原生效裁判确实出现了法定再审事由,法院才能决定对本案进行再审。如此严格的审查阻止了那些不符合条件的申请进入再审,保证再审程序只在极少数情况下被启动。②

四、申请再审权的本质属性

再审程序补救功能和补充性原则决定了当事人申请再审权的性质是非常异议权。正确理解当事人事情再审权属性,需要把握以下三个层次的含义:

1. 申请再审权属于程序性权利

尽管大陆法系再审制度理论中有"再审之诉"的说法,但当事人申请再审权不是诉权。

---

① [日]中村英郎:《新民事诉讼法讲义》,陈刚等译,法律出版社2001年版,第285页;[日]新堂幸司:《新民事诉讼法》,林剑锋译,法律出版社2008年版,第666页。
② 李浩:《再审的补充性原则与民事再审事由》,《法学家》2007年6期。

与诉权的绝对性不同,申请再审权的行使必须符合法定条件。当事人申请再审不一定能启动再审程序,而要经过法院审查决定才可能启动再审程序。同时,与诉权的抽象性不同,申请再审权必须与具体案件联系起来才具有实际意义。它的发生取决于特定案件当事人和特定的诉讼过程、特定的裁判结果,是只有本案当事人才能行使的权利。再有,是否申请再审完全取决于当事人的处分权——当事人可以行使,也可以放弃;当事人行使申请再审权后,也可以申请撤回。上列特征均将申请再审权的权利属性指向诉讼权利。

2. 申请再审权是程序异议权

申请再审权的内容是对生效裁判的正当性基础提出质疑,要求法院再次启动诉讼程序重新审判而言,申请再审权的性质当属于诉讼权利中的程序异议权。所谓程序异议权就是诉讼过程中,当事人对所经过的程序或法院的司法行为提出不同意见或认为有违法之处,要求法院纠正的权利。典型的程序异议权如申请复议权、上诉权、执行异议权等。如果说上诉权是当事人对尚未发生法律效力的一审判决或裁定声明不服,提请上一级人民法院进行二次审判的权利,那么申请再审权则是当事人对已经发生法律效力的裁判声明不服,申请法院重新审判的权利。尽管二者针对的对象不同,行使权利的条件不同,但在本质上是相同的,都属于程序异议权。

3. 申请再审权是非常异议权

申请再审权与上诉权相比最重要的区别就是,上诉权属于"基础异议权",而申请再审权属于"非常异议权"。所谓基础异议权就是普通程序规定的,当事人在诉讼程序过程中正常享有的异议权。现行民诉法有明文规定的基础性程序异议权主要有:申请回避权及复议权、管辖异议权及上诉权、对财产保全或先予执行裁定申请复议权、对排除妨害诉讼行为的罚款或拘留强制措施决定的复议权、对一审判决的上诉权、债务人对支付令的异议权、执行异议权,等等。与此相对,基于再审程序的补充性原则,申请再审权也具有补充性,是在当事人充分行使了基础异议权还不能实现救济的前提下才能动用的补充救济手段。这就是非常异议权的"非常规性"。换句话说,如果当事人有机会在普通程序正常行使基础异议权表达的不满,就不可以通过申请再审的方式来表达;能够通过普通程序(包括上诉程序)实现的纠错就不能要求动用再审程序获得救济。在普通程序中当事人应当行使而未行使的异议权,随着程序的终结而发生失权的效果,不得转换为申请再审权。只有在正常诉讼程序中因客观原因或因法官、对方当事人的行为而无法行使异议权的情形,才有可能通过申请再审的方式请求救济。

拓展阅读:"大陆法系上的'再审之诉'",请扫二维码学习。

大陆法系上的"再审之诉"

五、再审事由确定原则

再审程序需在维护裁判的既判力与必要的纠错之间寻找平衡点。从人的认识能力相对性角度看,法官的判断难免会有差错。复查的次数越多,裁判中可能存在的错误被发现和纠正的概率也越大,程序给人的正当性感觉也越强。但是,纠错救济机制是一把双刃剑,过于轻易而频繁地使用会导致牺牲程序安定和削弱裁判权威的代价增大,边际效益递减。所以,纠错机制的设立必须以维护司法的终局性和裁判的权威性为前提。这两者的平衡是通过再审程序事由的设定来实现的。再审程序的补充性原则决定了法定事由确定的原则与范围。

第一,原则上以原审诉讼程序的程序保障存在严重瑕疵为再审事由。从既判力的程序法理看,裁判的公正性或可接受性来自充分的程序保障。再审事由的确定应当紧扣构成既判力正当性基础的程序保障问题。易言之,生效裁判的"错误"的界定以及再审程序发动的法定事由,只能从原审诉讼程序的程序保障是否存在严重瑕疵进行判断。如果把导致裁判错误的因素分为形式因素和实质因素,那么是绝对排除因实质问题(如事实判断、法律解释、价值取向等)启动再审的。提起再审的事由通常都是遗漏必须共同诉讼的当事人等诉讼程序严重违法,或者原审判组织组成违法,或者参与案件审理的法官有司法腐败、枉法裁判等犯罪行为,或者当事人有欺诈行为致诉讼要件缺失等客观因素。[①]

> **比较**:《日本民事诉讼法》规定的再审事由主要包括:参与判决的法官在处理本案的职务行为上有犯罪行为、当事人因他人的犯罪行为而作出了非出自本人真实意愿的自认,或因此未能提出影响判决结论的主张或证据的。[②] 比如德国、日本民事诉讼法规定,当事人法律规定的事由申请再审的,须表明其中涉及的法官或当事人的行为已经通过刑事审判作出了有罪判决或类似的法律决定为前提。以作为判决根据的书证或物证出自伪造或变造、证言是属于虚假陈述等作为理由申请再审的,前提同样是这些伪造证据、虚假陈述的行为已经为刑事判决书认定构成犯罪,因此是确定无疑的,无需再次审理的。[③] 这些要求使得再审事由都具有"形式非理性"的特质,从而可以最大限度减少审查决定再审行为的不可控性,也可以避免审查过程陷入"先定后审"及再审审理"走过场"、空洞化的悖论。

第二,既判力的遮断效决定当事人不能轻易以"新证据"申请再审。为了维护既判力,法院根据基准时所固定的诉讼材料作出的对案件事实的认定和法律评价不能被攻击。因此,在基准时前已经存在的事由(攻击防御方法),不问当事人在言词辩论中是否主张,也不问他没有主张是否存在过失,其主张权均因既判力而遮断。[④] 此后(包括第三审、再审、后诉)都不允许当事人对该事实提出新的证据、作出不同说明(包括所谓"新的科学认识"),也不允许法官作出不同的判断。[⑤] 判决效力的这种如同窗帘遮光的效果被形象地称为"遮断效",遮断的是当事人在事实审阶段"应当提出而未提出的攻防权利"。据此,判决的遮断效原则上排除了当事人在判决确定后以"新的证据"申请再审的权利,哪怕这个所谓新的证据具有"足以推翻原判决"的证明效果,除非是当事人在原生效裁判的基准时之前无法知道的证据,或者非因自己的原因不能提供(比如因为其他当事人的证据妨害行为而无法知道或无法提供)。如果是基于一般注意义务就可以知道的情况,就不能作为再

---

① 参见赵钢、朱建敏:《略论民事抗诉程序价值取向的重构及其程序设计》,《法学评论》2003年第6期;肖建国:《民事再审事由的类型化及其审查——基于解释论的思考》,《法律适用》2013年第4期。
② 参见[日]中村英郎:《新民事诉讼法讲义》,陈刚等译,法律出版社2001年版第285页;[日]新堂幸司:《新民事诉讼法》,林剑锋译,法律出版社2008年版,第666页。
③ 参见[日]新堂幸司:《新民事诉讼法》,林剑锋译,法律出版社2008年版,第667页;王亚新:《对抗与判定:日本民事诉讼的基本结构》,清华大学出版社2002年版,第357页。
④ 参见[德]奥特马·尧厄尼希:《民事诉讼法》,周翠译,法律出版社2003年版,第332页;骆永家:《既判力之研究》,三民书局1999年版,第18页。
⑤ 参见[德]莱奥·罗森贝克等:《德国民事诉讼法》,李大雪译,中国法制出版社2007年版,第1170页。

审事由。①

> 比较：《日本民事执行法》第35条规定，基准时之后出现的事实（比如债务人丧失了偿债能力）可以成为执行异议之诉的理由，但该诉讼的诉讼标的只限于撤销判决的执行力，而不能成为再审事由。② 美国《联邦民事诉讼规则》第60(b)虽然规定法院可以根据新发现的证据对生效裁判以特殊的救济，但其所谓"新发现的证据"，是在依据该规则第59(b)规定的要求重新审理的期间内，即使相当地注意也不可能发现的新证据。③ 可见，当事人对此证据是"新发现的"、"已经相当地注意"等事实要承担很重的证明责任。这对于当事人来说是负担极重、难度极大、成本极高的。

第三，再审事由应当具有形式非理性和显著性，排除那些必须经实体审理才能形成内心确信的事由。从再审事由审查方式角度来考虑，程序瑕疵属于那些经形式审查和书面审查就可以直接判定的"显著的"事由，即无需实体审理过程，从诉讼文件记录上就能够对原生效裁判的错误作出"一目了然"、直截了当的判断。

六、无效裁判撤销程序

无效裁判撤销程序的目标是宣告某个裁判为无效，审理对象是发生形式确定力的法院裁判或仲裁裁决。程序标的性质决定了该种程序在本质上既不是非讼程序，也不是普通程序，而属于再审程序。无效裁判撤销程序与一般再审程序有一定的区别，因而有独立存在的必要。二者的区别具体表现在以下几个方面：

第一，在程序启动是否遵循补充性原则上，一般再审程序总是补充性地启动，即如果当事人提出的再审事由是在原审程序中应当提出上诉而没有提出的，其再审申请将不被受理。但无效裁判撤销程序没有这个问题。对于法定撤销事由，无论当事人在原诉讼程序中是否提起过上诉，都应当允许在判决后提出撤销申请，除非法律另有规定。

> 比较：《德国民事诉讼法》第579条第二款对无效之诉法定事由规定了两种例外情形，对于①"作出判决的法院不是依法律组成的"；②"法官因有偏颇之虞应行回避，并且回避申请已经宣告有理由，而该法官仍参与裁判的"，如果当事人可以通过上诉主张原判决无效时，不能提起无效之诉。也即当事人在上诉期间知道或应当知道存在上述情形，应当提起上诉主张无效而没有上诉的，该无效情形自行治愈。

第二，启动主体范围不同。有权申请启动一般再审程序的通常以原案裁判所列的当事人为限，包括被判决遗漏的应当共同参加诉讼的当事人。有权启动无效裁判撤销程序的不限于当事人，其合法权益受无效裁判影响的案外人亦有权提出申请。因为裁判无效涉及公共利益，公权力应主动介入程序启动。

第三，两者的不同还体现在程序构成上。与一般再审程序的结构包含两个阶段不同，无效裁判撤销程序只有第一阶段。无效裁判撤销程序的裁定一经作出，程序目标就达到，程序即告终结，没有后续的"本案"审理程序。对于因诉不合法或审判权不合法导致裁判

---

① 参见［日］新堂幸司：《新民事诉讼法》，林剑锋译，法律出版社2008年版，第666页。
② 参见［日］新堂幸司：《新民事诉讼法》，林剑锋译，法律出版社2008年版，第665页。
③ 参见汤维建主编：《美国民事诉讼规则》，中国检察出版社2003年版，第365页。

无效的情形,该裁判被认定无效并撤销后,不会自动回到诉讼系属状态。因为撤销裁定本身不能修复诉不合法或审判权不合法的问题,无法直接开启审理程序作出符合生效要件的裁判。例如,因仲裁协议无效而导致仲裁裁决被撤销的,不会导致原仲裁程序重新开启。当事人还想通过仲裁解决纠纷的,可以达成仲裁协议重新申请仲裁。同样地,因法院审判组织不合法导致裁判无效的,不因裁判被撤销而自动回到诉讼程序中,法院不能另行组成合议庭继续审理。当事人希望获得司法救济的,必须重新提起诉讼。对于虚假诉讼形成的裁判而言,被认定无效并撤销即达到维护公共秩序的目的,程序任务即告完成。如果有人的合法权益因虚假诉讼受到损害,他可以另案主张损害赔偿。损害赔偿之诉不是无效裁判撤销程序的标的,亦不是撤销程序的后续程序。

第四,法院适用无效裁判撤销程序作出的裁判发生形式确定力。再审程序的裁判不具有可以再争议的空间,其法理与既判力理论无关,是由该种程序的目的和功能决定的。再审程序的目的在于恢复司法公正,无效裁判撤销程序更有重建司法秩序的任务。此种程序处理的对象不是当事人之间的民事权利义务争议,裁决后没有再争议的问题。当事人的撤销申请不具备法定条件时,法院作出驳回申请的裁定并不影响当事人具备条件时再次申请撤销。法院裁定撤销原案裁判的,当事人可以就争议的民事权利义务另行达成仲裁协议申请仲裁,也可以向人民法院提起诉讼。如果原案裁判已经执行的,应当执行回转。

第二节 我国的审判监督程序

一、以审判监督为功能定位

我国《民事诉讼法》把再审程序命名为"审判监督程序"。从《民事诉讼法》第十六章"审判监督程序"的标题及内容来看,审判监督程序是人民法院行使审判监督权,对确有错误的生效裁判、调解书启动再审程序进行再次审理的制度。因此,我国的审判监督程序相当于大陆法系民事诉讼法律制度中的再审程序。但该规定表明,民事诉讼法将再审程序的功能定位于审判监督,即由法律规定的监督机关对审判权行使监督权,包括法院的审判监督权与检察院的法律监督权。监督的对象是法官的审判行为与裁判结论。监督的方式是启动再审程序。即如果审判监督机关认为已经生效的法院裁判确有错误时,有权要求法院对案件再次进行审理以纠正错误的制度。

监督的目的在于发现错误、纠正错误和追究责任。审判监督程序的设计原理基于我国司法制度关于司法公正标准是"以事实为依据,以法律为准绳"的传统观念及其秉承的"有错必纠"指导思想。审判监督程序的重点在于监督法官依法行使审判权,注重审查法官在认定事实和适用法律方面的正确性。成为审判监督纠错对象的主要是认定事实确有错误,或适用法律确有错误,或者因严重违反程序可能导致实体判断错误的生效裁判。

为有效发挥审判监督的功能,民事诉讼法在再审程序的启动方面设置了三重动力来源:一是由法院行使审判监督权启动再审程序;二是由检察机关行使法律监督权启动再审程序;三是当事人申请再审启动再审程序。其中以法院、检察院行使监督权启动再审为主要途径,而当事人申请再审是补充。法院、检察院行使监督权必然导致再审程序的发生,但当事人申请再审是否能够启动再审程序,取决于人民法院的审查意见。法院审查当事人的申请,认为符合法定条件的,按照审判监督程序决定再审。

二、审判监督制度的发展历程

1982年《民事诉讼法(试行)》没有采用"再审程序",而是采用"审判监督程序"概念,自此确立了中国特色的再审程序。其显著的特点是以监督为重心的功能定位,和行政化的纠错机制。比如在当事人启动再审程序的权利上,试行民诉法规定的是当事人的申诉权。由于申诉权在本质上是宪法赋予公民的一项民主政治权利,而且申诉的主体比较广泛(既可以是当事人,也可以是作为案外人的其他公民);再者申诉受理机关很多(当事人既可以向人民法院提出,也可以向人民检察院提出,还可以向其他机关提出),因此,申诉及其处理本身有较为明显的行政色彩。

1991年《民事诉讼法》没有改变审判监督程序的本质,但将申诉权改为申请再审权,明确其诉讼权利性质。在审判监督的功能定位和"有错必纠"指导思想下,我国再审制度明显侧重纠错的目的。实践中,大多数案件当事人申请再审和检察院抗诉所依据的事由是事实认定错误和法律适用错误。再审事由与二审纠错事由存在重合,客观上令审判监督程序功能发生变异,一定程度上担负起弥补审级保障不足的功能,成为事实上的"三审程序"。因此,审判监督程序的功能出现了多元化格局:既要监督审判权、纠正错误,又要吸收当事人不满、提供权利救济,还要兼顾法律适用统一,使再审程序与上诉审程序的界限模糊,当事人也很自然地把申请再审当作向更高一级法院上诉的替代。如此导致申请再审数量居高不下。大量的再审案件不仅增加了人民法院审判监督的负担,而且冲击了生效判决的权威。另一方面,由于再审程序启动的门槛高,审查程序严格,当事人普遍感觉到再审难。"再审滥"和"再审难"两个问题的并存,显示我国审判监督程序内在的缺陷,也给司法公信力造成负面影响。再审程序因此成为2007年《民事诉讼法》修改的重点之一。

2007年《民事诉讼法》的修改仍然没有改变"审判监督程序"的名称,但是在启动再审程序的法定事由上有重大调整,其中吸纳了再审程序的补救功能的原理,细化了再审的法定事由,重点增加了因程序错误影响裁判实体正确的事由,在一定程度上体现了维护裁判既判力,强调程序公正的理念,也是以权力监督为主的审判监督程序向以诉权保障为主的再审程序过渡的标志。2007年修正案的主要意图,是希望通过再审法定事由的细化和合理化,使得再审程序更加公开、具有可预见性,以约束审判监督权,保障当事人申请再审权。

2012年修改《民事诉讼法》时,立法机关再次对审判监督程序作出修订,包括对再审事由作了细微修改,更加突出再审程序的补充性原则;另外调整了当事人申请再审的管辖法院、申请再审的期限、补充了当事人向检察机关申请抗诉的程序等。上述修改将补充性原则嵌入了审判监督程序中,在坚持纠正错误、权利救济的既有目标的同时,融入了维护既判力与恢复司法公正的公共目的,增强了对当事人申请再审权的保障。总体上看,我国的审判监督程序正在朝着再审程序的方向发展、转变。

但是,我国的审判监督程序与再审程序还是存在明显的差异的。除了制度目标与功能定位上的不同外,两者在制度架构与运行逻辑上存在不同的个性:再审程序以当事人申请再审权为基础,而审判监督程序则是以人民法院审判监督权为重心,突出表现在:

第一,审判监督权主导再审程序的启动。《民事诉讼法》虽然规定,除人民法院依职权决定再审可以启动审判监督程序外,人民检察院抗诉也是引发审判监督程序的重要力量,且人民法院对于检察院提起抗诉的案件必须决定再审。此外,当事人申请再审也是引发审判监督程序的重要途径,只要当事人的申请符合法定条件,人民法院就应当裁定再审。而且在实际运作中,绝大多数再审案件源于当事人申请再审。但审判监督程序能否真正启动事实上取决于人民法院是否决定再审。最高人民法院通过司法解释进一步强化了审判监督权在再审程序启动上的主导地位。《民事诉讼法》第218条规定,人民法院对人民检察院提出抗诉的案件,应当自收到抗诉书之日起30日内作出再审的裁定。《民诉法解释》第414条规定,人民法院收到人民检察院的抗诉或再审检察建议后,应当进行审查,认为检察院的抗诉或检察建议不符合条件或资料不齐备的,可以建议检察院予以补正或者撤回。检察院不予补正或者撤回的,应当函告人民检察院不予受理。

第二,审判监督程序的进行与终结深受最高人民法院司法政策的影响。当前适应构建多元化纠纷解决机制、维护社会稳定的治理需要,最高人民法院提出"调解优先,案结事了"的司法政策,鼓励人民法院注重发挥调解作用,把有效解决纠纷作为司法活动的主要目标,强调司法裁判的社会效果与政治效果。这在审判监督程序的实践中也有充分体现。按照《民诉法解释》第400条的规定,人民法院在审查当事人的再审申请期间,因当事人撤回再审请求,或和解并自动履行完毕的,可以裁定终结再审程序。在此种情况下,即便检察院提起了抗诉,人民法院也可以裁定终结再审审查程序。最高人民法院2012年发布的指导案例第7号的裁判要旨指出:"人民法院接到民事抗诉书后,经审查发现案件纠纷已经解决,当事人申请撤诉,且不损害国家利益、社会公共利益或第三人利益的,应当依法作出对抗诉案终结审查的裁定;如果已裁定再审,应当依法作出终结再审诉讼的裁定。"[1]《民诉法解释》第404条还规定,无论因当事人申请再审还是因检察院抗诉而决定再审的案件,在人民法院再审审理期间,当事人申请撤回再审申请的,人民法院都可以裁定终结再审程序。

三、再审法定事由

根据《民事诉讼法》第207条,当事人申请再审应当表明生效裁判具有下列事由之一:

(1) 有新的证据,足以推翻原判决、裁定的。即再审申请人提供的新的证据,能够证明原判决、裁定认定基本事实或者裁判结果错误的。由于当事人是在裁判生效之后才提交该证据,人民法院应当责令再审申请人说明其逾期(即超过举证时限)提供该证据的理由。拒不说明理由或者理由不成立的,人民法院视情况决定是否采纳。为了维护既判力,

---

[1] 最高人民法院指导案例第7号"牡丹江市宏阁建筑安装有限责任公司诉牡丹江市华隆房地产开发有限责任公司、张继增建设工程施工合同纠纷案"。

避免当事人随意提出相反的事实和证据来推翻原判决,最高人民法院根据程序保障原理,对当事人逾期举证是否属于"有正当理由"作出限定性解释:①在原审庭审结束前已经存在,因客观原因于庭审结束后才发现的;②在原审庭审结束前已经发现,但因客观原因无法取得或者在规定的期限内不能提供的;③在原审庭审结束后形成,无法据此另行提起诉讼的;④再审申请人提交的证据在原审中已经提供,原审人民法院未组织质证且未作为裁判根据的,但原审人民法院在原审裁判中明确认定属于依法不予采纳的除外。

(2) 原判决、裁定认定的基本事实缺乏证据证明的。

(3) 原判决、裁定认定事实的主要证据是伪造的。

(4) 原判决、裁定认定事实的主要证据未经质证的。所谓"未经质证",是在庭审质证环节被人民法院遗漏、当事人没有机会进行质证的证据,不包括在原审中被纳入庭审调查的质证范围,但当事人拒绝发表质证意见,或者未对证据发表质证意见的情形。

(5) 对审理案件需要的证据,当事人因客观原因不能自行收集,书面申请人民法院调查收集,人民法院未调查收集的。所谓"需要的证据",指的是人民法院认定案件基本事实所必须的证据。

(6) 原判决、裁定适用法律确有错误的。所谓原判决、裁定适用法律确有错误,包括下列情形:①适用的法律与案件性质明显不符的;②确定民事责任明显违背当事人约定或者法律规定的;③适用已经失效或者尚未施行的法律的;④违反法律溯及力规定的;⑤违反法律适用规则的;⑥明显违背立法原意的。

(7) 审判组织的组成不合法或者依法应当回避的审判人员没有回避的。

(8) 无诉讼行为能力人未经法定代理人代为诉讼或者应当参加诉讼的当事人,因不能归责于本人或者其诉讼代理人的事由,未参加诉讼的。

(9) 违反法律规定,剥夺当事人辩论权利的,包括原审开庭过程中审判人员不允许当事人发表辩论意见;应当开庭审理而未开庭审理;送达起诉状副本或上诉状副本违反法律规定,致使当事人无法行使辩论权利的;违法缺席审理、径行判决等其他剥夺当事人辩论权利的情形。

(10) 未经传票传唤,缺席判决的。未经合法传唤程序,当事人不知开庭期日而未能到庭的,是违反程序保障的基本要求的,属于程序严重欠缺正当性,所作出的裁判缺乏合法性基础。

(11) 原判决、裁定遗漏或者超出诉讼请求的。此处的诉讼请求包括一审诉讼请求、二审上诉请求。但当事人上诉时未对一审判决、裁定遗漏或者超出诉讼请求提起上诉的除外。

(12) 据以作出原判决、裁定的法律文书被撤销或者变更的,包括原判决、裁定对基本事实和案件性质的认定系根据其他法律文书作出,而上述其他法律文书被撤销或变更的情形。此处的法律文书包括:发生法律效力的判决书、裁定书、调解书;发生法律效力的仲裁裁决书;具有强制执行效力的公证债权文书等。

(13) 对违反法定程序可能影响案件正确判决、裁定的情形,或者审判人员在审理该案件时有贪污受贿,徇私舞弊,枉法裁判行为的,人民法院应当再审。审判人员在审理该案件时有贪污受贿,徇私舞弊,枉法裁判的行为,且已经由生效刑事法律文书或者纪律处分决定所确认的。

此外,《民事诉讼法》第208条规定,当事人对已经发生法律效力的调解书,提出证据证明调解违反自愿原则或者调解协议的内容违反法律的,可以申请再审。经人民法院审查属实的,应当再审。

第三节 再审程序的启动程序

一、人民法院行使审判监督权

为了保证审判权的正确行使,法律赋予人民法院对法官审判行为进行审判监督的职能。该职能主要通过人民法院对已生效裁判的审查,发现原审裁判确有错误时,依法定程序决定再审程序。人民法院行使审判监督权启动再审程序包括本院审判委员会决定再审、上级人民法院和最高人民法院提审或指令再审等几种情形。

(一)本院审判委员会决定再审的程序

按照《民事诉讼法》第205条第1款的规定,各级人民法院院长对本院已经发生法律效力的判决、裁定,发现确有错误,认为需要再审的,应当提交审判委员会讨论决定。此处的"本院"是指作出生效裁判的人民法院。此处的"已经发生法律效力的判决、裁定",是指一审法院的作出的依法可以上诉而当事人超过上诉期没有上诉的判决、裁定,二审法院的终审判决、裁定,最高人民法院作出的裁判。所谓"确有错误",是指出现《民事诉讼法》规定的原审裁判认定事实、适用法律或审判程序确有错误、应当再审的情形。

审判委员会讨论认为需要再审的,作出对案件进行再审的决定。由审判监督庭作出裁定,对相关案件进行再审,同时裁定中止原裁判的执行。裁定由院长签名并加盖人民法院的印章。

按照审判监督程序决定再审的案件,裁定中止原判决、裁定、调解书的执行,但追索赡养费、扶养费、抚养费、抚恤金、医疗费用、劳动报酬等案件,可以不中止执行。

(二)最高人民法院和上级人民法院启动的再审程序

《民事诉讼法》第205条第2款规定,最高人民法院对地方各级人民法院已经发生法律效力的判决、裁定,上级人民法院对下级人民法院已经发生法律效力的判决、裁定,发现确有错误,有权提审或指令再审。

最高人民法院是国家的最高审判机关,对地方各级人民法院和专门人民法院的审判工作有监督权,所以它有权对地方各级人民法院和专门人民法院的确有错误的生效的判决和裁定,行使审判监督权,提起再审。上级人民法院对下级人民法院的审判工作也享有审判监督权。最高人民法院和上级人民法院提起再审的方式有两种:一是提审,即将下级人民法院审结的案件提到本院自己审判;二是指令下级人民法院再审,可以交其他人民法院再审,也可以交原审人民法院再审。

最高人民法院和上级人民法院提审或指令再审的,应当作出提审或指令再审的裁定,在裁定中同时写明中止原判决、裁定的执行。情况紧急的,可以将中止执行的裁定口头通知负责执行的人民法院,但应当在口头通知后的 10 日内发出裁定书。裁定应当通知案件的双方当事人。在最高人民法院和上级人民法院指令再审时,如果原裁判是第二审的,应当指令第二审人民法院再审。

最高人民法院和上级人民法院决定提审的,应当作出提审的决定,通知案件的原审人民法院,同时作出对案件再审的裁定,通知当事人。以提审方式进行再审的,人民法院按照二审程序的规定组成合议庭进行审理。

二、当事人申请再审

当事人申请再审,是指当事人认为已经发生法律效力的判决、裁定、调解书确有错误,向原审人民法院或上一级人民法院申请对案件进行再次审理的诉讼行为。

(一) 当事人申请再审条件

1. 申请主体原则上是本案当事人,特殊情况下案外人也可以申请再审

申请再审的主体原则上是原生效裁判的当事人。此处的当事人除裁判文书上载明的原告、被告、共同诉讼人、第三人外,还包括:①当事人死亡或者终止的,其权利义务承继者;②当事人是无民事行为能力人或者是限制民事行为能力人的,其法定代理人;③原审遗漏的必须共同参加诉讼的当事人。

特殊情况下,案外人也可以成为申请再审的主体,主要有两种情况:①受判决效力扩张所及的第三人。如诉讼过程中,当事人转让作为诉讼标的的债权的,该债权的受让人。再如为当事人利益占有诉讼标的物的人。②按照《民诉法解释》,提起执行异议的案外人对驳回其执行异议的裁定不服,认为原判决、裁定、调解书内容错误损害其民事权益的,可以申请再审。

申请再审的主体不包括判决、调解书生效后,当事人将判决、调解书确认的债权转让的受让人。如果该债权受让人对该判决、调解书不服申请再审的,人民法院不予受理。

2. 申请再审的对象是已经发生法律效力的判决、裁定、调解书

已生效的判决一般都允许当事人申请再审,包括小额诉讼案件的判决、裁定。但有两种情况除外:①对已经发生法律效力的解除婚姻关系的判决,当事人不能申请再审。当婚姻关系解除后,当事人之间的夫妻身份关系便不再存在,当事人有可能与他人另行结婚。即使人民法院认为原判决解除婚姻关系确有错误,也不能用强制的方法使已经解除婚姻关系的双方再结合在一起。如果当事人之间感情确实没有破裂,双方仍愿意和好,完全可以婚姻登记机关登记复婚,没有必要通过诉讼途径来解决。但是,如果当事人就离婚案件中的财产分割问题申请再审的,不受此限。如涉及判决中未作处理的夫妻共同财产,应告知当事人另行起诉。②对于人民法院按照非讼程序审理的特别程序、督促程序、公示催告程序、企业法人破产还债程序审理的裁判,当事人不能申请再审。

可以申请再审的裁定是《民事诉讼法》规定可以提起上诉的裁定。即当事人认为发生

法律效力的不予受理、驳回起诉的裁定错误的,可以申请再审。

当事人对调解书不可以提起上诉,但如果能够提供证据证明调解违反自愿原则或调解协议的内容是违反法律的,可以申请再审。当事人对已经发生法律效力的解除婚姻关系的调解书,不得申请再审。

3. 应当在法定期限内提出申请

《民事诉讼法》第 212 条规定,当事人申请再审,应当在判决、裁定发生法律效力后六个月内提出。有下列情形的,当事人应当自知道或者应当知道之日起六个月内提出:①有新的证据,足以推翻原判决、裁定的;②原判决、裁定认定事实的主要证据是伪造的;③据以作出原判决、裁定的法律文书被撤销或者变更的;④审判人员审理该案件时有贪污受贿、徇私舞弊、枉法裁判行为的。该期限是申请再审权的除斥期间,自判决、裁定和调解书生效之次日起计算,为不变期限。立法规定的意图主要在于促使当事人及时行使申请再审的权利,便于维护民事法律关系的稳定。

当事人申请再审期间不适用中止、中断和延长的规定。

4. 必须提出法定再审事由

当事人对已经发生法律效力的判决、裁定,认为有错误的,可以向上一级人民法院申请再审;当事人一方人数众多或者当事人双方为公民的案件,也可以向原审人民法院申请再审。当事人申请再审的,不停止判决、裁定的执行。

(二) 当事人申请再审的审查程序

当事人对同一份生效裁判只能行使一次申请再审权。当事人的再审申请被人民法院审查后,认为不符合再审条件而裁定驳回的,不得再次申请再审。当事人的再审申请符合再审条件,人民法院按照审判监督程序对本案作出再审裁判的,当事人不得对该再审裁判申请再审。但上述两种情形当事人不服的,可以向人民检察院申请再审检察建议或者抗诉。

当事人向人民检察院申请抗诉,经人民检察院审查作出不予提出再审检察建议或者抗诉决定的,当事人不得向人民法院申请再审。但人民检察院提出再审检察建议或者抗诉,人民法院作出的再审判决、裁定,当事人认为有再审事由的,可以申请再审。

当事人申请再审时应当提交下列材料:①再审申请书,表明具体的再审请求、申请再审所依据的法定事由及具体事实、理由。②能够证明申请人主体资格的身份证明。再审申请人是自然人的,应当提交身份证明;再审申请人是法人或者其他组织的,应当提交营业执照、组织机构代码证书、法定代表人或者主要负责人身份证明书。委托他人代为申请的,应当提交授权委托书和代理人身份证明。③原审判决书、裁定书、调解书。④能够证明法定再审事由的证据或材料。比如,以原生效裁判认定事实确有错误的,应当提供反映案件基本事实的主要证据及其他材料。

人民法院应当自收到再审申请书之日起 5 日内将再审申请书副本发送对方当事人。对方当事人应当自收到再审申请书副本之日起 15 日内提交书面意见;不提交书面意见的,不影响人民法院审查。

人民法院应当自收到再审申请书之日起3个月内进行审查并就是否再审作出裁定。审查再审期限是可变更期限。考虑到我国民诉法规定的再审事由包含实体错误内容,对于案件事实比较复杂的,或者需要依职权鉴定、审计、评估等特殊情况,人民法院认为需要延长审查期限的,经报请本院院长批准可以适当延长。

人民法院受理申请再审案件后,应当依照民事诉讼法的规定,对当事人主张的再审事由进行审查。人民法院可以要求申请人和对方当事人补充有关材料,询问有关事项人民法院根据审查案件的需要决定是否询问当事人。当事人提出新的证据可能推翻原判决、裁定的,人民法院应当询问当事人。审查再审申请期间,再审申请人申请人民法院委托鉴定、勘验的,人民法院不予准许。

经审查,当事人主张的再审事由成立,且符合民事诉讼法和本解释规定的申请再审条件的,人民法院应当裁定再审。当事人主张的再审事由不成立,或者当事人申请再审超过法定申请再审期限、超出法定再审事由范围等不符合民事诉讼法和本解释规定的申请再审条件的,人民法院应当裁定驳回再审申请。审查再审申请期间,被申请人及原审其他当事人依法提出再审申请的,人民法院应当将其列为再审申请人,对其再审事由一并审查,审查期限重新计算。经审查,其中一方再审申请人主张的再审事由成立的,应当裁定再审。各方再审申请人主张的再审事由均不成立的,一并裁定驳回再审申请。

(三) 撤回再审申请

申请再审权是当事人的程序权利,当事人享有撤回再审申请权。再审申请人经传票传唤,无正当理由拒不接受询问的,可以按撤回再审申请处理。但由于再审涉及恢复司法公正的公共利益目的,当事人行使处分权要受到法律的限制。《民诉法解释》第398条第1款规定:"审查再审申请期间,再审申请人撤回再审申请的,是否准许,由人民法院裁定。"人民法院对当事人撤回再审的申请应当进行合目的审查。如果人民法院发现原生效裁判确有再审事由,不予再审有损司法公正之虞的,不应准许。

当事人撤回再审申请获人民法院准许,或者人民法院按撤回再审申请处理后,再审申请人再次申请再审的,人民法院不予受理。但有下列情形,且当事人自知道或者应当知道之日起六个月内再次提出再审申请的,人民法院应当受理:①有新的证据,足以推翻原判决、裁定的;②原判决、裁定认定事实的主要证据是伪造的;③据以作出原判决、裁定的法律文书被撤销或者变更的;④审判人员审理该案件时有贪污受贿、徇私舞弊、枉法裁判行为的。

(四) 终结审查

人民法院在审查当事人的再审申请过程中,发生下列情形之一,人民法院应当终结审查程序:①再审申请人死亡或者终止,无权利义务承继者或者权利义务承继者声明放弃再审申请的;②在给付之诉中,负有给付义务的被申请人死亡或者终止,无可供执行的财产,也没有应当承担义务的人的;③当事人达成和解协议且已履行完毕的;④他人未经授权以当事人名义申请再审的;⑤原审或者上一级人民法院已经裁定再审的;⑥经审理查明,当事人的申请属于人民法院不予受理再审申请的情形的。其中,当事人达成和解协议且履行完毕,但当事人在和解协议中声明不放弃申请再审权利的,人民法院应当继续审查。

三、人民检察院行使法律监督权

人民检察院认为生效裁判有法定再审事由的,可以采取抗诉和提出再审检察建议两种方式对审判权进行法律监督,引发再审。

(一) 抗诉

民事抗诉是指人民检察院对人民法院已经发生法律效力的裁判,发现确有错误,或者发现调解书损害国家利益、社会公共利益的,依法提请人民法院对案件进行再行审理的诉讼行为。

人民检察院是国家的法律监督机关,有权对民事审判活动进行法律监督。人民检察院对已经发生法律效力的判决和裁定依法提起抗诉发动再审是其行使检察监督权的具体表现。根据我国民事诉讼法的规定,最高人民检察院对地方各级人民法院已经发生法律效力的判决、裁定,上级人民检察院对下级人民法院已经发生法律效力的判决、裁定,发现确有错误,应当按照审判监督程序提出抗诉。

民事抗诉与刑事抗诉不同。刑事诉讼抗诉有两种情形,一是提起第二审程序,二是发动再审程序。提起二审程序的抗诉的对象是尚未发生法律效力的一审裁判,发动再审的抗诉对象是已经发生法律效力的裁判。民事抗诉只有一种情形,即依据审判监督程序要求人民法院启动再审程序。民事抗诉的对象仅限于已生效的民事裁判。

根据民事诉讼法的规定,人民检察院提起民事抗诉应具备以下条件:

第一,提起抗诉的主体是最高人民检察院和上级人民检察院。最高人民检察院是国家的最高法律监督机关,它有权对任何级别的生效裁判进行法律监督,并依法提出抗诉。这就是说,最高人民检察院有权对全国各级人民法院(包括最高人民法院)和专门人民法院的具有法定抗诉情形已经发生法律效力的裁判提出抗诉,要求人民法院进行再审。上级人民检察院对下级人民法院的生效裁判发现确有错误,有权提出抗诉。也即人民检察院不能直接向同级人民法院提起抗诉,必须提请其上一级人民检察院提起。"上提一级"抗诉的制度设计,旨在多一道审查把关,确保检察院的抗诉是符合法律规定的再审条件的。

第二,提出抗诉的对象是人民法院已经生效的裁判、调解书。未生效的判决和裁定即使有错误,检察院也不能通过抗诉的方式进行监督。

第三,提起抗诉的理由是法律规定的再审事由。提起抗诉的法定事由与当事人申请再审的法定事由是一致的。

(二) 再审检察建议

再审检察建议是人民检察院认为法院的判决、裁定、调解书出现再审法定事由,或者发现审判人员有违法行为的,用检察建议的形式建议法院启动审判监督程序的诉讼活动。

检察建议不同于抗诉的地方在于:其一,不需要上提一级,由人民检察院直接向同级法院提出,经本院检察委员会讨论决定,报上级人民检察院备案即可。因此,再审检察建议的程序更加便捷、高效。其二,两种方式的法律后果存在差异。按照《民事诉讼法》的规定,对于人民检察院的抗诉,人民法院必须再审;对于再审检察建议,人民法院则不一定再审。其三,适用的范围不同。抗诉仅针对生效裁判出现法定再审事由的情形,而检察建议既包括对生效裁判的再审检察建议,也包括对审判监督程序以外的其他审判程序中审判人员的违法行为进行法律监督而提起的检察建议。

(三)当事人申请抗诉或检察建议

为增强当事人申请再审权,《民事诉讼法》赋予当事人向人民检察院申请抗诉的权利。当事人在申请检察院抗诉之前,必须先向人民法院申请再审;其再审申请被人民法院驳回,或者人民法院逾期未对再审申请作出裁定的,或者当事人认为人民法院的再审判决、裁定有明显错误的,方可申请检察院提起抗诉或检察建议。

人民检察院对当事人的申请应当在3个月内进行审查,作出提出或者不予提出检察建议或者抗诉的决定。人民检察院依照对有明显错误的再审判决、裁定提出抗诉或者再审检察建议的,人民法院应予受理。无论检察院作出的决定是提出还是不予提出抗诉或检察建议,当事人均不得再次向人民检察院提出抗诉申请。

(四)抗诉与再审检察建议的程序

人民检察院在确定是否进行抗诉或提出再审检察建议前应当进行必要的调查核实。人民检察院因履行法律监督职责提出检察建议或者抗诉的需要,可以向当事人或者案外人调查核实有关情况。人民检察院为抗诉而进行的调查核实权在性质上不属于"调查取证权"。调查核实的目的仅限于发现是否存在提起抗诉或检察建议的法定事由。法律禁止检察院依职权调查收集证据,防止检察院滥用调查权,致不当的法律监督行为。如果检察院角色定位不准,或成为一方当事人的代理人,或取代法官对当事人的争议作出实体判断,将改变民事诉讼当事人之间的力量对比,破坏《民事诉讼法》规定的当事人诉讼地位平等原则,而使抗诉与检察建议行为不符合正当程序原则,损害司法公正。

人民检察院提出抗诉,应当向人民法院递交抗诉书或检察建议书。抗诉书的内容应当包括:提出抗诉的检察院和接受抗诉的人民法院,抗诉案件当事人的基本情况,抗诉的案件及其生效的裁判,抗诉的事实和理由,提出抗诉的时间等。抗诉书由检察长签字并加盖人民检察院的印章。抗诉书应当抄送抗诉人民检察院的上一级人民检察院。上级人民检察院认为抗诉不当的,有权撤销下级人民检察院的抗诉,并通知下级人民检察院。

人民检察院向人民法院提出再审检察建议,须经本院检察委员会讨论决定,并报上一级人民检察院备案。

人民检察院依当事人申请提出抗诉的案件,接受抗诉的人民法院收到抗诉书后,应当自收到抗诉书之日起30日内作出再审的裁定,同时裁定中止原裁判的执行。人民法院应审查检察院的抗诉是否符合下列条件:①抗诉书和原审当事人申请书及相关证据材料已经提交;②抗诉对象为依照民事诉讼法和本解释规定可以进行再审的判决、裁定;③抗诉书列明该判决、裁定具有应当再审的法定事由,或者调解书有损害国家利益、社会公共利益的情形;④基于当事人申请抗诉的,审查该当事人是否先行向人民法院申请了再审。检察院抗诉不符合上述条件的,人民法院可以建议人民检察院予以补正或者撤回抗诉,检察院不予补正或者撤回的,人民法院可以裁定不予受理。

对于人民检察院的再审检察建议,人民法院应当进行审查,符合法律规定的条件的,应予受理。法院审查内容包括:①再审检察建议书和原审当事人申请书及相关证据材料是否齐备;②建议再审的对象是否为依照民事诉讼法和司法解释规定可以进行再审的判决、裁定;③再审检察建议书是否列明理由,即是否有诉讼法规定的可以提起再审检察建议的情形;④对于依当事人申请抗诉而提出检察建议的,审查是否满足民事诉讼法规定的先向人民法院申请再审的前置程序;⑤再审检察建议是否经该人民检察院检察委员会讨论决定。不符合前述条件的,人民法院可以建议人民检察院予以补正或者撤回;不予补正或者撤回的,应当函告人民检察院不予受理。

人民法院收到再审检察建议后,应当组成合议庭,在3个月内进行审查,发现原判决、裁定、调解书确有错误,需要再审的,应裁定再审,并通知当事人;经审查,决定不予再审的,应当书面回复人民检察院。人民法院审理因人民检察院抗诉或者检察建议裁定再审的案件,不受此前已经作出的驳回当事人再审申请裁定的影响。

第四节 再审审理程序

人民法院作出再审的决定后,特定民事案件的生效裁判即告废止,诉讼程序回到原点重新出发。再审程序即进入本案(再次)审理程序阶段,以下简称再审审理程序。

一、审理法院

因当事人申请裁定再审的案件由中级人民法院以上的人民法院审理,但当事人一方人数众多或者当事人双方为公民的案件,也可以向原审人民法院申请再审;当事人分别向原审人民法院和上一级人民法院申请再审且不能协商一致的,由原审人民法院受理。

最高人民法院、高级人民法院裁定再审的案件,由本院再审或者交其他人民法院再审,也可以交原审人民法院再审。但是,如果原审人民法院对该案没有管辖权,或者审判人员在审理该案件时有贪污受贿、徇私舞弊、枉法裁判行为的,或者原判决、裁定系经原审人民法院审判委员会讨论作出的,以及其他类似不宜由原审人民法院再审的情形的,不得指令原审人民法院再审。

人民检察院提出抗诉的案件,其法定事由是《民事诉讼法》第207条第一款第(一)项至第(五)项规定情形之一的,接受抗诉的人民法院可以交下一级人民法院再审。这五种情形都是涉及证据问题,具体包括:有新的证据,足以推翻原判决、裁定的;原判决、裁定认定的基本事实缺乏证据证明的;原判决、裁定认定事实的主要证据是伪造的;原判决、裁定认定事实的主要证据未经质证的;对审理案件需要的证据,当事人因客观原因不能自行收集,书面申请人民法院调查收集,人民法院未调查收集的等。为了便于调查核实证据,出现这几种情形的抗诉案件交由下一级人民法院审理是可行的。但案件曾经由该下一级人民法院再审过的除外。

二、审理程序与审判组织

再审程序是一种补救性的程序,《民事诉讼法》没有为它单独规定一套审判程序。具体案件的再审,应视不同的情况分别适用第一审程序或者第二审程序。

(1) 原来是第一审审结的,再审时仍按照第一审程序审理,所作的裁判仍是第一审裁判,当事人对裁判不服的,可以上诉。人民法院应当按照第一审程序另行组成合议庭;原审适用简易程序的,再审时按照普通程序组成合议庭。

(2) 原来是第二审审结的,再审时仍按照第二审程序审理,所作的裁判是终审裁判,当事人不得提起上诉。人民法院按照第二审程序另行组成合议庭。

评注:所谓应当另行组成合议庭,包括两层含义:第一,再审案件不能采用独任制,而应当组成合议庭。再审程序是一个纠错程序,需要由多人组成的审判组织来对案件重新进行审理裁判,有助于从多角度发现原生效裁判存在的问题。第二,原合议庭成员不能参加新组成的合议庭。另行组成合议庭的意义在于可以防止审判人员先入为主而不利于案件的正确裁判,也可以避免因当事人对原合议庭的成员的不信任感,不利于诉讼活动的正常进行和再审裁判的可接受性。

(3) 最高人民法院和上级人民法院提审的案件,无论原来是第一审还是第二审审结的,一律适用第二审程序审理,所作的裁判是终审裁判,当事人不得提起上诉。

(4) 人民法院开庭审理抗诉案件,应当通知人民检察院、当事人和其他诉讼参与人。通知应该在开庭3日前送达。同级人民检察院或者提出抗诉的人民检察院应当派员出庭。人民检察院因履行法律监督职责向当事人或者案外人调查核实的情况,应当向法庭提交并予以说明,由双方当事人进行质证。

人民法院审理再审案件应当开庭审理,但按照第二审程序审理,有特殊情况或者双方当事人已经通过其他方式充分表达意见,且书面同意不开庭审理的除外。

人民法院开庭审理再审案件,因当事人申请再审的,先由再审申请人陈述再审请求及理由,后由被申请人答辩、其他原审当事人发表意见;因抗诉再审的,先由抗诉机关宣读抗诉书,再由申请抗诉的当事人陈述,后由被申请人答辩、其他原审当事人发表意见;人民法院依职权再审,有申诉人的,先由申诉人陈述再审请求及理由,后由被申请人答辩、其他原审当事人发表意见;人民法院依职权再审,没有申诉人的,先由原审原告或者原审上诉人陈述,后由原审其他当事人发表意见。

再审案件的审结期限与其适用的审理程序相适应,即适用一审程序审理的,遵循一审案件的审理期限;适用二审程序再审的,适用二审案件的审理期限,再审案件的审理期限自决定再审之日起计算。

再审案件的宣判可以由再审人民法院自行宣判,也可以委托原审人民法院或当事人所在地法院代为宣判。

三、审理范围及裁判

(一) 审理范围

《民诉法解释》第403条规定,人民法院审理再审案件应当围绕再审请求进行。当事人再审请求的内容多数是主张原生效裁判存在错误,要求法院加以撤销或变更。此处要区分再审事由审查阶段与本案再审阶段人民法院的审理范围。当事人申请再审的请求事项,应该是再审审查阶段的审理对象,而不是本案再审审理阶段的审理对象。有些案件具有法定的再审事由,比如原生效裁判剥夺了当事人辩论权、审判组织不合法、法官有受贿行为等,并不一定意味着原生效裁判在认定事实和适用法律上肯定错误。但是上述事由的存在致使原生效裁判丧失了正当性基础,严重损害了司法公正,必须通过再审程序加以废弃,重新审理作出裁判,以修复司法公正。因此,在法院作出再审裁定时,原生效裁判的错误就已经被认定,既判力已经被废弃,当事人的法律关系恢复到尚未诉讼的状态。之后的本案再审审理应当以当事人的诉为对象,围绕当事人争议焦点全面进行审理,重新作出裁判。

在裁定再审进入本案再审程序后,法院审理范围以当事人再审请求为限,是指在本案诉讼请求的范围内,当事人认为原审裁判错误,需要纠正的事项。当事人在再审程序中不得变更、增加诉讼请求。当事人超出原审范围增加、变更诉讼请求的,不属于再审审理范围。但当事人在原审诉讼中已经依法要求增加、变更诉讼请求,原审未予审理,且客观上不能另行诉讼的,人民法院应当审理。被申请人及原审其他当事人在庭审辩论结束前提出的再审请求,且没有超出民事诉讼法规定的再审申请期限的,人民法院应当一并审理。人民法院经再审,发现已经发生法律效力的判决、裁定损害国家利益、社会公共利益、他人合法权益的,应当一并审理。

(二) 再审裁判

人民法院按再审程序对案件进行再审,应根据不同情况作出处理决定:

(1) 维持原判决、裁定。原判决、裁定认定事实清楚、适用法律正确,审判程序合法的,应当维持原裁判。原判决、裁定在认定事实、适用法律、阐述理由方面虽有瑕疵,但裁判结果正确的,人民法院应在再审判决、裁定中纠正上述瑕疵后予以维持。

(2) 改变原判决、裁定。按照一审程序再审的案件,如果原裁判认定事实错误或适用法律不当,应当撤销原裁判,依法作出新判决,重新确定当事人之间的权利义务关系。人民法院按照第二审程序审理再审案件,发现原判决认定事实错误或者认定事实不清的,应当在查清事实后改判。但由原审人民法院审理更便于查清事实,化解纠纷的,可以裁定撤销原判决,发回重审;认为当事人的纠纷不符合《民事诉讼法》规定的受理条件的,应当裁定撤销原判决,裁定不予受理;原审程序遗漏必须参加诉讼的当事人且无法达成调解协议,以及其他违反法定程序不宜在再审程序中直接作出实体处理的,应当裁定撤销原判决,发回重审。

新的证据证明原判决、裁定确有错误的,人民法院应予改判。申请再审人或者申请抗诉的当事人提出新的证据致使再审改判,被申请人等当事人因申请再审人或者申请抗诉的当事人的过错未能在原审程序中及时举证,请求补偿其增加的差旅、误工等诉讼费用的,人民法院应当支持;请求赔偿其由此扩大的直接损失,可以另行提起诉讼解决。

对案外人申请再审的案件,经审理其对原判决提出的异议成立的,应根据审理情况作出撤销原判决相关判项的判决;其异议不成立的,应作出驳回再审请求的判决。撤销原判决相关判项的,人民法院应当告知案外人以及原审当事人可以提起新的诉讼解决相关争议。

（3）调解。当事人在再审审理中经调解达成协议的,人民法院应当制作调解书。调解书经各方当事人签收后,即具有法律效力,原判决、裁定视为被撤销。

四、再审审理终结

本案再审审理期间,有下列情形之一的,人民法院可以裁定终结再审程序:

（1）再审申请人在再审期间撤回再审请求,人民法院准许的。

（2）再审申请人经传票传唤,无正当理由拒不到庭的,或者未经法庭许可中途退庭,按撤回再审请求处理的。

（3）人民检察院撤回抗诉的。

（4）其他应当终结再审程序的情形。如再审申请人死亡或者终止,无权利义务承继者或者权利义务承继者声明放弃再审申请的;在给付之诉中,负有给付义务的被申请人死亡或者终止,无可供执行的财产,也没有应当承担义务的人的;当事人达成和解协议且已履行完毕的;等等。

因人民检察院提出抗诉裁定再审的案件,申请抗诉的当事人有前款规定的情形,且不损害国家利益、社会公共利益或者他人合法权益的,人民法院应当裁定终结再审程序。

人民法院裁定终结再审程序的,同时恢复原判决的执行。

特殊程序篇

第十八章 非讼程序

第一节 非讼程序原理

一、非讼程序概述

非讼程序,是指法院就不涉及民事争议的案件进行审理作出裁判所适用的程序。不涉及民事争议的案件又叫非讼事件,主要包括宣告失踪、宣告死亡、宣告财产无主、灭失票据除权等有关身份关系、权利关系的法律事实确认的案件。这些法律事实的确认关系到利害关系人的合法权益的实现或生产生活秩序的安定,但客观上并无对立的当事人就此发生争议,法律规定由司法机关通过一定的特别程序加以处理、宣告,以明确该法律事实在法律上的状态、获得法律效力。

与诉讼程序相比,非讼程序具有以下特征:

(1) 非讼程序具有集合性、独立性。非讼程序不是专门适用每一种案件的通用程序,而是数个不同类型的特殊程序的总称。每一种非讼程序各自适用于不同类型的非讼案件,各自有其独立的内容,彼此之间没有联系,也不能混合适用。

(2) 非讼程序的目的在于确证法律事实。非讼程序的目的不是解决民事权利义务争议,没有对立的双方当事人。非讼程序是法院依申请确认某项法律事实是否存在,或者确认某种权利的状态,或者是消除某项权利,或者是形成执行名义。因此,非讼程序具有预防纠纷、形成权利、维系秩序的功能。从宏观层面看,非讼程序的目的在于确证构成私法秩序基本要素的法律事实,如主体的权利能力、行为能力、权利状态等,因此其制度价值更侧重实质公平、注重效率。这与诉讼程序通过解决纠纷保障和维系私法秩序、强调形式正义形成鲜明对比。

(3) 非讼程序的审理方式主要是通过法官调查、确认事实、发布公告等方式形成裁判结论,具有快速、经济的程序优势。非讼程序不采用当事人两造对抗、法官居中裁判的方式,其处理方式带有行政处置的某些特征。除程序的启动依利害关系人申请外,程序的推进基本上是法官依职权进行的,体现国家对私法秩序的介入和干预。司法权在非讼程序中有相当的主动性。这与司法权在诉讼程序中严格遵循"有诉才有裁判"的被动性不同。

(4) 非讼程序的裁判结论具有公定力,但不具有既判力和强制性。非讼程序裁判效力的主观范围是不特定多数人,是一种对世效力。非讼程序裁判的效力与行政管理机关登记制度的法律效力非常相似。实际上,非讼程序解决的问题也可以纳入行政机关管理事项的范畴,但因行政机关受调查事实能力的有限性和自由裁量权边界的限制,对部分法律事实无法或不适合通过行政程序直接认定,因而有必要设置非讼程序,交由司法机关处置。

评注:非讼程序与行政登记制度(典型如财产登记制度)共享制度功能与法理逻辑。两种机制在非讼事件的处理效果上并无优劣之分。立法上确定非讼程序适用范围,也即划分司法权和行政权在非讼事件上的主管范围,主要看私法秩序对权力介入的需求程度,以及相关非讼事件的专业化特征。从纠纷预防机制的多元化格局的角度,立法没有必要把所有的非讼事件纳入非讼程序,交由法院处理。理论上说,实体法规定需要经过一定的程序确认的事实或行使的权利,都可能通过非讼程序处理。例如《民法典》规定的指定、撤销、变更、终止监护人程序(第31、36、39条),成立清算程序(第70条第3款),撤销营利法人决议程序(第85条),撤销捐助法人决定程序(第94条),诉讼时效延长程序(第188条);指定遗产管理人程序(第1146条);《公司法》规定的如股东大会决议的撤销程序(第22条第2款),许可阅览公司账簿程序(第33条),指定清算组成员程序(第182条),等等。不同国家法律规定的非讼程序范围和种类或宽或窄,与各国的权力配置体制、管理资源分布、社会公共政策等结构因素密切相关。总体上看,我国民事诉讼法规定的非讼程序的种类和数量呈不断扩大趋势,但应根据我国司法制度的实际情况和纠纷解决政策作综合考虑,不能简单照搬他国立法。

二、非讼程序法理

非讼程序的目的及其裁判的法律效力的特殊性,决定了非讼程序遵循的原则、程序保障要求与裁判方法均不同于诉讼程序,遵循的是另外一套运作逻辑。

1. 职权主义

非讼程序采取法院主动行使职权的进行模式,包括依职权推进、职权探知、职权裁量等。这与诉讼程序严格遵循处分权原则与辩论原则,强调当事人诉权对法官裁判权的制约有明显的不同。以法官主动调查取证为核心的职权探知主义与辩论主义形成鲜明对照,包括以下三层含义:①当事人未主张的事实,法院可以依职权予以认定;②当事人自认或拟制自认的事实对法院不具有拘束力;③法院可以主动调查取证。[1] 职权裁量是指在事实认定、适用法律和程序处理等方面,都由法官依职权作出裁量。与诉讼程序中法官作出自由裁量之前,需要保障当事人参与权(即充分陈述辩论)不同,非讼程序中,法官的裁量是依职权调查发现的事实直接作出的,不需要建立在当事人辩论基础上,不适用处分权原则。

2. 单方审理和书面审理

首先,法官适用非讼程序审理案件一般不采取开庭审理、直接言词原则,主要采取书面审理方式,即审查书面材料等表面证据即可作出判断。这是因为非讼案件没有对立双方当事人,不可能采取对审方式进行法庭调查与法庭辩论。其次,非讼事件涉及的法律事实判断依据多半是管理机关的登记资料,在认定方法上采取公告后,利害关系人无异议即推定为真实的办法,因此法院只需进行书面审即可。典型如宣告失踪/死亡案件,当事人

---

[1] 参见[日]谷口安平:《程序的正义与诉讼》,王亚新、刘荣军译,中国政法大学出版社1996年版,第111页。

下落不明的事实,主要依据户籍管理机关的登记信息、有关单位人事档案资料、公告寻人启事等材料作为证据。尽管法官在调查过程中会采用走访知情人、询问利害关系人等方法,但最终成为裁判依据的主要是具有法律意义的书面材料。再如不动产抵押权实现案件,考虑到民法规定不动产抵押权设立以登记作为成立要件,同时配备了异议登记和变更登记制度,因此法官只需对登记信息进行审查即可作出判断。非讼程序中的书面审不等于形式审查,需对法律事实的真实性等实体问题进行审理作出实质判断。

3. 不公开审理

除少数非讼案件(如选民资格案件)需要公开审理外,非讼程序以不公开审理为原则。这主要是因为非讼程序处理的事项大多数涉及民事主体个人信息、家庭关系、公司事务等,有的不宜公开,有的没有必要公开,更符合非讼案件预防纠纷、维系私法秩序的目的。

4. 自由证明

自由证明是与诉讼上的严格证明相对的概念。严格证明即法官严格按照证据规则对案件事实作出判断,即法官对案件事实形成的内心确信是建立在公平分配证明责任、以当事人提供的证据为范围、经过质证的证据方可作为定案根据、达到相应的证明标准等证据规则基础上的。自由证明则放松了证据规则的约束,法官可以依职权自由使用一切有利于其对案件事实形成内心确信的证明方式。在不采取对审主义的非讼程序中,法官对所调查事实的判断采取的就是典型的自由证明方式。

5. 简易主义

非讼程序一般采用独任制,只有选民资格案件或者重大、疑难案件,由审判员组成合议庭审理。非讼程序的审理期限很短,有特殊情况需要延长的,由审理本案的法院院长批准。这是非讼程序快捷经济的优势所在,也与职权探知、形式审查、一审终审等程序规则相匹配。比如人民法院审理选民资格案件,必须在选举日前审结,审限不得延长;宣告失踪/死亡、认定财产无主等非讼案件,人民法院应当自立案之日起30日内或者公告期满后30日内审结。这体现了非讼程序高效率、低成本的价值取向,契合预防纠纷、形成权利、维护秩序的制度目标。

6. 实行一审终审,且不适用再审程序

非讼程序一律实行一审终审。法院判决书公告期届满即发生法律效力,任何人不得提起上诉或申请再审。在判决发生法律效力以后,如果发现判决在认定事实或适用法律方面有错误,或者是出现了新情况、新事实,人民法院根据利害关系人的申请,查证属实之后,可依特别程序的规定撤销原判决,作出新判决。

人民法院在适用非讼程序处理非讼事件的过程中,一旦有人针对案件标主张权利,即出现有利益冲突的对方当事人时,通过强调快捷经济的非讼程序来确定法律事实与权利状态就不再具备正当性。此时,人民法院应当终结非讼程序。当事人起诉的,适用诉讼程序审理解决。

三、非讼程序范围与类型

非讼程序的适用范围是由法律明文规定的。我国民事诉讼法规定了五种特别程序和调解协议司法确认程序、担保物权实现程序、督促程序、公示催告程序等总计九种非讼程序。根据非讼事件的性质,我国民事诉讼法上的非讼程序可以分为以下几种类型:

(1) 涉及身份关系的非讼程序。适用此类程序的案件主要包括:宣告失踪、宣告死亡、认定民事行为能力的案件。

(2) 涉及财产关系法律事实的非讼程序。适用此类程序的是认定财产无主案件。

(3) 涉及权利关系状态的非讼程序。适用此类程序的案件主要是公示催告案件。

第二节 宣告失踪案件程序

公民离开自己的住所或经常居住地,去向不明,杳无音讯,持续时间满二年的,经利害关系人申请,人民法院审查属实后,应当依法宣告该公民失踪。

一、申请人资格

宣告失踪案件只能由失踪人的利害关系人提出申请。人民法院不能依职权宣告公民失踪。该公民的利害关系人是指该公民的配偶、父母、成年子女或者与其关系密切的其他近亲属。

二、申请方式

利害关系人应向法院提交申请书。申请书应当写明有关公民失踪的事实,下落不明的时间和宣告失踪的请求。同时附上公安机关或者其他有关机关出具的关于该公民下落不明的书面证明。

三、管辖法院

宣告失踪案件由下落不明人住所地基层人民法院管辖。

四、审理与裁判

人民法院收到利害关系人的书面申请后,认为申请符合法定条件,应当立案受理,并发出寻找下落不明人的公告。公告应记明下列事项:申请人的姓名、住所;下落不明人的姓名、年龄、性别、职业、相貌特征;该公民失去音讯的最后时间;公告期间;如何向受申请人民法院陈述该公民的下落和信息。公告还应当记载下列内容:①被申请人应当在规定期间内向受理法院申报其具体地址及其联系方式,否则,被申请人将被宣告失踪;②凡知悉被申请人生存现状的人,应当在公告期间内将其所知道的情况向受理法院报告。

公告期间为3个月,从发出公告之次日起算。公告期间届满,法院查明该公民的确切的下落,或查实申请宣告该公民失踪的事实不存在的,人民法院应当作出驳回申请的判决;确认申请宣告该公民失踪的事实存在的,应当作出宣告该公民为失踪人的判决。驳回申请和宣告失踪的判决,一经宣告立即发生法律效力。

人民法院受理宣告失踪案件后,作出判决前,申请人撤回申请的,人民法院应当裁定终结案件,但其他符合法律规定的利害关系人加入程序要求继续审理的除外。

人民法院作出宣告该公民为失踪人的判决后,可以根据申请人的请求,清理下落不明人的财产,并指定代管人。代管人可以是失踪人的配偶、父母、成年子女或者关系密切的亲属、朋友。人民法院应当根据有利于保护失踪人财产的原则,从上述人员中指定财产代管人。在人民法院指定代管人后,利害关系人可以向人民法院请求变更财产代管人,代管人自己也可以申请变更代管人。人民法院对变更代管人的请求比照民事诉讼法特别程序的有关规定进行审理。申请理由成立的,裁定撤销申请人的代管人身份,同时另行指定财产代管人;申请理由不成立的,裁定驳回申请。

代管人不履行职责或者侵犯失踪人合法的财产权益的,失踪人的其他利害关系人可以按照普通程序向人民法院起诉,要求代管人赔偿损失,承担相应的责任。

五、救济程序

宣告失踪判决生效之后,如果该公民重新出现,下落不明的事实消失,不能继续维持法院的判决、保持其宣告失踪的效力而影响该公民的权利。该公民本人或者他的利害关系人有权向作出失踪判决的人民法院提出申请,请求撤销原判决,以恢复该公民失踪前的事实和法律状态。人民法院审查属实后,应当作出新判决,撤销原判决。原判决撤销后,财产代管人的职责终止,无权再代管财产,并对原代管的财产进行清理,负责返还给该公民。

第三节　宣告死亡案件程序

公民下落不明满四年,或者因意外事件下落不明满二年,或者因意外事件下落不明,经有关机关证明该公民不可能生存,利害关系人申请宣告其死亡的,人民法院依法查清事实,以判决的形式宣告下落不明人死亡。宣告死亡是法律推定死亡,是自然死亡的对称。

一、申请人资格

宣告死亡案件由与下落不明的公民有利害关系的人提出申请。符合法律规定的多个利害关系人提出宣告失踪、宣告死亡申请的,列为共同申请人。共同申请人对申请宣告该公民死亡意见不一致的,即有的申请宣告失踪,有的申请宣告死亡,符合申请宣告死亡条件的,人民法院应当按照宣告死亡的程序处理。宣告失踪不是宣告死亡的必经程序,而宣告死亡能涵盖宣告失踪的法律后果,更有利于各利害关系人合法权益与私法秩序的维系。

二、申请方式

利害关系人必须以书面方式提出申请,申请书应写明:申请人的姓名、性别、年龄、与被申请宣告死亡人的关系,被申请宣告死亡之人下落不明的事实、时间,申请宣告该公民死亡的请求,并附公安机关或其他机关出具的关于该公民下落不明的证明书。因意外事故下落不明,经有关机关证明其不可能生存的,应提出有关机关出具的该公民不可能生存的证明书。

三、管辖法院

对宣告死亡案件有管辖权的法院,是下落不明人住所地的基层人民法院。

四、审理与裁判

利害关系人的申请符合实质要件和形式要件的,人民法院应当立案受理,发出寻找下落不明人的公告。公告的内容包括:申请人的姓名、年龄、性别,与被申请宣告死亡人的关系;下落不明人的姓名、年龄、性别、籍贯、相貌特征,离开其住所、经常居住地或所在地失去音讯的时间。公告还应当记载下列内容:①被申请人应当在规定期间内向受理法院申报其具体地址和联系方式;否则,被申请人将被宣告死亡;②凡知悉被申请人生存现状的人,应当在公告期间内将其所知道的情况向受理法院报告。

公告期间因下落不明的原因不同而有所不同。因意外事件下落不明宣告死亡的公告期间为一年。因意外事件下落不明,经有关机关证明其不可能生存的,宣告死亡的公告期间为3个月。法院应根据下落不明的原因,写明具体公告期间。

人民法院受理宣告死亡案件后,作出判决前,申请人撤回申请的,人民法院应当裁定终结案件,但其他符合法律规定的利害关系人加入程序要求继续审理的除外。

公告期间届满,被申请人仍然下落不明时,人民法院应作出宣告死亡的判决。判决书除送达给申请人外,还应当在被宣告死亡人住所地和人民法院所在地公告。宣告死亡的判决,自宣告之日起发生法律效力。判决宣告之日,为该公民的死亡日期。公告期间有人提供下落不明人的确实情况,确知其下落所在,或生或死的真实情况的,宣告死亡之事实无法得到确认,人民法院应当作出判决,驳回申请。当事人不得声明不服,不得提起上诉。

公民被宣告死亡和自然死亡的法律后果基本相同。该公民的民事权利能力因宣告死亡而终止。原有的婚姻关系随之消灭,继承因宣告死亡而开始。宣告死亡是法律上推定的死亡,它和被宣告死亡之人自然死亡的时间,有的是一致的,有的并不一致。被宣告死亡的时间和该公民自然死亡的时间不一致的,被宣告死亡人在其生存地所为的法律行为应属有效;该法律行为的效力与被宣告死亡之所引起的法律后果有抵触的,则以其实施的法律行为为准。

五、救济程序

宣告死亡后,下落不明人重新出现或者有人确知其所在地的,该公民本人或利害关系人可以向作出宣告判决的人民法院提出申请,请求撤销原判决,作出新判决。

第四节　民事行为能力认定程序

公民患有精神病,失去了正常理智,进行民事活动的能力全部或部分丧失,他的近亲属或其他利害关系人,根据其精神病的程度申请人民法院认定该公民为无行为能力人或限制行为能力人的,称为认定公民无行为能力或者限制行为能力的案件。

公民是民事权利的主体之一,他实施民事行为,参加民事活动,设立、变更、终止民事法律关系。如果公民因患精神病,心身失常,就不能清醒地处理自己的事务,不能控制或者完全失去了以自己的行为行使民事权利、履行民事义务的能力。为了保护精神病人的合法权益,保障民事流转的安全,法律规定由人民法院适用特别程序认定公民无行为能力或者限制行为能力。

一、申请人资格

按照民事诉讼法的规定,申请认定公民无民事行为能力或者限制民事行为能力,由其近亲属及其他利害关系人或者有关组织提出申请。精神病人的近亲属是指:配偶、父母、子女、兄弟姐妹、祖父母、外祖父母、孙子女、外孙子女。精神病人的近亲属以外的与精神人关系密切的其他亲属、朋友愿意承担监护责任,经精神病人的所在单位或住所地居民委员会、村民委员会同意的也可以提出申请。此外,申请人还可以是精神病人的所在单位或者住所地的居民委员会、村民委员会或者民政部门。这两种利害关系人同时存在时,由近亲属行使申请权;没有近亲属的,由与精神病人的关系密切的其他亲属、朋友并经精神病人的所在单位或者住所地居民委员会、村民委员会同意的人行使申请权;没有这些人或者其所在单位或者居民委员会、村民委员会对其做申请人不同意的,由精神病人住所地的基层组织向人民法院提出申请。

在普通民事诉讼中,当事人的利害关系人或者有关组织提出该当事人不能辨认或者不能完全辨认自己的行为,要求宣告该当事人无民事行为能力或者限制民事行为能力的,应由利害关系人或者有关组织向人民法院提出申请,由受诉人民法院按照特别程序立案审理,原诉讼中止。

二、申请方式

申请人必须以书面形式提出申请。申请人口头提出的,人民法院应当令其提交申请书。申请书应当写明:申请人的姓名、性别、年龄、住址,与认定为无民事行为能力或者限制民事行为能力人的关系;被申请认定为无民事行为能力或者限制民事行为能力人的姓名、性别、年龄、住所,该公民无民事行为能力或者限制民事行为能力的事实和根据。

三、管辖法院

认定民事行为能力案件由该公民住所地的基层人民法院管辖,便于就近了解该公民实际情况,保护其合法权益。该公民有住所,又有经常居住地,并且在经常居住地居住的,可以由经常居住地的基层人民法院管辖。

四、审理与裁判

人民法院接受申请人的申请,经审定认为申请不合法或者精神病人不具备认定为无民事行为能力或者限制民事行为能力条件的,裁定驳回申请;申请手续完备,符合条件的,进入审理阶段。

首先要为该公民确定代理人,一般由该公民的近亲属为代理人,但申请人除外。近亲属互相推诿的,由人民法院指定其中一人为代理人。被申请人健康情况许可的,人民法院还应当询问其本人意见。其次是进行鉴定。人民法院受理申请后,必要时应当对被请求认定为无民事行为能力或者限制民事行为能力的公民进行鉴定。申请人已提供鉴定意见的,应当对鉴定意见进行审查。

人民法院通过审理,查清精神病人的实际情况后,认为该公民并未丧失民事行为能力,申请没有事实根据的,应当作出判决,驳回申请;认为该公民完全丧失民事行为能力或部分丧失民事行为能力,申请有事实根据的,应当作出判决,认定该公民为无民事行为能力人或者限制民事行为能力人。

五、救济程序

人民法院认定公民为无民事行为能力或者限制民事行为能力的判决,是终审判决,当事人不得提起上诉。认定公民无民事行为能力或者限制民事行为能力的判决发生法律效力后,人民法院应当依照民法有关规定为被申请人指定监护人。被指定的监护人不服指定,应当自接到通知之日起三十日内向人民法院提出异议。人民法院经审理,认为指定并无不当的,裁定驳回异议;指定不当的,判决撤销指定,同时另行指定监护人。判决书应当送达异议人、原指定单位及判决指定的监护人。

当认定该公民无民事行为能力或者限制民事行为能力的原因消灭,事实不复存在时,人民法院应当根据该公民本人、利害关系人或者有关组织的申请,作出新判决,撤销原判决,从法律上恢复该公民的行为能力。监护人的监护权因原判决撤销而消灭。

第五节 认定财产无主程序

对于所有人不明或者所有人不存在的财产,人民法院根据申请人的申请,查明属实后,作出判决,收归国家或者集体所有的案件,称为认定财产无主案件。

如果财产的主体不明或者已经消失,财产处于无人管理状态,任其失散灭失,将会减少社会财富,造成不应有的损失。因此,法律规定了认定财产无主的制度。为物尽其用,也为保证利害关系人权利实现,法律设立认定无主财产程序。

一、申请条件

(1) 被认定的无主财产,以有形财产为限。无形财产或者知识产权等精神财富,不属于认定无主财产的范围之内。

（2）财产所有人确已消失或者不知谁是财产所有人的，权利的归属悬而未决，需要从法律上解决权利的归属问题。常见的需要认定财产无主的情形有：财产所有人已不存在或者谁是所有人，无法确定的；所有人不明的埋藏物和隐藏物；拾得的遗失物、漂流物、失散的饲养动物，经公安机关或有关单位公告满一年无人认领的；无人继承的财产，即被继承人死亡后，没有继承人或者全体继承人放弃或者丧失继承权的，其财产因无人继承而变成无主财产。

（3）财产的所有人不明或失去所有人的状态须持续一定期间。不满法定期间的，即使所有人已消失或不明的，不能申请认定为无主财产。

（4）须由申请人提出书面申请，人民法院审理认定。申请认定财产无主的主体很广泛，公民、法人或者其他组织都有资格作为申请人。申请人提出的申请书应当写明申请人的姓名（名称）、住所，财产的种类、数量、形状、所在地以及请求认定财产无主的根据。

二、管辖法院

认定财产无主案件由财产所在地的基层人民法院管辖。这是为了便于法院调查事实，对财产作出临时性的措施。

三、审理与裁判

人民法院接受申请后，应当进行审查，认为申请不符合条件，或者财产有主的，裁定驳回申请；申请符合条件的，立案受理。经审查核实财产的所有人已消失或不明，应当发出财产认领公告。公告应当写明申请人的姓名（名称）、住所，财产的种类、数量、形状，公告期间以及寻找财产所有人认领财产的意旨。

公告满一年无人认领财产的，人民法院应当作出判决，认定财产无主，根据财产的不同情况，收归国家或者集体所有。判决送达后，立即发生法律效力，交付执行组织执行。执行组织应当发布执行令，责令财产的非法占有人交出财产，拒不交出的，强制执行。公告期间有人对财产提出请求的，人民法院应当裁定终结特别程序，告知申请人另行起诉，适用普通程序审理。

第六节 公示催告程序

一、公示催告程序概念与特点

公示催告程序，是指人民法院根据申请人的申请，以公示方式催告不明利害关系人在指定期间内申报权利的程序。公示催告程序的目的是解决丢失票据的票面权利效力问题。在公示催告期间届满无人申报权利的情况下，人民法院经申请人申请作出除权判决，宣告票据无效。

票据是记载权利的凭证。在没有公示催告程序的时候，如果发生票据被盗、遗失或灭失的情况,票据持有人为保护自己的权益只能向支付银行挂失,或者通过电视、报刊等媒体发布声明,声称票据作废。但这种做法并无法律上的效力,银行也不能据此拒绝支付,否则可能不利于保护交易安全。公示催告程序正是基于宣告票据作废的需要而设立的法定程序。作为非讼程序的一种,公示催告程序具有以下特点:

(1) 只解决丢失票据的权利状态问题,不处理实际拥有票据者与申请人之间的权利争议。

(2) 采用特殊的审理方式。人民法院以公告方式来确定票据利害关系人是否存在,而不进行调查取证和开庭审理等实体审理方式。

(3) 不适用上诉程序和再审程序。人民法院在公告期间无人申报权利的情况下,依照申请人的申请,作出判决,宣告票据无效。判决自公告之日起发生法律效力,利害关系人不得提起上诉。在公告期间,利害关系人申报权利的,人民法院应裁定终结公示催告程序,申请人不得上诉。除权判决生效后,票据持有人主张权利的,应另案提起诉讼,适用普通程序解决。

二、申请公示催告程序的条件

(1) 申请主体必须是依法可以背书转让的票据的持有人。《民事诉讼法》规定的票据持有人是指票据被盗、遗失、灭失前的最后持有人,即记名票据中的权利人或者依票据上的手续取得无记名票据的票据占有人。票据在被盗、遗失或者灭失前的最后持有人,可能是原始持有人,也可能是原始持有人转让票据的受让人,即从原始持有人处通过转让而取得票据,并依票据请求付款人付款的人。其他的票据当事人都没有资格提出公示催告申请。签发票据人是否可以作为公示催告申请人,应根据不同情况而定。如果签发的票据未交付受款人之前被盗、遗失或灭失,签发人应当可以向人民法院申请公示催告。在这种情况下的签发人,也是该票据的合法权利人,不应把他理解为债务人。如果签发的票据在交付受款人后被盗、遗失或灭失,该发票人已是票据债务人,不能申请公示催告。

(2) 申请公示催告的范围是依法可以背书转让的票据。关于公示催告程序的适用范围,各个国家的法律都是根据本国的具体情况作出不同的规定。有的国家的法律对公示催告程序的适用范围规定得比较广,除了宣告失票无效的公示催告,还有排除土地所有权人权利等公示催告。我国民事诉讼法将公示催告的适用范围限制为可以背书转让的票据。按照我国《票据法》和中国人民银行《银行结算办法》的规定,可背书转让的票据是指汇票、本票和可以背书转让的支票三种。

(3) 申请原因是发生了票据被盗、遗失或灭失的事实。除此之外的原因,不能申请公示催告。如因票据被伪造、变造、更改或涂销等原因,票据付款人拒绝付款的,持票人就不能申请公示催告。

(4) 必须是利害关系人处于不明状态。如果与票据上的权利有利害关系的人是明确的,说明存在有关票据权利的争议,应当通过诉讼程序解决,不适用公示催告程序。同时,公示催告的目的之一就是确认有无利害关系人。既然利害关系人已经明确,公示催告便没有意义。利害关系人处于不明状态,是指利害关系人有无不明或无法确认。如果只是暂时地址不明或下落不明,则仍应认为有明确的利害关系人,可依一般诉讼程序进行民事诉讼,以公告方式送达诉讼文书,而不能适用公示催告。

(5)必须向有管辖权的法院提出申请。票据的最后持有人申请公示催告的,应向票据支付地的基层人民法院提出。票据支付地,是指票据上载明的付款地,票据上未载明付款地的,票据付款人的住所地或主要营业地为付款地。由票据支付地的基层人民法院受理公示催告案件,便于人民法院审理,也便于利害关系人申报权利。

(6)应以书面方式向人民法院提出申请。申请书的内容应当写明票面金额、发票人、持票人、背书人等票据主要内容和申请的理由、事实,即票据被盗、遗失、灭失的经过。

三、受理与审理程序

1. 审查申请与受理

人民法院收到公示催告的申请,应当立即进行审查,并决定是否受理。人民法院对公示催告申请的审查内容包括:①对申请主体资格的审查,即审查申请人是否是享有请求权的票据持有人;②审查申请公示催告的理由是否属于法律规定的可以背书转让的票据被盗、遗失、灭失的情形;③当事人提供的事实和证据是否与申请请求相符;④当事人的申请是否属本法院管辖。因票据丧失,申请公示催告的,人民法院应结合票据存根、丧失票据的复印件、出票人关于签发票据的证明、申请人合法取得票据的证明、银行挂失止付通知书、报案证明等证据,决定是否受理。

经审查认为符合受理条件的,通知申请人予以受理;认为不符合受理条件的,七日内裁定驳回申请。

在人民法院受理后,申请人可以撤回申请,申请人在公示催告期间申请撤回的,人民法院应当裁定终结公示催告程序。

2. 发出止付通知

人民法院决定受理公示催告申请后,应向支付人发出止付通知。支付人收到通知应当立即停止支付,至公示催告程序终结。由于票据上的权利是占有票据即可行使和实现的权利,如果不发出止付通知,支付人见到票据后即应当无条件支付票据金额。因此,止付通知具有保全裁定的性质,可以防止票据的非法持有人实现票据上的权利,保护申请人的合法权利不受侵犯。支付人收到停止支付通知后拒不停止支付的,人民法院可依照《民事诉讼法》有关规定采取排除妨害诉讼行为的强制措施。在人民法院作出除权判决后,支付人仍应承担支付义务。

3. 发布公告

人民法院决定受理申请后,应在三日内发出公告,催促利害关系人申报权利。公示催告期间,转让票据权利的行为无效。

人民法院的公告应写明如下内容:①公示催告申请人的姓名或名称;②票据的种类、号码、票面金额、出票人、背书人、持票人、付款期限等事项以及其他可以申请公示催告的权利凭证的种类、号码、权利范围、权利人、义务人、行权日期等事项;③利害关系人申报权利的期间,标明开始日和终止日;④在公示催告期间转让票据权利和利害关系人不申报权利的法律后果,即人民法院在公告中应写明在公示催告期间转让票据权利无效,以及利害关系人不申报权利将产生失权的法律后果。

公示催告期间由人民法院根据实际情况决定,公告期间不得少于60日,且公示催告期间届满日不得早于票据付款日后15日。公告应张贴于人民法院公告栏内,并在有关报纸或其他宣传媒介上刊登;人民法院所在地有证券交易所的,还应当同日在该交易所公布。

公示催告申请人撤回申请,应在公示催告前提出;公示催告期间申请撤回的,人民法院可以径行裁定终结公示催告程序。

4. 申报权利

利害关系人应当在公示催告期间向人民法院申报权利。利害关系人申报权利是为了避免自己的权利因人民法院宣告票据无效而受到不利影响;人民法院催促利害关系人申报权利,在于确认是否存在对票据主张权利的利害关系人,以确定随后是否可以作出除权判决。

有效申报权利应当符合以下条件:①申报权利人应当是失票的持有人,即申请人是申请公示催告的票据的实际持有人。人民法院应通知申报权利人向法院出示票据,并通知公示催告申请人在指定的日期查看该票据。申报人出示的票据,必须和申请人申请公示催告的票据一致,申报才能成立。申请人申请公示催告的票据与利害关系人出示的票据不一致的,人民法院应当裁定驳回利害关系人的申报。②利害关系人应在公示催告期间或除权判决前申报权利。申报权利一般应在公示催告期间提出。如利害关系人在公示催告期间因故没有申报权利,而在申报期间届满后,法院作出除权判决前申报权利的,同公示催告期间申报权利具有同等效力。

利害关系人申报权利成立,公示催告程序的目的实现,在法律上即产生终结公示催告程序的效力。人民法院经审查认为符合申报条件的,同样应裁定终结公示催告程序,并通知申请人和支付人。申请人与申报人就票据权利的归属发生争议的,可以向人民法院起诉。因票据权利纠纷提起的诉讼,由票据支付地或者被告住所地人民法院管辖;因非票据权利纠纷提起的诉讼,由被告住所地人民法院管辖。

四、除权判决

除权判决,是指在公示催告期间届满无人申报权利,或者申报被驳回的情况下,人民法院依申请人的请求作出的宣告票据无效的判决。

人民法院必须根据公示催告申请人的申请才能作出除权判决,不能依职权主动作出。申请人应当在申报权利期间届满的次日起的一个月内向人民法院申请作出除权判决。对此申请,人民法院应当组成合议庭进行审理、作出判决。申请人逾期不提出申请的,人民法院终结公示催告程序。无论是作出除权判决,还是裁定终结公示催告程序,人民法院均应当发布公告,并通知支付人。

除权判决自公告之日起发生以下效力:

(1) 票据失去效力。除权判决作出后,被申请公示催告的票据成为无效票据,不再代表任何权利。实际持有票据的人因此而无法主张票据上的权利,即使善意取得票据的人也不能行使该票据上的权利。

（2）申请人有权凭除权判决请求支付，付款人不得拒绝支付。若付款人拒绝付款，申请人可以向人民法院起诉。

因除权判决不确认票据关系人之间的权利义务，只解决票据是否有效的问题，因此当事人不能对该判决提起上诉。利害关系人因正当理由不能在判决前向人民法院申报的，自知道或者应当知道判决公告之日起一年内，可以向作出判决的人民法院起诉。所谓正当理由主要是不以利害关系人意志为转移的客观事由，包括：①因发生意外事件或者不可抗力致使利害关系人无法知道公告事实的；②利害关系人因被限制人身自由而无法知道公告事实，或者虽然知道公告事实，但无法自己或者委托他人代为申报权利的；③认为相关票据不属于法定申请公示催告情形的；④法院未予公告或者未按法定方式公告，致使利害关系人无从知晓而未能申报权利的；⑤其他导致利害关系人在判决作出前未能向人民法院申报权利的客观事由。

《民事诉讼法》规定的一年的法定期间为诉讼时效期间。超过一年的法定期间后，利害关系人向人民法院起诉的，人民法院仍应当受理，查明有无诉讼时效中断、中止、延长事由。若无时效中断、中止、延长事由，应判决驳回诉讼请求；查明有时效中断、中止、延长事由的，应继续审理，依审理确认的事实，适用法律作出判决。

利害关系人向人民法院起诉的，按票据纠纷适用普通程序审理。利害关系人请求人民法院撤销除权判决的，应当将申请人列为被告。利害关系人仅诉请确认其为合法持票人的，人民法院应当在裁判文书中写明。确认利害关系人为票据权利人的判决作出后，除权判决即被撤销。

第十九章 略式程序

第一节 略式程序概述

一、略式程序的概念与本质特征

略式程序是指省略了本案实质审理环节、快速作出裁判的特殊民事诉讼程序。略式程序是一组用途各异的、相互独立的程序的组合，分别适用于不同的权利实现需要，适用条件和具体规则均有各自特点。但所有的略式程序共享一个基本特质：无须实质审理，即不对主诉案件进行完整审理，也不对主诉案件权利义务争议作出实质判断，法官主要通过形式审查就快速作出裁判。

> **评注**：省略实质审理环节是略式程序与（普通程序的）简易程序相区别的标志。并不是所有省略了某些程序环节的程序都是略式程序。新堂幸司给略式程序下的定义是："与普通诉讼程序相比，其审理程序在某些方面被省略，在此基础上作出大致裁判的程序。"[1]这个定义没有指出略式程序的本质特征，无法与简易程序相区别。因为简易程序也可以省略一些程序环节，如经被告同意可以不指定答辩期间，或者缩短答辩期间；当事人在起诉时同时到法院，法院认为适合当即开庭的，可以省略审前准备程序；在通知与送达、开庭审理方式等方面均可以灵活变通，等等。但简易程序无论怎样简化，都不可省略开庭审理环节，法院必须对案件作出实质审理，因此不属于略式程序范畴。而我国《民事诉讼法》规定的督促程序、担保物权实现程序、司法确认程序都是无需实质审理即可作出裁定的程序，是典型的略式程序。

在民事程序体系层面，可以把略式程序视为介于诉讼程序与非讼程序之间的第三种独立的民事程序。在相互关系上，略式程序与诉讼程序相通，但有相对独立性；与非讼程序有本质区别。略式程序与普通诉讼程序相通有两层含义：①在程序目标上，略式程序与普通程序的给付之诉类似，都是为获得权利保护或债权执行名义，法院审查的都是申请人/原告对被申请人/被告的主张是否妥当；②略式程序可以向诉讼程序转换。在被申请人/被告提出实质抗辩，或者向法院提起诉讼，表明申请人/原告的请求存在实质争议时，法院将终结略式程序，当事人可以通过诉讼方式解决纠纷。其中，督促程序可以直接转为普通程序，债权人的申请视为原告的起诉，已经经过的程序相当于审前准备程序，可谓无缝对接。证书和票据诉讼程序也是如此。

作为一种特殊的诉讼形态，略式程序运作过程省略了实质审理环节，因此在外观上与非讼程序很相似，经常被混淆。但略式程序在程序标的、程序结构等基本要素上与非讼程

---

[1] ［日］新堂幸司：《新民事诉讼法》，林剑锋译，法律出版社2008年版，第677页。

序均存在明显差异。

1. 程序标的不同

非讼程序是法院行使民事行政裁判权,处理非民事权益争议事务的程序。其程序标的是对特定法律事实的状态予以确认,不涉及权利义务争议的判断。该程序所处理对象的本质特征不在于是否有"争议",而在于是否属于"民事权利"争议。实践中的诉讼案件不总是以争议为前提(比如事实清楚、权利义务关系明确,当事人对权利义务关系没有争议,仅仅因为义务人不作为而导致权利实现障碍的民事案件),而很多非讼事件却存在争议(比如在指定监护人的案件中,有监护资格的人相互推诿,对如何指定监护人存在争议)。而略式程序处理的主要是民事主体谋求民事权利保护或实现的案件。这些案件的一大特征是双方对于权利义务关系本身没有争议,仅仅是权利实现遇到障碍,当事人希望(或法律规定必须)通过司法途径获得执行名义。因此,略式程序的标的指向保护或实现实体权利的请求。

2. 审查方式不同

集中体现在是否需要对民事权利关系进行实体审理和判断上。非讼程序审理的对象是法律事实状态,法官需要对可能反映法律事实情况的证据进行调查,在查证属实的基础上作出判断,其审理方式属于实质审理,但不涉及具体权利义务关系的审理判断。略式程序采取的是形式审查方式,审查的内容包括实体事项与程序事项两个方面,其中必然包含权利义务关系的确认。

3. 程序法理不同

与非讼程序实行完全的职权探知主义不同,略式程序中法官主要是依据当事人提供的证据进行审查判断。因为适用略式程序的案件大多数解决的是私权保护与实现请求,不涉及公益。在程序外观上,法官的诉讼指挥权显得更为主动,更少程序上的约束。但不能因此认为略式程序是职权进行主义,采取完全的职权调查、职权探知与自由证明。

4. 程序结构不同

与非讼程序"申请人申请-法官职权裁量"的单边程序结构不同,略式程序与诉讼程序一样,呈现的是"当事人两造对抗、法官居中裁判"的三角形程序结构。无论是督促程序,还是司法确认程序、担保物权实现程序,都有申请人(债权人)与被申请人(债务人)对立双方当事人。

> **评注**:按照程序相称原理,民事程序应当在两个方面具有"相称性":一是遵循民事实体法的制度逻辑,与权利实现和权利保护的价值目标相称;二是契合民事纠纷的特点,与不同民事纠纷解决的个性化需要相称。略式程序契合无实质争议的案件特征,通过省略实质审理环节,切实加快程序进程,满足当事人快速获得执行名义的需要。相应地,略式程序法理主要遵循实体权利保护与实现的逻辑。这与以解决纠纷为目标的普通诉讼程序追求解纷过程正当并借此保证解纷方案的可接受性的正当程序逻辑形成鲜明对照。

二、略式程序的程序法理

略式程序目标很单纯——不为解纷,只为满足民事主体快速获得民事权利保护与实现的执行名义。在此目标指引下，略式程序法理及其运行机制主要遵循实体权利自身的逻辑。换个角度，由于略式程序以当事人对权利义务没有争议为基本预设，因此不可能按照普通程序以当事人利益对立与角色对抗关系所产生的张力为程序驱动力，而必须利用实体权利自身的"力"来设计动力装置。依循实体权利逻辑的运作机理既是略式程序区别于一般诉讼程序与非讼程序的基本特征，也是具体规则建构与适用必须把握的程序法理。

1. 略式程序体现的是实体权利逻辑

从制度根基上看，略式程序源于实体法上的权利保护与权利实现的制度安排，是实体权利自我保护或直接实现权能在程序法上的体现。当事人提出请求的动因不一定是因为权利发生争议，而是基于保护权利不受迫在眉睫的侵犯或者及时实现权利的要求。程序启动的基础不仅是诉权，更重要的是实体权利请求权。

2. 以当事人无实质争议为适用前提

所谓当事人对实体权利义务关系无实质争议，主要有以下几种情形：①假设当事人对权利义务的存在没有争议。典型如督促程序，就是假设被申请人对申请人的债权没有争议，也不会以双方有对待给付义务进行抗辩，法官仅对申请是否符合法定条件做形式审查即作出裁定。②当事人权利义务争议空间不大。所谓争议空间不大，不是指案件标的额小，而是指这种争议涉及的事实有表面证据（prima facie evidence），也叫外部证据，法官可以据此直接作出判断；或者实体法对权利义务关系的规定非常明确，当事人几乎没有争议的空间。③当事人的合意表明没有争议。我国的司法确认程序采取的正是当事人合意启动的模式。

3. 略式程序的"自动判断机制"

所谓程序的自动判断机制是指，如果债务人在法定期间内不提出异议，程序本身就作出当事人放弃了以通常诉讼程序与债权人争执的权利判断，可以达到如同法院经过实质审理作出判断一样的诉讼效果。[①] 略式程序的这种自动判断机制有两个因素在起作用：一个是申请人主张的实体权利所包含的请求权之"力"；另一个是程序效力，即程序经过所发生的法律上的约束力。前者由于被申请人不争议而获得了不受阻碍地实现权利的条件，后者因被申请人获得了程序保障因而承担程序经过所产生的后果的义务。两者的合力就是略式程序的自动判断机制。

4. 裁判效力为形式确定力

略式程序的结果是对特定民事权利的保护或实现请求作出肯定或否定的裁判，其法律效果在本质上是实体法意义上的拘束力，即要求当事人按照实体法规定实现权利、履行义务的强行力。这种效力不属于既判力。因为既判力作为民事诉讼法上成熟的制度，其基本理论内核系"程序保障—排除再争议"，即建立在对审充实、当事人辩论权充分实现、法院对案件作出实质性判断的基础上，排除当事人对法院已经判断过的事项再次争议的效力。略式程序没有经过实质审理，裁判标的中不包含事实争议事项的判断，自然对该事实争议范围内的事项没有排除再争议的效力。如果认为略式程序裁判也有既判力，无疑

[①] 参见白绿铉：《督促程序比较研究》，《中国法学》1995年第4期，第81-82页。

与上述原理相冲突,导致既判力理论逻辑的紊乱,损害当事人诉权。因此,只能承认该种程序裁判的实体法上效力——执行力,以及程序经过所发生的形式确定力。所谓形式确定力,也叫形式既判力,是指确定裁判所具有的,当事人不得上诉,法院自己也要受拘束的法律效力,是一种非经法定程序(如再审程序或撤销程序)不能废弃或变更的约束力。①

比较:《德国家事事件和非讼事件程序法》(以下简称《德国家事程序法》)上的临时命令一经颁布即有形式既判力,但不具有实质既判力。② 在美国法上,无论法院裁定发布禁令还是驳回申请,其裁定理由都不涉及对案件实体问题的判断,不会产生排除当事人以同一理由就案涉民事权利争议提起诉讼的权利。③《法国民事诉讼法》第 488 条规定:"临时命令对主诉案件不具有既判力。"大多数国家和地区的法律都不承认支付令有实质既判力,而且规定了有效期。④

因为没有既判力,略式程序的裁判对程序标的所涉权利义务关系争议并不产生消耗当事人诉权的效果,不能阻断当事人以相关权利争议为诉讼标的提起诉讼(通常称为"主诉案件")。当然,基于形式确定力的约束,当事人就主诉案件另案提起诉讼并不当然导致略式程序裁判无效。法院在对主诉案件进行审理后,认为略式程序的裁判确有错误的,可以作出新裁判,撤销原裁判。

三、略式程序的程序保障

略式程序毕竟是在处理民事权利义务关系问题,且保护和实现一方当事人的民事权利意味着限制对方的民事权利,或者要求对方履行一定的民事义务,省略了实质审理环节的略式程序要发挥程序的正当化机能必须守住程序保障底线:一是保障当事人法定听审权;二是赋予当事人异议权;三是发现争议终结程序。

拓展阅读:"法定听审权",请扫二维码学习。

法定听审权

四、略式程序的救济途径

与简式程序保障相对应,略式程序救济程序门槛不宜过高,不能与普通程序一样适用再审程序,可以适用特别程序的"异议-撤销"程序进行救济。法国的临时命令生效后,只有在发生新的情况时,可以撤销或变更,不能申请再审。⑤《民诉法解释》明确司法确认程序、担保物权实现程序均不适用再审程序。该司法解释第 374 条规定,特别程序当事人、利害关系人认为法院依略式程序作出的判决、裁定有错误的,可以在合理期限内向作出该判决、裁定的人民法院提出异议。人民法院经审查,异议成立或者部分成立的,作出新的判决、裁定撤销或者改变原判决、裁定;异议不成立的,裁定驳回。

---

① 参见杨建华、郑杰夫:《民事诉讼法要论》,北京大学出版社 2013 年版,第 320 页。
② 参见[德]罗森贝克等:《德国民事诉讼法》,李大雪译,中国法制出版社 2007 年版,第 1311 页。
③ William F. Elliott: Commentaries on the Law of Contracts: Being a Consideration of the Nature and General Principles of the Law of Contracts and Their Application in Various Special Relations Bluebook 21st ed. (1913), p.742.
④ 参见吴英姿:《督促程序性质重识与规则补正——由实践与规范脱节现象入手》,《苏州大学学报(法学版)》2021 年第 3 期,第 111 页。
⑤ 罗结珍译:《法国新民事诉讼法》,法律出版社 2008 年版,第 647 页。

第二节　调解协议司法确认案件

一、司法确认程序的概念

调解协议的司法确认程序（以下简称"司法确认程序"），是指当事人对经人民调解委员会等调解组织调解达成的协议，依法申请人民法院予以确认，从而赋予该调解协议强制执行力的程序。

经人民调解达成协议后，当事人大都能自觉履行，但也存在不能即时履行或当事人反悔的情况。不少纠纷当事人因人民调解协议没有强制执行力而不愿意通过人民调解解决纠纷。为了加强人民调解的作用，全国人大常委会于 2010 年制定了《人民调解法》，其中规定：经人民调解委员会调解达成调解协议后，双方当人认为有必要的，可以自调解协议生效之日起 30 日内共同向人民法院申请司法确认。人民法院应当及时对调解协议进行审查，依法确认调解协议的效力。这对推动人民调解的恢复与发展具有重要意义。最高人民法院于 2011 年 3 月公布了《关于人民调解协议司法确认程序的若干规定》，对调解协议司法确认案件的管辖法院、申请程序和审查程序作了统一规定。2012 年民事诉讼法修改时将其纳入特别程序范畴。

评注：诉讼外的调解种类很多。根据调解组织的不同，可以分为人民调解、公安机关的治安调解、交通事故赔偿调解，残联、妇联、消协、工会等社会团体的调解，医疗纠纷调处委员会等专业调解组织的调解，国际商会的商事调解中心的调解，等等。不同纠纷解决机构主持下的调解都可能形成调解协议。那么哪些调解组织作出的调解协议可以申请司法确认？2012 年《民事诉讼法》设置司法确认程序时，是针对人民调解委员会依《人民调解法》的规定主持调解形成的调解协议。按照人民调解法的规定，人民调解委员会包括由村民委员会、居民委员会设立的调解委员会，也包括乡镇、街道以及社会团体或者其他组织根据需要参照人民调解法有关规定设立的人民调解委员会。2021 年《民事诉讼法》修改时，扩大了调解组织的范围。该法第 201 条规定，凡是经依法设立的调解组织调解达成的调解协议，均可以申请司法确认，拓宽了司法确认程序的适用范围。

二、司法确认程序的申请与受理

1. 当事人提出申请

以当事人申请为前提规则包含两层含义：①司法确认并非调解协议生效的必经程序，程序的启动以当事人申请为前提。根据《人民调解法》的规定，经调解当事人达成书面调解协议的，经各方当事签名、盖章或者按指印，并由人民调解员签名、加盖人民调解委员会印章，调解协议即发生效力。在调解协议达成后，如果双方当事人认为没有进行司法确认的必要，比如调解协议即时履行完毕，或者调解协议的内容不涉及民事给付内容的，不会进入确认程序。②双方当事人应当共同提出申请。一方当事人提出申请，另一方当事人表示同意的，可以视为共同提出申请。当事人共同向人民法院提出申请的行动本身表明，双方对达成调解协议的事实本身没有争议。《民诉法解释》第 351 条规定,双方当事人申请司法确认调解协议的,应当由本人或者符合法律规定的诉讼代理人提出申请。申请可以采用书面形式或者口头形式。当事人口头申请的,人民法院应当记入笔录,并由当事人签名、捺印或者盖章。

2. 在法定的申请期限内提出

按照民事诉讼法的规定,当事人应当自调解协议生效之日起 30 日内提出申请。这个期间属于除斥期间。

3. 管辖法院

人民法院邀请调解组织开展先行调解的,当事人向作出邀请的人民法院提出申请;调解组织自行开展调解的,向当事人住所地、标的物所在地、调解组织所在地的基层人民法院提出;调解协议所涉纠纷应当由中级人民法院管辖的,向相应的中级人民法院提出。两个以上经依法设立的调解组织参与调解的,各调解组织所在地基层人民法院均有管辖权。双方当事人可以共同向其中一个调解组织所在地基层人民法院提出申请;双方当事人共同向两个以上有管辖权的人民法院提出申请的,由最先立案的人民法院管辖。

4. 对调解协议的审查

人民法院受理调解协议司法确认的申请后,首先对申请是否符合受理条件进行审查。当事人的申请有下列情形之一的,人民法院裁定不予受理:①不属于人民法院受理范围的;②不属于收到申请的人民法院管辖的;③申请确认婚姻关系、亲子关系、收养关系等身份关系无效、有效或者解除的;④涉及适用其他特别程序、公示催告程序、破产程序审理的;⑤调解协议内容涉及物权、知识产权确权的。

经审查认为符合受理条件的,裁定予以受理。接着对调解协议进行合法性审查,主要包括以下方面:①当事人是否自愿选择调解方式解决纠纷;②调解协议的内容是否违反法律禁止性规定或损害社会公共利益;③调解协议内容是否符合当事人真实意思表示。法院对上述事项采取形式审查方式。因此,当事人申请时应当向人民法院提交调解协议、调解组织主持调解的证明,以及与调解协议相关的财产权利证明等材料,并提供双方当事人的身份、住所、联系方式等基本信息。人民法院审查相关情况时,应当通知双方当事人共同到场对案件进行核实。人民法院经审查,认为当事人的陈述或者提供的证明材料不充分、不完备或者有疑义的,可以要求当事人限期补充陈述或者补充证明材料。必要时,人民法院可以向调解组织核实有关情况。

5. 当事人撤回申请的处理

确认调解协议的裁定作出前,当事人撤回申请的,人民法院可以裁定准许。当事人无正当理由未在限期内补充陈述、补充证明材料或者拒不接受询问的,人民法院可以按撤回申请处理。

三、司法确认程序的审理与裁判

1. 审理裁判方式

人民法院经审查分别作出如下两种处理:一是调解协议符合法律规定,裁定调解协议有效;二是调解协议不符合法律规定的,裁定驳回申请。经审查,调解协议有下列情形之一的,人民法院应当裁定驳回申请:①违反法律强制性规定的;②损害国家利益、社会公共利益、他人合法权益的;③违背公序良俗的;④违反自愿原则的;⑤内容不明确的;⑥其他不能进行司法确认的情形。申请被驳回的,当事人可以通过调解方式变更原调解协议或者达成新的调解协议,也可以向人民法院提起诉讼。

2. 司法确认裁定的效力

人民法院确认调解协议效力的裁定自送达双方当事人后发生法律效力,一方当事人拒绝履行或者未全部履行调解协议所约定的义务,对方当事人可以向人民法院申请强制执行。当事人依据经司法确认的调解协议申请强制执行的,有执行管辖权的法院可以是作出裁定的基层人民法院,也可以是被执行财产所在地的基层人民法院。

3. 救济途径

对人民法院作出的确认调解协议裁定,当事人有异议的,应当自收到裁定之日起15日内提出;利害关系人有异议的,自知道或者应当知道其民事权益受到侵害之日起6个月内提出。人民法院经审查,异议成立或者部分成立的,作出新的判决、裁定撤销或者改变原判决、裁定;异议不成立的,裁定驳回。

第三节 担保物权实现程序

一、担保物权实现程序的概念与特点

实现担保物权案件,是指债务人不能履行债务时,担保物权人请求人民法院通过法定程序使其债权得到优先受偿的程序。

担保物权实现程序案件的基本特征在于,(假定)双方对于权利义务关系本身没有争议,仅仅是权利实现遇到障碍,担保物权人希望(按照法律规定)通过司法途径获得强制实现优先受偿权的执行名义。所以,此种程序的目标很单纯——不为解纷,只为满足民事主体快速获得民事权利保护与实现的执行名义。按照程序相称原理,为无争议的权利实现案件而设计的程序可以省略实质审理环节,采用略式程序。换言之,以略式程序定性担保物权实现程序并设置相应的程序规则,才能消解快速实现权利与程序保障之间的矛盾,在实现民法目的的同时守住司法公正底线。

不以解纷为目标的担保物权程序法理主要是遵循实体权利自身的逻辑来建构的。从程序推进的角度,由于担保物权实现程序以当事人对担保物权的存在与满足实现条件没有争议为基本预设,因此不可能按照普通程序以当事人利益对立与角色对抗关系所产生的张力为程序驱动力,而必须利用担保物权自身的"力"作为动力装置。

背景资料: "担保物权实现方式的制度变迁",请扫本节二维码学习。

二、担保物权实现程序的申请与受理

1. 申请主体

依照《民法典》和《民事诉讼法》的规定,有权申请人民法院实现担保物权的人包括两类:①担保物权人。担保物权人包括抵押权人、质权人和留置权人。需要申请法院实现其担保物权的通常是抵押权人。因为抵押权是不转移标的物占有的担保物权,抵押物通常是不动产。当债务人不履行债务时,抵押权人不能直接将标的物拍卖、变卖,一般需要申请人民法院实现抵押权。质物和被留置的财产通常是动产,由质权人、留置权人占有,多数情况下不需要通过人民法院就能实现其担保物权。②其他有权请求实现担保物权的人。民法典等实体法律规定可以请求法院实现担保物权的其他主体。如果担保物权人控制着质物或持续占有留置财产,并且符合行使质权、留置权的条件却怠于行使该权利,因市场波动致质物、留置财产价格下跌,或因质物、留置财产存在自然损耗或毁损、灭失的可能时,可能造成债务人重大损失。因此,应当赋予债务人申请法院强制实现担保物权的权利。按照《民法典》的规定,出质人可以请求质权人在债务履行期届满后及时行使质权;质权人不行使的,出质人可以请求人民法院拍卖、变卖质押财产。债务人可以请求留置权人在债务履行期间届满后行使留置权;留置权人不行使的,债务人可以请求人民法院拍卖、变卖留置财产。因此,债务人也可以成为实现担保物权案件的申请人。

2. 起诉证据及证明标准

担保物权实现程序主要以书面审理为基本方式,所以要求申请人提交书面申请,并提供能够证明担保物权行使条件已经成就的证据。在证明标准上,要求申请人提出的证据是显著的、表面的证据,即让法官通过书面审理、形式审查即可一目了然地做出判断的证据。《民诉法解释》第 365 条规定了申请实现担保物权程序应当提交的证据材料,包括:①证明担保物权存在的材料,包括主合同、担保合同、抵押登记证明或者他项权利证书、权利质权的权利凭证或者质权出质登记证明等;②证明实现担保物权条件成就的材料;③担保财产现状的说明以及人民法院认为需要提交的其他材料等。这些证据外部性很强,人民法院借此可以直截了当地作出判断。

3. 管辖法院

依照民事诉讼法的规定,实现担保物权案件由担保财产所在地或者担保物权登记地基层人民法院管辖。对于抵押权、留置权来说,由担保财产所在地法院管辖实现担保物权的案件,便于担保财产的查封、扣押和拍卖、变卖。在担保财产以财产权利形式出现的情形,如以股权、注册商标专用权、专利权、著作权等知识产权中的财产权、应收账款等设立的权利质权,则更适合由担保物权登记地基层人民法院管辖,便于执行。实现票据、仓单、提单等有权利凭证的权利质权案件,可以由权利凭证持有人住所地人民法院管辖;无权利凭证的权利质权,由出质登记地人民法院管辖。属于海事法院等专门人民法院管辖的案件,由专门人民法院管辖。同一债权的担保物有多个且所在地不同,申请人分别向有管辖权的人民法院申请实现担保物权的,人民法院应当依法受理。

4. 审查与受理

人民法院受理申请后,应当对担保物权人的申请进行审查,符合申请条件的,应当受理。被担保的债权既有物的担保又有人的担保,当事人对实现担保物权的顺序有约定,实现担保物权的申请违反该约定的,人民法院裁定不予受理;没有约定或者约定不明的,人民法院应当受理。同一财产上设立多个担保物权,登记在先的担保物权尚未实现的,不影响后顺位的担保物权人向人民法院申请实现担保物权。

人民法院受理申请后,应当在五日内向被申请人送达申请书副本、异议权利告知书等文书。被申请人有异议的,应当在收到人民法院通知后的五日内向人民法院提出,同时说明理由并提供相应的证据材料。人民法院受理申请后,申请人对担保财产提出保全申请的,可以按照民事诉讼法关于诉讼保全的规定办理。

三、担保物权实现程序的审理与裁判

1. 审理与裁定

人民法院受理实现担保物权案件后,可以由审判员一人独任审查。担保财产标的额超过基层人民法院管辖范围的,应当组成合议庭进行审查。

人民法院审查实现担保物权案件的内容包括主合同的效力、期限、履行情况,担保物权是否有效设立、担保财产的范围、被担保的债权范围、被担保的债权是否已届清偿期等担保物权实现的条件,以及是否损害他人合法权益等。人民法院主要采取形式审查的方式,认为必要时可以依职权调查相关事实,可以询问申请人、被申请人、利害关系人以及进行其他必要的调查。被申请人或者利害关系人提出异议的,人民法院应当一并审查。

> 评注:《民诉法解释》第368条规定,人民法院在审查实现担保物权案件时,可以根据需要询问申请人、被申请人、利害关系人;必要时可以依职权调查相关事实。允许法院依职权调查事实,应该是按照非讼程序原理进行设计的结果,但是却超出了略式程序裁判权行使的范围,可能对被申请人的程序平等权构成威胁,违背程序保障要求。

人民法院经审查,可以根据案件具体情况分情形作出裁定:①当事人对实现担保物权无实质性争议且实现担保物权条件成就的,裁定准许拍卖、变卖担保财产。拍卖可以由人民法院主持进行,也可以委托商业拍卖机构进行拍卖。担保标的物不适合拍卖的,人民法院可以交由商业部门收购或者代为出售。为了最大限度地保障当事人的合法权益,体现担保物权实现程序的公正性,变卖担保财产应当参照市场价格。②当事人对实现担保物权有部分实质性争议的,可以就无争议部分裁定准许拍卖、变卖担保财产;③申请不符合法律规定的,或当事人对实现担保物权有实质性争议的,裁定驳回申请,并告知申请人。

申请被人民法院裁定驳回的,当事人还可以向人民法院提起诉讼,通过普通程序解决相关争议。

2. 裁判的效力

人民法院对担保物权案件的裁定一经作出立即生效并付诸执行。对人民法院作出的准许实现担保物权的裁定,当事人有异议的,应当自收到裁定之日起15日内提出;利害关系人有异议的,自知道或者应当知道其民事权益受到侵害之日起 6 个月内提出。人民法院经审查,异议成立或者部分成立的,作出新的判决、裁定撤销或者改变原判决、裁定;异议不成立的,裁定驳回。

> 拓展阅读:"德国证书诉讼中的'保留判决'制度",请扫本节二维码学习。

第四节 督促程序

一、督促程序的概念与特点

督促程序,也叫支付令程序,是债权人请求人民法院发出支付令督促债务人履行债务的程序。督促程序设立的法律意图在于通过比较简便的方法,催促债务人履行义务。这一程序要解决的问题不是当事人之间的权利义务争议,而是在假定权利义务关系明确且无争议的前提下,赋予债权人执行名义的程序。

督促程序是应债权人迅速实现债权的需要而设置的非讼处理方式,具有不同于第一审普通程序和简易程序的特点:

(1) 当事人无需向人民法院起诉,只要债权人向人民法院提出发布支付令的申请,这一申请无需通知债务人一方,直接由人民法院进行审查。

(2) 人民法院审理督促程序案件,由独任审判员进行处理,无需组成合议庭,因为这种案件权利义务关系明确,法官独任审理足以胜任。

(3) 人民法院对案件只作形式审查,即审查债权债务关系是否存在以及是否合法的方式是审阅债权人提出申请时所附的证据材料,审判人员不必进行调查取证,也不需要询问双方当事人。

(4) 督促程序不适用上诉审和再审程序。被申请人对支付令提出异议后,支付令即告失效。当事人可以按普通程序起诉。人民法院院长发现本院已经发生法律效力的支付令确有错误,认为需要撤销的,应当提交本院审判委员会讨论决定后,裁定撤销支付令,驳回债权人的申请。

二、申请与受理

根据民事诉讼法的规定,当事人申请按督促程序处理案件,应当符合下列条件:

(1) 限于请求债务人给付金钱、有价证券的案件。有价证券包括汇票、支票以及股票、债券、国库券、可转让存款单等。请求给付的金钱或者有价证券已到期且数额确定。

(2) 债权人与债务人没有其他债务纠纷,即债权人与债务人没有对待给付义务。

(3) 支付令能够送达债务人。督促程序的优点在于其简便迅速,因此支付令应当可以顺利送达。如果债务人下落不明,需要对支付令进行公告,或者债务人居住在国外的,视为支付令无法送达债务人。在需要公告送达或债务人旅居国外的情形,支付令送达需要较长时间,难以达到督促程序简便迅速地实现债权的制度目的。

(4) 向有管辖权的人民法院提出申请。督促程序案件一律由基层人民法院管辖,不受债权金额的限制。两个以上人民法院都有管辖权的,债权人可以向其中一个基层人民法院申请支付令。债权人向两个以上有管辖权的基层人民法院申请支付令的,由最先立案的人民法院管辖。

(5) 债权人应当以书面形式提出请求。申请书应当写明当事人的情况、请求给付金钱或者有价证券的数量和所根据的事实、证据,还应说明当事人双方不存在相互给付的义务,支付令能够送达债务人等,并随申请书附上有关证据,如合同、借据等。

人民法院接到债权人的申请后,由审判员一人进行就申请是否符合条件审查,在5日内通知受理或不予受理。

> **评注**:《民诉法解释》第427条规定,债权人申请督促程序的同时申请诉前保全的,人民法院以申请不符合条件为由不予受理。该规定是把督促程序视为非讼程序的结果。但是,诉前保全制度与以督促程序实现债权的目的不仅不冲突,还有助于保障生效支付令的执行。相反,不允许申请人申请诉前保全,对于恶意逃避债务的被申请人而言,法院发出的支付令反而成为"转移财产通知书",不利于督促程序制度功能的发挥。

三、支付令

人民法院受理申请后,应当对当事人提供的材料进行审查,并应在受理之日起15日内作出裁定。审查内容是查明债权债务关系是否明确、合法,进而决定是否应当发布支付令。审查方式是形式审查,一般限于债权人所提供的书面材料。经审查债权人提供的事实、证据,能够证明债权债务关系明确、合法的,即向债务人发出支付令。

当事人的申请有下列情形之一的,法院应裁定驳回申请:①申请人不具备当事人资格的;②给付金钱或者有价证券的证明文件没有约定逾期给付利息或者违约金、赔偿金,债权人坚持要求给付利息或者违约金、赔偿金的;③要求给付的金钱或者有价证券属于违法所得的;④要求给付的金钱或者有价证券尚未到期或者数额不确定的。

如果债权人的请求有部分明确、合法,部分不明确或者不合法,人民法院应当询问债权人,允许债权人对原申请作出补充,使其申请全部明确、合法,也允许债权人对不明确或无理的部分予以放弃。申请人补正申请的,视为符合条件。如果债权人不作补充,又不同意对其请求中不明确或无理的部分加以放弃,裁定驳回申请。

支付令应当载明申请人和被申请人的基本情况;申请人请求给付的金钱、有价证券的种类、数量;限债务人自收到支付令之日起15日内清偿债务,或者向人民法院提出书面异议;并说明,如果债务人在15日内不提出异议,又不履行支付令载明的债务的,支付令即发生法律效力,债权人可以申请强制执行。支付令尾部应有审判员、书记员署名,写明支付令发布的年、月、日,并在日期上加盖人民法院印章。

支付令自送达之日起对被申请人产生约束力。但对设有担保的债务的主债务人发出的支付令,对担保人没有拘束力。被申请人收到支付令后应在限期内清偿债务,或者向人民法院提出书面异议。被申请人在限期内不提出异议,又不履行支付令的,债权人可以向人民法院申请执行。债权人向人民法院申请执行支付令的期间,适用民事诉讼法关于申请执行的时效规定。

四、债务人异议

在督促程序中,债务人异议特指被申请人对支付令提出的异议。债务人提出异议的后果是支付令失效,法院裁定终结督促程序。债务人异议应当符合法律规定的条件:

(1) 被申请人应当自收到支付令之日起15日内提出异议。债务人逾期不提出异议的,支付令即产生强制执行力。债务人在收到支付令后,未在法定期间提出书面异议,而向其他人民法院起诉的,不影响支付令的效力。债务人超过法定期间提出异议的,视为未提出异议。

(2) 被申请人提出异议应当以书面方式进行,口头异议不发生法律效果。人民法院向债务人本人送达支付令,债务人拒绝接收的,人民法院可以留置送达。

(3) 被申请人提出异议无需附理由,只要作出反对支付令的意思表示,异议即成立。但异议应当是实质性的,即对申请人的申请是否符合法定条件,或者当事人之间是否存在债权关系提出异议。债务人只是提出缺乏清偿能力、延缓债务清偿期限、变更债务清偿方式等异议的,不影响支付令的效力。

人民法院收到债务人提出的书面异议后,应当进行审查。对债务人异议的审查同样采取形式审查方式。债务人异议使人民法院对申请是否符合发出支付令条件产生合理怀疑的,异议即成立。债权人基于同一债权债务关系,在同一支付令申请中向债务人提出多项支付请求,债务人仅就其中一项或者几项请求提出异议的,不影响其他各项请求的效力。债权人基于同一债权债务关系,就可分之债向多个债务人提出支付请求,多个债务人中的一人或者几人提出异议的,不影响其他请求的效力。

人民法院经审查认为异议不成立的,裁定驳回。

人民法院作出终结督促程序或者驳回异议裁定前,债务人请求撤回异议的,应当裁定准许。债务人对撤回异议反悔的,人民法院不予支持。

五、督促程序的终结

督促程序终结,是指在督促程序中,因督促程序目的实现或其他法定情形而导致督促程序结束。主要有以下两种情况:

(1) 正常终结。即督促程序正常完成所有程序活动的自然终结。包括两种情形:一是债务人在法定期限内没有提出异议,并清偿了债务;二是债务人没有提出符合条件的异议,也没有主动清偿债务,支付令生效,债权人申请强制执行,人民法院执行完毕,督促程序宣告终结。

(2) 裁定终结。即督促程序因法定情形被裁定终结,支付令自行失效。人民法院在下列情况下应裁定终结督促程序:一是债务人提出了符合条件的异议;二是在支付令发出之前,申请人撤回了申请;三是有担保的债权,在支付令发出后,债权人就担保关系单独提起诉讼的,支付令自人民法院受理案件之日起失效;四是支付令无法送达债务人等其他原因。

按照《民事诉讼法》第224条的规定,支付令失效的,督促程序自动转入诉讼程序,但申请支付令的一方当事人不同意提起诉讼的除外。申请人不同意提起诉讼的,应当自收到终结督促程序裁定之日起 7 日内向受理申请的人民法院提出。7 日内未向受理申请的人民法院表明不同意提起诉讼的,视为向受理申请的人民法院起诉。转入诉讼程序的,债权人提出支付令申请的时间,即为向人民法院起诉的时间。申请人不同意转入诉讼程序的,不影响其向其他有管辖权的人民法院提起诉讼。

拓展阅读:"民事禁令程序",请扫二维码学习。

民事禁令程序

第二十章　专门诉讼程序

第一节　专门诉讼程序概述

一、专门诉讼程序

民事诉讼专门程序,是适应特定类型纠纷审判专业化需要而设置的专门适用的程序规则。在民事诉讼法学上,专门程序是包含若干相对独立的民事诉讼特别程序规则的集合概念。总体上看,专门诉讼程序是民事审判专业化的产物。专门程序所适用的对象,通常是那些涉及身份关系、公共利益,或者专业性强、国际惯例较多等因素,需要在普通民事诉讼程序之外单独制定一些专门适用的程序规则。典型如海事诉讼特别程序,需要按照海上运输业长期形成的国际上通用的一些惯例来处置海商事纠纷,包括扣押船舶、共同海损理算、设立赔偿责任限制基金等,这些程序规则仅适用于海商事纠纷诉讼,而且大多数海商事纠纷具有涉外因素,需要遵循国际法原则确定管辖法院、解决冲突法问题。因此,针对海商事诉讼制定单行的特别程序法是很多国家的立法通例。而公益诉讼、家事诉讼则涉及公共利益识别与保护,在当事人处分权、法院职权调查、法院调解的适用等方面,均不同于普通民事诉讼的价值选择与程序保障要求,有必要单独规定一相应的程序规则。这符合审判程序相称原理。

审判专业化必然催生民事诉讼程序的多元化。而专业化法官队伍的养成,也有助于提高法院审判质量与效率,保证本领域司法的统一,提高社会的司法认同。

目前,我国比较成熟的专门诉讼程序立法当数《海事诉讼特别程序法》(以下简称《海诉法》)。在一些国家和地区,家事诉讼、知识产权诉讼也有单独制定的特别程序法。随着国家知识产权战略的推行,我国已经在北京、上海、广州设立了专门的知识产权法院,知识产权诉讼特别程序法也在紧锣密鼓地研究制定中。类似地,适应当前环境资源与生态保护政策的要求,各地设置了一些环境资源保护专门法院(庭),也在实践经验基础上探索形成相应的专门诉讼程序规则,在条件成熟的时候,环境资源与生态保护特别诉讼程序法也极有可能列入立法日程。

评注:专门诉讼程序与专门法院设置

专门诉讼程序与专门法院设置密切相关,一些专门诉讼程序只在相应的专门法院适用。比如海事诉讼特别程序法,仅在海事法院审理海商事诉讼时适用。但这并不意味着,凡是适用特别诉讼程序解决的纠纷,都有必要为之设置专门法院。各国在设置专门法院问题上,所考虑的因素非常复杂,没有定规。除了审判专业化考虑外,促使一个国家或地区设置专门法院的因素有的是基于特定时期国家治理社会政策的需要,比如我国历史上出现过的按行业部门设置的铁路运输法院、水上运输法院、油田法院、森林法院、农垦法院,以及当前的知识产权法院,等等。不少专门法院因时代变迁、国家治理政策调整和社会纠纷的变化而不复存在,比如我国的铁路运输法院等专门法院;或者鉴于某类纠纷存在的常态性、多发性、普遍性(典型如家事诉讼),设置专门法院集中审理反而不合理——不利于法院工作量的均衡,不便于当事人进行诉讼,因此没有设立专门法院。但针对特定纠纷自身特点设置的特别诉讼程序规则,却有可能一直存在。

二、专门管辖

在管辖问题上,对于设置了专门法院的情形,专门诉讼程序会规定属于调整范围内的案件由专门法院集中管辖,简称专门管辖。例如,按照我国《海事诉讼法》的规定,海事诉讼案件由海事法院集中管辖。按照 2014 年《全国人大常委会关于在北京、上海、广州设立知识产权法院的决定》(以下简称《知产法院决定》),北京、上海、广州三个市的知识产权案件,分别由三个知识产权法院集中管辖。

> **评注:** 有学者把知识产权法院的集中管辖等同于"专属管辖"。① 我国台湾地区在制定智慧财产法院组织法草案时,对管辖的性质也存在不同见解。多有将专门管辖与专属管辖混同者。最高人民法院制定的《中国知识产权司法保护纲要(2016—2020)》(以下简称《知产司法保护纲要》)中,同时使用了"专门管辖"和"专属管辖"两个概念。

专门管辖是在专门法院与地方法院之间、专门法院之间对第一审案件在受理范围上的分工权限。表面上看,专属管辖与专门管辖都有"排他性"。但是,专门管辖与专属管辖的性质不同,决定了二者的排他性存在显著区别。专门管辖属于对事管辖,即以诉讼标的或争议事项的属性为核心坐标确定管辖;专属管辖性质上是地域管辖,即以当事人或诉讼标的物所在地为坐标确定管辖。专属管辖通常涉及领土等国家主权意义上司法权行使问题,专门管辖则侧重于所管辖案件的专业性、特殊性问题,目的在于强化案件的专业化处理机制。因此,两者在排他性的内容和强度上都有明显区别:

第一,排他性的内容不同。首先,专属管辖的排他性涉及排除国外法院的管辖。根据《民事诉讼法》第 35 条和第 272 条规定,属于中华人民共和国法院专属管辖的案件,当事人不得协议选择外国法院管辖。其次,专属管辖还排除其他地方法院管辖权。而专门管辖则不一定排斥地方法院管辖,甚至是可以兼容的。对于法律或司法解释明确为专门管辖但没有明确排除地方法院管辖的案件,既可以由专门法院管辖,也可以由地方法院管辖,当事人对管辖法院有选择权。比如,对于县级以上地方人民政府所作的涉及著作权、商标、不正当竞争等行政行为提起诉讼的行政案件,就不排斥地方法院的管辖权限。这类案件由地方法院和知识产权法院共同管辖,当事人可以选择其中一个法院进行诉讼。再次,与普通案件是否可以合并审理不同。对于当事人提出数个诉讼标的,既有普通民事权利义务争议,又有属于专属管辖的争议的,法院会告知当事人将专属管辖的争议另行起诉。但在专门管辖情形,则不一定要单独起诉。《关于北京、上海、广州知识产权法院案件

---

① 参见吴汉东:《知识产权法院的专门法院属性与专属管辖职能》,《人民法院报》2014 年 9 月 3 日第 4 版。

管辖的规定》(以下简称《知产管辖规定》)第 4 条规定,案件有数个诉讼标的,其中既有普通民事权利义务争议,又有该规定第 1 条第 1 项和第 3 项规定的知识产权纠纷内容的,属于知识产权法院专门管辖范围。这说明专门管辖案件与普通案件可以合并审理。

第二,是否排除当事人协议管辖不同。专属管辖通常是唯一的法院有管辖权,即一个案件只有一个法院管辖,排除当事人协议选择管辖的可能。而专门管辖没有这层含义,一个案件可能数个专门法院都有管辖权,此时并不排斥当事人在多个专门管辖法院之间协议管辖。

第三,排他性的强制性程度不同。专属管辖的排他性有很高的强制性。违反专属管辖构成严重的程序错误,当事人可以申请再审。《民事诉讼法》130 条第 2 款规定,当事人未提出管辖异议,并应诉答辩的,视为受诉人民法院有管辖权,但违反级别管辖和专属管辖规定的除外。按照《民诉法解释》第 39 条的规定,人民法院对管辖异议审查后确定有管辖权的,不因当事人提起反诉、增加或者变更诉讼请求等改变管辖,但违反级别管辖、专属管辖规定的除外。再审程序中,人民法院依照第二审程序审理案件,认为第一审人民法院受理案件违反专属管辖规定的,应当裁定撤销原裁判并移送有管辖权的人民法院。可见,违反专属管辖规定,不仅是管辖异议权失权的例外,而且在再审中构成撤销原裁判的事由之一。上述规定并不包含专门管辖,可以理解为违反专门管辖规定的,并不会产生上述法律效果。可见,专门管辖规定的法律强制性在程度上显然低于专属管辖。对于属于专门管辖的案件,当事人在法定期限内没有提出异议,且应诉答辩的,视为受案法院获得了管辖权。当事人事后以管辖错误为由申请再审的,法院不予处理。当事人提出数个诉或反诉中,有属于专门管辖的诉的,法院原则上告知当事人向专门法院另行起诉,但法院认为可以合并审理一并裁判的,也不宜作为严重程序错误列为再审事由。

本书选取在我国司法实践中常用的且程序规则相对成熟的几种专门诉讼程序进行介绍,包括公益诉讼程序、选民资格案件程序、知识产权诉讼特别程序、海事诉讼特别程序。

第二节 公益诉讼程序

一、公益诉讼及其特点

民事诉讼法规定的公益诉讼,是指符合法律规定的主体为保护公共利益向人民法院提起的民事诉讼。我国《民事诉讼法》第 58 条第 1 款规定:"对污染环境、侵害众多消费者合法权益等损害社会公共利益的行为,法律规定的机关和有关组织可以向人民法院提起诉讼。"《环境保护法》《消费者权益保护法》就可以提起公益诉讼的社会组织作出了相应的规定。有关公益诉讼程序规则的司法解释除了《民诉法解释》,还有《最高人民法院关于审理环境民事公益诉讼案件适用法律若干问题的解释》(法释〔2015〕1 号)(以下简称《环境公益诉讼解释》),《最高人民法院关于审理消费民事公益诉讼案件适用法律若干问题的解释》(法释〔2016〕10 号)(以下简称《消费公益诉讼解释》),最高人民法院和最高人民检察院联合发布的《关于检察公益诉讼案件适用法律若干问题的解释》(2018 年通过,2020 年修改)(以下简称《检察公益诉讼解释》)。

公益诉讼目的是为了维护公共利益,其特点在于诉讼标的是关于公共利益是否受到侵害的争议。所谓公共利益,是指不特定多数人共同享有的利益。当事人争议焦点主要是公共利益的界定和被告是否具有损害公共利益的行为。诉讼标的的特殊性,使得公益诉讼的司法裁判具有相当复杂性。首先,由于利益主体的不特定性和人数众多,法律很难界定公共利益的边界。其次,由于公共利益争议涉及的往往是一些大规模的侵权行为,如环境污染、损害消费者权益等,其损害具有广泛性、严重性和长期性。有些损害可能是隐形的,要经过相当长的时间才慢慢显现,及至显现出来时,这些损害已经给环境资源与生态造成不可逆转的破坏。例如海上石油开采作业漏油对海洋生态的破坏,有可能导致某些物种的灭绝。再如核工业生产事故造成的核泄漏对人类及其生存环境造成的毁灭性破坏,等等。这些巨大的损害后果,不是通过司法裁判行为人承担损害赔偿就可以挽回的。再次,涉及公共利益的问题往往与公共政策有关,有些损害行为可能就是公共决策的结果,这使得公益纠纷的解决异常复杂。这些问题在诉讼中往往表现为民事私益与公益交错、当事人举证困难、诉讼成本高昂、损害赔偿数额难以确定、执行困难,等等。公益诉讼程序规则需要考虑到上述难点,以最大限度维护公共利益为目标进行制度设计。

《民事诉讼法》第58条规定的民事公益诉讼主要有两种:一是环境民事公益诉讼,是指对损害社会公共利益或者具有损害社会公共利益重大风险的污染环境、破坏生态的行为提起的,要求其承担环境污染损害民事法律责任的诉讼;二是消费者民事公益诉讼,是指对经营者侵害众多不特定消费者合法权益或者具有危及消费者人身、财产安全危险等损害社会公共利益的行为提起的,要求其承担侵权法律责任的诉讼。《消费公益诉讼解释》第2条以列举的方式,对消费公益诉讼的定义进行具体解释,指出经营者提供的商品或者服务具有下列情形之一的,属于《消费者权益保护法》第47条规定的损害公共利益的行为:①提供的商品或者服务存在缺陷,侵害众多不特定消费者合法权益的。②提供的商品或者服务可能危及消费者人身、财产安全,未作出真实的说明和明确的警示,未标明正确使用商品或者接受服务的方法以及防止危害发生方法的;对提供的商品或者服务质量、性能、用途、有效期限等信息作虚假或引人误解宣传的。③宾馆、商场、餐馆、银行、机场、车站、港口、影剧院、景区、娱乐场所等经营场所存在危及消费者人身、财产安全危险的。④以格式条款、通知、声明、店堂告示等方式,作出排除或者限制消费者权利、减轻或者免除经营者责任、加重消费者责任等对消费者不公平、不合理规定的。⑤其他侵害众多不特定消费者合法权益或者具有危及消费者人身、财产安全危险等损害社会公共利益的行为。

民事诉讼法虽然用列举的方式规定了当前可以提起公益诉讼的案件类型,但在立法技术上采取的是开放性文字表述,表明公益诉讼案件类型不限于上述范围。立法者采取列举加开放式的立法技术,意在要求司法谨慎把握公益诉讼发展的节奏,根据公共利益保护实际需要和法律制度完善、社会组织发展等客观条件,适时拓宽公益诉讼适用的案件范围。随着检察机关探索提起公益诉讼的实践不断深入,相关司法解释较为成熟,2017年全国人大对《民事诉讼法》进行了修改,在第58条增加第2款,规定检察机关可以提起的公益诉讼案件有:①生态环境和资源保护公益诉讼,即对破坏生态环境和资源的行为提起的公益诉讼;②食品药品安全领域保护众多消费者合法权益的公益诉讼;③保护英雄烈士等的姓名、肖像、名誉、荣誉的公益诉讼等,扩展了公益诉讼适用的案件类型。

评注:公益诉讼包括行政公益诉讼和民事公益诉讼。行政公益诉讼的被告是行政机关,适用于承担维护公共利益职责的行政机关违反法定职责或不履行维护公共利益的职责,给公共利益造成损害或有损害的危险的情形。原告对行政机关提起公益诉讼,目的在于纠正违法行政行为,督促其依法履行维护公共利益的职责。

二、公益诉讼程序法理

基于维护公共利益的制度目的,与主要是解决私益纠纷的普通诉讼程序相比,公益诉讼的程序法理有鲜明的特点,突出表现在运行逻辑上实行职权干预主义与限制当事人处分权。

1. 职权干预主义

国家对公益诉讼的职权干预具体表现在三个方面:

第一,在证据与事实认定上要求法院依职权调查收集证据。按照《环境公益诉讼解释》的规定,对于审理环境民事公益诉讼案件需要的证据,人民法院认为必要的,应当调查收集。对于应当由原告承担举证责任且为维护社会公共利益所必要的专门性问题,人民法院可以委托具备资格的鉴定人进行鉴定。《消费公益诉讼解释》也有类似规定。

第二,在损害赔偿数额的确定上采职权裁量方法。比如,在环境公益诉讼中,生态环境修复费用难以确定或者确定具体数额所需鉴定费用明显过高的,人民法院可以结合污染环境、破坏生态的范围和程度、生态环境的稀缺性、生态环境恢复的难易程度、防治污染设备的运行成本、被告因侵害行为所获得的利益以及过错程度等因素,并可以参考负有环境保护监督管理职责的部门的意见、专家意见等,予以合理确定。

第三,强调法官释明义务。最高人民法院关于环境公益诉讼、消费公益诉讼的司法解释都指出,人民法院认为原告提出的诉讼请求不足以保护社会公共利益的,可以向其释明变更或者增加停止侵害、恢复原状等诉讼请求。即便是检察院为原告提起的公益诉讼,人民法院认为人民检察院提出的诉讼请求不足以保护社会公共利益的,也要进行这样的释明。

2. 限制当事人处分权

第一,限制当事人以和解或达成调解协议的方式对实体权利与程序权利进行处分。对公益诉讼案件,当事人可以和解,人民法院可以调解。但当事人达成和解或者调解协议后,人民法院应当将和解或者调解协议进行公告。公告期间不得少于30日。公告期满后,人民法院经审查,和解或者调解协议不违反社会公共利益的,应当出具调解书。调解书应当写明诉讼请求、案件的基本事实和协议内容,并予以公开。和解或者调解协议违反社会公共利益的,人民法院不予出具调解书,继续对案件进行审理并依法作出裁判。

第二,不适用自认规则。原告在诉讼过程中承认的对己方不利的事实和认可的证据,人民法院认为损害社会公共利益的,应当不予确认。

第三,原告撤诉要符合法定条件才能获得准许。公益诉讼中,原告不能轻易撤诉。当事人以达成和解协议为由或在法庭辩论终结后申请撤诉的,人民法院不予准许。只有在符合特定条件下,人民法院才会准许原告撤诉。按照《环境公益诉讼解释》第26、27条的规定,在负有环境保护监督管理职责的部门依法履行监管职责而使原告诉讼请求全部实现的情况下,人民法院可以准许原告撤诉申请。

3. 禁止反诉

公益诉讼案件审理过程中,不允许被告提出反诉。《环境公益诉讼解释》第17条规定:"环境民事公益诉讼案件审理过程中,被告以反诉方式提出诉讼请求的,人民法院不予受理。"消费公益诉讼司法解释也是如此。

4. 判决效力

由于公共利益主体是不特定多数人,因此法院对公益诉讼案件的裁判对全体社会成员均有约束力。判决发生法律效力后,其他依法具有原告资格的机关和有关组织就同一侵权行为另行提起公益诉讼的,人民法院裁定不予受理。除非前案原告的起诉被裁定驳回的,或申请撤诉被裁定准许的。还有一种情形也不违反一事不再理规则,即环境民事公益诉讼案件的裁判生效后,有证据证明存在前案审理时未发现的损害,有权提起诉讼的机关和社会组织另行起诉的,人民法院应予受理。

三、公益诉讼程序规则

公益诉讼特殊的制度目的和程序法理,要求为公益诉讼配备专门的程序规则。

(一) 原告资格

我国《民事诉讼法》对公益诉讼主体实行法定化。该法第58条的规定,可以提起公益诉讼的主体限于法律授权的国家机关、社会组织。检察院是民事诉讼法规定的有权提起公益诉讼的国家机关。《环境保护法》第58条规定,设区的市级以上人民政府民政部门也是可以提起环境公益诉讼的国家机关。至于社会组织提起公益诉讼的主体资格,由环境保护法和消费者权益保护法规定。根据《环境保护法》和《环境公益诉讼解释》,有权提起环境公益诉讼的主体,是依法在设区的市级以上人民政府民政部门登记,专门从事环境保护公益活动连续五年以上,且无违法记录的社会组织,包括章程确定的宗旨和主要业务范围是维护社会公共利益,且从事环境保护公益活动的社会团体、民办非企业单位以及基金会等。社会组织提起的诉讼所涉及的社会公共利益,应与其宗旨和业务范围具有关联性。《消费者权益保护法》规定,有权提起消费者权益保护公益诉讼的主体,是中国消费者协会以及在省、自治区、直辖市设立的消费者协会。

(二) 管辖法院

1. 级别管辖

按照《民诉法解释》第283条的规定,公益诉讼案件一审由中级人民法院管辖。这与公共利益牵涉的利益主体众多、影响范围大有关,符合民事诉讼法关于中级人民法院管辖一审案件的规定。如果具体案件在基层法院辖区内有典型意义,涉及的利益主体主要集中在该辖区内的,中级法院也可以依据民事诉讼法关于管辖权转移的规定,将案件的一审管辖权下移给该基层法院。《环境公益诉讼解释》第 6 条规定,对环境公益诉讼有管辖权的中级人民法院认为确有必要的,可以在报请高级人民法院批准后,裁定将本院管辖的第一审环境民事公益诉讼案件交由基层人民法院审理。考虑到环境污染往往是跨行政区划、流动性大,环境保护与生态修复需要跨区域协作,且审判专业性强等特点,《环境公益诉讼解释》第 7 条规定:"经最高人民法院批准,高级人民法院可以根据本辖区环境和生态保护的实际情况,在辖区内确定部分中级人民法院受理第一审环境民事公益诉讼案件。"

拓展阅读:"江苏环境资源审判'9＋1'集中管辖模式",请扫二维码学习。

江苏环境资源审判"9＋1"集中管辖模式

2. 地域管辖

《民诉法解释》第 283 条规定,公益诉讼地域管辖由侵权行为地或者被告住所地中级人民法院管辖。所谓侵权行为地,在环境公益诉讼包括污染环境、破坏生态行为发生地、损害结果地或者被告住所地。因污染海洋环境提起的公益诉讼,由污染发生地、损害结果地或者采取预防污染措施地海事法院管辖。

对同一侵权行为分别向两个以上人民法院提起公益诉讼的,由最先立案的人民法院管辖,必要时由它们的共同上级人民法院指定管辖。

(三)起诉条件

公益诉讼原告提起诉讼,除了要符合民事诉讼法规定的一般民事案件起诉条件外,还要满足一个特别的条件,即有社会公共利益受到损害的初步证据。所谓初步证据,是指能够在一定程度上证明公共利益已经受到损害,或者有受到损害的危险的表面证据,也即人民法院形式审查就能对公共利益损害纠纷已经发生形成一定程度的心证的证据。《消费公益诉讼解释》第 4 条规定,原告提起消费民事公益诉讼应当提交下列材料:①符合《民事诉讼法》第 123 条规定的起诉状,并按照被告人数提交副本;②被告的行为侵害众多不特定消费者合法权益或者具有危及消费者人身、财产安全危险等损害社会公共利益的初步证据;③消费者组织就涉诉事项已按照《消费者权益保护法》第 37 条第 4 项或者第 5 项的规定履行公益性职责的证明材料。

(四)告知与公告

1. 告知行政职能部门

司法是保护公共利益的最后一道防线。从有效地保护公共利益的角度,行政机关职能部门积极行使行政监管职权是更为直接、更为经济的制止侵害公共利益行为,防止损害发生的途径。因此,人民法院在受理公益诉讼案件后,应当及时告知有关环境保护或市场监管职能部门,促使有关行政机关及时履行职责。《消费公益诉讼解释》第 6 条规定,人民法院受理消费民事公益诉讼案件后,应当在立案之日起十日内书面告知相关行政主管部门。

2. 公告与平行诉讼

凡是符合法律规定的原告资格的机关和社会组织都有可能为保护公共利益提起诉讼。如果人民法院已经受理了公益诉讼案件,其他机关和社会组织就没有必要就同一侵害公共利益的行为另外再提起一个公益诉讼。但因种种原因,还是可能出现不同机关、组织在其他法院就同一侵权行为提起公益诉讼的情形,即所谓"平行诉讼"现象。平行诉讼不仅没有必要,而且耗费司法资源与社会资源。因此,人民法院在受理公益诉讼案件后,应当发出公告,让其他机关和社会组织及时知晓,避免提起其他平行诉讼并决定是否参加本案诉讼。《环境公益诉讼解释》第10条指出,人民法院受理环境民事公益诉讼后,应当在立案之日起5日内公告案件受理情况,有权提起诉讼的其他机关和社会组织在公告之日起30日内申请参加诉讼。《消费公益诉讼解释》第7条规定,依法可以提起消费公益诉讼的其他机关或者社会组织可以在一审开庭前向人民法院申请参加诉讼。人民法院对上述参加诉讼的申请应当进行审查,认为申请符合法定条件的,人民法院应当将其列为共同原告;逾期申请的,不予准许。

但是,公益诉讼如果因原告不适格或起诉不符合条件被裁定驳回,或者原告申请撤诉获准许,则不排斥其他机关和社会组织另行提起诉讼。《环境公益诉讼解释》第28条规定,环境民事公益诉讼案件的裁判生效后,有权提起诉讼的其他机关和社会组织就同一污染环境、破坏生态行为另行起诉,有下列情形之一的,人民法院应予受理:①前案原告的起诉被裁定驳回的;②前案原告申请撤诉被裁定准许的,但原告撤诉是因为行政职能部门履行监管职责后,原告所有诉讼请求都已经实现的情形除外。此外,环境民事公益诉讼案件的裁判生效后,有证据证明存在前案审理时未发现的损害,有权提起诉讼的机关和社会组织另行起诉的,人民法院应予受理。

此外,公益诉讼不排斥因同一侵权行为引起的私益诉讼。《环境公益诉讼解释》第29条规定,法律规定的机关和社会组织提起环境民事公益诉讼的,不影响因同一污染环境、破坏生态行为受到人身、财产损害的公民、法人和其他组织为维护自己的合法权益另行提起民事诉讼。对于人民法院受理的公益诉讼,公民、法人和其他组织以自己的人身、财产受到损害为由申请参加诉讼的,法院应当告知其另行起诉。

(五) 侵权行为禁令

《环境公益诉讼解释》第18条、第19条规定,对污染环境、破坏生态,已经损害社会公共利益或者具有损害社会公共利益重大风险的行为,或者为防止生态环境损害的发生和扩大,原告可以请求被告承担停止侵害、排除妨碍、消除危险、恢复原状、赔偿损失、赔礼道歉等民事责任。这种为阻止正在实施或即将实施的破坏环境和生态的侵权行为,避免不可弥补的环境、生态损害的发生而提出的请求,包含禁令的内核。符合禁令制度法律规定的,人民法院可以适用禁令程序进行处理。

(六) 审判组织形式

公益诉讼案件涉及众多社会成员的共同利益,影响面广,社会关注度高,需要广泛吸纳社会意见。因此,在审判组织形式上,适合采取有人民陪审员参加的合议庭形式。《人民陪审员法》第 16 条规定,人民法院审理根据民事诉讼法、行政诉讼法提起的第一审公益诉讼案件,由人民陪审员和法官组成七人合议庭进行。《检察公益诉讼解释》第 7 条规定,人民法院审理人民检察院提起的第一审公益诉讼案件,可以适用人民陪审制。

四、检察公益诉讼特别规则

(一) 检察机关的诉讼地位

检察机关提起的公益诉讼简称检察公益诉讼。检察机关作为宪法规定的法律监督机关,提起公益诉讼的任务是履行法律监督职能,维护宪法法律权威,维护社会公平正义,维护国家利益和社会公共利益,即通过提起公益诉讼,促进有关行政职能部门依法、及时履行保护公共利益的职能,督促适格主体依法行使公益诉权,促进依法行政、严格执法。因此,检察机关在民事公益诉讼中的地位相当于原告,但不宜简单等同于普通民事诉讼中的原告。这《检察公益诉讼解释》第 4 条规定:"人民检察院以公益诉讼起诉人身份提起公益诉讼,依照民事诉讼法、行政诉讼法享有相应的诉讼权利,履行相应的诉讼义务,但法律、司法解释另有规定的除外。"该条规定包含两层意思:其一,检察机关提起公益诉讼的诉讼地位是"公益诉讼起诉人",不同于检察机关提起刑事诉讼的公诉人身份,也不同于普通民事诉讼中的原告。这表现为检察机关拥有一些普通诉讼原告所不享有的程序权利,如调查取证权。其二,检察机关在民事公益诉讼中的诉讼权利义务,参照民事诉讼法关于原告的诉讼权利与诉讼义务的规定确定,包括申请证据保全,提出、变更、放弃诉讼请求,进行陈述、辩论、举证、质证,提出异议,提起上诉,等等。

(二) 检察公益诉讼的起诉条件

根据《民事诉讼法》第 58 条的规定,检察机关提起公益诉讼要符合以下法定条件:

1. 在法定范围内提起公益诉讼

为鼓励公益性社会组织提起公益诉讼的积极性,同时填补当前法律授权社会组织提起公益诉讼的范围有限且社会组织公益诉讼能力的不足,《民事诉讼法》采取在环境公益诉讼和消费公益诉讼之外,单列检察公益诉讼案件类型的方式,明确检察机关在履行职责过程中,发现破坏生态环境和资源保护、食品药品安全领域侵害众多消费者合法权益的行为的,有权提起公益诉讼。

2. 起诉前置程序

检察机关提起公益诉讼之前,应当尽到提醒、督促行政机关履行职责的法律监督职能,并优先让社会组织行使公益诉权。有关机关或者组织提起诉讼的,人民检察院可以采用支持起诉的方式发挥作用。因此,《检察公益诉讼解释》对检察机关提起公益诉讼设置了前置程序:人民检察院拟提起公益诉讼的,应当依法公告,公告期间为 30 日。公告期满,法律规定的机关和有关组织不提起诉讼的,人民检察院可以向人民法院提起诉讼。《民事诉讼法》第 58 条第 2 款规定,检察机关仅在没有法律授权的机关和组织能够提起公益诉讼,或者法律授权的机关和组织不提起诉讼的情况下,方可向人民法院提起诉讼。

(三) 检察机关调查取证权

公益诉讼的难题之一是证据的调查与证明。为充分发挥公益诉讼制度效能,有必要赋予检察机关调查取证权。与普通民事诉讼当事人收集提供证据权不同,检察机关的调查取证权具有公权力性质,有关调查对象有配合调查义务。《检察公益诉讼解释》第 6 条规定:"人民检察院办理公益诉讼案件,可以向有关行政机关以及其他组织、公民调查收集证据材料;有关行政机关以及其他组织、公民应当配合。"但是,检察机关不能直接采取证据保全措施。因为证据保全属于诉讼程序,且涉及当事人实体权利与程序权利保障问题,只能由人民法院采取保全措施。因此,检察机关认为需要证据保全的,应当依照民事诉讼法的规定,提请人民法院办理。

(四) 派员出庭参加诉讼

人民法院开庭审理人民检察院提起的公益诉讼案件,应当在开庭 3 日前向人民检察院送达出庭通知书。人民检察院应当派员出庭,并应当自收到人民法院出庭通知书之日起 3 日内向人民法院提交派员出庭通知书。派员出庭通知书应当写明出庭人员的姓名、法律职务以及出庭履行的具体职责。出庭检察人员履行以下职责:①宣读公益诉讼起诉书;②对人民检察院调查收集的证据予以出示和说明,对相关证据进行质证;③参加法庭调查,进行辩论并发表意见;④依法从事其他诉讼活动。

第三节 选民资格案件程序

选民资格案件涉及公民政治权利——选民资格的有无不明确将直接影响到有关公民的选举权与被选举权实现的问题。兹事体大,需要司法机关通过法定程序及时加以认定。选民资格认定事件本不属于民事案件,但由于没有必要为选民资格的认定程序单独立法,故立法者作为特别程序将纳入民事诉讼法中。因无法纳入任何一种民事诉讼程序,在此以附录形式予以展现。

一、选民资格案

选举权和被选举权是我国公民享有的一项参与国家事务管理的政治权利。按照我国《选举法》的规定,选举委员会按选区对选民进行登记,凡年满 18 周岁的中华人民共和国公民,不分民族、种族、性别、职业、社会出身、宗教信仰、教育程度、财产状况和居住期限,都有选举权和被选举权,是本选区的选民。经过登记的选民,选举委员会应当根据审查登记的情况,制作选民名单,在选举前 30 天公布,并发给选民证,以证明其选民资格。《选举法》规定两种人没有选民资格:一种是未满 18 周岁的公民,因尚未成年没有取得选举权和被选举权,没有选民资格。另一种是依照法律规定被剥夺政治权利的人没有选举权、被选举权,丧失了选民资格。对这两种人不进行选民登记,不列入选民名单,不发给选民证。

此外,无法行使选举权和被选举权的精神病患者,虽然有选民资格,因其患有精神病,神志不清,无法行使庄严的政治权利,也不列入选民名单,不发给选民证。

任何人对选举委员会公布的选民名单,如有不同意见,即认为把不应列入选民名单的公民,列入选民名单,或者没有把适格选民列入选民名单,都可以向选举委员会提出申诉。选举委员会对申诉作出的处理决定,申诉人不服的,可以向人民法院起诉。选举委员会是选民自己的组织,是管理选举事务的工作机构,不是国家的行政机关。它作出的决定,是涉及公民能否行使当家作主权利的重要的政治行为,不是行政机关的具体行政行为,不能按照行政诉讼法的规定审理选民资格案件,而由人民法院适用《民事诉讼法》规定的特别程序进行审理。

二、起诉人资格

中华人民共和国的任何公民,只要具有诉讼权利能力和诉讼行为能力,对公民的选民名单有意见,都可以作为起诉人依法提起诉讼,不限于选民资格存疑的公民本人。

三、起诉前置程序

选民资格案的起诉以对选举委员会的申诉处理不服为前置条件,不能向人民法院直接起诉。没有经过选举委员会对申诉处理的,人民法院应当告知起诉人先向选举委员会申诉;起诉人坚持起诉的,裁定不予受理。

四、起诉与管辖

选民资格案的起诉必须在离选举日的 5 日前提出。这是起诉人行使起诉权的法定不变期间;起诉人离选举日不够 5 日提起诉讼的,人民法院以起诉不合法为由,裁定不予受理或驳回起诉。

五、受理与审理程序

选民资格案件由选区所在地基层人民法院管辖。人民法院受理起诉后,应当及时指定开庭审理日期,并通知起诉人、选举委员会的代表和有关公民参加诉讼。这里的有关公民,是指案件涉及其选民资格的公民。按照《民事诉讼法》第 343 条的规定,人民法院在审理选民资格案时,起诉人、选举委员会的代表和有关公民必须参加。经过法庭调查、征询选举委员会的代表、有关公民和起诉人的意见后,由合议庭进行评议,作出判决。

人民法院审理选民资格案件,时间性强,审限很短,必须在选举日前作出判决,以保证公民行使选举权。人民法院对选民资格案件的判决一经作出立即生效,并在选举日前送达给选举委员会和起诉人,并通知有关公民。

拓展阅读:"知识产权诉讼特别程序"和"海事诉讼特别程序"①,请扫二维码学习。

知识产权诉讼特别程序
和海事诉讼特别程序

---

① 本节参考了杨树明:《民事诉讼法·海事诉讼特别程序篇》,厦门大学出版社 2008 年版。

第二十一章　涉外民事诉讼程序[①]

第一节　概述

一、涉外民事诉讼

涉外民事诉讼是指诉的要素涉及中华人民共和国以外的其他主权国家因素,即包含国际因素的民事、商事诉讼。具体说,民事诉讼包含下列因素之一即构成涉外民事诉讼:

(1)诉讼主体涉外,即当事人一方或双方是外国人、无国籍人、外国企业和组织。

(2)法律事实涉外,即诉讼当事人之间的民事法律关系的设立、变更、终止的法律事实发生在国外。即便诉讼的当事人虽然不是外国人、无国籍人、外国企业和组织,但是他们之间争议的民事法律关系的设立、变更、终止的法律事实不存在于我国境内,如合同是在外国签订或履行的,侵权行为是在外国发生和完成的,也构成涉外民事诉讼。

(3)诉讼标的物涉外,即诉讼当事人争议的标的物在国外。我国法院在审理当事人争议的财产在国外的案件时,可能需要外国法院协助调查;在判决作出后,还常常需要外国法院的承认和执行,因此也构成涉外民事诉讼。

二、涉外民事诉讼程序的特殊性

涉外民事诉讼程序是指法院当事人及其他诉讼参与人进行涉外民事诉讼活动所遵循的专门程序规则。涉外民事诉讼法是所有涉外民事诉讼程序规则的总称。由于涉外民事诉讼法涉及国与国之间的法律问题,因此也称为国际民事诉讼法。

一国在处理涉外民事诉讼案件时,通常需要在下列三种诉讼程序规则中进行选择适用:一是国际公(条)约规定的程序;二是法院所在国法律;三是国际惯例。因此,涉外民事诉讼法与国内民事诉讼案件适用的程序规则相比,具有显著的特殊性。

1. 法律属性二重性

部门法是以法律调整对象的不同作为基本的划分标准的。涉外民事诉讼法的调整对象是涉外民商事纠纷诉讼,其法律关系同时具有"国际关系"与"民事诉讼关系"的双重性,即不仅是当事人之间争议的权利义务关系,还有国家之间管辖权冲突、跨国送达、调查取证以及生效裁判的承认与执行等国际法律关系。因此,在法律体系上,涉外民事诉讼法跨越民事诉讼法与国际私法两个部门法,具有二重性。涉外民事诉讼法律制度既适用民事诉讼法的一般原理与基本原则,又要遵循国际私法上的基本原则与通用规则。

[①] 本章主要参考了宋渝玲主编:《涉外民事诉讼法律实务》,厦门大学出版社2017年版。

2. 法律渊源多样性

涉外民事诉讼法的法律渊源包括国内法(包括具有法律效力的判例或指导案例)、国际公约或双边、多边条约,在某些领域还可能要依照国际惯例。多元法律并存给涉外民事诉讼带来特有的法律适用问题。适用不同国家或地区的法律,可能导致不同的判决结果,对当事人实体权利产生直接影响,因此法律适用是法院在处理涉外民事诉讼案件时首先必须解决的问题。

3. 民事诉讼特别法

涉外民事诉讼法与《民事诉讼法》的关系是特别法与一般法的关系。按照特别法优于一般法的原则,人民法院在审理涉外民事诉讼案件时,首先适用《民事诉讼法》第四编关于涉外民事诉讼的特别规则;在该编没有规定的情况下,适用其他章节的一般规定。对此,《民事诉讼法》第266条有明确规定。

三、涉外民事诉讼法的基本原则

如前所述,涉外民事诉讼法的二重属性,决定了人民法院在审理涉外民事诉讼案件时,必须同时遵循我国《民事诉讼法》确立的基本原则和国际私法普遍遵循的原则。具体包括以下四个原则:

1. 司法主权原则

司法主权原则是国家主权原则在涉外民事诉讼法上的体现。国家主权是指一个主权国家对位于其境内的人和物以及发生在其境内的事件和行为,拥有不受外国干涉的裁判权,且任何外国不得在其境内享有裁判权。涉外民事诉讼的国家主权原则,就是主权国家的法院依据本国法律对涉外民商事案件独立行使司法管辖权。该原则要求在涉外民事诉讼中保持国家的司法独立,维护本国司法权的自主性与完整性。具体包括如下内容:①一个主权国家的法院独立自主地行使对有关涉外民事案件的管辖权与裁判权,不受任何外国的干涉、侵犯与剥夺;②除国际条约另有规定,诉讼程序适用的法律由法院所在国的冲突法决定;③外国人在一个主权国家进行民事诉讼活动必须遵循该国法律法令,不得损害该国主权与独立,不得违反该国公共秩序、损害公共利益;④主权国家及其财产享有不受任何外国法院管辖的特权与豁免;⑤一国法院对本国公民,即使其位于境外,也可以行使管辖权,但不应妨碍有关国家对该人行使属地优先管辖权;⑥一国法院认为外国法院提出的司法协助请求违背本国公共秩序,损害本国主权、安全和利益时,有权拒绝提供有关司法协助。

司法主权原则集中体现在"诉讼程序依法院地法"上。这是国际法上一条古老的原则,也是实践中各国普遍遵循的原则。诉讼程序之所以应适用法院地法,主要是因为诉讼程序法在性质上属于公法,大多属于强制性规则,依照本国法律规定的程序规则进行审理裁判,被认为是国家主权的集中体现。因此,我国《民事诉讼法》第266条明确规定,在中华人民共和国领域内进行民事诉讼,适用本法有关规定。

2. 同等原则与对等原则

同等原则是指在涉外民事诉讼中,一国法律赋予在本国参加民事诉讼的外国人与本国人相同的诉讼权利与诉讼义务。对等原则是指外国法院对本国人的诉讼权利加以限制的,本国法院对该外国人的民事诉讼权实行对等限制。《民事诉讼法》第5条对此有明确规定。

同等原则是国际法上外国人民事法律地位国民待遇在民事诉讼中的体现。国民待遇制度,也即平等待遇、同等待遇原则,其核心内容是所在国应给予外国人以本国公民的同等的民事主体地位,享有同样的民事权利,不因其为外国人而在法律上采取歧视待遇。

但赋予外国人国民待遇不是无条件的,必须建立在对等原则的基础上。如果一国对另一国当事人的诉讼权利加以限制,该另一国有权对该国当事人的诉讼权利作出同等的限制。比如,普通法系国家曾经要求作为原告的外国人或者在国内无住所的人,在起诉时提供诉讼费用担保,以保证其诉讼请求被法院判决驳回时承担对方当事人的诉讼费用。这种制度实际上造成了本国人与外国人诉讼权利的不平等。1954年海牙《国际民事诉讼程序公约》对免除诉讼费用担保作出了规定。目前大多数国家通过双边协定的方式互免诉讼费用担保。

为落实同等原则与对等原则,国家之间建立起在互惠基础上相互提供司法协助的制度,彼此提供送达文书、调查取证等诉讼活动的协助工作,相互承认与执行生效判决和仲裁裁决。

3. 国际条约优先与国际惯例补遗原则

国际条约优先适用原则是国家主权原则的一个例外。"条约必须信守"是国际法上普遍承认的一项基本原则。该原则体现在涉外民事诉讼法上,就是要求各国法院在审理涉外民事诉讼案件时,相关诉讼程序国内法与该国缔结或参加的国际条约规定不一致时,应当适用国际条约,但该国声明保留的条款除外。各国在实践中形成了国际条约优先于国内法的基本准则。我国《民事诉讼法》也不例外。该法第267条规定:"中华人民共和国缔结或者参加的国际条约同本法有不同规定的,适用该国际条约的规定,但中华人民共和国声明保留的条款除外。"

司法主权原则的第二个例外,是国际惯例补遗原则。由于民事诉讼复杂多样的实践,任何一个国家的民事诉讼立法都不可能覆盖所有程序问题。在遇到国内法没有明文规定的程序问题时,国际社会的一般实践认可采取国际惯例,即国际惯例补遗原则。比如一国法院根据某外国法院的请求提供司法协助时,原则上也是依据本国法规定的诉讼程序提供协助。但在外国法院请求按照特殊程序或特殊方式给予协助,且该程序或方式不违反本国法律时,国内法院可以按照国际惯例进行一定的变通。

4. 便利当事人诉讼和便利法院司法原则

涉外民事诉讼的涉外因素,需要一国在立法上特别考虑是否方便当事人进行诉讼,是否便于法院行使裁判权,包括查明事实、正确适用法律,这是涉外民事诉讼法上的"两便原则"。两便原则成为国际条约和各国民事诉讼立法在解决国家之间管辖权冲突、诉讼期间、司法协助等方面的基本遵循。比如,各国民事诉讼法对涉外案件都规定了较长的答辩期、上诉期等。在解决管辖权冲突方面衍生出"不方便法院"和"必要管辖"规则也是很好的例子。

第二节 外国人民事诉讼地位

外国人民事诉讼地位,是指外国人(含无国籍人)在一国民事诉讼法上可以当事人身份进行诉讼的资格,以及通过自己的行为行使诉讼权利、承担诉讼义务的法律权能,即外国人的民事诉讼权利能力与行为能力。一国是否赋予外国人民事诉讼地位,不仅决定了外国人的民事纠纷能否通过该国的司法制度获得救济,也决定了该国法院对涉外民事诉讼案件实施管辖权的合法性基础。一国在考虑是否承认外国人在本国民事诉讼法上当事人地位时,必须顾及本国人在外国的民事诉讼地位是否得到承认的问题。

一、国民待遇

世界各国普遍采用国民待遇原则处理外国人民事诉讼权利能力问题,因此普遍承认外国人在本国可以作为当事人提起和参加民事诉讼。在诉讼行为能力方面,许多国家的法律规定以当事人国籍国法为依据,判断其是否具有诉讼行为能力。同时规定,如果外国人依其本国法没有诉讼行为能力,但依法院地法有诉讼行为能力的,视为有诉讼行为能力。1954年联合国《关于无国籍人地位公约》对无国籍人的民事诉讼权利能力作出规定:在公约缔约国中,无国籍人可以向其惯常居住地所在国提出有关请求并享有国民待遇。因此,无国籍人的诉讼地位是依据国际条约和国内法确定的。

我国按照同等原则与对等原则,承认外国人、无国籍人、外国企业和组织在我国进行民事诉讼享有国民待遇,即与我国公民享有同等的民事诉讼权利能力与民事诉讼行为能力。

二、司法豁免

司法豁免权是指一个国家根据本国法律或者缔结、参加的国际条约,对居住在本国境内的外国代表和组织赋予的免受司法管辖的权利。司法豁免权是外交特权中的重要内容。外交特权包含人身不可侵犯权,馆舍、财产、公文档案不可侵犯权,行政管辖豁免,刑事、民事司法管辖豁免,捐税、纳税豁免等。

司法豁免权最初是对外交代表所作的规定,以后逐步扩大到某些国家的组织和国际组织。司法豁免原则是主权国家平等原则在司法活动中的具体体现。一国赋予外交代表司法豁免权,不仅体现了对派出外交代表的国家和国际组织的尊重,也是保障外交代表在驻在国执行职务的需要。

1. 国家豁免

依据国家主权平等理论"平等者之间无管辖权"的基本命题,一个主权国家不受另一个国家的管辖。非经国家自己同意,该国不从属于任何外国的法律秩序,任何外国不得对该国主张和行使管辖权。实践中,国家豁免问题主要发生在针对某一国家或其机关或其财产提起的民事诉讼中。国家豁免理论认为,国家及其财产豁免包括两层含义:①司法管辖豁免,即除非一国明确表示同意,其他国家不得受理以该国家为被告或以其财产为诉讼标的的诉讼;②强制执行豁免,即在一国放弃司法管辖豁免,主动向其他国家法院起诉或应诉的情况下,审理法院非经该国同意,不得对该国或其财产采取保全、强制执行等诉讼上的强制措施。

2. 外交豁免

享有司法豁免权的自然人主体主要是外交代表。外交代表的司法豁免权简称外交豁免。此外,与外交代表共同生活的配偶和未成年子女,非驻在国国籍的,享有与外交代表同样的司法豁免权。其中,民事司法管辖豁免是指驻在国不得因外交官的债务而对他提起诉讼或进行判决,也不得传唤他到庭作证或强制进行其他诉讼行为。在我国,外交代表如果是中国公民或获得在中国永久居留资格的外国人,仅就其执行外交公务的行为享有司法豁免权;使领馆的行政技术人员和与其共同生活的配偶及未成年子女不是中国公民且不在中国永久居留的,仅就执行公务的行为享有民事司法豁免权。根据《中华人民共和国领事特权与豁免条例》《中华人民共和国外交特权与豁免条例》的规定,凡对享有司法豁免权的人或组织提起民事诉讼的案件,人民法院不能受理。

3. 豁免放弃

豁免权是可以放弃的。享有司法豁免权的或组织声明放弃,或以其行为表明放弃豁免权,法院可以受理对他的诉讼。下列情形可以认定享有豁免权者放弃豁免权:①其所属国的主管机关明确宣布放弃司法豁免权的。②因私人事务与我国当事人发生民事纠纷,包括外交代表超出职务范围而从事商业活动所发生的纠纷,包括未明示以派遣国代表身份所订立的合同纠纷;因车辆、船舶或航空器等交通工具在中国境内造成事故而引起的损害赔偿的诉讼。③外交代表本人主动提起诉讼,因而引起对方当事人反诉的,不享有司法豁免权。

三、诉讼代理

涉外民事诉讼代理也有法定代理、委托代理和指定代理的情形,此外还有非常特殊的领事代理制度。其中法定代理和指定代理属于法律强制性规定或法院司法行为,与一般民事诉讼没有本质区别。《民事诉讼法》对涉外民事诉讼的委托代理和领事代理则有特别规定。

1. 委托代理

各国民事诉讼法都允许外国当事人委托诉讼代理人进行诉讼活动。在委托律师作为诉讼代理人方面,多数国家规定只能委托法院所在国律师。这主要是考虑到本国律师更为熟悉本国法律与司法程序,既能保障诉讼程序顺畅进行,也能更好地维护当事人合法权益。更重要的是,按照国家主权原则,一国律师只能在其本国领域内从事诉讼业务,而不能到外国法院以律师身份代理当事人参加诉讼。因此,允许外国律师到法院所在国参加庭审,将有损本国的司法主权。《民事诉讼法》第270条规定:"外国人、无国籍人、外国企业和组织在人民法院起诉、应诉,需要委托律师代理诉讼的,必须委托中华人民共和国的律师。"

外国当事人也可以委托其所在国律师以普通代理人（非律师）的身份代理诉讼。外国驻华使领馆官员也可以受本国公民的委托,以个人名义担任诉讼代理人。但使领馆官员作为委托代理人参加诉讼的,在诉讼中不享有外交或者领事特权和豁免。

外国当事人委托中国律师或者其他诉讼代理人代理诉讼,必须根据我国法律规定,办理有关授权委托手续。根据《民事诉讼法》第271条规定,在我国领域内没有住所的外国当事人委托我国律师或者其他人代理诉讼,从我国领域外寄交或者托交授权委托书的,应当经所在国公证机关证明,并经我国驻该国使领馆认证,或者履行我国与该所在国订立的有关条约中规定的证明手续后,才具有效力。其中包含的法定程序为：首先要经过该当事人所在国的公证机关证明授权委托书的真实性；其次,要经我国驻该国使领馆对其公证证明认证其合法性；再次,如当事人所在国与我国订立的有关条约中规定有另外的证明手续的,应当按照条约的有关规定履行证明手续。只有符合上述的确认程序,寄交的授权委托书,我国人民法院才能予以接受。

2. 领事代理

领事代理是指派遣国派驻在驻在国的领事可以根据国际条约和驻在国法律的规定,在其管辖范围内依职权代表驻在国境内的派遣国公民、法人,在驻在国进行民事诉讼的制度。领事代理诉讼的行为,在性质上属于领事职权行为,不属于委托代理,也不具有律师身份,不需要获得被代理人的授权。领事代理是临时性的,只发生在当事人无法亲自参加诉讼也没能委托代理人进行诉讼的情形。只要当事人亲自或委托代理人参加诉讼,领事代理就终止。

我国《民事诉讼法》没有规定领事代理,但《民诉法解释》第529条规定,在作为当事人的外国人不在我国领域内的情况下,该外国驻华使领馆可以授权其本馆官员,以外交代表身份为其本国国民在我国聘请我国律师或者我国公民代理民事诉讼。

第三节 涉外民事诉讼管辖权

一、涉外民事诉讼管辖权概念与意义

涉外民事诉讼管辖权,在国际法上通称国际民事管辖权,是指一国法院对涉外民事诉讼案件行使审判权的权限。它解决的是国际社会（国与国之间）关于民商事纠纷诉讼案件管辖权的分配问题。

国际民事管辖权与一国主权的独立性、自主性密切相关,是国际法上国家基本权利之一,是国家对其领域内一切人和物行使国家主权的表现。其意义表现在：管辖权是一国法院对涉外民商事诉讼案件行使审判权的依据,不仅决定裁判所适用的法律,而且事关裁判的承认与执行。一国法院如果对特定案件本无管辖权而强行受理并作出裁判,那么该审判行为将被认为缺乏合法性基础,裁判结论欠缺法律依据,最终得不到相关外国法院的承认与执行。因此,各国都非常重视规范涉外民事案件的管辖权,关注本国法院与外国法院

管辖权冲突的解决。在涉外民事诉讼实践中，当事人在提起诉讼之初，法院在决定是否受理起诉之时，第一步要解决的就是管辖权问题，即审查判断本国法院对该涉外案件是否有管辖权，然后才谈得上法律冲突的解决及后续的实体审理。所以有"打涉外官司，先打管辖权，再打诉讼时效和法律适用问题，最后才谈事实与法律"的实践经验。

二、管辖权确定的依据

国际民事管辖权的确定主要依据各国立法规定。由于不同国家在经济发展水平、国际民商事交往活跃程度、司法体制与法律传统的差异，国与国之间关于涉外民商事争议管辖的立法方式和内容均有自己的考虑。比如，德国主要是基于当事人或诉讼标的与一国的关联性为依据确定管辖权。瑞士则以被告在本国有住所地为依据确定管辖权，强调被告的财产不能为其住所地以外的法院查封扣押。英国自古以来以"有效（控制）原则"为基准确定涉外案件管辖权。所谓有效原则是指如果被告身在受诉法院境内并能有效送达传票，即受诉法院对于被告能有效行使审判权，那么该法院即有管辖权。按照该原则，除婚姻案件外，只要被告在诉讼过程中"身在"英国境内并能亲自收到传票，即便他在英国并无住所或惯常居所，也没有可供扣押的财产，哪怕是路过或短暂停留，英国法院也可以对其行使管辖权。有效原则对普通法系国家产生了深远的影响。典型如美国，法院行使国际民事管辖权的基本前提是对身处境内的被告合法送达。各州法院在按照本州立法对涉外案件行使管辖权时，特别注意采取合适的送达方式，确保当事人亲身收到传票，以避免违反美国宪法第14条修正案关于"正当法律程序"的规定。

各国立法规定的国际民事管辖权确定依据具有多样性，并根据不同的标准进行分类规范。大多数国家以领土为标志确定涉外案件的管辖权。其中，按照当事人与一国领土的关联性为标准确定管辖权的，称为属人管辖权；按照诉讼标的物或被告财产与一国领土的关联性为标准，确定管辖权的，称为属地管辖权。

（1）属地管辖权，是以被告住所地作为确定管辖的依据。根据这一标准，不论涉外民事案件中被告的国籍如何，只要他在本国有住所，本国法院就有权管辖。鉴于人口的流动性，各国立法和国际条约还有以居所或惯常居所作为管辖权确定标准的趋势。从各国目前的实践看，大多数国家采用这一原则，例如德国、奥地利、日本、印度、巴基斯坦、瑞士和东欧各国等即依这一标准确定管辖。

（2）属人管辖权，是以当事人国籍作为确定管辖的依据。只要涉外民事案件的双方当事人或一方当事人具有本国国籍，本国法院就有权管辖。采用这一原则的国家为数不多，主要是以法国为代表的拉丁法系国家采用这个标准，例如法国、意大利、荷兰、比利时、希腊等国。

此外，德国、奥地利、日本等国原则上以被告住所地作为确定管辖的依据，但同时也将依据当事人国籍作为确定管辖的例外或补充。

英美法的传统是以诉讼目的为标准，将涉外民商事诉讼分为对人诉讼（确定当事人间权利义务的诉讼）与对物诉讼（对人诉讼以外的任何诉讼，如船舶诉讼），按照有效原则分别确定国内法院的管辖权，分别形成对人管辖权与对物管辖权两种管辖权确定标准。

（1）对人管辖权，是指能够在本国（州）境内向被告直接送达传票，或被告表示服从法院管辖时,本国(州)法院即有管辖权。该依据的正当性在于:能够直接向被告送达传票或获得被告认可,是当事人与一国(州)法院的联系达到一定程度,使该国(州)能够合理、有效行使司法管辖权的标志,说明由本国(州)法院审理该案件能够保障被告最基本的接受听审的机会,不违反正当程序要求。

(2) 对物管辖权,是指一国(州)的法院因与某物的联系而能合理地行使管辖权时,该法院即有管辖权。对物管辖权以当事人的住所地或经常居住地在法院地国境内,或有关标的物在法院地国境内为基础。对物管辖权的目的是为了影响某人对特定物的利益,是对人管辖权的补充,其正当性在于有助于法院确定某项财产的权利。通常包括房地产诉讼和海商案件。

我国《民事诉讼法》确定涉外案件管辖权的依据以属地管辖权为主,兼采对物管辖权的元素。《民事诉讼法》关于地域管辖以"原告就被告"为一般原则。按照该原则,某一涉外案件的被告在我国境内有住所,无论是外国人还是中国人,人民法院都有管辖权。同时规定,对我国境内没有住所的人提起有关身份关系的诉讼的,原告所在地人民法院有管辖权。《民事诉讼法》还规定了以诉讼标的物或纠纷事实与法院辖区的联系为依据,确定管辖权的特殊地域管辖规则。该法第31条规定,因船舶碰撞或者其他海事损害事故请求损害赔偿提起的诉讼,由碰撞发生地、碰撞船舶最先到达地、加害船舶被扣留地或者被告住所地人民法院管辖。第32条规定,因海难救助费用提起的诉讼,由救助地或者被救助船舶最先到达地人民法院管辖。第33条规定,因共同海损提起的诉讼,由船舶最先到达地、共同海损理算地或者航程终止地的人民法院管辖。第272条规定,因合同纠纷或者其他财产权益纠纷,对在中华人民共和国领域内没有住所的被告提起的诉讼,如果合同在中华人民共和国领域内签订或者履行,或者诉讼标的物在中华人民共和国领域内,或者被告在中华人民共和国领域内有可供扣押的财产,或者被告在中华人民共和国领域内设有代表机构,可以由合同签订地、合同履行地、诉讼标的物所在地、可供扣押财产所在地、侵权行为地或者代表机构住所地人民法院管辖。

三、管辖权冲突与协调

为最大限度保护主权利益,各国不约而同地趋于强化对涉外案件的管辖权。[①] 这势必引发国家间的管辖权冲突。涉外民事诉讼管辖权冲突有积极冲突和消极冲突两种情形:前者是对同一个涉外案件两个或两个以上国家的法院都行使管辖权;后者是对某一涉外案件各国均无管辖权的情形。无论是哪一种管辖权冲突,都会影响到当事人纠纷解决与权利救济,而且可能引发国家主权冲突。对于消极冲突,各国法律一般通过设置"必要管辖规则",赋予本国法院自由裁量权,斟酌是否方便当事人诉讼、方便法院行使司法权的各种因素作出是否行使管辖权的决定。所谓必要管辖规则,是指某一涉外案件如果当事人不可能在国外法院诉讼,或者要求当事人在国外法院诉讼明显不合理时,国内法院虽然与该案没有实际联系,但如果不行使管辖权,当事人就无法获得司法救济时,法院得行使管辖权。

---

① 只有少数国家在国内立法中,规定本国法院对某些类型的涉外民事案件不行使管辖权,以避免或减少管辖权冲突。比如《秘鲁民法典》第2067条规定,秘鲁法院不得受理诉因与秘鲁无实际联系的有关自然人身份、能力或家庭问题的案件。

管辖权冲突难题多集中在积极冲突上。由于各国关于管辖权的立法传统各异，主权立场和利益分立，长期以来难以达成共识，迄今没有形成一个关于国际民事管辖权的全面的全球性国际公约。目前只有一些区域性公约和局部诉讼领域的国际公约。

（一）解决管辖权冲突的国际条约

解决管辖权冲突的区域性公约比如南美国家 1889 年蒙得维的亚《诉讼程序法条约》，欧洲共同体国家 1968 年布鲁塞尔《关于民商事司法管辖和判决执行公约》（该公约在 2000 年经欧盟理事会修订，以下简称 1968 年《布鲁塞尔公约》），欧盟理事会 2003 年布鲁塞尔《有关婚姻与父母责任管辖权和判决承认与执行的规制》，等等。

在特定诉讼领域达成的全球性管辖权公约有 1952 年《船舶碰撞中民事管辖权若干规则的国际公约》，1961 年《保护未成年人管辖权和法律适用公约》，1965 年《协议选择审判籍公约》，2005 年海牙《协议选择法院公约》等。其中，海牙《协议选择法院公约》旨在调整基于选择法院而提起的国际民商事诉讼，协调各国关于协议管辖和承认与执行外国判决的立法，对解决国际民事管辖权冲突具有重大意义。

国际条约协调缔约国之间的管辖权冲突的措施主要有以下两点：一是缔约国之间约定统一的管辖原则与标准，预防和减少管辖权冲突。如《布鲁塞尔公约》确立了被告住所地法院管辖的原则，即在公约没有特别规定的情况下，被告在缔约国境内有住所的，该国法院对该民商事诉讼案件有管辖权。二是约定缔约国在一定条件下放弃管辖权。如《布鲁塞尔公约》第 19 条至第 23 条规定了 5 种放弃管辖权的情形，包括属于某一缔约国法律规定的专属管辖的案件，其他缔约国不应主张行使管辖权；受诉时间在后的缔约国应主动放弃管辖权，由先受诉的法院受理；关联案件中部分案件受诉法院基于当事人请求放弃管辖权等。

（二）解决管辖权冲突的国内立法

1. 平行诉讼

如果一国法院和外国法院对一个涉外民事纠纷案件都有管辖权，当事人同时向某一国外法院和我国人民法院提起诉讼的，即发生所谓"平行诉讼"的情形。我国法律对平行诉讼的态度是，如果该案所涉之他国，是与我国共同缔结或参加国际条约的国家，按照相关国际条约规定处理；如果没有国际条约规定，我国法院可以受理当事人的起诉，而不问另一方当事人是否已经在其他国家起诉或该国是否已经受理。《民诉法解释》第 531 条规定："中华人民共和国法院和外国法院都有管辖权的案件，一方当事人向外国法院起诉，而另一方当事人向中华人民共和国法院起诉的，人民法院可予受理。判决后，外国法院申请或者当事人请求人民法院承认和执行外国法院对本案作出的判决、裁定的，不予准许；但双方共同缔结或者参加的国际条约另有规定的除外。"甚至其他国家已经对该案已经作出判决，也不影响我国法院行使管辖权，除非该外国法院判决、裁定已经被人民法院承认。

2. 专属管辖权

为维护本国重要利益，各国法律都明确特定案件专属于本国法院管辖，以排除其他国家的管辖权。这是解决管辖权冲突常见方法之一。我国《民事诉讼法》关于专属管辖的规定包括：①《民事诉讼法》第34条规定了不动产诉讼、遗产继承诉讼、港口作业诉讼为我国人民法院专属管辖。②《民事诉讼法》第273条特别针对三种涉外民事诉讼案件规定了专属管辖权："因在中华人民共和国履行中外合资经营企业合同、中外合作经营企业合同、中外合作勘探开发自然资源合同发生纠纷提起的诉讼，由中华人民共和国人民法院管辖。"③《海事诉讼法》第7条规定了三类专属于我国海事法院管辖的案件：因沿海港口作业纠纷提起的诉讼，由港口所在地海事法院管辖；因船舶排放、泄漏、倾倒油类或者其他有害物质，海上生产、作业或者拆船、修船作业造成海域污染损害提起的诉讼，由污染发生地、损害结果地或者采取预防污染措施地海事法院管辖；因在中华人民共和国领域和有管辖权的海域履行的海洋勘探开发合同纠纷提起的诉讼，由合同履行地海事法院管辖。

3. 协议管辖

各国法律还允许当事人通过协议管辖的方式解决国际民事管辖权冲突问题。一般情况下，为方便当事人诉讼、方便法院行使司法权，各国法律要求当事人选择与纠纷有实际联系的法院。我国《民事诉讼法》第35条规定合同纠纷和其他财产权益纠纷案件当事人，可以达成书面协议选择与法院有实际联系地的人民法院管辖。该条同样适用于涉外民事诉讼。《民诉法解释》第529条对此作了明确解释："涉外合同或者其他财产权益纠纷的当事人，可以书面协议选择被告住所地、合同履行地、合同签订地、原告住所地、标的物所在地、侵权行为地等与争议有实际联系地点的外国法院管辖。"

但是，考虑到海事海商案件的特殊性，国际惯例上允许当事人选择与纠纷没有实际联系的法院管辖。我国《海事诉讼法》第8条规定，海事纠纷的当事人都是外国人、无国籍人、外国企业或者组织，当事人书面协议选择我国海事法院管辖的，即使与纠纷有实际联系的地点不在中华人民共和国领域内，我国海事法院对该纠纷也具有管辖权。这是因为像船舶碰撞等海事海损事故纠纷、共同海损纠纷、海难救助费用纠纷等，纠纷发生的地点具有不确定性，有的可能发生在公海海域，船舶等诉讼标的物具有移动性，从方便当事人诉讼、方便法院审理角度，应当赋予当事人更为宽松的选择机会。

4. 不方便法院规则

所谓不方便法院规则，是指对某一涉外民事案件有管辖权的法院，根据案件具体情况，认为自己不方便行使管辖权，而另一个国家的法院受理更方便时，决定放弃对该案的管辖权的规则。该规则最早起源于苏格兰，目的是为了防止原告恶意挑选法院，避免法院耗费大量司法资源处理那些与本国没有什么关系的案件，也有助于纠纷得到更好的解决。该规则使一国法院可以更为灵活地处理涉外案件管辖权问题，因此得到其他国家的效仿。由于法院是在有管辖权的情况下启用不方便法院规则，因此应当符合一定的条件。其中一个重要的前提条件，是被告提出管辖异议，并提供证据证明受诉法院不方便管辖。所谓"不方便"可以是以下情形：案件事实不发生在受诉法院地国境内；该案件不适用受诉法院地法律；审理该案需要的诉讼资料、证人等不能在受诉法院地国境内获取，导致法院调查证据、认定事实面临巨大困难，等等。

我国也采用了不方便法院规则。《民诉法解释》第530条对人民法院适用不方便法院规则的条件作出了规定。涉外民事案件同时符合下列情形的,人民法院可以裁定驳回原告的起诉,告知其向更方便的外国法院提起诉讼:①被告提出案件应由更方便外国法院管辖的请求,或者提出管辖异议;②当事人之间不存在选择中华人民共和国法院管辖的协议;③案件不属于中华人民共和国法院专属管辖;④案件不涉及中华人民共和国国家、公民、法人或者其他组织的利益;⑤案件争议的主要事实不是发生在中华人民共和国境内,且案件不适用中华人民共和国法律,人民法院审理案件在认定事实和适用法律方面存在重大困难;⑥外国法院对案件享有管辖权,且审理该案件更加方便。

第四节 期间与送达

一、涉外民事诉讼程序期间

由于涉外民事诉讼经常需要向在我国境内无住所的当事人送达诉讼文书,送达程序环节较多,在途时间长,当事人提交答辩状、上诉状都需要较多的时间,要求人民法院按照国内民事诉讼程序期间的规定完成程序是很困难的。为保障当事人充分实现诉讼权利,保证人民法院妥当审理案件,《民事诉讼法》针对不在我国领域内居住的当事人提交答辩状、上诉状期间和法院审理期间等有特别规定。

1. 答辩期间

在我国领域内没有住所的被告或被上诉人的答辩期间,为接到起诉状或上诉状副本后30日。当事人如有特殊情况需要延长期限的,还可以申请延期;是否准许,由人民法院决定。

2. 上诉期间

涉外民事案件在我国领域内没有住所的当事人上诉的期间为30日。如果当事人在法定期间内不能提出上诉状,可以请求人民法院延长期间,但是否延长的决定权在人民法院。在我国领域内有住所的当事人,适用《民事诉讼法》关于国内民事诉讼上诉期限的规定。当事人的上诉期均已届满没有上诉的,第一审人民法院的判决、裁定即发生法律效力。

3. 审理期限

人民法院审理涉外民事案件的期间,不受《民事诉讼法》关于审理期限的限制。即第一审不受6个月内审结的限制;第二审以判决审结的案件不受3个月审结的限制,第二审对裁定的上诉案件不受30日内作出终审裁定的限制,当事人申请再审进行审查的期间不受3个月内作出审查决定的限制。这主要是考虑到涉外民事诉讼中的当事人居住在国外,送达诉讼文书、办理委托事项以及给外国当事人有充裕的时间了解我国法律的有关规定等,都需要较长的时间。

二、涉外民事诉讼的送达

《民事诉讼法》和最高人民法院司法解释针对涉外民事案件规定了八种送达方式。

1. 依照国际条约规定的方式送达

按条约规定的方式送达,是指按照受送达人所在国与我国签订的双边条约或共同参加的国际公约中规定的方式,向受送达人送达诉讼文书和法律文书。我国1961年3月加入的《关于向国外送达民事或商事司法文书和司法外文书》(《海牙送达公约》)规定,各缔约国和参加国都要指定一个机关作为中央机关和有权接受外国通过领事途径转递的文书的机关。具体可以有两种途径:①由我国司法部将需要送达的文书交给缔约另一方的中央机关(一般也是司法行政机关),由该中央机关按照本国法律的规定,选择适当的方式将文书送达。②由我国派驻缔约另一方的使领馆送达。比如我国与法国等国的司法协助协定中均规定:缔约一方可以通过本国派驻缔约另一方的外交或领事代表机关向缔约另一方领域内的本国公民送达司法文书和司法外文书,但不得采取任何强制措施。

2. 通过外交途径送达

如果受送达人所在国同我国没有订立双边司法协助条约,也不是《海牙公约》的缔约国或参加国,则通过外交途径送达。最高人民法院、外交部、司法部《关于我国法院和外国法院通过外交途径和相互委托送达法律文书若干问题的通知》中规定,我国人民法院通过外交途径向国外当事人送达法律文书应按照下列要求办理:①要求送达的法律文书须经省、自治区、直辖市高级人民法院审查,由外交部领事司负责转递;②法律文书须准确注明受送达人的姓名、性别、年龄、国籍及其在国外的详细外文地址,并将该案的基本情况函告外交部领事司,以便转递;③须附有送达委托书,即委托对方向哪一个法院送达。如果对方法院名称不明,可委托受送达人所在地区的主管法院。委托书和所送达的法律文书应附有该国文字或者该国同意使用的第三国文字的译文。如该国对委托书和法律文书要求公证、认证的,由外交部领事司逐案通知。

3. 委托我国驻外使领馆代为送达

对于具有中国国籍的受送达人,可以委托我国驻受送达所在国的使领馆代为送达。1963年《维也纳领事关系公约》承认使领馆可以向驻在国的本国当事人送达法律文书。我国于1979年参加了该公约。因此,我国驻受送达人所在国的使领馆可以接受我国司法机关的委托,向驻在国的具有我国国籍的受送达人送达法律文书。如果受送达人所在国不是该公约的成员国,但根据该国法律的规定允许我使领馆直接送达的,也可以委托我国驻该国使领馆代为送达。

4. 向有权接受送达的诉讼代理人送达

当在我国领域内无住所的受送达人委托我国律师或者法律允许的其他人为诉讼代理人,并在授权委托书中明确表示其诉讼代理人有权代收诉讼文书,或特别指定诉讼代理人代收诉讼文书时,人民法院可以向该代理人送达诉讼文书。诉讼代理人收到诉讼文书,即视为受送达人收到诉讼文书,当事人必须接受,不得拒绝。

在司法实践中,不论当事人在我国领域内是否有住所,只要当事人向受诉法院明确表示委托他人代收诉讼文书,不论其委托的代收人是否是他的诉讼代理人,人民法院均可向其指定的代收人送达。这种方法主要适用于在两国之间没有司法协助条约的情形。

5. 向代表机构或分支机构、业务代办人送达

涉外民事案件的当事人是外国企业或组织,人民法院不便直接向其送达诉讼文书,如果这些外国企业或者组织在我国设有代表机构,人民法院可以向其送达诉讼文书。如果涉外诉讼外国企业或组织在我国未设代表机构,但在我国有它的分支机构或它的业务代办人,人民法院可以将诉讼文书送达给该分支机构或业务代办人。

6. 邮寄送达

受送达人所在国的法律允许邮寄送达的,人民法院可以采取邮寄送达的方式。自邮寄之日起满6个月,送达回证没有退回,但根据各种情况足以认定已经送达的,期间届满之日视为送达。并非所有案件都可以采用邮寄送达方式,因为有一些国家认为外国法院向本国境内邮寄法律文书是侵犯本国主权的行为。采用邮寄送达时,要求受送达人将送达回证退回,并以送达回证上签收的日期为送达日期。

7. 远程送达

在具备远程送达条件的情况下,人民法院可以采用传真、电子邮件等方式送达,前提条件是必须能够确认受送达人收悉。

8. 公告送达

在我国领域内没有住所的当事人住所和居所不明,不能以前述七种方式送达时,人民法院可以依据采用公告送达方式,自公告之日起满三个月,即视为送达。《民诉法解释》第532条规定,经用公告方式送达诉讼文书,公告期满不应诉,人民法院可以缺席判决。一审裁判文书自公告送达满三个月之日起,经过30日的上诉期当事人没有上诉的,即发生法律效力。

第五节　国际司法协助

国际司法协助,是指一国法院依据国际条约或互惠原则,接受另一国法院的请求,代为送达司法文书、调查取证或对其作出的判决进行承认与执行的制度。根据协助内容的不同,国际司法协助包括一般司法协助与特殊司法协助两种类型。

一、一般司法协助

一般司法协助的内容主要包括两项:一是代为送达司法文书,如起诉状、上诉状副本、传唤当事人的传票、判决书、裁定书等;二是代为调查取证,如代为询问当事人、证人、鉴定人,代为进行鉴定和司法勘验。此外,根据我国与外国签订的某些司法协助协定,某些与涉外民事诉讼有关的行为也属一般司法协助的内容,如根据对方的请求提供本国的民事法律、法规文本等。

依照《民事诉讼法》第284条的规定,外国驻我国的使领馆可以向该国公民送达文书和调查取证,但不得违反中华人民共和国的法律,并不得采取强制措施。未经我国主管机

关准许,任何其他外国机关或者个人不得在我国领域内送达文书、调查取证。通过这种途径进行司法协助时,应当注意以下问题:①驻外国的使领馆只能对在外国的本国公民,而不能向别国公民和无国籍人送达文书和调查取证。此外,如受送达人或被调查取证人的国籍发生冲突,应依送达文书或调查取证执行地国家的法律确定。并且唯有领使馆有权进行送达文书和调查取证行为,其他任何外国机关或者个人,未经中华人民共和国主管机关准许,不得在中华人民共和国领域内送达文书、调查取证。②无论是送达文书还是调查取证,均不得违反驻在国的法律。③不得采取任何强制措施。强制措施关系到国家的主权,唯有本国的司法机关才有权采取,外国驻本国使领馆进行调查取证活动时,禁止采取强制措施。

关于一般司法协助的程序,民事诉讼法作了原则规定。在我国与一些国家的司法协助协定中有具体的规定。此外,在1986年最高人民法院、外交部、司法部联合发布的《关于我国法院和外国法院通过外交途径相互委托送达法律文书若干问题的通知》、1988年最高人民法院发布的《关于执行中外司法协助协定的通知》中对此问题也作了具体规定。

(一) 我国法院委托外国法院代为送达或取证的程序

委托已与我国订立司法协助协定国家的法院进行司法协助时,按以下程序办理:由委托的人民法院提出请求书和所附文件,经所属高级人民法院审核后转报最高人民法院,由最高人民法院审核并译成外文,然后连同中文的请求书和所附文件一并转司法部,再由司法部转缔约的外国一方。

委托尚未与我国签订司法协助协定国家的法院进行一般司法协助时,按下列程序办理:由委托的人民法院提出委托书和所附文件(如所送达的司法文书和调查询问提纲等),委托书和所附文件还须附有对方国家文字或该国同意使用的第三国文字译本。要求送达的司法文书等须先经所属高级人民法院审查,然后由外交部领事司负责转递。

(二) 我国法院受外国法院委托代为送达或取证的程序

受已与我国签订司法协助协定国家的法院委托时,按以下程序办理:司法部将申请我国法院提供司法协助的请求文书和所附文件转递最高人民法院后,由最高人民法院审查后送交有关高级人民法院,再由高级人民法院指定有关中级人民法院或专门人民法院办理;承办法院办理完后,报经原高级人民法院审核后转报最高人民法院,由最高人民法院审核并译成外文,然后连同原文书一并送司法部,再由司法部转递提出申请的外国一方。

外国法院通过外交途径委托我国法院进行司法协助时按下列程序办理:由该国驻我国使馆将委托书和所附文件交我国外交部领事司,由领事司转递给有关高级人民法院,再由高级人民法院指定中级人民法院办理;承办法院办完后报原高级人民法院,然后再通过外交部领事司转递给该国驻华使馆。

在委托一方与我国有司法协助协定时,我国人民法院在执行请求时应注意三个问题:①如果无法按请求书中所示的地址送达文书或调查取证,应主动采取适当措施以确定地址,完成请求事项;必要时还可要求请求一方提供补充材料。②受委托人民法院应通过双方的司法部,将送达文书或调查取证的有关情况通知请求一方法院,并附送送达回证或所取得的证据材料。③人民法院如果认为司法协助的请求有损于我国的主权、安全或社会公共利益,或者认为按照我国法律请求事项不属于人民法院的职权范围,可以拒绝提供司法协助,但应将理由通知对方法院。

二、特殊司法协助

特殊司法协助即对外国法院裁判的承认与执行。与一般司法协助的内容侧重于司法的外部制度相比,特殊司法协助涉及的是各国司法制度的核心,因此,各国对此都规定了严格的承认和执行程序。中国通过与澳大利亚签订双边《鼓励和保护投资协定》,规定了对彼此法院判决和仲裁裁决的承认和执行问题。与奥地利、巴巴多斯两国,则是在双边经济合作或保护投资协定中,规定了对仲裁裁决的承认和执行问题。因此,也只有上述国家法院的生效民商事判决才有可能在中国得到承认和执行。值得注意的是,中国与美国只签订了刑事司法协助协定,并没有民商事司法协助的协定。而中国同日本同为《海牙送达公约》的缔约国。

(一) 我国法院承认和执行外国法院或仲裁机构裁决(以下统称"外国裁判")

1. 我国人民法院承认和执行外国裁判须具备的条件

第一,判决作出国对该案有管辖权。管辖权适格是承认与执行外国裁判第一位的条件,既有实体法上的意义,也有程序法上的意义;管辖权适格不仅涉及公共利益,而且直接影响当事人利益。

第二,外国裁判必须是已经发生法律效力且具有给付内容的。

第三,外国裁判作出的程序公正。尽管各国民事诉讼程序立法存在各种差异,但在审查是否承认与执行外国裁判时,均采取放宽实体问题审查而严格审查程序问题的态度。1971年《承认和执行外国民商事判决的海牙公约》第5条、第6条规定了程序公正要求:外国判决是在与请求国规定的正当法律程序不相容的程序下作出的不能被承认与执行。重点审查当事人是否获得充分陈述、辩论的机会。

第四,该外国与我国缔结或者参加了有关的国际条约,或者双方有互惠关系,且该国裁判不违反我国法律的基本原则或者国家主权、安全、社会公共利益。如果该法院所在国与中华人民共和国没有缔结或者共同参加国际条约,也没有互惠关系的,裁定驳回申请。但当事人向人民法院申请承认外国法院作出的发生法律效力的离婚判决的除外。

2. 程序规则

按照《民事诉讼法》第284条以及我国同外国签订的双边司法协助条约,人民法院对外国法院裁判承认与执行的程序是:①由当事人向人民法院提出承认与执行的申请,或者由该外国法院向我国人民法院提出承认与执行的请求书,并附具有关文件。当事人仅申请承认而未同时申请执行的,人民法院仅对应否承认进行审查并作出裁定。②有管辖权的法院是被执行人住所地或被执行人财产所在地的中级人民法院。③人民法院接到申请书或请求书后,组成合议庭进行审查。首先根据我国法律或者我国缔结或参加的国际条约的规定,或者根据互惠原则予以形式审查,即审查外国法院的裁判是否符合我国法律规定的承认和执行的条件,对外国法院裁判中的事实认定和法律适用问题不予审查。人民法院应当将申请书送达被申请人。被申请人可以陈述意见。④人民法院审查后认为符合条件的,裁定承认其效力。需要执行的,发出执行令,适用我国民事执行程序予以执行。认为该判决违反我国法律的基本原则或者国家主权、安全、社会公共利益的,裁定不予承认和执行。裁定一经送达即发生法律效力。承认和执行申请被裁定驳回的,当事人可以向人民法院起诉。

(二) 我国法院的裁判请求外国法院承认和执行

1. 申请条件

根据我国民事诉讼法的规定,我国人民法院作出的判决、裁定请求外国法院承认和执行,必须是已经发生法律效力且具有执行内容的判决和裁定,被执行人或其财产不在我国领域内,需要到外国去执行。考虑到国际上一般不承认调解书的效力,《民诉法解释》第528条指出:"涉外民事诉讼中,经调解双方达成协议,应当制发调解书。当事人要求发给判决书的,可以依协议的内容制作判决书送达当事人。"

2. 申请程序

对于生效裁判,可以由当事人直接向外国法院提出申请,也可以由我国有执行权的人民法院依照中国缔结或者参加的国际条约的规定,或者按照互惠原则,请求外国法院承认和执行。对我国涉外仲裁机构作出的发生法律效力的仲裁裁决,由当事人直接向有管辖权的外国法院提出申请。当事人在我国领域外使用中华人民共和国法院的判决书、裁定书,要求人民法院证明其法律效力的,或者外国法院要求我国法院证明判决书、裁定书的法律效力的,作出判决、裁定的法院可以本法院的名义出具证明。

第六节 区际民事司法

"区际"首先是一个地理上的概念,是指一国内部的不同地区。区际司法协助限定在一国领土范围之内,从而与国际司法协助区别开来。其次,"区际"又是一个法律意义上的概念,即"法域",是指有着独立的或者相对独立的法律制度的区域。作为一个主权国家,我国由于历史与政治等原因,形成内地、台湾地区、香港特别行政区、澳门特别行政区四个分别适用独立的法律体系与司法制度的特定区域(即法域)的所谓"一国两制三法系四法域"的特殊格局。按照"一国两制"的制度安排,香港、澳门各自都有一定的立法权、行政权和司法权,分别实施与大陆不同的法律制度,沿用原有的司法制度。同时,台湾地区一直沿用国民党制定的法制,与大陆地区存在诸多差异。因此,在处理涉及台湾地区的法律事务时,也将台湾地区视为一个法域。由于不同法域分别适用不同法律制度,在司法领域相应地区分出四个不同的司法区域,在处理跨区域民商事纠纷案件时,也会出现管辖权冲突和相互间司法协助需要。

不同法域之间管辖权冲突的解决与司法协助的依据由民事诉讼法、香港和澳门特别行政区基本法等法律及最高人民法院发布的规范性文件予以规定。《香港基本法》和《澳门基本法》均规定,特别行政区可与全国其他地区的司法机关通过协商依法进行司法方面的联系和相互提供协助。据此,最高人民法院与港澳特别行政区代表协商,内地与港澳特别行政区之间分别达成了数项区际司法协助的"双边安排"。没有双边安排的,参照《民事诉讼法》关于涉外民事诉讼程序的规定。《民诉法解释》第549条规定:"人民法院审理涉及香港、澳门特别行政区和台湾地区的民事诉讼案件,可以参照适用涉外民事诉讼程序的特别规定。"

一、管辖权冲突的解决

解决我国区际民商事管辖权冲突应当遵循以下原则:

(1) 维护国家主权统一与领土完整原则。在解决我国区际民商事管辖权冲突时,要坚持"一个中国"基本方针,区分国际民事诉讼规则与区际民事诉讼规则,从维护国家主权统一与领土完整的角度构建管辖权协调机制。

(2) 各法域平等互利原则。按照"一国两制"方针,充分尊重各法域法律制度,相互平等,不存在效力位阶或隶属关系。同时,各法域应相互合作,以相互关切和尊重彼此利益的方式合理分配民事管辖权。

(3) 有利于保护和实现区际当事人权益原则。该原则要求尽可能让承担主要法律义务的一方当事人所在地法院或履行相关法律义务的行为实施地法院行使管辖权。该原则集中体现在以最密切联系地法院管辖的规则上。其目的在于方便当事人诉讼,方便法院审理,也有利于未来判决的执行。

为解决我国区际民事管辖权冲突,内地与港澳台地区之间分别达成了一些"双边安排",如2008年8月1日开始施行的《关于内地与香港特别行政区法院相互认可与执行当事人协议管辖的民商事案件的安排》、2002年最高人民法院发布《关于涉外民商事案件诉讼管辖权若干问题的规定》。按照最高人民法院司法解释和"双边安排",各法域法院应当在遵循上述原则的基础上,综合发挥专属管辖排他适用、协议管辖优先适用、不方便法院规则灵活适用和必要管辖规则的裁量适用等制度的作用,妥善处理具体案件的管辖权确定问题。

二、区际送达与取证

根据1999年最高人民法院《关于内地与香港特别行政区法院相互委托送达民商事司法文书的安排》、2001年最高人民法院《关于内地与澳门特别行政区法院就民商事案件相互委托送达司法文书和调取证据的安排》,内地法院和香港特别行政区法院可以相互委托送达民商事司法文书,与澳门特别行政区法院可以相互委托送达司法文书和调取证据。

大陆与台湾地区未达成关于区际民事司法文书送达与调查取证的官方协议,而是通过授权民间机构,即大陆海峡两岸关系协会(简称海协会)和台湾海峡交流基金会(简称海基会),达成《汪辜会谈共同协议》及《两岸公证书使用查证协议》《两岸挂号函件查询、补偿事宜协议》等,其中涉及两岸民事司法文书送达事宜。同时,两岸以各自域内立法、司法解释等形式就区际司法文书送达作出规定。比如,台湾地区主要依据1992年发布的"两岸人民关系条例"及其实施细则办理大陆地区民商事案件司法协助事宜。最高人民法院2008年发布《关于涉台民事诉讼文书送达的若干规定》、2010年发布《办理海峡两岸送达文书和调查取证司法互助的规定》,是目前内地法院办理涉台民事案件送达与取证的主要程序规则。

(一) 代为送达司法文书

1. 送达主体

内地与港澳之间的送达须通过双方的法院进行。内地的主管机关是各高级人民法院,香港的主管机关是香港特区高等法院,澳门的主管机关是澳门特区终审法院。内地与台湾地区之间的送达主体均为法院,并没有就法院级别作出特别规定。

2. 送达司法文书的范围

送达的司法文书在内地包括:起诉状副本、上诉状副本、授权委托书、传票、判决书、调解书、裁定书、决定书、通知书、证明书、送达回证。

在香港特别行政区包括:起诉状副本、上诉状副本、传票、状词、誓章、判案书、判决书、裁决书、通知书、法庭命令、送达证明。

在澳门特别行政区包括:起诉状复本、答辩状复本、反诉状复本、上诉状复本、陈述书、申辩书、声明异议书、反驳书、申请书、撤诉书、认诺书、和解书、财产目录、财产分割表、和解建议书、债权人协议书、传唤书、通知书、法官批示、命令状、法庭许可令状、判决书、合议庭裁判书、送达证明书以及其他司法文书和所附相关文件。

3. 委托与送达方式

委托方请求送达司法文书,须出具盖有其印章的委托书,说明委托机关的名称、受送达人的姓名或者名称、详细地址及案件的性质。委托书应当以中文文本提出。所附司法文书没有中文文本的,应当提供中文译本。受委托方如果认为委托书与本安排的规定不符,应当通知委托方,并说明对委托书的异议。必要时可以要求委托方补充材料。

送达司法文书,应当依照受委托方所在地法律规定的程序进行。受委托方对委托方委托送达的司法文书的内容和后果不负法律责任。不论司法文书中确定的出庭日期或者期限是否已过,受委托方均应送达,委托方应当尽量在合理期限内提出委托请求。委托送达司法文书费用互免。但委托方在委托书中请求以特定送达方式送达所产生的费用,由委托方负担。

受委托方不得拒绝文书送达的申请,包括不得以本辖区法律对委托方法院审理的案件有专属管辖权或不承认该案诉讼请求的权利为由拒绝接受委托。但在内地与澳门地区的送达协议中,允许受委托法院以公共秩序保留为理由拒绝执行。此种情况下,受托法院应及时向委托法院书面说明原因。接到委托书后,受委托法院应当及时完成送达,最迟不得超过自收到委托书之日起2个月。

送达司法文书后,内地人民法院应当出具送达回证;香港和澳门特别行政区法院应当出具送达证明书。因受送达人姓名(名称)、地址不实等客观原因无法送达的,受委托方应当附函或在送达回证/证明书上注明妨碍送达的原因、拒收事由和日期,并及时退回委托书及所附全部文书。

(二) 代为调取证据

不同法域相互之间协助调查取证问题,虽然也属于程序性事项,但比区际送达司法文书要复杂得多。因为四个法域分别属于不同的法系,法院在调查取证中所起的作用和主动性存在明显差异。台湾地区与澳门特区承继大陆法系司法传统,在诉讼程序中比较倚重法院依职权调查取证。而承袭英美法系传统的香港特区,则以当事人主导诉讼程序为特点,强调当事人提供证据。大陆法系的证据调查是庭审的重要环节,而英美法系则十分注重庭前证据开示程序。两大法系在取证主体及程序规则上的差异均可能导致不同法域的证据调查活动领域发生法律冲突。目前,内地只与澳门特区达成了法院之间民商事案件相互委托到场取证的安排,与香港特区和台湾地区均没有专门的约定。内地与台湾地区的调查取证的相互协助主要通过民间渠道,依据各自的法律与规范性文件进行。

1. 委托法院

根据《关于内地与澳门特别行政区法院就民商事案件相互委托送达司法文件和调查取证的安排》(以下简称《内地与澳门安排》),两地间的调查取证须通过各地高级人民法院与澳门终审法院进行,最高人民法院与澳门终审法院之间可以直接相互委托调查取证。

2. 取证方式

在调取证据的方式上,两地以受委托法院代为调取(即间接取证)方式为主,同时也借鉴1970年《海牙取证公约》的规定,在一定条件下允许采取直接取证,即司法机关特派员取证方式。《内地与澳门安排》第19条规定:"受委托方法院在执行委托调取证据时,根据委托方法院的请求,可以允许委托方派司法人员出席。必要时,经受委托方允许,委托方法院的司法人员可以向证人、鉴定人等发问。"

3. 取证范围

委托方法院请求调取的证据只能用于与诉讼有关的证据,包括代为询问当事人、证人和鉴定人,代为进行鉴定和司法勘验,调取其他与诉讼有关的证据。

4. 取证程序

委托方法院应当出具委托书。委托书应以中文文本提出,所附司法文书没有中文文本的,应当提供中文译本。委托方法院应当在合理期限内提出委托请求,并说明取证时间、地点。受委托方法院应优先处理受托事项,最迟不得超过3个月完成委托事项。在征得证人、鉴定人同意后,受委托方可以协助安排其辖区的证人、鉴定人到对方辖区出庭作证。另外,基于两地法域地位的平等,《内地与澳门安排》第21条还特别指出,证人、鉴定人在委托方地域逗留期间,享有一定条件的刑事豁免权。

三、区际裁判的认可与执行

区际裁判的认可与执行包括不同法域法院判决和仲裁机构裁决的相互认可与执行。区际裁判的认可与执行适用国际民事判决承认与执行的一般规则,比如都适用被请求法院所在地法律和程序。但相对于国际间判决的承认与执行,区际裁判的认可与执行的条件较为宽松,限制适用公共秩序保留条款。我国区际裁判的认可与执行制度的现状是:内地与澳门特别行政区、香港特别行政区达成了双向安排,但与台湾地区尚未达成协议。两岸一般按照各自所在法域的立法解决相互承认与执行法院判决或仲裁裁决问题。

(一) 内地与澳门地区、香港地区相互认可与执行民商事判决

最高人民法院于2006年分别与澳门特区、香港特区达成了《内地与澳门特别行政区关于相互认可和执行民商事判决的安排》《内地与香港特别行政区法院认可和执行当事人协议管辖的民商事案件判决的安排》。根据上述协议,内地与港澳两地法院相互认可与执行判决的程序规则包括以下要点:

1. 适用范围

内地与澳门特区的安排适用于两地法院作出的民商事案件和刑事案件中有关民事损害赔偿的判决、裁定。该安排所称"判决",在内地包括判决、裁定、决定、调解书、支付令;在澳门特区包括裁判、判决、确认和解的裁定、决定或法官批示。

内地与香港特区的安排仅适用于当事人有书面管辖协议的民商事案件,并且是具有执行力的终局判决。在内地包括判决、裁定、决定、调解书、支付令;在香港特区包括判决书、命令和诉讼费评定证明书。

2. 管辖法院

在内地,由被申请人住所地(或经常居住地)或财产所在地中级人民法院受理;在澳门特区,由中级法院受理申请,初级法院执行;在香港是特别行政区高等法院。

3. 适用程序

申请主体为当事人。受请求法院应当将申请书送达对方当事人,并按照两地安排规定的条件进行审查,作出是否认可的裁定。当事人对裁定不服的,在内地可以向上一级人民法院提请复议,在澳门特区、香港特区可以提起上诉。

(二) 大陆与台湾地区之间民事裁判的认可与执行

我国台湾地区1992年颁布"两岸人民关系条例",就台湾地区法院办理大陆地区民商事案件承认与执行作出了规定。最高人民法院先后于1998年发布《关于人民法院认可台湾地区有关法院民事判决的规定》,1999年发布《关于台湾当事人持台湾地区有关法院民事调解书或者有关机构出具或确认的调解协议书向人民法院申请认可人民法院应否受理的批复》,2001年发布《关于人民法院认可台湾地区有关法院民事判决的补充规定》等,明确了人民法院办理台湾地区法院民商事案件判决承认与执行的程序规则。根据2001年最高人民法院《关于当事人持台湾地区有关法院支付命令向人民法院申请认可人民法院应否受理的批复》,人民法院对当事人持台湾地区有关法院支付命令及其确定证明书申请其认可的,可比照最高人民法院《关于人民法院认可台湾地区有关法院民事判决的规定》予以受理。

1. 申请与受理

台湾地区法院的民事判决,当事人的住所地、经常居住地或被执行财产所在地在其他省、自治区、直辖市的,可以向人民法院申请认可。申请应当在该判决发生效力后一年内提出,由申请人住所地、经常居住地或者被执行财产所在地中级人民法院受理。申请人应提交申请书,并须附有不违反一个中国原则的台湾地区有关法院民事判决书。人民法院经审查,符合上述条件的,应当在7日内受理;不符合条件的,不予受理,并通知申请人,同时说明不予受理的理由。在受理申请后,对于台湾地区有关法院民事判决是否生效不能确定的,应告知申请人提交作出判决的法院出具的证明文件。

2. 裁定及其效力

人民法院经审查,认为台湾地区有关法院的民事判决具有下列情形之一的,裁定不予认可:①申请认可的民事判决的效力未确定的;②申请认可的民事判决,是在被告缺席又未经合法传唤或者在被告无诉讼行为能力又未得到适当代理的情况下作出的;③案件系人民法院专属管辖的;④案件的双方当事人订有仲裁协议的;⑤案件系人民法院已作出判决,或者境外地区法院作出判决或境外仲裁机构作出仲裁裁决已为人民法院所承认的;⑥申请认可的民事判决具有违反国家法律的基本原则,或者损害社会公共利益情形的。

被认可的台湾地区有关法院民事判决需要执行的,依照《民事诉讼法》规定的执行程序办理。

3. 对调解书、仲裁裁决书的认可与执行

台湾地区有关法院出具的民事调解书,是在法院主持下双方当事人达成的协议,应视为与法院民事判决书具有同等效力,当事人向人民法院申请认可的,人民法院应予以受理。当事人申请人民法院认可台湾地区仲裁机构裁决的,同样适用上述关于法院判决认可与执行的规定。但对台湾地区民间调解机构等其他机关或组织出具或确认的调解协议书,当事人向人民法院申请认可的,人民法院不予受理。

4. 平行诉讼的处理

人民法院受理认可台湾地区有关法院民事判决的申请后,对当事人就同一案件事实提起的诉讼不予受理。案件虽经台湾地区有关法院判决,但当事人未申请认可,而是就同一案件事实向人民法院提起诉讼的,应予受理。人民法院作出民事判决前,一方当事人申请认可台湾地区有关法院就同一案件事实作出的判决的,应当中止诉讼,对申请进行审查。经审查,对符合认可条件的申请,予以认可,并终结诉讼;对不符合认可条件的,则恢复诉讼。

人民法院受理认可申请后,作出裁定前,申请人要求撤回申请的,应当允许。对人民法院不予认可的民事判决,申请人不得再提出申请,但可以就同一案件事实向人民法院提起诉讼。

执行程序篇

第二十二章 民事执行程序原理

第一节 民事执行程序概述

一、执行的概念与意义

执行又称民事执行或强制执行,是指人民法院的执行组织,依照法定程序行使民事执行权,强制义务人履行义务、实现生效法律文书内容的一种诉讼活动。

生效法律文书的内容应当实现。这是维护当事人的合法权益,确保法律的权威与尊严,实现法律关系安定的基本要求。实现生效法律文书的内容有两种方式,一种是履行,另一种是执行。履行是指法律文书生效后,债务人主动完成法律文书确定的义务的活动。执行则是指法律文书生效后,债务人拒不完成法律文书确定的义务,由人民法院的执行组织迫使其完成义务的活动。因此,履行是债务人自觉性的行为,执行是人民法院执行组织强制性的行为。

诉讼法规定执行程序,作为实现司法救济结果的机制,具有以下意义:

(1) 维护法律权威与尊严。通过执行,强制拒绝履行生效法律文书所确定的义务的一方当事人履行义务,实现生效法律文书的内容,就是使实体法和程序法的规定得以实现,从而维护实体法律和程序法律规范的秩序。如果生效法律文书的内容不能实现,就意味着实体法和程序法的规范在实践中得不到执行,法律的权威与尊严也无从谈起。所以,民事执行是维护法律权威与尊严的必不可少的法律机制。

(2) 实现当事人享有的合法权益。通过争议解决机制,债权人的权利得以确定,但是这种确定的权利还停留在裁判文书层面。当债务人拒绝履行义务时,如果没有一种机制强制债务人履行义务,债权人的权利就会落空。民事执行制度让债权人可申请执行组织采取强制性的措施,迫使债务人履行义务,对于实现当事人的合法权益的意义是显而易见的。

(3) 制裁民事违法行为,教育公民自觉遵守法律。执行不但要实现债权人的权利,而且要通过要求债务人支付迟延履行金或迟延履行利息、承担执行费用的方式,对债务人拒不履行义务的行为进行制裁。通过对拒不履行义务的债务人的行为的制裁,又会使其他公民认识到,生效法律文书确定的义务必须履行,否则将会有更大的不利。如此能教育公民自觉遵守法律,主动履行生效法律文书确定的义务,从而维护正常的社会经济秩序,不断提高社会信用水平。

(4) 维护国家主权,保护人民利益。在涉外民事争议中,如果债务人拒不履行生效法律文书确定的义务,可能事关一国司法制度有效性和主权的大事。民事执行制度确保生效裁判的实现,从增强司法救济的实效、提高我国法律与司法的权威角度,有助于维护国家主权和人民利益。

二、执行权的性质与特点

民事执行权是法律规定的执行机关将生效法律文书强制付诸实现的权力。

1. 执行权的性质

关于执行权的性质,理论上一直存在争议,主要有以下几种观点:

(1) 司法权说。此说认为,民事执行权是国家司法职能的一部分,执行行为是一种司法行为,执行权属于司法权,是保障法律文书实施的强制权。它既不同于审判权,不是判断是非以确定权利义务关系的权力,它又与审判权有着密切的联系,是为保障体现审判权的法律文书得以实施的强制性权力。[1] 尽管执行行为具有一定的行政行为特点,但从整体上看,执行行为依然是一种司法行为。[2]

(2) 行政权说。此说认为,民事执行权不是司法权,因为它不符合司法裁判权的任何一个特征。相反,执行更加接近行政管理活动,属于司法裁判过程审结后进行的一种特殊的行政活动。民事执行权是国家行政权的一部分。执行行为是一种行政行为,具有确定性、主动性、命令性。[3] 虽然执行行为可以分为执行裁判行为和执行实施行为,相应地有司法权和行政权的双重特点,但从民事执行权的目的来看,其是为了实现生效法律文书中的权利。"这种'实现',固然也有需要裁决的情况,但更重要的是'实施'。""裁决只是为了到达顺利实施目的的一种手段和保障。"执行实施权是常态,执行裁判权是非常态,所以说执行权从本质上更倾向于行政权。[4]

(3) 司法行政权说。此观点认为,执行权既有行政权的特点也有司法权的特点,因而不能把它归结到行政权或是司法权中,而是两者兼而有之,故称其为司法行政权。此说论者认为,司法权与行政权本就边界模糊,"执行权既不是一种纯粹的司法权,也不是一种纯粹的行政权,而是处于两者之间一种边缘性权利"[5]。

(4) 独立权力说。该说认为,民事执行权的以下三个基本特征决定了这是一种独立于立法权、司法权、行政权的第四种国家权力:第一,民事执行权的独立性。强调民事执行权是一种相对独立的国家权力,它既不属于行政权,也不属于司法权。第二,民事执行权的完整性。强调民事执行权作为一种国家权力,完全具备权力构成的各个要件,而不是依赖于某种权力存在的下位权力。第三,民事执行权的复合性。强调民事执行权既具有司

---

[1] 柴发邦主编:《中国民事诉讼法学》,中国人民公安大学出版社1992年版,第519页。
[2] 江伟、赵秀举:《论执行行为性质与执行机构的设置》,载陈光中主编:《依法治国司法公正:诉讼理论与实践》(1999年卷),上海社会科学院出版社2000年版,第533页。
[3] 陈瑞华:《看得见的正义》,中国法制出版社2000年版,第158页。
[4] 李浩主编:《强制执行法》,厦门大学出版社2004年版,第120页。
[5] 谭秋桂主编:《民事执行原理研究》,中国法制出版社2001年版,第43页。

法权的特征,又具有行政权的特征,是司法权与行政权的有机结合。①

📖 **拓展阅读**:"执行权性质研究的理论误区",请扫二维码学习。

本书的观点是:执行权在性质上是基于生效法律文书的执行力而生的一种强行权。生效裁判或其他具有执行内容的法律文书执行力的本质特征决定了执行权的基本属性。执行力的本质特征是无需对执行依据做实质审查就应当将其内容付诸实现。因此,执行权是一种不包含审理判断性质的强行权,其目的指向非常明确——实现生效法律文书的内容。

2. 执行权的特点

根据《民事诉讼法》的规定,我国民事执行程序上的执行权具有以下特点:

(1) 执行权主体法定。民事执行权的主体只能是法律规定的机关。我国现行法律规定,人民法院是实施民事执行权的唯一合法主体。未经授权,任何机关或个人都不得行使执行权采取强制性的执行措施迫使被执行人履行义务。只要是依法应当通过民事执行程序实现的生效法律文书,必须统一由人民法院执行。

(2) 以生效法律文书为执行依据。人民法院实施民事执行权,必须具有依法应当由人民法院强制实现的法律文书为依据,且该法律文书必须已经发生法律效力。如果法律文书尚未生效,表明当事人之间的权利义务关系没有最后确定,民事执行活动也无法进行。

(3) 以强制性手段为内容。民事执行的强制性,主要体现为执行措施或手段的强制性,即执行组织可以不经被执行人同意,强制其交付一定的财产、作出或不作出一定的行为,被执行人必须服从与容忍。拒不服从执行的,构成妨害诉讼行为,情节严重的,可能构成犯罪。根据我国《刑法》第313条的规定,对人民法院的判决、裁定有能力执行而拒不执行,情节严重的行为,构成拒绝执行法院裁判罪。② 执行措施或手段的强制性,源于生效裁判的法律效力,是以国家暴力为后盾加以维护的法律权威的体现,具有巨大的威慑力与约束力。

(4) 严格遵照法定程序运行。民事执行权的公权力属性,要求它必须按照法律规定的程序、制度及方式进行。从执行程序的启动到执行措施的采取,从一种执行措施到另一种执行措施的更替,从执行争议到执行程序中重大事项的处理,执行组织都是严格依照法律规定的程序进行的,具有明显的阶段性与过程性。

三、执行程序及其独立性

执行程序是指执行组织在执行当事人、协助执行人及其他有关人员的参加下,根据已经发生效力的法律文书,采取执行措施,迫使被执行人履行义务,实现债权人权利的法定程序。

---

① 杨荣馨主编:《民事诉讼原理》,法律出版社2003年版,第667页。
② 最高人民法院指导性案例71号指出:具有执行内容的判决、裁定发生法律效力后,负有执行义务的人有隐藏、转移、故意毁损财产等拒不执行行为,致使判决、裁定无法执行,情节严重的,应当以拒不执行判决、裁定罪定罪处罚。

民事执行程序与审判程序存在密切联系,又具有独立性。大多数情况下,执行程序以审判程序为前提和基础,执行程序是审判程序的继续和完成。人民法院通过审判程序查明事实,分清是非,确定当事人之间的权利义务关系。执行程序是落实审判程序所确认的权利义务关系。有执行程序为后盾,审判程序的结果才能实现,法院裁判的法律效力才能得到维护。

民事执行程序的独立性是基于执行力的独立性。在民事诉讼中,执行力与既判力可能有千丝万缕的联系,但是两者在总体上是相对独立的。有既判力的判决、裁决和调解书不一定有执行力,只有给付内容的判决、裁决和调解书才具有强制执行的效力,且是否启动执行程序属于当事人处分权范围;而经公证的债权文书、经司法确认的调解协议没有既判力,却被法律赋予执行力。以执行力为基础的执行程序也因此具有独立性,表现为:其一,执行程序不是诉讼的必经阶段。执行程序是民事权利救济的最后一道工序,但不是争议解决的必经程序。也就是说,不是任何一个案件都可以启动执行程序,也不是任何一个案件都必须启动执行程序。其二,执行程序不一定以审判程序为前提,执行程序可以独立于审判程序而存在。其三,尽管民事执行程序规定在《民事诉讼法》中,但依照执行程序执行的法律文书,并不限于人民法院经过审判程序制作的裁判文书。

第二节　强制执行法

一、强制执行程序立法体例

民事执行程序法,即规定民事执行主体进行强制执行活动所遵循的各种程序规则的法律规范。我国《民事诉讼法》用专门的一编规定了执行程序。在《公司法》《破产法》等法律中,也有关于民事执行的程序规定。

除此之外,最高人民法院针对执行工作中出现的问题,先后发布了多个司法解释,涉及执行程序所有环节,除了《民诉法解释》中关于执行程序的司法解释外,还有专门就具体执行程序规则所做的司法解释。

拓展阅读:"最高人民法院执行程序司法解释一览表",请扫二维码学习。

此外,在最高人民法院关于婚姻法、公司法、破产法等实体法的司法解释中,还有不少涉及执行程序的解释。

最高人民法院执行程序司法解释一览表

评注: 从司法解释的数量上就可以看出,民事执行程序规则的内容是非常多的。《民事诉讼法》因篇幅有限,无法完全容纳。制定一部统一的《民事执行法》势在必行。就域外民事执行立法的情况而言,大约有四种立法体例。一是把执行程序规则规定在民事诉讼法典中,我国和德国都是采取这种立法体例。二是制定单行的民事执行程序法,法国、日本和我国台湾地区等采用这种模式。三是将执行程序规则分别规定在民法与民事诉讼法中,代表性的国家如意大利。四是将执行程序规则规定在破产法中,如瑞士的立法。

二、民事强制执行法律关系

民事执行法律关系是指执行程序主体在执行程序中形成的权利义务关系。民事执行法律关系不同于诉讼法律关系的特点是执行主体间的法律关系结构具有单向性,即申请执行人单方面向执行机构申请执行,执行机构单方面对被执行人采取执行措施强迫其履行义务。尽管法律保护被执行人的合法权益和基本人权,但总体而言,执行法律关系不是"两造对抗—居中裁判"的等腰三角形结构,而是一种单边、线性结构。这与执行程序以实现生效裁判文书的目的相匹配。

1. 执行主体

执行法律关系中的主体,即执行主体,包括执行机构、执行当事人及其他有关人员。按照我国民事诉讼法规定,人民法院是法定的执行机构。人民法院设置专门的执行机构,行使民事执行权,对被执行财产或被执行行为采取执行措施。人民法院内部执行局,配备专职的执行员、书记员和司法警察,负责具体案件执行程序的启动、调查可供执行财产,采取保全和变现等执行措施,对执行异议、执行程序的中止、终结等程序事项作出裁决。

执行当事人包括申请执行人和被执行人。申请执行人是生效法律文书确定的享有实体权利的一方当事人。被执行人是生效法律文书确定的应当履行义务的一方当事人。

2. 协助执行人

执行法律关系中有一种特殊的主体,即协助执行人。协助执行是指有关单位和个人协助人民法院执行生效法律文书的制度。协助执行人是对执行标的负有保管等责任的人或单位。有协助执行义务的人通常是银行、保险公司、证券交易等金融机构,公安机关、当事人所在单位等人口与户籍信息、人事档案、工资信息管理单位,房产局、土地管理局、市场管理局等财产登记机关,以及海关、铁路运输、航空公司等出入境管理、交通管理部门,等等。人民法院在执行过程中,可能需要协助执行人协助查询、冻结、划拨存款,变价财产,提取劳动收入,办理或注销证照、财产登记手续,交付有关物品,限制出境,查询或录入征信系统记录,等等。

依据《民事诉讼法》的规定,被执行人未按执行通知履行法律文书确定的义务,人民法院有权向有关单位查询被执行人的存款、债券、股票、基金份额等财产情况。有关单位和个人必须予以相应的协助。人民法院决定扣押、冻结、划拨、变价财产的,或者需要查询被执行人的身份信息与财产信息,应当作出裁定,并发出协助执行通知书,掌握有关信息的单位和个人必须按照协助执行通知书办理。为规范协助执行行为,最高人民法院与上述机构和单位的主管部门联合下发了若干通知。比如中国人民银行、最高人民法院、最高人民检察院、公安部于1993年联合发布《关于查询、冻结、扣划企业事业单位、机关、团体银行存款的通知》,对人民法院依法执行和银行依法履行协助执行义务行为规定了具体的程序规则。为解决银行协助执行与为客户保密两个法定义务之间的冲突,最高人民法院、中国人民银行于2000年联合发布《关于依法规范人民法院执行和金融机构协助执行的通知》,2010年发出《关于人民法院查询和人民银行协助查询被执行人人民币银行结算账户开户银行名称的联合通知》,明确了人民银行各地分行和商业银行协助执行的义务,以及不履行协助义务的法律责任。通知同时规范了人民法院要求银行协助执行时应当遵循的程序与保密责任,规定人民银行与各商业银行因协助人民法院查询被执行人银行结算账户开户银行名称而被起诉的,人民法院不予受理。

执行法院采取强制执行措施需有关单位和个人协助的,应当向有关单位和个人发出协助执行通知书,连同裁定书副本一并送达有关单位。有协助执行义务的单位和个人收到人民法院协助执行通知后,无正当理由拒不协助执行,向被执行人通报信息或擅自向被执行人或其他人支付的,构成妨害执行的行为,执行法院有权采取强制措施。对擅自向被执行人或其他人支付的,执行法院应责令其限期追回;逾期未追回的,应当裁定其在支付的数额内向申请执行人承担责任。

3. 执行客体

执行法律关系中的客体,即执行标的,是被执行人履行义务的行为或用于履行义务的财产,通称执行财产。

三、强制执行法价值取向

执行程序的价值取向与审判程序有明显不同。民事审判程序以公正解决纠纷为目标,强调的是在充分的程序保障条件下,当事人平等对抗、法官居中裁判,以司法公正为首要价值目标。在民事执行阶段,由于当事人之间的权利义务关系已经确定、不可再争执,核心问题是如何迅速实现判决书确认的权利,因此,执行阶段的价值取向是以效率为中心,追求在最短的时间内,以较低的成本,最大限度实现申请人的权利。首先,效率优先符合债权人尽快实现债权的需要。时间拖得越长,被执行人履行债务的成本越高,生效裁判的效益递减。这对双方都是不利的。其次,民事执行行为属于职权强制行为和单方行为。这一点决定了民事执行程序更注重效率,强调执行行为的迅速、快捷,以尽快实现执行债权人的民事权利。再次,迅速实现债权也是维护法律尊严的需要。已生效的法律裁判文书不能得到迅速执行,国家的司法权威在人们心中将大打折扣。在漫长的等待中,期待中的正义也在不断地损耗和贬值,甚至最终变得没有意义。如果判决成为一纸空文,法律的尊严就得不到维护。

效率优先包含控制执行成本的要求。判决确定以后,不但要迅速地实现,还要以最小的成本实现。因为债权人为获得有利的判决已经花费了很大的代价,交了诉讼中产生的各种费用,如果执行程序依然要债权人花费很大的成本,那么债权人实质上并没有通过司法程序获得应得的利益。所以,各种执行措施的适用都应该选取花费最少的方式,争取花最少的钱,实现最多的债权,给债权人最大的获得感。

执行程序也注重保障被执行人基本权利。虽然强制执行的显著特点在于强制性,但这并不妨碍它同时体现或追求必要的人道的价值目标。人道的价值取向是使现代强制执行区别于古代强制执行制度的一个很重要的方面。人道之所以作为强制执行法的价值目标是由现代法治社会保障基本人权的普遍需要而决定的。人权是人作为人生而具有的权利,包括生存权、尊严权等。人权在刑事领域探讨得比较多,加强对犯罪嫌疑人、被告人的人权保障,避免国家公权力侵害犯罪嫌疑人的基本人权已经成为各国的共识。同样,人权保护也应该在民事执行程序中受到重视。因为民事执行中国家公权力的主导性,极易对人们的基本人权造成伤害,所以在民事执行中确立人道的价值取向是十分必要的。不能因被执行人无力偿还债务而贬损其人格,也不能迫使没有财产可供执行的被执行人以劳务抵债,禁止因其无力履行债务而对其人身实施惩罚。《公民权利和政治权利国际公约》第11条规定:"任何人不得仅仅由于无力履行判决确定的义务而被监禁。"执行时要为被执行人保留必要的生活必需品。如果被执行人虽有财产可供执行,但执行将使其生活发生重大困难,则应暂停执行。不能因强制执行而使被执行人流离失所。这些都是人道的价值要求在执行中的体现。

四、强制执行法基本原则

由于执行措施的强制性,可能涉及对被执行人的财产强行处置,甚至涉及对搜查人身、限定行为等强迫行动,因此,在坚持效率优先的同时,执行程序也要兼顾被执行人合法权益的保护,将执行方式的强迫与暴力控制在必要限度内。根据我国《民事诉讼法》规定,结合人民法院执行工作实践经验,执行应当遵循以下原则:

1. 以生效法律文书为根据的原则

执行必须以生效法律文书为依据。没有据以执行的法律文书,或者法律文书尚未发生效力,民事执行就失去了合法基础,执行程序就不能启动,执行措施也就不能采用。确立该原则的目的。一是防止申请执行人滥用权利,保护被执行人、案外人的合法权益;二是约束执行人员正确行使执行权,严格把握执行的范围,保证执行行为的正当性。

2. 合理保护双方当事人权益的原则

执行的任务在于迫使被执行人履行义务,实现债权人的权利,因此,保护债权人的合法权益,是执行程序必须遵循的原则。但是,迫使被执行人履行义务,实现债权人的权利,并不等于可以置被执行人的合法权益于不顾。法治的公平性与文明性决定了在民事执行中,既要最大限度实现债权人的权利,也要保证被执行人能够维持正常的生产与生活,使其合法权益不因执行而受到损害。因此,合理保护双方当事人的合法权益,应当成为民事执行的一项重要原则,并在具体的执行活动中得到全面贯彻,以确保法制的严肃性,维护社会的稳定与发展。

3. 执行标的以被执行人的财产和行为为限原则

执行标的即执行对象,是指执行活动指向的客体。根据我国法律的有关规定,作为执行活动的客体,只能是被执行人的财产与行为,被执行人的人身不能成为执行客体,即只能对被执行人的财产与行为采取执行措施,不能对人身采取执行措施,不得以羁押被执行人的人身的方式替代被执行人履行义务。执行标的限于被执行人的财产与行为,主要有两个方面的理由:其一,民事权利义务关系多是财产权益关系,具有给付内容的法律文书只可能要求债务人给付一定的财产或履行一定的行为,不可能涉及人身。而涉及人身关系的确定判决或变更判决,因其内容不具有给付内容而不能成为执行根据。所以,对财产和行为的执行,就足以实现债权人的权利,没有必要对人身执行。其二,重视人权保护和执法文明化决定了人身不能成为执行标的。在人类历史上曾出现过直接将人身作为执行标的或者以刑罚代替债务履行的做法。但是,随着时代的进步,人权保护日益受到重视,执行日益文明科学,这些野蛮的执行方法已经废弃。如果仍将人身作为执行标的,显然是一种历史的倒退,实不可取。

4. 迅速及时原则

执行程序效率优先的基本价值取向在程序设计中集中体现及时执行原则上。按此原则,民事执行程序要尽量缩短办案周期,在执行实践中要尽可能迅速满足债权人的利益。该原则在执行规则中的具体表现有:①当事人必须在法定期限申请执行,否则受诉法院不予强制保护。②法院执行机构对执行债权人的执行申请或审判人员移送执行的案件,应当及时审查,符合有关规定的及时立案,开始执行。③法院在执行程序的各个阶段,各项执行行为要在法定的期间内进行和完成,不能久拖不执。

5. 强制与说服教育相结合的原则

执行程序必须保持一定的强制性,对于拒不履行义务的债务人,应当坚决、果断、及时地采取强制性的执行措施,迫使其履行义务,以体现和维护生效法律文书的严肃性与权威性。但强调执行程序的强制性,并不意味着执行组织可以简单地依赖强制措施。简单地依赖强制措施,不但难以收到良好的执行效果,有时还会造成当事人的对立情绪,给执行工作带来不利,甚至事与愿违。因此《民事诉讼法》规定,人民法院在执行时,首先要对被执行人进行说服教育,提高当事人的思想认识和法律意识,促使其自动履行法律文书所确定的义务。但经说服教育仍不自动履行的,再采取强制措施。

第二十三章 执行程序总则

第一节 执行程序的启动

一、启动条件与启动方式

人民法院启动强制执行程序必须具备以下条件：

(1) 法律文书已经发生效力。启动执行程序，必须具有执行根据。法律文书尚未发生效力时，人民法院不能启动执行程序。

(2) 法律文书具有给付内容。只有给付之诉的法律文书，即法律文书的内容是要求对方当事人给付一定的财产，或者完成一定的行为，才具有执行力，才能作为启动执行程序的根据。《民诉法解释》第461条还规定，当事人申请人民法院执行的生效法律文书还应当具备两个条件，一是权利义务主体明确；二是给付内容明确。法律文书确定继续履行合同的，应当明确继续履行的具体内容。

(3) 债务人拒不履行义务。启动执行程序，必须以债务人拒不履行义务为前提。如果债务人在法律文书规定的期限内主动履行了义务，债权人的权利已经实现，就没有必要启动执行程序。

(4) 当事人提出申请。执行程序的启动方式有两种，一种是当事人申请执行，一种是人民法院移送执行。多数情况下，执行程序依当事人申请而启动。执行实现的是当事人的民事权利。根据处分原则，当事人之间的民事权利义务关系确定后，权利人是否主张实现权利，是否申请执行，应由当事人自己决定。因此，执行程序原则上应由当事人申请而开始。

民事执行程序由人民法院依职权移送执行的情形很有限，主要有：①公益诉讼案件生效判决的执行。《环境公益诉讼解释》第32条规定："发生法律效力的环境民事公益诉讼案件的裁判，需要采取强制执行措施的，应当移送执行。"②具有给付赡养费、抚养费、抚育费内容的法律文书。③财产保全、先予执行等民事裁定书。④对妨害民事诉讼行为采取强制措施的决定书。⑤刑事附带民事诉讼案件的生效判决书、调解书等。

(5) 当事人在法定的申请执行期限内提出申请。申请执行的期间为2年。申请执行时效的中止、中断，适用法律有关诉讼时效中止、中断的规定。申请执行期间从法律文书规定履行期间的最后一日起计算。法律文书规定分期履行的，从最后一期履行期限届满之日起计算。法律文书未规定履行期间的，从法律文书生效之日起计算。涉外仲裁案件当事人向我国法院申请执行发生法律效力的仲裁裁决，当事人申请法院强制执行的时效期间，应当自在我国领域内发现被执行人或者其财产之日起算。

二、申请执行

申请执行是当事人在生效法律文书确定的应当承担义务的对方当事人拒不履行义务时,请求人民法院启动强制执行的法律制度。根据民事诉讼法和执行规定的规定,当事人申请执行,必须符合以下条件:

(1)申请执行的主体,必须是生效法律文书确定的权利人。

(2)当事人必须在法律规定的期限内申请执行。根据《民事诉讼法》第246条的规定,当事人申请执行的期间为2年。超过执行申请时效,生效判决确认的当事人之间的债权债务关系成为自然权利义务关系。债务人自愿履行的,人民法院也不干预。

(3)当事人申请执行,应当向有管辖权的人民法院提交必要的文件和证件。根据有关司法解释,当事人申请执行时,应当提交下列文件和证件:申请执行书,生效法律文书副本,申请执行人的身份证明,其他应当提交的文件或证件。

在一般情况下,当事人向人民法院提出符合条件的执行申请的,人民法院应当予以执行。但是遇有法律规定的不予执行情形时,人民法院不予执行。《民事诉讼法》第244条规定了人民法院不予执行仲裁裁决的情形有:①当事人在合同中没有订有仲裁条款或者事后没有达成书面仲裁协议的;②裁决的事项不属于仲裁协议的范围或者仲裁机构无权仲裁的;③仲裁庭的组成或者仲裁的程序违反法定程序的;④裁决所根据的证据是伪造的;⑤对方当事人向仲裁机构隐瞒了足以影响公正裁决的证据的;⑥仲裁员在仲裁该案时有贪污受贿,徇私舞弊,枉法裁决行为的;⑦人民法院认定执行该裁决违背社会公共利益的。被申请人提出证据证明仲裁裁决有上述①至⑥情形之一,申请不予执行的,人民法院应当组成合议庭进行审理,经审查核实的裁定不予执行。对于第⑦种情形,人民法院可以依职权直接作出裁决。仲裁裁决被人民法院裁定不予执行的,当事人可以根据双方达成的书面仲裁协议重新申请仲裁,也可以向人民法院起诉。

《民事诉讼法》第245条规定,人民法院在执行公证债权文书时,发现公证债权文书确有错误的,应裁定不予执行。人民法院作出不予执行的裁定书后,应当送达双方当事人和公证机关。被执行人认为公证债权文书确有错误的,可以申请不予执行。人民法院经审查,认为公证债权文书没有错误的,裁定驳回当事人申请。当事人不服驳回裁定的,可以自收到裁定之日起10日内向上一级人民法院申请复议。上一级人民法院应当自收到复议申请之日起30日内审查,理由成立的,裁定撤销原裁定,不予执行该公证债权文书;理由不成立的,裁定驳回复议申请。复议期间,不停止执行。

三、执行依据

执行依据是当事人据以申请和人民法院据以采取执行措施的各种生效法律文书,也称执行名义。根据制作法律文书的主体的性质,可以作为执行根据的法律文书可以分为以下两大类:

1. 人民法院制作的发生法律效力的法律文书

生效法律文书主要包括:①人民法院适用民事诉讼程序制作的判决书、裁定书、调解书、民事强制措施决定书、发生法律效力的实现担保物权裁定、确认调解协议裁定、支付令等。②人民法院适用行政诉讼制作的行政判决书、裁定书、行政赔偿调解书。根据我国行政诉讼法的规定,行政判决书、裁定书、行政赔偿调解书生效后,如果公民、法人或者其他组织拒绝履行,行政机关可以向人民法院申请强制执行,或者依法强制执行;如果行政机关拒绝履行,公民、法人或者其他组织可以向人民法院申请执行。③人民法院适用刑事诉讼程序制作的刑事判决书、裁定书中的财产部分以及刑事附带民事判决书、裁定书和调解书。在刑事诉讼中,人民法院除了判处被告人生命刑、自由刑外,还可能判处财产刑,如罚金、没收财产等,在判决前如果必要还可以裁定查封或扣押被告人的财产;在刑事附带民事诉讼中,还可能判处被告人赔偿被害人经济损失。这些具有财产内容的刑事判决书、裁定书,刑事附带民事判决书、裁定书、调解书,都可成为执行的根据,由人民法院按照民事执行程序执行。

2. 其他机关制作的发生法律效力的法律文书

其他法律文书主要包括:①行政机关制作的依法应当由人民法院执行的行政处罚决定书和行政处理决定书。依照行政诉讼法的规定,行政机关制作的行政处理决定书和行政处罚决定书,法律明确授权行政机关执行的,由行政机关执行;法律没有明确授权行政机关执行的,作出决定书的机关可以申请人民法院执行。②仲裁机构作出的仲裁裁决书、调解书,仲裁机构提交人民法院作出的财产保全裁定书。仲裁机构是民间性的解决争议的机构,不具有民事执行权。债务人拒不履行仲裁机构作出的裁定书、调解书确定的义务的,当事人可以向人民法院申请执行。③公证机关制作的有强制执行内容的债权文书,即公证债权文书。公证机构是国家的证明机关,它的任务是证明法律行为、法律事实和法律文书的真实性与合法性。公证机构依法出具的公证文书,一般来说只有证据效力。但是,对于追偿债款、物品的文书,如果双方当事人同意赋予其强制执行效力的,公证机构可以在公证书中注明"有强制执行的效力"。当该种公证债权文书中的债务人拒不履行义务时,债权人可以不经审判程序直接向有管辖权的人民法院申请执行。

四、执行管辖

执行管辖是指各级人民法院之间以及同级的各个人民法院之间,受理执行案件的分工和权限。

根据民事诉讼法和最高人民法院的有关司法解释,作为执行根据的法律文书不同,执行管辖的确定标准也有所不同。

1. 人民法院制作的法律文书的执行管辖

(1) 人民法院制作的判决书、裁定书、调解书,以及刑事判决、裁定中的财产部分,由第一审人民法院或者与第一审人民法院同级的被执行的财产所在地人民法院执行。这是因为第一审人民法院所在地往往是被执行人所在地或被执行人的财产所在地,由第一审人民法院执行,既便于债权人申请执行,也便于人民法院行使执行权,顺利执行案件。

(2) 人民法院作出的财产保全和先予执行裁定书,由制作该裁定的人民法院负责执行。这是因为财产保全和先予执行是人民法院在审理民事、行政案件中采取的紧急措施,需要迅速执行,由制作裁定的人民法院负责执行,易于实现这种裁定的价值,也便于迅速保全双方当事人争议的标的物或者及时地解决申请人的生产或生活的急需,从而保证诉讼的顺利进行,保证人民法院将来作出的生效裁判得以执行。

（3）发生法律效力的实现担保物权裁定、确认调解协议裁定、支付令,由作出裁定、支付令的人民法院或者与其同级的被执行财产所在地的人民法院执行。

2. 其他机关制作的法律文书的执行管辖

（1）法律规定由人民法院执行的其他法律文书,由被执行人住所地或者被执行的财产所在地人民法院执行。比较特殊的是,专利管理机关依法作出的处理决定和处罚决定,由被执行人住所地或财产所在地的省、自治区、直辖市有权受理专利纠纷案件的中级人民法院执行。国务院各部门、各省、自治区、直辖市人民政府和海关依照法律、法规作出的处理决定和处罚决定,由被执行人住所地或者财产所在地中级人民法院执行。

（2）民商事仲裁当事人申请财产保全,由仲裁机构提交被申请人住所地或被申请保全的财产所在地的基层人民法院裁定并执行;申请证据保全的,由证据所在地基层人民法院裁定并执行。

（3）仲裁机构制作的国内仲裁裁决书、调解书,公证机关制作的依法赋予强制执行效力的债权文书,由被执行人住所地或者被执行的财产所在地的人民法院执行;其级别管辖,参照各地人民法院受理诉讼案件的级别管辖的规定确定。

五、委托执行

委托执行是指被执行人或者被执行财产不在本法院辖区,而前去异地执行又有实际困难的,可以委托当地人民法院代为执行的制度。

委托执行应当遵循下列程序：

（1）委托执行一般应在同级人民法院之间进行。经对方法院同意,也可委托上一级法院执行。被执行人是军队企业的,可以委托其所在地的军事法院执行。执行标的物是船舶的,可以委托有关海事法院执行。

（2）委托人民法院应当向受托人民法院出具书面委托函,并附送据以执行的生效法律文书副本原件,立案审批表复印件及有关情况说明,包括财产保全情况、被执行人的财产状况、生效法律文书履行的情况,并注明委托人民法院地址、联系电话、联系人等。

（3）受委托的人民法院接到委托函件后,必须在15日内开始执行,并及时将承办人、联系电话、地址等告知委托人民法院;如发现委托执行的手续、资料不全,应及时要求委托人民法院补办,但不得据此拒绝接受委托。受托人民法院自收到委托函件之日起15日内不执行的,委托人民法院可以请求受托人民法院的上级人民法院指令受委托的人民法院执行。

（4）案件委托执行后,未经受托法院同意,委托法院不得自行执行。受托法院对受托执行的案件有权依法采取强制执行措施和对妨害执行行为的强制措施。受托法院在执行中,认为需要变更被执行人,或者应当中止、终结执行的,应当将有关情况函告委托法院,由委托法院依法决定是否作出变更被执行人、中止或终结执行的裁定。对执行担保和执行和解的情况以及案外人对非属法律文书指定交付的执行标的物提出的异议,受托法院可以按照有关法律规定处理,并及时通知委托法院。

(4) 执行完毕后,受托人民法院应当将执行结果及时函告委托人民法院;如果在法定期间内还未执行完毕,也应当将执行情况函告委托法院。

第二节 执行当事人的变更与追加

执行当事人的变更与追加,是指案外人继受或代行法律文书确定的当事人的权利义务,在执行程序中成为执行当事人的法律制度,也称之为执行承担。

执行根据的效力原则上只及于法律文书确定的当事人。因此,在一般情况下,只有法律文书确定的权利人和义务人才能成为执行当事人。但是,法律文书发生效力后,进入执行程序时,由于出现一些特殊情况,执行当事人可能发生变更。如作为当事人的公民死亡,法人或其他组织终止、合并、分立等,执行当事人可能发生变更与增加。此外,在一些执行案件中,被执行人自己没有履行义务的能力,依法应当由他人替代履行义务,或者有第三人愿意为他承担债务。在这种情况下,人民法院可以做出变更、追加执行主体的裁定,也会出现执行当事人与法律文书确定的当事人不一致的情况。

执行当事人的变更与追加包括两种情况:一是申请执行人的变更;二是被执行人的变更与追加。

一、申请执行人的变更与追加

法律文书发生效力后,如果文书确定的债权依法交由他人继受,该他人就成为债权人,并可以向执行机构申请执行,这就是执行债权人的变更。执行债权人的变更是由于权利主体的变更而形成的。执行过程中,申请执行人或其继承人、权利承受人可以向人民法院申请变更、追加当事人。申请符合法定条件的,人民法院应予支持。实践中常见的申请执行人的变更主要有以下几种情况:

(1) 作为申请执行人的公民死亡或被宣告死亡,该公民的遗嘱执行人、受遗赠人、继承人或其他因该公民死亡或被宣告死亡依法承受生效法律文书确定权利的主体,可以申请变更、追加其为申请执行人。作为申请执行人的公民被宣告失踪,该公民的财产代管人申请变更、追加其为申请执行人。但是,追索赡养费、抚养费、扶养费案件的权利人死亡的,不会发生执行债权人变更的情形。

(2) 作为申请执行人的公民离婚时,生效法律文书确定的权利全部或部分分割给其配偶,该配偶申请变更、追加其为申请执行人的。

(3) 作为申请执行人的法人或其他组织清算或破产时,生效法律文书确定的权利依法分配给第三人,或申请执行人将生效法律文书确定的债权依法转让给第三人,且书面认可第三人取得该债权的,该第三人可以申请变更、追加其为申请执行人的。

(4) 作为债权人的法人或其他组织终止、合并、分立,继受其权利的法人或其他组织可以申请变更其为申请执行人。

(5) 作为申请执行人的机关法人被撤销,继续履行其职能的主体可以申请变更、追加其为申请执行人,但生效法律文书确定的权利依法应由其他主体承受的除外;没有继续履行其职能的主体,且生效法律文书确定权利的承受主体不明确,作出撤销决定的主体可以申请变更、追加其为申请执行人。

二、被执行人的变更与追加

被执行人的变更与追加主要有以下几种情形:

(1) 作为被执行人的公民死亡或被宣告死亡,申请执行人可以申请变更、追加该公民的遗嘱执行人、继承人、受遗赠人或其他因该公民死亡或被宣告死亡取得遗产的主体为被执行人,在遗产范围内承担责任。继承人放弃继承或受遗赠人放弃受遗赠,又无遗嘱执行人的,人民法院可以直接执行遗产。作为被执行人的公民被宣告失踪,申请执行人可以申请变更该公民的财产代管人为被执行人,在代管的财产范围内承担责任。

(2) 执行中作为被执行人的法人或者其他组织分立、合并的,人民法院可以裁定变更后的法人或者其他组织为被执行人;被注销的,如果依照有关实体法的规定有权利义务承受人的,可以裁定该权利义务承受人为被执行人。其中,法人或其他组织的分立的,由分立后存续的企业按照分立协议确定的比例承担债务,或由分立后存续的企业按照其从被执行企业分得的资产占原企业总资产的比例对执行债权人承担责任。在执行中,作为被执行人的法人或者其他组织名称变更的,人民法院可以裁定变更后的法人或者其他组织为被执行人。

(3) 作为被执行人的其他组织在执行中不能履行法律文书确定的义务的,人民法院可以裁定执行对该其他组织依法承担义务的法人或者公民个人的财产。实践中,属于这种情形而变更、追加被执行人的可能性非常多。最高人民法院《关于民事执行中变更、追加当事人若干问题的规定》(以下简称《执行变更追加当事人规定》)列举了比较典型的若干情形。比如作为被执行人的个人独资企业,不能清偿生效法律文书确定的债务,申请执行人可以申请变更、追加其投资人为被执行人。个人独资企业投资人作为被执行人的,人民法院可以直接执行该个人独资企业的财产。再比如被执行人为企业法人的分支机构,不能清偿债务的,可以裁定企业法人为被执行人。法人直接管理的责任财产仍不能清偿债务的,人民法院可以直接执行该法人其他分支机构的财产。个体工商户的字号为被执行人的,人民法院可以直接执行该字号经营者的财产。作为被执行人的合伙企业,不能清偿生效法律文书确定的债务,申请执行人可以申请变更、追加普通合伙人为被执行人,等等。

(4) 执行过程中,第三人向执行法院书面承诺自愿代被执行人履行生效法律文书确定的债务,申请执行人可以申请变更、追加该第三人为被执行人,在承诺范围内承担责任。类似地,作为被执行人的法人或其他组织,财产依行政命令被无偿调拨、划转给第三人,致使该被执行人财产不足以清偿生效法律文书确定的债务,申请执行人申请变更、追加该第三人为被执行人,在接受的财产范围内承担责任的。

(5) 债权人撤销权诉讼的生效判决撤销了被执行人与受让人的财产转让合同,并判令受让人向被执行人返还财产,受让人未通知债权人,自行向被执行人返还财产,被执行人将返还的财产立即转移,致使债权人丧失申请法院采取查封、冻结等措施的机会,撤销权诉讼目的无法实现的,债权人有权申请追加受让人为被执行人,履行生效判决确定的财产返还义务。

变更或追加执行当事人,关系到变更前和变更后的当事人的实体权益,必须严格依法进行。申请人申请变更、追加执行当事人,应当向执行法院提交书面申请及相关证据材料。

除事实清楚、权利义务关系明确、争议不大的案件外,执行法院应当组成合议庭审查并公开听证。经审查,理由成立的,裁定变更、追加;理由不成立的,裁定驳回。执行法院应当自收到书面申请之日起60日内作出裁定。有特殊情况需要延长的,由本院院长批准。

被申请人、申请人或其他执行当事人对执行法院作出的变更、追加裁定或驳回申请裁定不服的,可以自裁定书送达之日起10日内向上一级人民法院申请复议。如果被申请追加或申请追加者对法院作出的变更、追加裁定或驳回申请裁定不服的,涉及实体权利义务关系认定的,可以自裁定书送达之日起15日内,向执行法院提起执行异议之诉。比如作为被执行人的公司,财产不足以清偿生效法律文书确定的债务,其股东未依法履行出资义务即转让股权,申请执行人可以申请变更、追加该原股东或依公司法规定对该出资承担连带责任的发起人为被执行人,在未依法出资的范围内承担责任,人民法院经审查裁定应予支持的,如果被追加的股东对于其是否有未依法履行出资义务即转让股权的情形有不同意见的,应当通过诉讼途径解决。诉讼期间,人民法院不得对被申请人争议范围内的财产进行处分。申请人请求人民法院继续执行并提供相应担保的,人民法院可以准许。

第三节 执行担保与暂缓执行

一、执行担保

执行担保是指担保人为担保被执行人履行生效法律文书确定的全部或者部分义务,向人民法院提供担保,经申请执行人同意,人民法院决定暂缓执行的程序规则。

执行程序开始后,人民法院应当依照法定程序迅速实施执行,非因法定事由不得停止,以便及时完成执行任务,实现申请人的权利。但是,执行措施的适用,不仅需要时间和费用,而且往往影响被执行人继续生产和经营,进而又影响其偿还剩余债务的能力。有时,如果暂缓执行,不仅有利于被执行人通过生产经营恢复清偿能力,而且有利于保证债权人权利的完全实现,还可以促成被执行人自动履行,节省执行费用和时间,符合执行程序的效率原则。

根据民事诉讼法的规定,暂缓执行以执行担保为前提。执行担保的成立须具备以下条件:

(1)被执行人向人民法院提出申请。执行担保只能由被执行人向人民法院提出申请的方式启动,人民法院不能依职权作出决定。

（2）被执行人或第三人提供担保。担保的方式，可以由被执行人或第三人向人民法院提供财产担保，也可以由第三人作为保证人。

（3）须征得申请执行人同意。暂缓执行意味着债权人的权利不能立即实现，这直接关系到债权人的切身利益，因此必须征得债权人的同意。

被执行人或者他人提供执行担保的，应当向人民法院提交担保书，并将担保书副本送交申请执行人。担保书中应当载明担保人的基本信息、暂缓执行期限、担保期间、被担保的债权种类及数额、担保范围、担保方式、被执行人于暂缓执行期限届满后仍不履行时担保人自愿接受直接强制执行的承诺等内容。提供财产担保的，担保书中还应当载明担保财产的名称、数量、质量、状况、所在地、所有权或者使用权归属等内容。被执行人或者他人提供执行担保，申请执行人同意的，应当向人民法院出具书面同意意见，也可以由执行人员将其同意的内容记入笔录，并由申请执行人签名或者盖章。以财产提供执行担保的，当事人应当依据担保法的有关规定，按照担保物的种类、性质，将担保物移交执行法院，或依法到有关机关办理登记手续。申请执行人可以申请人民法院查封、扣押、冻结担保财产。

二、暂缓执行

担保书符合法律要求的，人民法院可以裁定暂缓执行。暂缓执行的期限，如有担保期限的，与担保的期限一致，但最长不得超过1年；没有担保期限的，由人民法院决定暂缓执行的期限。

执行担保成立后，产生以下法律效力：①人民法院作出暂缓执行的决定后，原判决、裁定等法律文书的执行中止，除被执行人主动履行义务外，债权人不得要求被执行人履行义务。②被执行人应当按照暂缓执行决定书中确定的期限履行生效法律文书确定的义务。③在暂缓执行期间，被执行人或担保人对担保的财产有转移、隐藏、变卖、毁损等行为的，人民法院可以依申请人的申请恢复强制执行。申请人发现担保书内容与事实不符，且对申请执行人合法权益产生实质影响的，可以申请人民法院恢复执行。④暂缓执行期限届满，被执行人仍不履行法律文书所确定的义务的，人民法院可以依申请执行人的申请恢复执行，并直接裁定执行担保财产或者保证人的财产，但不得将担保人变更、追加为被执行人。担保人承担担保责任后，对被执行人有追偿权。

第四节 执行和解

一、执行和解的概念

执行和解是指在执行程序中，双方当事人就执行标的的一部或全部自愿协商达成和解协议，依法变更生效法律文书确定的权利义务实现方式的程序规则。执行和解是结束执行程序的一种特殊方式。

执行和解不同于法院调解。法院调解只能适用于起诉和审理阶段，不适用于执行阶段。因为生效裁判的既判力对法院有约束力，法院不能以调解的方式改变自己的裁判结论。而执行和解是双方当事人处分自己的民事权利和诉讼权利的行为。只要当事人的处分行为不违背法律，不损害国家、集体利益和他人的合法权益，人民法院就应当予以确认。但是，执行和解协议不具有法律上的强制力，不能取代原生效裁判文书，只能由当事人自动履行，不能申请人民法院强制执行。

二、执行和解的性质与效力

执行和解是诉讼契约的一种，必须具备以下条件方发生执行程序上的效力：

（1）必须是出自双方当事人自愿。执行和解完全是当事人自愿进行的，是当事人真实意思的表示。当事人达成执行和解不是执行机构调解的结果，也没有受到任何外部的胁迫、利诱、诈欺，不存在重大误解。在和解过程中，是否作出让步、让步的幅度是当事人自己决定的。

（2）执行和解协议的内容必须合法。双方当事人达成的和解协议不违反国家法律、政策的有关规定，没有损害国家、集体利益和他人合法权益，也不损害社会公共利益。

（3）执行和解必须在执行程序中进行。执行和解必须是在执行程序开始后到执行程序终结前进行的。执行程序尚未开始前，双方当事人也可以就如何履行生效法律文书确定的权利义务达成和解协议，但不属于执行和解，对执行程序不发生任何影响。执行程序结束后，权利人的权利已经得到实现，也不存在执行和解的问题。因此，执行和解必须在执行程序中进行。

《民事诉讼法》第237条规定，在执行中，双方当事人自行和解达成协议的，执行员应当将协议内容记入笔录，由双方当事人签名或盖章，即生效。执行人员可以裁定中止执行程序，由当事人自行履行协议内容。中止执行后，申请执行人申请解除查封、扣押、冻结的，人民法院可以准许。和解协议履行过程中，当事人还可以协商一致变更执行和解协议，并向人民法院提交变更后的协议，或者由执行人员将变更后的内容记入笔录，并由各方当事人签名或者盖章。当事人之间达成的和解协议合法有效并已履行完毕的，人民法院即可作执行结案处理。

执行和解协议的内容只能通过当事人的自动履行实现，当事人不能申请执行和解协议。如果申请执行人因受欺诈、胁迫与被执行人达成和解协议，或者当事人不履行和解协议的，人民法院可以根据当事人的申请，恢复对原生效法律文书的执行。当事人申请恢复执行原生效法律文书，应当在民诉法规定的申请执行期间内提出。当事人不履行执行和解协议的，申请恢复执行期间自执行和解协议约定履行期间的最后一日起计算。

申请执行人以被执行人一方不履行执行和解协议为由申请恢复执行，人民法院应当进行审查，发现有下列情形之一的，裁定不予恢复执行：①执行和解协议履行完毕后申请恢复执行的；②执行和解协议约定的履行期限尚未届至或者履行条件尚未成就的，但符合《民法典》第578条[①]规定情形的除外；③被执行人一方正在按照执行和解协议约定履行义务的；④其他不符合恢复执行条件的情形。对于和解协议履行了一部分的，一方当事人反

[①]《民法典》第578条：当事人一方明确表示或者以自己的行为表明不履行合同义务的，对方可以在履行期限届满前请求其承担违约责任。

悔并向人民法院申请执行原生效法律文书的,人民法院应予执行,但应扣除已执行部分的财产。

三、执行和解的可诉性

双方就履行执行和解协议发生争议的,可以向执行法院提起诉讼。申请执行人起诉的,执行法院受理后可以裁定终结原生效法律文书的执行。执行中的查封、扣押、冻结措施,自动转为诉讼中的保全措施。但申请执行人以被执行人不履行和解协议申请恢复执行,人民法院裁定恢复执行后,申请执行人又就履行执行和解协议提起诉讼的,人民法院不予受理。当事人、利害关系人认为执行和解协议无效或者应予撤销的,可以向执行法院提起诉讼。执行和解协议被确认无效或者撤销后,申请执行人可以据此申请恢复执行。被执行人以执行和解协议无效或者应予撤销为由提起诉讼的,不影响申请执行人申请恢复执行。

执行和解协议履行完毕,申请执行人因被执行人迟延履行、瑕疵履行遭受损害的,可以向执行法院另行提起诉讼。

第五节 执行竞合与参与分配

一、执行竞合

执行竞合指就同一被执行人的财产,存在若干执行名义,数个申请人同时或先后申请强制执行的现象。这里所说的执行,包括对生效法律文书的执行,或称"终局执行",也包括对财产保全或者先予执行裁定的执行。执行竞合有终局执行竞合、保全执行与终局执行竞合、保全执行竞合三种情形。执行竞合状态下,如果被执行人的财产能够同时满足所有申请执行人的权利要求时,各申请执行人的权利均可实现,不存在问题。然而当被执行人的财产不足以实现各申请执行人的权利时,就需要按照一定的原则、设立相应的程序规则来解决各申请人权利实现问题。

1. 终局执行竞合

终局执行是指人民法院依据生效法律文书进行的执行活动。终局执行竞合,即数个申请执行人分别申请人民法院对同一被执行人终局执行的情形。参与分配是解决终局执行问题的程序规则。

2. 终局执行与保全执行竞合

保全执行是指人民法院根据当事人的申请,或依职权对有关财产采取保全措施而引起的执行。当针对同一项财产,既有人申请终局执行,又有人申请财产保全时,就会发生终局执行与保全执行的竞合。这种执行竞合应按两种执行程序发生时间的先后不同,分情况加以处理:

终局执行先于或与保全执行同时开始时,终局执行有排除保全执行的效力。申请执行人已经申请对某项财产强制执行后,或与此同时,又有人申请对该项财产采取保全措施的,只执行终局执行,而不执行财产保全。因为:①终局执行的执行依据是具有法律效力的文书,对任何人,包括人民法院都有约束力。当事人据此提出符合条件的执行申请,人民法院必须受理,并依法付诸执行。而财产保全申请对法院不具有约束力。人民法院有审查权,对不符合条件,包括不能采取保全措施的,应驳回申请。②财产保全申请并不以申请人已被确认对保全财产享有实体权利为前提,申请财产保全属于单纯程序意义上的诉讼权利。终局执行申请是以确认申请人对被执行财产享有实体权利的生效法律文书为依据,申请执行属于实体意义上的权利,应当优于申请财产保全权。③终局执行的目的在于实现申请执行人的实体权利,而财产保全的目的在于限制当事人对财产的处分权,以保证将来判决的执行。财产保全本身并不包含肯定申请人对被保全财产享有实体权利的意义,故保全执行不能阻却已经开始的终局执行。

财产保全执行先于终局执行时,保全执行具有暂时阻却终局执行的效力。人民法院已经对某项财产采取财产保全执行后,另有人申请就该项财产强制执行的,应中止执行,待有关被保全财产的诉讼终结后,再恢复执行。因为财产保全裁定一经送达当事人即发生法律效力,任何人,包括其他人民法院均不得随意处理被保全财产。最高人民法院对财产保全与终局执行竞合的处理意见是:既要维护终审判决的严肃性和权威性,同时也要适当兼顾财产保全措施的实际效果。实践中,可以由人民法院将被执行财产提取、保存,暂不交付申请执行人,或暂不实施执行措施,待有关保全财产的案件审结后,再付诸执行。如果财产保全申请人败诉的,申请执行人可申请恢复执行程序;如果财产保全申请人胜诉的,按参与分配制度处理执行竞合问题。

3. 保全执行竞合

保全执行竞合是指数个申请人申请人民法院对同一项财产实行财产保全的情形。

保全执行竞合的问题,实际上就是可否对同一财产重复采取保全措施的问题。对此,《民事诉讼法》第106条有明文规定:"财产已被查封、冻结的,不得重复查封、冻结。"如前所述,保全执行的目的仅在于限制被申请人支配、处分有关财产,并非确认申请人对被保全财产的实体权利。先申请保全者并不能因此获得优先受偿权。决定数个申请保全执行的人实际受偿数额的,不是申请财产保全的先后,而是谁有权提起终局执行申请。如果数个保全执行申请人最后都提出终局执行申请,则是终局执行问题,依终局执行竞合的方式处理。有鉴于此,对同一财产重复采取保全措施是不必要的。如果允许重复适用保全措施,易造成不同法院司法权力的冲突,滋长地方保护主义,反而可能导致执行难和执行中的不公平等问题。所以,对同一财产重复适用保全措施的做法应当禁止。解决保全执行竞合的方式是:先申请的,先执行;已执行的,不能重复执行。

二、参与分配

参与分配是指执行过程中,在被执行人的财产被执行完毕前,对该被执行人已经取得金钱债权执行依据的其他债权人可以向执行法院申请,参与到执行程序中,与申请执行人一起就该被执行人的财产分配受偿的程序规则。

评注：参与分配是各国强制执行法中普遍确立的一项制度。从国外立法来看，各国因其民事执行价值取向不同，参与分配适用的条件、程序和分配原则也就迥然相异。英美法和德国法强调对执行债权人的程序法保护，主张"时间上第一规则"，因而先申请执行者在分配顺序上处于优先的地位；法国法和日本法则强调对债权人的实体法保护，认为程序法不能改变实体法上的债权平等地位，因而各债权人在分配时遵循"比例平等"原则（有担保权的债权人除外）；瑞士法则采取了效率优先原则与债权人平等原则的折中方法，规定了分配顺序上的群团优先原则，即将债权人按一定的时间标准分为不同的债权人团体，在前一期间内申请强制执行的多数债权人，优先于后一期间内申请执行的多数债权人受清偿；至于同期间内的申请执行的债权人之间，不分前后一律平等受偿。

《执行规定》规定的参与分配程序由三个规则组成：①多份生效法律文书确定金钱给付内容的多个债权人分别对同一被执行人申请执行，各债权人对执行标的物均无担保物权的，按照执行法院采取执行措施的先后顺序受偿；②多个债权人的债权种类不同的，基于所有权和担保物权而享有的债权，优先于金钱债权受偿。有多个担保物权的，按照各担保物权成立的先后顺序清偿。③一份生效法律文书确定金钱给付内容的多个债权人对同一被执行人申请执行，执行的财产不足清偿全部债务的，各债权人对执行标的物均无担保物权的，按照各债权比例受偿。上述规则包含具有逻辑关联的几个要点：

第一，申请参与分配应当具备一定的条件。①申请人必须是已经就被执行人取得执行依据债权人。申请人所依据的执行名义包括生效判决、支付令，也包括已经生效的担保物权实现裁定。对被执行财产有优先权、担保物权的债权人，可以申请参加参与分配程序，主张优先受偿权。由于担保物权实现程序是略式性质，执行法院可以告知担保物权人按照担保物权实现程序向法院提出申请，在获得法院准予实现担保物权的裁定后，参与执行分配。如果提出申请者没有提起诉讼，或虽然已经起诉但尚未获得生效裁判，即便是实质意义上的债权人，也没有资格通过参与分配的方式实现债权。因为参与分配制度的性质是强制执行，根据执行权以生效法律文书为依据原则，其适用范围不能扩大到非执行程序性质的债权实现行为，法院也不能强制被执行人向没有执行依据的人履行债务。②申请人要求参与分配的债权仅限于金钱债权。因为只有金钱债权的执行才能适用参与分配规则中的比例分配方式。③申请参与分配的时间必须是在执行过程中，被执行人的全部或主要财产已被一个人民法院因执行确定金钱给付的生效法律文书而查封、扣押或冻结，且尚未执行完毕。④被执行财产不足清偿全部债务且无其他财产可供执行的。如果被执行人的财产足以清偿全部债务，那么其他债权人没有必要参与分配，而可以通过向人民法院申请执行使自己的债权得到实现即可。

第二，按照先到先得的原则选定分配顺序。该原则是执行程序效率优先价值的体现，对鼓励债权人及时行使权利有积极意义，也有防止被执行人与他人恶意串通、利用参与分配制度逃避债务的作用。因此，即便是优先受偿权，也要排出受偿顺序。即有担保物权的数个债权，按照担保设立的时间顺序实现优先权。如果数个债权都是普通债权的，按照执行法院采取执行措施的先后顺序受偿。

第三，同一顺序的数个债权采取比例受偿的方法。一份生效法律文书，或同时生效的数个法律文书确定的多个债权，各债权人对执行标的物均无担保物权的，按照各债权在全部债权总额中所占比例受偿。这个规则体现的是债权人平等保护原则。

参与分配由首先查封、扣押或冻结的法院(简称"首封法院")主持。如果该法院所采取的执行措施是财产保全裁定,且该案尚未审结,根据保全裁定效力保持到执行程序的规则,其他执行法院应当裁定中止执行,待该案件审理终结后再进行分配。如果相关案件审理结果是申请保全的当事人获得了胜诉判决的,首封法院即可以实际主持参与分配程序。其他执行法院应将参与分配申请书转交主持分配的法院,并说明执行情况。如果相关案件的裁判结果是驳回申请保全人的诉讼请求的,判决生效后,保全裁定自动失效。主持分配的法院即变为轮候查封排序第一的法院。

债权人申请参与分配,应当向原申请执行法院提交参与分配申请书,写明参与分配的理由,并附执行根据。主持分配的法院接到有关执行法院转交的参与分配申请后,经审查,认为符合申请参与分配条件的,应裁定准许该债权人参与分配。认为不符合参与分配条件的,应驳回其申请。

参与分配执行中,执行法院应当制作财产分配方案,并送达各债权人和被执行人。债权人或者被执行人对分配方案有异议的,应当自收到分配方案之日起15日内向执行法院提出书面异议。执行法院应当将异议书通知未提出异议的债权人、被执行人。未提出异议的债权人、被执行人自收到通知之日起15日内未提出反对意见的,执行法院依异议人的意见对分配方案审查修正后进行分配;提出反对意见的,应当通知异议人。异议人可以自收到通知之日起15日内,以提出反对意见的债权人、被执行人为被告,向执行法院提起诉讼;异议人逾期未提起诉讼的,执行法院按照原分配方案进行分配。在参与分配异议之诉的诉讼期间,人民法院对被执行财产进行分配的,应当提存与争议债权数额相应的款项,待诉讼结果确定后再进行分配。

执行所得价款应当先扣除执行费用,再由各申请执行人按分配规则先后受偿。清偿后的剩余债务,被执行人应当继续清偿。债权人发现被执行人有其他财产的,可以随时请求人民法院执行。《民事诉讼法》第261条规定,人民法院采取执行措施后,被执行人仍不能偿还债务的,应当继续履行义务。债权人发现被执行人有其他财产的,可以随时请求人民法院执行。债权人根据该条规定请求人民法院继续执行的,不受民事诉讼法规定的申请执行时效期间的限制。

被执行人为企业法人,其财产不足清偿全部债务的,符合法律规定的破产条件的,执行法院可告知当事人依法申请被执行人破产。是否申请被执行人破产,由当事人自主决定。申请执行人之一或者被执行人同意申请破产的,执行法院应当裁定中止对该被执行人的执行,将执行案件相关材料移送被执行人住所地人民法院。被执行人住所地人民法院应当自收到执行案件相关材料之日起30日内,对破产申请进行审查,将是否受理破产案件的裁定告知执行法院。裁定不予受理的,应当将相关案件材料退回执行法院。执行法院恢复执行参与分配程序。被执行人住所地人民法院裁定受理破产案件的,执行法院应当解除对被执行人财产的保全措施。被执行人住所地人民法院裁定宣告被执行人破产的,执行法院应当裁定终结对该被执行人的执行。

被执行人为企业法人,未经清理或清算而撤销、注销或歇业,其财产不足清偿全部债务的,参照非企业法人被执行人参与分配规则处理。

第六节 执行中止与执行终结

一、执行中止

执行中止是指在执行程序中,由于出现某种法定情形而暂时停止执行程序,待这种情形消失后,再恢复执行程序的法律制度。

根据《民事诉讼法》第263条的规定,在执行程序中有下列情形之一的,人民法院可以裁定中止执行:

(1) 申请人表示可以延期执行的。在执行程序中,当事人有权处分自己的程序权利和实体权利。法律文书生效后,申请人有权依法申请人民法院执行,执行开始后,申请人也有权要求人民法院延期执行。从程序权利上说,就是债权人同意暂停执行程序,从实体权利上说,就是债权人同意被执行人延期履行债务。因此,只要是申请执行人的真实意思表示,人民法院应当尊重其意见,裁定中止执行程序,无需审查申请人同意延期执行的原因。

(2) 案外人对执行的财产提出确有理由的异议的。案外人虽然不是执行程序中的当事人,但他可能与执行标的有法律上的利害关系,当法院执行涉及其权益时,有权提出异议。对于案外人提出的异议,执行员应按照法定程序进行审查。如果异议确有理由,说明作为执行根据的法律文书可能有错误,或者采取执行措施的对象有错误,因此执行员应当报请院长批准,裁定中止执行。但中止执行的范围仅限于案外人提出异议部分的财产,对被执行人的其他财产,不应中止执行。

(3) 作为一方当事人的公民死亡,需要等待继承人继承权利或承担义务的。在执行程序中,当事人死亡,程序就不能继续进行。如果申请执行人死亡,就需要等待其继承人继承权利;如果被执行人死亡,就需要等待其继承人承担义务。在尚未确定其继承人,或者继承人尚未开始继承时,执行程序应当中止。

(4) 作为一方当事人的法人或者其他组织终止,尚未确定权利义务承受人的。在执行程序中,作为一方当事人的法人或者其他组织终止,如被撤销、解散、合并等,依法应由其权利义务承受人参加执行。如果在其终止时,权利义务承受人尚未确定的,执行程序就无法继续进行,人民法院应当裁定中止执行,等待该法人或其他组织的权利义务承受人前来参加执行活动。

(5) 人民法院决定按照审判监督程序再审的案件。按照审判监督程序有关规定,作为执行依据的判决、裁定或调解书出现法定再审事由,人民法院决定再审的,应当同时裁定中止执行。

(6) 人民法院认为应当中止执行的其他情形。这些情形主要有:人民法院已经受理以被执行人为债务人的破产案件的;被执行人暂时没有财产可供执行的;执行的标的物是其他法院或仲裁机构正在审理的案件争议的标的物,需要等待该案审理完毕确定权属的;一方当事人申请执行仲裁裁决,另一方当事人申请撤销仲裁裁决的;仲裁裁决的被执行人向人民法院申请不予执行,并提供适当担保的;据以执行的法律文书需要补充判决、裁定补正或解释的,等等。

人民法院决定中止执行时,应当作出中止执行的书面裁定,写明中止执行的理由和法律依据,由执行员、书记员署名,加盖人民法院印章,该裁定送达双方当事人即发生法律效力。中止执行的效力主要体现在两个方面:一是人民法院应当暂停一切执行活动;二是执行程序的当事人及其他参与人不得改变中止执行前的财产状况和事实状态。如申请执行人不得擅自采取行动向被执行人追索债务;被执行人不得自行处分已经被查封、扣押的财产;协助执行人不得推卸协助法院执行的义务等。

当执行中止的原因消除后,执行程序可以根据当事人的申请或者人民法院依职权恢复进行。人民法院决定恢复执行的,应当书面通知当事人和其他参与人。恢复执行是中止执行前程序的继续,中止前人民法院和当事人的执行活动仍然有效。按照《执行规定》第107条的规定,人民法院执行生效法律文书,一般应当在立案之日起六个月内执行结案。确有特殊情况需要延长的,由本院院长批准。中止执行的期间应当从上述期限中扣除。

二、执行终结

执行程序有两种终结情形,一种是非正常终结,称为执行终结;一种是正常终结,或自然终结,即终结执行程序。

1. 执行终结

执行终结是指在执行程序中,由于出现某些法定的事由,致使执行程序无法继续进行或者没有必要继续进行,人民法院裁定结束执行程序的程序规则。根据《民事诉讼法》第257条的规定,终结执行的情况有以下情况:

(1)申请人撤销申请。申请人是法律文书确定的权利人,根据处分权原则,申请人有权撤销执行申请。在执行程序中,申请人明确表示撤回执行申请的,表明债权人放弃了自己的实体权利和程序权利,继续执行已经没有必要,人民法院应当裁定终结执行。申请人撤销申请必须完全出于自愿,而且不得违反法律规定。执行法院对申请人的撤销申请必须进行审查,如果有损害国家利益、社会公共利益或他人合法权益的,裁定不予准许。申请人撤销执行申请并不影响执行依据的法律效力。因撤销申请而终结执行后,当事人在法律规定的申请执行时效期间内再次申请执行的,人民法院应当受理,再次启动执行程序。

(2)据以执行的法律文书被撤销。具有给付内容的生效法律文书是人民法院据以执行的唯一根据。在执行过程中,如果法律文书被人民法院或其他机关撤销,执行就失去了根据,执行程序当然不能继续进行,因而必须终结执行。

(3)作为被执行人的公民死亡,无遗产可供执行,又无义务承担人。在执行过程中,如果被执行人死亡,有遗产的,人民法院可以执行被执行人的遗产;遗产已被继承的,人民法院可以裁定变更执行被执行人,由该继承人在继承遗产的范围内偿还债务。但是,如果被执行人死亡后,既无遗产可供执行,又无义务承担人的,事实上已无法执行,只能裁定终结执行。

(4)追索赡养费、扶养费、抚养费案件的权利人死亡。追索赡养费、扶养费、抚养费案件的权利人,与负有义务的被执行人之间,是基于身份关系而产生的一种权利义务关系。被赡养人、被扶养人、被抚育人的权利只能由具有特定身份的人享有,既不能转让,也不能由他人继承。因此,追索赡养费、扶养费、抚养费案件的权利人死亡的,赡养人、扶养人、抚育人的义务也就随之解除,执行已经没有必要,执行程序应当终结。

(5) 作为被执行人的公民因生活困难无力偿还借款,无收入来源,又丧失劳动能力。此种情形表明该被执行人完全地、永久地丧失了偿还债务的能力,继续执行已经属于没有意义。人民法院应当裁定终结执行,且以后永远不再恢复执行。

(6) 人民法院认为应当终结执行的其他情形。这是一个弹性条款,目的在于赋予人民法院一定的自由裁量权,有利于人民法院正确及时地处理执行程序中出现的特殊情况,顺利地裁定结束执行程序。例如,在执行程序中,作为被执行人的企业法人被宣告破产的,人民法院应当裁定终结程序。作为被执行人的法人或其他组织终止,无财产可供执行,又无义务承担人或连带责任人的,执行无法进行下去,只能裁定终结执行。被执行人申请不予执行仲裁裁决、公证债权文书,经法院审查确有法律规定的不予执行情形的,也应当裁定终结执行。

根据民事诉讼法的有关规定,终结执行应当由执行员提出书面意见,报请法院院长批准后,作出终结执行的书面裁定。裁定一经送达就立即发生法律效力。执行程序就此结束,以后不再恢复。

2. 终结执行程序

终结执行程序是人民法院结束执行程序的程序规则。终结执行程序是执行程序进入结束阶段的标志,人民法院以裁定方式宣布结束案件的执行工作。按照执行程序结束的不同情形,终结执行程序包括两种类型。

(1) 执行目标实现终结。即人民法院依法采取执行措施后,申请执行人债权得到完全实现,执行程序任务完成而终结执行程序;另外,当事人之间达成执行和解协议并已履行完毕的,都属于执行目标实现而终结。

(2) 本案执行程序终结。被执行财产执行完毕,申请人债权还没有完全得到实现,但执行法院经财产调查未发现可供执行的财产,而终结执行程序的情形。依据法律的规定,被执行人应当全面履行生效法律文书确定的义务,当可供执行的财产执行完毕还没有完成债务履行义务时,应当继续履行。此后任何时候,申请执行人发现被执行人有可供执行财产的,可以再次申请执行,且不受申请执行时效期间的限制。按照《执行规定》第63条要求,法院执行生效法律文书一般应当在立案之日起六个月内执行结案,因此,在执行程序中,被执行财产不足以执行的,短时间内被执行人没有偿债能力,但又不属于永久性丧失偿债能力情形的,本案执行程序职能告一段落。从执行法院管理角度,需要对本案执行程序做终结处理,本质上属于技术性终结,即一种法院内部认可的执行结案方式。为了保障申请执行人的合法权益,保证生效法律文书的实现,必须严格控制本案执行程序终结的运用。《民诉法解释》第517条规定,裁定终结本次执行程序必须遵循下列程序办理:①执行法院必须进行财产调查,确未发现可供执行的财产;②必须将调查结果向申请执行人释明,经申请执行人签字确认,或者执行法院组成合议庭审查核实;③必须报告院长审核批准。

第二十四章　强制执行措施

执行措施是指人民法院采取的强迫被执行人履行义务的方法和手段。执行措施的采取,是执行机构完成执行工作的重要保证,是国家强制力在执行程序中最集中的体现,同时它又直接涉及对被执行人财产或行为的限制和处置,关系到执行主体的切身利益,有时还涉及人权保障等重大利益。因此,民事诉讼法对执行措施作出了较为详尽的规定。执行机构采取执行措施,遵循执行法定原则,即只能采取法律有明文规定的执行措施,并严格依据法定程序操作。

民事诉讼法根据申请执行人债权性质或执行标的的不同,分别就金钱债权、履行义务行为和对被执行人到期债权执行三种执行程序可以采取的措施及其程序作出规定。

第一节　对金钱债权的执行

申请执行人申请执行所依据的生效法律文书确定的权利属于金钱债权的,如归还借款、支付价金、损害赔偿等,执行法院可以采取以下几种强制执行措施。

一、查询、冻结、划拨存款

被执行人未按执行通知书指定的期限履行给付金钱义务的,人民法院可以向银行、信用合作社以及其他有储蓄业务的单位(以下简称金融机构)查询被执行人的存款情况,并有权冻结、划拨被执行人的存款。查询就是人民法院向银行、信用合作社及其他有储蓄业务的单位调查询问或审查追问有关被执行人存款情况的活动。冻结是人民法院在进行诉讼保全或强制执行时,对被执行人在金融机构的存款所采取的不准其提取或转移的一种强制措施。划拨是人民法院通过金融机构将被执行人账户上的存款,划入债权人的账户的执行措施。

人民法院在运用查询、冻结、划拨被执行人的存款等执行措施时,要严格依程序进行。首先,应当依法作出书面裁定,并向有关金融机构发出协助查询、冻结、划拨被执行人存款的通知书。其次,查询、冻结、划拨被执行人的存款,均不得超出被执行人应当履行义务的范围。

二、扣留、提取收入

扣留收入是人民法院依法强行暂时不准当事人支取和处分自己的收入,暂时交由有关单位或人民法院保管的执行措施。提取收入是人民法院依法将本应支付给被执行人的金钱从有关单位支取,并转交给执行债权人的措施。被执行人的收入,包括依法所得和依法应得劳动收入和其他收入。如工资、奖金、稿酬金、其他劳动报酬以及房屋租金、银行存款利息等。这一执行措施主要用于追索赡养费、扶养费、抚养费案件的执行,有时也适用于损害赔偿、债务等案件的执行。人民法院扣留、提取被执行人的收入时,应当保留被执行人及其所扶养家属的生活必需费用。

三、查封、扣押、冻结、拍卖、变卖被执行人的财产

查封财产是指人民法院对被执行人的有关财产就地封存,不准任何人转移和处分的执行措施。查封主要是对不动产或体积较大且难以移动的动产采取的限制性、临时性执行措施。查封的目的在于限制被执行人转移或处分财产,以便进一步采取执行措施。

扣押财产是指将被执行人的财产运送到有关场所加以扣留,不准被执行人占有、使用和处分的执行措施。扣押主要是对体积较小,或者虽然体积较大但易于移动的财产采取限制性、临时性执行措施。扣押的目的同样在于防止被执行人转移和处分财产。

冻结是另一种限制性、临时性执行措施,是指人民法院向金融机构发出协助执行通知书,停止被执行人对其股权、股息、红利、土地使用权等行使权利,禁止被执行人转移或支取。

拍卖财产是指对已被查封、扣押的财产,以公开竞价的方式卖给出价最高的买受人,将所得价款交给债权人的措施。拍卖是以公开竞价的方式将标的物卖给出价最高者的特殊买卖方式,经此方式所取得的价金不仅合理,符合公开、公平原则,而且能够实现变价财产的最高价格,有利于维护出卖人的利益。世界各国、地区的法律均将拍卖作为强制执行程序中主要的换价方式,并将其作为申请法院运用强制执行程序实现担保物权的重要方式之一。2004年10月最高人民法院制定了《关于人民法院民事执行中拍卖、变卖财产的规定》(以下简称《拍卖变卖规定》),2016年发布《关于人民法院网络司法拍卖若干问题的规定》(以下简称《网拍规定》),对人民法院在民事执行程序中如何实施强制拍卖作了具体规定。

变卖财产是指将已被查封、扣押的财产强制予以出卖,把所得价款交给申请执行人的措施。

人民法院拍卖、变卖被执行人的财产,应当委托依法成立的资产评估机构进行价格评估。拍卖应当委托拍卖机构进行,变卖可以委托信托商店或其他商业机构进行,也可以自行组织变卖,或者由被执行人在人民法院的监督下自行组织变卖,由人民法院控制变卖的价款。

在执行程序中,如果被执行人的财产无法拍卖和变卖,或者经拍卖、变卖无人买受的,人民法院可以经申请执行人同意,将该项财产作价后交付申请执行人抵偿债务,这就是以物抵债。

第二节 对交付财产和完成行为的执行措施

在执行标的是被执行的行为的情形,如返还财产、腾退房屋、办理过户手续等,执行法

院可以采取下列执行措施。

一、强制交付财物或票证

被执行人拒不履行交付法律文书指定的财物或者票证的义务时,人民法院有权通过一定的强制手段,责令和监督被执行人交付法律文书所指定的财物或票证。其中,法律文书所指定的财物,可以是特定物,也可以是特定化的种类物;法律文书所指定的票证,一般是有财产权利内容的凭证,如股票、国库券等。

生效法律文书确定被执行人应当履行的义务是交付财物或票证的,被执行人必须交付原物。如果原物已被隐匿或非法转移的,人民法院有权责令被执行人交出。原财物确已变质、损坏或灭失的,应当裁定折价赔偿或按标的物的价值强制执行被执行人的其他财产。

二、强制完成特定行为

强制被执行人完成行为,就是人民法院通过一定的强制手段,迫使被执行人履行法律文书所指定的行为,实现债权人的债权,如停止侵害、排除妨害等。强制执行法律文书指定的行为,是以人的行为作为执行对象时采取的一种特殊的执行措施。

对于可替代完成的作为,被执行人拒不履行的,人民法院可以委托有关单位或他人完成,因完成上述行为所发生的费用,由被执行人承担。拒不承担的,依对金钱执行的方法采取强制执行措施。

三、强制迁出房屋或者退出土地

强制迁出房屋或退出土地,是指人民法院执行机构强制被执行人搬迁在房屋或特定土地上的财物,腾出房屋或退出土地,交给申请人的一种强制执行措施。房屋拆迁、房屋买卖、强占房屋、强占土地、宅基地纠纷等案件,法律文书发生效力后,如果被执行人拒不履行义务,人民法院就可根据债权人的申请,强制其迁出房屋或退出土地。

强制被执行人迁出房屋或者退出土地实施程序:首先由法院院长签发限期迁出房屋或退出土地的公告。在强制执行时,被执行人是公民的,应通知本人或其成年家属到场,并邀请被执行人所在单位以及有关房屋、土地所在地的基层组织派人参加,以便协助执行;被执行人是法人或其他组织的,应当通知其法定代表人或主要负责人到场。拒绝到场的,不影响执行。强制被执行人迁出房屋或退出土地的执行工作,应当由执行员、书记员和司法警察共同进行。一般先要向被执行人进行法制教育,再一次动员其自动迁出房屋或退出土地,并向被执行人所在工作单位或者房屋、土地所在地基层组织的代表介绍案情,说明执行的必要性和严肃性,取得他们的理解与支持。强制迁出房屋时,执行人员应当组织人力将被执行人的财物经过清点后,造具清单,然后送往指定的地点,交给被执行人。被执行人是公民的,也可以交给他的成年家属。被执行人拒收,执行员可以指定由有关单位或个人保管。强制迁出房屋和保管财物所发生的一切费用,均由被执行人承担。强制退出土地时,执行员也应派人将土地上的一切财物运到指定地点,所需要的劳务费用,由被执行人承担。

人民法院强制执行的全过程,应由书记员制作笔录,最后由执行人员、被执行人、在场人员签名或盖章后存卷。需要强制办理有关财产权证照转移手续的,根据《民事诉讼法》第258条的规定,人民法院可以向核发该证照的有关主管机关发出协助执行通知书,写明需要办理财产权证照转移手续的有关事项和具体要求,并附生效法律文书副本,要求该机关协助执行。有关财产权证照,是指房产证、土地使用证、山林所有权证、专利证书、商标证书、车辆执照等不动产或特定动产的财产权凭证。

第三节 对被执行人到期债权的执行

在执行程序中,被执行人不能清偿到期债务,但对本案以外的第三人享有到期债权的,人民法院可以依申请执行人或者被执行人的申请,对该第三人的财产进行强制执行。这种制度就是对被执行人到期债权执行的制度,也称对第三人财产执行。

一、对被执行人到期债权执行的条件

对被执行人的债权强制执行须符合下列条件:

(1) 执行法院已对被执行人财产或行为采取强制执行措施,而被执行人不能清偿债务。这是对被执行人债权强制执行的前提。未对被执行人的财产和行为强制执行以前,不得执行其债权。只有对其财产和行为强制执行后,才能证实被执行人是否真正不能清偿债务,也才能证明执行其债权的必要性。

(2) 被执行人对第三人享有到期债权。如果被执行人的债权尚未到期,第三人享有抗辩权,可以拒绝履行。

(3) 申请执行人提出申请。执行人员只能依申请执行人的申请对被执行人的债权予以执行,一般不依职权主动采取强制执行措施。

(4) 第三人在规定期限内没有提出异议。第三人收到执行通知后15日内,没有对他和被执行人的债权债务关系提出异议。

二、对被执行人到期债权执行的程序

人民法院对被执行人的债权强制执行的具体程序是:首先,由申请执行人向执行组织提出申请书。申请书中应有证明被执行人对第三人享有到期债权的证据。其次,由执行员审查核实申请,可以作出冻结被执行人债权的裁定,并通知该第三人向申请执行人履行。通知书中载明被执行人与第三人的债权债务关系;责令第三人向申请执行人履行债务及履行期限;禁止第三人向被执行人履行债务;第三人有权提出异议及异议期限,违背上述义务将受强制执行的法律后果。

第三人接到人民法院的履行通知后,如果认为履行通知中认定的债权真实有效,债权数额准确无误,并且已经到期,即应按照履行通知指定的期限向申请执行人履行债务;如果第三人认为履行通知中确定的债权债务关系并不存在,或者被执行人具有对待给付义务,或者该债务是附条件、附期限的,而所附条件尚未成熟、所附期限尚未届满等,则有权

在履行通知指定的期限内向人民法院提出异议。

三、对第三人异议的处理

对第三人异议,执行法院不进行实质审查,只要异议符合法律规定的形式要件即成立。执行法院应裁定终结对第三人财产执行。如果第三人仅提出自己无履行能力或者其与申请执行人无直接法律关系的,不属于法律规定的异议。但是,如果第三人确无财产可供执行,执行法院不得就第三人对他人享有的到期债权强制执行。

第四节 搜查程序

被执行人逾期不履行义务,并隐匿财产的,人民法院的执行机构可以对被执行人的人身及其住所、财产隐匿地进行搜索,查找被隐匿财产。这种强制执行措施称为搜查。

一、搜查的条件

搜查是一种很严厉的执行措施,它不仅关系宪法赋予公民的基本权利,如人身自由、名誉权、居住权等,而且影响到人民法院执法的严肃性,因此必须严格按照法律规定的条件和程序进行。根据法律和有关司法解释的规定,适用搜查这一执行措施,必须符合下列条件:

(1) 生效法律文书确定的履行义务的期限已经届满。
(2) 被执行人拒不履行法律文书确定的义务。
(3) 被执行人存在隐匿财产的行为。

二、搜查的程序

适用搜查措施必须遵循以下程序:首先,由法院院长签发搜查令。搜查人员必须按规定着装,并向被搜查人出示搜查令和身份证件。其次,必须通知有关人员到场,并维持搜查秩序。搜查的对象为公民的,应当通知被执行人或者其成年家属以及基层组织派员到场;如果搜查对象是法人或者其他组织的,应当通知法定代表人或主要负责人到场,有上级主管部门的,也应通知上级主管部门有关人员到场。拒不到场的,不影响搜查的进行。搜查对象包括被执行人的住所、财产隐匿地及人身。对被执行人可能存放隐匿财物及有关证据材料的处所、箱柜等,经责令被执行人开启而拒不配合的,人民法院可以强制开启。此外,搜查妇女的身体,应当由女执行员进行。

书记员应就搜查的全过程制作搜查笔录,由搜查人员、被搜查人及其他在场人员签名或盖章。上述人员拒绝签名或盖章的,应在搜查笔录中记明。执行员在搜查中发现应当依法查封、扣押的财产,可以立即采取查封、扣押措施,并当场制作财产清单,由在场人员签名或盖章后,正本附卷存档,副本交给被执行人。

第二十五章 执行监督与执行救济

第一节 执行监督

由于强制执行不仅事关生效裁判的实现,而且涉及对当事人财产与行为的强制,为保证人民法院依法执行、避免执行权滥用,法律设置了对执行工作的监督机制。执行监督包括法院内部的执行监督和检察院的法律监督。

一、法院内部执行监督

根据《民事诉讼法》第232条、第233条和《执行规定》的规定,上级人民法院依法监督下级人民法院的执行工作;最高人民法院依法监督地方各级人民法院和专门法院的执行工作。最高人民法院和上级法院对下级法院执行活动进行监督,主要包括以下几种情况:

1. 督促下级法院及时执行

人民法院自收到申请执行书之日起超过6个月未执行的,申请执行人可以向上一级人民法院申请执行。上一级人民法院经审查,发现下级法院的执行案件(包括委托执行的案件)在规定的期限内未能执行结案的,应当作出裁定、决定、通知而不制作的,或应当依法实施具体执行行为而不实施的,可以督促下级法院限期执行,及时作出有关裁定等法律文书,或采取相应措施。对下级法院长期未能执结的案件,确有必要的,上级法院可以决定由本院执行或与下级法院共同执行,也可以指定本辖区其他法院执行。

上级法院发现下级法院执行的非诉讼生效法律文书有不予执行事由,应当依法作出不予执行裁定而不制作的,可以责令下级法院在指定时限内作出裁定,必要时可直接裁定不予执行。

2. 纠正下级法院执行行为

上级法院发现下级法院在执行中作出的裁定、决定、通知或具体执行行为不当或有错误的,应当及时指令下级法院纠正,并可以通知有关法院暂缓执行。下级法院收到上级法院的指令后必须立即纠正。如果认为上级法院的指令有错误,可以在收到该指令后5日内请求上级法院复议。上级法院认为请求复议的理由不成立,而下级法院仍不纠正的,上级法院可直接作出裁定或决定予以纠正,送达有关法院及当事人,并可直接向有关单位发出协助执行通知书。

3. 暂缓执行

上级法院在监督、指导、协调下级法院执行案件中,发现据以执行的生效法律文书确有错误的,应当书面通知下级法院暂缓执行,并按照审判监督程序处理。上级法院通知暂缓执行的,应同时指定暂缓执行的期限。暂缓执行的期限一般不得超过3个月。有特殊情况需要延长的,应报经院长批准,并及时通知下级法院。暂缓执行的原因消除后,应当及时通知执行法院恢复执行。期满后上级法院未通知继续暂缓执行的,执行法院可以恢复执行。

4. 受理当事人等的申诉

当事人、利害关系人、案外人认为人民法院的执行行为违法的,可以提出执行异议。对人民法院执行异议作出的裁定不服的,可以向上一级人民法院申请复议。对上一级法院复议裁定仍然有不同意见,认为复议裁定确有错误的,可以提出申诉。人民法院提起执行监督程序进行审查,经审查认为当事人的申诉理由成立的,应作出撤销或变更有关执行行为的裁定。

二、民事执行检察监督

《民事诉讼法》第242条规定,人民检察院有权对民事执行活动实行法律监督。为规范人民检察院民事执行法律监督活动,最高人民法院和最高检察院联合发布《关于民事执行活动法律监督若干问题的规定》(以下简称《执行监督规定》)。根据该规定,人民检察院对民事执行的法律监督范围包括人民法院执行生效民事判决、裁定、调解书、支付令、仲裁裁决以及公证债权文书等法律文书的活动。人民检察院办理民事执行监督案件,应当以事实为依据,以法律为准绳,坚持公开、公平、公正和诚实信用原则,尊重和保障当事人的诉讼权利,监督和支持人民法院依法行使执行权。检察院执行监督应当遵循下列程序规则:

1. 管辖

民事执行活动的监督案件,由执行法院所在地同级人民检察院管辖。上级人民检察院认为确有必要的,可以办理下级人民检察院管辖的民事执行监督案件。下级人民检察院对有管辖权的民事执行监督案件,认为需要上级人民检察院办理的,可以报请上级人民检察院办理。

2. 申请与受理

当事人、利害关系人、案外人认为人民法院的民事执行活动存在违法情形向人民检察院申请监督。但当事人、利害关系人、案外人申请检察院监督遵循补充性原则,即属于法律规定可以提出异议、复议或者提起诉讼的情形,当事人、利害关系人、案外人没有提出异议、申请复议或者提起诉讼的,或者已经向人民法院提出执行异议或者申请复议,人民法院审查异议、复议期间,又申请检察院监督的,人民检察院不予受理。

当事人、利害关系人、案外人申请监督的案件,人民检察院认为人民法院民事执行活动不存在违法情形的,应当作出不支持监督申请的决定,在决定之日起15日内制作不支持监督申请决定书,发送申请人。

3. 依职权监督

人民检察院对下列情形应当依职权进行监督:①损害国家利益或者社会公共利益的;

②执行人员在执行该案时有贪污受贿、徇私舞弊、枉法执行等违法行为,司法机关已经立案的;③造成重大社会影响的;④对人民法院正在办理的执行监督案件,认为需要跟进监督的。人民检察院办理依职权监督的案件,经审查认为人民法院民事执行活动不存在违法情形的,应当作出终结审查决定。

4. 执行监督检察建议

人民检察院经调查核实,认为人民法院的执行行为存在违法情形的,经检察长批准或者检察委员会决定,可以向人民法院提出民事执行监督检察建议。检察院向法院发出检察建议的,应在决定之日起15日内将检察建议书连同案件卷宗移送同级人民法院。检察建议书应当载明检察机关查明的事实、监督理由、依据以及建议内容等。人民检察院提出的民事执行监督检察建议,统一由同级人民法院立案受理。

人民法院收到人民检察院的检察建议书后,应当在3个月内将审查处理情况以回复意见函的形式回复人民检察院,并附裁定、决定等相关法律文书。有特殊情况需要延长的,经本院院长批准,可以延长1个月。回复意见函应当载明人民法院查明的事实、回复意见和理由并加盖院章。不采纳检察建议的,应当说明理由。

人民法院收到检察建议后逾期未回复或者处理结果不当的,提出检察建议的人民检察院可以依职权提请上一级人民检察院向其同级人民法院提出检察建议。上一级人民检察院认为应当跟进监督的,应当向其同级人民法院提出检察建议。人民法院应当在3个月内提出审查处理意见并以回复意见函的形式回复人民检察院,认为人民检察院的意见正确的,应当监督下级人民法院及时纠正。

人民法院认为检察监督行为违反法律规定的,可以向人民检察院提出书面建议。人民检察院应当在收到书面建议后3个月内作出处理并将处理情况书面回复人民法院。人民法院对于人民检察院的回复有异议的,可以通过上一级人民法院向上一级人民检察院提出。上一级人民检察院认为人民法院建议正确的,应当要求下级人民检察院及时纠正。

第二节 执行异议

一、执行异议概念

执行异议是指在执行过程中,本案执行当事人、利害关系人或者案外人对执行根据或执行对象提出不同意见的法律制度。执行异议制度是为可能受违法执行或不当执行影响的当事人、利害关系人和案外人提供的法定救济手段。执行异议制度对于维护申请人和被执行人的合法权益,防止错误执行损害案外人合法权益,保证人民法院执行工作的正确性,维护执行的合法性和判决权威均具有重要的意义。

当事人、利害关系人的异议主要是针对执行行为是否符合执行程序规则提出的不同看法;案外人的异议通常是对执行标的主张实体权利,即认为执行标的有误,错误地执行了属于本人的财产,或者案外人对执行标的享有民事权利,如果强制执行将损害其合法权益的而提出不同意见。上述情形可以归结为两种执行异议：一种是程序上的异议，即因执行人员违法执行、错误执行而提出的异议；另一种是实体上的异议，即案外人对执行标的主张实体权利而提出的异议。

二、执行异议的申请与受理

1. 当事人执行异议的申请与受理

《民事诉讼法》第 232 条规定，当事人、利害关系人认为执行行为违反法律规定的，可以向负责执行的人民法院提出执行异议。执行行为违反法律规定主要是指违反法定的执行程序。例如，不按照执行程序规定的执行措施执行；超出执行依据确定的范围执行；采取强制措施超过法律规定的范围；执行行为侵犯当事人、利害关系人的合法权益，等等。被执行人认为申请执行人的债权已经消灭、超过申请执行期间、生效法律文书丧失强制执行效力的，也可以提出执行异议。

当事人、利害关系人提出执行异议的，应当向人民法院提交申请书。申请书应当载明具体的异议或者复议请求、事实、理由等内容，并附身份证明、联系方式和相关证据等材料。执行异议符合民事诉讼法规定的异议条件的，人民法院应当在 3 日内立案，并在立案后 3 日内通知异议人和相关当事人。不符合受理条件的，裁定不予受理；立案后发现不符合受理条件的，裁定驳回申请。执行异议申请材料不齐备的，人民法院应当告知异议人在 3 日内补足，逾期未补足的，不予受理。

人民法院应当自收到书面异议之日起 15 日内审查，理由成立的，裁定撤销或者改正；理由不成立的，裁定驳回。执行法院收到执行异议后 3 日内既不立案又不作出不予受理裁定，或者受理后无正当理由超过法定期限不作出异议裁定的，异议人可以向上一级人民法院提出异议。上一级人民法院审查后认为理由成立的，应当指令执行法院在 3 日内立案或者在 15 日内作出异议裁定。

异议人对不予受理或者驳回申请裁定不服的，可以自裁定送达之日起 10 日内向上一级人民法院申请复议。上一级人民法院审查后认为符合受理条件的，应当裁定撤销原裁定，指令执行法院立案或者对执行异议进行审查。

被限制出境的人认为对其限制出境错误的，可以自收到限制出境决定之日起 10 日内向上一级人民法院申请复议。上一级人民法院应当自收到复议申请之日起 15 日内作出决定。复议期间，不停止原决定的执行。

2. 利害关系人执行异议的申请与受理

利害关系人是指虽不是本案执行当事人，但因案件的执行活动可能影响其合法权利的人。利害关系人可以是公民、法人和其他组织。比如，执行中出现下列情形之一的，有关公民、法人或其他组织可以作为利害关系人提出执行行为异议：①认为人民法院的执行行为违法，妨碍其轮候查封、扣押、冻结的债权受偿的；②认为人民法院的拍卖措施违法，妨碍其参与公平竞价的；③认为人民法院的拍卖、变卖或者以物抵债措施违法，侵害其对执行标的的优先购买权的；④认为人民法院要求协助执行的事项超出其协助范围或者违反法律规定的；⑤认为其他合法权益受到人民法院违法执行行为侵害的。

利害关系人执行异议的对象,可以是人民法院的查封、扣押、冻结、拍卖、变卖、以物抵债、暂缓执行、恢复执行、中止执行、终结执行等执行措施违反法定程序,或者执行的期间、顺序等违反法定程序,也可以是执行人员在执行过程中实施了损害其合法权益的其他行为。

当事人、利害关系人对同一执行行为有多个异议事由,但未在异议审查过程中一并提出,撤回异议或者被裁定驳回异议后,再次就该执行行为提出异议的,人民法院不予受理。

3. 案外人执行异议的申请与受理

案外人执行异议有两种情况:一种是基于实体权利对执行标的提出排除执行的异议;另一种是作为利害关系人对执行行为提出异议。此处仅指第一种,即案外人在执行过程中对执行标的主张实体权利的执行异议,简称案外人异议。根据《民事诉讼法》第234条规定,案外人异议必须符合以下条件:

(1) 案外人异议的主体仅限于本案生效裁判文书记载的当事人以外的人。因为案外人异议是针对执行标的的权属问题提出不同意见。对于本案当事人而言,受生效裁判既判力的约束,是不能再争议的,即没有权利再次表达不同意见。

(2) 提出异议的内容是对执行标的主张实体权利。案外人异议的实质是实体权利争议,表现为对执行标的主张全部或部分实体权利,包括所有权、担保物权、用益物权,等等。

(3) 必须在执行过程中提出。案外人异议必须在执行程序开始后到执行结束前提出。执行程序尚未开始,案外人当然不能也没有必要提出异议;执行程序已经结束,提出执行异议也失去了实际意义,故也不能提出执行异议。案外人在执行程序结束后认为执行有误,损害其合法权益的,可以按普通程序起诉。

(4) 应当提交异议申请书。案外人异议一般应以书面形式提出,以书面形式提出异议确有困难的,也可以口头形式提出,由执行人员记录在案。但不论以何种形式提出执行异议,都应说明理由,并提供相应的证据,以便于人民法院审查。

三、执行异议审查与处理

人民法院审查执行异议或者复议案件,应当依法组成合议庭。上级法院指令重新审查的执行异议案件,应当另行组成合议庭。办理执行实施案件的人员不得参与相关执行异议和复议案件的审查。

人民法院对执行异议和复议案件实行书面审查。案情复杂、争议较大的,应当进行听证。

执行异议、复议案件审查期间,异议人、复议申请人申请撤回异议、复议申请的,是否准许由人民法院裁定。异议人或者复议申请人经合法传唤,无正当理由拒不参加听证,或者未经法庭许可中途退出听证,致使人民法院无法查清相关事实的,由其自行承担不利后果。

人民法院对执行行为异议经审查,分情形予以处理:①执行异议不成立的,裁定驳回异议;②执行异议成立的,裁定撤销相关执行行为;③异议部分成立的,裁定变更相关执行行为;④异议成立或者部分成立,但执行行为无撤销、变更内容的,裁定异议成立或者相应部分异议成立。

执行过程中,第三人因书面承诺自愿代被执行人偿还债务而被追加为被执行人后,无正当理由反悔并提出异议的,人民法院不予支持。

执行的限度以保障被执行人基本生存需要为边界。比如在金钱债权执行中,在没有为被执行人及其所扶养的家属提供居住保障之前,人民法院不会对被执行人及所扶养家属维持生活必需的唯一居住房屋采取强制执行措施。在被执行人以唯一住房为由提出执行异议时,人民法院如果查明有以下情形之一的,裁定驳回异议:①对被执行人有扶养义务的人名下有其他能够维持生活必需的居住房屋的;②执行依据生效后,被执行人为逃避债务转让其名下其他房屋的;③申请执行人按照当地廉租住房保障面积标准为被执行人及所扶养家属提供居住房屋,或者同意参照当地房屋租赁市场平均租金标准从该房屋的变价款中扣除五至八年租金的。此外,执行依据确定被执行人交付居住的房屋,自执行通知送达之日起,已经给予3个月的宽限期,被执行人以该房屋系本人及所扶养家属维持生活的必需品为由提出异议的,人民法院也不予支持。

1. 对复议申请的审查与处理

上一级人民法院对不服异议裁定的复议申请审查后,认为异议裁定认定事实清楚,适用法律正确,结果应予维持的,裁定驳回复议申请,维持异议裁定;认为异议裁定认定事实错误,或者适用法律错误,结果应予纠正的,裁定撤销或者变更异议裁定;认为异议裁定认定基本事实不清、证据不足的,裁定撤销异议裁定,发回作出裁定的人民法院重新审查,或者查清事实后作出相应裁定;认为异议裁定遗漏异议请求或者存在其他严重违反法定程序的情形,裁定撤销异议裁定,发回作出裁定的人民法院重新审查;认为异议裁定适用法律错误的,如对应当适用《民事诉讼法》第234条规定审查处理的异议,错误适用《民事诉讼法》第232条规定审查处理的,应当裁定撤销异议裁定,发回作出裁定的人民法院重新裁定。除发回重新审查或者重新作出裁定的情形外,裁定撤销或者变更异议裁定且执行行为可撤销、变更的,应当同时撤销或者变更该裁定维持的执行行为。

人民法院对发回重新审查的案件作出裁定后,当事人、利害关系人申请复议的,上一级人民法院复议后不得再次发回重新审查。

2. 对案外人异议的审查与处理

对案外人提出的异议,人民法院应当自收到书面异议之日起15日内审查。对案外人提出的排除执行异议,人民法院应当审查案外人是否系执行标的的权利人,当事人主张的权利的合法性与真实性,以及该权利能否排除执行。人民法院对于案外人是否为其所主张权利的主体的审查,采取形式审查的方式,即有登记的权属,按照登记簿记载内容进行判断;对尚未登记的在建的建筑物、构筑物及其附属设施,按照土地使用权登记簿、建设工程规划许可、施工许可等相关证据判断;对不需要登记的特定动产和其他动产,按照实际占有情况判断;对银行存款和存管在金融机构的有价证券,按照金融机构和登记结算机构登记的账户名称判断;有价证券由具备合法经营资质的托管机构名义持有的,按照该机构登记的实际投资人账户名称判断;股权按照工商行政管理机关的登记和企业信用信息公示系统公示的信息判断;其他无登记的财产和权利,按照合同等证明财产权属或者权利人的证据判断。

对案外人异议进行审查后,人民法院应分别情况作出处理:①认为案外人异议不成立,或其虽然对执行标的享有民事权益,但不足以排除强制执行的,裁定驳回异议;②认为案外人对执行标的享有足以排除强制执行的权益的,报经院长批准,裁定中止执行。如案外人主张执行标的物错误,损害其合法权益,执行法院经审查发现执行标的物不属生效法律文书指定交付的特定物的,停止对该标的物的执行。如果执行的财产是上级人民法院裁定保全的财产的,需报上级人民法院批准。已经采取执行措施的应当裁定立即解除或撤销,并将该标的物交还案外人。

案外人依据另案生效法律文书提出排除执行异议,该法律文书认定的执行标的权利人与依照前款规定得出的判断不一致的,人民法院原则上不予支持。特别是在执行标的被查封、扣押、冻结后作出的另案生效法律文书提出排除执行异议的,难以排除被执行人与案外人恶意串通利用虚假诉讼逃避债务的可能性,人民法院一律不予支持。但如果是金钱债权执行中,案外人依据执行标的被查封、扣押、冻结前作出的另案生效法律文书提出排除执行异议的,人民法院应当按照下列情形,分别处理:①该法律文书系就案外人与被执行人之间的权属纠纷以及租赁、借用、保管等不以转移财产权属为目的的合同纠纷,判决、裁决执行标的归属于案外人或者向其返还执行标的且其权利能够排除执行的,应予支持;②该法律文书系就案外人与被执行人之间除前项所列合同之外的债权纠纷,判决、裁决执行标的归属于案外人或者向其交付、返还执行标的的,不予支持;③该法律文书系案外人受让执行标的的拍卖、变卖成交裁定或者以物抵债裁定且其权利能够排除执行的,应予支持。

非金钱债权执行中,案外人依据另案生效法律文书提出排除执行异议,该法律文书对执行标的的权属作出不同认定的,人民法院应当告知案外人依法申请再审或者通过其他程序解决。

申请执行人或者案外人不服人民法院对案外人异议作出的裁定,可以提起执行异议之诉。

第三节 执行异议之诉

执行异议之诉,是案外人或申请执行人对人民法院作出的案外人异议裁定不服而提起的诉讼。

一、案外人执行异议之诉

案外人执行异议之诉,也称案外人异议之诉,是指在执行程序过程中,执行依据确定的当事人以外的人提出的,对被查封的执行标的主张实体权利,旨在排除执行的异议之诉。案外人提起执行异议之诉,除符合民事诉讼法规定的起诉条件外,还应当具备下列条件:

(1) 案外人的执行异议申请已经被人民法院裁定驳回;案外人在提起异议之诉之前,

必须先向执行法院提出执行异议,只有在异议被裁定驳回的前提下,方可提起执行异议之诉。这是案外人异议之诉与当事人作为债权人对执行标的主张实体权利的诉讼的区别所在。后者提起的是普通的民事诉讼,与执行程序无关。

(2) 有明确的排除执行的诉讼请求。案外人异议之诉的目的在于排除对执行标的的强制执行,因此必须提出排除执行的诉讼请求。这使得案外人异议之诉的诉讼标的存在特殊性。案外人异议之诉的诉讼理由是对执行标的享有实体法上的权利,且该权利足以排除强制执行。案外人异议之诉不能以作为执行依据的原生效裁判有错误为理由。如果以原生效裁判认定的权利义务关系确有错误为由提出异议,案外人应该按审判监督程序规定的条件与程序申请再审。案外人也可以把对执行标的的主张权利作为诉讼请求(以下简称确权之诉),人民法院应当将确权之诉与排除执行之诉合并审理。案外人在提出异议之诉后,又另案提起确权之诉对被执行标的主张实体权利的,人民法院应当将两案合并审理。

> **评注**:案外人异议之诉的强制合并
>
> 将案外人异议之诉与确权之诉强制合并的规则首先出现于我国强制执行实践,是人民法院为有效解决执行难,针对实践中被执行人与案外人串通、利用执行异议制度规避执行的现象高发而采取的对策。最高人民法院《关于人民法院办理执行异议和复议案件若干问题的规定》(以下简称《执行异议复议规定》)第25、26条规定,金钱债权执行中,案外人依据另案生效法律文书提出排除执行异议,该法律文书认定的执行标的的权利人与权利登记文书或公示机关公示的信息不一致的,区分执行标的的被查封、扣押、冻结(以下简称"查扣冻")前、后两种情况分别处理:另案法律文书系查冻扣之前作出的,针对具体情况进行审查后,作出支持或不予支持处理。另案法律文书系查冻扣之后作出的,对该异议人民法院一律不予支持。该司法解释虽然没有明确禁止执行程序中案外人另案提起确权之诉,但至少间接表明:在金钱债权执行程序中,案外人对执行标的提起确权之诉最好在执行异议之诉中一并提出,法院应合并审理,否则无法达到排除执行的目的。案外人异议之诉的合并,是兼顾当事人选择权与司法政策考量的结果,具有合并审理、合一确定的必要性,类型上应归入因牵连关系而成的共同诉讼。该种类型的诉的合并具有较高程度的强制性:当事人一旦选择合并起诉,法院就必须合并审理。同时,由于涉及申请执行人权益及生效裁判文书实现问题,因此当事人的反向选择权亦受到限制——当事人单独提起确权之诉的,法院不予受理。这表明案外人异议之诉的合并的强制程度较之一般的牵连型共同诉讼更高一些。

(3) 必须在法定的期限内提起诉讼。根据《民事诉讼法》第234条和《民诉法解释》第462条的规定,案外人对执行异议裁定不服的,可以在执行异议裁定送达之日起15日内且该执行标的的执行程序终结前提起诉讼。

(4) 向有管辖权的法院提起诉讼。《民诉法解释》第302条规定,案外人异议之诉由执行法院管辖。赋予执行法院管辖权,有助于及时审理案外人异议之诉,避免对执行程序造成拖延,也有利于人民法院及时发现可能存在的被执行人与案外人恶意串通、利用诉讼逃避执行的行为。

对案外人提起的执行异议之诉,人民法院应当在收到起诉状之日起15日内决定是否立案。人民法院认为起诉符合上述条件的,立案受理。案件审理期间,人民法院不得对执行标的进行处分,可以依案外人执行异议申请,裁定中止执行;申请执行人请求人民法院继续执行并提供相应担保的,人民法院可以准许。

执行异议之诉案件应当由人民法院审判庭适用普通程序审理。案外人异议之诉以申请执行人为被告。被执行人反对案外人异议的,被执行人为共同被告;被执行人不反对案外人异议的,可以列被执行人为第三人。案外人应当就其对执行标的享有足以排除强制执行的民事权益承担证明责任。人民法院经审理,按照下列情形分别处理:①案外人就执行标的享有足以排除强制执行的民事权益的,判决不得执行该执行标的。执行异议裁定失效。案外人同时提出确认其权利的诉讼请求的,人民法院可以在判决中一并作出裁判。②案外人就执行标的不享有足以排除强制执行的民事权益的,判决驳回诉讼请求。

案件审理中,人民法院发现被执行人与案外人恶意串通,通过执行异议、执行异议之诉妨害执行的,人民法院应当依照民事诉讼法规定采取强制措施。申请执行人因此受到损害的,可以提起诉讼要求被执行人、案外人赔偿。

二、申请执行人异议之诉

申请执行人异议之诉,是申请执行人不服人民法院对案外人执行异议裁定而提起的,要求驳回案外人执行异议、继续执行的诉讼。

申请执行人提起执行异议之诉,除符合民事诉讼法规定的起诉条件外,还应当具备下列条件:

(1) 主体只能是申请执行人。申请执行人对中止执行裁定未提起执行异议之诉,被执行人提起执行异议之诉的,人民法院告知其另行起诉。

(2) 有明确的对执行标的继续执行的诉讼请求,诉讼理由是否定案外人的异议,且诉讼请求与原判决、裁定无关。

(3) 自执行异议裁定送达之日起15日内提起。人民法院因案外人异议对执行标的裁定中止执行后,申请执行人在法律规定的期间内未提起执行异议之诉的,人民法院应当自起诉期限届满之日起7日内解除对该执行标的采取的执行措施。

人民法院应当在收到起诉状之日起15日内决定是否立案。

申请执行人提起执行异议之诉的,以案外人为被告。被执行人反对申请执行人主张的,以案外人和被执行人为共同被告;被执行人不反对申请执行人主张的,可以列被执行人为第三人。

人民法院审理申请执行人异议之诉案件,适用普通程序。案外人应当就其对执行标的享有足以排除强制执行的民事权益承担证明责任。对申请执行人提起的执行异议之诉,人民法院经审理,按照下列情形分别处理:①案外人就执行标的不享有足以排除强制执行的民事权益的,判决准许执行该执行标的。执行异议裁定失效,执行法院可以根据申请执行人的申请或者依职权恢复执行。②案外人就执行标的享有足以排除强制执行的民事权益的,判决驳回诉讼请求。

第四节 执行回转

一、执行回转的概念

执行回转是指在民事执行过程中或执行结束后,由于据以执行的判决书、裁定书、调解书或其他法律文书被依法撤销,由人民法院重新采取执行措施,使财产权利恢复到执行程序开始前的状态的一种法律制度。

执行回转是民事执行制度中一项必不可少的具有补救性质的法律制度。它对于纠正因生效法律文书错误而造成的执行错误,保证人民法院的执行办案质量,保护当事人的合法权益,维护法律的严肃性,具有十分重要的意义。

二、执行回转的条件

执行回转是执行程序中一种特殊现象,发生执行回转必须具备下列条件:

(1) 必须是作为执行根据的原生效法律文书被撤销,作出了新的法律文书。这是执行回转的实质要件。只有原生效法律文书被依法撤销时,才有可能发生回转。要撤销原法律文书,必须作出新的法律文书。新的法律文书,既可能是原作出机关作出的,也可能是其上级机关或人民法院作出的。新的法律文书必须具有明确否定原法律文书的内容。

(2) 必须是原法律文书已经由人民法院按照执行程序执行完毕,执行程序已经终结。只有执行程序已经结束,并已经将执行所得交付债权人,才有必要执行回转。如果作为执行程序尚未结束,被执行人的财产尚未交付给债权人,可由人民法院裁定撤销执行裁定,并解除对财产的查封、扣押、冻结或者将财产发还被执行人即可,无须执行回转。

(3) 必须是取得执行财产的当事人拒不返还其所得财产。执行回转也是强制执行,也需要采取强迫当事人履行的措施。在当事人自动退还财产时,就没有必要执行回转。只有当取得权利的人拒不返还时,才有执行的必要。

三、执行回转程序

依法应当执行回转的,原执行机构应当依据当事人申请或者依职权,重新立案,按照新的生效法律文书,作出执行回转的裁定。一般来说,人民法院制作的生效法律文书被依法撤销后,已经执行完毕的,人民法院应当依职权主动作出裁定,责令申请执行人返还已经取得的财产或其他民事权益;其他机构制作的生效法律文书被依法撤销后,已经执行完毕的,人民法院不能主动裁定执行回转,但当事人提出申请的,人民法院应当执行回转。

执行回转案件适用执行程序的有关规定予以强制执行。执行回转时,如果已执行的标的物系特定物的,应当强制原申请执行人退还原物。不能退还原物的,可以折价抵偿。

附　录

附录一　法律与司法解释简称对照表

附录二　最高人民法院指导性案例
　　　　（民事诉讼）目录

附录三　最高人民检察院指导性案例
　　　　（民事诉讼）目录

附录内容